AF597753

Falk Richter

Theater

Falk Richter (*1969 in Hamburg) gilt als einer der wichtigsten deutschen Theaterregisseure und Dramatiker seiner Generation. Seit 1994 arbeitete er an vielen namhaften Bühnen und Festivals u.a. Deutsches Schauspielhaus Hamburg, Schauspielhaus Zürich, Schaubühne Berlin, Hamburgische Staatsoper, Nationaltheater Oslo, Wiener Staatsoper, Toneelgroep Amsterdam, Salzburger Festspiele, Ruhrtriennale, Tokyo Opera Nomori, Burgtheater Wien, Düsseldorfer Schauspielhaus, Bayerische Staatsoper, Théâtre National Bruxelles und Festival d'Avignon. Er inszeniert Opern, eigene Stücke, klassische und zeitgenössische Texte und übersetzt Autoren wie z.B. Martin Crimp und Caryl Churchill. In den letzten Jahren entwikkelte er zunehmend freie Projekte basierend auf seinen eigenen Texten gemeinsam mit einem Ensemble aus Musikern, Schauspielern, Tänzern. Im Jahr 2000 Einladung zum Berliner Theatertreffen mit der Uraufführung von *Nothing hurts,* der ersten gemeinsamen Arbeit mit der Choreografin Anouk van Dijk, mit der er später die Projekte *TRUST, Protect me* und *Rausch* realisierte, die hier als Stückabdruck vorliegen. Auszeichnung der Akademie der Künste Berlin für das beste Hörspiel ebenfalls für *Nothing hurts* im Jahr 2000. Von 2000 bis 2004 Hausregisseur am Schauspielhaus Zürich, seit 2006 an der Schaubühne Berlin, seit 2011 am Düsseldorfer Schauspielhaus. Gastprofessur an der Universität Hamburg und der Hochschule für Schauspielkunst Ernst Busch Berlin. Richters Inszenierungen *Unter Eis, TRUST, Protect me* und *My Secret Garden* werden auf vielen renommierten Festivals in Europa, Nordamerika und Australien gezeigt. Seine Theatertexte liegen in mehr als 25 Sprachen vor, u.a. auf Japanisch, Chinesisch, Hebräisch, Arabisch, Russisch, und werden weltweit gespielt. Seit 2007 werden Falk Richters Texte zunehmend im französischsprachigen Raum vom Autor selbst und anderen Regisseuren und Kollektiven inszeniert. Richter ist seit 2006 artiste associé am Théâtre National in Brüssel und inszeniert weiterhin regelmäßig an der Schaubühne Berlin.

Falk Richter

Theater

Texte von und über Falk Richter 2000–2012

Herausgegeben von Friedemann Kreuder

Unter Mitarbeit von Annika Rink

Tectum Verlag

Falk Richter
Theater. Texte von und über Falk Richter 2000–2012
Herausgegeben von Friedemann Kreuder
Unter Mitarbeit von Annika Rink

ISBN: 978-3-8288-3024-0

Umschlagabbildung: © Arno Declair. Foto aus der Produktion „Protect me“, Projekt von Falk Richter und Anouk van Dijk, in der Uraufführung 2010 an der Berliner Schaubühne.

Druck und Bindung: CPI buchbücher.de, Birkach
Printed in Germany

Besuchen Sie uns im Internet
www.tectum-verlag.de

Bibliografische Informationen der Deutschen Nationalbibliothek
Die Deutsche Nationalbibliothek verzeichnet diese Publikation in der Deutschen Nationalbibliografie; detaillierte bibliografische Angaben sind im Internet über http://dnb.ddb.de abrufbar.

Inhaltsverzeichnis

Teil I: Theatertexte von Falk Richter

Teil II: Texte über Falk Richter

Vorwort

Katrin Ullmann

Falk Richter parodiert, persifliert und analysiert, er schreibt und überschreibt. Er sucht die Reibung, sucht das Aktuelle – und findet es. In eigenen Stücken genauso wie in fremden. Anton Tschechows *Der Kirschgarten* etwa liegt diesem Band in einer Bearbeitung vor, der eine Übersetzung aus einem Büro für Wirtschaftskorrespondenz zugrunde liegt. Anschließend hat Richter das Stück stark bearbeitet, das Schwelgen und Träumen der Figuren entfernt. Er hat den Tschechow-Text auf die Frage nach Effizienz durchdekliniert und den Kirschgarten selbst als möglichen Rückzugsort, als freundliche Nische innerhalb der heutigen Ellenbogengesellschaft dargestellt.

Das Heutige ist immer wieder Thema in Richters Stücken. Alle seine Stücke sind gesellschaftskritisch, politisch, sind drängend, manchmal auch brennend. Stets sind es gegenwärtige Themen, die ihn umtreiben, so gegenwärtig, dass man sich manchmal fragt, ob diese nicht sogar zu gegenwärtig sind.

> Ich habe selbst das Gefühl, dass sich die Zustände, die ich in den Stücken beschreibe, nicht mit der Zeit erübrigen und damit irrelevant werden, sondern im Gegenteil intensivieren und damit weiterhin drängend bleiben.

So kommentiert Richter. Und tatsächlich beschreiben seine Texte ein Hier und Heute, das sich nicht auf die tagesaktuelle Stimmungslage reduzieren lässt. Sie beschreiben die spürbaren Auswirkungen eines Systems, die Auswirkungen einer Ideologie und Technologie auf die Leben und Seelen der Menschen, auf ihr Denken und Fühlen, ihr Tun und Handeln.

Richters Sprache ist dabei rhythmisch und ruhig, fast musikalisch. Vielleicht beruhigt diese poetische Sprachmelodie die Tatsache, dass seine Figuren meist vereinsamt sind und recht hektisch durch ihr Leben rennen – oder direkt an diesem vorbei –, ausgestattet mit vereisten Gefühlen und komplizierten Vergangenheiten. Viele seiner Stücke drehen sich um den Menschen im medialen Zeitalter, den global vernetzten Menschen, der sich klug selbst inszeniert, der immer online und immer auf dem Laufenden ist – oder eben genau an diesen Ansprüchen und Anforderungen scheitert. Meist verlieren sich die Figuren im Chaos ihrer permanenten Suche und Sucht nach Gegenwart. Zweckbeziehungen entstehen und vergehen. Hauptsache Wärme. Irgendeine, körperliche. Gekaufte oder auch erzwungene. Richters Figuren stecken oftmals tief in ihrer Verzweiflung fest, in ihrer Einsamkeit und ihrem Liebe(n)-Wollen. Es sind Menschen zwischen Wahn und Wirklichkeit. Zwischen Leben und Traum. Zwischen Normalität und Perversion. Ihr Zusammensein scheitert eigentlich jedes Mal. *Verletzte Jugend* ist ein solches Stück. Es erzählt von drei „etwas jüngeren" Menschen, zwei Männern, einer Frau, die drei „durchwachte Nächte" erleben. Sie frieren, frösteln. Nicht nur weil die Heizung ausgefallen ist, sondern weil sie nicht zueinander finden – „Ich liebe Dich / Den Satz habe ich jetzt nicht ganz verstanden" – und auch nicht zum Leben. Ihre Leben verlieren sich in einsamen Versatzstücken, in Beziehungsversuchen und gegenseitigen Verletzungen. Es sind Verletzungen, die dazu führen, nicht erwachsen zu werden. Und das ausgerechnet in einer Welt, die jeden dazu anhält, erwachsen zu werden. In *Die Verstörung* ist es Weihnachten, irgendwo in einer Stadt. Festgefroren sind die Straßen, festgefroren auch die Menschen, die dort leben. Gemeinsam ist ihnen die Angst vor dem Alleinsein, vor der Leere überhaupt im Leben und vor allem auch an diesem einen Tag im Jahr. Es gibt kaum Raum für Hoffnung, Liebe, Zuversicht. Stattdessen verlieren sich in Richters kalt vereisten Stadt ein Dutzend Menschen. Verlieren und verletzen sich. *Die Verstörung* spielt an einem Abend voll moderner Tristesse, an dem zwar immer mal wieder jemand ein vertrautes Lied anstimmt, ein freundliches Wort verliert oder einen Anruf tätigt. Doch meist stehen die Figuren an diesem Weihnachtstag kurz vorm Zusammenbruch, vorm Ende ihrer Welt. Über die kalte Atmosphäre werden leere Phrasen gekippt. Wird die Sehnsucht geworfen nach Zusammengehörigkeit, Familie oder etwas, das zumindest danach aussieht. Und wie nebenbei rasen fast nach jeder Szene Autos in den Graben, erfrieren Menschen, werden Leichen aus dem Schnee gefischt. *Im Ausnahmezustand* beschreibt das Leben einer Kleinfamilie in einer exklusiven Gated Community. Es könnten die Potsdamer

Arkadien sein, eine von Kameras und Bewegungsmeldern umschlossene Wohnsiedlung, eine der wenigen Gated Communities, die es in Deutschland gibt. Mit Pförtner und Sicherheitssystem ausgestattet, würden in den Wohnanlagen beim Überklettern des massiven Eisenzauns sofort Polizei und Wachschutz alarmiert. Doch diese Siedlung ist nur ein Beispiel eines Wohnmodells, mit dem sich reiche Bevölkerungsgruppen durch selbst gewählte Isolation und Abschirmung vor dem Anblick von Armut und der Gefahr durch Kriminalität schützen. Richter schildert das Leben einer Familie in dieser perfekt geregelten Sicherheit mitsamt ihrer selbstzerstörerischen, angstbesetzten Energie. Er macht eine Bestandsaufnahme der Ängste einer saturierten, arrivierten Gesellschaft – um den sozialen Status, um den hart erarbeiteten Wohlstand –, zeigt die Abgründe der allzu bürgerlichen Existenz, zeigt Verlustängste und Hysterien, zeigt Figuren, die in einer Art Schockstarre der Bürgerlichkeit verharren.

Mit *Hotel Palestine*, das in dieser Publikation zum ersten Mal als vollständiger Stückabdruck erscheint, schließt Richter den Stückzyklus *Das System* ab. Vorangegangen waren die Stücke *Electronic City, Sieben Sekunden/In God We Trust* und *Unter Eis*. Es sind allesamt Stücke, die

> das System, in dem wir leben, das westliche System, das Wirtschaftssystem, das Metasystem aus Wirtschaft, Krieg und der Produktion der Bilder – das undurchdringliche, undurchschaubare System, nach dem wir alle funktionieren, das System, das den Fluss der Waren und die Hierarchien strukturiert [,]

beschreiben. Stücke, die sich diesem Phänomen annähern, es aus unterschiedlichen Perspektiven beleuchten. *Unter Eis,* das Richter ursprünglich als Theaterstück (2004) verfasste, liegt in diesem Band in der Bearbeitung zum Opernlibretto vor. Es ist ein Stück über Unternehmensberatung, Wirtschaftsberater und eine erkaltete Gesellschaft. Während zwei der Berater – Karl Sonnenschein und Aurelius Glasenapp – permanent auf der Suche nach neuen Strategien zu Leistungsoptimierung und Effizienz sind, verliert sich der dritte und älteste Kollege, Paul Niemand, in Kindheitserinnerungen, Identitätsverlust und der Frage nach Sinn und Menschlichkeit. Geschickt arbeitet Richter in *Unter Eis* mit den seelenlosen Textschablonen und austauschbaren Phrasen der Beraterbranche, verweist auf die Schwachpunkte einer kapitalistisch orientierten, auf wirtschaftliche Effizienz ausgerichteten Gesellschaft und erstellt die Vision einer immer unmenschlicher werdenden Welt. „Bei *Unter Eis* wollte ich Texte schreiben, die auch gesungen werden können", bemerkt Richter.

Dieses Bestreben hat sich 2007 erfüllt. Da bildete *Unter Eis* als erster seiner Texte die Grundlage für eine moderne Oper und konnte seine eigene textliche Musikalität, seine Sprachmelodie in einem dafür gesetzten, prädestinierten Rahmen entfalten. Der mehrfach ausgezeichnete Komponist Jörn Arnecke, Jahrgang 1973, vertonte *Unter Eis* im Rahmen der RuhrTriennale. In der Libretto-Fassung hat Richter die Manager und Berater, ihr Scheitern und Versagen für die Zuschauer noch näher erfahrbar gemacht, indem er den Handlungsort bereits in die Eingangshalle des Spielorts – die Uraufführung fand in der Jahrhunderthalle Bochum statt – verlegt. Der Einstieg in *Unter Eis* als Oper ähnelt einer drastischen Installation, in der sich Schauspieler, Sänger, Statisten und Zuschauer begegnen, in der sich ihre Erschöpfung und Burn-outs ihren Raum suchen genauso wie Core Values und Programmhefte. Die kühle Geschäftswelt dringt ein in die Opernwelt, etwa indem der Chor aktiver Teil des (Effizienz-) Spiels wird oder indem der gescheiterte Berater Paul Niemand extrem feinnervig auf Musik und Geräusche reagiert und regelmäßig abzudriften droht. Richter arbeitet Flüster- und Klangteppiche aus Zahlen und Daten in den Text ein, spielt mit Sounds und Tonbandaufnahmen, verknappt und verwebt Text mit Musik, bis schließlich der Chor zu den Stimmen im Kopf Paul Niemands wird, welcher sich mehr und mehr in der Frage nach Sinn und Menschlichkeit verliert – während seine aufstrebenden Kollegen Aurelius Glasenapp und Karl Sonnenschein munter Strategien und Effizienzfragen diskutieren.

Hotel Palestine ist Ort und Handlung zugleich. Das gleichnamige 18-stöckige Hotel in Bagdad war während des Dritten Golfkrieges die Arbeits- und Wohnstätte ausländischer Journalisten. Richter nimmt diesen Ort und baut in ihm ein nahezu realistisches Setting zwischen Reportern und PR-Leuten. Er bildet eine Pressekonferenz ab und den Dauerkampf zwischen kritischen Journalisten und bestens gebrieften Regierungssprechern. Die Fragen der Journalisten werden mit austauschbaren Politikerphrasen abgeschmettert, es hagelt Stellungnahmen und Erklärungen, scheinbare Antworten in geübter Managementrhetorik. Das Stück zeigt den Kampf um Wahrheit, Unbestechlichkeit und Meinungsfreiheit und eine Suche nach ehrlichen Antworten innerhalb eines Systems, das undurchschaubar geworden ist. Ein System, in dem bestimmte Wahrheiten geschickt moduliert werden, und ein System, in dem die völlige Auflösung von Aussagen, Wahrheiten und Meinungen stattfindet. Die Pressefreiheit ist in *Hotel Palestine* nur mehr ein perfekt inszeniertes Frage-Antwort-Ritual. In *Krieg der Bilder* aus dem Jahre 2002 ist der Handlungsort eine Nachrichtenagentur, die sich auf Kriegsberichterstattung spezialisiert hat. Und, wie der Titel schon sagt, bezieht sich Richter darin auf ein neues Zeitalter dieser Berichterstattung. Dieses wurde mit dem Zweiten Golfkrieg Anfang der 1990er-Jahre eingeläutet. Die Medien übertrugen erstmals in Echtzeit, wie Ziele avisiert und Bomben abgeworfen wurden. Und so wurde dieser Krieg auch schnell eine Art Fernsehkrieg, einer um – schnellere und echtere – Bilder. In Richters *Krieg der Bilder* steht der Marktwert von Bildern im Zentrum, der, wird er durch Fälschung nach oben getrieben, eine lebensgefährliche Eigendynamik birgt. „Erschöpfte Menschen wollen Karriere machen mit Bildern, Berichten und Kunstwerken zum Krieg.", fasst Richter seinen Text zusammen. Schließlich ist die Realität, das Bild, das uns von ihr vermittelt wird, immer auch eine Frage der Darstellung. Und jeder Darstellung wiederum wohnt eine – manchmal subtile, manchmal manipulative – Deutung oder Interpretation inne.

Vielleicht liegt der Grund für Richters Schreiben tatsächlich mehr im Moment selbst, im blitzschnellen Erfassen von gesellschaftspolitischen Zusammenhängen als im Pathos für die Ewigkeit. Vielleicht lässt sich Richters Schreiben als Pendel zwischen zwei Polen beschreiben. Auf der einen Seite stehen die hochaktuellen gesellschaftspolitischen und gesellschaftskritischen Fragen, auf der anderen die Gründe und Abgründe für das zwischenmenschliche Versagen. *TRUST* (2009) ist ein Stück über Zwischenmenschlichkeit und Vertrauen. Es nimmt die Zusammenarbeit mit der niederländischen Choreografin Anouk van Dijk aus dem Jahre 1999 wieder auf. Damals produzierten Richter und van Dijk sehr erfolgreich *Nothing hurts* (1999) – die Inszenierung war zum Theatertreffen Berlin 2000 eingeladen und wurde 2001 mit dem Hörspielpreis der Deutschen Akademie der Künste in Berlin ausgezeichnet. Eine Gruppe von Tänzern und Schauspielern agiert in *TRUST* zeitgleich, übernimmt im Wechsel Tanz- und Sprechparts. Das Stück erzählt von Veränderung und der Angst davor, von Körpern und ihrem Zerfall, von Beziehungen und ihren Krisen, von Therapien und Hierarchien. Es ist poetisch und pathetisch zugleich. Bewegend und treffsicher pointiert. Hier wird die Finanzkrise als Krise des zwischenmenschlichen Vertrauens interpretiert und der englischsprachige Titel lässt gleichermaßen beide Denkrichtungen zu. „Ich bin wie Geld, alle wollen mich haben / Ich bin wie Geld, ich bin alles und überall und keiner kann meinen Wert einschätzen.", heißt es einmal – ein Kernsatz des

Stücks. In *TRUST* stellt Richter mal lakonisch, mal sehr ernsthaft die Frage, ob und wie eine Gesellschaft ohne Vertrauen funktionieren kann. Die Figuren und ihre Beziehungen werden ad absurdum geführt, sind so zerbrechlich wie das globale Finanzsystem. *Protect me* aus dem Jahr 2010 ist die konsequente Fortschreibung von *TRUST*, ist eine erneute Koproduktion von Tanz und Theater, von Anouk van Dijk und Falk Richter. Es setzt die Spurensuche nach den Zusammenhängen zwischen gesellschaftlichen Krisen und persönlichen zwischenmenschlichen Krisen fort. Geht es in *TRUST* in erster Linie um den Erhalt des Ist-Zustands – „Lass uns einfach alles so lassen wie es ist / Es ist zu kompliziert, das jetzt alles zu ändern." –, überhöht *Protect me* diesen Zustand noch und stellt ihn geradezu unter Schutz. Vom Leben abgeschirmt sind die Figuren dieses Stücks und drohen in ihrer Vereinsamung leerzulaufen. Ironisch veranschaulicht Richter die gewinnbringende Industrie der Entspannungsoasen und fernöstlichen Alternativsportarten – „Dicke erschöpfte Fondsberater stehen in der Abendsonne und machen Tai Chi" –, der teuer bezahlten Online-Therapie als Ruhe vor und nach dem Sturm. Die Menschen in *Protect me* vermeiden echte Begegnungen, „da sie zu große Angst haben, dass diese Begegnungen sie aus der Spur werfen könnten". Auch wenn *My Secret Garden* streckenweise wie eine persönliche Vergangenheitsbewältigung des Autors anmutet, von der Kindheit in einer Fertighaussiedlung angefangen bis hin zur schweren Krankheit des Vaters, so gelingt es Richter auch und vor allem in diesem Stück durch Ironie und Überhöhung die Geschichte zu überspitzen, sie so zu übertreiben, dass schließlich nicht die womöglich eigene Vergangenheit des Autors das zentrale Stückthema ist, sondern Kindheit an sich, die ungleiche Gewichtung von Nähe und Distanz, von Isolation und Geselligkeit. In letzter Konsequenz wird in *My Secret Garden* weniger die Geschichte einer Kindheit erzählt als vielmehr die Suche einer verzweifelten, einsamen Mutter nach ihrem (heranwachsenden) Kind.

Richters Figuren sind meist vereinsamt, haben sich in ihrem Leben verirrt, ihre zwischenmenschlichen Beziehungen verloren. In einer klugen Mischung aus realistischer Genauigkeit und ironischer Übertreibung zeichnet Richter auch in *Play Loud* seine Figuren, lässt sie Dinge aussprechen, die die meisten nur zu denken wagen. Es sind namenlose Figuren auf einer nahezu penetranten Suche nach Nähe, ihre drängenden Aussagen, ihre abrupten, hoch emotionalen Stimmungswechsel, ihre dauernden Forderungen lassen sie nackt erscheinen, bemitleidenswert und unsympathisch zugleich. Die Szenen des Stücks bilden Assoziationsketten und Erinnerungsmodule, eng verknüpft mit der Musik, dem Soundtrack eines Lebens. Eine Playlist von Songs unterbricht die Szenen und strukturiert so das Stück einem Musikalbum gleich. Die Musik erhält in *Play Loud* erstmals einen komplett eigenständigen Raum, ohne dabei mit Richters Text und Sprache zu konkurrieren. Vielleicht weil dieser Sprache wiederum eine ganz eigene Musikalität innewohnt, ein treibender, drängender Rhythmus, der die Zustände der Gehetzten, Getriebenen und Verlorenen der Gesellschaft beschreibt.

Teil I: Theatertexte von Falk Richter

Verletzte Jugend.

Drei durchwachte Nächte

ERSTE DURCHWACHTE NACHT

DER MANN, etwa Mitte 30
DER JUNGE, etwas jünger
DIE FRAU, etwa Mitte 30

Großstadtwohnung.
Eine zertretene Stereoanlage, eine heruntergekommene Wohnung, kalt.

DIE FRAU Aber du musst doch irgendwas machen

DER JUNGE Was denn?

DIE FRAU Irgendwas, egal was, irgendwas

DER MANN Aber er macht doch was

DIE FRAU Was denn?

DER MANN Keine Ahnung, irgendwas wird er schon machen, oder?

DIE FRAU Er lässt sich volllaufen Abend für Abend, kommt morgens nach Hause und fällt in die Stereoanlage und fickt in irgendetwas rein, das er sich mitgebracht hat, egal was, Mann, Frau, Hunde, Katzen

DER JUNGE Kanarienvogel, Arschloch! Arschloch! Fucking Arschloch!

DER MANN Jetzt hast du ihn verärgert

DIE FRAU Was ist mit der Stereoanlage?! Was ist mit der Stereoanlage?!

DER MANN Nicht so laut

DIE FRAU Ich frag ja nur, war nämlich meine … das war meine, die hab ich zur Konfirmation bekommen

DER MANN Kauf dir ne neue

DIE FRAU Ja, klar
FRAU zum JUNGEN, der auf dem Bett liegt und anfängt schwer zu atmen, zu keuchen.
was ist denn?

DER JUNGE Weiß nicht
Er schreit leise vor Schmerz.

DER MANN Was hat er denn?

DIE FRAU Zeig mal deinen Arm

DER MANN Was ist denn damit?

DIE FRAU Gib mal her, bitte

DER JUNGE Nicht, nicht so anfassen, nicht … die andere Hand, die andere Hand kannst du berühren, aber nicht diese

DER MANN Was ist denn passiert?

DER JUNGE Weiß nicht, hab ich gebrochen, den Daumen … hab mir den Daumen gebrochen

DER MANN Wann?

DER JUNGE Ist falsch zusammengewachsen

DER MANN Tut das weh?

DER JUNGE Ja, schrecklich

DER MANN Warst du beim Arzt?

DER JUNGE Geh nicht zum Arzt, nein

DER MANN Warum nicht?

DER JUNGE Hab keinen und … überhaupt … was soll ich da … viel zu teuer
Pause.
Warum wart ihr so lange weg?

DIE FRAU Mein Gott ist das kalt hier

DER MANN Was?

DIE FRAU Kalt

DER MANN Nein, ich meine

DIE FRAU Draußen frierts, kann das sein? Zu dieser Jahreszeit schon Schnee? Kann das sein?

DER JUNGE Ihr. Ihr wart so lange weg, ihr habt mich so lange alleingelassen, warum?

DIE FRAU Du, wir hatten zu tun

DER JUNGE Was denn? Was musstet ihr denn machen?

DIE FRAU Arbeiten zum Beispiel

DER MANN Was ist denn mit der Heizung?

DER JUNGE Ich war hier allein, ich hab gedacht, ihr schaut mal … vorbei

DIE FRAU Ich war dreimal da, aber da hat niemand aufgemacht

DER JUNGE Hast du geklingelt?

DIE FRAU Ja

DER JUNGE Klingel ist kaputt

DIE FRAU Und wie soll man das wissen?

DER JUNGE Steht doch draußen dran

DIE FRAU Ich hab nichts gesehen
DER JUNGE schreit.
Was denn?

DER MANN Tut weh?

DER JUNGE Ja

DER MANN Der Finger?

DIE FRAU Ja, natürlich der Finger.

DER MANN Halt du dich doch da raus.

DIE FRAU Wieso soll ich mich da raushalten?

DER MANN Wieso warst du denn nie hier? Du hattest mir gesagt, du kümmerst dich um ihn.

DER JUNGE Kümmern? Sag mal spinnt ihr – ihr braucht euch nicht um mich zu „kümmern", ihr sollt nur ab und zu mal vorbeikommen, wir gehören doch … ach was weiß ich

DER MANN Zusammen

DER JUNGE Fuck off, weiß nicht, ja, vielleicht, was weiß ich

DIE FRAU Ich war hier

DER MANN Ach ja?

DIE FRAU Ich war hier, aber es hat mir ja niemand aufgemacht

DER JUNGE Steht doch dran „Klingel kaputt"

DIE FRAU Da steht nichts dran

DER JUNGE Geh doch gucken, steht doch dran

DIE FRAU Da steht nichts dran, ich war dreimal hier, immer, wenn ich in der Stadt war, bin ich hierher gekommen, aber da war niemand

DER MANN Ich hab dir einmal n Zettel in den Briefkasten gelegt

DER JUNGE Briefkasten ist kaputt

DER MANN Wie kaputt?

DIE FRAU Kaputt halt

DER MANN Wie kann denn ein Briefkasten kaputt sein?

DER JUNGE Schlüssel verloren … außerdem guck ich da nicht rein.

DER MANN Warum nicht?

DER JUNGE Ist nur Scheiße drin, nur Müll, Sachen, die man kaufen soll ICH WILL ABER NICHTS KAUFEN will ich nicht, ich kaufe nichts, da sind nur Zettel drin, wo draufsteht, dass ich irgendwas kaufen soll, da hab ich den zugeschlossen und den Schlüssel weggeschmissen, ich kauf nichts

DIE FRAU Wovon auch?

DER MANN Schhhh

DER JUNGE Ja, genau, wovon auch, ich verdiene Geld, ich gehe arbeiten, abends, ich habe Geld, ich verhungere nicht, aua, meine Hand.

DER MANN Du musst zum Arzt.

DIE FRAU Was willst du denn jetzt machen?

DER JUNGE Wieso „machen"? Ich mach doch was ... aua, Scheiße...
Schweigen.
Soll ich mal ne Platte auflegen
will aufstehen, fällt wieder um, fällt auf die Hand, schreit vor Schmerzen, steht noch mal auf, tritt irgendetwas, das im Weg steht, um.
SCHEISSE SCHEISSE VERDAMMTE SCHEISSE
redet mit einem Bücherregal, das er umkickt.
was willst du hier? Häh? Was willst du hier? Sag mal, na los, rede endlich, was willstn du hier
kickt es weg.
ich muss hier durch, tut mir Leid, muss hier durch, da kannste nicht stehen, geht nicht
wieder zu MANN und FRAU
Scheißbücher ... helfen auch nicht weiter ... ich les und les und les, aber ... bringt nichts ... absolut nichts ... ich komm nicht weiter ... hier guck mal
zur FRAU
hab ich mich geschnitten, nicht anfassen, nur gucken, nicht anfassen.
DIE FRAU schaut zum MANN.
Hab ne neue Platte, meine Lieblingsplatte, kann man nur ganz, ganz langsam nach tanzen, gleiten ... man gleitet eher so ... durch Zeit und Raum
lacht, verzieht dann das Gesicht vor Schmerzen.
ahhhh, MANN FUCK jetzt tut das schon weh, wenn ich lachen muss, was solln das? Häh? Was soll das?

schlägt auf seinen Körper ein.
Was soll das? Was? Ich frag ja nur … keine Antwort … komisch … dieser Fuckkörper antwortet nie, wenn ich ihn was frage
schlägt sich mit beiden Händen kurz und fest mehrmals gegen die Schläfen.
hallo? Jemand zu Hause?
Er lässt sich auf den Boden fallen, kurze Stille, robbt dann zur FRAU, weint, zieht dann DEN MANN dazu, küsst DEN MANN, zieht ihn so an sich, dass beide Männer im Arm DER FRAU liegen.
Schön, dass ihr da seid. Jetzt ist die Familie wieder zusammen was? Sollen wir was kochen?

DIE FRAU Keinen Hunger

DER JUNGE Doch, lass uns was kochen, ich koch euch was, los, musst ja nichts essen, musst du nicht, ich koch trotzdem
DIE FRAU steht auf. Geht ans Fenster, raucht. DER JUNGE küsst nochmal DEN MANN.
O Mann, mir tut alles weh, na ja, egal, und selbst? Wolltest du nicht? Du wolltest doch … wolltest du nicht irgendwohin … verreisen … oder so?

DIE FRAU Das war ICH … und … das war letztes Jahr, ich bin schon wieder zurück.

DER JUNGE Und wars schön?

DIE FRAU Nein, bin nach drei Tagen zurückgekommen, fands furchtbar

DER JUNGE Ich verreise nicht, ist nicht gut, Reisen ist nicht gut, das bringt einen völlig durcheinander.

DER MANN Was ist denn mit der Heizung?

DER JUNGE Weiß nicht, bin ich wohl gegen getreten, keine Ahnung, still mal eben, aua
zu seinem Kopf
sei still sei still
zum Daumen
und du auch, hör auf zu pochen, ich brauch mal eben kurz Ruhe,
schreit ganz laut.
da wars wieder, uaaaaahhhhh, o je, sag mal, spürt ihr das auch in letzter Zeit?

DER MANN Was?

DER JUNGE So ein Brennen nachts? Im Herzen … dass man älter wird und … aber … man wird älter, also ich und … die Sachen ändern sich nicht … die regeln sich nicht … die bleiben alle gleich … ich bin … wie alt?

DER MANN Ein Jahr jünger als ich.

DER JUNGE Ein Jahr jünger als du genau und … die Sachen regeln sich nicht, ich

DIE FRAU Hast du da angerufen?

DER JUNGE Wo?

DIE FRAU Bei dieser Agentur, bei der Nummer, die ich dir gegeben hab, hast du?

DER JUNGE Ich wollte, aber … nein…

DIE FRAU Tja.

DER MANN Warum denn nicht?

DER JUNGE Und diese STILLE … spürt ihr die auch … nachts, ich liege hier und O MANN alles so still hier, viel zu still, ich hör mein Herz schlagen und … irgendwas kriecht aus der Wand … oder ein Pochen? Keine Ahnung … aua, fuck, hör auf wehzutun, sonst hack ich dich ab … und dann muss ich raus, los und … ich kann nicht, ich kann nicht hier drin bleiben, aber die reden alle soviel, die reden alle so schrecklich viel, und das halt ich nicht aus, wenn man die mitnimmt, nach Hause, auf dem Weg hierher, die reden alle soviel, soviel UNSINN ich weiß nicht, was reden die? Was reden die denn? Häh? WAS REDEN DIE?
Er geht auf DEN MANN los.
WAS REDEN DIE, NA LOS, SAG MAL, WAS WAS WAS? Du weißt doch sonst auch immer alles

Es kommt zu einer Art Schlägerei, DIE FRAU geht dazwischen.

DER MANN Was ist denn los?

DER JUNGE Zu wenig Schlaf? Ja, schlafen Sie zu wenig? Entschuldigung, Herr Doktor, ich wollte Sie nicht unsittlich berühren
Er holt seinen Schwanz aus der Hose.
Guck mal
lacht.
ganz schön oder?
wedelt mit seinem Schwanz rum.
Der ist der Einzige, der zu mir hält
lacht.
mir gefällt der, nicht zu groß, nicht zu klein, und … sehr elegant…

zum MANN
der kann auch echt brutal sein, musst dich in Acht nehmen

DER MANN Ich weiß, ich kenn den ganz gut

DER JUNGE Kennst den ganz gut, kennst den ganz gut, ja, weiß ich, oder eher: weiß ich nicht, hab ich nämlich meist geschlafen oder war betrunken, wenn du da die Bekanntschaft gesucht hast, war ich meist nicht anwesend, wenn ihr euch mit dem vergnügt habt

DIE FRAU Hat mal jemand Feuer oder sonst irgendetwas – hat mal jemand irgendetwas? Mein Gott!

DER JUNGE Und deshalb lauf ich dann stundenlang ALLEIN durch die Stadt nachts, weil ich einfach DIESE STIMMEN NICHT ERTRAGEN KANN, wenn die reden, das macht mich kaputt, das macht mich echt kaputt, dieses Gequatsche, neue Klingeltöne und so was? Kann ich nicht mit dienen, tut mir Leid, oder Projekte oder was? Dass die immer alle reden müssen vorm Ficken, warum denn? Warum denn? Man geht nur raus, weil man einsam ist und die Stille zu Hause nicht aushält, und dann labern die einen alle zu mit ihren Problemen oder wie abgefahren geil aufregend ihr Leben ist, dass sie überall mitmischen, Sachen erfinden und in Gang bringen oder was weiß ich, alle ganz viel am Laufen haben. SCHNAUZE MANN ALLE STILL JETZT Nein, nein tut mir Leid, da versteck ich mich hier lieber oben
kickt gegen die Heizung, redet mit der Heizung.
wieso bist du eigentlich so faul und machst nichts? Weil dir jemand zu doll aufn Kopp gehauen hat? Deshalb? Hast dich deshalb ganz in dir vergraben und machst nichts mehr … findste das richtig? WIR FRIEREN, nur weil du zu faul bist, um hier mal n bisschen loszulegen und WÄRME zu produzieren … Fuck ist das kalt, ich weiß es auch nicht
Er geht unvermittelt auf DIE FRAU zu, die ein bisschen zurückschreckt, und küsst sie ganz lange.
das schmeckt immer noch am besten von allen Sachen auf der Welt, so … und jetzt Ruhe hier, Stille, Achtung
Er küsst sie nochmal, zieht dann DEN MANN dazu und küsst ihn auch, küsst dann beide abwechselnd.
Schön, endlich … jetzt feiern wir … weiß zwar nicht was, aber n Grund gibt es immer … nein, wir feiern, dass wir … wieder zusammen sind … und jetzt zusammenbleiben … für immer … oder? … aua … Ihr bleibt hier jetzt…
schaut aus dem Fenster.

da hat sich gestern Mittag jemand runtergestürzt, war ich grad beim Essen, hat mir noch zugewunken und ist dann gesprungen, ein dreizehnjähriger Junge ... dem gings wohl nicht so gut, glaub ich, der mochte seine Eltern nicht oder die ihn nicht, ist er gesprungen, hat kurz gewunken und ist dann gesprungen
haut sich auf seine Schläfen mit voller Kraft, bis er schreit.
oder warst du das? Oder die Heizung? Nachts soll man im Bett bleiben, sonst passieren komische Dinge ... ich weiß nicht, wer dieses Mädchen ist, das hier dauernd ankommt, die klingelt hier dauernd, sagt, dass sie mich liebt, aber ich kenn die gar nicht ... ja, wird wohl auch bald springen O MANN ... dieses Buch hier ... das redet nachts ... das redet nachts mit mir, seltsam oder ... aber DAS HAT MIR NICHTS ZU SAGEN ich versteh dich nämlich nicht, ich versteh dich gar nicht, kannste so viel reden, wie du willst, ich hör dir gar nicht mehr zu, ich hör nämlich niemandem mehr zu, mir ist alles egal, ich dreh jetzt n Film über mein Leben, abendfüllender Film, sehr schön, mit ganz vielen Landschaftsaufnahmen, Bäume, Alleen, Tiere
lacht und tanzt ohne Musik, fällt gegen die Stereoanlage.

DIE FRAU Ja, also, herzlichen Glückwunsch zum Geburtstag, o Mann, hier geht ja einiges.

DER JUNGE Liebst du mich?

DER MANN Sie oder ich?

DIE FRAU Ich natürlich, du Penner.

DER JUNGE Oder er, egal, beide.

DIE FRAU „egal"

DER MANN Natürlich.

DIE FRAU Er liebt dich, schön, oder?

DER JUNGE Und du?

DIE FRAU Ich auch

DER JUNGE Dann lieben wir uns alle, das ist doch schön.

DIE FRAU Super.

DER MANN O Mann, gib mir auch mal ne Zigarette. Kannst du dir nicht mal was anziehen, du erfrierst hier noch.

DER JUNGE Bin schon erfroren ... bin schon vor langer Zeit erfroren ... vor langer, langer Zeit, da war einmal ein kleiner Prinz, der brach auf, um sein Königreich zu finden ... aber leider hat er die

falsche Abzweigung genommen oder jemand hat ihm den Weg falsch gewiesen und er selbst war leider zu doof
haut sich auf die Schläfen.
hörst du: ZU DOOF ZU DOOF ZU DOOF du dummer Ficker, ja, ja, Ficken kann er ganz gut, das kann er ganz gut, hat ja auch n schönen Schwanz, hier guck mal
holt seinen Schwanz wieder raus.
Mütze Glatze Mütze Glatze Mütze Glatze Mütze Glatze,
zur FRAU
ganz schöne Vorhaut, oder, was denkst du? Haben nicht viele so ne schöne Vorhaut, ich kenn keinen DER SO EINE SCHÖNE VORHAUT HAT verdammt, REISS DICH ZUSAMMEN reiß dich zusammen
packt seinen Schwanz ein.
Ruhe, ich brauch Ruhe, könnt ihr bitte sofort gehen.
kurze Pause, die beiden anderen schauen sich an, aber gehen nicht, kurze Pause.
Ich darf nicht gestört werden, ich brauch viel Ruhe … aber, wenn die Ruhe da ist, halt ich sie nicht aus
Er kriecht zum Plattenspieler.
Fuckteil geht immer kaputt…
legt eine Platte auf NEW GRASS von TALK TALK. … Sie hören eine Weile zu.
das ist so schön, so schön, hör mal … der Mann, der das geschrieben hat, hat sich freiwillig wegsperren lassen, der wollte nicht mehr hier sein, weil … ist das nicht schön?

DER MANN Seit wann ist denn diese Heizung kaputt?

DIE FRAU Das ist viel zu kalt, hör mal, und dieses Bettzeug, soll ich das mal waschen?

DER JUNGE Weil er das nicht ertragen hat … der wollte eine Abwesenheit sein, alle guten Menschen wollen eine Abwesenheit sein, die wollen nicht mehr TEILHABEN an der Scheiße hier, oder? Richtig? Hallo! Hallo!!
haut sich mit aller Kraft mehrmals auf seinen Schwanz.
du auch nicht, du sollst auch nicht mehr teilhaben, machst nämlich nur Scheiße! So Ruhe, jetzt, zuhören, schön, oder? Der hat früher so Popplatten gemacht, Hits geschrieben, war ein Riesenerfolg, Platinplatten in Amerika und so und … immer im Radio und … er hat das nicht mehr ausgehalten, er hat einfach sieben Jahre lang nichts gemacht und sich zurückgezogen, mit niemandem geredet und

rumprobiert, alles Mögliche, alle möglichen Instrumente sich selbst beigebracht und nur noch moderne Klassik gehört, Jazz und so und dann ... dann hat er die besten Musiker, die es gab, zusammen versammelt, mit dem Geld von seinen ganzen Hits konnte er das ja, hat die alle engagiert und mit denen Musik gemacht, ganz wunderschöne, außergewöhnliche Musik, Tracks, die mehrfach überlagert ganz komplex und ... seine Stimme, ganz fein, ganz zerbrechlich, so angreifbar, so ... verletzbar ... und dann kam dieses Album raus LAUGHING STOCK ... das heißt soviel wie „der, über den sich alle kaputtlachen" und ... kein einziger Titel davon wurde jemals im Radio gespielt, die Plattenfirma hat ihn rausgeschmissen, sein ganzes Geld war weg, das Album wurde nur tausendmal weltweit verkauft oder vielleicht zwanzigtausend Mal, keine Ahnung, aber ... das kennt niemand ... das hier ist das beste Lied, das je geschrieben wurde, das beste Lied auf der ganzen Welt, das höre ich jeden Tag, ich liege hier und höre diesem Mann zu, diesen Instrumenten, dieser Gebrochenheit und Schönheit
lacht, schlägt sich auf seine Hände.
dieser Scheißdaumen, kannst du mal richtig anwachsen und zwar jetzt sofort?, danke! ... ich wollte den treffen und hab den gesucht, aber ... der ist nur noch dreimal aufgetreten, hat die Lieder von dieser Platte gesungen und alle wollten aber immer nur seine alten Hits hören, aber die wollte er nicht mehr spielen, er hat gesagt, die laufen ja schon unentwegt im Radio, die brauch ich ja nicht mehr selbst zu spielen ... die waren auch nicht schlecht, seine Hits, aber, weil niemand diese Sachen hier hören wollte, hatte er auch keine Lust mehr, Musik zu machen und hat dann aufgehört...
kurze Pause.
komm doch mal her.

DER MANN Ich?

DER JUNGE Komm mal her, zu mir ... nimm mich mal in den Arm, los
MANN zögert, JUNGE zur FRAU
und du auch, komm du auch mal her, na los
Beide kommen zu ihm, er kuschelt sich an sie ran.
Schön, dass ihr da seid, ihr geht jetzt nicht mehr weg, versteht ihr, wir bleiben wieder zusammen, okay, wie damals.

DER MANN Ich hatte solche Angst vor dir ... früher.

DER JUNGE Vor mir? Vor mir braucht man doch keine Angst zu haben.

DIE FRAU Wer ist das Mädchen, von dem du vorhin erzählt hast?

DER JUNGE Welches Mädchen?

DIE FRAU Das hier immer herkommt? Woher kennst du die?

DER JUNGE Keine Ahnung.

DIE FRAU Hast du die mitgenommen? Irgendwann mal nachts?

DER JUNGE Still

DER MANN Was denn?

DER JUNGE Hört ihr das?

DER MANN Was denn?

DER JUNGE *küsst erst DEN MANN, dann DIE FRAU, beide ganz sanft, lacht dann kurz*
Mein Herz.

DER MANN Was?

DER JUNGE Brennt weg, langsam.
Pause, DER JUNGE stellt „NEW GRASS" auf die erste Mundharmonikastelle.
Ich kann nichts machen, ich bewege mich nicht, ich liege hier und … mir ist kalt … als die Heizung noch ging, bin ich so lange dagegen getreten, bis sie endlich aus war, ich dachte: Besser, du erfrierst mal ein bisschen … oder? … tut doch ganz gut, ab und an ein bisschen erfrieren, oder?

DER MANN Bist du noch in der Tankstelle?

DER JUNGE Ja, ab und an, klar … aber … die Leute gefallen mir nicht so

DIE FRAU Dein Boss

DER JUNGE Den kenn ich gar nicht, oder? Nein, ich meine … ich weiß gar nicht, was ich meine, nein, ich … nein, da arbeite ich nicht mehr, schon lange nicht mehr, oder … seit gestern?, fuck, ich weiß es echt nicht mehr…
lacht.
alles vergessen
lacht.
keine Ahnung
Pause.

und? Wie läuft es so bei euch? Seid ihr glücklich? Seid ihr verliebt? Hast du noch deinen Freund?

DER MANN Mario?

DER JUNGE Nein, diesen mit den Fisch-Tattoos. Der diese japanischen Fische auf dem Arm hatte?

DER MANN Marco.

DER JUNGE Ja, den Typ von VIVA oder was das war ... der war hübsch ... aber von Musik hatte der keine Ahnung, der wusste ja gar nichts, nichts ... ich hab den auf n paar Bands angesprochen, aber ... der wusste ja absolut gar nichts.

DER MANN Nein, den hab ich nicht mehr.

DER JUNGE Wen hast du denn?

DIE FRAU Einen Kunstlehrer, einen arbeitslosen Grundschullehrer, der ihm Bilder schenkt, und wenn sie sich streiten, tritt er dann rein in die Bilder und gibt ihm die kaputten Dinger zurück.

DER JUNGE Aha, wieso das?

DIE FRAU Weil die Bilder Scheiße sind, das sind keine Kunstwerke, die sind nur Ausdruck seiner inneren Leere, da ist nichts, in dem ist absolut nichts, der lebt gar nicht, ich glaube, der ist auch noch gar nicht richtig zur Welt gekommen.

DER JUNGE Liebst du den?

DER MANN Hab mich grad getrennt.

DER JUNGE Wieso trennst du dich denn dauernd? Wieso denn? Bleib doch mal bei denen, Mann, trenn dich doch nicht dauernd. Der mit dem Fisch war doch nett, der war doch lustig, konnte gut trinken, hatte Humor, sah nach was aus, gut, bisschen dumm vielleicht, n bisschen einfach, aber nett, und sicher gut im Bett, oder?, sah so aus jedenfalls, wieso trennst du dich denn dauernd, du wirst doch auch älter, jetzt kommt die Zeit, wo man mal was festhalten muss, sonst geht man leer aus am Ende, wirste so ne alte Schwuchtel mit Hund, die bezahlen muss, wenn du so weitermachst.

DER MANN Jaja.

DIE FRAU Und du? Das Mädchen, jetzt sag doch mal, wer ist sie?

DER JUNGE Weiß ich nicht, kommt hier dauernd an, hab ich wohl mal mitgenommen irgendwann, jetzt will die nicht mehr weg

DIE FRAU Und die schläft hier?

DER JUNGE Glaub ja.

DIE FRAU Und das stört die nicht? Ich meine, wie es hier aussieht? Ich meine: Ihr liegt hier in diesem Bett bei dieser Kälte?

DER JUNGE Keine Ahnung, ich glaub ja, Mann, die ist doch immer total besoffen, wenn die hier auftaucht, das merkt die doch gar nicht.

DER MANN Und den Job an der Tankstelle hast du gekündigt?

DER JUNGE Bin einfach nicht mehr hin, da kamen auch keine guten Leute mehr hin, am Anfang, als das neu war ... wow ... und ich ... jede Nacht aufgelegt ... die Tankstelle ... bester Ort in der Stadt, Rückzugsort, keine Poser, keine Werbearschlöcher, Banker, Yuppies, Broker, Tennisspieler, Golffahrer, FAZ Leser, Theaterfuzzis, da war das noch n Ort der KONTEMPLATION, wenn du verstehst, was ich meine, aber jetzt ... Szeneladen, gepiercte Medienfotzen und koksende Investmentfondberater, kein Bock mehr drauf, da lieg ich lieber hier ... als letzte Bastion gegen den, ach was weiß ich ... ich will, dass ihr hier bleibt, komm, wir tanzen
DER JUNGE legt „NEW GRASS" auf, zweite Mundharmonikastelle.
Komm, wir gleiten, schweben, wie Farnkraut, ganz sanft, in alle Richtungen ... ganz leise im Wind ... die Kälte hier, das ist doch schön, verbrennt man nicht sofort, verbrennt man etwas langsamer ... ich liebe dich.

DIE FRAU Wen, mich?

DER MANN Oder mich?

Alle drei lachen.

DER JUNGE Uns alle.
Sie tanzen eine Weile, er wirft sich aufs Bett.
Aua, fuck, ich lande immer auf meinem kaputten Daumen, egal, wie ich fliege, ich lande immer genau da, wo es wehtut.
zur FRAU
Los, koch, Frau, los, ist doch mein Geburtstag, los, koch für mich, du Frau, du, dafür seid ihr doch da
lacht.
Sollen wir noch mal versuchen, miteinander zu schlafen?

DER MANN Gnade!

DER JUNGE Wieso, das war doch witzig. Du hast mir einen geblasen, ich hab ihr einen geblasen und...

zur FRAU
was hast du eigentlich gemacht?

DER MANN Nichts wie immer.

DIE FRAU Jungs, bitte … ich bin verheiratet.

DER JUNGE Was?

DER MANN Das war kurz und schmerzlos.

DER JUNGE Das kommt jetzt etwas … was?

DIE FRAU Ja, mit einem Werber im Übrigen
lacht.
einem koksenden Vitaminpillen fressenden Fitnessstudiowerber, ja, sorry, ist so.

DER MANN Schwanger ist sie auch.

DIE FRAU Im zweiten Monat, hab mich noch nicht entschieden.

DER JUNGE O je, das ist ja furchtbar, wieso das denn?

DER MANN Sie haben einen Hund, sie ziehen bald aufs Land.

DIE FRAU Unsinn.

DER JUNGE O je, wieso machst du denn so was?

DIE FRAU Weil ich … blöde Frage.

DER JUNGE Nein, sag mal, warum?

DIE FRAU Weil ich älter werde.

DER JUNGE Stimmt doch gar nicht.

DIE FRAU Leider doch.

DER JUNGE Siehst doch noch genauso aus wie früher.

DIE FRAU Nicht mehr unterhalb der Kleidung
lacht.
geht alles nur noch mit Licht aus
lacht.
o je, gibts hier Alkohol? Ich glaub, ich brauch jetzt was.

DER JUNGE Bier!

DIE FRAU Sehr gut.

DER JUNGE Müsste irgendwo sein, weiß nicht, im Flur oder so? Badezimmer? Guck mal im Badezimmer.

DIE FRAU *zum MANN*

Guckst du mal.

DER MANN Okay.
geht raus.

DIE FRAU geht auf DEN JUNGEN zu, umarmt ihn, küsst ihn, lange, intensiv, fährt mit den Händen unter sein Hemd, zieht ihm das Hemd aus, Wunden, ein paar kleine selbstgemachte Tattoos, sie holt sich von ihm innerhalb kürzester Zeit alles ab, was sie in den letzten Monaten vermisst hat, Küssen und Umarmen werden immer heftiger, brutaler, sie zieht ihn aus, legt ihn über sich, zieht sich aus, sie bringt ihn dazu, dass er sie fickt, das geht eine Weile, DER JUNGE schreit vor Schmerzen, DER MANN kommt mit drei Bier zurück, schaut den beiden eine Weile zu, kniet sich dann hinter die beiden, streicht DEM JUNGEN durchs Haar, während der DIE FRAU fickt, öffnet dann das Bier, stellt es ab, geht zur Heizung, kniet sich vor die Heizung, versucht, herauszufinden, warum die nicht funktioniert, die beiden hören auf mit dem Sex, nehmen jeder ein Bier, sie zieht sich wieder an, DER JUNGE bleibt, so wie er ist, und geht zu DEM MANN an der Heizung.

DER JUNGE Keine Ahnung, was da kaputt ist, die will einfach nicht mehr, keine Lust, zu heizen, was weiß ich, die mag mich nicht mehr, da kannste machen, was du willst, bringt alles nichts.
Er umarmt DEN MANN und küsst ihn lange, fängt jetzt an, DEN MANN auszuziehen, der lässt es eine Weile geschehen, wehrt dann ab und steht auf.

DER MANN Lass mal…

DER JUNGE Warum denn?

DER MANN Mag diesen Körper nicht mehr.

DER JUNGE Warum?

DER MANN Zu fett, zu alt, zu … ich weiß nicht … verbraucht … mag den nicht mehr.

DER JUNGE Mir gefällt er.

DIE FRAU Du spinnst.

DER MANN Nein, ich … ich zieh mich nicht mehr aus, schon lange nicht mehr, mach ich nicht, ich … mag das nicht mehr … geht auch ohne … geht auch ohne.

DER JUNGE Keine Blondinen mit Fisch-Tattoos mehr?

DER MANN Kaum.

DIE FRAU Geht nur noch in Darkrooms.

DER MANN Hör auf.

DIE FRAU Will niemanden mehr angucken.

DER MANN Ich will die nicht sehen. Ich will die ficken, aber ich will die nicht sehen.

DIE FRAU Tja und deshalb zieh ich aufs Land.

DER JUNGE Häh?

DIE FRAU Weil es dort so was alles nicht gibt.

DER MANN Dein Werber ist einer der Stammkunden in dem Kino, wo ich immer hingehe, dem scheints da genauso zu gehen wie mir, nur, dass er nicht fickt, sondern gefickt wird, ich glaub, der will die Typen nicht sehen, die ihn da durchknallen, so Familienpapis, Junkies, Friseure auf Ecstasy.

DIE FRAU Ja ja ist gut halts Maul.

Kurze Pause.

DER JUNGE Ach Mann, wir wollten doch feiern.

DIE FRAU Wie komm ich hier je lebend wieder raus?

DER MANN Nur eine kurze Verstörung, entschuldige, kommt ab und an mal vor, in letzter Zeit häufiger, aber
Er tritt gegen die Heizung.
ES IST SO FUCKING KALT, KAPIER DAS MAL UND MACH ENDLICH, DASS ES WARM IST, DAFÜR BIST DU SCHLIESSLICH ENGAGIERT WORDEN, DU FUCKTEIL

DER JUNGE Die spricht nur Spanisch.

DIE FRAU Wer?

DER JUNGE Die Heizung spricht nur Spanisch.

DIE FRAU Ach so.

DER JUNGE Ist von der Vormieterin aus Madrid, die hat die hier gelassen.

DER MANN Gehören Heizungen denn nicht zur Grundausstattung?

DIE FRAU Nein nicht mehr, gabs ne neue Verordnung, dass jetzt jeder seine eigene Heizung hat und die immer mitnehmen muss.

DER JUNGE Ja.

DER MANN Das ist doch Unsinn.

DER JUNGE In dieser Gegend hier gehört gar nichts zur Grundausstattung, da ist niemand mit irgendetwas grundausgestattet, niemand.

DIE FRAU Geh wieder arbeiten.

DER JUNGE Nein.

DER MANN Das wär aber besser.

DER JUNGE Nein.

DER MANN Was willst du denn machen?

DER JUNGE Hier liegen und Musik hören, hör mal
Er spielt „TAPHEAD“ an, Instrumentalstelle, Stimme von Mark Hollis ganz sanft.

DIE FRAU Kannst du denn nicht wieder irgendwo auflegen?

DER JUNGE Keine Lust, werden nur noch Scheißplatten rausgebracht und die, die ich hören will, will niemand außer mir hören…

DIE FRAU Das ist doch Unsinn.

DER JUNGE Nein, das ist so mittlerweile … wenn ich auflege, ist die Tanzfläche leer, die Leute bestellen alle einen Absacker und gehen nach Hause, ich bleibe allein zurück, ich bin der Letzte im Laden und geh allein auf die Tanzfläche und gleite so vor mich hin, stundenlang, irgendwann kommt der Chef und haut mir eins in die Fresse oder irgend ne Frau taucht auf und will gefickt werden, ist mir alles zu anstrengend, echt, keine Lust mehr, gleiten kann ich auch hier.

DER MANN O je

DIE FRAU Und du?

DER MANN Was und ich?

DIE FRAU Kommst du weiter?

DER MANN Wie „im Leben“ oder was?

DIE FRAU Mit deinem Roman.

DER MANN Weiß nicht.

DIE FRAU „Weiß nicht“.

DER MANN Weiß nicht.
kurze Pause.

Was soll denn diese Frage? Was is n das für ne Scheißfrage? Was heißt hier „Kommst du weiter?" Ich bin froh, dass ich noch hier bin, ich bin froh, dass ich mich nicht zurückentwickle, wie andere Leute

DIE FRAU Was soll n das heißen?

DER MANN N Werber. Dieses abgewichste Teil willst du heiraten!

DIE FRAU Hab ich bereits, hab ihn bereits geheiratet!

DER MANN Wann eigentlich?

DIE FRAU Letzten Winter.

DER JUNGE Das war bestimmt kalt oder hat der ne Heizung, die funktioniert?

DER MANN Der hat ne Heizung, die funktioniert, deshalb wurde er auch geheiratet, nen anderen Grund kann ich nicht erkennen, oder?

DIE FRAU Ach Mann
Sie lässt sich auf den Boden fallen.
kommt, lasst uns tanzen ... es ist einfach ... leg mal diese Dings da diese Platte auf von dem Mann, der sich in der Klinik wegschließen lässt.

DER JUNGE Ist es schön in so ner Klinik? War noch nie in einer.

DER MANN Kommste bald rein, dann kannste dich da mal umschauen.

DER JUNGE haut DEM MANN auf den Kopf.

DIE FRAU Fuck fuck fuck

DER MANN Das ist auch so n Wort, was man heut gar nicht mehr benutzt, ehrlich, das sagt kein Mensch mehr, niemand sagt mehr „fuck".

DIE FRAU Ich sag das noch.

DER MANN Du heiratest ja auch.

DER JUNGE Leute, die heiraten, sagen „fuck".

DER MANN Andere tun es.

DIE FRAU Im Dunkeln.

DER MANN Mit deinem Mann.

DIE FRAU O bitte.

DER JUNGE Ehrlich?

DER MANN Sorry, aber ... nee, ich versteh, warum du den geheiratet hast ... kann gut küssen und ... fickt ganz gut
lacht.
der ist fast erstickt, als ich...

DIE FRAU Mehr Bier bitte, schnell!

DER JUNGE Kommt sofort.
DER JUNGE geht raus.

DIE FRAU Komm mal her.

DER MANN Lieber nicht.

DIE FRAU Brauchst keine Angst zu haben.

DER MANN Will nicht.

DIE FRAU Jetzt komm.
DER MANN geht hin, auf Schläge gefasst, geht in Deckung, sie tut so, als wolle sie auf ihn einschlagen, streichelt ihn dann.
Wollen wir das nicht nochmal versuchen? Du und ich?

DER MANN Wir?

DIE FRAU Ja, wir beide?

DER MANN Und das Kind?

DIE FRAU Ist dann deins.

DER MANN Weiß er von dem Kind?

DIE FRAU Noch nicht, hat ja nie Zeit, ist ja nie da...

DER MANN Wir beide, das wär was, oder?

DIE FRAU Und ihn
meint DEN JUNGEN
nehmen wir einfach mit, der wohnt dann bei uns.

DER MANN Macht alles kaputt.

DIE FRAU Säuft, ritzt sich die Arme auf.

DER MANN Und gleitet durch Zeit und Raum...

DIE FRAU Warum nicht.

DER MANN Ne Heizung haben wir ja.

DIE FRAU Auch eine, die Deutsch spricht und funktioniert.

DER JUNGE *kommt zurück*
Bier für alle

DIE FRAU Ich liebe euch, ich will hier nicht weg.

DER MANN *nimmt DEN JUNGEN in den Arm, sie stehen alle drei da, Arm in Arm*
Zieh mal dein Hemd wieder an.

DIE FRAU Lass ihn doch, mir gefällt das.

DER MANN Mir auch, sehr sogar, das ist ja das Problem.

DER JUNGE Zieh dich aus.

DER MANN Nein, komm, lass.

DER JUNGE Mach, bitte, komm.

DER MANN Ich will nicht.

DER JUNGE *macht seinen Reißverschluss auf, holt seinen Schwanz aus der Hose, dann macht er den Reißverschluss DES MANNES auf, holt dessen Schwanz aus der Hose, so stehen sie eine Weile da*
… schön … schön, oder?

DIE FRAU Ich koche jetzt.

DER JUNGE Ja, los.

DIE FRAU Was gibts denn hier?

DER MANN Nichts, wahrscheinlich.

DER JUNGE Äh, ja.

DIE FRAU Ah toll.

DER JUNGE Hm.

DIE FRAU Ein DJ, bei dem keiner tanzt, der immer allein übrig bleibt, in eine leere kalte Wohnung zurückkehrt, in der nur EINE Platte rumliegt.

DER JUNGE Zwei.

DIE FRAU Und der sich dauernd irgendwas aufschneidet.
Sie packt die Schwänze beider Männer wieder ein.

DER MANN Still.

DER JUNGE/DIE FRAU Was?

DER MANN Still mal eben.

DER JUNGE/DIE FRAU Was denn?

DER MANN Still … Ruhe mal kurz.
Pause.

Tut nicht mehr weh

DER JUNGE Was?

DER MANN Deine Hand, oder? Hast schon lange nichts mehr gesagt drüber, nicht mehr geschrien. Alles okay?

DER JUNGE Und? Dein Herz?

DER MANN Was?

DER JUNGE Brennt weg?

DER MANN Nein, alles ganz ruhig grade.

DIE FRAU Steht alles still.

DER JUNGE Kurzer Moment.

DIE FRAU Alles gleitet … ganz, ganz langsam.

DER MANN Stillstand.
Pause.
Nur ein kurzer Moment, das Leben kommt gleich und holt uns wieder ab.

DER JUNGE Das läuft immer weiter und weiter und weiter, aber … ich weiß auch nicht, ich … das ändert sich gar nicht.

DIE FRAU Schhhhh, nur wir drei.

DER MANN Kurzer Moment

DER JUNGE Stillstand, jetzt, angenehm.
Pause, DER JUNGE legt NEW GRASS auf, sie hören zu.

DIE FRAU Ich will hier nie wieder weg

DER MANN Nein

DER JUNGE Ihr dürft nie wieder gehen

DER MANN Nein

DER JUNGE Wir bleiben zusammen

DER MANN Ja

DER JUNGE Für immer

DER MANN Klar

DER JUNGE Ja, oder?

DIE FRAU Ruhig

DER JUNGE Was?

DIE FRAU Einfach ruhig eben...

DER JUNGE Ich...

DIE FRAU Schhhh

DER MANN Irgendwas ist schwerer geworden, die Nächte sind ... es wird schwerer, morgens aufzustehen, kennst du das?

DER JUNGE Ich steh morgens nicht auf

DER MANN Ich meine ... dieser Riss, ich meine ... ach Mann, ich ... bis man erst mal man selber ist am Morgen

DER JUNGE Ich bin nie ich selber

DIE FRAU Ich war noch nie ich selber, ich weiß gar nicht, was das sein könnte

DER MANN Natürlich

DER JUNGE Ich weiß gar nicht, wie das geht, man selber sein ... oder? Das hier, das hier
streicht über seinen Körper, als befühle er etwas Fremdes.
bin das ich? Kann ja eigentlich nicht sein, oder?

DIE FRAU „Sei einfach du selbst", ich glaub, das ist ne Kampagne von unserer Agentur, die hat im letzten Jahr den zweiten Preis gewonnen bei den European...

DER MANN Still
Pause.
Jetzt friert das hier ein, nur für eine Sekunde, merkt ihr das? Friert fest, wir, das hier...
Pause, nur die Musik, eine Welle rauscht über die drei hinweg.
Wie bringen wir das hier zu einem Ende?

DIE FRAU Kein Ende, Jungs, kein Ende

DER MANN Du musst zurück zu deinem Mann

DIE FRAU Wie spät ist es denn?

DER JUNGE Müsst ihr schon gehen? Könnt ihr nicht bleiben?

DER MANN Ich kann ... ich kann bleiben, wo ich will, auf mich wartet niemand

DER JUNGE Und dein Roman?

DER MANN *ärgerlich*
Was ist damit?

DER JUNGE Ja, was ist damit?

DIE FRAU Ja?

DER MANN Hab ich mit … zehn Seiten … mehr gibts nicht … weiß nicht, ob das gut ist, kann ich euch vorlesen

DER JUNGE Was essen wir denn jetzt?

DIE FRAU Nichts

DER MANN Kann ich euch vorlesen, wenn ihr wollt, muss aber nicht

DIE FRAU Der Roman, der alles erklären soll, in dem alles drinsteht, unser Leben, unsere Welt, unsere Visionen, Aufbrüche, eine Abrechnung mit allem, was da gewesen ist, Zeit, Raum, Liebe, Musik, neue Gedanken, Stillstand, unser Leben … alles auf zehn Seiten…

DER JUNGE Wir legen uns unter die Decke, und du liest das vor

DIE FRAU Und wir sagen dir, wie wirs finden

DER JUNGE Ich finds gut

DER MANN Ich hab doch noch gar nichts gelesen

DER JUNGE Ich weiß es schon, ich fühl das, ich find alles gut, was du schreibst, du bist der beste Schriftsteller, den es gibt

DER MANN Ja, von den nicht verlegten, sicher der Beste

DER JUNGE Du müsstest dich vielleicht öfter mal konzentriert hinsetzen und

DIE FRAU Stimmt doch gar nicht, bist doch verlegt worden

DER JUNGE Ja? Bist du?

DIE FRAU Ja, ist er

DER JUNGE Was denn?

DIE FRAU Der hat eine Geschichte geschrieben über … dich

DER JUNGE Mich?

DIE FRAU Ja, dich und … mich und … eher eine Art Fotografie, eine Art Dokuerzählung, wie du lebst, was du sagst, wie du denkst, und ich komme auch vor, ich bin die Werbetante, die böse Frau, die Karriere machen will und das Familienglück auseinanderreißt, hat uns gut getroffen … wir … und … ja … verkauft sich ganz gut

DER JUNGE Und was schreibst du jetzt? Was sind die zehn Seiten?

DIE FRAU Seitdem gehts nicht mehr weiter…

DER JUNGE Seid ihr deshalb gekommen?

Pause.

DER MANN *zur FRAU*
Was redest du denn da?

Pause.

DER JUNGE Seid ihr deshalb gekommen aua Scheiße fuck … seid ihr?

DER MANN Ich wollte dich sehen

DER JUNGE Weils nicht weiterging mit dem Schreiben? Und jetzt hast du mich gesehen, und jetzt gehst du wieder?

DER MANN Weil ich dich brauche, ich … liebe dich … euch … glaub ich … ich bin … mir gehts nicht gut, seit wir nicht mehr … WARUM HEIRATET SIE, frag sie das mal bitte.

DER JUNGE Und? Hast du jetzt wieder Stoff?

DER MANN Frag sie das mal bitte

DER JUNGE *schlägt auf DEN MANN ein*
Aua, Mann, das tut weh
Pause.
Ich versteh euch nicht, was lebt ihr denn da grade? Kapier ich nicht, das ist ja, das ist…

DIE FRAU So, ich geh jetzt was zu essen holen
DIE FRAU geht raus.

DER MANN Ich liebe dich

DER JUNGE Was redst n da?

DER MANN Keine Ahnung

DER JUNGE Sage ich solche Sachen in deinem Roman?

DER MANN Hab doch gar keinen Roman geschrieben

DER JUNGE Hast du nicht?

DER MANN Hab gar nichts geschrieben

DER JUNGE Aber sie

DER MANN Ja, sie sagt das, aber … nein … nein, leider

DER JUNGE Was machst du den ganzen Tag?

DER MANN Weiß nicht, dasselbe wie du

DER JUNGE Das glaub ich nicht. Heizungen kaputt treten und frieren?

DER MANN Ach, Mann, komm mal her

DER JUNGE Nein

DER MANN Komm

DER JUNGE Nein

DER MANN Leg dich mal kurz hier her

DER JUNGE Nein

Pause, eine Welle rauscht über die Tonspur.

DER MANN Wird kälter hier, merkst du?

Kurze Pause.

DER JUNGE Meinst du, sie kommt wieder?

DER MANN Keine Ahnung

DER JUNGE Seht ihr euch noch oft?

DER MANN Nein, sie ist dauernd unterwegs, arbeitet in der Agentur von dem Typen, fliegt mit dem durch die Gegend
kurze Pause.
Arbeitet an PROJEKTEN, hält sich am Telefon fest, weint nachts im Schlaf oder liegt besoffen vor meiner Haustür, die ist kaputt, die kann nicht mehr, die muss raus, Rückzug, raus aus der Stadt, weg, weg.

DER JUNGE Und das Kind?

DER MANN Ist wohl von ihm, keine Ahnung, denk ich, glaub ich, ja, sie sagt, ja, sie sagt, es ist von ihm … warum solls nicht von ihm sein

DER JUNGE Und du hast mit dem geschlafen?

DER MANN Keine Ahnung, was weiß ich … ja … war dunkel da … waren wir betrunken, aber … sie denkt, ich denk mir das aus, aber … ich hab bislang mit jedem Mann geschlafen, mit dem sie zusammen war oder umgekehrt … sie mit jedem, mit dem ich zusammen war, das war schon immer so, das … das machen wir halt so

DER JUNGE Willst du nicht hier bleiben?

DER MANN Heut Nacht?

DER JUNGE Ja

DER MANN Wie früher?

DER JUNGE Ja, wie früher

DER MANN Du kommst betrunken nach Hause, fällst gegen die Anlage, fällst aufs Bett, in meine Arme, ich halte dich fest und … du tust so, als würdest du das alles nicht merken

DIE FRAU *kommt rein, hat Sushi dabei*
Ich bleib auch hier, ich geh nicht mehr weg

DER JUNGE Sushi, wie ätzend, gabs nichts Richtiges?

DIE FRAU *übergeht den Kommentar, kommentiert die TALK TALK tracks, die laufen*
Gibts hier noch irgendwo ALTE Platten, nicht nur diese traurigen verwirrten Männer?

DER JUNGE Gibt noch traurige AGGRESSIVE verwirrte Männer

DIE FRAU Ich hau ab hier, ich geh raus aufs Land

DER MANN Beschäftigst dich mit Pflanzen

DIE FRAU *aggressiv*
Pass mal auf, wer von uns beiden zuerst die Heckenschere in die Hand nimmt.

DER JUNGE *stochert angewidert im Sushi rum*
Mann, das sind doch die Tsunami Opfer, weißt du das nicht? Lies mal Zeitung ab und zu … das sind doch die Tsunami Opfer, die schwimmen doch da jetzt alle draußen auf dem Meer, 250 000 Menschen, die werden alle gefressen von diesen Fischen, das sind die Sushifische, Mann, die Sushifische kommen doch alle von da

DIE FRAU Sei still und iss.

DER JUNGE *pult den Fisch von der Reisgrundlage und isst nur den Reis*
Boatpeople, Flüchtlinge, depressive Millionäre, die von Luxusyachten springen, Arbeiter, die von der Bohrinsel fallen, die ganzen Ersoffenen da draußen, die ganze Scheiße, die von den Tankern verklappt wird, die die Flugzeuge überm Ozean abwerfen, die ganzen verunglückten Crashopfer … das fressen doch die Fische, DAS FRESSEN DEINE SUSHI FISCHE VERDAMMT ich ess das nicht ICH ESS DAS NICHT die ganzen Afrikaner, die sich nach Europa retten wollen und im Meer ersaufen LIES MAL ZEITUNG, BEVOR DU SO WAS HIER ANSCHLEPPST MANN
tritt gegen die Heizung.

GEH ENDLICH MIR IST KALT!!!

DIE FRAU O Mann, wie komm ich hier lebend wieder raus?

DER JUNGE Diese Nacht geht nicht mehr vorbei

DIE FRAU Die friert fest in unseren Herzen

DER JUNGE Hab kein Herz mehr, ist schon weg

DER MANN Lass uns Holz sammeln gehen, mir ist kalt

DIE FRAU Und es wird immer kälter

DER MANN Lass uns einfach Holz sammeln gehen, damit wirs warm haben, die nächsten Jahre.

DIE FRAU *bei den Platten, angewidert, fasst die Platte so an wie DER JUNGE zuvor das Sushi*
Justin Timberlake, was ist das denn?

DER JUNGE Hat die Frau wohl hier liegen gelassen

DER MANN *isst Sushi*
Schmecken eigentlich ganz geil, diese Tsunami Opfer ... hmmmm ... Condoleeza Rice sagt, die Tsunami Katastrophe war ein guter Tag für die amerikanische Wirtschaft, a good day for American economy. Brauchten sie nicht erst selbst hinfahren und alle umbringen, das hat diesmal die Natur für sie erledigt. Amerikanische Warnsysteme haben Stunden vorher bereits erkannt, dass da diese Welle losbrechen würde, aber die haben die Meldung nicht weitergeleitet, angeblich, weil sie nicht wussten, wem sie das melden sollten.

DIE FRAU *isst den Fisch, den DER JUNGE abgepult hat*
Stand das wieder in einer deiner Internethasspredigerforen?

DER MANN 250 000 Menschen tot, fast nur Moslems. Jetzt können sie das ganze Land wieder aufbauen, da kommen ordentlich Aufträge rein.

DIE FRAU Mann, Mann, Mann.

DER JUNGE Friss deine Moslems allein, ich ess höchstens den Reis, die Moslems kannste selber essen.

DIE FRAU Wenn hier demnächst mal n paar U-Bahnen in die Luft fliegen und du plötzlich nicht mehr da bist, weiß ich ja, was los ist. Mann, Mann, Mann. Lies doch mal ne normale Zeitung, Mann! Oder guck die Tagesschau, die verwirrt dich nicht so wie deine Schläferseiten im Netz.

DER JUNGE Ich hab kein Netz, will ich nicht, ich komm da sowieso nicht rein, ich komm sowieso nie irgendwo rein, nicht mal in diese Frau, die hier immer auftaucht, weil ich meist viel zu verpeilt bin. Außerdem legt die immer Justin Timberlake auf, DAS MACHT MICH AUCH SO FERTIG ahhhh, die will, dass ich so tanzen lern wie der, ahhhh, das MACH ICH ABER NICHT. MANN! SUSHI, SO NE SCHEISSE, können wir denn nicht mal was ECHTES essen? Warum KOCHST du nicht? AHHHH! /

DIE FRAU Dann nehm ich das Sushi eben wieder mit, dann kriegt das mein Mann! Der isst wenigstens, was auf den Tisch kommt.

DER MANN *gleichzeitig mit DEM JUNGEN und DER FRAU*
ABER ABER ABER ... Das INTERESSIERT mich nicht mehr, ich sag dazu nichts mehr, das sollen jetzt Justin Timberlake und seine Boybandgeneration MAL UNTER SICH AUSMACHEN, in was für ner Welt die leben wollen, DAS IST MIR EGAL, ahhhhh ahhhhh ahhhhhh, da schrei ich lieber, grundlos, einfach so, einfach so, weils Spaß macht, merkt man noch, dass man am Leben ist, ahhhhh ahhhhh ahhhh, merkt man noch, dass da so eine Grundenergie ist, so eine Rest-Grundenergie, nicht so oft ejakulieren, sagt meine Heilpraktikerin immer, sonst ist der Akku bald leer, weiß zwar nicht, wie der noch leerer werden kann, aber ist wohl so ahhhh, ahhhhh, ahhhhh

DER JUNGE *stimmt mit ein*
Ahhhh ahhhh ahhhh

DIE FRAU *stimmt auch mit ein*
Ahhhh ahhhh ahhhh
wühlt durch die Platten.
hier muss doch irgendwo, warte, hier muss doch, oder? Da, ja, DA, ja, die hab ICH mal gekauft
nimmt NIRVANA „Smells like teen spirit", legt das auf, die drei hüpfen nach der Musik durch die Luft, aber so, als erinnerten sie sich an etwas, an eine Zeit, die ihre Körper bereits verlassen hat, DER JUNGE schmeißt das Bücherregal um, baut einen Stapel aus den Büchern, von dem Stapel aus werfen sich die drei immer wieder Stage-Diving-mäßig auf die Matratze und schreien dabei.

DER MANN/DIE FRAU/DER JUNGE Ahhhh ahhhh ahhhh ahhhh

DER JUNGE tritt dann in die Heizung rein, zerkloppt einen Stuhl, legt die Stuhlbeine wie Feuerscheite übereinander und versucht mit einem Feuerzeug, das Ganze zum Brennen zu bringen, vergeblich.

DER JUNGE Gleich wirds warm hier
Er zündelt und zündelt, DIE FRAU macht die Platte aus, schaut aus dem Fenster, DER MANN liegt erschöpft auf dem Bett, eine Welle rauscht über alle drei hinweg, das Feuer beginnt zu brennen, wie ein Lagerfeuer. Lautes Knistern, Geräusche von loderndem Feuer.
Schlaft hier, schlaft einfach beide hier

DIE FRAU Geht nicht fuck
schaut aus dem Fenster.
da steht er…

DER MANN Dein Mann?

DIE FRAU Ja … „Mein Mann" … Haus ist umstellt … meine Ehe wartet, der Rest meines Lebens … Abtransport … alles in eine Reihe aufstellen und ab … ab ins Lager

DER JUNGE Was?

DIE FRAU Ich werde abgeholt … abtransportiert…

DER MANN Holz sammeln, schnell, ich erfriere, mein Herz … schnell … die Zeit rennt weg…

DIE FRAU O Gott, ich will da nicht hin, in dieses, dieses … Ehelager.

DER MANN Bleib hier

DIE FRAU Im Ehelager verwaltet werden bis ans Ende meiner Tage, HILFE
kurze Pause.
AHHH
kurze Pause.
Aber wo soll ich sonst hin?

DER JUNGE Still

Eine Welle rauscht vorbei.

DIE FRAU Könnte man nicht einfach ewig auf dem Sprung sein, nie ankommen, immer nur kurz vorm Aufbruch, nie ankommen, nie anschauen müssen, wie das dann aussieht, dieser Ort, zu dem man aufgebrochen ist, weil … der sieht einfach IMMER SCHEISSE aus, IMMER.

DER MANN Oder alles in die Luft sprengen?

DER JUNGE Ihr dürft nie wieder gehen

DER MANN Die Verkehrswege kappen … Stillstand, Ruhe, angenehm wär das, oder? Keiner bewegt sich mehr, alles still.

DER JUNGE Wir bleiben zusammen

DER MANN Ja

DER JUNGE Für immer

DER MANN Klar

DER JUNGE Ja, oder?

DIE FRAU Ruhig

DER JUNGE Was?

DIE FRAU Einfach ruhig eben…

DER JUNGE Ich…

DIE FRAU Schhhh, Ruhe, wohin?, kann das einfach mal still stehen, nur kurz, bitte, nur ganz kurz keine Entscheidungen treffen. ICH WILL KEINE ENTSCHEIDUNGEN TREFFEN.

DER JUNGE Alle Entscheidungen sind immer falsch, egal, welche man trifft, deshalb treff ich keine.

Pause, es klingelt.

DER MANN Sie wird grade für dich getroffen.

DIE FRAU *unterbricht ihn*
Ruhe! Ich will da nicht raus … aber
schaut die beiden an.
ich kann auch nicht hier bleiben, oder? O Gott! Wie komm ich hier jetzt lebend wieder…

DER MANN Wir bleiben zusammen.

DIE FRAU … raus

DER MANN Bleib

DER JUNGE Einmal noch unseren Song, dann
Er stellt noch mal NEW GRASS an.

DIE FRAU Alles gleitet … ganz, ganz langsam.

DER MANN Stillstand.

DIE FRAU Nur für zwei Sekunden noch, dann

DER MANN Bleib

DIE FRAU Ja

DER JUNGE Ja?

DIE FRAU Für zwei Sekunden, dann

DER MANN Bleib

DIE FRAU Da steht er

DER MANN Geh nicht

DER JUNGE Wir bleiben hier, zusammen, wir

DIE FRAU Ja

DER JUNGE Wir sind eine Familie, wir

DIE FRAU Ja

DER MANN Ja?

DIE FRAU Zwei Sekunden, ja, dann

Eine Welle rauscht vorbei, Black, nur die Musik.

ZWEITE DURCHWACHTE NACHT

DER MANN
DER ETWAS JÜNGERE MANN
DER ANDERE ETWAS JÜNGERE MANN

1

DER MANN und DER ETWAS JÜNGERE MANN an der Tür.

Es ist die Wohnung DES ETWAS JÜNGEREN MANNES, im Hintergrund läuft Sex and the City im TV.

DER ETWAS JÜNGERE MANN Hau ab.

DER MANN Ich vermisse dich.

DER ETWAS JÜNGERE MANN Das hättest du dir früher überlegen sollen.

DER MANN Ich hab das nicht so gemeint.

DER ETWAS JÜNGERE MANN Wie hast du es denn gemeint? Dass ich eine blöde Tunte bin, dass du dich schämst vor deinen Freunden, weil ich so dumm bin, keinen einzigen Satz raus bringe, der nicht von SEX AND THE CITY nachgeplappert ist.

DER MANN Ich liebe dich.

DER ETWAS JÜNGERE MANN Komisch, du vermisst mich immer nur nachts … nachts, wenn du nicht schlafen kannst…

DER MANN Komm zurück.

DER ETWAS JÜNGERE MANN Was?

DER MANN Komm zurück, bitte.

DER ETWAS JÜNGERE MANN Du hast dich doch von MIR getrennt.

DER MANN Das war ich nicht.

DER ETWAS JÜNGERE MANN Natürlich warst du das.

DER MANN Ich? Nein, das war … das war jemand anderes, nicht ich, nein, ich … ich war das nicht.

DER ETWAS JÜNGERE MANN Du hast dich von mir getrennt, gestern, vorgestern und IN DER NACHT DAVOR AUCH … fünfmal in drei Wochen, und ich bin jedes Mal zu dir zurückgekommen, jetzt ist Schluss.

DER MANN Was soll denn das heißen: Schluss? Wie soll denn das gehen? Wie soll man denn Schluss machen, das geht doch gar nicht, das geht erst, wenn einer von uns beiden tot ist, vorher geht das nicht.

DER ETWAS JÜNGERE MANN Du kannst hier nicht jede Nacht.

DER MANN Doch.

DER ETWAS JÜNGERE MANN Du kannst.

DER MANN Kann ich.

DER ETWAS JÜNGERE MANN NEIN.

DER MANN DOCH.

DER ETWAS JÜNGERE MANN Ich will, dass du gehst.

DER MANN Nein.

DER ETWAS JÜNGERE MANN Doch.

DER MANN Nein.

DER ETWAS JÜNGERE MANN GEH.

DER MANN Nein.

Kurze Pause.

DER ETWAS JÜNGERE MANN *ganz leise*
Geh.

DER MANN Ich kann nicht, ich komm hier nicht weg, ich … bitte … ich kann nicht mehr, ich sterbe.

DER ETWAS JÜNGERE MANN Hau ab, stirb woanders.
DER ETWAS JÜNGERE MANN schlägt die Tür zu, DER MANN hämmert sehr, sehr laut gegen die Tür, es klingt, als wolle er sie kaputtschlagen, laut.
Hör auf.

DER MANN Nur, wenn du aufmachst.

DER ETWAS JÜNGERE MANN Geh.

DER MANN Ich hab ein Geschenk für dich dabei, darf ich dir das geben?

Tür geht auf.

DER ETWAS JÜNGERE MANN Nimm den Fuß aus der Tür.

DER MANN Nein.

DER ETWAS JÜNGERE MANN Ich schlag gleich zu.

DER MANN Mach doch.

DER ETWAS JÜNGERE MANN Mach ich auch.

DER MANN Ja, mach doch.

Pause.
Kannst du nicht mal vorbeikommen, wenn du schon nicht zurückkommen kannst, kannst du dann nicht mal vorbeikommen? Für eine Stunde oder so?

DER ETWAS JÜNGERE MANN Nein.

DER MANN Vorgestern hab ich mich den ganzen Tag in meinem Schlafzimmerschrank eingesperrt, davor lag ich stundenlang unterm Küchentisch, hab mir die Ohren zugehalten, damit ich nicht hören muss, wie das Handy **nicht** klingelt und du **nicht** anrufst, ich kann nicht mehr … ach Mann, ich … schau mal hier: Ich blute, das war ich … für dich … ich … komm endlich zurück, sonst … ich bring dich um, du weißt, ich mach das, erst dich, dann mich … ich hab versucht…

DER ETWAS JÜNGERE MANN … dich umzubringen, hör auf, das sagst du doch immer.

DER MANN Nein!

DER ETWAS JÜNGERE MANN Ich glaub dir kein Wort.

DER MANN … ich … wenigstens heute? Können wir denn nicht wenigstens heute, nur eine halbe Stunde, ich hab was gekocht, ich … ist doch mein Geburtstag … bitte
ganz schwache Stimme.
komm mit, nur ne halbe Stunde oder Stunde, dann kannst du ja wieder gehen, bitte

DER ETWAS JÜNGERE MANN Nein.

DER MANN Willst du denn die Nacht allein verbringen?

DER ETWAS JÜNGERE MANN Ja.

DER MANN Oder ist da jemand bei dir?

DER ETWAS JÜNGERE MANN Nein.

DER MANN Da ist jemand.

DER ETWAS JÜNGERE MANN Nein.

DER MANN Was machst du?

DER ETWAS JÜNGERE MANN Ich gucke mir n paar DVDs an, dann geh ich schlafen, mehr nicht.

DER MANN Ich glaub dir kein Wort.

DER ETWAS JÜNGERE MANN Fahr jetzt nach Hause.

DER MANN Küss mich bitte.

DER ETWAS JÜNGERE MANN Nein.

DER MANN Doch.

DER ETWAS JÜNGERE MANN Du kannst hier nicht einfach so ankommen und denken, alles geht wieder von vorne los.

DER MANN Doch.

DER ETWAS JÜNGERE MANN Nein.

DER MANN Doch.

DER ETWAS JÜNGERE MANN Nein.

DER MANN Doch.

DER ETWAS JÜNGERE MANN Nein.

DER MANN MANN, IST DAS ANSTRENGEND.

DER ETWAS JÜNGERE MANN GEH.

DER MANN Nein.

DER ETWAS JÜNGERE MANN Doch.

DER MANN Ich kann nicht mehr.

DER ETWAS JÜNGERE MANN Ich auch nicht.

Tür geht zu, DER MANN hämmert gegen die Tür, schreit dabei, Pause.

DER MANN Küss mich.

DER ETWAS JÜNGERE MANN Wenn du dann gehst.

DER MANN Okay.

DER ETWAS JÜNGERE MANN Aber es bedeutet nichts.

DER MANN Okay.

DER ETWAS JÜNGERE MANN Es bedeutet nichts, klar.

DER MANN Ja.

DER ETWAS JÜNGERE MANN Ist das klar?

DER MANN Ja-ha.

DER ETWAS JÜNGERE MANN Sag es.

DER MANN Was?

DER ETWAS JÜNGERE MANN Sag es.

DER MANN Was denn?

DER ETWAS JÜNGERE MANN Sag: ES BEDEUTET NICHTS.

DER MANN Es bedeutet … nichts.

Tür geht auf, sie küssen sich, sehr lange.

DER ETWAS JÜNGERE MANN So. Herzlichen Glückwunsch. Und jetzt fahr.

DER ETWAS JÜNGERE MANN schubst DEN MANN wieder hinaus und knallt die Tür zu, DER MANN schreit laut, eine Welle rauscht über die Tonspur, Black, nur die sehr laute Welle, ca. 20 Sekunden.

2

Licht an, dieselbe Situation, Minuten oder Stunden später.

DER ETWAS JÜNGERE MANN Du kannst hier nicht einfach wieder auftauchen und glauben, alles sei so wie –

DER MANN Alles IST so wie, IST es … komm mal her –

DER ETWAS JÜNGERE MANN Nein.

DER MANN Komm…

DER ETWAS JÜNGERE MANN Nein.

DER MANN … wenn ich dich jetzt anschaue, jetzt, hier, ich kann mir einfach nicht vorstellen, dass wir, ich meine … es IST oder, o Mann, tut mir alles Leid, aber, das war, ich weiß auch nicht, aber … bitte komm zurück zu mir, bitte…

DER ETWAS JÜNGERE MANN Du hast dich doch von MIR getrennt.

DER MANN Das war ich nicht.

DER ETWAS JÜNGERE MANN Natürlich warst du das.

DER MANN ICH WAR DAS NICHT.

DER ETWAS JÜNGERE MANN Wer war das dann?

DER MANN Was weiß ich, einer deiner, was weiß ich, siebenundzwanzig anderen, die … sind die da JETZT? SIND DIE DA GERADE ALLE DRIN UND … die sitzen da doch alle und LACHEN SICH TOT ÜBER MICH MANN ICH LIEBE DICH KOMM ZURÜCK –

DER ETWAS JÜNGERE MANN Nein.

DER MANN Ich kann ohne dich nicht leben.

DER ETWAS JÜNGERE MANN *lacht*
Mann, wo haste denn solche Sätze plötzlich her?

DER MANN Ich brauch dich KOMM ZURÜCK –

DER ETWAS JÜNGERE MANN lacht über den Satz, DER MANN haut ihm auf den Kopf.

DER ETWAS JÜNGERE MANN Fass mich nicht an.

DER MANN Bitte –

DER ETWAS JÜNGERE MANN Nein.

DER MANN Ich muss aber –

DER ETWAS JÜNGERE MANN Nein.

DER MANN ICH MUSS –

DER ETWAS JÜNGERE MANN Nein.

DER MANN Zieh dein Hemd aus.

DER ETWAS JÜNGERE MANN Sag mal ... spinnst du?

DER MANN Wer hat dir erlaubt, das Hemd anzuziehen?

DER ETWAS JÜNGERE MANN Nimmst du irgendwas? Nimmst du irgendwelche Medikamente?

DER MANN Ich?

DER ETWAS JÜNGERE MANN Oder hast du irgend n neues Buch gelesen oder ... du wirkst so, so ... irgendwas ist anders –

DER MANN Ja, natürlich ist irgendwas anders, irgendwas IST anders, irgendwas IST anders, ja, NATÜRLICH MANN ALLES IST ANDERS. Warum hast du mich verlassen?

DER ETWAS JÜNGERE MANN *erschöpft*
Mann, du hast MICH verlassen –

DER MANN Nein.

DER ETWAS JÜNGERE MANN DOCH!

DER MANN Nein.

DER ETWAS JÜNGERE MANN Natürlich.

DER MANN Das war ich nicht, du verwechselst mich.

DER ETWAS JÜNGERE MANN Nein, das warst DU, ich verwechsle dich nicht.

DER MANN Wer ist da drin?
kurze Pause.
Ich kann nicht schon wieder allein schlafen, das halt ich nicht aus, das geht nicht –

DER ETWAS JÜNGERE MANN Ja, dann such dir jemanden.

DER MANN Mann, ich hab mich geirrt, versteh doch.
Pause.
Zieh doch mal dein Hemd aus.

DER ETWAS JÜNGERE MANN Was?

DER MANN Bitte.

DER ETWAS JÜNGERE MANN Was?

DER MANN Hast du doch sonst auch immer gemacht.

DER ETWAS JÜNGERE MANN Mann, du bist ja völlig, was verabreichen die dir denn? Bist du wieder in dieser Klinik?

DER MANN DAS IST EIN HOTEL.

DER ETWAS JÜNGERE MANN Ach, ich dachte, das sei –

DER MANN NEIN, DAS IST EIN HOTEL. Zieh das doch mal aus jetzt –
DER MANN versucht, ihm das Hemd auszuziehen, küsst ihn dabei, DER ETWAS JÜNGERE MANN wehrt sich, dann haut DER MANN ihm eine Ohrfeige, die auch sexuell gemeint sein könnte, küsst ihn wieder, dann macht DER ETWAS JÜNGERE MANN sich los und schlägt die Tür zu, DER MANN hämmert wieder dagegen.
Mach auf! Mach jetzt auf.
Pause, dann ganz sanft.
Hallo? Hallo – hallo?

Pause.

DER ETWAS JÜNGERE MANN Okay, ich mach jetzt auf, aber du fasst mich nicht wieder an, klar –

DER MANN Ja.

DER ETWAS JÜNGERE MANN Versprochen.

DER MANN Ja.

DER ETWAS JÜNGERE MANN Verhalt dich ganz ruhig, okay.

DER MANN Ja.
Tür geht auf, DER ETWAS JÜNGERE MANN hat sein Hemd ausgezogen, sie schauen sich eine Weile stumm an.
Hallo.

DER ETWAS JÜNGERE MANN Hallo.
Pause.
Wo ist denn mein Geschenk?

DER MANN Hier, die CD hab ich dir gebrannt, das ... hör ich jetzt immer, wenn ich ... an dich denke ... also immer ... WHEN YOU REMEMBER WHO I AM JUST CALL, kennst du das?

DER ETWAS JÜNGERE MANN Nein.

DER MANN Darf ich reinkommen?

DER ETWAS JÜNGERE MANN Nein.

DER MANN Kannst du nicht kurz mit zu mir kommen und ... dich neben mich legen, nur bis ich eingeschlafen bin, dann kannst du ja wieder fahren, es bedeutet auch nichts, ehrlich, ich ruf dann auch nicht mehr an, aber ... ich kann nicht schlafen sonst, ich vermisse dich so, du bist so –

DER ETWAS JÜNGERE MANN umarmt DEN MANN jetzt und küsst ihn, sehr leidenschaftlich, schubst ihn dann vor die Tür und schlägt die Tür zu.

DER ETWAS JÜNGERE MANN So das genügt für heute.

Kurze Pause.

DER MANN NEIN!!!

Black, eine Welle rauscht über die Tonspur, sehr laut, in das Wellenrauschen wird der Track NEW GRASS von Talk Talk reingefahren – nur Musik und Wellenrauschen, etwa eine Minute.

3

Ein Telefongespräch der beiden, einige Stunden später, das Wellenrauschen liegt über dem Gespräch.

DER MANN Hallo, ich bins, hör zu, es, das, es, okay, es tut mir leid, ich ... BITTE, LASS MICH REIN BITTE, ich dreh durch, ich kann diese Nacht, bitte, ich, bitte –

DER ETWAS JÜNGERE MANN Wie soll denn das gehen? ... du kommst dann wieder, dann geht das wieder zwei Tage gut, dann ... und es wird jedes Mal schlimmer, immer, immer schlimmer, du und ich, das ... weißt du, wir ... wir passen nicht zusammen, okay –

DER MANN Ich weiß, aber Mann, HEUT IST DOCH MEIN GEBURTSTAG, ist doch scheißegal, ob wir zusammenpassen oder nicht, es ist einfach, ich O MANN bitte, bitte, du musst mir auch nix schenken, ICH SCHENK DIR WAS EGAL aber bitte LASS MICH REIN –

DER ETWAS JÜNGERE MANN Nein.

DER MANN Bitte –

DER ETWAS JÜNGERE MANN Ich leg jetzt auf.

DER MANN Nein, tu das nicht, bitte, ich ICH BRING MICH UM –

DER ETWAS JÜNGERE MANN Ja, dann mach das, viel Spaß.

DER MANN Ich mach das wirklich –

DER ETWAS JÜNGERE MANN Ja, ich weiß „wirklich", schönes Wort, eins meiner Lieblingswörter „wirklich" und „ehrlich", kommt gleich nach „für immer" und „du und kein anderer", komm, fuck off, jetzt, MANN, ich kann nicht mehr, ich will auch nicht mehr, du kannst dich nicht dreimal pro Woche von mir trennen und mir erzählen, wie scheißeblöd ich bin, dass ich kein Gehirn habe, dass du dich schämst vor deinen Freunden, dass dir nach dem Sex schlecht wird, weil du merkst, wie entsetzlich leer ich bin, dass ich keine Seele habe, nur Körper, und dass –

DER MANN TUT MIR LEID.

DER ETWAS JÜNGERE MANN Nein, hörst du ... nein, ich sage nein.

DER MANN Sonst hast du auch immer nein gesagt, wenn du ja gemeint hast –

DER ETWAS JÜNGERE MANN Ja, das war aber –

DER MANN Hast immer nein gesagt, aber ja gemeint –

DER ETWAS JÜNGERE MANN Ja, aber –

DER MANN Und das war ja auch gut so, das hat mir ja ... das hat mir ja gefallen, ich ... ich fand das immer gut, wenn du nein gesagt hast –
macht ihn nach.

– „nein, nein, nein."

DER ETWAS JÜNGERE MANN *ganz sachlich*
Gut, okay, ja, das war aber vor ein paar Tagen, und jetzt ist jetzt, jetzt bin ich ein anderer, und jetzt sage ich nein und meine auch nein.

DER MANN „Nein, bitte, nein, nein, nein, nein, nein, nein, nein, nein."

DER ETWAS JÜNGERE MANN Fertig?

DER MANN Lässt du mich rein?

DER ETWAS JÜNGERE MANN Nein.

DER MANN Sicher?

DER ETWAS JÜNGERE MANN Ja.

DER MANN Du bist dir doch nie sicher bei nichts.

DER ETWAS JÜNGERE MANN Doch.

DER MANN Du meinst nie, was du sagst, du sagst nie, was du meinst –

DER ETWAS JÜNGERE MANN Schluss.

DER MANN Nein.

DER ETWAS JÜNGERE MANN Doch.

DER MANN Du willst mich doch nur kaputtmachen, weil du ein Scheißleben führst und ich nicht, weil ich ARBEITE und du nur aufm Amt rumhängst oder Sex and the City glotzt oder Sperma schluckst oder was weiß ich, was du den ganzen Tag lang machst, du bist so leer, so hohl, so einsam, LASS MICH JETZT REIN, ich schlaf nicht allein heut Nacht, ich verbring NICHT wieder die ganze Nacht im Netz, Mann, ich find da niemanden und die, die ich da finde, will ich nicht haben, ich will da nicht hin, Mann, ich will nicht wieder die ganze Nacht da rumtickern mit den ganzen Psychopathen LASS MICH REIN –

DER ETWAS JÜNGERE MANN Fertig?

DER MANN War nicht so gemeint, sorry, ich brauch dich einfach, ich –

DER ETWAS JÜNGERE MANN Okay, gut.

DER MANN Lässt du mich rein?

DER ETWAS JÜNGERE MANN Jetzt IST SCHLUSS, und hörst du? Du rufst nicht mehr an, du kommst nicht mehr ... vorbei, du bist jetzt ... weg.

DER MANN *schreit*
NEIN!!!

DER ETWAS JÜNGERE MANN verschwindet, Fokus auf DEN MANN, die Musik und das Wellenrauschen werden verzerrt und laut, unangenehm laut, wirken jetzt wie Internetrauschen.

4

Folgender Text auf der Tonspur mit einer computeranimierten Stimme eingesprochen – klingt sehr technisch, nicht menschlich.

- bock auf ne d s?

- ja – wenn die d s sich tief und hart ins m f lässt – und gerne g wird –

- jo. aber sicher. grins.

- auf was stehst n noch so?

- op, bb, sp, f l und gk.

- wo biste?

- Westen

- cool, ich auch

- wolln wa?

- jo, gib ma addi, ich komm zu dir

- jo smile frechgrins

- lechz, bis gleich, zehn minuten

- am anfang musste halt beim f echt aufpassen. bin da sehr untrainiert. echt super soft und mit viel g. wenn du drin bist und ich mich dran gewöhnt habe, kannste aber loslegen, wenn ich maule, gibts ne schelle. fs erst mal nicht. finde es eh besser, wenn du mich festhältst und mir rein körperlich überlegen bist. gerne von hinten f und dabei die hände aufn rücken festhalten, damit ich nicht ws kann. gerne von vorne und mund zuhalten. oder halt ne schelle. ich bsb sehr gerne. kann zwar deep throat nicht so, aber tue mein bestes!!! fg, jo.

na ja, du musst mich halt zwingen, arschig behandeln. mit zwang geht vieles. noch andere ideen und interessen?

Der Ton wird lauter und verzerrter, unangenehm.

5

Licht an – DER MANN kommt in eine neue Wohnung, Musik und Ton schlagartig aus.

DER MANN/DER ANDERE ETWAS JÜNGERE MANN.

DER ANDERE ETWAS JÜNGERE MANN Das bist du?

DER MANN Ja.

DER ANDERE ETWAS JÜNGERE MANN Aha.

DER MANN Ja.

DER ANDERE ETWAS JÜNGERE MANN Aha.

DER MANN Noch kann ich ... gehen, wenn du ... wenn du das willst, kann ich –

DER ANDERE ETWAS JÜNGERE MANN Nein nein komm rein.

DER MANN Sicher?

DER ANDERE ETWAS JÜNGERE MANN Nein.

DER MANN Was?

DER ANDERE ETWAS JÜNGERE MANN Komm rein.
kurze Pause.
L sagtest du?

DER MANN Was?

DER ANDERE ETWAS JÜNGERE MANN L?

DER MANN Ja.

DER ANDERE ETWAS JÜNGERE MANN Eher XL oder SL?

DER MANN Was?

DER ANDERE ETWAS JÜNGERE MANN Ich frag nur, ich will keine Enttäuschung später.

DER MANN Küsst du?

DER ANDERE ETWAS JÜNGERE MANN Weiß noch nicht.

DER MANN Nein? Das stand aber...

DER ANDERE ETWAS JÜNGERE MANN Da stand „nach Absprache", klar, „nach Absprache" stand da – also, haben wir eine Absprache getroffen? Nein, noch nicht.

DER MANN Nein.

DER ANDERE ETWAS JÜNGERE MANN Kannst gleich wieder gehen.

DER MANN Nein nein ist nur –

DER ANDERE ETWAS JÜNGERE MANN Ich brauche niemanden.

DER MANN Nein nein.

DER ANDERE ETWAS JÜNGERE MANN Ich bin nicht einsam oder so, bin ich nicht.

DER MANN Nein klar.

DER ANDERE ETWAS JÜNGERE MANN Ich will auch nichts.

DER MANN Nein.

DER ANDERE ETWAS JÜNGERE MANN Kapiert?

DER MANN Ja ja.

DER ANDERE ETWAS JÜNGERE MANN Das bedeutet nichts, verstehst du, absolut nichts.

DER MANN Ja.

DER ANDERE ETWAS JÜNGERE MANN Wie alt bist du wirklich?

DER MANN Was?

DER ANDERE ETWAS JÜNGERE MANN Du siehst, Mann, du siehst nicht aus wie auf den, du siehst überhaupt nicht aus wie – auf den Fotos, wann wurden die gemacht?

DER MANN Letztes Jahr.

DER ANDERE ETWAS JÜNGERE MANN Aha, und was ist da passiert ... in der Zwischenzeit, darf man das fragen? Hattest du n Unfall oder irgendwas?

DER MANN Nein.

DER ANDERE ETWAS JÜNGERE MANN Was machst du?

DER MANN Ich?

DER ANDERE ETWAS JÜNGERE MANN Nein, der Typ neben dir, mein Gott – ja, natürlich du.

DER MANN Also.

DER ANDERE ETWAS JÜNGERE MANN Was machst du den ganzen Tag lang.

DER MANN Ich stehe auf und … ich…

DER ANDERE ETWAS JÜNGERE MANN „Athletisch" stand da, stimmt das?

DER MANN Küsst du denn, wenn du jemanden kennst?

DER ANDERE ETWAS JÜNGERE MANN Ich kenne niemanden.

DER MANN Nein?

DER ANDERE ETWAS JÜNGERE MANN Also küsse ich auch nicht.

DER MANN Ich denk „nach Absprache" –

DER ANDERE ETWAS JÜNGERE MANN Ja, die treffen wir noch, später, wenn ich will, ich hab ja geschrieben, dass ich nichts mache, was ich nicht will, das ist ja nicht so schwierig zu verstehen, oder…

DER MANN Soll ich gehen?

DER ANDERE ETWAS JÜNGERE MANN Nein, bleib hier … jetzt wo du schon mal da bist, jetzt ist der Abend sowieso gelaufen, ich krieg da keinen mehr, ist jetzt zu spät –

DER MANN Dafür ist es doch nie zu spät –

DER ANDERE ETWAS JÜNGERE MANN Doch. Ab einer bestimmten Uhrzeit sind da nur noch die Wahnsinnigen, die Kranken, die sich gegenseitig anstecken wollen, Leute, die so kaputt sind, dass die einfach nur noch danach suchen, infiziert zu werden, damit sie ein Anrecht auf Krankengeld bekommen, damit sie irgendwo im Lager rumliegen können, weil sie es Zuhause nicht mehr aushalten, und mit denen will ich nichts zu tun haben, keine Lust, mich freiwillig „pozen" zu lassen, so was mach ich vielleicht mal mit 50, wenn alles vorbei ist und man keinen Anspruch auf gar nichts mehr hat, dann, dann lass ich mich auch infizieren, dann braucht man ja auch seinen Körper nicht mehr, aber jetzt, jetzt … das hier ist A-meat, klar, der hier, meiner –

DER MANN Ja, habs auf den Fotos gesehen.

DER ANDERE ETWAS JÜNGERE MANN Da steckt viel Arbeit drin.

DER MANN Glaub ich.

DER ANDERE ETWAS JÜNGERE MANN Ich weiß, dass ich gut aussehe.

DER MANN Aha.

DER ANDERE ETWAS JÜNGERE MANN Weit über dem Durchschnitt.

DER MANN Ja, schön.

DER ANDERE ETWAS JÜNGERE MANN Ja, ist auch schön, den darf nicht einfach jeder anfassen, der ist was wert, verstehst du?

DER MANN Müssen wir so viel reden, ich dachte, wir haben einfach –

DER ANDERE ETWAS JÜNGERE MANN „Einfach"? Nee, einfach geht das nicht, einfach geht gar nichts, jedenfalls bei mir nicht, da musst du dir n anderen suchen, weißt du, ich mach alles my way, klar? Und einfach ist das schon mal gar nicht. Da stand „eher aktiv" –

DER MANN Ja.

DER ANDERE ETWAS JÜNGERE MANN Was heißt das?

DER MANN Na, das heißt „eher aktiv".

DER ANDERE ETWAS JÜNGERE MANN Ich frage nur, weil ich später nicht enttäuscht sein will, ich will nur wissen: warum „eher", das klingt so unentschlossen, heißt das, dass du auch mal passiv bist oder –

DER MANN Ja, das kommt drauf an.

DER ANDERE ETWAS JÜNGERE MANN Wieso „drauf an" auf was? Wieso kommt das drauf an, so was muss man doch vorher wissen? Ich will keine Enttäuschungen.

DER MANN Klar.

DER ANDERE ETWAS JÜNGERE MANN Weder bei dir noch bei mir.

DER MANN Ja.

DER ANDERE ETWAS JÜNGERE MANN Ich will unkompliziert Spaß haben, mehr nicht, unkompliziert, verstehst du, ohne Komplikationen.

DER MANN Ja.

DER ANDERE ETWAS JÜNGERE MANN Bisschen Zeitvertreib, mehr nicht.

DER MANN Nein.

DER ANDERE ETWAS JÜNGERE MANN Muss ja schließlich noch arbeiten.

DER MANN Ja.

DER ANDERE ETWAS JÜNGERE MANN Viel arbeiten.

DER MANN Klar.

DER ANDERE ETWAS JÜNGERE MANN Und das ist anstrengend.

DER MANN Ja.

DER ANDERE ETWAS JÜNGERE MANN Arbeit ist anstrengend, macht müde und man will was erleben danach.

DER MANN Klar.

DER ANDERE ETWAS JÜNGERE MANN Du bleibst hier **nicht** anschließend liegen und erzählst mir von deinem Scheißleben, heulst rum, nachdem du gekommen bist, davon hatte ich schon zu viele, brechen alle zusammen nach dem Sex, liegen da, zusammengekrümmt und hören nicht mehr auf zu weinen. Das will ich nicht mehr, klar. Unkompliziert Spaß haben, das ist doch ne klare Anweisung, der kann man ja wohl mal Folge leisten, ohne gleich durchzudrehen, oder?

DER MANN Was? Ach so, ja, natürlich –

DER ANDERE ETWAS JÜNGERE MANN Hörst du mir überhaupt zu?

DER MANN Was? Ja klar –

DER ANDERE ETWAS JÜNGERE MANN Es bedeutet nichts.

DER MANN Klar.

DER ANDERE ETWAS JÜNGERE MANN Es bedeutet absolut nichts, ist das klar?

DER MANN Ja.

DER ANDERE ETWAS JÜNGERE MANN Ob das klar ist?

DER MANN JA.

DER ANDERE ETWAS JÜNGERE MANN Du rufst mich nicht nachher an.

DER MANN Nein.

DER ANDERE ETWAS JÜNGERE MANN Du kommst auch nicht wieder hier her.

DER MANN Nein.

DER ANDERE ETWAS JÜNGERE MANN Wie du mich jetzt anschaust…

DER MANN Wie denn?

DER ANDERE ETWAS JÜNGERE MANN Angst, oder, Angst in deinem … in deinem Blick. Lach mal, lach –

DER MANN Später –

DER ANDERE ETWAS JÜNGERE MANN Ich geb nicht jedem meine Adresse, verstehst du?

DER MANN Ja, klar.

DER ANDERE ETWAS JÜNGERE MANN Mach ich nicht.

DER MANN Nein.

DER ANDERE ETWAS JÜNGERE MANN Ich geb meine Adresse nie raus.

DER MANN Okay.

DER ANDERE ETWAS JÜNGERE MANN Ich bin nicht einsam oder so, ich komm sehr gut allein zurecht, verstehst du, ich brauch niemanden, ich brauch nichts, ich suche nichts, deshalb stand in dem grünen Kästchen bei mir auch „nix“, das heißt, ich bin da zwar, ich bin da zwar in diesem Portal, aber ich suche nix, verstehst du, ich suche dich nicht.

DER MANN Darf ich dich anfassen?

DER ANDERE ETWAS JÜNGERE MANN Noch nicht.

DER MANN Küssen?

DER ANDERE ETWAS JÜNGERE MANN Ich will erst mal gucken, also … zieh mal dein Hemd aus.

DER MANN Kannst **du** mir nicht das Hemd ausziehen?

DER ANDERE ETWAS JÜNGERE MANN Hör zu, wir können das auch lassen, ja –

DER MANN zieht das Hemd aus.

DER ANDERE ETWAS JÜNGERE MANN schaut ihn an, lange, begutachtet ihn genau, sagt nichts.

DER MANN Und?

DER ANDERE ETWAS JÜNGERE MANN Weiß noch nicht … kannst du … kannst du den Rest … äh … zieh mal den Rest auch aus, bitte –

DER MANN Hier?

DER ANDERE ETWAS JÜNGERE MANN Wo denn sonst, Mann, es gibt nur hier, sonst gibt es nichts.

DER MANN Okay.

DER ANDERE ETWAS JÜNGERE MANN Also –

DER MANN Ja gleich –
Pause.
Ist ein bisschen kalt hier –

DER ANDERE ETWAS JÜNGERE MANN Nun mach schon.
Der Mann zieht sich langsam aus, der andere guckt ihm dabei zu, dann steht er nackt da, der andere begutachtet ihn lange.
Stell dich mal da hin –

DER MANN Hier?

DER ANDERE ETWAS JÜNGERE MANN Ja, oder … nein, geh mal … geh mal da rüber, ja.

DER MANN Hier?

DER ANDERE ETWAS JÜNGERE MANN Weiß nicht, ja –
Pause, schaut ihn an.
Wie alt bist du denn wirklich?

DER MANN Was?

DER ANDERE ETWAS JÜNGERE MANN Na ja, da stand irgendwas von 26, das kann ja wohl nicht ganz stimmen.

DER MANN Doch.

DER ANDERE ETWAS JÜNGERE MANN Aha.

DER MANN Ja.

DER ANDERE ETWAS JÜNGERE MANN *ironisch* „Ehrlich" –

DER MANN Wirklich.

DER ANDERE ETWAS JÜNGERE MANN Vergiss das Wort, es bedeutet nichts –
Er schaut ihn an, Black, eine Welle rauscht laut über die Tonspur, Möwengeschrei, Wind, etwa 30 Sekunden.

6

Licht, einige Zeit später, sie haben versucht, Sex miteinander zu haben, und DER ANDERE ETWAS JÜNGERE MANN bricht ab.

DER ANDERE ETWAS JÜNGERE MANN Wir lassen das.

DER MANN Was?

DER ANDERE ETWAS JÜNGERE MANN Wir lassen das.

DER MANN Wieso denn?

DER ANDERE ETWAS JÜNGERE MANN Es geht nicht … ich weiß nicht…

DER MANN Was suchst du denn?

DER ANDERE ETWAS JÜNGERE MANN Sind vielleicht die Fotos, du siehst nicht aus wie auf den Fotos, tut mir Leid, geht nicht.

DER MANN Ich bin einfach n bisschen nervös, ich mach das nicht so oft, warte.

DER ANDERE ETWAS JÜNGERE MANN Nein.

DER MANN Warte!

DER ANDERE ETWAS JÜNGERE MANN Nein, du gehst jetzt, okay.

DER MANN Ist viel zu kalt draußen, warte, ich schaff das, du musst mir n Moment Zeit geben, ist ja schon spät.
lacht.
Ich krieg den noch hoch, du musst mir einfach n bisschen dabei helfen.

DER ANDERE ETWAS JÜNGERE MANN Lass mal gut sein.

DER MANN Nein.

DER ANDERE ETWAS JÜNGERE MANN Doch.

DER MANN Nein.

DER ANDERE ETWAS JÜNGERE MANN Doch.

DER MANN Ich schaff das schon noch, warte.

DER ANDERE ETWAS JÜNGERE MANN Ey, ich wollte n geilen FICKER, da stand was von XXL Kolben, athletischer Stecher, was weiß ich, das ist doch totaler Unsinn, Alter, Mann, verarsch dich selbst, wieso soll das hier –
zeigt auf seinen Körper.
– mit dem da –
Zeigt auf den Körper des Mannes.
– irgendetwas anfangen, erklär mir das mal, ich bin US-Dollar, und du bist Zloty oder irgend so ne Scheißwährung aus Bangladesch oder so nem Land, wo alle in Lagern rumliegen und auf Hilfstrupps warten, so n Körper bist du, verstehst du, du bist vierte Welt, ich erste, also geh, geh und leg dich in dein Lager, wo du hingehörst, lass mich in Ruhe, piss off.

DER MANN Du bist doch mein Freund.
DER ANDERE ETWAS JÜNGERE MANN lacht.
Du bist mein Freund ab jetzt oder, ich brauch doch einen.

DER ANDERE ETWAS JÜNGERE MANN Hör auf mit dem Scheiß, hier ist deine Jacke.

DER MANN Aber du kannst mich doch jetzt nicht so einfach da rausschicken, ist doch kalt, wo soll ich denn jetzt hin? Ich will nicht wieder die ganze Nacht allein verbringen, weißt du, ich hab Geburtstag heute, und das würde ich gern feiern.

DER ANDERE ETWAS JÜNGERE MANN Hör auf damit.

DER MANN Du bist doch mein Freund, oder? Ich pass auf dich auf, keine Angst, du darfst aber keine anderen Freunde haben, das mag ich nicht, das mag ich gar nicht, nein, ich möchte nicht, dass du

… dass du mich wegschickst, ich bleib hier, hier bei dir, wir können doch morgen essen gehen oder so was, nein? Oder einen Spaziergang –

DER ANDERE ETWAS JÜNGERE MANN So, du gehst jetzt, du Freak.

DER MANN Nein.

DER ANDERE ETWAS JÜNGERE MANN Tut mir Leid wegen vorhin, tut mir Leid, du bist einfach nicht mein Typ, so was kann doch mal vorkommen.

DER MANN Nein … kann nicht … ich WERD jetzt dein Typ, an so was kann man ARBEITEN, weißt du … man muss sich ja erst mal kennen lernen, zusammen sein, ZEIT miteinander verbringen, dann wird man auch erst der TYP VON JEMANDEM, du KENNST mich ja gar nicht, du KANNST mich ja noch gar nicht lieben, das kannst du ja erst, wenn du ein paar Nächte mit mir verbracht hast.

DER ANDERE ETWAS JÜNGERE MANN Hör zu, du gehst jetzt, ja, wir vergessen einfach, dass –

DER MANN schlägt DEN ANDEREN ETWAS JÜNGEREN MANN plötzlich mit einem Gegenstand nieder, Black, ein lautes Geräusch, eine Welle rauscht laut über die Tonspur, Möwengeschrei, zweite Mundharmonikastelle aus New Grass hineingemischt, alles etwa eine Minute.

7

Licht geht wieder an.

DER MANN Jetzt kannst du gar nichts mehr sagen, was, jetzt bist du ganz still und guckst nur, jetzt bist du friedlich … ich kann lieben, weißt du … man muss mir nur endlich ne Chance geben, ich kann das, ich will das auch, ich will lieben, verstehst du…

DER ANDERE ETWAS JÜNGERE MANN ist mit schwarzem Tape gefesselt, DER MANN hat ihm einen New-Balance-Turnschuh über das Gesicht getaped – er sieht aus, als wäre er geschlagen worden.

Weißt du … ich kann lieben … wenn man liebt, dann wird man eins, der andere wird ein Teil von einem, man ist nicht mehr allein … du wirst jetzt ein Teil von mir, wir beide … wir werden jetzt eins … du und ich … ich bleib bei dir, ich…

DER ANDERE ETWAS JÜNGERE MANN *versucht sich vom Turnschuh und den Fesseln loszumachen*
Du Freak, Mann, bitte, du bist krank.

DER MANN *haut einfach ein paar Mal auf DEN ANDEREN ETWAS JÜNGEREN MANN drauf, auf seinen Kopf, mehrmals, sagt dann ganz sanft, ruhig, fast sachlich*
Du wolltest doch arschig behandelt werden, hast du doch in deinem Profil angegeben „mit Zwang geht vieles", oder?
DER ANDERE ETWAS JÜNGERE MANN reagiert nicht, er haut noch ein paar Mal auf ihn drauf.
Wolltest du doch, oder?

DER ANDERE ETWAS JÜNGERE MANN *kraftlos*
Ja –

DER MANN Und, das mach ich doch jetzt, oder?

DER ANDERE ETWAS JÜNGERE MANN Ja –

DER MANN Dann hast du doch jetzt auch, was du wolltest, oder?
DER ANDERE ETWAS JÜNGERE MANN gibt keine Antwort.
DER MANN haut noch mal auf ihn drauf.
Hast du, oder?

DER ANDERE ETWAS JÜNGERE MANN Ja –

DER MANN Du hast bekommen, was du dir gewünscht hast ... siehst du, man wünscht sich was, und das bekommt man auch: So feiert man Geburtstag, siehst du. Das ist ja nicht so schwer zu verstehen, oder?

DER ANDERE ETWAS JÜNGERE MANN Bitte –

DER MANN Bitte? Noch ne Bitte? Hast du noch nen Wunsch? Eigentlich ist das hier MEIN Geburtstag, ich sollte mir was wünschen und nicht du. Und ich wünsch mir jetzt, dass du mich –

DER ANDERE ETWAS JÜNGERE MANN Mach mich los bitte–

DER MANN Nein.

DER ANDERE ETWAS JÜNGERE MANN Bitte –

DER MANN Nein.
Pause, er spricht jetzt für den Gefesselten.
Küss mich –
und küsst ihn.
– fass mich an, bitte, schlaf mit mir, sei für mich da – LIEBE MICH – sei da, wenn ich dich brauche –

Er spielt mit DEM ANDEREN ETWAS JÜNGEREN MANN wie mit einer Puppe, bewegt seine Lippen, während er für ihn spricht, bewegt seine Hand, führt seine Hand, streichelt sich mit seiner Hand etc.

Jetzt hast du doch alles, was du wolltest, jetzt müsstest du doch glücklich sein, oder?

DER MANN nimmt sein Handy, filmt sich und ihn.

Komm, schau mal hier rein, komm, guck mal –

Er nimmt sich und ihn gleichzeitig auf.

Schau mal, wir beide ... hübsches Paar, oder, sag mal, sag mal was –

Der andere sagt nichts, DER MANN haut auf ihn drauf, spricht mit verletzter Stimme, aber nicht laut, filmt dabei weiter.

Rede mit mir, rede, endlich, sag was, sag was, liebst du mich? Bist du mein Freund? Bleibst du bei mir, wenn ich dich jetzt losbinde, bleibst du dann hier – ich will nicht allein sein, heute Nacht, verstehst du? Verstehst du nicht? Verstehst du gar nichts?

haut noch mal auf ihn drauf.

Ist das so schwer zu verstehen? Das ist doch nicht so schwer zu verstehen, das ist doch ganz einfach – man muss auch mal was geben, und, wenn man was geschenkt bekommt, wie du jetzt, dann schmeißt man das nicht einfach weg, dann behält man das, das ist doch nicht so schwer zu verstehen.

Pause, streichelt ihn.

Bist du jetzt schon ich geworden? Siehst du die Welt jetzt schon durch meine Augen?

Er zeigt ihm jetzt das Handyvideo.

Guck mal, das sind wir beide, lach mal, komm, lächel wenigstens, komm, ist doch mein Geburtstag, na, komm. Sing was für mich, komm, sing was, sing.

Er spielt den Song NEW GRASS auf seinem Handy ab.

Hier, ist das nicht schön, hör mal, heute ist mein Geburtstag, weißt du ... und ... viel zu alt

lacht.

... mein Herz ... brennt weg und ... hier stirbt jetzt alles, sing, komm –

DER MANN nimmt DEM ANDEREN ETWAS JÜNGEREN MANN alle Knebel ab, Blut läuft aus dessen Mund, versucht, mitzusingen, kippt dann in die Bewusstlosigkeit.

DER MANN streicht DEM ANDEREN ETWAS JÜNGEREN MANN durchs Haar und singt leise mit, Wellenrauschen.

Mein Herz, brennt weg –

singt weiter, Licht faded aus, Musik wird gleichsam lauter, Welle rauscht, Black.

DRITTE DURCHWACHTE NACHT

SIE

ER

Leere Bühne, ein Mann und eine Frau liegen in einem Bett – daneben ein Plattenspieler.
Im Dunkeln, nur hörbar.

SIE Da war es wieder

ER Hm?

SIE Da war es wieder

ER Was

SIE Das Geräusch

ER Welches Geräusch?

SIE Mein Herz, ich glaube, es ist mein Herz

ER Dein was?

SIE Brennt weg, langsam

Kurze Pause.

ER Still, schlaf
kurze Pause, Licht wird angeschaltet.
Mach das aus

SIE Nein

ER Mach das aus, bitte

SIE Nein

ER Aus

SIE „Aus" ja

ER Was?

SIE Jetzt sagst du es doch selber

ER Was?

SIE Du sagst es doch selber

ER Was denn?

SIE Hast du gerade „aus" gesagt?
keine Antwort.
Wie du mich anschaust

ER Ich muss schlafen

SIE Wie du mich anschaust, schrecklich ist das, du machst mir Angst

ER Ich kann nicht mehr, bitte, Ruhe

SIE *zitiert IHN*
„Aus“
lacht.

ER bitte, ich kann nicht, nicht mehr
kurze Pause, SIE zündet sich eine Zigarette an, schaut IHN an.
O Gott, nein, nicht schon wieder

SIE Du machst mir Angst, aua

ER Was ist?

SIE *hat Schmerzen*
Weiß nicht
SIE schreit auf.
keine Ahnung

ER Was ist denn?

SIE Ich hatte noch nie so viel Angst in meinem Leben wie in diesem Blick

ER Was?

SIE AUGENblick, wie in diesem Augenblick ... wie du mich jetzt schaust ... anschaust ... jetzt ... das ... genau das mein ich...
schreit auf.
aua ... jetzt versteh ich alles

ER Ich kann nicht mehr, bitte, keine Kraft mehr, bitte

SIE Wer rettet mich jetzt?

ER Licht AUS.

SIE Wie komme ich hier jetzt lebend wieder raus?

ER Ich weiß es nicht ... ich will

SIE schlafen? Schlafen willst du?

ER Bitte

SIE Jetzt verstehe ich alles.
Black ... das Geräusch einer Welle ... sehr laut ... ohrenbetäubend laut, die Frau schreit dabei laut auf ... mit einem Schlag Stille...
Diese Stille ... das ist ja noch schlimmer...
SIE scheint im Bett etwas zu suchen.
ich kanns nicht finden ... alles weg ... alles ... verdammt ... Scheiße
Licht an aufs Bett.

wie geht es dir?

ER Gut

SIE Sicher?

ER Was?

SIE Bist du dir sicher?

ER Ja

SIE Ja?

ER Ja

SIE Sicher?

ER Ja

SIE Ganz sicher?

ER Ja selbstverständlich

SIE Dir geht es gut?

ER Wie meinst du das?

Kurze Pause.

SIE Mit mir

ER Ach so, ja

SIE Ja?

ER Ja

SIE Also, da ist nichts?

ER Nein, was soll da sein, mach mal das Licht aus

SIE Moment, also…

ER Also was?

SIE Du willst mir nicht irgendetwas mitteilen?

ER Mitteilen? Jetzt? Was soll ich dir denn mitteilen?

SIE Ja, das frage ich ja gerade

ER Keine Mitteilung, nein

SIE Dir geht es gut mit /

ER Dir, ja geht es, ja,

SIE Alles so wie es sein sollte?

ER Was?

SIE *unvermittelt laut*
Ob alles so ist, wie es sein sollte?

ER *erschreckt sich*
Was ja, was? Warum schreist du?

SIE Ich frag nur
kurze Pause.
aus Interesse
kurze Pause, wühlt sich plötzlich durch die Bettlaken, eine Weile, taucht dann wieder auf, außer Atem.
Mein Gott!!

ER Was ist denn?

SIE Ich wollte nur etwas fragen, nur eine Frage, nichts Schlimmes, nur eine ganz kleine, HILFE!!! Frage

ER Was ist denn?

SIE Alles ist so, wie du denkst, dass es sein sollte?

ER Was? Ich weiß nicht, wwwwas
stottert.
denn? Was meinst du denn, du machst mir Angst, was ist denn?

SIE Nichts, nichts ist ... alles ganz still
SIE wühlt sich durch die Bettlaken, als suche sie einen verborgenen Weg, um herauszukommen.
so still ... hier ist ja niemand, mein Gott HALLO HIER IST JA NIEMAND IST DA WER?? wer ist denn da?? ist hier jemand?
dem Mann direkt ins Gesicht.
Guten Abend, kennen Sie sich hier aus? Ich suche etwas, das ich hier nicht finden kann.
kurze Pause.
Und jetzt hab ich doch glatt vergessen, was das war, was das war, das ich gesucht habe, HALLO HILFE ... ist denn der Wagen schon vorgefahren?

ER Was ist denn *jetzt* los?

SIE Okay, hör zu: Ist was?

ER Was?

SIE Ist was? Was anders? Ich meine: Ist alles in Ordnung?

ER Mit *mir* ja

SIE Sicher?

ER Was?

SIE Ob du dir sicher bist?
ER ist überfordert.
bist du dir sicher, dass, ich meine…
unvermittelt laut.
BIST DU DIR SICHER DASS…
normale Lautstärke.
Das ist alles, was ich wissen will
sehr laut.
DAS WAS DU BIST UND DAS WAS ICH BIN DAS ach Unsinn, was weiß ich … Guten Abend, ich kenne Sie von irgendwoher, das ist sehr schön, ich freue mich immer, jemanden zu treffen, den ich woanders schon einmal zuvor gesehen habe, und daher hier gleich die erste Frage: Du hast nie das Bedürfnis?

ER Was?

SIE Du hast also nie das Bedürfnis?

ER Bedürfnis? nein

SIE Was?

ER Nein, nie

SIE Was?

ER Nie das Bedürfnis, ich meine

SIE Ja?

ER Ich habe keine Bedürfnisse, habe ich nicht, nein, keine

SIE Was?

ER Ich habe keine Bedürfnisse

SIE Lass mich ausreden

ER Ich habe keine Bedürfnisse, alles, was ich will, liegt hier, neben mir: Alles, was ich will, ist hier an diesem Ort jetzt
ER küsst SIE.

SIE Lass mich ausreden: Ich mache mir Sorgen um dich

ER Nein

SIE Ich mache mir Sorgen um dich

ER Nein, tu das nicht, bitte

SIE Es geht mir nur um dich, nur um dich, es geht mir nur um dich, das ist alles

ER Ich bin glücklich

SIE Ich mache mir Sorgen um dich

ER Ich bin glücklich

SIE Das glaube ich nicht

ER Nein, bitte

SIE Bitte, was?

ER Bitte, nicht, nein

SIE Bitte, nicht, nein, was?

ER Lass mich, bitte

SIE Ich mach doch gar nichts

ER Hör auf, lass mich

SIE Was?

ER Fang nicht wieder an

SIE Ich habe bereits angefangen ... vor langer Zeit

ER Lass uns schlafen, ich hab morgen einen wichtigen Termin

SIE Du siehst aber nicht glücklich aus

ER Was?

SIE Du siehst nicht glücklich aus, du siehst nicht so aus, als ginge es dir gut
Pause.
du siehst nicht so aus, als ginge es dir gut, und das macht mir Sorgen große Sorgen
Pause.
ich frage mich, ob

ER Nein

SIE ich frage mich, ob das an irgendetwas liegen könnte, ob es Gründe dafür gibt, dass du so unglücklich bist

ER Bin ich doch gar nicht

SIE Ob irgendetwas anders geworden ist

ER Anders?

SIE Ja, anders, irgendetwas hat sich WER IST DENN DA HALLO? nein, niemand hier, seltsam, ist es bei dir auch so still?

ER Ob es bei … was?

SIE Ob es bei dir auch so still ist, bei dir da drüben

ER Da drüben?

SIE Da, wo du bist, da…

ER Ich bin doch ganz nah bei dir

SIE Nein

ER Was?

SIE Nein, das bist du eben *nicht* und daher jetzt gleich meine erste Frage:
Pause.
Ich liege wach … nachts … und schaue dir zu, wie du schläfst, ich liege wach und höre dich atmen … das mache ich jede Nacht … Nacht für Nacht … ich beobachte dich … das sind sehr, sehr unruhige Nächte … in letzter Zeit … du windest dich

ER Nein

SIE Du windest dich im Schlaf

ER Nein

SIE Du schläfst unruhig! Du schläfst unruhig, also liege ich wach und schau dir zu, weil ich es verstehen will, ich will es verstehen, aber AUA IRGENDWAS SCHEISSE TUT GRAD NEIN und schaue dir zu, ich schaue dir zu, wie du schläfst, du träumst von irgendetwas, vielleicht schläfst du auch nicht, tust nur so … du bist woanders, wo bist du?, wo bist du denn?, nachts?, wo bist du da?, wo?, das will ich wissen, wo?

ER Ich bin ganz bei dir

SIE Nein

ER Ich bin ganz und gar bei dir, ich … was soll ich denn … ich meine, wo … was? nein, bitte, nein

SIE Deshalb dachte ich

ER Nein

SIE es wäre vielleicht besser

ER Nein

SIE besser wenn ich

ER Nein

SIE nur um dir zu helfen, meine ich, wenn ich, wenn ich … wenn ich nicht mehr … wenn du nicht mehr … wenn einer von uns beiden hier nicht mehr
kurze Pause.
sein würde

ER Was?

SIE weg wäre

ER Nein

SIE nicht mehr hier wäre
Pause.
Steh auf

ER Nein

SIE Steh auf, los, geh

ER Nein

SIE Steh auf

ER Nein

SIE Los, ich will, dass du gehst

ER Nein

SIE Geh bitte

ER Nein
Pause.
Alles ist gut so, wie es ist. Wir sind glücklich, ich bin glücklich. Mit dir. Alles ist gut so, wie es ist.

SIE Geh

ER Wir gehören zusammen: Du und ich.

SIE HAU ENDLICH AB GEH

ER Geh du doch selber
SIE kickt IHN aus dem Bett, wirft IHM sein Bettzeug hinterher, ER will zurückkommen, SIE vertreibt IHN, sie sind nun getrennt, schauen sich an … Pause … so verharren sie eine Weile, dann erzählt ER einen Witz, SIE schaut IHM dabei ohne jede Regung zu.
Kommt n Mann zum Arzt

Sagt: Herr Doktor, ich hab so Schmerzen am Herzen
Aha, sagt der Doktor, dann ziehen Sie sich mal aus.
Mann zieht sich aus.
Fragt der Arzt: Onanieren Sie viel?
Sagt der Mann: Ja.
Sagt der Arzt: Ist geil, oder?

Pause, sie schauen sich an.

SIE Du liebst mich?

ER Ja

SIE Das ist nicht wahr

ER Ich liebe dich

SIE Das würde ich spüren, und ich spüre nichts
Pause.
nichts
Pause.
gar nichts
Pause.
Ich spüre nichts

ER Hör auf

SIE Ich habe da ein paar Fragen

ER Was?

SIE Fragen

ER Was denn?

SIE Also hier kommt die erste.

ER Okay

SIE Wer bist du?

ER Was?

SIE Wer bist du? Das ist doch eine einfache Frage.

ER Was?

SIE Ich will wissen, wer du bist, ich kenne dich nämlich nicht, sag mir: Wer bist du?
Schweigen.
Keine Antwort
Pause.
Keine Antwort, ich verstehe

Pause.
Ich weiß nichts von dir, gar nichts … mir ist kalt
ER will zurückkommen.
Bleib da, ich friere lieber. Bleib da, rühr dich nicht.

ER Ich könnte dich wärmen

SIE Nein nein ich friere ganz gerne ab und an mal ne Nacht
Schweigen.
Nächste Frage

ER Gut

SIE Wie lange liegen Sie schon hier neben mir und … wie haben wir uns eigentlich kennengelernt, ich erinnere mich an nichts, nur an…

ER Mir ist kalt

SIE Moment.

ER Mir ist wirklich kalt.

Die Welle rauscht einmal über die Tonspur.

SIE Seit ich dich kennengelernt habe, schlafe ich nicht mehr, ich beobachte dich und … sag mal: Wie lange bist du schon hier? Wie viel JAHRE?? Ich habe so eine … so eine Fremde und Einsamkeit noch nie … nie … in meinem Leben gefühlt … jetzt fühle ich sie jede Nacht, seit ich dich kenne, fühle ich sie jede Nacht … mehr fühle ich nicht, das ist alles: Fremde. Du musst gehen.

ER Nein

SIE Geh

ER Ich liebe dich

SIE Den Satz habe ich jetzt nicht ganz verstanden, aber das macht ja nichts, ich, warten Sie, noch eine Frage … bevor ich frage, könnten Sie bitte diesen albernen Schlafanzug ausziehen, da kann man sich ja nicht ernsthaft unterhalten.

ER Was?

SIE Bitte, dieses hässliche Ding da, weg.

ER Bitte?

SIE Aus!
Pause, sie schauen sich an, ER zieht seinen Schlafanzug aus.
Ich habe noch eine Frage, nur eine.

ER Nein, keine Fragen mehr

SIE Wer WARST du … wer warst du, bevor du zu mir gekommen bist … bevor du mir zugeteilt worden bist … wer warst du da? Ich begreife nichts … ich schaue dir jede Nacht zu … wie du hier schläfst und dich von Seite zu Seite drehst, aber … ich begreife nichts … ich werde nicht schlau aus dir, deinen Bewegungen oder was du sagst … was du sagst im Schlaf…

ER Was?

SIE Was redest du da?

ER Was? wann?

SIE Wenn du schläfst

ER Keine Ahnung

SIE Du machst mir Angst!

ER Du machst MIR Angst, jetzt hör doch mal auf, was ist denn?, was ist denn los mit dir?

SIE Nein nein: Was ist los mit DIR? DIR nicht mir – was ist los mit DIR – was redest du Nacht für Nacht und … deine Bewegungen … du krallst dich plötzlich fest, du reißt das gesamte Bett um, wir beide fallen auf den Boden, und du schreist plötzlich und … ich habe das alles aufgezeichnet, mitgeschrieben, alles … alles, was du so redest im Schlaf oder beim Aufwachen, und habe es mir immer wieder und immer wieder angeschaut, durchgelesen, aber … das Problem ist: Es ergibt keinen Sinn!

Kurze Pause.

ER Was?

SIE Nichts von dem, was du sagst nachts, wenn du sprichst, ergibt irgendeinen SINN, und das macht mir Angst – und vor allem: ICH KOMME NIE VOR ich komme nie vor in diesen, diesen … es gibt ein Leben ohne mich, komplett … etwas anderes, etwas, etwas, das du bist ohne mich, das gibt es und … mir ist aufgefallen, dass du mich so seltsam anschaust

ER Was?

SIE Jede Nacht

ER Wann denn?

SIE Wenn du aufwachst, plötzlich. Wenn du für den Bruchteil einer Sekunde aufwachst und mich … O GOTT DA IST ES SCHON WIEDER JETZT

schreit laut auf.
dieser Blick, nicht, nein, um Gottes willen

ER Aber ich mach doch gar nichts
ER geht zurück zu IHR, will SIE in den Arm nehmen.

SIE Lass mich los, nein

ER lässt SIE los, Ruhe, die ohrenbetäubende Welle rauscht über die Soundspur.

ER Um Gottes willen, was ist denn nur, was ist denn mit dir geschehen?

SIE Mit MIR? Mit mir ist nichts geschehen. Nicht mit mir, nein, ich beobachte nur, ich liege wach und schaue dir zu, ich mache mir meine Notizen, aber … nichts von alledem ergibt noch einen Sinn, ich begreife … nein, nichts mehr, und daher meine Frage:
kurze Pause.
Was willst du von mir? Warum liegst du hier jede Nacht? Was soll das? Ich verstehe es nicht.

ER Ich liebe dich

SIE Aha

ER Ich liebe dich

SIE Seltsam

ER Was?

SIE Das habe ich irgendwo schon einmal gehört von irgendjemandem, an einem anderen Ort, glaube ich, aber … ich weiß es nicht mehr … können Sie das noch einmal ganz kurz wiederholen, nur kurz

ER Lass uns schlafen

SIE Was machst du hier?

ER Lass uns schlafen

SIE Ich wache sowieso alle zwanzig Minuten wieder auf

ER Ich liebe dich

SIE Sag das nochmal

ER Was?

SIE Sag das nochmal

ER Ich liebe dich

SIE Das stimmt nicht, das ist gelogen, das ist … das hast du nicht gesagt

ER Lass uns schlafen

SIE Sag es nochmal, diesen Satz, ich verstehe nicht, was er bedeuten soll im Zusammenhang mit … uns – was dieser Satz da … nein, ich … noch eine allerletzte Frage:

ER Ich will schlafen, bitte lass uns schlafen

SIE Ich schlafe sowieso nicht, schon seit Jahren nicht, ich habe schon seit Jahren nicht geschlafen. Noch eine allerletzte Frage

ER Was denn?

SIE Bist du glücklich?

ER Ja

SIE Geht es dir gut?

ER Ja

SIE Geht es dir gut mit mir?

ER Ja

SIE Hast du irgendwelche Wünsche?

ER Was?

SIE Irgendetwas, das … anders … besser werden könnte, das

ER Ich leg jetzt ne Platte auf

SIE Nein

ER Doch

SIE Nein

ER Ich leg jetzt meine Platte auf

SIE Nein

ER Frag nur weiter indes, ich … lass mich doch eben meine Platte auflegen

SIE Komm her, zurück, hierher
ER legt NEW GRASS von Talk Talk aus dem Album LAUGHING STOCK auf, steht neben dem Bett und singt mit.
Mache ich alles richtig?

ER Ja

SIE Stehst du jeden Tag auf und denkst: So wie unser Leben läuft, so habe ich es mir immer erträumt

ER Ja, natürlich

SIE Mein Herz

ER Was?

SIE Seltsam

ER Was denn?

SIE Brennt weg

ER Was?

SIE weint, kurze Pause, nur die Musik.

SIE Ich weiß es doch auch nicht, irgendetwas … ich weiß es nicht …
ER nimmt SIE in den Arm, SIE küsst IHN lange, Stille, nur die Musik.
Du verlässt mich doch nicht, oder?

ER Nein

SIE Du hast nicht viele andere, oder?

ER Nein

SIE Nur ein paar?
keine Antwort von IHM.
Und wenn du andere hast, denkst du dabei an mich
keine Antwort.
zumindest ab und zu
keine Antwort.
und hältst auch keinen Kontakt, ich meine, du tauschst keine Telefonnummern aus, ich meine, du gehst wirklich jeden Morgen zur Arbeit, oder, du arbeitest dort auch, oder?, du machst wirklich Spaziergänge, wenn du sagst, dass du mal rausmusst und … HALLO IST DA WER?? … ist dir das aufgefallen? seit Tagen ist hier jemand etwas, was mit uns in diesem, diesem … Bett hier, glaub ich…
kurze Pause, ER macht seine Platte aus, zieht seinen Schlafanzug wieder an.
Wir bleiben zusammen, oder?

ER Klar

SIE Gut

ER Ja

SIE Das wollte ich nur wissen, mehr nicht

ER Gut

SIE Das war alles

ER Können wir jetzt schlafen.

SIE Ja

ER Gute Nacht, dann

SIE Du liebst mich

ER Ja

SIE Tust du?

ER Ja

SIE Wirklich?

ER Ja

SIE Sag es

ER Was?

SIE Sag es

ER Was denn?

SIE Dass du mich liebst.

ER Hab ich doch

SIE Nein

ER Natürlich hab ich

SIE Nein, hast du nicht, ich habe dich gefragt, und du hast ja gesagt, aber DU hast es nicht gesagt, nicht selbst, nicht von dir aus.

Kurze Pause.

ER Kann nicht

SIE Was?

ER Kann nicht auf Befehl

SIE Siehst du, das, genau das meine ich

ER Schlaf

SIE Das genau meine ich, jetzt kann ich wieder die ganze Nacht nicht schlafen, und den Tag morgen kann ich komplett vergessen, alles, das mein ich, genau DAS, DAS MEINE ICH

ER Tut mir leid, ich bin wie ich bin, das ist alles

SIE Sag es

ER Nein

SIE Bitte

ER Geht nicht

SIE Versuchs
kurze Pause.
bitte
kurze Pause.
Wenn ich du wäre, würde ich das jetzt sagen, nur ein kleiner Tipp von mir, ich kenne mich ja schon n bisschen länger als du mich, und ich würde dir jetzt den Tipp geben: Sag es, sag es einfach und möglichst gut

Kurze Pause.

ER Ich liebe dich

SIE Ich weiß, mein Schatz … und deshalb bin ich doch die glücklichste Frau der Welt
küsst ihn lange.
und ich liebe dich
küsst ihn wieder.
Komm lass uns schlafen, ich habe morgen einen schweren Tag vor mir, und du vor dir
Eine Welle rauscht über die beiden hinweg.
Ich bin so froh, dass ich dich hab.

Noch eine Welle, dann dunkel, kurze Pause.

ER Weißt du

SIE Was?

ER Du machst mir Angst

SIE Aha

ER Manchmal

SIE Aha

ER Manchmal machst du mir richtig Angst.

SIE Keine Sorge, ich pass auf dich auf, es ist nur … da war es wieder

ER Hm?

SIE da war es wieder

ER Was?

SIE Das Geräusch

ER Welches Geräusch?

SIE Mein Herz, ich glaube, es ist mein Herz

ER Dein was?

SIE Brennt weg, langsam, eine kurze Verstörung, kommt, jede Nacht, und ich … weiß nichts mehr, nichts, das ist alles, ich höre dich sprechen und … das ist alles, ich höre dir zu und … nichts … gar nichts, eine kurze Verstörung, das ist alles, jede Nacht.
nur die Musik.
… und jetzt schlaf, schlaf einfach, schlafen ist gut, viel schlafen, wir müssen einfach … viel schlafen.

Sie küssen sich, Black, Musik wird hochgefahren.

Die Verstörung

PERSONEN

DIE VERWIRRTE ALTE FRAU IN DER KLINIK
DAS KIND
SIE
ER

MANN
FRAU
MUTTER
VATER
TOCHTER
FREUNDIN
PAULS FREUND
PAUL

DIE ALTE FRAU
AUSHILFSKINDERGÄRTNERIN
RADIOANSAGERSTIMME
JUNGE

ALTER MANN
ALTE FRAU
MODERATOR 1
MODERATOR 2
PSYCHIATER
SOUFFLEUSE
PFLEGEKRAFT
GAYROMEO
FRAU AM TELEFON
STATIONSÄRZTIN
PATIENT

DIE VERWIRRTE ALTE FRAU IN DER KLINIK Es ist so still hier
Nicht auszuhalten diese Stille

DAS KIND Am Meeting Point links ... Papa? ... hat er sich im Datum geirrt? ... keine Nachricht geschickt ... kein Anruf...

Ein Auto rast vorbei, ein Unfallgeräusch.

MANN UND FRAU IM BETT.

SIE Da war es wieder

ER Hm?

SIE Da war es wieder

ER Was?

SIE Das Geräusch.

ER Welches Geräusch?

SIE Mein Herz, ich glaube, es ist mein Herz.

ER Dein was?

SIE Brennt weg, langsam.

Kurze Pause.

ER Still, schlaf

Jemand läuft durch Schnee.

DIE VERWIRRTE ALTE FRAU IN DER KLINIK Schritte? oder ist das nur mein
Atem?
Zwölf Stockwerke
Niemand hier
Jede Minute fällt etwas aus dem Fenster ... klingt wie ein Mensch.
Autounfall.
Und überall liegt jemand im Graben und verblutet.
Rücklichter ... ein Meer aus Rücklichtern ... nur abfahrende Autos ... ich bin der Punkt, von dem sich alles wegbewegt.

DAS KIND *Flughafenlounge*
Langsam wird mir kalt.
Papa?

MANN *Patient*
Ich liege seit Tagen hier ... auf dem Boden ... oder vielleicht wache ich nicht mehr auf ... ich weiß nicht, welches Zimmer ... ich öffne eine Tür und dahinter ... ist immer der gleiche Raum ... ich kenn mich hier nicht mehr aus ... wenn ich von einem Zimmer ins nächste gehe, fühle ich keinen Unterschied, ich betrete das Zimmer, schaue mich um, erkenne nichts, alles sieht gleich aus, und dann verlässt mich die Kraft, und ich falle...

DIE VERWIRRTE ALTE FRAU IN DER KLINIK Kannst du nicht ... vorbeikommen und ... dich zu mir legen? Nur für einen Moment?

PAUL Nein.

Eine Gruppe verwirrter depressiver Menschen, zum Teil mit schweren Gedächtnisaussetzern, singt „Stille Nacht, Heilige Nacht".

MANN UND FRAU IM BETT.

ER Mach das aus.

SIE Nein.

ER Mach das aus, bitte.

SIE Nein.

ER Aus.

SIE „Aus" ja

ER Was?

SIE Jetzt sagst du es doch selber.

ER Was?

SIE Du sagst es doch selber.

ER Was denn?

SIE Hast du gerade „aus" gesagt?

ER Schlaf.

TELEFONAT AUS DER KLINIK.

DIE VERWIRRTE ALTE FRAU IN DER KLINIK *singt mit brüchiger hoher Stimme, fast wie ein Kind*
Stille Nacht, Heilige Nacht, alles schläft, niemand wacht
lacht dann.
… alles vergessen
lacht.
ich erinnere mich an nichts mehr, keine Kindheit mehr, kein Alter mehr, alles weg
kurzer Schmerz.
aua
lacht.
so viel Tote … seit ich auf der Welt bin, dieses Gefühl, zu … hm … nicht da zu sein, ich … nicht anwesend ICH FREU MICH GAR NICHT, nie nirgends, seltsam, oder, Paul?, was denkst du? … bin ganz allein hier HÖRT ENDLICH AUF, HIER DAUERND GEGEN DIE HAUSWAND ZU FAHREN, wollen alle sterben heut Nacht, mein Schatz, liebst du mich? … ruf mal an … ich erinnere mich an nichts mehr NICHTS so ein schöner Abend. Schnee fällt und … Paul? Du weißt, wer ich bin, oder? Weißt du doch, oder? Erinnerst dich doch an mich, oder? Ich bin noch nicht tot. Oder? Fühlt sich so an, als wär ich nie hier gewesen, mein geliebter Liebster, Kleiner, du kennst mich doch, oder, erkennst meine Stimme, oder?
singt wieder mit brüchiger Stimme.
stille Nacht, heilige Nacht, komm, wir singen zusammen hier jetzt, komm, alles schläft, niemand wacht.

TELEFONAT JUNGE ELTERN.

MUTTER Kannst du Stefan abholen?

VATER Was? Ja, ja, nach der Probe, das müsste ich schaffen, denk ich.

MUTTER Schreib dir das jetzt auf: Er landet um 19 Uhr 20, Ausgang 11.

VATER Das merk ich mir.

MUTTER Schreib dir das auf.

VATER Das ist mein Sohn, Mensch, das merk ich mir.

MUTTER Letztes Mal hast du ihn da zwei Stunden stehen lassen.

VATER Weil du mir die falsche Zeit aufs Band gesprochen hattest.

MUTTER Das ist gelogen. Wie alles, was von dir kommt.

VATER Damit er denkt, er hat einen schlechten Vater, hast du mir extra die falsche Zeit genannt.

MUTTER Lügst du eigentlich auf der Bühne auch immer so? Kein Wunder, dass das mit deiner Karriere nicht vorankommt. Ich les immer seltener über dich in der Zeitung, dein Name wird in den Kritiken ja nicht mal mehr erwähnt. Streng dich mal an, der Junge soll nicht so nen Loser zum Vater haben, dann wird er depressiv. Außerdem brauch ich Geld, der Junge braucht was zum Anziehen.

VATER Dann arbeite doch mal.

MUTTER Ich arbeite NUR NOCH, ich mach nichts anderes mehr, ein Scheißjob nach dem anderen, du kannst auch mal was machen.

VATER An seinem Geburtstag hast du ihn weggeschickt, weil du bei deinem neuen Typen sein wolltest, bei deinem Coach.

MUTTER Wann kommt er an?

VATER 20 Uhr noch was – 20 Uhr 11 Ausgang 19.

MUTTER 19 Uhr 20, Ausgang 11, schreib dir das jetzt auf.

VATER Hab ich.

MUTTER Hast du nicht.

VATER Hab ich.

MUTTER Und pass auf seine Sachen auf, ich will nicht, dass er wieder ohne seinen Rucksack zurückkommt, dauernd verliert er was, wenn er bei dir ist.

VATER Du, ich muss jetzt leider auflegen.

MUTTER *imitiert ihn*
Ja, du, ich muss jetzt auch leider auflegen.

VATER Ja, da wünsch ich dir jetzt ein echt schönes Weihnachtsfest mit deinem Therapeuten.

MUTTER Der ist Psychiater, der ist Mediziner, der ist kein Therapeut.

VATER Das ist MEIN Coach. GEWESEN.

MUTTER *anderer Tonfall, einfühlsam*

Jan, das tut mir Leid. Dem Jens tut das auch Leid.

VATER Der hat mich seit zwei Jahren durch UNSERE Beziehung gecoacht, das Schwein, hat mir geraten, ich solle mal etwas ABSTAND nehmen, das würde mir gut tun, ABSTAND, die Dinge mal LOCKERER angehen lassen, nicht so viel arbeiten, nicht so viel Zeit mit dir verbringen, mehr spazieren gehen, mal alleine wegfahren, Mann, ich hab mich ZU TODE GELANGWEILT auf diesen ganzen Erlebnisreisen durch irgendwelche UNBEFLECKTEN LANDSCHAFTEN ich hab so viel abgeschaltet wie in meinem ganzen Leben noch nicht, ich bring den um, ich ramm ihm ein Messer in sein Arschloch und fick ihn durch die Praxis damit.

MUTTER Was sind denn das jetzt für Fantasien, Jan, bitte, hast du darüber mal mit jemandem professionell gesprochen?

VATER Mit wem denn? Nimmst mir ja alle weg, mit denen ich mein Leben in den Griff zu kriegen versuche. Hoffentlich landet ihr beide am nächsten Baum, wo ihr hingehört, hoffentlich erfriert ihr neben der Fahrbahn, hoffentlich rasen da ganze Reisebusse mit psychisch Gestörten in euch rein … hoffentlich frisst dein JENSARSCHLOCH mal ne Überdosis von diesen Betablockerfuckdingern, die er mir verschrieben hat, ich bin SO WEGGETRETEN, ich kann nur noch KRANKE und VERLETZTE spielen.

MUTTER Du wirst nie erwachsen.

VATER Es gibt Frauen, die das sehr attraktiv finden.

MUTTER Frauen? Mütter, mein Lieber, Mütter … die sind alle 20 Jahre älter als du, kannste dich dann festhalten, starr da liegen nachts und dich festklammern. Verzeih, aber ich brauchte mal nen ERWACHSENEN zur Abwechslung, das find ich grad total sexy, ist grad mein neuer Fetisch: Erwachsene Männer, die älter als zwölf sind INNERLICH pass auf den Jungen auf, ja. Wann kommt er an?

VATER Fick dich.

MUTTER Und rede nicht so, wenn der Junge dabei ist.

VATER Wieso bringst du ihn nicht hierher, wieso muss der jetzt fliegen, das ist außerdem viel zu teuer, zahlt das wenigstens dein Lobotomieonkel, oder soll ich das wieder zahlen?

MUTTER Damit ich DICH nicht treffen muss. Und Heiligabend allein im Zug – da sind viel zu viel Verrückte unterwegs, da ist Fliegen immer noch das Sicherste.

VATER Vergiss nicht: Am zweiten Weihnachtstag 17 Uhr 30 Ausgang 4.

MUTTER Mach dir mal keine Sorgen: *Ich* bin da, wenn der Junge mich braucht, ich lass den nicht an seinem Geburtstag vier Stunden an einer Bushaltestelle stehen und schlepp ihn dann erst mal zu irgend so ner Goa Veranstaltung oder was das da sein soll ... wenn du dem was zu kiffen gibst, bring ich dich um, das machst du nicht noch mal, der Junge ist elf!, Mann, den kannst du nicht mit in nen Club nehmen und da abstellen.

VATER Wieso das machen die anderen Jungs doch auch.

MUTTER Jungs? Mann, du bist sein VATER. Der fühlt sich auch nicht geliebt, wenn du ihm ne E einwirfst, klar, also SPIEL mit dem, wie andere Väter auch ... Fußball oder so, das ist ja nicht so schwer und lass ihn nicht wieder Nächte lang vor der Glotze rumlungern wie so n Geistesgestörten, und ich will nicht, dass der mit anhört, wie du mit deinen Freunden da Sex hast, wenn ihr zu viel

VATER Ja ja ja ist ja gut –

MUTTER Und ich will nicht, dass er dich wieder Tage lang Text abfragen muss, der ist immer komplett verstört, wenn er Nächte lang diese kranken

VATER Ja ja ja ja ja ja ja ja
schreit.
ahhhhhhh

MUTTER Gabi hat dich auf dem Klo gefunden, das hat sie mir erzählt. Sag mal, kokst du wieder?

VATER Ja, fick Gabi, die soll mir mal nicht immer auf dem Klo auflauern, die kriegt mich sowieso nicht. Was hängt die eigentlich unentwegt auf dem Männerklo rum, das würde mich mal interessieren.

MUTTER Mein Gott, kannst du mal n Satz OHNE „ficken" sagen?

VATER Ja, Mutti, kann ich: „Beischlaf Beischlaf Beischlaf", so, viel Spaß, du, grüß mir deinen Dr. Jens oder wie der heißt und wieso nimmst du den Jungen denn nicht *mit*, wenn ihr zu seinen Eltern fahrt, du weißt doch, dass ich proben muss.

MUTTER Heiligabend?

VATER Ja-haa. Hab ich dir tausendmal gesagt, ich komm hier vor elf abends nicht weg.

MUTTER Der Junge kommt aber schon um zwanzig nach sieben an.

VATER Ja, dann musst du wohl einen späteren Flug buchen.

MUTTER Das geht jetzt nicht mehr.

VATER Ja, dann muss er wohl bei dir bleiben.

MUTTER Was SOLL denn der Scheiß jetzt?

VATER Ich muss arbeiten.

MUTTER Du holst den ab.

VATER Mal sehen, muss er halt warten, wenn seine Mutter ihn an Heiligabend nicht zur Familie ihres neuen Freundes mitnehmen kann. Wenn er so ne beschissene Mutter hat, die ihn zu früh auf n Flieger schickt, muss er wohl mal n paar Stunden allein am Flughafen warten und frieren an Heiligabend. Hoffentlich denkt er dabei an dich und Dr. Jens, hoffentlich vergisst er das nicht und kriegt ne ordentliche Störung dabei, die ihm dann dein Jensarschloch wieder wegcoachen kann.
Er legt auf.

DAS KIND *am Flughafen*
Papa?

ÜBERFORDERTE FREUNDIN, KIND UND MANN.

TOCHTER AUSNAHMEZUSTAND ich hab gesagt AUSNAHMEZUSTAND

FREUNDIN Du, es tut mir Leid.

TOCHTER Ich weiß nicht, wieso ich hier so n Pferdebuch in die Hand gedrückt bekomme, was soll n der Scheiß, willste mich verarschen, oder was?

FREUNDIN Miriam, komm.

TOCHTER Und was genau soll das hier sein
hält ein Plastik-Kochset für Mädchen hoch.
spinnst du total oder was?

FREUNDIN Du sollst das noch nicht auspacken.

TOCHTER Besser wir klären das gleich, bevor die Geschäfte zu haben. O Mann, ich fass es nicht.

FREUNDIN So, jetzt reg dich ab und komm, wir wollen los.

TOCHTER Ich reg mich überhaupt nicht ab, du blöde Kuh. Hast du kein Gehirn oder was?

FREUNDIN Wenn du so weitermachst, hau ich dir eine.

TOCHTER Dann hau ich zurück

FREUNDIN Fick dich

TOCHTER So was sagt man nicht.

FREUNDIN Feiert doch euer Scheißfest allein.

TOCHTER Mein Gott, bist du ordinär, ey, warum schleppt Papa immer nur so ordinäre Frauen hier an?

FREUNDIN Miriam! Wenn du so weitermachst, gehst du ins Bett!

TOCHTER Geh du doch ins Bett, dafür biste doch da.

FREUNDIN Was?

TOCHTER *äfft sie nach*
Was?
aggressiv.
Ey, ich will kein PFERDEBUCH, du alte Schnacke, AUSNAHME-ZUSTAND hab ich gesagt AUSNAHMEZUSTAND das ist KEIN PFERDEBUCH, Mann.

FREUNDIN *schlägt fast auf die TOCHTER ein, hält sich grade noch zurück, will dann doch schlagen, schlägt nur ganz leicht zu, schlägt dann als Ersatz kurz mit der Handfläche auf die eigene Brust und gegen irgendeine Wand, schreit*
LARS!!

TOCHTER Papa, guck mal, die Alte dreht durch.

VATER Gabi!

FREUNDIN Kannst du vielleicht auch mal was sagen.

TOCHTER Der hilft dir nicht, das macht der nie…

VATER *am Telefon*
Paul?
zu Gabi
Warte mal kurz
am Telefon
Paul, ja, ja, wir sind heute bei meiner Mutter, Horror, nur kurz, nur kurz, ja, Proben laufen gut, super, nee nee

FREUNDIN Lass uns doch Freundinnen sein, ja?

TOCHTER Vergiss es.

FREUNDIN Lars.

VATER Warte mal, Gabi, jetzt nicht, ja, ich muss eben mal mit Paul sprechen // du, ich spiel dir alles, weißt du doch, nein, klar, nicht spielen, ich BIN dir alles, ich BIN ALLES, was du willst, aber, sag mal ... MÜSSEN wir uns da wieder ausziehen? Ich mein, ich bin doch jetzt schon 35. Und so toll sieht Gabi unterhalb der Kleidung auch nicht mehr aus, was?

TOCHTER Dem bist du scheißegal, siehst du. Der mag dich gar nicht.

FREUNDIN Du bist so ein widerliches, ätzendes Teil, kein Wunder, dass deine Mutter abgehauen ist, dich würd ich auch allein zurücklassen

TOCHTER Sag nichts gegen meine Mutter, sonst stech ich dich ab.

FREUNDIN LARS!!

VATER Kannst du mal eben kurz still sein, ich muss hier was klären, verdammt

FREUNDIN Sag mal meinst du mich? Redest du so mit ... was? mir?

TOCHTER Ich stech dich ab, heut Nacht, pass auf

FREUNDIN Lars!

TOCHTER *äfft sie nach*
Lars!
FREUNDIN weint.
Papa, die heult ... dein Date hier heult, schaff die mal weg, ich kann keine heulenden Frauen mehr ertragen, immer schleppst du hier diese heulenden Frauen an, Mama hat nicht so viel geheult.
FREUNDIN schlägt auf die TOCHTER ein.
Sag mal, spinnst du, lass mich sofort los
sie schlägt zurück, sie prügeln sich.

VATER Gabi, bitte, was machst du denn da? Miriam, reiß dich mal eben kurz zusammen, ich muss hier kurz mal was klären. Sag mal, könnt ihr euch nicht mal zwei Minuten wie normale Menschen verhalten, das ist ja widerlich.

TOCHTER Ich bin stärker als du, das wird das beschissenste Weihnachtsfest, das du je erlebt hast, pass auf.

FREUNDIN Gib mir mal dein Handy

VATER Was?

FREUNDIN Gib mir mal dein Handy. Ich ruf meine Eltern an, ob die das Kind nehmen, ich hab keinen Bock auf dieses widerliche Teil
zum Kind
Hau endlich ab, los,
gibt ihr hundert Euro.
hier, los, kauf dir was, na los, kauf dir, was du willst, kauf dir n Föhn und leg dich in die Wanne damit.

VATER Gabi.

TOCHTER Ja, Papa, genau das mein ich, das mein ich, die ist total fies zu mir.

FREUNDIN Und halt endlich deine dumme Fresse, HALT DIE FRESSE.

TOCHTER Genau DAS mein ich, Papa.

VATER Gabi, also

FREUNDIN Kauf ihr was, los, kauf ihr was, kauf ihr TERROR COMBAT CHALLENGE PART TWO, irgendwas, wo sie die ganze Nacht lang Leute abballern kann, oder kauf ihr einfach ne Plastiktüte, die sie sich über den Kopf ziehen kann, oder ne Barbiepuppe, die sie abfackeln kann, aber kauf ihr was, kauf ihr was, irgendwas, dann ist sie wenigstens still.

VATER Gib mir mal mein Handy wieder. Paul, das wär wirklich gut, wenn wir am Premierenabend den Text schon hätten, das wär, Paul? Paul? Toll, toll gemacht, danke, Gabi, danke. Das war Paul, den kriegt man etwa alle sechs Monate mal ans Telefon.

FREUNDIN Ich feiere nicht mit diesem widerwärtigen Teil. Lass die in irgend nem Hort, oder lass die an einer Autobahnraststätte oder bind sie Zuhause fest, mir egal, ich bleib keine Sekunde mehr mit dem Teil zusammen.

TOCHTER Das totale Psychowrack, und das an Weihnachten. Ich hau ab hier.
Sie läuft in die Arme des VATERS und lässt sich trösten.

FREUNDIN, starr, versucht, nicht zu weinen.

VATER Das ist meine Tochter.

FREUNDIN Ich feiere nicht mit der, ist mir egal, was die ist, ich bleib zu Hause, kannst allein zu deiner Mutter fahren mit dem Ding da … ich nicht. Ich geh lieber arbeiten, ich arbeite heute Nacht, ich arbeite durch, ich arbeite, bis ich umfalle. Macht, was ihr wollt, ich feiere nicht.

TOCHTER Papa, die mag mich nicht.
weint, gräbt sich tief in die Umarmung des VATERS, rennt dann weg.

Während des letzten Abschnittes des Textes oben haben wir jemanden aus einem Taxi aussteigen gehört, er rennt die Treppen hoch, er klopft mehrmals.

PAUL UND PAULS FREUND AN DER TÜR.

Im Hintergrund läuft Sex and the City im TV.

PAULS FREUND Hau ab.

PAUL Ich vermisse dich.

PAULS FREUND Das hättest du dir früher überlegen sollen.

PAUL Ich hab das nicht so gemeint.

PAULS FREUND Wie hast du es denn gemeint? Dass ich eine blöde Tunte bin, dass du dich schämst vor deinen Freunden, weil ich so dumm bin, keinen einzigen Satz rausbringe, der nicht von SEX AND THE CITY nachgeplappert ist.

PAUL Ich liebe dich.

PAULS FREUND Komisch, du vermisst mich immer nur nachts … nachts, wenn du nicht schlafen kannst…

PAUL Komm zurück.

PAULS FREUND Was?

PAUL Komm zurück, bitte.

PAULS FREUND Du hast dich doch von MIR getrennt.

PAUL Das war ich nicht.

PAULS FREUND Natürlich warst du das.

PAUL Ich? Nein, das war … das war jemand anderes, nicht ich, nein, ich … ich war das nicht.

PAULS FREUND Du hast dich von mir getrennt, gestern, vorgestern und IN DER NACHT DAVOR AUCH … fünfmal in drei Wochen und ich bin jedes Mal zu dir zurückgekommen, jetzt ist Schluss.

PAUL Was soll denn das heißen: Schluss? Wie soll denn das gehen? Wie soll man denn Schluss machen, das geht doch gar nicht, das geht erst, wenn einer von uns beiden tot ist, vorher geht das nicht.

PAULS FREUND Du kannst hier nicht jede Nacht.

PAUL Doch.

PAULS FREUND Du kannst.

PAUL Kann ich.

PAULS FREUND NEIN.

PAUL DOCH.

PAULS FREUND Ich will, dass du gehst.

PAUL Nein.

PAULS FREUND Doch.

PAUL Nein.

PAULS FREUND GEH.

PAUL Nein.

Kurze Pause.

PAULS FREUND *ganz leise*
Geh.

PAUL Ich kann nicht, ich komm hier nicht weg, ich … bitte … ich kann nicht mehr, ich sterbe.

PAULS FREUND Hau ab, stirb woanders.
PAULS FREUND schlägt die Tür zu, PAUL hämmert sehr, sehr laut gegen die Tür, es klingt, als wolle er sie kaputt schlagen, laut.
Hör auf.

PAUL Nur, wenn du aufmachst.

PAULS FREUND Geh.

PAUL Ich hab ein Geschenk für dich dabei, darf ich dir das geben?

Tür geht auf.

PAULS FREUND Nimm den Fuß aus der Tür.

PAUL Nein.

PAULS FREUND Paul, ich schlag gleich zu.

PAUL Mach doch.

PAULS FREUND Mach ich auch.

PAUL Ja, mach doch.
Pause.
Kannst du nicht mal vorbeikommen, wenn du schon nicht zurückkommen kannst, kannst du dann nicht mal vorbeikommen? Für eine Stunde oder so?

PAULS FREUND Nein.

PAUL Vorgestern hab ich mich den ganzen Tag in meinem Schlafzimmerschrank eingesperrt, davor lag ich stundenlang unterm Küchentisch, hab mir die Ohren zugehalten, damit ich nicht hören muss, wie das Handy *nicht* klingelt und du *nicht* anrufst, ich kann nicht mehr … ach Mann, ich … schau mal hier: Ich blute, das war ich … für dich … ich … komm endlich zurück, sonst … ich bring dich um, du weißt, ich mach das, erst dich, dann mich … ich hab versucht…

PAULS FREUND … dich umzubringen, hör auf, das sagst du doch immer.

PAUL Nein!

PAULS FREUND Ich glaub dir kein Wort.

PAUL … ich … wenigstens heute? können wir denn nicht wenigstens heute,
nur eine halbe Stunde, ich hab was gekocht, ich … ist doch Weihnachten … bitte
ganz schwache Stimme.
komm mit, nur ne halbe Stunde oder Stunde, dann kannst du ja wieder gehen, bitte
Er singt kurz „Schneeflöckchen, Weißröckchen" an, ganz schwache Stimme.

PAULS FREUND Nein.

PAUL Willst du denn die Nacht allein verbringen?

PAULS FREUND Ja.

PAUL Oder ist da jemand bei dir?

PAULS FREUND Nein.

PAUL Da ist jemand.

PAULS FREUND Nein.

PAUL Willst du ganz allein feiern?

PAULS FREUND Hier gibst nichts zu feiern, ich gucke mir n paar DVDs an, dann geh ich schlafen, mehr nicht.

PAUL Ich glaub dir kein Wort.

PAULS FREUND Fahr jetzt nach Hause.

PAUL Küss mich bitte.

PAULS FREUND Nein.

PAUL Doch.

PAULS FREUND Du kannst hier nicht einfach so ankommen und denken, alles geht wieder von vorne los.

PAUL Doch.

PAULS FREUND Nein.

PAUL Doch.

PAULS FREUND Nein.

PAUL Doch.

PAULS FREUND Nein.

PAUL MANN IST DAS ANSTRENGEND.

PAULS FREUND GEH.

PAUL Nein.

PAULS FREUND Doch.

PAUL Ich kann nicht mehr.

PAULS FREUND Ich auch nicht.

Tür geht zu, PAUL hämmert gegen die Tür, schreit dabei, Pause.

PAUL Küss mich.

PAULS FREUND Wenn du dann gehst.

PAUL Okay.

PAULS FREUND Aber es bedeutet nichts.

PAUL Okay.

PAULS FREUND Es bedeutet nichts, klar.

PAUL Ja.

PAULS FREUND Ist das klar?

PAUL Ja-ha.

PAULS FREUND Sag es.

PAUL Was?

PAULS FREUND Sag es.

PAUL Was denn?

PAULS FREUND Sag ES BEDEUTET NICHTS.

PAUL Es bedeutet … nichts.

Tür geht auf, sie küssen sich, sehr lange.

PAULS FREUND Und jetzt fahr.

Autounfall … Musik … Autos crashen in Gräben, Rücklichter.

RADIOANSAGERSTIMME … ist der kälteste Tag seit dem Jahr 1827 … minus 34 Grad Celsius seit vorangegangenem Freitag … die Temperatur wird voraussichtlich über die Feiertage weiter fallen.

DAS KIND *am Flughafen*
Mama hat das Handy ausgeschaltet – ich kann hier niemanden erreichen

RADIOANSAGERSTIMME … erwarten die Meteorologen gegen 2 Uhr nachts einen Schneesturm mit einer gefühlten Temperatur von minus 42 Grad Celsius.

Musik, Autounfall.

DIE ALTE FRAU So still hier.
Pause.
Hört endlich auf, hier andauernd gegen die Hauswand zu fahren, ich halt das nicht mehr aus!!

schreit vor sich hin.
Ahhhhhh Ahhhhh Ahhhhh

MANN UND FRAU IM BETT.

SIE Wie geht es dir?

ER Gut.

SIE Sicher?

ER Was?

SIE Bist du dir sicher?

ER Ja.

SIE Ja?

ER Ja.

SIE Sicher?

ER Ja.

SIE Ganz sicher?

ER Ja selbstverständlich.

SIE Dir geht es gut?

ER Wie meinst du das?

Kurze Pause.

SIE Mit mir.

ER Ach so, ja.

SIE Ja?

ER Ja.

SIE Also, da ist nichts?

ER Nein, was soll da sein, mach mal das Licht aus.

SIE Moment, also…

ER Also was?

SIE Du willst mir nicht irgendetwas mitteilen?

ER Mitteilen? jetzt? was soll ich dir denn mitteilen?

SIE Ja, das frage ich ja gerade.

ER Keine Mitteilung, nein.

SIE Dir geht es gut mit /

ER dir, ja geht es, ja,

SIE Alles ist so, wie es sein sollte?

ER Was?

SIE *unvermittelt laut*
Ob alles so ist, wie es sein sollte?

ER *erschreckt sich*
Was ja, was? warum schreist du?

SIE Ich mache mir Sorgen um dich.

ER Ich bin glücklich.

SIE Das glaube ich nicht.

ER Hör auf, lass mich.

SIE Was?

ER Fang nicht wieder an. Lass uns schlafen, wir müssen doch gleich wieder raus, die ganze Nacht durcharbeiten, dann kommen wieder die ganzen Verrückten die ganze Nacht und dann … lass uns schlafen, nur zwanzig Minuten noch, ja.

SIE Du siehst aber nicht glücklich aus.

ER Was?

SIE Du siehst nicht glücklich aus, du siehst nicht so aus, als ginge es dir gut.
Pause.
Ich frage mich, ob

ER Nein

SIE Ich frage mich, ob das an irgendetwas liegen könnte, ob es Gründe dafür gibt, dass du so unglücklich bist.

ER Bin ich doch gar nicht.

SIE Ob irgendetwas anders geworden ist.

ER Anders?

SIE Ja, anders, irgendetwas hat sich … seltsam, ist es bei dir auch so still?

ER Ob es bei … was?

SIE Ob es bei dir auch so still ist, bei dir da drüben.

ER Da drüben?

SIE Da wo du bist, da…

ER Ich bin doch ganz nah bei dir.

SIE Nein.

ER Was?

SIE Nein, das bist du eben NICHT.
Pause.
Ich liege wach, nachts … und schaue dir zu, wie du schläfst. Ich liege wach und höre dich atmen … das mache ich jede Nacht … Nacht für Nacht … ich beobachte dich. Das sind sehr, sehr unruhige Nächte in letzter Zeit, du windest dich

ER Nein.

SIE Du windest dich im Schlaf.

ER Nein.

SIE Du schläfst unruhig! Du schläfst unruhig, also liege ich wach und schau dir zu, weil ich es verstehen will, ich will es verstehen, aber … ich schaue dir zu, wie du schläfst, du träumst von irgendetwas, vielleicht schläfst du auch nicht, tust nur so, hoffst, dass ich es nicht merke … du bist woanders, wo bist du?, wo bist du denn? nachts? wo bist du da? wo? das will ich wissen, wo?

ER Ich bin ganz bei dir.

SIE DU SCHREIST, merkst du das nicht, das musst du doch merken, du schreist plötzlich, drehst dich weg von mir und dann…

ER Was?

SIE … ich habe das alles aufgezeichnet, mitgeschrieben, alles, was du so redest im Schlaf oder beim Aufwachen, und habe es mir immer wieder und immer wieder angeschaut, durchgelesen, aber … das Problem ist: Es ergibt keinen Sinn!

ER Was?

SIE Nichts, von dem, was du sagst nachts, wenn du sprichst im Schlaf, ergibt einen SINN, und das macht mir Angst – und vor allem: ICH KOMME NICHT VOR, ich komme nie vor in diesen, diesen … es gibt ein Leben ohne mich, komplett … etwas anderes, etwas, etwas, das du bist ohne mich, was ist das? Was lebst du da? Was lebst du da ohne mich? WAS?

PAUL UND PAULS FREUND AN DER TÜR.

PAULS FREUND Du kannst hier nicht einfach wieder auftauchen und glauben, alles sei so wie

PAUL Alles IST so wie, IST es … komm mal her

PAULS FREUND Nein

PAUL Komm

PAULS FREUND Nein

PAUL … wenn ich dich jetzt anschaue, jetzt, hier, ich kann mir einfach nicht vorstellen, dass wir, ich meine … es IST oder, o Mann, tut mir alles Leid, aber, das war, ich weiß auch nicht, aber … bitte komm zurück zu mir, bitte

PAULS FREUND Du hast dich doch von MIR getrennt

PAUL Das war ich nicht

PAULS FREUND Natürlich warst du das

PAUL ICH WAR DAS NICHT

PAULS FREUND Wer war das dann?

PAUL Was weiß ich, einer deiner, was weiß ich, siebenundzwanzig anderen, die … sind die da JETZT? SIND DIE DA GRADE ALLE DRIN UND … die sitzen da doch alle und LACHEN SICH TOT ÜBER MICH MANN ICH LIEBE DICH KOMM ZURÜCK

PAULS FREUND Nein

PAUL Ich kann ohne dich nicht leben

PAULS FREUND *lacht*
Mann, wo haste denn solche Sätze plötzlich her?

PAUL Ich brauch dich KOMM ZURÜCK

PAULS FREUND *lacht über den Satz, PAUL haut ihm auf den Kopf*
Fass mich nicht an.

PAUL Bitte

PAULS FREUND Nein

PAUL Ich muss aber

PAULS FREUND Nein

PAUL ICH MUSS

PAULS FREUND Nein

PAUL Zieh dein Hemd aus

PAULS FREUND Sag mal … spinnst du?

PAUL Wer hat dir erlaubt, das Hemd anzuziehen

PAULS FREUND Nimmst du irgendwas? Nimmst du irgendwelche Mittel?

PAUL Ich?

PAULS FREUND Oder hast du irgend n neues Buch gelesen oder … du wirkst so, so … irgendwas ist anders

PAUL Ja, natürlich ist irgendwas anders, irgendwas IST anders, irgendwas IST anders, ja, NATÜRLICH MANN ALLES IST ANDERS warum hast du mich verlassen?

PAULS FREUND *erschöpft*
Mann, du hast MICH verlassen

PAUL Nein

PAULS FREUND DOCH!

PAUL Nein

PAULS FREUND Natürlich

PAUL Das war ich nicht, du verwechselst mich

PAULS FREUND Nein das warst DU, ich verwechsle dich nicht

PAUL Wer ist da drin?
kurze Pause.
Ich kann nicht schon wieder allein schlafen, das halt ich nicht aus, das geht nicht

PAULS FREUND Ja, dann such dir jemanden

PAUL Mann, ich hab mich geirrt, versteh doch
Pause.
Zieh doch mal dein Hemd aus.

PAULS FREUND Was?

PAUL Bitte

PAULS FREUND Was?

PAUL Hast du doch sonst auch immer gemacht

PAULS FREUND Mann, du bist ja völlig, was geben die dir denn?

PAUL Zieh das doch mal aus jetzt

PAUL versucht, ihm das Hemd auszuziehen, küsst ihn dabei, PAULS FREUND wehrt sich, dann haut PAUL ihm eine Ohrfeige, die auch sexuell gemeint sein könnte, küsst ihn wieder, dann macht PAULS FREUND sich los und schlägt die Tür zu, PAUL hämmert wieder dagegen.
Mach auf! Mach jetzt auf
Pause, dann ganz sanft.
hallo? Hallo – hallo?

PAULS FREUND Okay, ich mach jetzt auf, aber du fasst mich nicht wieder an, klar

PAUL Ja

PAULS FREUND Versprochen

PAUL Ja

PAULS FREUND Verhalt dich ganz ruhig, okay

PAUL Ja
Tür geht auf, sie schauen sich eine Weile stumm an.
Hallo

PAULS FREUND Hallo
Pause.
Wo ist denn mein Geschenk?

PAUL Hier die CD hab ich dir gebrannt, das … hör ich jetzt immer, wenn ich … an dich denke … also immer … WHEN YOU REMEMBER WHO I AM JUST CALL, kennst du das?

PAULS FREUND Nein

PAUL Darf ich reinkommen?

PAULS FREUND Nein

PAUL Kannst du nicht kurz mit zu mir kommen und … dich neben mich legen, nur bis ich eingeschlafen bin, dann kannst du ja wieder fahren, es bedeutet auch nichts, ehrlich, ich ruf dann auch nicht mehr an, aber … ich kann nicht schlafen sonst, ich vermisse dich so, du bist so

PAULS FREUND *umarmt PAUL jetzt und küsst ihn, sehr leidenschaftlich, schlägt dann die Tür zu*
so das genügt für heute

Kurze Pause.

PAUL AHHHHH

Schritte durch Schnee – jemand singt leise ein Weihnachtslied.

DIE ALTE FRAU *ganz leise*
Keiner will nach Hause ... weil da nichts ist ... weil da niemand wartet ... weil da alle so viel erwarten ... aber keiner will allein sein...

DAS KIND Papa?

KINDERHORT IM FLUGHAFEN.

EINE AUSHILFSKINDERGÄRTNERIN *erzählt ein Kindermärchen*
Der kleine Junge fühlte die Angst in seinem Herzen und trug sie durch die erfrorene Stadt – Nebel, Schnee, Leuchtreklamen, die Wohnungen waren blau erleuchtet, überall saßen einsame Menschen vor ihren Fernsehgeräten und schauten Familien zu, die gemeinsam feierten ... er glitt über die vereisten Wege, Autos rasten an ihm vorbei.

DAS KIND Mama?

AUSHILFSKINDERGÄRTNERIN Aber da war niemand, kalt, niemand zu sehen, der Junge lief weiter, die Stadt wurde größer und größer mit jedem Schritt und er fühlte sich kleiner und kleiner und sein Herz brannte leise aus, er lief ... wie mechanisch, denn er wusste nicht, wohin ... er sang „Stille Nacht, heilige Nacht, alles schläft, niemand wacht...", er wollte diese Nacht nicht allein verbringen, aber zu Hause wartete niemand auf ihn, alle Zimmer leer, schlagartig mussten alle geflohen sein, und er hatte es verpasst

DAS KIND Wo seid ihr denn?

AUSHILFSKINDERGÄRTNERIN Und als nach langem, langem Warten immer noch niemand erschien, begann er sich zu fürchten, und sein Herz begann fürchterlich zu brennen...

VERLETZTE JUGEND/THEATERPROBE.

Ein Mann, etwa 35, ein Junge, etwa 34 (wirkt jünger), eine Frau, etwa 35.
Großstadtwohnung.
Eine zertretene Stereoanlage, eine heruntergekommene Wohnung, kalt.

FRAU Aber du musst doch irgendwas machen

JUNGE Was denn?

FRAU Irgendwas, egal was, irgendwas

MANN Aber er macht doch was

FRAU Was denn?

MANN Keine Ahnung, irgendwas wird er schon machen, oder?

FRAU Er lässt sich volllaufen Abend für Abend, kommt morgens nach Hause und fällt in die Stereoanlage und fickt in irgendetwas rein, dass er sich mitgebracht hat, egal was, Mann, Frau, Hunde, Katzen

JUNGE Kanarienvogel, Arschloch! Arschloch! Fucking Arschloch!

MANN Jetzt hast du ihn verärgert

FRAU Was ist mit der Stereoanlage?! Was ist mit der Stereoanlage?!

MANN Nicht so laut

FRAU Ich frag ja nur, war nämlich meine ... das war meine, die hab ich zur Konfirmation bekommen

MANN Kauf dir ne neue

FRAU Ja, klar
FRAU zum JUNGEN, der auf dem Bett liegt und anfängt schwer zu atmen, zu keuchen.
was ist denn?

JUNGE Weiß nicht
Er schreit leise vor Schmerz.

MANN Was hat er denn?

FRAU Zeig mal deinen Arm

MANN Was ist denn damit?

FRAU Gib mal her, bitte

JUNGE Nicht, nicht so anfassen, nicht ... die andere Hand, die andere Hand kannst du berühren, aber nicht diese

MANN Was ist denn passiert?

JUNGE Weiß nicht, hab ich gebrochen, den Daumen ... hab mir den Daumen gebrochen

MANN Wann?

JUNGE Ist falsch zusammengewachsen

MANN Tut das weh?

JUNGE Ja, schrecklich

MANN Warst du beim Arzt

JUNGE Geh nicht zum Arzt, nein

MANN Warum nicht?

JUNGE Hab keinen und … überhaupt … was soll ich da … viel zu teuer
Pause.
Warum wart ihr so lange weg?

FRAU Mein Gott ist das kalt hier

MANN Was?

FRAU Kalt

MANN Nein, ich meine

FRAU Draußen frierts, kann das sein? Überall Unfälle. 298 Tote schon in dieser Nacht, stürzen sich alle in den Kanal und frieren da fest, liegen da rum und sterben langsam vor sich hin.

JUNGE Ihr. Ihr wart so lange weg, ihr habt mich so lange alleingelassen, warum?

FRAU Du, wir hatten zu tun

JUNGE Was denn? Was musstet ihr denn machen?

FRAU Arbeiten zum Beispiel

MANN Was ist denn mit der Heizung?

JUNGE Ich war hier allein, ich hab gedacht, ihr schaut mal … vorbei

FRAU Ich war dreimal da, aber da hat niemand aufgemacht

JUNGE Hast du geklingelt?

FRAU Ja

JUNGE Klingel ist kaputt

FRAU Und wie soll man das wissen?

JUNGE Steht doch draußen dran

FRAU Ich hab nichts gesehen

Der JUNGE schreit.
Was denn?

MANN Tut weh?

JUNGE Ja

MANN Der Finger?

FRAU Ja, natürlich der Finger.

MANN Halt du dich doch da raus.

FRAU Wieso soll ich mich da raushalten?

MANN Wieso warst du denn nie hier? Du hattest mir gesagt, du kümmerst dich um ihn.

JUNGE Kümmern? Sag mal spinnt ihr – ihr braucht euch nicht um mich zu „kümmern", ihr sollt nur ab und zu mal vorbeikommen, wir gehören doch … ach was weiß ich

MANN Zusammen

JUNGE Fuck off, weiß nicht, ja, vielleicht, was weiß ich

FRAU Ich war hier

MANN Ach ja?

FRAU Ich war hier, aber es hat mir ja niemand aufgemacht

JUNGE Steht doch dran „Klingel kaputt"

FRAU Da steht nichts dran

JUNGE Geh doch gucken, steht doch dran

FRAU Da steht nichts dran, ich war dreimal hier, immer, wenn ich in der Stadt war, bin ich hierhergekommen, aber da war niemand

MANN Ich hab dir einmal n Zettel in den Briefkasten gelegt

JUNGE Briefkasten ist kaputt

MANN Wie kaputt?

FRAU Kaputt halt

MANN Wie kann denn ein Briefkasten kaputt sein?

JUNGE Schlüssel verloren … außerdem guck ich da nicht rein.

MANN Warum nicht?

JUNGE Ist nur Scheiße drin, nur Müll, Sachen, die man kaufen soll ICH WILL ABER NICHTS KAUFEN, will ich nicht, ich kaufe nichts, da sind nur Zettel drin, wo draufsteht, dass ich irgendwas kaufen soll, da hab ich den zugeschlossen und den Schlüssel weggeschmissen, ich kauf nichts

FRAU Wovon auch?

MANN Schhhh

JUNGE Ja, genau, wovon auch, ich verdiene Geld, ich gehe arbeiten, abends, ich habe Geld, ich verhungere nicht, aua, meine Hand.

MANN Du musst zum Arzt.

FRAU Was willst du denn jetzt machen?

JUNGE Wieso „machen"? Ich mach doch was ... aua, Scheiße...
Schweigen.
Soll ich mal ne Platte auflegen
will aufstehen, fällt wieder um, fällt auf die Hand, schreit vor Schmerzen, steht noch mal auf, tritt irgendetwas, das im Weg steht, um.
SCHEISSE SCHEISSE VERDAMMTE SCHEISSE
redet mit einem Bücherregal, das er umkickt.
was willst du hier? Häh? Was willst du hier? Sag mal, na los, rede endlich, was willst n du hier
kickt es weg.
ich muss hier durch, tut mir Leid, muss hier durch, da kannste nicht stehen, geht nicht
wieder zu MANN und FRAU
Scheißbücher ... helfen auch nicht weiter ... ich les und les und les, aber ... bringt nichts ... absolut nichts ... ich komm nicht weiter ... hier guck mal
zur FRAU
hab ich mich geschnitten, nicht anfassen, nur gucken, nicht anfassen.
FRAU schaut zum MANN.
Hab ne neue Platte, meine Lieblingsplatte, kann man nur ganz, ganz langsam nach tanzen, gleiten ... man gleitet eher so ... durch Zeit und Raum
lacht, verzieht dann das Gesicht vor Schmerzen.
ahhhh, MANN FUCK jetzt tut das schon weh, wenn ich lachen muss, was soll n das? Häh? Was soll das?
schlägt auf seinen Körper ein.
Was soll das? Was? Ich frag ja nur ... keine Antwort ... komisch ... dieser Fuckkörper antwortet nie, wenn ich ihn was frage

schlägt sich mit beiden Händen kurz und fest mehrmals gegen die Schläfen.
hallo? Jemand zu Hause?
Er lässt sich auf den Boden fallen, kurze Stille, robbt dann zur FRAU, weint, zieht dann den MANN dazu, küsst den MANN, zieht ihn so an sich, dass beide Männer im Arm der FRAU liegen.
Schön, dass ihr da seid. Jetzt ist die Familie wieder zusammen was?

EIN ALTES PAAR IM SCHNEE.

Weihnachtsglocken, ein MANN und eine FRAU laufen durch den Schnee.

FRAU Schön

MANN Jetzt gibt es nur noch uns zwei

FRAU Ja

MANN Wenn ich nicht mehr da bin, was machst du dann?

FRAU Du *bist* da. Solange ich da bin, bist du auch da … wenn du nicht mehr da bist, bin ich auch nicht mehr da, ich bleibe hier nicht allein … ich komm dann nach

MANN Ich liebe dich

FRAU Ich weiß

MANN Immer noch

FRAU Still

Im Hintergrund leise ein Unfall.

MANN Das waren unsere Kinder

FRAU Lass deine dummen Scherze

MANN Würd mich nicht stören

FRAU Wie kannst du das sagen?

MANN Weil es stimmt … kommen für eine Stunde vorbei, reden nur nervöses dummes Zeug und hauen wieder ab … und diese Schreigören, die alles anfassen und ansabbern müssen … die haben nicht einmal gefragt, wie es uns geht … nicht EINMAL … haben die Kinder abgeliefert, sind zu ihrem Fest gefahren, haben die Kinder wieder abgeholt und sind nach Hause gefahren … haben noch unser ganzes Essen eingepackt, die sind doch alt genug, die verdienen doch selbst jetzt … die können doch auch mal selbst kochen oder … es gibt doch Kindermädchen, Leute, denen man Geld dafür gibt, dass sie auf Kinder aufpassen, das müssen wir doch nicht machen

FRAU Ich mach das gerne

MANN Ach Unsinn, mit diesen Schreigören kann man ja auch kein normales Wort reden, die reden ja nur … Englisch oder was das sein soll, ich versteh kein Wort … das sind ja Comicfiguren, die sind ja schlimmer als ihre ätzenden Handyklingeltöne … und dieser neue Mann, dieser Schauspieler … der ist ja … der redet so schnell und so … ich glaub dem kein Wort … ist denn das ein guter Schauspieler? Wo spielt denn so jemand?

FRAU Immer woanders glaub ich, den will wohl keiner so richtig, im Moment, der war wohl mal sehr … gefragt sagt Gabi, aber … im Moment … den will wohl keiner, ist so als Typ irgendwie OUT sagt Gabi, zu … der hat sich viel zurückgezogen, nichts mehr erlebt, seit er die Kinder hat und … fährt gern Rad mit den Kindern, aber … das interessiert natürlich niemanden, Rad fahrende Väter, da ist er jetzt so durchs Raster gefallen

MANN Aha

FRAU Ja, der war wohl mal ganz wild, sagt Gabi, mit Drogen und allem und hat sich politisch engagiert und war dauernd auf Partys und immer die Hauptrollen in so neuen Stücken gespielt und selbst Filme gemacht und … … na ja so sind die ja alle … mit 25 ist jeder Mann aufregend, aber dann … dann wirds schwer … hat wohl auch alle seine Ideale verloren und

MANN Aha, was hatte der für Ideale?

FRAU Na, der war da an so nem neuen Theater mit ganz vielen jungen Leuten, die da alle eine ich weiß nicht gerechtere Weltwirtschaft wollten, gerechtere Kriege? Irgend so was, radikale neue Formen, SOLIDARITÄT und na ja … die dann alle so plötzlich angekommen sind in ihrem Leben, bis auf ihn … und jetzt, sitzt er da, mit seinen Kindern … ich weiß nicht, reist viel, glaub ich, spielt da wohl so mittlere Rollen in … unterschiedlichen … Projekten … was er halt so kriegt … ist wohl auch enttäuscht, weil das mit der gerechteren Weltwirtschaft nicht geklappt hat und … die da jetzt im Grunde alle das geworden sind, was sie mal bekämpft haben und jeder nur an sich denkt … und
lacht.
keiner mehr an ihn denkt, er ist da irgendwie als einziger komplett durchgefallen, der war wohl immer zu nett … hat nur für „die Sache" gekämpft, nie für sich … der hat zu lange an „die Sache" geglaubt, als „die Sache" schon gar nicht mehr vorhanden war, hat der

da immer noch dran geglaubt und jetzt … sitzt er da mit seinen Kindern und hat kein Geld

lacht.

… und jetzt spielt er wohl auch ab und an im Fernsehen … in der Fernsehklinik, auf der neurologischen Station, der spielt ab und zu einen Neurologen in so einer Klinik am Meer, in der Traumklinik, er ist der Aushilfsneurologe in der Traumklinik.

MANN Jedenfalls redet der auch nur Schwachsinn, ich glaub dem kein Wort, der liebt doch Gabi nicht, der ist doch viel zu nervös, muss denn der soviel rauchen … und was die den Kindern schenken … überall klingelt es und blinkt es und ich weiß nicht … keinen einzigen vollständigen Satz können die Kinder … und die sind doch jetzt schon elf … die reden nur so Fetzen … wissen die überhaupt was das ist: Großeltern? Ich glaub, die haben gar keine Ahnung, wer wir sind … die stört das ja auch gar nicht weiter, dass wir anwesend sind, die kommen zu uns, schlagen da ihr HandyInternetLager auf, fressen deinen Kuchen, trinken Cola, glotzen GIGA und KIKA während sie irgendwelche Games downloaden und fahren wieder ab – ich glaube, die merken gar nicht, dass wir anwesend sind.

FRAU Komm mal her

MANN Was denn?

FRAU Nur du und ich

MANN Ja

FRAU Du wolltest immer Kinder

MANN Und jetzt haben wir welche

FRAU Und es war viel Ärger

MANN Nur die ersten zwei Jahre waren schön

FRAU Ja

MANN Aber wir sind immer noch zusammen

FRAU Das einzige, was mich auf dieser Welt noch hält

MANN Wenn du mal weg bist, dann … komme ich sofort nach … ich steig ins Auto und

Unfall.

RADIOSTUDIO. ZWEI MODERATOREN.

MODERATOR 1 So viele Tote in diesem Jahr.

MODERATOR 2 Machst du die Ansage?, ich wollt mal kurz raus.

MODERATOR 1 Hast du die genauen Zahlen? Zweihundertsiebenunddreißig Tote, achtzig Verletzte ... allein in der letzten Stunde? Kann das sein?

MODERATOR 2 Ich hak da noch mal nach, das kann doch nicht stimmen.

MODERATOR 1 Was ist denn da los?

MODERATOR 2 35 Grad minus ... die Autobahn ist komplett zugeeist.

MODERATOR 1 Fahren die denn alle so schnell?

MODERATOR 2 Die wollen alle ... so schnell wie möglich weg...

MODERATOR 1 Weg nur weg.

MODERATOR 2 Sind alle so nervös...

MODERATOR 1 Ruf da mal an und frag, ob das wirklich stimmt ... soviel Tote gabs ja noch nie um diese Zeit.

MODERATOR 2 Die wollen alle weg...

MODERATOR 1 Leg doch mal was Beruhigendes auf

MUTTER/VATER.

Folgendes wie eine alte Märchenplatte.

VATER Hast du genug zu essen dagelassen?

MUTTER Die verhungert schon nicht

VATER Hast du?

MUTTER Ja, sie hat da Chips. N bisschen Brot, das wird schon reichen, ich hab den Fernseher angelassen, dann merkt sie gar nicht, dass wir nicht da sind

VATER Gut

MUTTER Ich brauch auch mal ... Ruhe

VATER Ja, nur wir beide, einen Abend mal, nur einen Abend

DIE ALTE FRAU IN DER KLINIK Warum rufst du denn nicht an … DIE STILLE HÄLT MAN NICHT AUS, der liebt mich nicht, aber mein Herz … brennt weg, langsam und hier … stirbt jetzt alles …

singt, ganz schwach.

Schneeflöckchen, Weißröckchen, wann kommst du geschneit, du wohnst in den Wolken, dein Weg ist so weit…

MANN/PSYCHIATER.

MANN Danke, dass Sie sich die Zeit genommen haben – gerade heute – dass Sie

PSYCHIATER Ich hatte nichts vor heute

MANN Nein?

PSYCHIATER Nein

MANN Nein?

PSYCHIATER Ich arbeite gerne … meine Frau und ich arbeiten immer an Heiligabend schon seit sieben Jahren

MANN Lieben Sie Ihre Frau?

PSYCHIATER *lacht*
Äh, was?

MANN Lieben Sie sie?

PSYCHIATER Jetzt kommen Sie erst mal rein, über Liebe reden wir gleich.

DIE ALTE FRAU IN DER KLINIK/AUSHILFSPFLEGEKRAFT.

DIE ALTE FRAU Haben Sie meinem Sohn Bescheid gesagt?

PFLEGEKRAFT Was? Jaja.

DIE ALTE FRAU Haben Sie ihn angerufen.

PFLEGEKRAFT Geht nicht ran.

DIE ALTE FRAU Haben Sie es nochmal versucht.

PFLEGEKRAFT Hab ich doch schon gesagt: ja, ich habe, aber er geht nicht ran.

DIE ALTE FRAU Das kann nicht sein.

PFLEGEKRAFT Ich habe.

DIE ALTE FRAU Sie wollen nur Ihre Ruhe!

PFLEGEKRAFT Jaja.

DIE ALTE FRAU Jaja?

PFLEGEKRAFT Ja sei endlich still.

DIE ALTE FRAU Was?

PFLEGEKRAFT Ich hab ihn dreimal angerufen, er geht nicht ran.

DIE ALTE FRAU Das glaub ich nicht.

PFLEGEKRAFT Dann glauben Sie es halt nicht.

DIE ALTE FRAU RUFEN SIE DEN ENDLICH AN.

PFLEGEKRAFT MANN, DER GEHT NICHT RAN.

DIE ALTE FRAU DANN VERSUCHEN SIE ES NOCHMAL UND NOCHMAL UND NOCHMAL UND NOCHMAL.

PFLEGEKRAFT Jaja ... halt die Klappe.

DIE ALTE FRAU Was?

PFLEGEKRAFT Halt deine, halt einfach die ... HALT ENDLICH DEINE BLÖDE KLAPPE, HALT DEIN DUMMES MAUL, alle hier ... Scheiße ... warum sind Sie denn im Heim? Warum hat der Sie hier abgestellt? Frag dich das mal ... mich ruft auch keiner an.

DIE ALTE FRAU Nein?

PFLEGEKRAFT Nein, also sei still, halt das aus, halt das einfach aus.

VERLETZTE JUGEND/THEATERPROBE.

JUNGE Ich will, dass ihr hier bleibt, komm wir tanzen
Der JUNGE legt „NEW GRASS" auf, zweite Mundharmonikastelle.
Komm wir gleiten, schweben, wie Farnkraut, ganz sanft, in alle Richtungen ... ganz leise im Wind ... die Kälte hier, das ist doch schön, verbrennt man nicht sofort, verbrennt man etwas langsamer ... ich liebe dich.

FRAU Wen, mich?

MANN Oder mich?

Alle drei lachen.

JUNGE Uns alle.
Sie tanzen eine Weile, er wirft sich aufs Bett.
Aua, fuck, ich lande immer auf meinem kaputten Daumen, egal, wie ich fliege, ich lande immer genau da, wo es wehtut.
zur FRAU
Los, koch, Frau, los, ist doch mein Geburtstag, los, koch für mich, du Frau, du, dafür seid ihr doch da
lacht.
Sollen wir noch mal versuchen, miteinander zu schlafen?

MANN Gnade!

JUNGE Wieso, das war doch witzig. Du hast mir einen geblasen, ich hab ihr einen geblasen und…
zur Frau.
was hast du eigentlich gemacht?

MANN Nichts, wie immer.

FRAU Jungs, bitte … ich bin verheiratet.

JUNGE Was?

MANN Das war kurz und schmerzlos.

JUNGE Das kommt jetzt etwas … was?

FRAU Ja, mit einem Mann, den ich liebe.

MANN Schwanger ist sie auch.

FRAU Im zweiten Monat, ich freu mich schon, wird ein Junge.

JUNGE O je, das ist ja furchtbar, wieso das denn?

MANN Sie haben einen Hund, sie ziehen bald aufs Land.

FRAU Einen Shetland Spaniel.

JUNGE O je, wieso machst du denn so was?

FRAU Weil ich … blöde Frage.

JUNGE Nein, sag mal, warum?

FRAU Weil ich meinen Mann liebe, weil wir glücklich sind.

JUNGE Das ist doch Schwachsinn

FRAU Nein, ich … ich liebe meinen Mann, was ist daran so schrecklich?

PAUL Gabi … weil du dieses Leben nicht mehr aushältst, weil du nicht weißt, wie du … wie du es schaffen sollst, weil du einsam bist, weil kein Mann dich mehr will, weil du kaputt bist, keine Kraft mehr hast, und weil dir kalt ist.

MANN Und weil der Typ die Agentur leitet, in der du arbeitest. Ist doch keine falsche Strategie, in wirtschaftlich unsicheren Zeiten den eigenen Chef zu heiraten und aufs Land zu ziehen.

FRAU Ich liebe.

JUNGE Jetzt hör doch mal auf.

MANN Das sagst du nicht!

FRAU Was?

MANN Dieses Zeugs mit der Liebe, ich denke, du sagst, dass du Angst hast, alt zu werden, dass dich jetzt die mittleren Jahre erwischt haben oder so was...

FRAU Ich sag, was ich denke ... ich liebe meinen Mann, ich heirate ihn. In dieser Stadt leben nur Verrückte ... ich zieh raus aufs Land, irgendwo in diesen Naturpark Ost und ich helfe Menschen dabei, wieder einen Einstieg in das Berufsleben zu finden.

MANN Was soll denn das?

FRAU Ich liebe meinen Mann, ich bin glücklich, wir heiraten, wir haben ein gut gehendes mittelständisches Unternehmen, wir helfen Langzeitarbeitslosen bei der Reintegration in den Arbeitsmarkt, wir haben einen Hund, ich bin schwanger, ich hoffe, es wird ein Junge und wir haben uns grade ein Einfamilienhaus gekauft in der Lausitz und fahren zur Arbeit rein nach Mitte und haben da noch ein kleines Studioappartement, wo wir übernachten, wenn mal in der Agentur zu viel Arbeit anfällt, um noch nach Hause zu kommen. Wir haben Freunde, Saskia und Sebastian, ein nettes Paar mit zwei Kindern, mit denen fahren wir ab und an nach Potsdam zum Squash – okay, Squash ist jetzt einer zu viel, aber ansonsten ... ja, Mann, warum denn nicht, warum kann ich denn nicht einfach mal glücklich sein und heiraten, WARUM?

PAUL Weil das keinen Konflikt ergibt, deshalb. Und weil das einfach UNSINN ist, weil es so was nicht gibt, also, lass es.

FRAU Ich liebe meinen Mann, ich bin glücklich.

JUNGE Bist du nicht.

FRAU Bin ich wohl.

MANN Bist du nicht. Du bist einsam und du wirst langsam alt und ziehst dich nicht mehr aus, weil du unterhalb der Kleidung nicht mehr aussiehst wie oberhalb.

FRAU Bin ich NICHT!

JUNGE Leute, kommt, es ist Heiligabend, ja, lasst uns bitte

FRAU BIN ICH NICHT. Wieso seh ich unterhalb der Kleidung nicht mehr aus wie oberhalb, außerdem DAS GEHT KEINEN WAS AN, WIE ICH UNTERHALB DER KLEIDUNG AUSSEHE, ich liebe meinen Mann, ich zieh aufs Land.

MANN Tust du nicht

FRAU Tu ich doch

MANN Tust du nicht

FRAU Doch

MANN Nein

FRAU Doch

MANN NEIN

FRAU DOCH

MANN NEIN!!

FRAU Doch!!

MANN Schwachsinn

FRAU Nein

MANN Doch

FRAU Nein

MANN Doch

FRAU Nein

MANN DOCH

FRAU Ich liebe!!

MANN Das lässt sich aber nicht leben, und jetzt halt endlich die Klappe verdammt nochmal!

FRAU Ich liebe.

PAUL Ist das von MIR?

FRAU Ich liebe.

PAUL Ist das von mir, dieser Scheiß? Horror. DAS KANN NICHT SEIN

FRAU Ich liebe.

MANN Okay, Ruhe, Leute, komm, können wir noch mal von vorne anfangen – bitte, Birgit!

SOUFFLEUSE Wo ist denn vorne?

PAUL Wenn ihr wüsstet, wie Scheiße es mir gerade geht, ihr wärt so dankbar

FRAU Bist du wieder in der Klinik?

PAUL DAS IST EIN HOTEL

FRAU Ich dachte, das ist eine Klinik

PAUL Das ist ein Hotel.

MANN Paul, hör mal, diese Sexszene, die gleich kommt…

PAUL DAS IST KEINE SEXSZENE!

FRAU Die funktioniert nicht

PAUL DOCH

FRAU Nein

PAUL Doch

FRAU Nein

MANN Das sieht nicht mehr so richtig gut aus, wenn wir das machen.

PAUL Wenn ihr wüsstet, wie Scheiße es mir geht, ihr wärt so dankbar, dass ihr hier

FRAU Und wenn wir DER BÄR machen würden, kennt ihr das? Das ist super.

MANN Das hab ich mal gespielt 1993.

PAUL DER WAS?

FRAU Oder DER HEIRATSANTRAG, das ist auch total schön.

MANN Das hab ich mal gespielt, 1994. Das ist ein sicheres Ding.

PAUL Ich bring mich um.

JUNGE So, Leute, es ist Heiligabend, jetzt reißt euch mal zusammen, bitte, ja, wir sind doch ERWACHSENE MENSCHEN, also: Wollen wir noch mal versuchen, miteinander zu schlafen?

PAUL NEIN ICH SCHLAFE NICHT MEHR MIT EUCH!

JUNGE JESUS WILL ABER LIEBE

PAUL Das steht nicht im Text

FRAU Was steht denn im Text, was?

PAUL Ich hau ab hier

MANN Geh jetzt nach Hause und schreib was, irgendwas, egal was.

FRAU MACH endlich mal was.

PAUL Ich MACH doch was.

FRAU Was denn?

JUNGE Sollen wir noch mal versuchen, miteinander zu schlafen?

SOUFFLEUSE Wollen

JUNGE Was?

SOUFFLEUSE WOLLEN wir noch mal versuchen, miteinander zu schlafen?

FRAU Jungs, bitte … ich bin verheiratet.

MANN Das war kurz und schmerzlos.

FRAU Ja, mit einem Werber im Übrigen
lacht.
einem koksenden Vitaminpillen fressenden Fitnessstudiowerber, ja, sorry, ist so.

MANN Schwanger ist sie auch.

FRAU Im zweiten Monat, hab mich noch nicht entschieden. VIELLEICHT TREIB ICH DAS FUCKTEIL NOCH AB.

MANN Gabi!

FRAU Ach ist doch wahr!

JUNGE O je, das ist ja furchtbar, wieso das denn?

FRAU Weil ich … blöde Frage.

JUNGE Nein, sag mal, warum?

FRAU Weil ich älter werde.

JUNGE Stimmt doch gar nicht.

FRAU Leider doch.

JUNGE Siehst doch noch genauso aus wie früher.

FRAU Nicht mehr unterhalb der Kleidung
lacht.
geht alles nur noch mit Licht aus
lacht.
o je, gibts hier Alkohol? Ich glaub, ich brauch jetzt was.

PAUL Ja, kommt, lasst uns was trinken!

FRAU Sag mal, das soll ich doch sein, oder, diese Frau hier, diese Frau, die im zweiten Monat schwanger ist – DIR ERZÄHL ICH NIE WIEDER WAS?

JUNGE Bier!

FRAU Sehr gut.

MANN Was?

JUNGE Müsste irgendwo sein, weiß nicht, im Flur oder so? Badezimmer? Guck mal im Badezimmer.

MANN Was?

PAUL Spiel weiter!

FRAU *zum MANN*
Guckst du mal.

MANN Was?
Er stolpert über die Heizung, wie vorher der JUNGE immer stolpert und fällt der Länge nach hin, verletzt sich den Daumen.
ES IST SO FUCKING KALT! MACH ENDLICH, DASS ES WARM WIRD, DAFÜR BIST DU SCHLIESSLICH ENGAGIERT WORDEN, DU FUCKTEIL

JUNGE Die spricht nur Spanisch.

FRAU Wer?

JUNGE Die Heizung spricht nur Spanisch.

PAUL Ich hau ab.

JUNGE Ist von der Vormieterin aus Madrid, die hat die hier gelassen.

MANN Gehören Heizungen denn nicht zur Grundausstattung?

FRAU Nein nicht mehr, gabs ne neue Verordnung, dass jetzt jeder seine eigene Heizung hat und die immer mitnehmen muss.

JUNGE Ja.

MANN Das ist doch Unsinn.

PAUL Ich hau ab hier, ich...
geht raus.

JUNGE In dieser Gegend hier gehört gar nichts zur Grundausstattung, da ist niemand mit irgendetwas grundausgestattet, niemand.

MANN Sag mal, können wir das alles mal ganz kurz klären?

FRAU „Jetzt ist Herbst. Bald kommt der Winter. Der Schnee wird alles zudecken. Und ich werde arbeiten, arbeiten, nur arbeiten."

MANN/PSYCHIATER.

MANN Ich hab mit den Unterlagen meines Vaters gespielt ... Büro, ich hab Büro gespielt, mein Vater hat mich auf dem Weg zu seiner Arbeit zum Kindergarten gefahren ... ich saß hinten im Auto, und er hat mich nach ein paar Minuten vergessen, hat Selbstgespräche geführt über bevorstehende Verhandlungen, hat seine Geschäftsessen und -ansprachen schon mal durchgesprochen, erst am Abend hat er bemerkt, dass ich noch hinten im Auto saß, ich war einfach sitzen geblieben, saß da den ganzen Tag, auf der Rückfahrt hat ers bemerkt

PSYCHIATER Und wie war das?

MANN Langweilig, das war tierisch langweilig, meine ganze Kindheit war einfach total langweilig ... die meiste Zeit habe ich geschlafen, manchmal bin ich erst um 5 Uhr nachmittags aufgestanden und hab dann die Nacht über Büro gespielt und bin dann morgens eingeschlafen und ... manchmal habe ich tagelang nur Meeting gespielt, Meeting und Konferenzschaltung

PSYCHIATER Aha, wie spielt man das?

MANN Man trifft sich mit sich selbst und redet über Unterlagen und Dinge, die noch dringend bearbeitet werden müssen, ruft sich selbst an und...
Pause.
ich onaniere sehr viel

PSYCHIATER Wie viel?

MANN Sehr viel

PSYCHIATER Aha

MANN Extrem viel

PSYCHIATER Wie jetzt oder als Kind?

MANN Beides

PSYCHIATER Verstehe

Pause.

MANN Ja

Pause.

PSYCHIATER Und wie ist das?

MANN Langweilig

PSYCHIATER Aha

MANN Das ist total langweilig

PSYCHIATER Ja, verstehe

MANN Ist das bei Ihnen auch so langweilig, ich meine … ich sitze rum und wichse den ganzen Tag, das ist irgendwie … ich weiß nicht … langweilig, oder?

PSYCHIATER Was?

MANN Langweilig, oder?

PSYCHIATER Was?

MANN Den ganzen Tag nur wichsen

PSYCHIATER Ja
Pause.
äh
Pause.
was war das für ein Wagen?

MANN Wie bitte?

PSYCHIATER Was?

MANN Ja?

Kurze Pause.

PSYCHIATER Was war das für ein Wagen?

MANN Ein schwarzer Mercedes, ich fahre den gleichen Wagen, schwarzmetallic, alt, der Geruch, meine Frau starb in dem Wagen mit den Kindern, als ich gegen das Geländer der Brücke gefahren bin, meine Frau war sofort tot, meine Eltern starben drei Wochen später im Krankenhaus ... das war letztes Jahr Heiligabend, mal sehen, was heute Nacht passiert
lacht, kurze Pause.
... jeder Raum sieht komplett gleich aus, ist Ihnen das mal aufgefallen?, ich öffne eine Tür und dahinter ... ist immer der gleiche Raum

PSYCHIATER Aha

MANN Tja, so ist das

PSYCHIATER Ja

MANN Jetzt gehört mir das ganze Geld, ich muss nicht mehr arbeiten, ich leb in dieser Gruft, dieser Elterngruft, und mir gehört das Haus, die Firma, alles, ich hab keine Ahnung, und ich sitze wieder da und spiele Büro, ich spiele Büro und onaniere, das ist alles.

DIE ALTE FRAU IN DER KLINIK/AUSHILFSPFLEGEKRAFT.

DIE ALTE FRAU Haben Sie meinen Sohn erreicht?

PFLEGEKRAFT O Mann ... wie oft denn noch? ja, hab ich

DIE ALTE FRAU Und?

PFLEGEKRAFT Er lässt Sie grüßen.

DIE ALTE FRAU Aha ... stimmt das auch?

PFLEGEKRAFT Ja

DIE ALTE FRAU Warum haben Sie mich nicht ans Telefon geholt?

PFLEGEKRAFT Wollte Sie nicht stören.

DIE ALTE FRAU Was?

PFLEGEKRAFT Ich habe nicht den ganzen Abend nur für Sie Zeit – tut mir Leid, wenn Ihr Sohn Sie nicht anruft an Weihnachten, dann hat er Sie wohl vergessen ... oder Sie haben halt irgendwas falsch gemacht damals ... er kommt doch nie hierher.

DIE ALTE FRAU Der ist beschäftigt.
PFLEGEKRAFT lacht.
Mein Sohn ist sehr beschäftigt, der kann hier nicht einfach so herkommen, das müsste der erst sehr aufwändig planen und das mit

seinen anderen Terminen vereinbaren, das geht nicht so einfach, wie sie sich das vorstellen

PFLEGEKRAFT Vielleicht liebt er Sie nicht.

DIE ALTE FRAU Was?

PFLEGEKRAFT Vielleicht ist er froh, dass Sie hier sind.

DIE ALTE FRAU Mein Sohn hat keine Zeit, hierherzukommen, der muss arbeiten, der muss sehr viel arbeiten, der hat zu tun, DER HAT TERMINE, DER MUSS DEADLINES EINHALTEN, der kann nicht einfach hier vorbeikommen, das kann der nicht.

PFLEGEKRAFT Was muss er denn arbeiten?

DIE ALTE FRAU Der hat einen Beruf, einen RICHTIGEN Beruf.

PFLEGEKRAFT Vielleicht ist der einfach froh, dass er Sie hier weggeschlossen hat und wir uns jetzt um Sie kümmern müssen ... vielleicht weiß er gar nicht mehr, dass Sie noch am Leben sind, vielleicht hat er Sie einfach komplett vergessen

DIE ALTE FRAU Nein DER MUSS ARBEITEN, der arbeitet.

PFLEGEKRAFT Der kommt hier nicht her, such ihn doch, na los, geh, such ihn ... vielleicht erfrierst du heut Nacht, der liebt dich nicht, dich kann man gar nicht lieben, ich würde dich auch hier verrotten lassen, du Stück Scheiße.

DIE ALTE FRAU Was? Ich werd mich

PFLEGEKRAFT Ja, beschwer dich ruhig, ich bin morgen weg, ich ARBEITE HIER MORGEN NICHT MEHR

PSYCHIATER/MANN.

MANN Mit Spielzeug, mein Vater handelte mit Spielzeug, also fuhren wir vor Weihnachten, wenn er Zeit hatte, ins Lager, wenn eine Messe grade vorbei war, und da konnte ich mir dann alles aussuchen, was übrig geblieben war, was keiner haben wollte von den Großhändlern – ich lief durch diese langen Gänge dieser Hallen und packte alles in einen großen Wagen – nur Sachen, mit denen man nichts machen konnte, die man nur irgendwo hinstellen konnte – Gummidinosaurier aus Hongkong, oder so n Hund, der Kopfstand machen konnte oder ne Schildkröte, die ganz langsam „Guten Abend, Gute Nacht" singt, ein Tiefseetaucher an einer Leine für die Badewanne – ich lief da durch und nahm einfach irgendwas mit ...

ich fand das alles langweilig, aber ich machte dann einfach die Augen zu und packte irgendwas von dem Schrott in meinen großen Einkaufswagen ... am Ausgang wurden mir die Sachen wieder abgenommen, und an Heiligabend lagen die dann unterm Weihnachtsbaum. Wenn meine Tante da war, musste ich immer so tun, als würde ich mich maßlos freuen, die sollte nicht wissen, dass ich mir den ganzen Scheiß selbst in den Wagen gelegt hatte
lacht, kurze Pause, nur das Klingeln, völlig resigniert.
warum war denn das alles so langweilig? Da ist nie was passiert und auch heute ... es passiert nichts, ich sitze nur da und onaniere den ganzen Tag ... dieses Fest ... ich bin so verstört schon seit Tagen ... nichts passiert und ich? Ich erkenne nichts mehr, sieht alles gleich aus: Innen, Außen ... egal, wohin ich komme ... und die Firma ... ich hab doch keine Ahnung, ich weiß nichts darüber, NICHTS, bricht alles weg, ich weiß nicht ... ich kenn mich hier nicht mehr aus...

PSYCHIATER Vielleicht sollten Sie einfach mal wegfahren

MANN Wohin denn?

PSYCHIATER An einen Ort, an dem Sie sich wohl fühlen?

MANN Wo denn?

PSYCHIATER Na, irgendwo, wo Sie gerne sind.

MANN Und da? Was soll ich da machen?

PSYCHIATER Oder mal mit jemandem essen gehen.

MANN Mit wem denn?

PSYCHIATER Na, irgendwen werden Sie...

MANN Wollen wir essen gehen zusammen?

PSYCHIATER Nein.

MANN Warum nicht?
PSYCHIATER lacht.
MANN etwas aggressiver.
Warum nicht.

PSYCHIATER *lacht*
Nein.

MANN *aggressiver*
Ja, warum nicht.

PSYCHIATER Weil wir eine professionelle Beziehung haben, keine echte.

MANN Und wie finde ich eine echte?
PSYCHIATER lacht.
MANN aggressiv.
Wie finde ich eine echte?

PSYCHIATER Lassen Sie mich bitte los.

MANN *aggressiv*
Wie finde ich das?

PSYCHIATER Sie müssen
bricht ab.

MANN *aggressiv*
Was?

PSYCHIATER Lassen Sie mich los.

MANN *aggressiv*
Sie sollen mir helfen.

PSYCHIATER Wie denn?

MANN *aggressiv*
Das weiß ich doch nicht.
lässt los. Kurze Pause.
Ich würde gerne…

PSYCHIATER Ja?

MANN Hier bleiben.

PSYCHIATER Nein.

MANN Hier, bei Ihnen, ich möchte, ich…

PSYCHIATER Das geht nicht, ich

MANN Kann ich nicht einfach … hier sitzen bleiben, Sie können ja…

PSYCHIATER Nein

MANN Sie können hier weitermachen und ich

PSYCHIATER Nein

MANN Ich sitz hier nur, ich sitz hier einfach nur, mehr nicht.

PSYCHIATER Nein

MANN Ich kann auf dem Gang warten.

PSYCHIATER Hier wird aber bald … zugemacht, denke ich, also

Kurze Pause.

MANN Glauben Sie, ich werde jemals ein anderer sein können?

PSYCHIATER Ehrlich gesagt … nein, Sie … wir reden ein anderes Mal, okay?

MANN Darf ich Ihre Hand halten?

PSYCHIATER Nein.

MANN Nur kurz.

PSYCHIATER Nein, das ist eigentlich nicht so

MANN Bitte

PSYCHIATER vorgesehen, das ist

MANN Was ist denn vorgesehen?
Pause, PSYCHIATER weiß nicht, was er antworten soll.
Was ist denn vorgesehen?

PSYCHIATER Hören Sie

MANN Bitte

Kurze Pause.

PSYCHIATER Gehen Sie dann?

MANN Ja.

PSYCHIATER Okay.
Sie halten kurz die Hände.
Gut so?

MANN Ich fühl nichts.

PSYCHIATER Aha

MANN Ich fühl nichts, wenn Sie mich berühren.

PSYCHIATER Das tut mir Leid.

MANN Sie sind nicht mal in der Lage, Nähe aufzubauen zu mir, nicht mal das. Sie haben überhaupt keine Ahnung von Ihrem Beruf. Was wollen Sie überhaupt hier? Sie sollen mir helfen.

PSYCHIATER Sie gehen jetzt besser.

MANN Nein, ich gehe nicht, ich geh da nicht raus.

PSYCHIATER Sie gehen jetzt

MANN Gehen Sie doch selber da raus, da stirbt grade alles, da geh ich nicht raus, ich bleibe hier.

PSYCHIATER Dann lass ich Sie abholen.

MANN Gerne, ja, die werden mich ja dann wohl nicht irgendwo in den Schnee kippen, oder, ich meine, irgendwer MUSS mir doch helfen.

PSYCHIATER Sie haben nichts

MANN Was?

PSYCHIATER Sie sind gesund.

MANN Nein.

PSYCHIATER Sie sind nur einsam, das sind alle Menschen.

MANN Nein, das kann nicht sein, ich … ich schlafe nicht mehr, schon seit Tagen, ich … Mensch, ich weiß nicht mehr, wo ich bin, ich finde meine eigene Wohnung nicht mehr, ich weiß nicht mal, ob meine Eltern tot sind oder ob ich mir das alles nur einbilde, ob diese Firma, in der ich seit Tagen rum sitze, überhaupt meine Firma ist oder ob man mich da einfach nur falsch abgegeben hat … ich fühl nichts mehr, nur noch die Zeit, wie sie wegfließt, die Zeit trennt sich von mir, und mein Leben verabschiedet sich, es fließt langsam aus mir heraus, es geht einfach woanders hin ohne mich, und ich spüre das, ich lebe mein Leben nicht, ich lebe ein anderes Leben, eines, das ich nicht leben will, aber ich kann nicht, irgendetwas hält mich hier, ich komm nicht weg, ich will weg, aber…

PSYCHIATER Wem sagen Sie das…

MANN Was?

PSYCHIATER Das geht uns allen so, das sagt jeder meiner Patienten, jeder, der hierher kommt sagt das, und mir geht es genauso also, vielleicht hilft Ihnen das.

MANN Nein, das hilft mir nicht.

PSYCHIATER Sie müssen das aushalten. Und jetzt … gehen Sie einfach raus und

MANN Ich geh da nicht raus, ich geh da nicht raus.

PSYCHIATER Sie setzen sich jetzt in Ihr Auto und

MANN Nein.

PSYCHIATER Doch.

MANN Nein.

PSYCHIATER Doch.

MANN NEIN VERDAMMT NOCHMAL!

PSYCHIATER Sie haben nichts.

MANN Lassen Sie mich endlich in Ruhe, endlich, alle!

PSYCHIATER *lacht*
Sie sind zu *mir* gekommen.

MANN Nein, Sie haben *mir* eine sms geschickt, dass *Sie* heute arbeiten.

PSYCHIATER Falls *Sie* mich brauchen.

MANN Falls Sie *mich* brauchen, Sie brauchen jemanden, der mit Ihnen redet, weil Ihre Frau in der Klinik sitzt und Sie sich zu Tode langweilen.

PSYCHIATER Gehen Sie jetzt endlich.

MANN Bitte, darf ich Ihre Hand halten nur einen kurzen Moment lang, das ist alles, ja, bitte.

PSYCHIATER Das haben wir bereits probiert, das hilft Ihnen nicht.

MANN Bitte, nur einen … nur kurz … dann gehe ich
Sie halten Hände.
Nichts absolut nichts.

PSYCHIATER Sie setzen sich jetzt in Ihr Auto und…

Unfallgeräusch.

RADIOSTUDIO.

MODERATOR 1 238 Tote … sollen wir das überhaupt noch melden … die ganze Stadt voller Leichen und niemand da, der die wegräumen kann, liegen da alle rum und frieren fest.

FAMILIE.

MUTTER Was für eine Überraschung, schau mal, so ein schönes Geschenk

VATER Jetzt sag mal das Gedicht auf, komm, sags mal auf, na los

SOHN Welches Gedicht?

VATER Na ihr werdet doch irgend n Gedicht gelernt haben

SOHN Was denn für n Gedicht?

MUTTER Kommt lasst uns einfach essen, ja

VATER Du wirst doch irgendein Gedicht aufsagen können

SOHN Was denn für eins?

MUTTER Lasst uns bitte jetzt essen

VATER Oder was singen

MUTTER Lass uns jetzt reingehen, der Junge kann nichts aufsagen … der kann auch nicht singen, lass den jetzt in Ruhe

VATER Der wird doch wohl irgendetwas

MUTTER LASS DEN JETZT IN RUHE LASS DEN IN RUHE du meinst, wenn du einmal im Jahr hier auftauchst, dass dann plötzlich alle irgendwelche schwachsinnigen Gedichte aufsagen müssen – sag doch selbst ein Gedicht auf und lass den Jungen in Ruhe

VATER Wir haben immer gesungen zu Hause

MUTTER Das ist aber nicht DEIN Zuhause hier … das ist MEIN Zuhause, du bist hier Gast … wir essen jetzt

VATER Warum kann denn der Junge nicht einfach mal ein Lied singen

MUTTER Weil der Junge nicht singt, verstehst du … das Kind singt nicht … keine Weihnachtslieder oder sonst irgendetwas … ich weiß nicht, ob dir mal irgendwann irgendwas aufgefallen ist … aber UNSER KIND SINGT NICHT

DAS KIND/AUSHILFSKINDERGÄRTNERIN AM FLUGHAFEN.

AUSHILFSKINDERGÄRTNERIN Und der kleine Junge lief durch den Schnee und wusste bald nicht mehr, wo er noch suchen sollte. Alles war voller Leichen, und er schaute in die Gesichter all der erfrorenen Menschen, die dort neben der Fahrbahn lagen, aber er konnte seine Mutter nicht finden, er suchte weiter und weiter, er suchte alle Leichen ab, aber nirgendwo fand er seine Mutter oder seinen Vater.

DAS KIND Mama? Papa? Wo seid ihr denn?

AUSHILFSKINDERGÄRTNERIN Die Stadt war so still, und nach und nach gingen alle Lichter aus, die Wölfe fingen an zu heulen, und in seinem Herzen wurde es finster.

DIE ALTE FRAU IN DER KLINIK *wird langsam wahnsinnig* Diese Kälte ist ja unerträglich … vor meinen Augen fahren unentwegt Autos in den Kanal, stürzen ins Wasser und frieren da fest, ganze Familien verbringen Weihnachten festgefroren im Kanal, liegt das an mir? Vielleicht wirkt meine Einsamkeit wie ein großer Magnet und lenkt diese ganzen Autos in den Kanal? Kann das sein?, alle liegen verwundet in ihren Wohnzimmern oder verbluten im Graben, weil sie die Ausfahrt nicht erwischt haben, da liegen ganze Wohnblocks im Graben und verteilen Geschenke. Im Kanal blau gefrorene Körper mit Adventsschmuck, Blut verschmierte Kinder liegen in den Mülleimern verlassener Rastplätze, zerhackte Säuglinge werden plötzlich durch Abflussrohre in die Kloschüssel gespült, Schwiegereltern auf der Rückbank der Autos zusammengekauert wie Entführungsopfer werden während der Fahrt aus dem Wagen geworfen und von einem vorbeifahrenden Laster erfasst.

DAS KIND Papa?

AUSHILFSKINDERGÄRTNERIN Endlich erreichte er einen Berg, kletterte hinauf und schaute über die erfrorene Stadt: Die Menschen saßen eingeklemmt in den Wrackteilen und verbrannten, verbluteten oder wurden durch die Luft geschleudert, landeten im Schnee, blieben dort liegen und schrien, schrien und schrien, bis es ganz ganz still wurde.

DAS KIND Das ist keine schöne Geschichte, hast du keine andere Geschichte?

AUSHILFSKINDERGÄRTNERIN Komm mal her.

DAS KIND Nein.

AUSHILFSKINDERGÄRTNERIN Komm mal her.

DAS KIND Nein, ich will nicht.

AUSHILFSKINDERGÄRTNERIN Jetzt komm doch mal, nimm mich mal in den Arm, nur ganz kurz, ja, nimm mich mal kurz in den Arm.

DAS KIND Nein.

AUSHILFSKINDERGÄRTNERIN Wo ist dein Vater? Ich will bald los, ich kann hier nicht die ganze Nacht mit dir bleiben.

DAS KIND Der kommt bestimmt, der sucht nur seinen Autoschlüssel, dann ist er bestimmt da, Papa hat so viel zu tun, da vergisst er oft was, er wird gleich hier sein, keine Sorge, hast du nicht noch eine andere Geschichte, eine schönere?
AUSHILFSKINDERGÄRTNERIN geht ab.
Papa?
Papa?
Papa?
Hol mich endlich ab, Mann! Mir ist kalt.

DIE COMPUTER ANIMIERTEN WEIHNACHTSMÄNNER. INTERNET DATE.

Internet Log In Geräusche – die Stimmen jetzt wie Computerstimmen (ein Programm, das menschliche Stimmen imitiert – wie im TV nachts diese Sendungen, wo von Computer animierten Comicfiguren sms verlesen werden) – zwei Weihnachtsmänner, Computer animiert, sprechen diesen Text. Oder als Textprojektion parallel zur darauf folgenden Szene.

INTERNET DATE

-hi, dein profil gefällt mir, smile, süsse fresse, fettgrins, lach, grins, schick mal schwanzpics

-jo.

-respect! frechguck. worauf haste bock?

-tt, mp, st, lt, ff, smellsox in face, pf, tbc

-Cool. Passt genau. doppelsmile. schick mal addi rüber.

-Pp? chems? safe/unsafe ?

-immer safe

-sorry ich mag nur blank! Wird dann nix mit uns, bye, ich will dass man mir reinritzt!

-was?

-Soll ich dir meinen virus geben? grins. ist nicht schlimm! dreifachgrins. ich hab schon viele angesteckt auch absichtlich! kann dich auch geil anstecken

-und das findest du toll?

-JA geil!!!!!!!!!!!!!!! viele wissen nicht dass sies haben die denken ich wär gesund! frech nach unten guck. und die ficken auch blank mit anderen und denken alle die wären gesund. LOL. geil, gell, hab schon sau viele angesteckt, um die 50 oder so

-soso

-soll ichs dir geben! geht schnell!!!! ist nicht schlimm is geil kannst geil rumficken ohne gedanken zu machen ich habs schon mit 16 bekommen, lach.

-ist kein witz, freund … wenn ich dich kennen würde würd ich dir jetzt wirklich den schwanz abschneiden…

-warum,? fragend guck

-tja das zu erklären … wird sehr kompliziert bei dir … einfach ab, das sollte reichen, FUCK OFF DU BAREBACK PENNER FUCK OFF

-du hast ja keine ahnung

-NEE DU HAST KEINE AHNUNG

-ey, ich lass mich hier nicht von so nem moralficker anpissen, fick dich selber, frohe weihnacht, Jesus liebt dich!

-arschloch

-willste schlucken? frechguck.

-sorry, ich block dich jetzt du verdammter scheisszombie, hoffentlich gehen dir bald mal deine cocktails aus.

-nö, gibt's umsonst bei der kasse breitgrins, schönen abend noch, herr pfarrer.

PAUL UND PAULS FREUND, JETZT AM TELEFON.

PAUL Hallo ich bins, hör zu, es, das, es, okay, es tut mir leid, ich … BITTE, LASS MICH REIN BITTE ich dreh durch, ich kann diese Nacht, bitte, ich, bitte

PAULS FREUND Wie soll denn das gehen? … du kommst dann wieder, dann geht das wieder zwei Tage gut, dann … und es wird jedes Mal schlimmer, immer, immer schlimmer, du und ich, das … weißt du, wir … wir passen nicht zusammen, okay

PAUL Ich weiß, aber Mann, HEUT IST DOCH WEIHNACHTEN, ist doch scheißegal, ob wir zusammen passen oder nicht, es ist einfach, ich O MANN bitte, bitte

PAULS FREUND Nein

PAUL Bitte

PAULS FREUND Ich leg jetzt auf

PAUL Nein, tu das nicht, bitte, ich ICH BRING MICH UM

PAULS FREUND Ja, dann mach das, viel Spaß

PAUL Ich mach das wirklich

PAULS FREUND Ja, ich weiß „wirklich", schönes Wort, eins meiner Lieblingswörter „wirklich" und „ehrlich", kommt gleich nach „für immer" und „du und kein anderer", komm, fuck off, jetzt, Paul, ich kann nicht mehr, ich will auch nicht mehr, du kannst dich nicht dreimal pro Woche von mir trennen und mir erzählen wie scheißeblöd ich bin, dass ich kein Gehirn habe, dass du dich schämst vor deinen Freunden, dass dir nach dem Sex schlecht wird, weil du merkst, wie entsetzlich leer ich bin, dass ich keine Seele habe, nur Körper, und dass

PAUL TUT MIR LEID

PAULS FREUND Nein, hörst du … nein, ich sage nein

PAUL Sonst hast du auch immer nein gesagt, wenn du ja gemeint hast

PAULS FREUND Ja, das war aber

PAUL Hast immer nein gesagt, aber ja gemeint

PAULS FREUND Ja, aber

PAUL Und das war ja auch gut so, das hat mir ja … das hat mir ja gefallen, ich … ich fand das immer gut, wenn du nein gesagt hast
macht ihn nach.
„nein, nein, nein, Paul, nein"

PAULS FREUND *ganz sachlich*
gut, okay, ja, das war aber vor ein paar Tagen und jetzt ist jetzt, jetzt bin ich ein anderer und jetzt sage ich nein und meine auch nein

PAUL „nein, bitte, nein, nein, nein, nein, nein, nein, nein, nein"

PAULS FREUND fertig?

PAUL Lässt du mich rein?

PAULS FREUND Nein

PAUL Sicher?

PAULS FREUND Ja

PAUL Du bist dir doch nie sicher bei nichts

PAULS FREUND Doch

PAUL Du meinst nie, was du sagst, du sagst nie, was du meinst

PAULS FREUND Schluss

PAUL Nein

PAULS FREUND Doch

PAUL Du willst mich kaputt machen, weil du ein Scheißleben führst und ich nicht, weil ich ARBEITE und du nur aufm Amt rumhängst oder Sex and the City glotzt oder Sperma schluckst oder was weiß ich, was du den ganzen Tag lang machst, lass mich jetzt rein, ich schlaf nicht allein heut Nacht, ich verbring NICHT wieder die ganze Nacht im Netz, Mann, ich find da niemanden und die, die ich da finde, will ich nicht haben, ich will da nicht hin, Mann, ich will nicht wieder die ganze Nacht da rumtickern mit den ganzen Psychopathen LASS MICH REIN

PAULS FREUND Fertig?

PAUL War nicht so gemeint, sorry, ich brauch dich einfach, ich

PAULS FREUND Okay, gut.

PAUL Lässt du mich rein?

PAULS FREUND Jetzt IST SCHLUSS und Paul? Du rufst nicht mehr an, du kommst nicht mehr vorbei, du bist jetzt … weg.

Besetztzeichen, PAUL tippt auf einem Laptop rum.

DIE ALTE FRAU/DAS KIND.

DIE ALTE FRAU, die sich auf die Suche nach ihrem Sohn gemacht hat und Das KIND am Flughafen – sie haben dort schon eine Weile wartend zusammen verbracht.

DIE ALTE FRAU Hältst du meine Hand?

DAS KIND Auf wen wartest DU denn?

DIE ALTE FRAU Weiß nicht, meinen Sohn, der kommt hier vielleicht noch an heute, und du?

DAS KIND Meinen Papa.

DIE ALTE FRAU Mein Sohn hat n ganz tolles Geschenk für mich.

DAS KIND Mein Papa nicht, der vergisst das immer.

DIE ALTE FRAU Lass uns hier weggehen, die kommen nicht mehr.

DAS KIND Der Flughafen ist so leer, so leer hab ich den noch nie gesehen.

DIE ALTE FRAU Fliegst du oft?

DAS KIND Immer freitags und montags, dann ist Übergabe.

DIE ALTE FRAU Vielleicht kommt dein Papa nicht weg von der Arbeit.

DAS KIND Vielleicht.

DIE ALTE FRAU Oder sitzt im Taxi fest.

DAS KIND Vielleicht.

DIE ALTE FRAU Was macht dein Papa denn?

DAS KIND Der ist Schauspieler, der probt heut Nacht ein Stück, weil der Regisseur, mit dem er das arbeitet, Heiligabend nicht allein sein will … er kann sich den Text nicht merken, den muss ich ihn dann immer abfragen: „Ich will nur, dass du dich zu mir legst, halt mich fest, nur einen Moment, mehr will ich gar nicht, ich stell keine Ansprüche, du musst nur hier liegen bleiben, bitte und … sei still … sag nichts … nicht reden, bitte, und … nicht bewegen, nur da liegen, sonst nichts“
lacht.
Komm, das spielen wir. Du sagst: „Wir sind kein Paar“, und ich sage: „Nein, keine Angst, es bedeutet nichts.“
lacht.

GAYROMEO DATE.

PAUL und das Romeodate – PAUL kommt zu jemandem nach Hause.

GAYROMEO Das bist du?

PAUL Ja

GAYROMEO Aha

PAUL Ja

GAYROMEO Aha

PAUL Noch kann ich … gehen, wenn du … wenn du das willst, kann ich

GAYROMEO Nein nein komm rein.

PAUL Sicher?

GAYROMEO Nein

PAUL Was?

GAYROMEO Komm rein
kurze Pause.
L sagtest du?

PAUL Was?

GAYROMEO L?

PAUL Ja

GAYROMEO Eher XL oder SL?

PAUL Was?

GAYROMEO Ich frag nur, ich will keine Enttäuschung später

PAUL Küsst du?

GAYROMEO Weiß noch nicht

PAUL Nein? Das stand aber…

GAYROMEO Da stand „nach Absprache", klar, „nach Absprache" stand da – also, haben wir eine Absprache getroffen? Nein, noch nicht.

PAUL Nein

GAYROMEO Kannst gleich wieder gehen

PAUL Nein nein ist nur

GAYROMEO Ich brauche niemanden

PAUL Nein nein

GAYROMEO Ich bin nicht einsam oder so, bin ich nicht

PAUL Nein klar

GAYROMEO Ich will auch nichts

PAUL Nein

GAYROMEO Kapiert?

PAUL Ja ja

GAYROMEO Das bedeutet nichts, verstehst du, absolut nichts.

PAUL Ja

GAYROMEO Wie alt bist du wirklich?

PAUL Was?

GAYROMEO Du siehst, Mann, du siehst nicht aus wie auf den, du siehst überhaupt nicht aus wie auf den Fotos, wann wurden die gemacht?

PAUL Letztes Jahr

GAYROMEO Aha, und was ist da passiert … in der Zwischenzeit, darf man das fragen? Hattest du n Unfall oder irgendwas?

PAUL Nein

GAYROMEO Was machst du?

PAUL Ich?

GAYROMEO Nein, der Typ neben dir, mein Gott – ja, natürlich du.

PAUL Also

GAYROMEO Was machst du den ganzen Tag lang.

PAUL Ich stehe auf und … ich…

GAYROMEO „Athletisch" stand da, stimmt das?

PAUL Küsst du denn, wenn du jemanden kennst?

GAYROMEO Ich kenne niemanden

PAUL Nein?

GAYROMEO Also küsse ich auch nicht

PAUL Ich denk „nach Absprache"

GAYROMEO Ja, die treffen wir noch, später, wenn ich will, ich hab ja geschrieben, dass ich nichts mache, was ich nicht will, das ist ja nicht so schwierig zu verstehen, oder…

PAUL Soll ich gehen?

GAYROMEO Nein, bleib hier … jetzt wo du schon mal da bist, jetzt ist der Abend sowieso gelaufen, ich krieg da keinen mehr, ist jetzt zu spät

PAUL Dafür ist es doch nie zu spät

GAYROMEO Doch. Ab einer bestimmten Uhrzeit sind da nur noch die Wahnsinnigen, die Kranken, die sich gegenseitig anstecken wollen, Leute, die so kaputt sind, dass die einfach nur noch danach suchen, infiziert zu werden, damit sie ein Anrecht auf Krankengeld bekommen, damit sie irgendwo im Lager rumliegen können, weil sie es zu Hause nicht mehr aushalten und mit denen will ich nichts zu tun haben, keine Lust, mich freiwillig „pozen" zu lassen, so was mach ich vielleicht mal mit 50, wenn alles vorbei ist und man keinen Anspruch auf gar nichts mehr hat, dann, dann lass ich mich auch infizieren, dann braucht man ja auch seinen Körper nicht mehr, aber jetzt, jetzt … das hier ist A-meat, klar, der hier, meiner

PAUL Ja habs auf den Fotos gesehen

GAYROMEO Da steckt viel Arbeit drin

PAUL Glaub ich

GAYROMEO Ich weiß, dass ich gut aussehe

PAUL Aha

GAYROMEO Weit über dem Durchschnitt

PAUL Ja, schön

GAYROMEO Ja, ist auch schön, den darf nicht einfach jeder anfassen, der ist was wert, verstehst du?

PAUL Müssen wir so viel reden, ich dachte, wir haben einfach

GAYROMEO „Einfach"? nee, einfach geht das nicht, einfach geht gar nichts, jedenfalls bei mir nicht, da musst du dir n anderen suchen, weißt du, ich mach alles my way, klar? Und einfach ist das schon mal gar nicht. da stand „eher aktiv"

PAUL Ja

GAYROMEO Was heißt das?

PAUL Na, das heißt „eher aktiv"

GAYROMEO Ich frage nur, weil ich später nicht enttäuscht sein will, ich will nur wissen: warum „eher", das klingt so unentschlossen, heißt das, dass du auch mal passiv bist oder

PAUL Ja, das kommt drauf an

GAYROMEO Wieso „drauf an" auf was? Wieso kommt das drauf an, so was muss man doch vorher wissen? Ich will keine Enttäuschungen

PAUL Klar

GAYROMEO Weder bei dir noch bei mir

PAUL Ja

GAYROMEO Ich will unkompliziert Spaß haben, mehr nicht, unkompliziert, verstehst du, ohne Komplikationen

PAUL Ja

GAYROMEO Bisschen Zeitvertreib, mehr nicht

PAUL Nein

GAYROMEO Muss ja schließlich noch arbeiten

PAUL Ja

GAYROMEO Viel arbeiten

PAUL Klar

GAYROMEO Und das ist anstrengend

PAUL Ja

GAYROMEO Arbeit ist anstrengend, macht müde und man will was erleben danach

PAUL Klar

GAYROMEO Du bleibst hier nicht anschließend liegen und erzählst mir von deinem Scheißleben, heulst rum, nachdem du gekommen bist, davon hatte ich schon zu viele, brechen alle zusammen nach dem Sex, liegen da, zusammengekrümmt und hören nicht mehr auf, zu weinen. Das will ich nicht mehr, klar. Unkompliziert Spaß haben, das ist doch ne klare Anweisung, der kann man ja wohl mal Folge leisten, ohne gleich durchzudrehen, oder?

PAUL Was? Ach so, ja, natürlich

GAYROMEO Hörst du mir überhaupt zu?

PAUL Was? Ja klar

GAYROMEO Es bedeutet nichts

PAUL Klar

GAYROMEO Es bedeutet absolut nichts, ist das klar?

PAUL Ja

GAYROMEO Ob das klar ist

PAUL JA

GAYROMEO Du rufst mich nicht nachher an

PAUL Nein

GAYROMEO Du kommst auch nicht wieder hier her

PAUL Nein

GAYROMEO Wie du mich jetzt anschaust…

PAUL Wie denn?

GAYROMEO Angst, oder, Angst in deinem … in deinem Blick. Lach mal, lach

PAUL Später

GAYROMEO Ich geb nicht jedem meine Adresse, verstehst du?

PAUL Ja, klar

GAYROMEO Mach ich nicht

PAUL Nein

GAYROMEO Ich geb meine Adresse nie raus

PAUL Okay

GAYROMEO Ich bin nicht einsam oder so, ich komm sehr gut allein zurecht, verstehst du, ich brauch niemanden, ich brauch nichts, ich suche nichts, deshalb stand in dem grünen Kästchen bei mir auch „nix", das heißt, ich bin da zwar, ich bin da zwar in diesem Portal, aber ich suche nix, verstehst du, ich suche dich nicht.

PAUL Darf ich dich anfassen?

GAYROMEO Noch nicht

PAUL Küssen?

GAYROMEO Ich will erst mal gucken, also … zieh mal dein Hemd aus.

PAUL Kannst *du* mir nicht das Hemd ausziehen

GAYROMEO Hör zu, wir können das auch lassen, ja

PAUL zieht das Hemd aus.
GAYROMEO schaut ihn an, lange, begutachtet ihn genau, sagt nichts.

PAUL Und?

GAYROMEO Weiß noch nicht … kannst du … kannst du den Rest … äh … zieh mal den Rest auch aus, bitte

PAUL Hier?

GAYROMEO Wo denn sonst, Mann, es gibt nur hier, sonst gibt es nichts.

PAUL Okay

GAYROMEO Also

PAUL Ja gleich
Pause.
Ist ein bisschen kalt hier

GAYROMEO Nun mach schon
PAUL zieht sich langsam aus, der andere guckt ihm dabei zu, dann steht er nackt da, der andere begutachtet ihn lange.
Stell dich mal da hin

PAUL Hier?

GAYROMEO Ja, oder … nein, geh mal … geh mal da rüber, ja

PAUL Hier?

GAYROMEO Weiß nicht, ja
Pause, schaut ihn an.
wie alt bist du denn wirklich?

PAUL Was?

GAYROMEO Na ja, da stand irgendwas von 26, das kann ja wohl nicht ganz stimmen.

PAUL Doch

GAYROMEO Aha

PAUL Ja

GAYROMEO *ironisch*
„Ehrlich"

PAUL Wirklich

GAYROMEO Vergiss das Wort, es bedeutet nichts
Er schaut ihn an.

VERLETZTE JUGEND/THEATERPROBE.

MANN Wie bringen wir das hier zu einem Ende?

FRAU Kein Ende, Jungs, kein Ende

MANN Du musst zurück zu deinem Mann

FRAU Wie spät ist es denn?

JUNGE Müsst ihr schon gehen? Könnt ihr nicht bleiben?

MANN Ich kann … ich kann bleiben, wo ich will, auf mich wartet niemand

JUNGE Und dein Roman?

MANN *ärgerlich*
Was ist damit?

JUNGE Ja, was ist damit?

FRAU Ja?

MANN Hab ich mit … zehn Seiten … mehr gibts nicht … weiß nicht, ob das gut ist, kann ich euch vorlesen

JUNGE Wir legen uns unter die Decke, und du liest das vor

FRAU Und wir sagen dir, wie wirs finden

JUNGE Ich finds gut

MANN Ich hab doch noch gar nichts gelesen

JUNGE Ich weiß es schon, ich fühl das, ich find alles gut, was du schreibst, du bist der beste Schriftsteller, den es gibt

FRAU Der hat eine Geschichte geschrieben über … dich

JUNGE Mich?

FRAU Ja, dich und … mich und … eher eine Art Fotografie, eine Art Dokuerzählung, wie du lebst, was du sagst, wie du denkst, und ich komme auch vor, ich bin die Werbetante, die böse Frau, die Karriere machen will und das Familienglück auseinanderreißt, hat uns gut getroffen … wir … und … ja … verkauft sich ganz gut

JUNGE Und was schreibst du jetzt? Was sind die zehn Seiten?

FRAU Seitdem gehts nicht mehr weiter…

JUNGE Seid ihr deshalb gekommen?

Pause.

MANN *zur Frau*
Was redest du denn da?

Pause.

JUNGE Seid ihr deshalb gekommen aua Scheiße fuck … seid ihr?

MANN Ich wollte dich sehen

JUNGE *nicht aggressiv, eher verwundert*
Weils nicht weiterging mit dem Schreiben? Und jetzt hast du mich gesehen, und jetzt gehst du wieder?

MANN Weil ich dich brauche, ich … liebe dich … euch … glaub ich … ich bin … mir gehts nicht gut, seit wir nicht mehr … WARUM HEIRATET SIE, frag sie das mal bitte.

JUNGE Und? Hast du jetzt wieder Stoff?

MANN Frag sie das mal bitte

JUNGE *schlägt auf den MANN ein*
Aua, Mann, das tut weh
Pause.
Ich versteh euch nicht, was lebt ihr denn da grade? Kapier ich nicht, das ist ja, das ist…

MANN Ich liebe dich

JUNGE Was redst n da?

MANN Keine Ahnung

JUNGE Sage ich solche Sachen in deinem Roman?

MANN Komm mal her

JUNGE Nein

MANN Komm

JUNGE Nein

MANN Leg dich mal kurz hier her

FRAU Geh wieder arbeiten.

JUNGE Nein.

FRAU Das wär aber besser.

JUNGE Nein.

MANN Was willst du denn machen?

JUNGE Hier liegen und Musik hören.

FRAU Kannst du denn nicht wieder irgendwo auflegen?

JUNGE Keine Lust, werden nur noch Scheißplatten rausgebracht und die, die ich hören will, will niemand außer mir hören…

MANN Das ist doch Unsinn.

JUNGE Nein, das ist so mittlerweile … wenn ich auflege, ist die Tanzfläche leer, die Leute bestellen alle einen Absacker und gehen nach Hause, ich bleibe allein zurück, ich bin der letzte im Laden und geh allein auf die Tanzfläche und gleite so vor mich hin, stundenlang, irgendwann kommt der Chef und haut mir eins in die Fresse oder irgend ne Frau taucht auf und will gefickt werden, ist mir alles zu anstrengend, echt, keine Lust mehr, gleiten kann ich auch hier.

FRAU Du MUSST aber arbeiten.

JUNGE Ich arbeite aber nicht. Ich geh da nicht wieder hin und füll Formulare aus. Das mach ich nicht. Ich mach auch nicht mit irgend nem Greifarm eure Parks sauber, das mach ich nicht, ich bleib hier liegen, ich geh nicht mehr raus!

FRAU Wir können aber nicht ewig für dich bezahlen, verstehst du, das können wir nicht mehr, und du kannst hier nicht bleiben ohne Geld, das geht nicht, verstehst du, das geht hier so nicht mehr weiter, verstehst du.

GAYROMEO DATE.

GAYROMEO Wir lassen das.

PAUL Was?

GAYROMEO Wir lassen das.

PAUL Wieso denn?

GAYROMEO Es geht nicht … ich weiß nicht…

PAUL Was suchst du denn?

GAYROMEO Sind vielleicht die Fotos, du siehst nicht aus wie auf den Fotos, tut mir leid, geht nicht.

PAUL Ich bin einfach n bisschen nervös, ich mach das nicht so oft, warte.

GAYROMEO Nein.

PAUL Warte!

GAYROMEO Nein, du gehst jetzt, okay.

PAUL Ist viel zu kalt draußen, warte, ich schaff das, du musst mir n Moment Zeit geben, ist ja schon spät
lacht.
ich krieg den noch hoch, du musst mir einfach n bisschen dabei helfen.

GAYROMEO Lass mal gut sein.

PAUL Nein.

GAYROMEO Doch.

PAUL Nein.

GAYROMEO Doch.

PAUL Ich schaff das schon noch, warte.

GAYROMEO Ey, ich wollte n geilen FICKER, da stand was von XXL Kolben, athletischer Stecher, was weiß ich, das ist doch totaler Unsinn, Alter, Mann, verarsch dich selbst, wieso soll das hier
zeigt auf seinen Körper.
mit dem da
zeigt auf PAULS Körper.
irgendetwas anfangen, erklär mir das mal, ich bin US Dollar und du bist Zloty oder irgend so ne Scheißwährung aus Bangladesh oder so nem Land, wo alle in Lagern rumliegen und auf Hilfstrupps warten, so n Körper bist du, verstehst du, du bist Vierte Welt, ich Erste, also geh, geh und leg dich in dein Lager, wo du hingehörst, lass mich in Ruhe, piss off.

PAUL Du bist doch mein Freund.
GAYROMEO lacht.
Du bist mein Freund ab jetzt oder, ich brauch doch einen.

GAYROMEO Hör auf damit.

PAUL *singt*
Schneeflöckchen, Weißröckchen, wann kommst du geschneit?

GAYROMEO So du gehst jetzt du Freak.

PAUL „Du wohnst in den Wolken, dein Weg ist so." Wieso liebst du mich nicht??!

GAYROMEO Lass das.

PAUL Du bist doch mein Freund, oder? Ich pass auf dich auf, keine Angst, du darfst aber keine anderen Freunde haben, das mag ich nicht, das mag ich gar nicht, nein, ich möchte nicht, dass du ... dass du mich wegschickst, ich bleib hier, hier bei dir, wir können doch morgen essen gehen oder so was, nein, oder einen Spaziergang.

GAYROMEO Du bist einfach nicht mein Typ, so was kann doch mal vorkommen.

PAUL Nein ... kann nicht ... ich WERD jetzt dein Typ, an so was kann man ARBEITEN, weißt du ... man muss sich ja erst mal kennenlernen, zusammen sein, ZEIT miteinander verbringen, dann wird man auch erst der TYP VON JEMANDEM, du KENNST mich ja gar nicht, du KANNST mich ja noch gar nicht lieben, das kannst du ja erst, wenn du ein paar Nächte mit mir verbracht hast.

GAYROMEO Okay, bitte, wir vergessen einfach, dass

Ein dumpfer Schlag, GAYROMEO fällt zu Boden.

RADIOSTUDIO.

RADIOMODERATOR 1 noch einer, wie viel Tote sind das jetzt?

RADIOMODERATOR 2 weiß nicht, hab aufgehört zu zählen

DIE ALTE FRAU/DAS KIND.

DIE ALTE FRAU und DAS KIND in einer menschenleeren Wohnung, sie legen eine Platte auf: Marianne Faithfull THERE IS A GHOST, das Lied, das PAUL seinem Freund geschenkt hat.

SCHALLPLATTENSPIELER

WHEN YOU REMEMBER WHO I AM JUST CALL

WHEN YOU REMEMBER WHO I AM JUST CALL

WHEN YOU REMEMBER WHO I AM JUST CALL

WHEN YOU REMEMBER WHO I AM

FRAU AM TELEFON.

Eine Frau an einem gedeckten Tisch, allein, nichts angerührt, irgendwo in der Ecke ein verstörtes Kind, spielt apathisch mit einem Plastikspielzeug unterm Weihnachtsbaum.

FRAU AM TELEFON Hallo
Bist du es
Ich
Ich
Es tut mir Leid
Ja war kurz hier
Zehn Minuten dann ist er wieder weg
Keine Ahnung
Keine Ahnung
Ich weiß es nicht
Hat mir ne sms geschickt
„Schade dass du mir so fremd geworden bist"
lacht.
Kannst du kommen?
Essen ist noch da, mein Sohn hat nichts angerührt
nein?
Nein, klar, ist zu weit
Hab meinem Sohn Zoloft und Chibropharm gegeben
Weint nicht mehr nein
lacht.
Ist ganz still
Ich brauch auch mal Ruhe, nur einen Moment
Was?
Kannst du nicht vorbeikommen, dich einen Moment zu mir legen, nur kurz? Es bedeutet auch
bricht ab.
nein, ist zu weit, klar
Habs im Radio gehört
289 Unfälle heute Nacht
so glatt draußen
hört nicht auf zu schneien
wenn ich aus dem Fenster gucke, denke ich, ich bin in den Alpen
die Hochhäuser sehen aus wie Berge, überall Schnee

DIE ALTE FRAU/DAS KIND.

Im Hintergrund läuft THERE IS A GHOST von Marianne Faithfull.

DIE ALTE FRAU „Leg dich doch mal n Moment zu mir"

DAS KIND „Was willst du?"

DIE ALTE FRAU „Bitte"

DAS KIND „Wir sind kein Paar"

DIE ALTE FRAU „Nein"

DAS KIND „Wir werden auch nicht wieder eins"

DIE ALTE FRAU „Nein"

DAS KIND „Was willst du?"

DIE ALTE FRAU „Halt mich fest"

DAS KIND „Nein"

DIE ALTE FRAU „Bitte"

DAS KIND „Okay, aber … es bedeutet nichts."

DIE ALTE FRAU „Nein, keine Angst."

DAS KIND „Sag es, los, sag es."

DIE ALTE FRAU „Es bedeutet nichts, gar nichts, es bedeutet absolut nichts."

DAS KIND „Gut." Ich war ganz allein im Flugzeug, niemand da außer mir. Nur der Pilot und eine Stewardess, die wollte immer mit mir spielen, aber ich wollte nicht, im Flugzeug will ich meine Ruhe.

DIE ALTE FRAU Liebst du deinen Papa?

DAS KIND Ich kenn den nicht so gut.

DIE ALTE FRAU Aha.

DAS KIND Aber … er gibt sich Mühe.

DIE ALTE FRAU Aber er hat dich doch vergessen.

DAS KIND Hat sicher einen Grund dafür … er vergisst mich nur, wenn etwas wirklich Wichtiges dazwischen kommt, sonst ist er immer da.

DIE ALTE FRAU Vielleicht mag er dich nicht so gerne, kann ja sein, oder? Vielleicht gefällst du ihm nicht so gut.

DAS KIND PAPA?

DIE ALTE FRAU Der kommt nicht mehr, lass uns gehen.

KIND „Aber es bedeutet nichts."

DIE ALTE FRAU Was?

KIND „Es bedeutet nichts"

MANN/PSYCHIATER.

MANN Ich kann nicht, ich … geh da nicht raus, ich … nicht lebend, ich

PSYCHIATER Rufen Sie irgendjemanden an, irgendwen, egal wen

MANN ICH KENN NIEMANDEN

PSYCHIATER DAS GLAUB ICH IHNEN NICHT

MANN AHHHHH

PSYCHIATER AHHHHH

MANN Was machen Sie denn da?

PSYCHIATER Ich spiegele Sie, vielleicht hilft DAS ja

MANN Bitte, kann ich hier bleiben? Ich leg mich einfach hier hin und … ich lieg hier nur, ja, ich mach auch nichts, ich lieg hier nur und … ich atme nur, mehr nicht, ich will nur … atmen, sie können auch die Heizung abschalten, Licht aus, egal … was soll ich denn da draußen suchen, da ist doch nichts, nur Kranke und Verletzte, da will ich nicht hin, die ganze Stadt ist voll mit diesen Leichen und niemand räumt die weg.

PSYCHIATER Die sind nicht tot, die sehen nur so aus, die können Sie ruhig ansprechen, wirklich, die antworten auch … meistens jedenfalls.

GAYROMEO DATE.

PAUL *hat GAYROMEO gefesselt und mit schwarzem Tape den Mund zugeklebt*
Jetzt kannst du gar nichts mehr sagen, was. Jetzt bist du ganz still und guckst nur, jetzt bist du friedlich … ich kann lieben, weißt du … man muss mir nur endlich ne Chance geben, ich kann das, ich will das auch, ich will lieben, verstehst du…
wenn man liebt, dann wird man eins, der andere wird ein Teil von einem, man ist nicht mehr allein … du wirst jetzt ein Teil von mir, wir beide … wir werden jetzt eins … du und ich … ich bleib bei dir, ich…

GAYROMEO Du Freak, Mann, bitte, du bist krank.

PAUL *haut einfach ein paar Mal auf den anderen drauf, auf seinen Kopf, mehrmals, sagt dann ganz sanft, ruhig, fast sachlich*

Du wolltest doch arschig behandelt werden, hast du doch in deinem Profil geschrieben: Mit Zwang geht vieles. Hast du doch, oder?

GAYROMEO *kraftlos*
Ja

PAUL Und, das mach ich doch jetzt, oder?

GAYROMEO Ja

PAUL Dann hast du doch jetzt auch, was du wolltest, oder?
Du hast bekommen, was du dir gewünscht hast ... das ist Weihnachten, weißt du, jeder bekommt das, was er sich wünscht.

GAYROMEO Bitte

PAUL Bitte? Noch ne Bitte? Hast du noch nen Wunsch?

GAYROMEO Mach mich los bitte

PAUL Nein

GAYROMEO Bitte

PAUL Nein, du musst sagen:
Pause, er spricht jetzt für den Gefesselten.
Küss mich
und küsst ihn.
fass mich an, bitte, schlaf mit mir, sei für mich da – LIEBE MICH – sei da, wenn ich dich brauche – jetzt hast du doch alles, was du wolltest, jetzt müsstest du doch glücklich sein, oder? Liebst du mich? Bist du mein Freund? Bleibst du bei mir, wenn ich dich jetzt losbinde, bleibst du dann hier ... ich will nicht allein sein, heute Nacht, verstehst du? Verstehst du nicht? Verstehst du gar nichts?
haut noch mal auf ihn drauf.
Das ist doch nicht so schwer zu verstehen, das ist doch ganz einfach – man muss auch mal was geben, und, wenn man was geschenkt bekommt, wie du jetzt, dann schmeißt man das nicht einfach weg, dann behält man das, das ist doch nicht so schwer zu verstehen.
Pause, streichelt ihn.
Bist du jetzt schon ich geworden? Siehst du die Welt jetzt schon durch meine Augen? Sing was für mich, komm, sing was, sing: Schneeflöckchen, Weißröckchen, komm

GAYROMEO Schneeflöckchen, Weißröckchen, wann kommst du geschneit? Du wohnst in den Wolken, dein Weg ist so weit
dabei spuckt er Blut.

Eine Gruppe alter Menschen in einem Heim für depressiv verwirrte alte Menschen singt Schneeflöckchen, Weißröckchen … der Internetjunge und der Gefesselte haben eine Art Sex dabei, die missglückt, sie brechen ab, bleiben am Boden liegen, der Mann deckt sich mit dem Gefesselten zu, hält ihn im Arm, liegt da mit ihm, als sei das sein Freund.

WEIHNACHTSGESCHICHTE.

DIE ALTE FRAU/DAS KIND.

DIE ALTE FRAU Also, was erinnerst du noch von der Weihnachtsgeschichte?

DAS KIND Weiß nicht, nichts.

DIE ALTE FRAU Irgendwer läuft durch den Schnee und sucht jemanden, der alle retten soll.

DAS KIND Sie haben Geschenke dabei.

DIE ALTE FRAU Die Könige haben Geschenke für das Kind, das die ganze Welt retten soll.

DAS KIND Wer an ihn glaubt, der wird Liebe finden.

DIE ALTE FRAU Aber der Vater verlässt ihn, oder?

DAS KIND Der Vater?

DIE ALTE FRAU Der Vater von dem Kind, das alle retten soll.

DAS KIND Genau, ja, der vergisst? Verlässt?

DIE ALTE FRAU Verlässt

DAS KIND Verlässt den Sohn, um ihm zu zeigen … wie sehr er ihn liebt.

DIE ALTE FRAU Wie sehr er die Menschen liebt.

DAS KIND Wie sehr er die Menschen liebt, genau … er lässt ihn sterben am Kreuz … verbluten … der Sohn schreit vor Schmerz … seine besten Freunde haben ihn verraten … niemand hilft ihm.

DIE ALTE FRAU Aber der Vater schaut zu, lässt ihn verbluten.

DAS KIND Aber da war doch noch was mit einer Krippe?

DIE ALTE FRAU Ja, ein Baby wird in eine Krippe gelegt und erfriert.

DAS KIND Der König lässt alle Babys abschlachten.

DIE ALTE FRAU Genau, am Heiligen Abend wütet der König Herodes durch die Stadt mit seinen Männern und zieht von Haus zu Haus, überall liegen diese toten Babys rum, im Straßengraben, neben der Fahrbahn, auf den Verkehrsinseln, zu Hause in den Kinderzimmern, unterm Weihnachtsbaum, der König Herodes mag keine Kinder, er hat Angst, dass die ihm gefährlich werden könnten.

DAS KIND Er hat Angst, dass das Kind in der Krippe das Kind ist, das alle retten soll.

DIE ALTE FRAU Denn das Kind in der Krippe ist die Liebe.

DAS KIND Und der König Herodes und seine Leute wollen keine Liebe.

DIE ALTE FRAU Deshalb schlachten sie alle Kinder ab.

DAS KIND Und das Kind … erfriert in der Krippe? War das so?

DIE ALTE FRAU Ich glaube, ja, das Kind erfriert in der Krippe.

DAS KIND Oder retten ihn diese drei Typen kurz bevor er erfriert. Da waren doch noch so drei heilige Typen. Die haben doch auch irgendwas gemacht, oder?

DIE ALTE FRAU Und Schafe? Ich erinnere mich, dass da ganz viele Schafe rumstanden neben der Krippe, so kleine Plastikschafe und die heiligen drei Könige stehen neben der Krippe

DAS KIND Und ihre Herzen brennen langsam weg.

DIE ALTE FRAU Und das erzeugt Wärme, dieses langsame Wegbrennen der Herzen.

DAS KIND Knapp über dem Gefrierpunkt. Und deshalb erfriert das Kind doch nicht ganz und die Liebe kommt doch noch auf die Erde, aber nur so halb und … es bedeutet nichts. Und im Winter, zur Weihnachtszeit, da ist die Liebe weg, erfroren,

DIE ALTE FRAU Da wütet der König Herodes durch die Stadt und überall stürzen sich Leute in den zugefrorenen Fluss, fahren Autos in Gräben, knallen ganze Familien kopfüber durch die Fenster der großen Warenhäuser und liegen da … packen Geschenke aus, die sie am nächsten Tag umtauschen und … bluten leer aus, frieren leer weg, drehen leer durch
lacht.
liegen da und schreien, schreien einfach, schreien, um zu zeigen, dass sie noch nicht ganz Müll geworden sind, dass sie sich noch unterscheiden von all den Leichen, die neben der Fahrbahn liegen

schreit.
ahhhhhh ahhhhhh ahhhhhh. Warum hat dein Vater dich nicht abgeholt?

DAS KIND Ich glaube, der wollte nicht. Manchmal streiten sich meine Mutter und mein Vater, wer mich abholt, und dann hören sie nicht mehr auf, zu streiten ... und keiner will nachgeben ... dann warten sie einfach so lange, bis der andere nachgegeben hat und losfährt, mich zu holen, manchmal dauert das drei oder vier Stunden, und manchmal holt mich auch gar keiner ab.

VERLETZTE JUGEND/THEATERPROBE.

FRAU hat Essen geholt, kommt rein, hat Sushi dabei.

JUNGE Sushi, wie ätzend, gabs nichts Richtiges?

FRAU Gibts hier noch irgendwo ALTE Platten, nicht nur diese traurigen verwirrten Männer?

JUNGE Gibt noch traurige AGGRESSIVE verwirrte Männer

FRAU Ich hau ab hier, ich geh raus aufs Land

MANN Beschäftigst dich mit Pflanzen

FRAU *aggressiv*
Pass mal auf, wer von uns beiden zuerst die Heckenschere in die Hand nimmt.

JUNGE *stochert angewidert im Sushi rum*
Sushi, Mann, das sind doch die Tsunami Opfer, weißt du das nicht? Lies mal Zeitung ab und zu ... das sind doch die Tsunami Opfer, die schwimmen doch da jetzt alle draußen auf dem Meer, 250 000 Menschen, die werden alle gefressen von diesen Fischen, das sind die Sushifische, Mann, die Sushifische kommen doch alle von da

FRAU Sei still und iss.

JUNGE *pult den Fisch von der Reisgrundlage und isst nur den Reis*
Boatpeople, Flüchtlinge, depressive Millionäre, die von Luxusyachten springen, Arbeiter, die von der Bohrinsel fallen, die ganzen Ersoffenen da draußen, die ganze Scheiße, die von den Tankern verklappt wird, die die Flugzeuge überm Ozean abwerfen, die ganzen verunglückten Crashopfer ... das fressen doch die Fische, DAS FRESSEN DEINE SUSHI FISCHE VERDAMMT ich ess das nicht ICH ESS DAS NICHT die ganzen Afrikaner, die sich nach Europa

retten wollen und im Meer ersaufen LIES MAL ZEITUNG, BEVOR DU SO WAS HIER ANSCHLEPPST MANN
tritt gegen die Heizung.
GEH ENDLICH MIR IST KALT!!!

FRAU *bei den Platten, angewidert, fasst die Platte so an, wie der JUNGE zuvor das Sushi*
Justin Timberlake, was ist das denn?

JUNGE Hat die Frau wohl hier liegen gelassen

MANN *isst Sushi*
Schmecken eigentlich ganz geil, diese Tsunami Opfer ... hmmmm ... Condoleeza Rice sagt, die Tsunami Katastrophe war ein guter Tag für die amerikanische Wirtschaft, a good day for American economy. Brauchten sie nicht erst selbst hinfahren und alle umbringen, das hat diesmal die Natur für sie erledigt. Amerikanische Warnsysteme haben Stunden vorher bereits erkannt, dass da diese Welle losbrechen würde, aber die haben die Meldung nicht weitergeleitet, angeblich, weil sie nicht wussten, wem sie das melden sollten.

FRAU *isst den Fisch, den der JUNGE abgepult hat*
Stand das wieder in einer deiner Internethasspredigerforen?

MANN 250 000 Menschen tot, fast nur Moslems. Jetzt können sie das ganze Land wieder aufbauen, da kommen ordentlich Aufträge rein.

FRAU Mann, Mann, Mann.

JUNGE Friss deine Moslems allein, ich esse höchstens den Reis, die Moslems kannste selber essen. JESUS ISST KEINE MOSLEMS.

FRAU Wenn hier demnächst mal n paar U-Bahnen in die Luft fliegen und du plötzlich nicht mehr da bist, weiß ich ja, was los ist. Lies doch mal ne normale Zeitung, Mann! Oder guck die Tagesschau, die verwirrt dich nicht so wie deine Schläferseiten im Netz.

MANN *gleichzeitig mit dem JUNGEN und der FRAU*
ABER ABER ABER ... Das INTERESSIERT mich nicht mehr, ich sag dazu nichts mehr, das sollen jetzt Justin Timberlake und seine Boybandgeneration MAL UNTER SICH AUSMACHEN, in was für ner Welt die leben wollen, DAS IST MIR EGAL, ahhhhh ahhhhh ahhhhhh, da schrei ich lieber, grundlos, einfach so, einfach so, weils Spaß macht, merkt man noch, dass man am Leben ist, ahhhhh ahhhhh ahhhh, merkt man noch, dass da so eine Grundenergie ist, so eine Rest-Grundenergie, nicht so oft ejakulieren, sagt meine

Heilpraktikerin immer, sonst ist der Akku bald leer, weiß zwar nicht, wie der noch leerer werden kann, aber ist wohl so ahhhh, ahhhhh, ahhhhh

JUNGE *stimmt mit ein*
Ahhhh ahhhh ahhhh

FRAU *stimmt auch mit ein*
Ahhhh ahhhh ahhhh
wühlt durch die Platten.
hier muss doch irgendwo, warte, hier muss doch, oder? Da, ja, DA, ja, die hab ICH mal gekauft
nimmt NIRVANA „Smells Like Teen Spirit", legt das auf, die drei hüpfen nach der Musik durch die Luft, aber so, als erinnerten sie sich an etwas, an eine Zeit, die ihre Körper bereits verlassen hat, der JUNGE schmeißt das Bücherregal um, baut einen Stapel aus den Büchern, von dem Stapel aus werfen sie sich immer wieder Stage-Diving-mäßig auf die Matratze, immer exzessiver, und schreien dabei, bis sie erschöpft zusammenbrechen.

MANN/JUNGE/FRAU Ahhhh ahhhh ahhhh ahhhh

Der JUNGE tritt dann in die Heizung rein, zerkloppt einen Stuhl, legt die Stuhlbeine wie Feuerscheite übereinander und versucht mit einem Feuerzeug, das ganze zum Brennen zu bringen, vergeblich.

JUNGE Gleich wirds warm hier
Er zündelt und zündelt, die FRAU macht die Platte aus, schaut aus dem Fenster, der MANN liegt erschöpft auf dem Bett, eine Welle rauscht über alle drei hinweg, das Feuer beginnt zu brennen, wie ein Lagerfeuer.
Schlaft hier, schlaft einfach beide hier, ist doch Weihnachten, mein Geburtstag, könnt doch JESUS NICHT ALLEIN LASSEN AN SEINEM GEBURTSTAG

FRAU Geht nicht fuck
schaut aus dem Fenster.
da steht er … Haus ist umstellt … meine Ehe wartet, der Rest meines Lebens … Abtransport … alles in einer Reihe aufstellen und ab … ab ins Lager

JUNGE Jesus will Liebe

MANN Fuck Jesus, Alter, der soll Liebe GEBEN nicht immer nur HABEN WOLLEN

FRAU Ich werde abgeholt … abtransportiert…

JUNGE Ich will aber NICHT ALLEIN SCHLAFEN HEUT NACHT, DAS WILL ICH NICHT

MANN Holz sammeln, schnell, ich erfriere, mein Herz … schnell … die Zeit rennt weg…

FRAU O Gott, ich will da nicht hin, in dieses, dieses … Ehelager.

MANN Bleib hier

FRAU Im Ehelager verwaltet werden bis ans Ende meiner Tage, HILFE
kurze Pause.
AHHH
kurze Pause.
Aber wo soll ich sonst hin?

JUNGE Still

Theaterschnee.

FRAU Jetzt frieren wir fest. In diesem Moment. Stillstand, nur eine Sekunde, dann

JUNGE Scheiße

MANN Was?

JUNGE Warte mal, fuck

FRAU Was denn?

JUNGE Wie spät ist es?

FRAU Gleich elf.

JUNGE Mein Sohn.

MANN Was?

JUNGE Scheiße, Stefan ist … o Gott, sorry Leute, ich muss zum Flughafen, mein Sohn ist doch schon … wieso sagt einem denn hier keiner, wie spät es ist.

MANN Komm, das ist doch jetzt ne blöde Ausrede, wir proben das jetzt weiter.

JUNGE Ich muss meinen Sohn abholen.

MANN Das denkst du dir doch jetzt aus.

JUNGE Nein, ehrlich.

MANN Bitte, der kann da mal n Augenblick warten, der ist doch schon elf, also, wir machen das jetzt noch einmal richtig gut, und dann hab ich doch auch noch ne Überraschung für uns.

JUNGE Ich nehm nichts mehr. Ich hab aufgehört.

FRAU Also gestern hattest du noch nicht aufgehört.

JUNGE Du sollst mir nicht immer aufs Klo hinterher rennen, was soll denn das?

FRAU Ich?

JUNGE Glaubst du, ich merk das nicht.

FRAU Einer muss ja aufpassen.

MANN Kinder, kommt.
Er hält ein Koksbriefchen hoch.

JUNGE Nein, Mann, ich bin Vater, ich mach das nicht.

FRAU Hat Pola ihm verboten.

JUNGE Was hängst du eigentlich unentwegt auf dem Männerklo rum?

MANN Ruhe! So, also, wir haben noch zwei Tage. Wir proben das jetzt, was jetzt kommt, haben wir noch nie gemacht.

JUNGE Mann ich muss meinen SOHN ABHOLEN.

MANN Mann, der ist alt genug, wir ARBEITEN jetzt.

JUNGE Was kommt denn jetzt überhaupt?

MANN Darum gehts ja grade.

FRAU Wo ist denn Paul, wieso ist denn der nicht hier, WO IST DENN DER?

MANN Was kommt denn jetzt?

JUNGE Ja, genau, was kommt denn jetzt! Nichts, nichts kommt jetzt, mein Text endet hier, mehr kommt nicht.

MANN Paul hat gesagt, wir sollen ... wir sollen das einfach aus der Logik der Figuren heraus zu Ende ähm ... leben.

FRAU Können wir mal den Schnee abschalten, ich dreh durch.

MANN Kannst du mal den Schnee ausschalten.

JUNGE *bastelt an einem Sicherungskasten rum*
Geht nicht.

FRAU Was?

JUNGE Der Schnee geht nicht mehr aus.

Plötzlich ein Knall, das Licht geht aus.

FRAU O Mann, ich dreh durch.

Etwas kracht zusammen, klingt so, als sei der JUNGE gestürzt.

JUNGE *schreit vor Schmerzen*
Aua, Scheiße, ich hab mir den Daumen verletzt.

FRAU Sehr witzig.

JUNGE Fucking Arschloch, Mann, verdammt, das tut weh, AUA.

FRAU Okay, ich geh jetzt.

MANN Du bleibst hier.

FRAU RUF JETZT PAUL AN.

MANN Netz zusammengebrochen.

FRAU Das denkst du dir doch jetzt aus.

MANN Netz zusammengebrochen, Schneemaschine geht nicht mehr aus.

JUNGE Tür geht nicht mehr auf. Schloss ist eingefroren.

FRAU Es ist Heiligabend, der Heilige Abend, ich will irgendwas Heiliges noch erleben irgendwas egal was

Irgendwas stürzt ein.

JUNGE Ich fahr jetzt zum Flughafen.

MANN Wie denn?

JUNGE AUA meine Hand!

FRAU *zündet eine Kerze an*
Schau mal, siehst du … Licht und Wärme.
Sie reicht dem JUNGEN auch eine Kerze.
Wenn ich dir jetzt Licht und Wärme gebe, dann verliere ich selbst nichts davon, ich gebe dir alles, was ich habe, und verliere nichts.
Sie zündet mit ihrer Kerze seine Kerze an.
Siehst du … es wird einfach mehr … und so ist es auch mit der Liebe … wenn ich sie gebe, geht mein Licht nicht aus, es vermehrt sich, es wird doppelt so stark.

JUNGE Jetzt dreht sie total durch.

FRAU *singt*
Stille Nacht, Heilige Nacht, alles schläft, einsam wacht, nur das hohe hochheilige Paar, holder Knabe mit lockigem Haar, schläft in himmlischer Ruh, schläft in himmlischer Ruh.

JUNGE Die Heizung geht nicht mehr.

MANN Kommt, Nerven behalten, ja, ich bin mir sicher, Paul kommt gleich und dann wissen wir auch, wie es weitergeht, der holt uns hier raus, und dann feiern wir alle zusammen und dann wird es richtig schön, und dann schreibt er uns auch noch nen richtig schönen Schluss, da bin ich mir sicher, mit Liebe, Schnee und allem, so, jetzt hör mal auf zu singen und du, ähm, stell dich mal da rüber

JUNGE *lässt seine Kerze fallen*
Ich seh nichts mehr.

FRAU Jesus ist überhaupt nicht tot. Der war tot, und dann ist er wiederaufgestanden.

JUNGE Das heißt „auferstanden".

MANN RUHE JETZT! Alles wird gut.

Etwas kracht zusammen.

Wir machen jetzt weiter, bitte, ja, also, noch mal ab „Ich will aber NICHT ALLEIN SCHLAFEN HEUT NACHT, DAS WILL ICH NICHT"

TELEFONAT MUTTER UND SOHN.

PAUL hält dabei die Leiche des Romeodates im Arm.

DIE ALTE FRAU Warum hast du denn nicht angerufen?

PAUL Ich kann doch nicht, hab ich dir doch gesagt, Mutti.

DIE ALTE FRAU Aber ist doch Weihnachten.

PAUL Du, ich hab jetzt keine Zeit.

DIE ALTE FRAU Was machst du denn?

PAUL Ich arbeite.

DIE ALTE FRAU Was denn, jetzt?

PAUL Ja.

DIE ALTE FRAU Was denn?

PAUL Kann ich nicht drüber reden.

DIE ALTE FRAU Wie gehts dir denn?

PAUL Weiß nicht, gut.

DIE ALTE FRAU Die anderen feiern bei ihren Familien.

PAUL Keine Vorwürfe, sonst leg ich gleich wieder auf.

DIE ALTE FRAU Bist du allein da, wo du bist?

PAUL *kurze Pause*
Ja

DIE ALTE FRAU Hast du denn keine Freunde?

PAUL Ich leg jetzt auf.

DIE ALTE FRAU Was machst du?

PAUL Ich arbeite, hab ich doch schon gesagt, ich … ICH ARBEITE ICH ARBEITE ICH ARBEITE AHHHHH

DIE ALTE FRAU Das ist gut, arbeiten ist gut

PAUL Ich leg jetzt auf.

DIE ALTE FRAU Nein.

PAUL Doch.

DIE ALTE FRAU Nein.

PAUL Doch.

DIE ALTE FRAU Paul?

PAUL Ja?

DIE ALTE FRAU Alles in Ordnung?

PAUL Was?

DIE ALTE FRAU Ist alles in Ordnung?

Pause.

PAUL Weiß nicht.
Pause.
Willst du mich sehen?

DIE ALTE FRAU Ja

PAUL Sicher?

DIE ALTE FRAU Ja.

PAUL Am Flughafen gibts so ne Klinik, so ne Unfallklinik, das ist total nett da, da liegen alle rum, erschöpft, da gibts Tee und Vitaminspritzen umsonst, da habe ich schon ganz viele Feste verbracht … da können wir uns treffen, sind immer ganz viele nette Leute da … da lernt man schnell jemanden kennen … wollen wir uns da treffen in sagen wir zwei, drei Stunden…

Er schaut auf die Romeoleiche.
ich bring dir auch was mit.

DIE TRAUMKLINIK.

Am Telefon und direkt vor Ort. MANN aus der Psychiaterpraxis jetzt als Patient in der Traumklinik.

STATIONSÄRZTIN Ich weiß doch auch nicht, was hier los ist heute, das hört nicht mehr auf, von allen Seiten schleppen die hier Tote und Verletzte an ... das hört nicht mehr auf, ich kann hier jetzt nicht weg, ich kann nicht, die Warteräume sind voll von Angehörigen ... hörst du das? Die Schreie? ... hör mal ... einige singen auch, andere schreien nur ... liegen da zwischen den Leichen, den Erfrorenen...

PSYCHIATER Nein, die sehen nur so aus wie Leichen, die leben alle, hab hier auch welche, die bewegen sich nicht mehr, aber die ... die leben noch.

STATIONSÄRZTIN Verwirrte alte Menschen springen plötzlich aus den Büschen, die brechen aus den Heimen aus und springen vor unsere Rettungsfahrzeuge, hab meine besten Sanitäter auf diese Weise verloren, jetzt werden die Verletzten hier per Taxi angeliefert oder mit Hundeschlitten ... und irgendjemand schleppt hier unentwegt Müllsäcke an, ich trau mich da gar nicht reinzugucken, vor der Einfahrt liegen diese ... diese ganzen Menschen im Schnee, die ... die lachen alle ... liegen da und lachen, verstehst du das?

PSYCHIATER Sind vielleicht die Medikamente, die können gar nicht anders. Hör zu, ich ... es tut mir Leid, aber, ich

STATIONSÄRZTIN Warte mal eben.
Hörn Sie mal, ich habe Ihnen gesagt, Sie haben nichts, alles okay, alles in Ordnung.

PATIENT Ich muss mich hinlegen, ich kann nicht mehr, ich muss mich hinlegen.

STATIONSÄRZTIN Wir haben Sie heut schon dreimal untersucht, es ist alles in Ordnung.

PATIENT Tut so weh.

STATIONSÄRZTIN Ja, das tut auch weh, wenn man die Treppe runterfällt, dafür haben Sie die Schmerzmittel bekommen, die müssen

Sie aber auch nehmen, verstehen Sie, sonst kann der Schmerz ja nicht weggehen.

PATIENT Ich kann nicht mehr, kann ich mich nicht irgendwo hinlegen?

STATIONSÄRZTIN Die Betten sind alle belegt, tut mir leid.

PATIENT Bitte

STATIONSÄRZTIN *wieder am Telefon*
Warte mal, das dauert hier länger.

PSYCHIATER Du verlässt mich nicht, oder?

STATIONSÄRZTIN Was?

PSYCHIATER Du hast nicht viele andere, oder?

STATIONSÄRZTIN Was? Ich

PATIENT Mir tut alles weh.

STATIONSÄRZTIN Kannst du mal den Typ da rausschmeißen.

PFLEGEKRAFT 1 Hau ab hier.

PATIENT klammert sich an der STATIONSÄRZTIN fest.

PSYCHIATER Nur ein paar?

STATIONSÄRZTIN Was?

PSYCHIATER Und wenn du andere hast, denkst du dabei an mich, oder?

STATIONSÄRZTIN Gehen Sie.

PATIENT Nein

PSYCHIATER Zumindest ab und zu?

STATIONSÄRZTIN Gehen Sie jetzt endlich.

PFLEGEKRAFT 2 Hau ab hier jetzt, du hast nichts.

PATIENT ICH GEH DA NICHT RAUS da liegen überall Leichen im Schnee.

PFLEGEKRAFT 1 Dann leg dich dazu, hier ist kein Platz mehr.

PSYCHIATER Und hältst auch keinen Kontakt, ich meine, du tauschst keine Telefonnummern aus, ich meine, wir bleiben zusammen, oder?

PATIENT HILFE HILFE HILFE

PSYCHIATER Was ist denn jetzt?

STATIONSÄRZTIN Ach, hier ist einer, der schreit einfach die ganze Zeit um Hilfe, hat nichts, aber schreit einfach, schreit und schreit und schreit, die ganze Stadt ist hier, alle Bekloppten, gibts denn niemanden, der einfach zu Hause ist und feiert?

PSYCHIATER Dann musst du die Dosis erhöhen. Versuch es mal mit Lypozentran, dann lachen sie und fangen an zu singen wie Kinder unterm Weihnachtsbaum.

STATIONSÄRZTIN Wir haben schon alles an Glücksbringern verteilt, was wir auf Vorrat hatten, kannst du uns nicht was vorbeibringen lassen?

PATIENT Ich seh nichts mehr. Papa? MANN HOL MICH ENDLICH AB.
schreit.
ahhhh ahhhh ahhh

PSYCHIATER Wir bleiben zusammen, oder?

STATIONSÄRZTIN Hör mal, das ist jetzt grade…

PFLEGEKRAFT 1 Sollen wir denn die Leichen einfach liegenlassen in der Einfahrt oder sollen wir die irgendwo hinschleppen?

STATIONSÄRZTIN Die sind nicht tot, die haben nur die Medikamente falsch dosiert. Die wachen wieder auf, wenn das Fest vorbei ist. Haben wir noch Decken?

PSYCHIATER Sag es.

STATIONSÄRZTIN Was?

PSYCHIATER Sag es bitte.

STATIONSÄRZTIN Was denn?

PSYCHIATER Dass du mich liebst.

STATIONSÄRZTIN Mensch, hier sterben alle.

PSYCHIATER Sag es.

PFLEGEKRAFT 2 Heizung ist ausgefallen.

ALTE FRAU Haben Sie meinen Sohn gesehen? Der wartet hier auf mich, der hat sich hier mit mir verabredet, der hat ein Geschenk für mich.

KIND und PATIENT *gleichzeitig*
Papa?

PSYCHIATER Sag es, bitte, sag es, bitte, ich kann nicht mehr, bitte, bitte, sag es, ja, sag es.

STATIONSÄRZTIN Was nimmst du denn im Moment für Medikamente?

PATIENT Ich kann mich nicht bewegen.

STATIONSÄRZTIN Schmeiß den raus, der hat nichts:

FRAU *zum PATIENTEN*
Wenn ich dir jetzt Licht und Wärme gebe, dann verliere ich selbst nichts davon, ich gebe dir alles, was ich habe, und verliere nichts ... siehst du ... es wird einfach mehr ... und so ist es auch mit der Liebe ... wenn ich sie gebe, geht mein Licht nicht aus, es vermehrt sich, es wird doppelt so stark...

JUNGE *legt die TALK TALK-Platte auf*
Das ist so schön ... der Mann, der das geschrieben hat, hat sich freiwillig wegsperren lassen in einer Klinik, der wollte eine Abwesenheit sein, alle guten Menschen wollen eine Abwesenheit sein

DAS KIND UND DIE ALTE FRAU IM EINZELZIMMER IN DER TRAUMKLINIK.

Sie ziehen sich aus, erschöpft, sitzen dann auf dem Bett.

DAS KIND Du verstehst mich nicht

DIE ALTE FRAU Ich weiß

DAS KIND Du versuchst es nicht einmal

DIE ALTE FRAU Ich weiß

DAS KIND Warum nicht?

DIE ALTE FRAU Weiß ich nicht, kann ich dir nicht sagen

DAS KIND Siehst du

DIE ALTE FRAU Was?

DAS KIND Du gibst es ja sogar zu.

DIE ALTE FRAU Ja, klar, ich weiß es doch: Ich verstehe dich nicht, du mich auch nicht, wir verstehen einander nicht.

DAS KIND Diese Stadt ist ein Alptraum.

DIE ALTE FRAU Halt meine Hand, bitte

DAS KIND Aber es bedeutet nichts

DIE ALTE FRAU Nein

DAS KIND Versprochen?

DIE ALTE FRAU Ja, versprochen

DAS KIND Du gehst dann wieder

DIE ALTE FRAU Ja

DAS KIND Und du rufst auch nicht mehr an.

DIE ALTE FRAU Nein

DAS KIND Versprich es mir.

DIE ALTE FRAU Ja.

DAS KIND Gut.

DIE ALTE FRAU Küss mich bitte und … halt mich fest, nur kurz

DAS KIND *kurze Pause*
Wir können das alles machen, alles. Aber es bedeutet nichts.
DAS KIND nimmt sie in den Arm, Stille.
Verstörte Menschen singen ein verstört klingendes Weihnachtslied, Schnee fällt…
Stille.

Im Ausnahmezustand

FIGUREN

DIE FRAU
DER MANN
DER JUNGE

DIE FRAU Sag mal

DER MANN Ja?

DIE FRAU Geht es dir gut?

DER MANN *kurze Pause*
Ja

DIE FRAU … geht es gut, ich meine … geht es dir?

DER MANN Was? Ja klar

DIE FRAU Dir geht es

DER MANN Was? Ja

DIE FRAU Ist alles in Ordnung mit

DER MANN Mir? Was? Ja

DIE FRAU Sicher?

DER MANN Was?

DIE FRAU Bist du dir sicher?

DER MANN Ja

DIE FRAU Ganz sicher

DER MANN *kurze Pause*
Was? Ja

DIE FRAU Aha

DER MANN Ja

DIE FRAU Also da ist nichts?

DER MANN Was? Nein

DIE FRAU Nichts

DER MANN Was soll denn da sein, nein

DIE FRAU Alles in Ordnung?

DER MANN Was?

DIE FRAU Mit dir?

DER MANN Ja

DIE FRAU Gut

DER MANN Ja

DIE FRAU Aha
Pause.
Komm mal her

DER MANN Was?

DIE FRAU Komm einfach mal her

DER MANN Bin doch nah

DIE FRAU Nein, komm mal … näher

DER MANN Ja

DIE FRAU Schau mich mal an

DER MANN Was ist denn?

DIE FRAU Schau mich einfach mal an, ja
Er tut es.
Was willst du?

DER MANN Was?

DIE FRAU Was ist los?

DER MANN Lass mich

DIE FRAU Nein, schau mich mal an

DER MANN Ja

DIE FRAU Dieser Blick, irgendwas … ich weiß es nicht, aber … irgendwas ist…

DER MANN Nein

DIE FRAU Anders

DER MANN Was?

DIE FRAU Anders, mit dir … irgendwas ist da anders.

DER MANN Nein.

DIE FRAU Irgendwas ist anders.

DER MANN Mit mir, nein, nichts ist anders.

DIE FRAU Sicher?

DER MANN Was?

DIE FRAU Ob du dir sicher bist?

DER MANN Ich?

DIE FRAU Schau mich noch mal an.

DER MANN tut es.
Alles ist so

DER MANN Was?

DIE FRAU Alles ist so, wie es sein sollte?

DER MANN Ja, was?, klar

DIE FRAU Alles ist so, wie es sein sollte?

DER MANN Alles ist so, wie es sein sollte.

DIE FRAU Klingt nicht überzeugend, wie du das sagst, sag es noch mal.

DER MANN Alles ist gut, alles ist so, alles ist

DIE FRAU Ich mache mir Sorgen.

DER MANN Das brauchst du nicht.

DIE FRAU Ich mache mir Sorgen um dich.

DER MANN Nein, tu das nicht.

Kurze Pause.

DIE FRAU Hörst du die … Schüsse?

DER MANN Was?

DIE FRAU Ich dachte, das hatte aufgehört, aber
kurze Pause.
natürlich nicht, das kommt immer näher, jeden Tag und ich
Sie bricht ab, man hört leises Rauschen, DER MANN fasst sich an die Schläfe, DIE FRAU hört sehr genau auf das Rauschen.
Schüsse.

DER MANN Nein.

DIE FRAU Hörst du die nicht?

DER MANN *unsicher*
Nein, still hier … oder?

DIE FRAU Brennt da was? Brennt da was ab? Das ist … hier ganz in der Nähe, oder?

DER MANN Nein.

DIE FRAU Das kommt immer näher.

Kurze Pause, man hört Wellenrauschen.

DER MANN Schön.

DIE FRAU Jetzt spielen sie wieder das Rauschen ein, heißt das, dass

DER MANN Nein.

DIE FRAU Doch, es heißt, dass … wenn sie die Wellen einspielen, dann machen sie das, damit wir die Schreie nicht hören, die Schüsse, weil wieder irgendwo jemand versucht hat

DER MANN Nein, das wird nur so gesagt, aber das ist nicht so.
lacht.
Das sind **wirklich** Wellen.

DIE FRAU Aber wo ist denn das Meer?
kurze Pause.
Wenn sie die Wellen einspielen, dann

DER MANN Machen sie das, weil es schön klingt, weil es beruhigt, weil es schön ist, weil die Sonne untergeht und es einfach gut passt … wir haben zwar noch kein Meer, aber sie bauen uns bald eins hierher, nur eine Frage des Geldes und … ob sie die Erlaubnis für die Umsiedelung bekommen, aber

DIE FRAU Wir sind nicht mehr sicher hier, oder?

DER MANN Doch.

DIE FRAU Nachts kommen Leute über die Mauern oder irgendjemand lässt die hier rein … irgendjemand in der Siedlung hier lässt nachts das Tor auf und

DER MANN Schhhhh, komm, lass uns ein bisschen den Wellen zuhören und

DIE FRAU Schau mich mal an.

DER MANN Ja.

DIE FRAU Schau mir ins Gesicht.

DER MANN Mach ich doch.

DIE FRAU Ganz tief.
Er schaut sie an.
Das bist nicht du, oder?

DER MANN Was?

DIE FRAU Der das Tor offen lässt, nachts?

DER MANN Ich?

DIE FRAU Ich bin mir nicht mehr sicher.

DER MANN Ich?

DIE FRAU Irgendwer hier, hier in der Siedlung, das sagen sie, irgendwer ... angeblich kommen Leute durchs Abwassersystem oder lassen sich abwerfen aus der Luft, ich weiß es nicht, das sagen sie, keiner sagt es offiziell, aber ... die Schüsse, das bilde ich mir doch nicht ein, oder und ... nachts schleichen hier Leute um die Häuser, das war doch früher nicht so, können die alle nicht schlafen oder sind das wirklich Leute, die von außen, aber wie schaffen die das, wie kommen die hier rein, da muss doch, irgendwer, das sagen sie, irgendwer, der ... wir sind hier nicht mehr sicher ... lässt DU das Tor auf? Das machst du nicht, oder? Du nicht, oder? Ich weiß es nicht ... ich schlafe so schlecht in letzter Zeit, und die Tabletten, die ... die helfen nicht, aber ich ... ich kann nicht dauernd da hingehen und mehr verlangen, das ... kann ich nicht, das fällt auf, das spricht sich rum, dann wissen sie es in der Firma und, wir sollen keine Angst haben, das sollen wir nicht, das will ich auch nicht, ich WILL keine Angst haben, aber ... du ... irgendwas ist ... mit...
kurze Pause.
... dir und ... ich habe so ... seltsame Träume jetzt immer, ich ... sehe dich, nachts und ... aber ich weiß ... ich träume das nicht, das fühlt sich nicht so an wie ein Traum, weil, wenn ich aufwache und neben mich schaue, dann ... bist du nicht da oder ... nein, dann ... du bist da, aber das bist nicht du oder ein anderer Mann, der so aussieht wie du, aber nicht du bist, nicht so wie du warst, als ... ist alles in Ordnung mit dir?

DER MANN Mit mir? Ja.

DIE FRAU Nichts ist anders?

DER MANN Nein.

DIE FRAU Ich dachte nur, weißt du, es fühlt sich

DER MANN Ganz ruhig, alles ist gut.
Er küsst sie.

DIE FRAU Seltsam.

DER MANN Was?

DIE FRAU Du küsst anders.

DER MANN Was?

DIE FRAU Das bist nicht du. Irgendwas ist ... anders, das ... ich weiß nicht, aber

DER MANN *küsst sie noch mal*
Alles ist gut, alles ist so, wie es sein sollte, ich bin nicht

DIE FRAU Anders, doch bist du.

DER MANN Nein.

DIE FRAU Ich spüre das, irgendwas geht in dir vor ... aber was? Was genau ist das? Wo ist mein Mann? Wo ist der? Ich finde den nicht mehr, wenn ich dich anschaue, ich
kurze Pause.
Merkst du was? Ist so still jetzt plötzlich, erst Schüsse, dann die Wellen, dann absolute Stille, hör mal...

DER MANN Das sind keine Schüsse, das sind nur Kinder, die spielen.

DIE FRAU Aha, was spielen die denn?

DER MANN Ich weiß nicht, die

DIE FRAU Und wieso kleben die morgens um fünf am Zaun mit weit aufgerissenen Augen? Wie nennt man das Spiel?

DER MANN Ich weiß es nicht, das sind Unfälle, das kommt ab und an mal vor, das

DIE FRAU Still, hörst du?

DER MANN Sie sollen endlich das Meer bauen, dann sind wir sicher

DIE FRAU Dann schwimmen sie rüber und ... gestern bin ich aufs Dach geklettert.

DER MANN Du bist was?

DIE FRAU Ich bin aufs Dach geklettert.

DER MANN Das ist eigentlich nicht so ... vorgesehen, oder?

DIE FRAU Um fünf Uhr morgens und habe rübergeschaut auf die andere Seite.

DER MANN Ah ja?

DIE FRAU Weißt du, dass es hier nachts nur so von Menschen wimmelt?

DER MANN Wimmelt?

DIE FRAU Die schlafen alle nicht, die laufen alle durch die Straßen.

DER MANN Sind vielleicht Schatten, die Schatten der Bäume.

DIE FRAU Bäume rennen aber nicht weg, wenn du mit Steinen nach ihnen wirfst.

DER MANN Du hast mit … was?

DIE FRAU Ich hab dich gesehen.

DER MANN Mich?

DIE FRAU Ja, dich … wie du da rumliefst, auf der anderen Seite, du wolltest unseren Wagen ausfahren, aber du hast ihn nicht gefunden … du liefst da rum, vor dem Tor, allein, hast den Wagen gesucht, aber du hast ihn nicht gefunden, er war abgebrannt, alle Autos waren abgebrannt, und du hast gesucht, aber die abgebrannten Autoleichen sahen alle gleich aus, und du hattest vergessen, wo du ihn geparkt hattest oder ob du ihn ÜBERHAUPT irgendwo geparkt hattest, du konntest dich an nichts mehr erinnern, nichts mehr, du liefst da rum im Dunkeln, und du wolltest wieder rein, aber du hattest den Code vergessen, und dann bist du im Kreis gelaufen zwischen den brennenden Autos und hast geschrien, einfach so.

DER MANN Aha.

DIE FRAU Und als ich wach wurde, lagst du hier, aber, ich konnte dich nicht spüren, du warst … immer noch da draußen zwischen den ganzen Leichen.

DER MANN Ah ja?

DIE FRAU Etwas ist verloren gegangen … kann das sein, etwas ist anders, aber es hat nichts mit mir zu tun, oder?

DER MANN Mit dir?

DIE FRAU Du schläfst nicht.

DER MANN Was?

DIE FRAU Du bist müde, aber du schläfst nicht … du liegst da neben mir und … was ist mit dir?

DER MANN Was ist mit DIR?

DIE FRAU Weißt du, ich … ich liege wach nachts und … ich schaue dir zu … wie du schläfst … unruhig, du liegst wach, nächtelang, wälzt dich hin und her, tust so, als würdest du schlafen, willst nicht, dass ich es merke, hast Angst, liegst da, wälzt dich hin und her und

DER MANN Und was?

DIE FRAU Was ist los mit dir? Was ist passiert?

DER MANN Nichts.

DIE FRAU Du machst mir Angst.

DER MANN Du machst MIR Angst.

DIE FRAU Was machst du da? Was suchst du da draußen? Irrst da herum und suchst und suchst, was suchst du denn da? Stehst stundenlang am Eingang nachts und kommst nicht rein, schleichst dich heimlich an den Wachen vorbei und

DER MANN Ich

DIE FRAU Etwas stimmt nicht mit dir, du
Pause.
Lässt du das Tor auf, nachts? Bist du das?

DER MANN Nein, ich

DIE FRAU Ich höre dir zu.

DER MANN Du was?

DIE FRAU Du redest.

DER MANN Ah ja?

DIE FRAU Im Schlaf.

DER MANN Aha.

DIE FRAU Du redest im Schlaf.

DER MANN Aha
Pause.

DIE FRAU Was redest du da?

DER MANN Was?

DIE FRAU WAS REDEST DU DA, DAS WILL ICH WISSEN WAS?

DER MANN Was rede ich denn?

DIE FRAU DAS WEISST DU NICHT? Aua, irgendwas … jetzt rauscht es wieder so … in meinem Ohr, ich … warum machst du das? Warum setzt du jetzt alles aufs Spiel, jetzt? Gerade jetzt, nach all den Jahren, die wir
Pause, er schaut sie an.
wie du mich jetzt anschaust

kurze Pause.
so schaust du mich jede Nacht an.

DER MANN Wann?

DIE FRAU Du wachst auf für den Bruchteil einer Sekunde und schaust mich an, ganz kurz, so wie jetzt ... panisch ... als wolltest du wegrennen ... Ich liege wach ... nachts ... und schaue dir zu, wie du schläfst, ich liege wach und höre dich atmen ... das mache ich jede Nacht ... Nacht für Nacht ... ich beobachte dich ... dieses Atmen wird immer lauter, immer lauter in meinem Ohr, wie ein Rauschen, wie ein Schreien, wie eine ... ich weiß nicht, AUA, ich bin dir so nah und ... wo willst du denn hinrennen? ... du wälzt dich hin und her, manchmal schreist du, ganz kurz, DU SCHREIST, merkst du das nicht, das musst du doch merken, du schreist plötzlich, reißt mich an dich und dann ... ich liege wach und schau dir zu, weil ich es verstehen will, ich will es verstehen, aber AUA dieses Rauschen, verdammt, ist das nur in meinem Ohr? Ich schaue dir zu, ich schaue dir zu, wie du schläfst, oder vorgibst zu schlafen, du träumst von irgendetwas, wanderst herum in deinen Träumen, wanderst auf die andere Seite des Zaunes, redest mit den Leuten dort, verirrst dich hinter den Müllbergen, legst dich in den Schnee und lachst, liegst da mit geschlossenen Augen und lachst ... so ein seltsames ... Lachen ... lacht da ... aus dir heraus ... nachts ... und du redest, du redest im Schlaf ... wo ... wo bist du?, wo bist du denn?, nachts?, wo bist du da?, wo?, das will ich wissen, wo?

DER MANN Ich bin ganz bei dir.

DIE FRAU Nein.

DER MANN Ich bin ganz und gar bei dir, ich ... was soll ich denn ... ich meine, wo ... was?

DIE FRAU Du klammerst dich fest an mir, schreist ... ich will dir ja alles geben, was du brauchst, aber ... was soll ich denn machen, ich ... wo ist mein Mann, wo ist der? Was hast du mit dem gemacht? WO IST DER? ICH WILL MEINEN MANN WIEDERHABEN, was hast du mit dem gemacht, wo ist der, wo?

DER MANN *vorsichtig*
Ich bin hier

DIE FRAU Nein

DER MANN Doch, ich

DIE FRAU Nein, das bist du nicht, das bist nicht du, das ist … und deshalb dachte ich

DER MANN Was?

DIE FRAU Ich dachte, dass … es wäre besser, wenn … es wäre vielleicht besser

DER MANN Nein

DIE FRAU Besser wenn ich

DER MANN Nein

DIE FRAU Nur um dir zu helfen, meine ich, wenn ich, wenn ich … wenn ich ihnen Bescheid sagen würde

DER MANN Nein

DIE FRAU Dass sie einfach mal nachschauen

DER MANN Was? Nein

DIE FRAU Nachschauen, ob alles in Ordnung ist mit dir

DER MANN Nein

DIE FRAU Ist vielleicht was Chemisches … dass die Magnesiumwerte nicht stimmen, dass da irgendwas … die Blutwerte, oder … ich dachte, vielleicht

DER MANN Nein, meine Werte sind in Ordnung.

DIE FRAU Und die hast du auch überprüft?

DER MANN Ja.

DIE FRAU Hast du?

DER MANN Ja.

Kurze Pause.

DIE FRAU Mehr Sport?

DER MANN Was?

DIE FRAU Müsstest du mehr Sport machen?

DER MANN Ich?

DIE FRAU Mal rausgehen abends, kurz um den See laufen mit dem Hund.

Kurze Pause.

DER MANN Wir haben keinen Hund.

DIE FRAU Dann mieten wir einen, so was kann man hier mieten, oder wir bestellen einen, dann

DER MANN Nein, ich will keinen Hund.

DIE FRAU Oder mit dem Nachbarn den Garten umgraben.

DER MANN Das ist … dafür gibt es Leute, das … das ist nicht so vorgesehen, dass wir einfach hier den Garten umgraben, wenn das jeder machen würde, dann

DIE FRAU Halt mich fest.

DER MANN Was?

DIE FRAU Halt mich fest, bitte.

DER MANN *hält sie eine Weile fest*
Gut so?

Kurze Pause.

DIE FRAU Wir können uns doch alles sagen, wir brauchen doch keine Geheimnisse voreinander zu haben, oder? Brauchen wir doch nicht.

DER MANN Nein.

DIE FRAU Wenn etwas nicht in Ordnung ist, dann sagen wir uns das, oder?

DER MANN Ja.

DIE FRAU Wenn du mal nicht mit mir schlafen willst, keine Lust hast, dann … du musst das nicht tun.

DER MANN Ich will aber, ich meine, ich mache das gerne, also, ich

DIE FRAU Ja?

DER MANN Nein, das ist … in Ordnung für mich, das haben wir doch so vereinbart, alle zwei Wochen

DIE FRAU Du musst das nicht, wenn es dich zu sehr anstrengt.

DER MANN Aber, es strengt mich nicht zu sehr, ich meine, es … nein, alle zwei Wochen…
Wir brauchen das doch auch, ich meine, wir … du doch auch, oder?

DIE FRAU Es ist okay, wenn du ab und an mal aussetzt, wirklich … mach mal ne Pause und … ich kann ja auch mal ein, zwei Monate ohne auskommen, das geht, das … ich meine … es gibt Menschen, die haben ÜBERHAUPT keinen

DER MANN Hör auf

DIE FRAU Die kommen allein nach Hause und starren an die Decke
kurze Pause.
So gesehen ist das hier ein beneidenswertes, angenehmes, schönes … ich meine, es gibt Leute, die liegen da irgendwo rum und schreien den ganzen Tag oder schlagen den Kopf gegen die Decke oder wichsen UNENTWEGT, wichsen und wichsen, wichsen, bis sie so leer gelaufen und ausgetrocknet sind, dass sie vor Blödheit und Stumpfsinn unentwegt gegen die Tür laufen, ohne den Ausgang zu finden, UNENTWEGT IMMER WIEDER, insofern haben wir natürlich ein schönes Leben, haben wir doch, oder?
DER MANN hat die Augen geschlossen, als sei er eingeschlafen, er versucht, ruhig zu atmen.
Schatz.
kurze Pause.
Liebling.
kurze Pause, sehr zart
Ich verstehe das, andere Paare schlafen doch auch nicht miteinander, wir arbeiten … wir arbeiten ja auch viel, da … da muss man nicht immer miteinander schlafen.
DER MANN sagt nichts.
Für mich ist das in Ordnung, wenn du nach Hause kommst und nicht reden willst, wenn du dich einfach hinsetzt, mich nicht anschaust, mich nicht anfasst … nicht mit mir redest.

DER MANN Aber das tue

DIE FRAU Du merkst es nicht.

DER MANN Ich

DIE FRAU Weil du nicht hier bist.

DER MANN Ich

DIE FRAU Auf einer endlos langen Eisfläche irgendwo … irgendwo in der Arktis sucht eine Gruppe junger Eisbären nach Nahrung … plötzlich bricht das Eis, und alle rutschen dreitausend Meter in die Tiefe und ersaufen … tagelang hört man ihre Schreie, während sie ersaufen, während die Sonne langsam ihr Hirn wegfrisst.
Pause.
Das kam gestern im Fernsehen.

DER MANN Ein Dokumentarfilm?

DIE FRAU In den Nachrichten.
Pause.
Hör zu … es ist in Ordnung, wenn du nicht an mich denkst, oder … mein Körper, klar, das verstehe ich doch … ich bin bald 40 … da ist der Körper

DER MANN Hör auf

DIE FRAU Nein, nein, das verstehe ich, ich verstehe das … mein Körper ist
lacht etwas gezwungen.
Und deiner, deiner ist ja
Streicht ihm über den Körper, schaut sich einige Stellen genau an und lacht.
So ist das dann halt irgendwann, das ist auch nicht schlimm, damit werden wir fertig, weißt du, klar, das
Pause.
Es ist nur, es ist nur … du musst nicht glücklich sein mit mir, du musst mich auch nicht glücklich machen, das ist in Ordnung, ich hab nicht so hohe … aber du solltest auch…
kurze Pause.
… zur Arbeit gehen

DER MANN Was?

DIE FRAU Denn wenn du das nicht tust … wenn du dort den gleichen Einsatz zeigst wie hier, dann

DER MANN Ich? Nein, wie

DIE FRAU Ich denke nur, du solltest da wieder hingehen.

DER MANN Aber ich bin da.

DIE FRAU Dein Körper ist da.

DER MANN Was?

DIE FRAU Du bist nicht anwesend und das … das spüren die … es fehlt etwas … du hast keine Freude.
Pause.
Es ist in Ordnung, wenn du dir das alles woanders holst, nicht hier, nicht bei mir, nach so langer Zeit erwartet niemand mehr, dass da noch viel passiert, das ist okay, aber … aber, wenn ich dir das sagen darf, als „Freund" oder wie du das nennen möchtest: Besorg dir das, was du brauchst, um weiterarbeiten zu können, hol dir das … damit du … dass … du musst arbeiten, da gut sein, verstehst du mich?

DER MANN Ja.

DIE FRAU Sie haben angerufen.

DER MANN Aha.

DIE FRAU Sie haben mich angerufen und nach dir gefragt.

DER MANN Ja?

DIE FRAU Ob bei dir alles in Ordnung ist, sie machen sich Sorgen, alle machen sich sehr große Sorgen um dich.

DER MANN Ah ja?

DIE FRAU Ja, alle, die Leitung, das Team, alle.

DER MANN Aha.

DIE FRAU Alle machen sich große Sorgen um dich ... und um mich, sie fragen nach, wie ich es dazu kommen lassen konnte, dass du, dass du so anders, so abwesend geworden bist, sie wollen wissen, wo du bist in deiner Abwesenheit, was du denkst, sie fragen mich nach Anhaltspunkten, weil sie es sich nicht erklären können, es ist so ungewöhnlich, als sei etwas vorgefallen ... sie ... sie haben mich gebeten, dich nicht einfach dir selbst zu überlassen, Verantwortung zu übernehmen.

DER MANN Aha.

DIE FRAU Du bist so kraftlos.

DER MANN Aber ich

DIE FRAU Du fällst zurück.

DER MANN Nein.

DIE FRAU Du bringst nicht mehr die

DER MANN Was, natürlich, ich

DIE FRAU Du leistest weniger.

DER MANN Nein.

DIE FRAU Das sagen sie.

DER MANN Das stimmt nicht, ich mache alles genauso wie ... wie immer, ich

DIE FRAU Aber irgendwas ist anders.

DER MANN Nein.

DIE FRAU Deine Leistung fällt, das haben sie errechnet.

DER MANN Das kann nicht sein.

DIE FRAU Doch.

DER MANN Nein.

DIE FRAU Und sie wollen wissen, warum.

DER MANN Ich mache alles so wie immer, ich leiste genauso viel wie früher.

DIE FRAU Aber ohne Freude.
kurze Pause.
Es macht dir keine Freude mehr, du liebst … deine Arbeit nicht mehr und das … das spüren sie und fragen sich, warum, denn die Arbeit ist ja die gleiche geblieben, also scheint etwas mit dir zu sein.

DER MANN Ich habe Freude.

DIE FRAU Und sie wollen wissen, was man da machen könnte.

DER MANN Ich habe Freude.

DIE FRAU Sie haben wohl schon ein oder zwei Gespräche deshalb geführt mit dem Team, einzelne befragt und … und auch hier in der Siedlung, die Nachbarn befragt … sie haben sich deine Videoauswertung angeschaut, die gesamte Auswertung der letzten fünfzehn Jahre.

Kurze Pause.

DER MANN Was?

DIE FRAU Sie sagen, du lachst kaum noch, du … amüsierst dich nicht mehr bei der Arbeit, du erledigst deine Arbeit … zögerlich und schaust sehr viel aus dem Fenster, drei bis vier Minuten pro Stunde im Durchschnitt. Tendenz steigend.
kurze Pause.
Was suchst du denn da?

DER MANN Ich

DIE FRAU Andere Menschen sind nicht mehr gern mit dir in einem Raum, spätabends wirkst du … müde … bleibst immer als Letzter im Büro, aber … was machst du da? Deine Werte fallen … was machst du denn da noch so spät, wenn du nicht arbeitest, was? Wenn ihr mal rausfahrt am Wochenende oder einfach mal zusammen ausgeht, was trinken, dann … will keiner neben dir sitzen, wenn neue Teams gebildet werden, will dich niemand in seinem Team haben, niemand, du führst die Gespräche nicht mehr mit vollem

Einsatz, ... so als sei das nicht du, der da redet, als seiest du ... irgendwo anders ... die Kunden spüren das, die Kunden ... die Kunden wollen keine Termine mehr bei dir, du bekommst weniger Termine.

DER MANN Das stimmt doch gar

DIE FRAU 3,45 Prozent weniger als im letzten Monat
Pause.
4,13 Prozent weniger als im Monat davor, du fällst zurück, bald ... bald gibt es dich nicht mehr, die Zahlen ... sprechen gegen dich ... du überzeugst deine Kunden nicht mehr, weil ... weil, ja ... was ist das? Was ist da los, was?
Pause.
... als seiest du ... irgendwo anders und wo du da genau bist, das wüssten sie gern, das ... das wollen sie gerne wissen.
Pause, ganz leise.
Wo bist du?
kurze Pause, normale Lautstärke.
Du machst keine Witze mehr, du hast doch früher immer gerne Witze erzählt, warum machst du das nicht mehr?

DER MANN *unsicher*
Mach ich.

DIE FRAU *holt einen Zettel mit Graphiken hervor und schaut nach*
17 Prozent weniger als im Vormonat. 23 Prozent weniger als im Vergleichsmonat vor einem Jahr.

DER MANN Ich

DIE FRAU Du hast von dir erzählt, aus deinem Leben, Geschichten, Anekdoten, oder wenn dir was bei den Shows gefallen hat, dann hast du das nachgespielt, die Kandidaten imitiert oder einen Stolperer oder ... alle haben gelacht, fanden das ... witzig ... das hat allen so viel Mut gegeben, soviel Kraft, die hatten Lust, mit dir zusammen zu sein, mit dir durch den Tag zu kommen, aber ... warum nicht, warum machst du das alles nicht mehr?

DER MANN Doch, ich

DIE FRAU Nein.

DER MANN Ich

DIE FRAU Erzähl mal einen Witz.

DER MANN Was? Nein.

DIE FRAU Mach, los.

DER MANN Jetzt?

DIE FRAU Ja.

Lange Pause, er setzt kurz an, aber bricht ab schon nach dem ersten Wort des Witzes.

DER MANN Kommt ein
bricht ab, kurze Pause.
Kommt

DIE FRAU Und gesungen.

DER MANN Was?

DIE FRAU Du hast früher … bei der Arbeit gesungen und … das machst du nicht mehr.

DER MANN Doch, ich

DIE FRAU Sing.

DER MANN Was? Nein.

DIE FRAU Sing.

DER MANN Jetzt?

DIE FRAU Ja.

DER MANN summt leise etwas, bricht ab.

DER MANN Ich

DIE FRAU Komm, wir singen zusammen.

DER MANN Lass mich.

DIE FRAU Doch, komm, wir üben jetzt, komm.

DER MANN Lass mich, können wir nicht was … essen oder so?

DIE FRAU *fängt an zu singen*
I want to live
Wartet ab, dass er die zweite Zeile singt, da er es nicht tut, singt sie weiter.
I want to give
Wartet auf ihn.
Na, komm.

DER MANN I´ve been a miner for a heart of gold

DIE FRAU Du hast bei mehreren Ausflügen gefehlt, wo warst du da?

DER MANN Ich war da.

DIE FRAU Nein, du hast gefehlt.

DER MANN Wieso glaubst du das?

DIE FRAU ICH WEISS ES, sie haben mich angerufen, sie haben … ich weiß es.
Sie überfliegt mehrere Zettel.
Ich weiß alles, um Gottes Willen, weißt du, was du da tust … ich muss dann doch auch hier raus, wenn du … du schaffst es nicht mehr, du kommst nicht mehr in die nächste Runde … sie werden … sie haben deine gesamten Unterlagen hervorgekramt, sind das alles noch mal durchgegangen, deine Eignungstests, sie glauben, du hast vielleicht falsche Angaben gemacht, du hattest ein sehr stabiles Ergebnis, absolutes Topergebnis und jetzt, wenn das so weitergeht, werden sie

DER MANN Ich geb mein Bestes.

DIE FRAU Das bist nicht mehr du, ich kenne dich nicht mehr, das ist nicht mein Mann, du bist ein anderer Mann, du bist nicht der Mann, den ich … vielleicht wäre es besser, wenn du

DER MANN Nein.

DIE FRAU Oder ich, wenn wir, wenn wir beide nicht mehr, aber

DER MANN Nein.

DIE FRAU Was soll das jetzt noch hier?

DER MANN Nein.

DIE FRAU Schlaf.

DER MANN Das versuche ich ja

DIE FRAU Schlaf, erhol dich, finde das, was du, was … finde das, dieses diese was weiß ich Kraft finde die, los … mach. Lieg nicht wach, schlaf.

DER MANN Das versuche ich ja, ich

DIE FRAU Was redest du da im Schlaf?

DER MANN Ich, nichts.

DIE FRAU Ich höre dir zu.
kurze Pause.
Ich schreibe das mit.

Kurze Pause.

DER MANN Was machst du?

DIE FRAU Ich schreibe das mit, ich … ich … notiere mir das, ich … habe Stefan gefragt, ob

DER MANN *wie ein Fremdwort*
„Stefan"?

DIE FRAU Deinen Freund, ihr kennt euch schon so lange, ich dachte, vielleicht könnte er

DER MANN Den kenne ich seit einem halben Jahr.

DIE FRAU Aber ihr seid immer zusammen.

DER MANN Wir sitzen uns gegenüber im Büro.

DIE FRAU Ja, aber ihr

DER MANN Wir gehen manchmal zusammen zum … Sport, aber

DIE FRAU Ich dachte, vielleicht kann er dir helfen, aber

DER MANN Was machst du?

DIE FRAU Ich mache mir Sorgen um dich, ich will nicht, dass man denkt, ich würde mich nicht um dich kümmern, weißt du, ich möchte nicht, dass man sagt, ich hätte mich nicht rechtzeitig … sie haben mich darum gebeten.

DER MANN Wer bist du?

DIE FRAU Sie mögen dich doch, wir alle mögen dich doch, wir wollen dich nicht … verlieren.
kurze Pause.
Du wirkst unruhig.

DER MANN Ist hier noch jemand im Raum, irgendwo?

DIE FRAU Du wirkst unruhig.

DER MANN Ist hier jemand?

DIE FRAU Du wirkst unruhig, jetzt … wie du mich … ja jetzt … wie du mich jetzt anschaust.

DER MANN Wie denn?

DIE FRAU So müde.

DER MANN Ich?

DIE FRAU So erschöpft.

DER MANN Aha.

DIE FRAU Hat es etwas mit mir zu tun?
DER MANN antwortet nicht.
Stört dich etwas?

DER MANN Nein.

DIE FRAU An mir?

DER MANN Nein.

DIE FRAU Ich gefalle dir?

DER MANN Was? Ja.

DIE FRAU Sag es.

DER MANN Du gefällst mir.

DIE FRAU Klingt nicht überzeugend.

DER MANN Was?

DIE FRAU Klingt nicht sehr überzeugend, wie du das sagst, sag es noch mal.

DER MANN Jetzt?

DIE FRAU Ja.

DER MANN Ist hier jemand mit uns irgendwo?

DIE FRAU Sag es.

DER MANN Was soll denn das?

DIE FRAU Sag es.

DER MANN Kann nicht.

DIE FRAU Was?

DER MANN Kann nicht auf Befehl.

DIE FRAU Sag es.

DER MANN NEIN.

DIE FRAU SAG ES VERDAMMT NOCH MAL SAG ES.

DER MANN Du gefällst mir.
Pause, sie lacht, Wellenrauschen.
Wie gefällt dir der neue Kamin?

DIE FRAU Schön.

DER MANN Ist doch schön, oder?

DIE FRAU Ja.

DER MANN Bringt Ruhe rein.

DIE FRAU Steigert den Wert des Objekts.

DER MANN Solltest du vielleicht öfter mal draufgucken.

DIE FRAU Kann man dann später einmal besser verkaufen.

DER MANN Solltest du dich vielleicht einfach öfter mal davor setzen und sehr lange draufgucken, auf die Flammen, wie das Feuer langsam ansteigt und wieder verlischt ... sehr lange ... sehr, sehr lange ... vielleicht klärt sich dann alles ganz von allein.
Pause.
Lasst mich in Ruhe alle.

DIE FRAU Das würde ich jetzt an deiner Stelle

DER MANN Halt deinen dummen, halt einfach deine blöde

DIE FRAU Das würde ich jetzt, nein, das

DER MANN Ich mache, was ich kann.

DIE FRAU Wenn das alles ist, was du kannst, dann tut es mir

DER MANN Ich mach alles, was ich kann.

Kurze Pause.

DIE FRAU Er hat schon wieder geschrien.

DER MANN Ich weiß, ich bin ja nicht taub.

DIE FRAU Ist er das eigentlich selbst oder?

DER MANN War die Polizei wieder hier?

DIE FRAU Nein, sein Coach.

DER MANN Welcher?

DIE FRAU Der Koordinationscoach.

DER MANN Schläft er?

DIE FRAU Eine Stunde, dann wacht er wieder auf, gestern Nacht war irgendein Geräusch, Schritte, dann hat er zwei Stunden lang geduscht, währenddessen dieses widerlich laute Geschrei und Geheule, und dann kam wieder dieses Violinkonzert durch die Straßenbeleuchtung so laut, dass ... Wellen, unentwegt Wellenrauschen ... am nächsten Tag liegt ein verbrannter Hund vor unserer Einfahrt, und der Junge liegt mit Turnschuhen und Jacke im Bett, völlig außer Atem ... als ich die Tür aufmache, schreit er mich an LASST MICH IN RUHE LASST MICH ENDLICH IN RUHE.

kurze Pause.
Zwei Stunden später gehe ich trotzdem rein, er liegt wach, atmet ganz schwer, ich gehe rein, er nimmt mich gar nicht wahr, ich setze mich an die Bettkante, er keucht und keucht, sein Laptop fest in seinen Armen, wie ein Stofftier, ich will ihn ganz vorsichtig berühren, ihn beruhigen, plötzlich krampft er sich zusammen und zuckt ... zuckt und zuckt und ... dann reißt er die Augen auf und schreit RAUS HIER ALLE SOFORT.
DER MANN ist eingeschlafen.
Hallo.
DER MANN reagiert nicht.
Liebling.
DER MANN reagiert nicht.
Als spräche sie mit irgendeiner unbestimmten Person im Raum
Ihr könnt ihn jetzt abführen.

DER MANN *öffnet sofort die Augen*
Was?

DIE FRAU *lacht*
Siehst du, ich weiß noch, wie ich deine Aufmerksamkeit bekomme.
lacht.
Wenn wir nicht irgendwas tun, verlieren wir ihn.

DER MANN Er ist sechzehn, da ... da sind Jungen

DIE FRAU Er ist dreizehn. Er hat einen Plan, er hat irgendeinen Plan, aber ich komme nicht dahinter, ich komme nicht dahinter.

DER MANN Vielleicht hast du das

DIE FRAU Gestern habe ich mich versteckt. Unter seinem Bett und er hat

DER MANN Du hast was?

DIE FRAU Ich war unter seinem Bett, gestern Nacht, und er hat
kurze Pause.
er ist seltsam, unser Junge ist, ich weiß nicht, irgendwie ... er hat meine Hand berührt, und dann hat er gesagt, keine Angst, Mama, ich schaff den weg.

DER MANN Du lagst unter seinem Bett, und er hat dabei deine Hand berührt?

DIE FRAU Er meinte dich.

DER MANN Wie willst du das

DIE FRAU Ich spüre das, er hat irgendwas vor. Mit DIR. Ein Foto von dir lag unter seinem Bett. Aber das warst nicht du auf dem Foto, das war nur etwas, das so aussah wie du, irgendetwas, das mich an dich erinnerte, aber … er hat gezittert, als er das
Sie bricht ab.

Kurze Pause.

DER MANN Vielleicht hast du das alles nur geträumt.

DIE FRAU Was meinst du „das alles"?

DER MANN Das alles

DIE FRAU „Das alles"?

DER MANN Ich meine, vielleicht…

DIE FRAU In meinem Traum lief unentwegt Wasser, stundenlang, kochendheiß, und unter der Dusche stand unser Sohn und schrie, schrie und schrie, während im Garten unser Hund langsam im Schnee verblutete.

DER MANN Wir haben keinen Hund.

DIE FRAU Heute Morgen lag eine verbrannte Hundeleiche vor der Einfahrt, und vor unserem Schlafzimmerfenster lagen die Eingeweide und der abgetrennte Kopf, und unser Bad stand unter Wasser.

DER MANN Ich habe nichts gesehen.

DIE FRAU Vorgestern hat er mich angestarrt, eine Stunde lang und dann hat er gesagt: „Weiß, wer du bist."

DER MANN Er ist halt in einem schwierigen

DIE FRAU Er spricht nicht in ganzen Sätzen, er

DER MANN Natürlich.

DIE FRAU Nein, tut er nicht, tut er nicht.

DER MANN Natürlich, er geht doch zur Schule.

DIE FRAU *lacht*
Ja, genau, die Lehrer holen sie jetzt teilweise von drüben, weil ihnen das Geld ausgeht, weil UNSERE MÄNNER nicht mehr genug Geld nach Hause bringen, weil ihre Abschlüsse schlechter werden, weil sie lieber aus dem Fenster gucken oder einschlafen, als … deshalb kann mein Sohn nicht richtig sprechen, der redet nur … wirres Zeug, der … ich versteh kein Wort, ich

DER MANN Dann musst du halt genau zuhören.

DIE FRAU Da ist aber nichts zu hören. Meistens sagt er gar nichts.

DER MANN Was sagt denn der Koordinationscoach?

DIE FRAU Wir sollen abwarten.

DER MANN Aha.

DIE FRAU Der Mann kommt hier fünfmal die Woche vorbei, kassiert eine Unmenge an Geld pro Monat und sagt: „Wir sollen abwarten", das ist alles, was er sagt, ICH WILL ABER NICHT ABWARTEN ICH HAB GENUG GEWARTET, was ist mit unserem Jungen los? Was ist mit dem los? Ich komme nicht dahinter, er schreibt auch nichts auf, nichts, keine Tagebücher, nichts, nicht mal irgendeine Randnotiz in seinen Schulheften, sein E-Mailverkehr, alles vollkommen durchschnittlich, sein Internetverlauf, welche Seiten er aufruft, mit wem er chattet, bei wem er Sachen bestellt oder welche Filme er sich ausleiht, der Coach sagt, alles sei völlig normal, das kann doch nicht sein, das kann nicht, der Junge ist doch nicht normal, das spüre ich doch, der verhält sich doch unregelmäßig, da ist doch was, da ist was nicht in Ordnung, irgendwas stimmt doch nicht mit dem.

DER MANN ist wieder eingeschlafen.

DIE FRAU beobachtet ihren MANN, wie er schläft, sie schaut sich um, läuft im Raum umher, dann geht sie ganz dicht an ihren MANN heran, schaut sich an, wie er schläft.

Sie haben das Gefühl, du seiest vielleicht „krank", müsstest dich mal erholen, solltest dich mal eine Weile zurückziehen, um dir Gedanken zu machen, über dich selbst, das Leben, alles … wie du den Rest, das haben sie gesagt, wie du „den Rest der Zeit gerne verbringen würdest", denn so scheint es ja nicht mehr zu gehen.

Pause.

Was MACHST du? Was? Weißt du, wie lange wir gebraucht haben, um hierher zu kommen. Dieses Haus hier zu bekommen, deine Arbeit, das Grundstück hier in dieser Siedlung, wo jeder hin will und wo es so gut wie keine Plätze gibt, endlich eine Schule für den Jungen, endlich nachts durchschlafen, Ruhe, Bäume, Alleen, kurze Wege, nicht stundenlang morgens durch die Stadt, die Bahn verpassen, wenn sie überhaupt fährt, mit dem Auto stundenlang irgendwo stecken bleiben, nie dort ankommen, wo man hinwollte, immer unter Zeitdruck, immer frustriert, es ist so ruhig hier, wir haben einen eigenen Flughafen hier, wir werden abgeholt morgens, dort hingebracht, wo wir hinmüssen, hier sind Menschen, die die gleichen

Interessen haben wie wir, Menschen, die auf uns aufpassen, die sich darüber freuen, dass sie hier mit uns wohnen, die Gartenfeste für uns organisieren, Federball mit uns spielen. Wenn wir Hochzeitstag haben, feiert die gesamte Community ein Fest, die Kinder gehen morgens zur Schule und kommen auch dort an, abends laufen sie nach Hause und kommen auch dort an, wo gibt es das sonst? Und wenn wir lange arbeiten müssen oder wegfahren übers Wochenende, gibt es hier Orte, wo wir sie abgeben können, und da bleiben sie dann auch, bis wir sie wieder abholen. Keine Überfälle, keine verwirrten alten Menschen, die unentwegt nach dem Weg fragen, weil sie die Orientierung verloren haben, aus den Heimen abgehauen sind oder gar kein Zuhause mehr haben, sich vor fahrende Autos werfen, hier wirft sich niemand vor Verzweiflung aus dem Fenster, hier schreit niemand seine Frau an, schlägt seine Kinder, bindet seine Kinder Weihnachten an der Heizung fest und lässt sie alleine zurück, bis sie verhungert sind, der See, der Sonnenuntergang hier, die Stille

DER MANN Welche Stille? Du hast doch selbst gesagt, dass du

DIE FRAU Es gibt stapelweise Bewerbungen und bergeweise kompetente Menschen, es gab noch nie so viel kompetente Menschen auf der Welt wie heute, und die wollen alle hierher.

DER MANN Wir kennen hier kaum jemanden. Wir stehen morgens auf, wenn es noch dunkel ist, gehen zur Arbeit. Wenn wir zurückkommen, scheint die Sonne längst schon nicht mehr. Wir haben einen Garten, einen Park, einen kleinen See nebenan, ja, es ist schön hier, schön ruhig, BIS AUF DIE SCHÜSSE NACHTS … Wir haben keine Freunde hier. Klar, wir gehen zu diesen ganzen Treffen und Barbecues und Yard Sales und Poloabenden und Gartenfesten und Hochzeitsfeiern, und ich weiß nicht allen möglichen Versammlungen und Fortbildungsseminaren und Theatervorstellungen und Schönheitswettbewerben und Wellnessveranstaltungen und was weiß ich Erziehungsberatungen und Coachingseminaren, machen Yoga zum Ausgleich oder Pilates, haben sogar einen Literaturzirkel, wo wir zusammen mit den anderen kleine Kurzgeschichten schreiben,
lacht.
aber … wir kennen da niemanden, wir reden kaum mit denen, nicht wirklich, wir quatschen alle dasselbe dumme Zeugs, und niemand kommt sich näher, keiner interessiert sich überhaupt dafür, keiner interessiert sich für irgendwas, auch wenn sie alle dabei singen und

lachen und Witze erzählen und WAS WEISS ICH lustige Anekdoten von den Shows nachspielen, keiner interessiert sich doch ernsthaft für diese albernen Malkurse und Literaturzirkel und Gottesdienste ... oder wir bekommen ein Surfwochenende als Bonus, aber da fahren wir nicht hin, weil wir arbeiten müssen oder Communitydienste haben, zu diesen ganzen Treffen hier hinmüssen, zu diesen Sitzungen im Rathaus, wo sowieso nichts von Belang besprochen wird, oder weil wir viel zu genervt sind, um die ganzen Sicherheitskontrollen zu passieren, oder weil wir überhaupt gar nicht surfen können, weil uns das überhaupt keinen Spaß macht, der ganze Ozean ist schon abgesurft mit irgendwelchen verdammten Teammitgliedern, die da alle ihre Bonuspunkte absurfen, um kein Aufsehen zu erregen, oder von irgendwelchen Heißluftbooten aus KiteWasserskiing machen

DIE FRAU Du spinnst.
Sie trinkt.

DER MANN Und jeden Samstag gehen wir zu den Shows und gucken irgendwelchen Leuten, die sie mit Bussen hier aus der Peripherie ankarren, dabei zu, wie sie sich gegenseitig fertig machen, die schauen wir uns am Wochenende an und lachen uns schlapp, dabei haben wir doch Angst vor denen, haben Angst, hoffen, dass die ja nicht hier bleiben, dass sich einer unterm Bus versteckt und vor der Abfahrt nachts sich hier irgendwo bei uns einnistet und über uns alle herfällt, keiner unserer alten Freunde hat es hier in die Community geschafft, die sitzen alle noch draußen vor dem Tor und kommen nicht rein oder wollen nicht rein, denkst du denn nie an die zurück? Nie? Oder wir stehen stundenlang auf dem Marktplatz und winken irgendwelchen Stofftierparaden hinterher, wie heißen denn unsere Nachbarn? Wie heißen die? Sag mal, sag mal, WIE HEISSEN DIE? Hier in unserer CELEBRATION COMMUNITY, was feiern wir hier eigentlich, das ist mir nicht mehr ganz klar?

DIE FRAU Die stehen alle da Schlange morgens schon halb fünf und rütteln an den Toren, die wollen rein, die wollen alle rein, und die sind weder besser noch schlechter als du, aber die haben die richtige EINSTELLUNG, verstehst du, die lachen. Und die singen auch. Die haben Spaß an sich, dem Leben und ihrer Umwelt, die LIEBEN ihre Familie UND ihre Arbeit, die gehen gut gelaunt morgens aus dem Haus und kommen gut gelaunt abends zurück, dann gehen sie zum Sport mit ihren Freunden, und nachts schlafen sie gut gelaunt mit ihren Frauen. Männer, die gerne ficken, verstehst du, die warten da draußen und wollen deinen Job, und ehrlich gesagt, ich habe nichts dagegen, wenn die hier

DER MANN Sei still! Der Junge kann uns hören.

DIE FRAU Der soll ruhig alles

DER MANN Nachher erzählt er wieder in der Schule, wie ordinär und dumm seine Mutter ist.

DIE FRAU Still,
kurze Pause.
vielleicht hört er uns zu.

Kurze Pause.

DER MANN Beim letzten Elternabend haben uns alle so seltsam angeguckt, als wüssten sie genau, was wir beide so miteinander besprechen abends.

DIE FRAU Er ist so seltsam, er macht mir Angst.

DER MANN Still, war das? Nein, ich glaube ... ist er denn überhaupt zu Hause?

DIE FRAU Ich weiß es nicht.
Pause.
spricht leiser.
Das ist kein Gefängnis hier und deshalb, das sagen sie, wäre es wohl besser, wäre es, den Vertrag mal eine Weile auszusetzen.

DER MANN Das haben sie gesagt?

DIE FRAU Ja „den Vertrag mal eine Weile auszusetzen". Ich hoffe, du weißt, was das heißt ... niemand wird entlassen,
kurze Pause.
man bekommt nur sehr viel Zeit, sich umzuschulen.
Sie lacht.
Sehr viel Zeit, sich auf eine neue Karriere vorzubereiten, als was auch immer. Vielleicht kannst du ja das Tor bewachen ab nächsten Freitag oder die Leichen von den Elektrozäunen kratzen von den ganzen Verwirrten, die versuchen, hier rüberzukommen.
Sie holt sich etwas zu trinken, öffnet eine Flasche Wein, trinkt.

DER MANN Ich

DIE FRAU Was ist los mit dir, ich hab so eine Angst, ich ... ich kenne dich nicht mehr, was machst du da, weißt du, was du da tust?

DER MANN Bitte, ich, es ist einfach nur, dass

DIE FRAU Du spielst mit unserem Leben, unserer Zukunft
Pause.
Wenn sie den Vertrag für eine Weile aussetzen, müssen wir das Haus räumen, wir müssen die Siedlung verlassen, den See, den Garten, letzte Woche musste jemand gehen, innerhalb von 72 Stunden saß da jemand Neues, und da redet überhaupt keiner drüber, verstehst du, die sind weg, einfach weg, wir müssen die Gemeinschaft verlassen, die Firma, in eine andere Stadt gehen, wieder Bewerbungsgespräche, Eignungstests, tagelang, Fragebögen, passen wir zu den anderen Bewohnern, wo kommen wir her, was ist unsere Vorgeschichte, sind wir teamfähig, wie gehen wir mit Stresssituationen um, dann befragen sie den Jungen und unterziehen ihn irgendwelchen Verhaltenstests und vor allem ... WEISST DU WIE ALT WIR SIND? Uns nimmt keiner mehr mit Mitte vierzig, als was denn?
Sie lacht.
Dieser verdammte Container hier,
Sie meint ihren Körper.
den will doch keiner mehr.
Sie lacht.
Kannst Müllfahrer werden oder Graffitis von den Wänden schrubben oder den Bahnhof bewachen oder ich weiß nicht ... dich in den Schnee legen und hoffen, dass dich irgendjemand vor der Klinik abwirft, wir verlieren alles

DER MANN *Pause, er überlegt kurz, dann*
Was? Was verlieren wir? Was?

DIE FRAU ALLES.

DER MANN Was?
kurze Pause.
Was „alles“? Was genau ist das: „alles“?

Kurze Pause.

DIE FRAU Sein E-Mailausgang ist völlig normal, und trotzdem sitzt er nächtelang am Computer, und am nächsten Morgen fallen die Überwachungskameras aus, senden Bilder von irgendwelchen Menschen, die hier, aber das, nein, zeigen irgendein seltsames Zeug an von drüben ... wie kommt er an die Bilder?
kurze Pause.
Der tote Hund liegt immer noch im Schnee.

DER MANN Was?

DIE FRAU Die hatten uns doch versprochen, dass es hier nicht mehr schneit.

DER MANN Hast du Bescheid gesagt?

DIE FRAU Diese tote Katze hängt immer noch im Baum. Er liegt da in seinem Zimmer mit seinem Kopfhörer auf den Ohren, ganz ruhig, und hat die Augen geschlossen, und heute Nacht, wenn wir schlafen wollen, dann spukt er hier wieder durchs Haus.

DER MANN Hast du Bescheid gesagt, dass sie den Hund abholen?

DIE FRAU Und wie der läuft ... was der anhat ... und immer allein, immer allein, aber der Coach sagt, alles ist in Ordnung. Können wir ihn nicht zu irgendeinem Training anmelden?

DER MANN Was denn für n Training?

DIE FRAU Ich weiß nicht, da muss es doch irgendwas geben, irgendein Training, das sein Selbstbewusstsein steigert, ihn von Stress befreit, oder ... weißt du manchmal träume ich von weißen Flächen. Weiße Menschen, die sich ganz langsam auf weißen Flächen bewegen und in ganz einfachen Sätzen miteinander sprechen, die Sachen sagen wie:
– Ich liebe dich
– Ich weiß
– Mir gefällt alles an dir
– Mir auch an dir
– Der schönste Moment ist für mich, neben dir aufzuwachen und zu wissen, du bist da, hier, immer
– Das geht mir genauso
– Ich liebe dich
– Ich liebe dich auch
Und langsam wandern diese Menschen über diese weiße Fläche, und Schnee fällt, und ihnen wird immer wärmer ums Herz, je kälter es draußen wird, und sie halten sich fest an den Händen

DER MANN Und plötzlich bricht das Eis, und alle rutschen dreitausend Meter in die Tiefe und ersaufen ... jahrelang hört man ihre Schreie, während die Sonne langsam ihr Hirn wegfrisst.

DIE FRAU Genau wie du.

DER MANN Ja, genau wie ich.
kurze Pause.
Wie wars denn im Community Center bei der Laienspielgruppe?

DIE FRAU Der Regisseur hat mir einen Satz gestrichen.

DER MANN Aha.

DIE FRAU Damit machen Sie uns aber keine Freude.

DER MANN Hast du gesagt zu ihm?

DIE FRAU Nein, zu meinem Mann, das hab ich zu meinem Mann gesagt.

DER MANN Aha.

DIE FRAU Ja, jetzt nicht mehr.

DER MANN Was?

DIE FRAU Alle anderen durften ihre Sätze behalten.

DER MANN Vielleicht hatte das künstlerische Gründe.

DIE FRAU Nein, das war reiner Hass, er hasst mich, wie alle in dieser Gruppe.

DER MANN Das glaube ich nicht.

DIE FRAU Alle anderen durften ihre Sätze behalten, nur ich nicht.

DER MANN Vielleicht wollte er

DIE FRAU Damit machen Sie uns aber keine Freude.

DER MANN Einfach nur

DIE FRAU Wochenlang habe ich diesen Satz geübt.

DER MANN Rhythmisch

DIE FRAU Und dann plötzlich, ohne Voranmeldung

DER MANN Dass es rhythmisch vielleicht

DIE FRAU Ist der Satz weg.

DER MANN Ein Satz mehr oder weniger

DIE FRAU Der Satz war essentiell für meine Figur.

DER MANN Ach, es gab Figuren?

DIE FRAU Ich brauchte diesen Satz.

DER MANN Etwas Historisches?

DIE FRAU Dieser eine Satz war mir alles, ohne diesen einen Satz war ich … ich wurde unsichtbar, ich war nicht mehr vorhanden DAMIT MACHEN SIE UNS ABER KEINE FREUDE ich wollte diesen Satz, ohne diesen einen Satz habe ich

DER MANN Und was hast du gesagt?

DIE FRAU Damit machen Sie uns aber keine Freude.

DER MANN Nein, ich meine

DIE FRAU Ja, was meinst du eigentlich? Du hörst doch gar nicht zu. Damit machen Sie uns aber keine Freude.

DER MANN Zu ihm, zu dem Regisseur?

DIE FRAU Ach, mit dem rede ich doch gar nicht, der lacht ja nur, wenn man was zu ihm sagt, der will gute Stimmung, das ist alles.

DER MANN Ja, aber

DIE FRAU Nichts, ich habe nichts mehr gesagt, ich habe gesagt: Wenn ich diesen einen Satz nicht sagen darf, dann werde ich von jetzt ab auch alle anderen Sätze nicht mehr sagen, ICH SAGE NICHTS MEHR, das hab ich zu ihm gesagt, er soll mich anrufen, wenn er sich es anders überlegt hat, meine Figur braucht diesen Satz, sie braucht diesen einen Satz, alle anderen braucht sie nicht, aber den, den braucht sie, verstehst du, den braucht sie, sonst bekommt sie keine Luft mehr, sonst erstickt sie, sonst friert ihr die Speiseröhre zu, und sie kotzt alles, was sie in den letzten Jahren da hineingefressen hat, in einer zähen schleimigen Eis erstarrten Masse wieder aus und verrührt es in seinem ausgebrannt leeren vor Unbegabtheit und Ahnungslosigkeit zur Fratze entstellten Gesicht wie einen Eimer Farbe, den man auf eine leere Fläche kippt und so lange verrührt, bis ein KUNSTWERK entsteht, ICH BRAUCHE DIESEN SATZ, wenn ich diesen Satz nicht bekomme, dann soll auch kein anderer Mensch mehr sprechen, dann brauchen wir keine Worte mehr, dann hat die Menschheit ausgedient EIN FÜR ALLEMAL, dann wird es keine Menschen mehr geben, zumindest keine, die ohne Prothesen und ohne eine sehr große Menge an sehr starken Schmerzmitteln einen Schritt vor den anderen setzen können, DANN BRECHEN ALLE ZUSAMMEN, wenn es überhaupt noch irgendwas gibt, für das es sich lohnt, das Haus zu verlassen, dann ist alles weg, ALLES, wenn ich diesen Satz verliere, verliert die Welt ihr Licht und GOTT WIRD SICH DAS ZURÜCKHOLEN WAS ER AN DIE UNWÜRDIGEN VERSCHWENDET HAT.

DER MANN Worum geht es denn in dem Stück?

DIE FRAU Um die Wahrheit.

DER MANN Und noch?

DIE FRAU Es geht um die Wahrheit – meiner Figur ging es immer und ausschließlich um die Wahrheit, obwohl alle anderen um mich herum das Gegenteil behaupten, aber die irren, die anderen irren, ich habe Recht, die irren, es ist ein Stück über eine Frau, die Recht hat, und über alle anderen Menschen, die Unrecht haben, RECHT VERSTEHST DU RECHT ICH HABE RECHT, darum geht es in diesem Stück.
kurze Pause.
Da liegt es ja wohl an mir zu entscheiden, welchen Satz ich brauche und welchen nicht.

DER MANN Gehst du wieder hin?

DIE FRAU Die anderen durften alle ihre Sätze behalten, einige haben sogar noch welche dazubekommen, nur ich nicht, ich habe als einzige einen Satz weniger bekommen, nur mir hat man die Zunge herausgeschnitten öffentlich vor allen Leuten und mich zum Gespött gemacht, nur ich wurde nackt und bloß ans Gefängnistor gekettet und vorgeführt an einer langen Leine, und alle haben sich zu Tode amüsiert ZU TODE VERSTEHST DU ZU TODE, dabei war mein Satz, der einzige Satz, der gehört werden muss in dem Stück, alle anderen Sätze kann man vernichten, aber DEN NICHT
plötzlich ungeahnt gefährlich und aggressiv.
DEN NICHT VERSTEHST DU DEN NICHT DER GEHÖRT MIR genau wie mein Kind, das gehört auch mir, und das lass ich mir nicht wegnehmen von nichts und von niemandem! HAST DU MICH VERSTANDEN DU … OPFER

DER MANN Was?

DIE FRAU Ich lass mir meinen Sohn nicht wegnehmen, ich zieh hier auch nicht weg, ich geb den nicht ab, der gehört mir, der wird mich beschützen, wenn sie alle hier rüber kommen, wenn sie die Mauern durchbrechen, hier herüberschwimmen, alles in Brand setzen, uns in einer Reihe aufstellen und anstarren … stundenlang … starren und starren … ihr kaputter, ungelenkter, dreckiger Blick wird auf uns liegen tagelang, stundenlang, wir werden einfach nur dastehen, alle in einer Reihe, nackt, und sie werden uns anstarren, tagelang, bis wir umfallen, kraftlos und ohne Willen, und sie werden uns einfach liegen lassen, über uns herübersteigen, während sie sich einrichten in unseren Häusern, auf den Kamin schauen, in die Flammen, und dem leisen Rauschen des Meeres lauschen an einem lauen Sommerabend, denn es wird nur noch laue Sommerabende geben, ganz still und rein, wie ein Lied aus längst verschwundenen Tagen, zart und hell, und irgendwo im aufsteigenden Feuer spielt selbstvergessen ein Kind ... diese Laientheatergruppe aus dem Community Center ist mir egal. Ob ich diesen Satz sage oder nicht, ist mir egal ... aber sie werden kommen, und ihre Blicke werden uns überfluten, und wir werden untergehen in einer Blutlache aus Fragen, die sie an uns haben, wenn sie uns in einer Reihe aufstellen und wir Rechenschaft ablegen müssen, für all das, was wir getan haben ... die werden uns so kaputt ficken mit ihren großen dreckigen Körpern, bis wir nichts mehr zu sagen haben, NICHTS, das wird so still hier werden, so still, und alles, alles, das ganze angestaute Testosteron da drüben wird uns alle wegspülen, wir sind weg, einfach weg.

DER MANN Du bist krank.

DIE FRAU Ich sehe die Wahrheit.

DER MANN Du bist völlig krank im Kopf.

DIE FRAU Ich war drüben.

DER MANN Wann?

DIE FRAU Gestern Nacht. Ich hab mir das angeschaut.

DER MANN Aha.

DIE FRAU Ich war da, seit Jahren das erste Mal, bin durch unsere alte Straße gelaufen, wo wir beide zur Schule gegangen sind, als es dort noch Schulen und Straßen gab, ich bin herumgelaufen, nachts, hab mir alles angeguckt, STRENG DICH AN ARBEITE, ich will das hier alles nicht verlieren.

DER MANN Wir waren glücklich da.

DIE FRAU Das war vor zwanzig Jahren, ARBEITE STRENG DICH AN, wenn sie den Vertrag aussetzen, dann ... das Haus hier gehört doch der Firma ... sie bestellen einfach einen Transporter, das dauert fünfzehn Minuten, nicht länger, sie haben spezielle Einheiten, maximal zwanzig Minuten, dann ist jede Spur verwischt, dann gibt es uns hier nicht mehr, und den Jungen sehen wir nie wieder.

DER MANN Wie bist du denn durchs Tor gekommen, nachts?

DIE FRAU Ich will nicht mehr dahin zurück, ich will in dieser Gegend hier bleiben, hier kommt die Polizei und erschießt einen NICHT ... wo gibt es das sonst? Wo gibt es das noch, dass du das Gefühl hast, die Polizei ist wirklich noch zu deiner Sicherheit da, sie vergewaltigen dich nicht beim Einkaufen, wo gibt es das sonst noch? Nicht mal mehr die Kamerateams fahren noch dahin, es gibt

Bilderverbot, keine Fotografen, nichts ist erlaubt, und du hast keine Chance, da mehr rauszukommen, egal, wie viel Formulare du ausfüllst, selbst, wenn du die Formulare richtig ausfüllst, kommst du nicht raus, weil es keine freien Plätze mehr im Zentrum gibt, wenn wir jetzt hier rausmüssen, wenn wir einmal hier rausmüssen, dann … dann kommen wir nie wieder zurück, das sag ich dir, nie wieder, dann sind wir draußen, für immer und bleiben da … mit den ganzen Verwirrten, Verrückten, dem ganzen Dreck, den Weggetretenen.
kurze Pause.
Manchmal hört man die Schreie nachts, die Sirenen, sieht die Brände auf der anderen Seite, im Herbst, wenn das Laub fällt, im November: Dann siehst du durch die kahlen Bäume die Stadt hinter dem Elektrozaun, wie sie langsam zerfällt. Die Leute da, verwirrt, hässlich, voller Wut und Unverständnis, irren da zwischen all den Werbetafeln herum, die Krankenhäuser geschlossen, die Schulen

DER MANN Ich liebe dich

DIE FRAU Darum geht es doch gar nicht.

DER MANN Ich kann nicht mehr

DIE FRAU Das ist doch egal. Niemand kann mehr. Reiß dich zusammen, das tun alle.

DER MANN Ich hab das Gefühl

DIE FRAU „Gefühl", „Gefühl", darum geht es doch gar nicht. Leute wie wir müssen froh sein, dass wir es bis hierhin geschafft haben, wir haben hier eigentlich nichts verloren, wir gehören hier nicht her, das merken die, das merken die … die merken, dass dir nichts mehr Freude macht, und das empfinden sie als undankbar, sie haben dir so viel gegeben, dir einen Job gegeben, dich langsam aufgebaut, und du dankst es ihnen mit dieser Indifferenz, dieser Kraftlosigkeit, dir ist alles egal.

DER MANN Komm mal her.

DIE FRAU Nein.

DER MANN Komm mal her zu mir.

DIE FRAU Nein.
Wellenrauschen.
Wir gehen diesen Weg zu Ende, gemeinsam, du und ich.

DER MANN Wohin genau gehen wir denn?

DIE FRAU Bis zum Ende, bis wir nicht mehr können, bis wir keine Kraft mehr haben.
Pause.
Hast du mich verstanden.

DER MANN Aber ich habe keine

DIE FRAU Hast du mich verstanden!

DER MANN Ja.

DER JUNGE kommt herein.

DIE FRAU Hallo.

DER JUNGE sagt nichts, schaut abfällig auf die Eltern und geht durch den Raum in sein Zimmer. DER MANN und DIE FRAU sagen nichts, sitzen da und warten, regungslos.

DER JUNGE *kommt wieder*
Du sollst das nicht

DIE FRAU Guten Abend, wie geht es dir?

DER JUNGE Tausendmal. TAUSENDMAL MANN

DIE FRAU Willst du was essen?

DER JUNGE Wie oft denn noch? WIE OFT DENN NOCH?
Er geht wieder weg.
Pause.
DER JUNGE kommt wieder.
NEIN VERDAMMT NOCH NEIN ICH DU O MANN
Er geht wieder, kommt dann wieder, will das Haus verlassen, Blick zur Mutter.
Ich warne dich
Er geht weiter.

DIE FRAU Stopp.

DER JUNGE Was willst du?

DIE FRAU Ich wollte

DER JUNGE Na was? Was willst du?

DIE FRAU Setz dich

DER JUNGE Nein

DIE FRAU *sehr leise*
Setz dich hin

DER JUNGE Nein

DIE FRAU Setz dich hin, bitte

DER JUNGE Nein, ich

DIE FRAU Setz dich hin, kurz

DER JUNGE Wenn du wieder, dann

DIE FRAU Nun setz dich doch, bitte kurz, ja

DER JUNGE *setzt sich, starrt DIE FRAU und DEN MANN an, Pause*
Ich sitze.

DIE FRAU Ich.

DER JUNGE Kann ich jetzt gehen?

DIE FRAU Gleich. Ich wollte dich
bricht ab.

Pause, DER JUNGE starrt sie weiter an, guckt ihr tief in die Augen.

DER JUNGE Alles in Ordnung?

DIE FRAU Was?

DER JUNGE Bei dir?

DIE FRAU Ich

DER JUNGE „Mama"

Pause.

DIE FRAU Ich wollte dich

DER JUNGE Ja?

DIE FRAU Hör zu, ich

DER JUNGE Was denn?

DIE FRAU Ich wollte dich

DER JUNGE Ja?

DIE FRAU Etwas

DER JUNGE Was denn?

DIE FRAU Fragen

DER JUNGE Was ist denn
kurze Pause.
los mit dir. „Mama"

DIE FRAU Gleich.
Pause.
Verrückst du nachts die Möbel?

DER JUNGE Was?

DIE FRAU Ob du
kurze Pause.
Die Möbel. Die stehen jeden Morgen
kurze Pause.
anders
kurze Pause.
da, ich meine hier. Im Raum. Die Möbel stehen jeden Morgen anders hier im Raum, und ich höre Kratzen, ein Kratzgeräusch, nachts, und du schläfst nie.

DER JUNGE Kann ich jetzt gehen?

DIE FRAU Du läufst durchs Haus. Langsam. Oder kriechst. Du kriechst nachts auf allen Vieren durchs Haus und verrückst die Möbel. Einige fehlen auch und die Farbe … die Farbe ist von den Wänden gekratzt.

DER JUNGE Kann ich jetzt gehen?

DIE FRAU Wo willst du hin?

DER JUNGE WEG!!!

DER MANN *ist aufgewacht*
Wie wars denn beim Training?

DER JUNGE Kann ich jetzt gehen, bitte.

DIE FRAU Nein.

DER MANN Sag doch mal. Wie wars beim Training?

DER JUNGE Mein Gott, es ist Training, mehr nicht, wir laufen dem Ball hinterher und versuchen Tore zu schießen, was soll damit sein, verdammt noch mal, kann ich jetzt gehen?

DIE FRAU Nein, ich will erst. Nachts … wo bist du da?

DER JUNGE Ich bin müde.

DER MANN Er ist müde.

DIE FRAU Natürlich ist er müde, er schläft ja nie.

DER JUNGE Kannst du mir Geld leihen, ich brauche

DER MANN Wieviel?

DER JUNGE Zweitausend.

DER MANN Zweitausend?

DER JUNGE Ja, ich … bitte, ich

DIE FRAU ZweiTAUSEND?

DER JUNGE Ja, ist nur, weil … gibs mir einfach.

DIE FRAU Wo bist du?

DER JUNGE Hier.

DIE FRAU Nachts, wo bist du da?

DER JUNGE Hier. In meinem Bett.

DER MANN Weißt du irgendetwas über die vermissten Jungs?

DER JUNGE Lass mich in Ruhe.

DIE FRAU Kennst du die?

DER JUNGE Keiner weiß was über die vermissten Jungs.

DIE FRAU Aber du kennst sie?

DER JUNGE Kann ich jetzt gehen?

DIE FRAU Du triffst dich manchmal mit ihnen?

DER JUNGE Was?

DER MANN Ob du

DER JUNGE KANN ICH JETZT GEHEN?

DIE FRAU Wo willst du denn hin?

DER JUNGE Raus.

DIE FRAU Ja, aber wohin

DER JUNGE RAUS ICH WILL RAUS

DIE FRAU JA ABER WOHIN?

DER JUNGE *wieder ruhig*
Raus halt, mein Gott, raus. EINFACH RAUS.

DIE FRAU Du schläfst weniger als vier Stunden pro Tag.

DER JUNGE Ich will weg hier.
Er steht auf, geht zur Tür.

DER MANN Ja, geh, geh, geh einfach, geh raus.

DIE FRAU Nein, du bleibst hier. Setz dich da hin.

kurze Pause.
Kennst du die Jungen, die am Zaun gefunden wurden? Kennst du die?
DER JUNGE schaut auf den Boden, antwortet nicht.
Kanntest du die?

DER JUNGE Woher soll ich das wissen?

DER MANN Kanntest du die?

DER JUNGE Was meint er?

DIE FRAU Kanntest du die Jungen, die sie am Zaun gefunden haben?

DER JUNGE Woher soll ich das wissen. Die hatten keine Gesichter mehr, keine Ahnung, ob ich die mal gekannt habe oder nicht.

DER MANN Aber es sind gleichzeitig ein paar Jungen verschwunden, hast du die? Ich meine, weißt du

DER JUNGE Ich weiß gar nichts.

DIE FRAU Wieso schläfst du nicht? Was machst du denn die ganze Nacht?
Er setzt sich, man sieht eine DVD in seiner Jacke, die man vorher nicht gesehen hat.
Was hast du da für einen Film?

DER JUNGE Weiß nicht. Film halt.

DIE FRAU Ach so.

DER MANN Was da drauf ist, meint deine Mutter.

DER JUNGE Weiß nicht. Kenn ihn ja noch nicht.

DIE FRAU Woher hast du den?

DER JUNGE Weiß nicht, hat mir jemand gegeben.

DIE FRAU Hat dir jemand gegeben, gut.
kurze Pause.
Wer.

DER JUNGE Was?

DER MANN Wer hat dir den Film gegeben?

DER JUNGE Typ aus meiner Klasse.

DIE FRAU Wie heißt dieser Typ, kennen wir den?

DER JUNGE Nein.

DER MANN Name.

DER JUNGE Thomas.

DIE FRAU Aha, Thomas und was macht dieser Thomas so.

DER JUNGE Geht in meine Klasse.

DER MANN Ja und sonst, was macht er, wenn er nicht in der Schule ist. Was macht er dann?

DER JUNGE Hausaufgaben oder sitzt am Computer.

Bei dem Wort „Computer" schauen sich DER MANN und DIE FRAU alarmiert an.

DER MANN Wovon handelt denn dieser Film? Worum geht's darin? Hat der irgendein Thema?

DIE FRAU Wir fragen doch nur.

DER JUNGE Ich weiß aber die Antwort nicht. Kann ich jetzt gehen?

DIE FRAU Nein, wir reden jetzt, wir unterhalten uns jetzt. Mein Gott, was ist denn daran so schwer, wir können doch mal reden, einfach so, wir sind eine Familie.

DER JUNGE Ich kenne aber diesen Mann nicht.

DIE FRAU Hör auf mit dem Blödsinn, das ist dein Vater, also

DER JUNGE Na und, ich kenne ihn trotzdem nicht.

DER MANN Lass uns einfach mal ein bisschen reden.
Pause, keiner sagt was.
Wie wars denn in der Schule?

DER JUNGE Heute ist Sonntag.

DER MANN Ach so.

Pause.

DIE FRAU Und … Paul? Siehst du den noch ab und zu?

Pause.

DER JUNGE Meinst du mich?

DIE FRAU Ja, ich meine dich, wen denn sonst?

DER JUNGE Deinen Mann.

DIE FRAU Nein, ich meine dich.

DER JUNGE Wer ist Paul?

DIE FRAU Na, Paul.

DER JUNGE Kenn keinen Paul.

DER MANN Dein Freund Paul aus dem Astronomieclub.

DER JUNGE Was denn für n Astronomieclub?

DIE FRAU Mein Gott, der Astronomieclub. Den du vor einem halben Jahr gegründet hast.

DER JUNGE Bist du dir sicher, dass du mich nicht mit irgendwem verwechselst?

DIE FRAU Nein, ich meine DICH.

DER JUNGE Irgendeinen anderen Jungen, der hier mal gelebt hat

DIE FRAU Nein.

DER JUNGE Oder aus einer anderen Ehe mit einem anderen Mann, kann das sein?

DIE FRAU Du hast einen Astronomieclub gegründet, und da war ein Junge, der hieß Paul.

Pause.

DER JUNGE Paul?

DIE FRAU Ja, Paul.

DER JUNGE Ach so. Du meinst Paul.

DIE FRAU Ja, genau Paul.

DER JUNGE Der ist verschwunden.

DIE FRAU Wie verschwunden?

DER JUNGE Weg. War plötzlich nicht mehr da.

DIE FRAU Und wie genau ist das, weil … hör zu, ich frage nur, weil

DER MANN ist eingeschlafen.

DER JUNGE Kann der mal gehen?

DIE FRAU Was?

DER JUNGE Will den hier nicht haben.

DIE FRAU Du hast heut Nacht wieder nicht geschlafen.

DER JUNGE Doch

DIE FRAU Nein

DER JUNGE Doch

DIE FRAU Du warst nicht in deinem Zimmer.

DER JUNGE Du sollst nachts nicht in mein

DIE FRAU Wo warst du?

DER JUNGE Lass mich in Ruhe.

DER MANN wacht auf.

DER MANN Lass ihn in Ruhe. Lass ihn doch einfach mal in Ruhe.

DIE FRAU Was ist das da auf der DVD?

DER JUNGE Ein Film
DER MANN ist wieder eingeschlafen.
Warum schickst du den nicht weg, wir brauchen den doch nicht.

DIE FRAU Lässt du hier die Leute rein nachts?

DER JUNGE Der schläft nur. Der macht nichts, der liegt hier nur rum. WER IST DAS ÜBERHAUPT?

DIE FRAU Antworte mir jetzt: Lässt du nachts Leute rein?

DER MANN Lass den Jungen doch

DER JUNGE Halt dich da raus.

DER MANN Ich will dir doch nur

DER JUNGE Ich will aber nicht, dass du mir

DIE FRAU RUHE! Hier sind Leute, die hier nicht hingehören.

DER JUNGE Geh.

DER MANN Was?

DER JUNGE Geh weg, bitte, geh endlich.

DIE FRAU Was weißt du davon?

DER JUNGE *steht auf*
ER SOLL GEHEN.

DER MANN Alle krank.

DIE FRAU Die Kameras funktionieren nicht mehr, die hat irgendjemand gecrackt, die Aufzeichnungen sind alle verschwunden, die Überwachungskameras senden nicht mehr, senden irgendeinen Blödsinn, Sachen, die nicht stattfinden.

DER MANN Deine Mutter wertet den ganzen Tag diese Überwachungsvideos aus und weiß nicht mehr, ob sie das alles geträumt hat oder ob

DIE FRAU RUHE! Die Kameras zeigen irgendetwas, das nicht stattfindet. Und das macht mir Angst! Die senden seltsame, sehr, sehr seltsame, hast du etwas damit zu tun?

DER JUNGE Kann ich gehen, ich muss noch

DIE FRAU NEIN! Wo ist dieser Paul? Der war doch noch hier, der hat dich doch immer besucht, wo ist der jetzt? DER WAR AUF EINER DIESER AUFNAHMEN, wieso wird der nachts von den Kameras übertragen, wenn er verschwunden ist? Wo ist der? Was machst du nachts?

DER JUNGE Ihr seid krank, alle beide.

DER MANN Du

DER JUNGE Was?

DER MANN Du bist krank, das sagen alle!

DER JUNGE Wer sagt das?

DER MANN Alle.

DER JUNGE Wer sind alle, wer?

DER MANN Alle.

DER JUNGE Ja, wer, wer sagt das?

DER MANN ALLE.

DIE FRAU Was machst du nachts an deinem Computer, was?

DER JUNGE Alle reden über euch.

DIE FRAU Die Bilder von der Überwachungskamera zeigen ... Menschen, die nirgendwo gelistet sind, und niemand weiß, ob diese Menschen überhaupt existieren oder ob

DER MANN Alle reden über DICH. Mein Sohn ist ... seltsam, verschlossen, niemand kommt an ihn heran. Der hat irgendwas vor.

DER JUNGE Der soll mich in Ruhe lassen. Sag dem, der soll weiterschlafen UND MICH ENDLICH IN RUHE LASSEN. Wenn du noch einmal in mein Zimmer kommst, nachts, und meine Sachen durchwühlst oder meine Dateien durcheinander bringst, dann BIST DU WEG, kapiert. Das geht ganz schnell.

Pause.

DIE FRAU Was ist denn hier bloß LOS? MEIN GOTT!

Pause, Wellenrauschen.

DER JUNGE Kann ich jetzt spielen gehen, Mama?

DER MANN „Spielen gehen", was willst du denn spielen?

DIE FRAU Da lag ein Kind in der Nähe des Rathauses, gestern Nacht, das hat irgendwer über den Zaun geworfen, warst du das?

DER JUNGE Hier gibt es kein Rathaus.

DIE FRAU DAS HABEN DIE KAMERAS ABER SO ANGEZEIGT.

DER JUNGE Schwachsinn.

DIE FRAU Die Autos sind alle abgebrannt, das haben die Kameras so angezeigt, aber am nächsten Morgen … standen sie alle wieder da … waren das alles neue Autos, damit wir keinen Verdacht schöpfen, oder sind die niemals abgebrannt, weil das nur Bilder waren, die DU nachts, wenn du nicht schläfst, an deinem Computer, hier nebenan

DER JUNGE Ich muss los

DIE FRAU Wohin?

DER JUNGE Zu meinen Freunden.

DER MANN Du hast keine Freunde, die sind alle verschwunden.

DIE FRAU *zum JUNGEN*
Kennst du den Code? Hat er dir den Code gegeben? Dieses Tor muss zubleiben, auch, wenn du das jetzt noch nicht kapierst, aber dieses Tor, das muss zubleiben. All diese jungen Männer dort auf der anderen Seite und du, du hier ganz allein, ein einziger, kleiner Junge im ganzen Umkreis und dort hundert, tausend, zehntausend in jedem Hochhaus, du hast keine Chance, mein Junge, wenn sie kommen, rennen sie dich einfach über den Haufen, die sehen dich gar nicht, und dafür haben wir den Code, DER ZAUN MUSS FEST GESCHLOSSEN BLEIBEN, HAST DU MICH VERSTANDEN!
Sie packt sich den JUNGEN.
HAST DU VERSTANDEN!

Kurze Pause.

DER JUNGE JA!
Sie lässt ihn los, kurze Pause.
Können wir wegziehen hier, Mama?

DIE FRAU Wo willst du denn hin?

DER JUNGE Hier gibt es nichts.

DIE FRAU Hier gibt es alles, alles, was man für ein schönes Leben braucht.

DER JUNGE Wenn ich noch einen glücklichen Rentner sehe, der einen Sonnenuntergang am Meer malt, dann schlage ich den zu Brei.

DIE FRAU Wir haben einen eigenen Flugplatz.

DER JUNGE Wir fliegen aber nicht weg.

DIE FRAU Wohin auch, wir haben doch alles hier?

DER JUNGE Wir kennen hier kaum jemanden.

DIE FRAU Wir kennen hier jeden, absolut jeden.

DER JUNGE Das meine ich nicht, ich meine

DIE FRAU Und jeder kennt uns.

DER JUNGE Aber trotzdem, hier ... ist nichts, nichts.
Er schaut auf DEN MANN, der mit geschlossenen Augen daliegt.
Und dieser Typ hier, „dein Mann".

DIE FRAU Komm mal her.

DER JUNGE Konntest du keinen anderen aussuchen als Vater für mich? Musstest du ausgerechnet den nehmen? Gabs keine besseren im Angebot? Gibt doch massenweise Männer, die ne Familie suchen, wieso ausgerechnet der? Der taugt doch nichts.

DIE FRAU Komm mal her zu mir, bitte

DER JUNGE Wer ist das?

DIE FRAU Komm!
nimmt ihn in den Arm.
Du darfst dir deine Zukunft nicht kaputt machen. Eines Tages wirst du verstehen, wofür das alles gut ist.
kurze Pause.
Das Tor bleibt verschlossen, das ist das einzig wirklich Wichtige, das ich dir mit auf deinen Weg geben kann, vergiss das nicht, nie: Das Tor muss fest geschlossen bleiben!

Kurze Pause.

DER JUNGE Kann ich kurz raus, nur kurz, bitte. Den Wellen lauschen. Wie sie brechen, der Klang, die Farbschattierungen in der Abendsonne. Das Rauschen. Das Licht am anderen Ende des Wassers. Der

Klang, wenn sie kurz davor sind zu stürzen, das ist so … wunderschön.

Pause, er geht raus, Pause.

DER MANN *wacht auf*
Ist er weg?

DIE FRAU Er weiß irgendwas.

DER MANN Er kommt nicht wieder.

DIE FRAU Vielleicht ist er es, der das Tor, aber wie kann er das, er kennt den Code nicht, die Kinder kennen doch den Code nicht, oder? Hast du ihm den Code, hast du?

DER MANN So sind sie alle verschwunden. Unerreichbar.

DIE FRAU Dir ist alles egal

DER MANN Schlaf einfach
Er schließt die Augen.

DIE FRAU Rede mit ihm.

DER MANN Er lacht mich nur aus.

DIE FRAU Versuch irgendwie

DER MANN Er verachtet mich

DIE FRAU Alles verlässt mich, alles.

DER MANN Schlaf einfach.

DIE FRAU Alles schwimmt weg. Die Flut kommt, und mit der Flut werden sie ans Ufer gespült, und alles andere treibt davon. Nichts bleibt mehr übrig, nichts.
Pause.
Du musst das wieder finden, in dir, diese sonst sind wir sonst müssen wir NEIN du musst das, diese Kraft, du musst da hingehen, und du musst, du musst das in dir suchen, such das, halt durch, der Junge braucht dich, der Junge ist ganz verwirrt, weil du, diese Kinder verlassen uns alle, die sind alle weg, ganz plötzlich, gehen raus und kommen nie … du musst, merkst du nicht, wie durcheinander der Junge ist, seit er spürt, dass wir, dass wir hier nicht mehr sicher sind, dass wir hier vielleicht, weil du, die sagen das doch den Kindern in der Schule, wenn ihre Eltern Probleme auf der Arbeit haben, wenn ihre Leistung sinkt, siehst du nicht, wie VERWIRRT der Junge ist, du musst

DER MANN *mit geschlossenen Augen*
Vielleicht weiß er alles, kennt den Code und lässt sie alle rein, einfach nur, um zu gucken, was sie dann machen, so wie andere Jungen in seinem Alter Insekten aufschneiden und zuschauen, wie die langsam krepieren, zappeln und sich vor Schmerz winden, so wird er, sobald er den Code geknackt hat, das Tor aufmachen und sie alle reinlassen, um zu sehen, wie wir langsam unter ihrer Flut begraben werden, wie sie uns langsam die Luft abschneiden, wie wir, du und ich und alle, die er kennt, uns ganz langsam in den Tod hineinzappeln.
Pause.
Erschossen.

DIE FRAU Was?

DER MANN Sie haben Paul und die anderen Jungs erschossen, habe ich gehört, sagt man, weil sie das Tor aufmachen wollten, nachts, einfach so, um zu gucken, was dann so passiert, und mit ihm wird es genauso sein … er wird das nicht mehr lange aushalten hier, und dann wird er versuchen, den Zaun zu durchbrechen und das Tor aufzureißen.

DIE FRAU Das ist deine Schuld, er spürt, dass etwas nicht in Ordnung ist mit DIR, und darauf reagiert er, er ist sehr … verletzbar.

DER MANN *weiterhin mit geschlossenen Augen*
Was denkst du über uns?

DIE FRAU Über uns?

DER MANN Ja. Über dich und mich, unser Leben? Gefällt es dir?

DIE FRAU Ja

DER MANN Sicher?

DIE FRAU Wir haben hier alles, was wir

DER MANN Nein, ich meine, dir fehlt nichts?

DIE FRAU Nein

DER MANN Du hast keine

DIE FRAU Bedürfnisse, nein

DER MANN Du willst, dass alles so

DIE FRAU Dort, wo wir stehen im Leben … für Leute wie uns … bedenke mal, wo wir herkommen, für uns kann es nicht besser werden, kann nicht, es kann nur noch schlechter werden, das liegt alles in deinen Händen

DER MANN Ich arbeite

DIE FRAU Du machst es ohne Freude

DER MANN Ich

DIE FRAU Du liebst deine Arbeit nicht, du gehst hin, aber du freust dich nicht drauf, nicht auf die Menschen dort, nicht auf deinen Tisch, deinen Computer, darauf freust du dich nicht, du liebst sie nicht, die Menschen, die du dort siehst.

DER MANN Es sind ja auch jeden Tag andere.

DIE FRAU Das ist egal, du musst sie lieben.

DER MANN Die anderen verschwinden einfach.

DIE FRAU Und du liebst sie nicht, und das … merken sie … er auch … sie merken, dass etwas anders ist, egal, ob du noch weiterhin gut bist und Einsatz zeigst, sie merken, dass mit dir … IN dir … etwas anders geworden ist und das … wollen sie nicht … bitte

DER MANN Was?

DIE FRAU Bitte

DER MANN Was denn?

DIE FRAU Bitte bitte bitte

DER MANN Was denn?

Eine Welle ist hörbar.

DIE FRAU Jetzt

DER MANN Nein

DIE FRAU Doch

DER MANN Nein

DIE FRAU Schüsse, hörst du? Jetzt ist er weg.

DER MANN Ich höre nichts

DIE FRAU Jetzt in dieser Sekunde, und … jetzt spielen sie wieder diese Wellen ein, ich…

DER MANN Das wird nur gesagt … es sind wirklich Wellen … glaub mir.

DIE FRAU *Pause, Welle wird zunehmend lauter.*

Du musst das wieder finden

DER MANN Was?

DIE FRAU In dir, du musst

DER MANN Er kommt nicht wieder.

DIE FRAU Du musst, du musst das wieder finden.

DER MANN So sind sie alle verschwunden.

DIE FRAU Sonst sind wir verloren, egal, wie viel Einsatz du zeigst, die merken das, die spüren das, und ich kann nicht weiter für dich lügen.

DER MANN Oder er schafft es, er trifft die verschwundenen Jungs und öffnet mit ihnen gemeinsam das Tor und beobachtet, wie wir langsam in den Tod stürzen, Tausende von Metern tief, und unsere Beine zappeln in der Luft, als wollten sie den Boden berühren, und wir schreien, schreien, während die Sonne langsam unser Hirn wegfrisst. Du kannst WAS nicht?

DIE FRAU Ich muss denen morgen sagen, ob du hier bleiben willst oder nicht, ob du es noch mal versuchen willst oder ob sie den Platz freigeben können für jemand anderes, einen anderen Mann, der mehr aus seinem Leben machen will als du, das soll ich ihnen morgen sagen.

DER MANN Wann?

DIE FRAU *schaut auf die Uhr*
In achtzehn Stunden.
kurze Pause.
Such das, such das in dir, dieses, diesen, such es, kraftlos, du bringst uns um, du musst das wieder finden und … finde es und behalt es, halt es fest und … wenn sie den Vertrag freigeben für einen anderen, sind wir beide tot, dann leben wir ein Leben, das keines mehr ist.

DER MANN Und dieses hier, ist dies denn eins?

DIE FRAU Ich weiß es nicht, ja, ist es, ja, das hier, das hier ist das Beste, was für Menschen wie uns zu haben ist, Menschen mit unserer Herkunft, mehr haben wir nicht zu erwarten, wir haben es geschafft, höher kommen wir nicht, setz das nicht aufs Spiel, bitte, wirf das nicht weg, schlaf, egal, wie, schlaf, schlaf dich heut Nacht sehr gut aus und geh da morgen hin mit ganz neuer Kraft, schlaf und finde das … diese Freude, finde die endlich wieder, sonst sind wir verloren. *Fade out, Ende.*

Unter Eis

Oper

Libretto nach dem gleichnamigen Theaterstück

PERSONEN

PAUL NIEMAND, ein Berater zwischen 40 und 50 Jahre alt
KARL SONNENSCHEIN, ein Berater, etwa 35 Jahre alt
AURELIUS GLASENAPP, ein Berater, etwa 28 Jahre alt

EIN KIND, 9-13 Jahre alt

CHOR DER BERATER

Die Vorhalle, eine Installation.

Der Abend beginnt für den Zuschauer bereits in der Vorhalle. Es ist die Jahrhunderthalle in Bochum. Die Architektur erinnert an eine Flughafenabflughalle. Der Raum wird zu einer Installation: Klang und Bild.

Eine Flughafenabflughalle. Die Kartenverkaufsstellen wie Flugschalter. Das Personal wie Flughafenpersonal. In der Halle sitzen und liegen etwa 20 PAUL NIEMAND Klone herum, Manager in grauen Anzügen, Aktenkoffer, Handy, Laptop, Katzen laufen in der Halle herum, hier und da liegt eine festgefrorene tote Katze herum, über den Lautsprecher die Ansagen:

PAUL NIEMAND BITTE WE ARE CALLING PASSENGER PAUL NIEMAND

PAUL NIEMAND BITTE ZU GATE SIEBZEHN

Streicher vereinzelt sitzen im Raum, spielen vereinzelt, brechen wieder ab, weil ihr Handy klingelt, weil sie sich zum Schlafen legen, weil sie den Ort wechseln müssen, weil sie zu erschöpft sind, weil sie keine Lust mehr haben, weil sie sich nicht konzentrieren können, setzen wieder an, brechen ab.

Erschöpfte Geschäftsmänner blutend auf dem Boden, tippen in ihren Laptop ein, die Katzen springen darüber, jemand sitzt unter den Wartenden und memoriert die CORE VALUES seiner Firma, eine Frau in einer Ecke hält einen Vortrag über Benimmregeln für Businessleute, wie verhalte ich mich in welchen Situationen, Smalltalk und Essmanieren, wie komme ich durch eine Tür, wie ist ein Abendessen mit dem Team hierarchisch korrekt strukturiert etc. Monitore mit Börsendaten. Inszenierte Gespräche unter den scheinbar wartenden Gästen: Jemand hält seinem Bekannten einen kurzen Vortrag über den Abbau der Kohleindustrie, das lohnt sich einfach nicht, das ewig zu subventionieren, entwirft Strategien, wie man die Kumpel umstrukturiert, in welche neuen Ressorts man investieren sollte, Gespräche über die Ineffizienz von Demokratie, Berater könnten das alles besser, schneller, einfacher, jemand erzählt von einem ganz tollen Musical, das er gesehen hat – es ist das Musical mit der Robbe, das AURELIUS GLASENAPP entworfen hat, Werbung für KÖNIG DER LÖWEN steht überall, eine König der Löwen Figur – also ein Mensch im Ganzkörperkostüm läuft herum und verteilt Flyer oder sammelt Unterschriften für die Subvention des Musicals König der Löwen, das endlich auch ins Ruhrgebiet kommen soll.

Auf einem Monitor zwischen Werbeloops folgendes Interview:

- An dieser Stelle des Filmes bekommt man plötzlich ein Gefühl dafür, was es heißen würde, wenn diese Leute nicht in so geordneten Bahnen funktionieren würden, wenn die plötzlich durchdrehen und das an so einem Hochsicherheitstrakt wie einer Flughafenhalle, dort, wo das System, für das sie arbeiten, am verwundbarsten ist: Börse und Luftverkehr. Sie zeigen die Männer ja in einem Zustand, in dem nur noch ein Funke überspringen müsste, und sie würden anfangen, alles kaputtzuschlagen, niederzubrennen, Amok zu laufen.
- Ja, diese Kraft hat mich immer interessiert: der systemimmanente Terrorist. Oder vielleicht sagen wir lieber: der Unglücksfall: Der Broker, der durchs Einkaufszentrum rennt und alles niederschießt, vielleicht am besten zu vergleichen mit einem Flugzeugabsturz, der Broker, der abstürzt und im Absturz alles in seinem Umfeld vernichtet. Die systemimmanente Katastrophe.
- Die westliche Variante des Selbstmordattentäters, der allerdings ohne Motiv handelt?
- Das wäre natürlich interessant, zu erfahren, ob diese Männer in dem Moment, in dem sie alles zusammenschießen, glauben, dass sie ein Motiv haben, dass sie eventuell in dem Moment glauben, genau zu wissen, wofür oder wogegen sie ihre Aktion richten.
- Ein Denken, das wir als krank bezeichnen würden.
- Sicherlich ein Denken, das wir als krank bezeichnen müssten, aber trotzdem ein Denken, das wir ernst nehmen müssen, wenn wir erfahren wollen, wodurch es motiviert wird, wie es ausgelöst wird.

und ein anderes Interview mit denselben Personen:

- Sie suchen Momente in unserer Gesellschaft, wo man sie nicht mehr als „zivilisiert“ definieren könnte?
- Man kann unsere Gesellschaft momentan überhaupt nicht mehr definieren, es gibt dafür NOCH keine Sprache, die muss erst in den nächsten Jahren gefunden werden. Momentan ist die Kraft, die unsere Gesellschaft revolutioniert, vollständig umstrukturiert, sehr viel stärker und erfolgreicher als die Kräfte,

die diesen Prozess beschreiben, geschweige denn kritisieren, korrigieren oder gar aufhalten könnten.

Insgesamt also eine surreale Installation: Der Zuschauer steigt schon einmal in die Welt des Stückes ein – er betritt selbst den Ort des Stückes, kann nicht mehr erkennen, ob die Menschen, die hier reden, Zuschauer oder Performer sind, wird schon einmal mit den Inhalten der Effizienzlehre konfrontiert.

Über die Lautsprecher kommen Ansagen, Musik, Texte des Stückes (eher unauffällig geflüstert).

Der Zuschauer geht dann durch einen langen Gang in die Halle – in der Halle ist ein Innenraum installiert – eine Art Zelt, ein Raum, der in die Halle hineingestellt wurde – die Berater haben sich hier selbst installiert – eine Konstruktion, die überall zu jeder Zeit aufgestellt werden könnte, Innen: clean, aseptisch. Gegen die Wände dieses Innenraumes kann von außen projiziert werden. Der Innenraum ist das Gegenteil zur Vorhalle. Die Vorhalle war Konfusion, too much information, Dekonzentration. Der Innenraum bewirkt hohe Konzentration, künstliches Licht, jeder Klang wird hörbar, keine Nebengeräusche, keinerlei Ablenkung.

IM INNENRAUM – UNTER EIS

Zu Beginn…

Die Zuschauer kommen herein, PAUL NIEMAND, KARL SONNENSCHEIN und AURELIUS GLASENAPP sind bereits im Raum – der CHOR ist nicht auf der Bühne – sondern wie die Musiker um die Zuschauer herum verteilt.

Ouvertüre – Geräusche, Musik, wir sehen PAUL NIEMAND, nähern uns ihm, die Musik bereitet den Boden für seine Kindheitserinnerungen.

Wenn wir einen großen Konferenztisch haben – dann sollten die Schauspieler/Sänger auch die typischen Bankerutensilien musikalisch/rhythmisch einsetzen – sie können auf Notebooks eintippen, Bleistifte spitzen, auf Tabellen mit dem Stift lang kritzeln, schraffieren, auf Taschenrechner etwas eintippen – Handy, Palm, Organizer … das ist alles möglich – man sollte sich unbedingt noch mal den Film GROW OR GO ansehen – alle nicht sprachlichen Laute wie ähhh, öhh ahm etc. – Sprachstörer, Stotterer könnten am Anfang wie ein leiser Hintergrund Klangchor unter den Erinnerungen von Paul Niemand liegen oder immer wieder auftauchen.

Andere Möglichkeit – dem Chor alle Requisiten zu entziehen und diese Männer nur auf ihre Existenz zurückwerfen – Geräusche mit Fingerkuppen auf dem Tisch, Kopf fällt auf Tischplatte – Hand trommelt – Husten – ähhhhh – krrrr – Stille – Fuß – Scharren etc.

PAUL NIEMAND ist mit der besonderen Gabe ausgestattet, alles sehr fein zu hören, wahrzunehmen – seine Biografie ist die eines falsch ins Leben gelotsten Künstlers – er ist in der Wirtschaft gelandet, und irgendetwas rebelliert seitdem in ihm dagegen, er fühlt sich hier falsch, aber er weiß nicht, was das Richtige sein könnte … das Künstlertum wurde nie ausgelebt – allerdings sind bei den Beratern auch „kreative" Typen gefragt, nicht der langweilige Durchschnittsmensch. Dennoch sind die Berater immer nur so „exzentrisch", wie es die Struktur, in der sie leben, zulässt. Ich kann mir vorstellen, dass Paul Niemand öfter mal in Gesprächen wegdriftet, dass er nicht mehr dem Rederauschen der Berater zuhört, sondern andere Dinge hört und diese dann intensiver wahrnimmt, er fällt immer mehr und immer häufiger in Erinnerung, geistige Absenzen … er hört seine Umgebung, er hört, wie sein Leben aus ihm herausfließt, er hört, wie die Worte der anderen zu Eis gefrieren, sein eigenes Blut gefriert, wie sie alle hier langsam unter einer Eisdecke verschwinden, dort liegen bleiben … aber er wird noch immer wieder zurückgerufen ins Leben, ins Hier und Jetzt.

1

AM ANDEREN ENDE WAR DER HIMMEL

Himmel stürzt gegen Horizont
Ich
Rannte und rannte
Schrie der Sonne entgegen
Still
Keine Antwort
Die Sonne hörte mich nicht
Ich
Rannte und rannte
Das Universum schwieg
Das Universum sah mich nicht, fühlte, hörte, spürte nicht
Es gibt mich nicht, es gibt mich nicht, ich bin ja gar nicht da!

Ein kleiner Junge
Aber ich war da, ich war da, oder?

Das Haus, meine Eltern
Maschinen
Starten Landen Landebahn
Tag und Nacht
(das Geräusch – alles vibrierte)
dunkle Wände, kein Lichteinfall
Mutter, Vater, Fertigbau
kalt, nervös, ängstlich, kaum zu erkennen
dunkel, mein Vater muss die Flugzeuge zur Landebahn lotsen,
nervös, irrt, gibt falsche Zeichen,
kein guter Lotse,
kann das nicht, er kann das nicht,
lotst die Flugzeuge auf die falsche Bahn,
Absturz, Crash, Feuer, Maschinen brennen aus, Krankenwagen,
mein Vater lächelt verlegen,
Angst,
weg, weg von hier, aber wohin?

Dies ist ein Ort, an dem niemand sein will.
Ich
Ich

Der Computer atmet leise vor sich hin
Es ist eine schnelle Einsamkeit in diesen Räumen

Ist hier jemand?

Folgende Passage könnte der CHOR eventuell mit begleiten – auf die Laute von „kalt" gehen – k k k k kalt – kommt drauf an, wie der CHOR hier ohnehin eingebunden ist – still? Oder macht er Kratzgeräusche, wie oben erwähnt.

Festgefroren unter Eis
Schnee
Kalt
Kalt kalt kalt Eis Eis Eis
Still Stillstand
Begraben, begraben unter Eis, tiefe Eisdecke, tiefe, tiefe Eisdecke
Kalt Kälte dunkel lautes krachendes Eis
Brich ein brich endlich ein

Ich rannte und rannte
Schlug auf
Sturz

Etwas in mir zerbrach

und mein Herz riss, ich hörte es reißen

Nachts
Alle schlafen
Nur ich liege wach, höre mein Herz, wie es zerreißt
Diese wirre Mutter, wirrer Vater
Ängstlich, einsam, wirr, unsicher
Irren durch ihr Leben,
unsicher, kraftlos
sehen mich nicht
hören mich nicht
haben nur einen Sohn geboren, weil man das halt so macht,
die lieben mich nicht
und deshalb werde ich immer rennen und laufen und suchen und schauen und stürzen und fallen und zerbrechen und schreien

Dieser Riss zwischen mir und den Menschen
Dieses Laufen und Hetzen in den Lounges und Kontrollräumen
Nachts im Hause meiner Eltern
Die Treppe rauf und runter
Schlaflos schon immer

HÖRT MICH DENN HIER KEINER?

Rannte und rannte

Weg?
Wohin?
Dann lebe ich dieses Leben eben ALLEIN
Dann bin ich eben OHNE EUCH auf dieser Welt

Ist da jemand? Hallo! Hallo! Hört mich hier wer?

Rufe wie unter Eis
Meine Worte frieren ein, während ich sie spreche
Die Zeit friert ein, während ich sie lebe, sie weg zu leben versuche
Alles friert fest

Ich,
Paul Niemand,
zu alt für einen Neuanfang, zu jung, um sich schon aufzugeben.
In ein paar Jahren ist das alles vorbei,
In ein paar Jahren stehe ich im Schlafanzug im Hausflur und verliere den Schlüssel, ziehe die Cordhosen über die Hüften und rede wirr, weggetreten, allein, niemand hört mir zu

ICH WILL, DASS MICH HIER JEMAND HÖRT

Meine Abschlüsse werden schlechter
Meine Gewinnkurve sinkt

Ist da jemand? Hallo?

- Mr Nobody, please come forward for immediate boarding

Nein, ich bleibe hier sitzen

- Paul Niemand, bitte, wir rufen Paul Niemand

Ich bewege mich nicht

- Mr Nobody, please proceed to Gate 17

Sollen die nur alle warten

- We are paging Paul Niemand
- paging passenger Paul Niemand

öffnete die Tür zum Zimmer meiner Eltern
ging ganz nah ran und schaute in ihre Gesichter

Nichts
Kein Gefühl
Gar nichts
Nichts

Du existierst für mich nicht, du interessierst mich nicht

Meine Mutter öffnet ihre Augen, wir schauen uns an

- Mr Nobody, please come forward now
we are waiting for you
we need you to take off

ich erkenne nichts, nicht mich, nicht jemand anderes, keine Welt, keinen Gedanken, kein Gefühl, keinen Menschen, nichts

- this is your last call

Ab hier könnten Teile gesprochen werden – sowieso die Frage an Jörn Arnecke, wie viel Text dieses Anfangsmonologes gesprochen/gesungen sein sollen.

am Flughafen gehe ich immer als Letzter ans Gate, ich mag diesen Moment, wenn alle auf mich warten müssen, ich genieße diesen Moment, wenn über alle Lautsprecher mein Name erklingt

PAUL NIEMAND
PAUL NIEMAND

und neben mir diese Männer, die langsam nervös werden, weil sie zu spät kommen werden,

PAUL NIEMAND
PAUL NIEMAND

weil sie alle Angst haben,

CALLING PAUL NIEMAND

ganz langsam bewege ich mich Richtung Gate, Gate 1, Gate 2, Gate 3, Gate 4, dreh mich noch mal um, schaue noch eine Weile in die Schaufenster, Gate 5, Gate 6, Gate 7, die warten auf mich, das weiß ich, ist viel zu aufwändig, meinen Koffer wieder auszuladen, Gate 8, Gate 9, Gate 10, jetzt kehr ich noch mal um, jetzt setz ich mich wieder hin

PAUL NIEMAND
PAUL NIEMAND BITTE ZU GATE 17

die werden alle zu spät kommen,
ich laufe nicht mehr,
wenn ich abwesend bin, bemerkt mich jeder.

2
CORE VALUES

Die CORE VALUE Texte auf alle BERATER verteilen – auch PAUL NIEMAND könnte mitmachen … sie memorieren diese Texte, sie lernen sie auswendig, sprechen sie raus wie in einer Motivationsübung, sagen sie vielleicht auch liebevoll, weil diese Werte ihnen in ihre Herzen hineingewachsen sind. Hart wie sportliche Übungen … Texte können sich auch wiederholen, das könnte immer komplexer und komplexer überlagert werden – Textverständlichkeit ist absolut zweitrangig. Außerdem müssen nur TEILE dieses Textes genommen werden, den Text bitte als Material ansehen.
PAUL NIEMAND kann das Tempo der anderen nicht mehr halten, verspricht sich, ist nicht mehr perfekt, fällt zurück, je schneller die anderen werden, aber ist bemüht, sehr bemüht, mit Widerwillen, aber es geht um sein Leben.
Die fettgedruckten Wörter können auch losgelöst vom Satz kursieren. Ich stelle mir schneller werdende Sprechcluster vor … wie eine Spirale, aus der Paul Niemand irgendwann herausfällt.

CHOR **Risiko** akzeptieren

Möglichkeiten schaffen

Kreatives Denken zur Verfügung stellen

Chancen, die der **Markt** bietet, zu **Kapital** machen

Mit einer **Vision** für die **Zukunft** die anderen inspirieren

Motivation demonstrieren, neue Aufgaben übernehmen, neue Fähigkeiten erlernen

Selbst auf die eigene **Exzellenz** in allen Dingen insistieren

Ein Beispiel sein für alle Teammitglieder

Ständig danach bestrebt sein, die Arbeitsbedingungen zu **verbessern**, die Produkte, Dienstleistungen, den eigenen **Arbeitsanspruch**

Zeit als höchstes Gut ansehen

Der Zeit anderer mit Sensibilität begegnen

Angemessenes, straffes, konstruktives **Feedback** unaufgefordert jederzeit an das **Team** weitergeben

Informationen niemals zurückhalten

Sätze so **strukturieren**, dass beim Gegenüber Begeisterung aufflammt

PAUL NIEMAND Ich lief, schlief nicht, die Stimmen in meinem Kopf, nicht stehen bleiben, nur nicht stehen bleiben,
meine Eltern auf einem zugeeisten See, der tiefgefrorene Wald
meine Schwester verschwindet in der Dunkelheit, farblos
ich rannte, schnell, immer schneller

PAUL NIEMAND *könnte gesprochen werden – kalt, rein informativ, nicht wehleidig*
Wir hatten diesen Wertekatalog,
den klebte meine Mutter zu Hause an den Kühlschrank,
und jedes Mal, wenn ich mir da was rausholen wollte, musste ich laut und deutlich diese Werte runterbeten –
die gehen nicht mehr aus meinen Kopf, die sind da drin und immer, wenn ich irgendwo auf dieser Welt in irgendeiner Wohnung in irgendeinem Hotelzimmer den Kühlschrank aufmache, denke ich:

PAUL NIEMAND UND ALLE BERATER Machen Sie den Kunden zum Helden seiner ganz persönlichen **Erfolgsstory**

Seien Sie **kreativ**, strukturieren Sie Ihre Sätze so, dass der Kunde wissen will, wie die Story weitergeht. Beratung bedeutet auch Abenteuer, bedeutet **Spannung**, bedeutet neue Chancen, bedeutet, ein neues **Lebensgefühl** für den Kunden.

Vergessen Sie nie: Der Kunde ist der Patient, Sie sind der Arzt, wenn Sie keine **Lösung** wissen, sagen Sie etwas, das nach Lösung klingt, legen Sie sich ein zwei **Standardkonzepte** zurecht, die immer greifen, bleiben Sie **spontan**.

Beratung bedeutet Heilung, bedeutet, noch mal neu anfangen können, bedeutet **wow**, bedeutet, jetzt geht's los.

Allen Anforderungen jederzeit neu und offen gegenübertreten

Sich weiterbilden

Niemals stehen bleiben

Allen Entwicklungen des Marktes aufgeschlossen und **innovativ** gegenübertreten

Den Markt als engsten Partner und Vertrauten **lieben lernen**

KARL SONNENSCHEIN Als erfolgreicher Partner/Manager schafft man es, die wichtigen Leute beim Klienten für einen zu gewinnen. Dazu braucht man eine ganz interessante Mischung aus Intelligenz, Ausstrahlung und Selbstsicherheit. Idealerweise glaubt der Klient, dass der Berater sein smarter Freund ist, der viel schlauer und schneller als er selbst die Lage im Griff hat. Dazu beeindruckt man den Klienten gelegentlich mit ein paar akrobatischen Kopfrechnungsstücken, ausgefallenen Problemlösungen und so weiter. Gleichzeitig darf der Klient den Berater nicht als arrogant empfinden. So dass man den Klienten hin und wieder mal stolz von seinem letzten Golftrip erzählen lässt, ohne jedoch dabei Zweifel entstehen zu lassen, dass man natürlich weiß, was Sache ist.

AURELIUS GLASENAPP Der Klient muss denken, ein echt schlauer Typ, kennt sich in allem aus und ist auch noch sympathisch

KARL SONNENSCHEIN *direkt zu PAUL NIEMAND*
Bauen Sie aus Ihrem Lebensweg eine eigene „Story" zusammen, die uns erklärt, warum Sie für uns der ideale Kandidat sind. Beratung ist schließlich ein Überzeugungsgeschäft, also: Bitte

PAUL NIEMAND *kann nichts sagen … weiß nicht, wie er diese Aufgabe bewältigen soll.*

3

KÖNIG DER LÖWEN

Der erste Teil des Textes wird gesprochen. PAUL NIEMAND erzählt diese Geschichte … erst, wenn die Geschichte sich surreal verdichtet, die Zeit im Moment des Fluges der Katze gefriert, dann sollte er singen, dann ändert sich auch die Musik.

PAUL NIEMAND *erzählt*
Bei OUTSOURCE UNLIMITED, der ersten Firma, bei der ich mich bewarb, gab es in der BOOTCAMP Phase – also der Trainingseinheit für die neuen Rekruten – den sogenannten „Newies" nach einer Anzahl von Interviews, Case Studies und Outdoor-activities, wo wir

mit verbundenen Augen ein tragbares Office in einer Flughafenlounge installieren mussten, ein großes Abschlussessen mit allen Mitarbeitern der Firma und den einzelnen Kohorten der „Newies", und alle sollten auf Wunsch der Firmenleitung Highlights aus dem Musical KÖNIG DER LÖWEN vorspielen, singen und tanzen.

Teilweise „angesungen"? – generell Frage an Jörn Arnecke: Was gibt es alles für Zwischenschritte zwischen Singen und Sprechen – Nicht mehr Singen, weil eigentlich das Herz nicht mehr frei ist, aufgrund von Beklemmungen – oder eine eher leise Sprech- und Singweise – es ist denkbar, dass die Sänger/Schauspieler auch Mikrophone haben, so dass sie sowohl voll aussingen können, als auch eben ganz leise sprechen, flüstern, hauchen, leise singen können ... die technische Verstärkung passt in die Welt der Berater, man kann dann mit ganz leisen Klängen arbeiten, diese verstärken etc.

Ich wollte nicht,
ich wollte das nicht,
mir war das peinlich,

gesprochen, Teile gesungen.
aber bei solchen Veranstaltungen wurden wir auf Teamgeist und Personal Effectiveness geprüft, und da wurden Sympathiepunkte vergeben –
wenn du da nicht mitmachst oder nicht richtig witzig bist, kommst du einfach nicht in die nächste Runde,
oder du bekommst als nächstes ein Projekt, das qualitativ unter dem steht, was du eigentlich erhofft hattest, als Strafe sozusagen, als Vorwarnung,
heißt, du wirst dann nach Dresden oder Dortmund geschickt, obwohl du eigentlich für London oder Tokio vorgesehen warst –
Betty aus der Buchhaltung, die eigentlich Barbara hieß, spielte eine Giraffe und ich war ein Rhinozeros, das von drei Hyänen aus dem Finance Control Team niedergerissen wurde –
Afrika war Weite und Seele,

gesungen.
in Afrika ist der Mensch noch richtig Mensch und mit der Natur aufs Innerlichste verbunden,

erzählt.

davon mussten wir ein Duett singen, während wir beide starben,
dabei kamen wir uns näher, wir liefen betrunken nach Hause, Hand in Hand, stolperten, lagen am Boden, küssten uns kurz, liefen weiter,
vor meinem Appartementkomplex klappte sie zusammen und kotzte in den Kanal,
ich hatte noch meinen Rhinozerospanzer umgebunden und stand über sie gebeugt und lachte, sie machte meine Hose auf und holte meinen Schwanz raus, dann kippte sie plötzlich nach hinten weg und schlief ein,
ich starrte sie an, starrte auf den Kanal,
kalt,
es fing an zu schneien,
Stille,

Hier ändert sich die Geschichte, wird surrealer, persönlicher, emotionaler … ab hier sollten sich Musik und Stimme/Gesang ändern.

plötzlich ging ein Fenster auf, ich hörte Schreie,
ein Mann und eine Frau in einem heftigen Streit,
plötzlich fliegt eine Katze aus dem Fenster,
der Mann hält die Katze am Schwanz gepackt und schleudert sie im hohen Bogen auf den Kanal, die Katze streckt alle Viere von sich,
Angst in ihrem Gesicht,
versucht, sich abzufangen, aber findet keinen Halt, keinen Halt im freien Fall,
es ist so kalt draußen, es schneit, es friert, alles verlangsamt sich,
die Katze schaut mich an, als suche sie Hilfe, ich schaue zurück,
ich kann dir nicht helfen, mir geht's doch genauso,
und sie fliegt panisch in Richtung der langsam zufrierenden Wasseroberfläche des Kanals, schlägt auf und friert wenige Zentimeter unter der Oberfläche mit dem Ausdruck größten Entsetzens, der panischsten Angst und Verzweiflung ein und bleibt liegen, zuckt noch ein paar Minuten oder Stunden, ich weiß es nicht, und stirbt,
ich schaue wie gebannt auf die Katze, und sie friert fest, friert fest in ihrer Todesangst,

wieder erzählt.

ich stehe da, packe meinen Schwanz wieder ein, den hatte ich völlig vergessen und gehe nach oben in mein Appartement,

schalte den Fernseher ein,
Applaus

Ich fiel in Schlaf,
Betty blieb am Kanal,
unter einer der Überwachungskameras,
die das Firmengelände,
auf dem auch die Appartementblocks untergebracht waren, weiträumig kontrollierten,
wir wurden beide am nächsten Tag gebeten, uns außerhalb der Firma nach einem Betätigungsfeld umzusehen,
unser Afrikaduett hatte nicht überzeugt, die Firmenleitung meinte, man hätte eindeutig einen ironisierenden Unterton in unserer Darbietung erkennen können, und das wäre nicht wirklich das Ziel:
Ironie ist nicht das Ziel, sorry, und wir hätten ja auch üben können, zumindest heimlich, außerdem hatten sie die Videos, wo wir besoffen am Kanal liegen und vergeblich versuchten, Sex zu haben, und dabei fast erfroren, noch in der Nacht selbst ausgewertet – Personal Effectiveness zero Prozent.

Anmerkung: Das Besondere an meinen Texten in der Art, wie später auch ein Schauspieler sie zu spielen hat, ist, dass der Schauspieler:
Zu der Figur wird, beschreibt, eine Geschichte erzählt, teilweise in die Emotionalität des Moments, in dem er das Erzählte erlebt hat, einsteigt. Dann gibt es Brüche, er schaut drauf, er zitiert plötzlich andere, er distanziert sich ironisch zu dem Schmerz, den er eigentlich zu dem Zeitpunkt mal erlebt hat, steigt dann wieder komplett ein in die erzählte Situation und ihre Emotionen, wobei hier alle Emotionen eher unter Eis liegen, eingefroren sind, nicht ausbrechen, kalt bleiben –
Interessant wäre nun, wie weit kann man diese vielen unterschiedlichen Schauspielarten, die das erfordert, und die aber dann in einen Fluss kommen müssen, übertragen ins Musiktheater – d.h. auch singen, sprechen, erzählen, flüstern, sehr emotional, kalt, sich selbst beobachtend, mal voll einsteigend – wie ist das Verhältnis zu Sprechen und Singen?
Daraus ergibt sich für mich jetzt folgende Frage:
Wenn PAUL NIEMAND diesen Text spricht, dann finde ich es interessant, dass die Sätze etwas kompliziert gebaut sind, dass es völlig unlyrisch und unsingbar ist, wie z. B. hier:

> *Betty blieb am Kanal,*
> *unter einer der Überwachungskameras,*
> *die das Firmengelände,*

auf dem auch die Appartementblocks untergebracht waren, weiträumig kontrollierten,
wir wurden beide am nächsten Tag gebeten, uns außerhalb der Firma nach einem Betätigungsfeld umzusehen,

Ich finde es also eher interessant, dass einige Textstellen sich komplett gegen eine Vertonung zu sperren scheinen – denn ich denke, man müsste in Anbetracht des Themas eine sehr eigene Musiksprache entwickeln – denn diese Figuren sind ja alle eher unmusikalisch (außer PAUL NIEMAND), nicht wirklich eins mit sich – also alles das, was man sein muss, um singen zu können, haben sie nicht – und das, was sie tun, arbeiten, leben kommt aus der gegenteiligen Energie, aus der Kunst und Musik heraus gemacht werden (oder einer fehlgeleiteten – der Vater, der die Flugzeuge immer auf die falsche Bahn lenkt) … außerdem ist dies eine sehr unfassbare, abstrakte bilderarme Welt – nur wenn PAUL NIEMAND ins Erzählen kommt, wird es lyrisch, wird es bilderstark, wird es existentiell. Das heißt, ich denke, man sollte offensiv damit umgehen, dass einige Texte sperrig sind, nicht lyrisch, das kann auch Witz haben.

4
BERATERGESPRÄCH 1 – KLARER REJECT

Die Musik könnte zwei Ebenen verfolgen: auf der einen Seite KARL SONNENSCHEIN und AURELIUS GLASENAPP – die wahrscheinlich meist sprechen, aber ab und an „Aussetzer" ins Singen haben, also immer wieder vom Sprechen ins Singen gleiten – und die Musik kann NIEMANDS Gedanken und Gefühle zum Thema haben – PAUL NIEMAND sagt hier kein Wort, hört nur zu, erträgt das Feedbackgespräch, lässt es über sich ergehen … wie nimmt er das wahr? Was macht die Musik? „Begleitet" sie eher die Berater oder macht sie sie kaputt, „wehrt" sie sich gegen sie – gibt es einen musikalischen Strang durch das Stück, der PAUL NIEMAND begleitet und immer dann auftritt, wenn er nicht spricht? Oder auch wenn er spricht?

KARL SONNENSCHEIN Ähm auf der analytischen Dimension hast du mir eine zu geringe Struktur aufgesetzt. Im Gegensatz zum Lebenslauf fehlte in dem Fall die gewisse Struktur, und dadurch bist du auch ins Schwimmen geraten.

Du hast dich ein-, zweimal verrechnet, hast ein paar – Einschätzungen zu Stundenlöhnen, Mitarbeiterzahlen – Schwierigkeiten gehabt. Hast an einer Stelle, wo es kreativ darum ging, wie kann ich Mitarbeitermotivation in Bottom-line-Effekt umrechnen, keinen wirklich kreativen Ansatz gefunden. In der Summe ist das Analytische unterm Strich. Im Gegensatz dadurch fand ich dich in Punkto Personal Effectiveness sehr gut. Du kommst sehr mature rüber. Du redest sehr klar, sehr offen.
Man hat auch nicht das Gefühl, dass du etwas vor einem verbirgst. Du kommst geradeaus, nett klar rüber. Den einzigen Punkt ... den ich da so hab, ich hab den Biss vermisst, den Angriff, dass du so richtig durchgehst durch das Thema. Das wäre auch letztlich die Dimension, die ich da hab auf dem Personality Fit, du bist mir ein bisschen zu solide, aber nicht im Angriffsmode so richtig bissig. Die Frage, inwieweit du den Entrepreneurial Spirit verkörperst, kann ich nicht so richtig beantworten. Dass du es zwar sagst, ich seh es aber noch nicht in deinen Aktionen und in deinem Lebenslauf.
In Summe habe ich dich mit 40 Prozent beurteilt und dich unterhalb der Schwelle gesehen.

AURELIUS GLASENAPP Ich hab primär ne Case Study gemacht in den Interviews über Industriekonsolidierung. Du bist da auf der analytischen Seite recht gut durchgegangen. Für jemand, der BWL studiert, normal durchgegangen. Auf der strukturellen Seite hatte ich das Gefühl, dass du nicht immer die Fragestellung vollständig durchdrungen hattest.
Was mir fehlte, war die letzte Curiosity, die Neugier. Was treibt hier, was treibt hier den Erfolg, woran liegt es, dass einige Unternehmen erfolgreicher sind als andere. Da hätte ich mehr erwartet von jemandem, der eigentlich tief gehen muss, da hast du nicht Biss gezeigt.
Auf der Kommunikationsseite gebe ich dir vollkommen Recht, er ist sehr eloquent, spricht auch sehr sicher Englisch. Allerdings vermittelt er nicht den Eindruck, als wolle er mit Nachhalt auf den Grund des Problems kommen.
Beim Thema Pressure Handling – wenn man dich unter Druck setzt – würde ich sagen, da kommst du ganz gut mit klar, aber du ignorierst ihn auch. Man kann dich nicht wirklich stacheln.
Insgesamt von der Persönlichkeit her ähm konnte ich nicht ausmachen, ob du eine wirkliche unternehmerische Denke hast. Das liegt daran, dass du nicht mit dem letzten Biss vorgehst und eine gewisse Risikoaversness in den Gesprächen hast. Wenn jemand wirklich in den Genen hat, dass er Unternehmer ist, würde er da

wahrscheinlich noch stärker vorwärts gehen, um das Thema zu durchdringen.
Von daher ein guter Eindruck, reicht für mich aber nicht. Ich hab ihm 45 Prozent gegeben und würde daher sagen, dass wir ihn rejecten sollten.

KARL SONNENSCHEIN Du musst zeigen, dass du bis zum Grund des Problems gehen willst. Mit nem notwendigen Enthusiasmus, der Neugierigkeit. Du musst unzufrieden sein, das Adrenalin muss steigen, du musst die optimale Lösung finden. Und das heißt: Langanhaltender Wettbewerbsvorteil für den Kunden, der Kunde muss an dich glauben.

AURELIUS GLASENAPP Thema Tool-Box. Drei bis vier Standardkonzepte abrufbereit im Hinterkopf haben, um erste drei bis vier Minuten zu überstehen und eine saubere Struktur im Hinterkopf zu haben. Es hätte dir sicherlich geholfen, wenn du gemerkt hättest, das ist ein Thema, da geht es auf der einen Seite um Kosten und auf der anderen Seite um Umsatz.

KARL SONNENSCHEIN Dass wir ihm aber sagen, dass er ne klare Stärke hat, im Bereich Personal Effectiveness. Du kommst halt gut rüber … das noch mit zwei Tassen Espresso, Jump Started dann wird es richtig gut.

5
ES GEHT IMMER DARUM, EINEN SCHRITT WEITERZUGEHEN

Hier treten die BERATER jetzt ab und an in den Hintergrund, manchmal auch plötzlich klar nach vorne … alle BERATER, PROTAGONISTEN plus CHOR. Hin und wieder könnte ihr Gerede nur wie „Begleitmusik" oder „Hintergrundsrauschen" sein und PAUL NIEMAND im Vordergrund. Fettgedruckte Texte auf jeden Fall im Vordergrund. Die PAUL NIEMAND Texte und die Beratertexte sollten also ineinander verschachtelt sein, sich überlagern, stören, parallel laufen, nicht alle nacheinander.

KARL SONNENSCHEIN Es geht immer darum, einen Schritt weiterzugehen, und Stillstand ist Rückschritt, weil die anderen bleiben ja nicht unbedingt still stehen, sondern die anderen bewegen sich ja auch weiter.

AURELIUS GLASENAPP Es hat sehr viel mit Wollen zu tun und ist das in die Genetik eingebaut – hoffentlich. Es geht darum: Ist es ein reflektierter Mensch, ist Substanz vorhanden, wie geht jemand in Teamsituationen um, wie meistert jemand Krisen und wie lernfähig ist eigentlich ein Mensch.

**PAUL NIEMAND Heute bin ich beim Einkaufen in die Tiefkühltruhe gefallen und zwei Stunden darin liegen geblieben,
das war angenehm,
hat mich an zu Hause erinnert,
konnt ich endlich mal ne Minute schlafen.**

KARL SONNENSCHEIN Facts facts facts and zero opinions, das ist Ihre Lebensversicherung.

AURELIUS GLASENAPP Sie müssen sich vorstellen, Sie sind auf einem Fluss, wo sich alles ständig bewegt, und wenn ich da stehen bleibe, dann treibt alles andere an mir vorbei. Der Fluss fließt weiter, und ich muss mich einfach weiter mit bewegen, sonst falle ich hinter die Entwicklung, auch den Fortschritt in der Welt einfach zurück. Die Technologie entwickelt sich weiter, es gibt neue Konzepte, neue Ansätze, die Menschen entwickeln sich weiter, das Leben von Freunden entwickelt sich weiter, die Kinder werden groß, und wenn man selber stehenbleibt, dann verliert man die irgendwie.

CHOR kundenorientiert, nicht meinungsorientiert – facts facts facts and zero opinions, das ist Ihre Lebensversicherung

Dass man sich als Mensch zurücknimmt und in der Sache voll auf Angriff geht und bei jeder Schlacht zum Endziel kommt.

PAUL NIEMAND Hallo! hört mich hier jemand?
Ich bin zu leise

oder bin ich hier einfach falsch abgegeben worden?

Die einzige Weihnachtspost, die ich in diesem Jahr in meinem Briefkasten fand, war von meinem Finanzberater, Tom, sonst war alles leer,
der hatte sich richtig Mühe gegeben und etwas gebastelt, alles per Hand geschrieben und sogar noch was gemalt mit unterschiedlichen Buntstiften,
ein friedvolles Weihnachtsfest und ein gesundes, kreatives, erfolgreiches und erfülltes Jahr wünscht dir, Tom,

gesund, kreativ, erfolgreich und erfüllt, der ist wohl übergeschnappt,
der will mein Geld für seine scheißwertlosen Medienfonds, die schon mehr als die Hälfte meiner Ersparnisse aufgefressen haben, das Schwein,
der einzige, der an mich denkt, ist dieses Aktienschwein, das malt mir Weihnachtskarten und schickt Gebasteltes

Plötzlich wieder wie anfangs, Flughafen Rückblende.

PAUL NIEMAND BITTE PASSENGER PAUL NIEMAND
WE ARE PAGING PASSENGER PAUL NIEMAND

Gate 11, Gate 12, Gate 13,
ruft mich ruhig aus
ihr freut euch nicht, wenn ich mein Ziel erreiche,
ich habe hier die Listen mit den Namen, die bringe ich zu der Filiale, die morgen geschlossen werden soll,
Gate 14, Gate 15, Gate 16,
die warten alle darauf, dass ich einsteige,
die wissen noch nicht, dass sie morgen alle weg sind, die laufen hier noch alle lustig durch die Businesslounge und sammeln Bonusmeilen, die sitzen da mit ihren Laptops und arbeiten Konzepte aus, wie sie ihre Firma noch effektiver gestalten können.

Morgen seid ihr weg
alle

Ich habe hier die Listen mit euren Namen, da steht ihr alle drauf,

alles Ressourcen, die überflüssig geworden sind.
Es gibt Menschen, die keiner mehr braucht.
Und es gibt Länder, die keiner mehr braucht, es gibt ganze Kontinente, die keiner mehr braucht. Afrika zum Beispiel – das brauchen wir nicht mehr, das brauchen wir nur noch als Kulisse für unsere Musicals. Und die Menschen, die wir nicht brauchen, die können wir ja in die Fernsehshows karren, da können die sitzen und klatschen den ganzen Tag, da haben die wenigstens was zu tun.

AURELIUS GLASENAPP Letztlich sind wir ja Berater, wir vertreten „die reine Lehre", wir vertreten die ökonomische Logik. Faktenorientiert, nicht meinungsorientiert. Wir sammeln Informationen. Machen Vorschläge. Die Entscheidungen fällt immer noch die Geschäftsleitung unserer Klienten. Die Entscheidungen fällen nicht wir. Warum sind manche Unternehmen erfolgreicher als andere? Wir müssen Leute freisetzen, manchmal geht das nicht anders. Ist das ein

Problem? Wenn wir die nicht freisetzen würden, würde in Kürze vielleicht das gesamte Unternehmen Pleite gehen, und dann wären alle raus, da wäre denen auch nicht geholfen. Letztlich profitiert die gesamte Gesellschaft von unserer Arbeit, denn wenn es der Wirtschaft gut geht, geht es allen gut, das ist wissenschaftlich erwiesen. Wir müssen entlassen, das kommt letztlich allen zugute.

6
PAUL NIEMAND NACHTS ALLEIN IM BÜRO

PAUL NIEMAND allein nachts im Büro, er sitzt einfach nur da, er will nicht nach Hause gehen, alle anderen Männer liegen vorgebeugt da und streicheln ihre Laptops (oder die Tischplatte), PAUL NIEMAND will nicht nach Hause, er sitzt da und lauscht den Geräuschen des Großraumbüros – und lauscht in sich hinein, alles wird größer, er hört sein Herz, wie es langsam erfriert, er hört seinen Computer, der leise vor sich hinatmet, er hört die Zahlen, die sich auf dem Aktienmarkt bewegen, er hört, wie unter Eis etwas lebt, das er sein könnte, aber was ist das und wie kommt er an das heran?
Er summt, er hat keinen Text, aber er summt, als erinnere er sich an etwas oder als singe er an gegen dieses Gefühl der Kälte, hat aber keinen Text dafür, keine Worte.

7
KARL SONNENSCHEIN – EINE ANDERE WELT IST MÖGLICH

Das geht dann über in die lange Sprechkaskade von KARL SONNENSCHEIN – ich denke, der Schauspieler sollte den Text in relativ zügigem Tempo sprechen – Ausgangspunkt ist die rhetorische Ansprache, die das Publikum überzeugen soll, große Rede, die Ansprache an das Volk, das für die Effizienz und die Aussetzung der Demokratie gewonnen werden soll – es soll seiner eigenen Entmachtung als Souverän des Staates zustimmen. Die Musik kann ihn begleiten, aber auch stören … sie kann auch ein Eigenleben haben, und sein Sprechen liegt einfach über der Musik und scheint

diese Musik zu stören … oder verstummt die Musik komplett? Oder muss SONNENSCHEIN ab und an singen – in der Schauspielfassung haben wir dem Schauspieler beim Sprechen Störer eingebaut, das System der Perfektion funktioniert nicht, er ist eben doch nur ein Mensch, der Herr SONNENSCHEIN, und was er fordert, geht weit über das Menschliche hinaus, ist unmenschlich – ein Mensch definiert sich ja gerade dadurch, dass er nicht perfekt ist, dass er Störer hat, Defekte, Defizite, dass er ineffizient ist.
In den Text habe ich auch das Sektenhafte der BERATER, das Religiöse hineingeschrieben – den unbedingten GLAUBEN daran, dass Effizienz gut ist, sie ist eine göttliche Instanz geworden, wie das Wirtschaftswachstum eine Heilsfigur unserer Gesellschaft geworden ist. Am Ende dann lehnt sich der Text an berühmte Reden wie die Reichsparteitagsrede an … da kommt das Antidemokratische, Faschistoide durch, aber eben im slicken, eleganten, schneidigen Gewand – er integriert sogar noch das Attac-Motto „Eine andere Welt ist möglich", redet aber davon, dass „wir alle ein großes Team" sind, jeder dort, wo er gebraucht wird, jeder nach seinen Möglichkeiten, alle sollen das eine „große Ganze" schaffen – das Volksteam, das dem reißenden Strom des globalen Marktes standhält – d.h. der unentwegt geschürten Angst, unterzugehen im freien Weltmarkt, wird nun das Team, auch das nationale Team als Player im Globalen Markt gegenübergestellt – das Volksteam – das sich den Sachzwängen unterwirft – das könnte uns alle retten, die Zeiten sind härter geworden – hört auf den Coach, und wenn alle mitmachen, dann gehen wir auch nicht unter.

Ich fände es interessant, den gesamten Text sprechen/performen zu lassen – eigentlich viel zu lang, aber es ist wichtig, dass die BERATER sich jetzt ihren Raum nehmen – interessant wird, wie sich die Musik verhält … geht sie dagegen, sucht sie das ab, was er zwischen den Zeilen sagt, spielt sie etwas „Schönes", das durch das Gerede von SONNENSCHEIN kaputtgemacht wird? – zoomt sie auf PAUL NIEMAND? Gehen die Musiker zeitweise ab, weil das Gerede nicht mehr aufhört? Kampf zwischen Musik und Effizienzsprech?

Der Text hat die Wirkung, dass der Zuschauer – vor allem auch durch die Länge – wirklich eingestiegen ist in das Denken der Effizienzelite – er kann ihnen zustimmen oder sie ablehnen, der Text ist eine Art Gehirnwäsche – man fühlt sich danach vielleicht wie PAUL NIEMAND – irgendwie scheint SONNENSCHEINS Argumentation zu überzeugen, aber irgendetwas in einem sträubt sich dagegen, so zu denken – vielleicht kann man es gar nicht genau benennen, was einen stört, was einen irritiert, denn irgendwie hat der SONNENSCHEIN ja Recht, denkt man – aber … aber … ja, aber … was?

An dieser Stelle mal ein Zitat von dem erst 1976 geborenen Autor Camille de Toledo – das man (in Anlehnung an das Lachenmann Verfahren in DAS MÄDCHEN MIT DEN SCHWEFELHÖLZERN und den dort verwendeten RAF Samples) als Textsample benutzen und einsetzen könnte. Allerdings noch nicht an dieser Stelle des Stückes – wenn dann später – eher bei dem ersten Auftritt des KINDES.

„Es ist nun einmal so, dass in jedem von uns ein für diese Epoche produzierender, arbeitender, handelnder Kapitalist und ein Künstler koexistieren. Der Künstler in uns tröstet sich über die existenzielle Leere hinweg, indem er eine Vergangenheit beweint, die nicht mehr ist, oder eine Zukunft, die sein könnte. Diese Schizophrenie – zwischen einem Maschinenwesen, das an der Börse spielt und von Geldfluss zu Geldfluss, von seinem Fernseher zu seinem Laptop wechselt, das seinen Narzissmus mit ein paar protzigen Einkäufen befriedigt, und einem Menschenwesen auf der Suche nach Sinn, Erfüllung, das in der Natur, in Büchern und Künsten einen Rest Schönheit und Harmonie finden möchte –, eben diese Schizophrenie ist die Hauptkomplizin des Kapitalismus. Sie dient seinem Paradoxon: der freiwilligen Knechtschaft eines jeden in einer kollektiv freien Wirtschaft"

(erschienen in DIE ZEIT am 23.6.2005 – also weit nach der Entstehung von UNTER EIS – aber interessanterweise erklärt es mir selbst meine Aufspaltung, die ich bei Erfinden der Figur in Hardcorekapitalist und Künstler bei PAUL NIEMAND gemacht habe – auch die ständigen Wünsche der BERATER nach Kreativität, Sinn, Yoga, Malen, Gedichte schreiben – etwas rebelliert in ihnen und bahnt sich dann auf entstellte Weise einen Weg: Heraus kommt dann diese leere Kunst, die auch AURELIUS GLASENAPP macht oder diese angewandte Lyrik von SONNENSCHEIN)

Umgang mit Samples: Ich könnte mir vorstellen, dass in der Szene, nach SONNENSCHEINS Monolog, das KIND die Börsendaten von sich gibt und der CHOR in einer etwas seltsam surrealen Situation diese „Kapitalismus-Kritik" Samples von sich gibt – sie können das so sagen, als wüssten sie gar nicht, was sie da reden, als hätten sie keinen Bezug zum Gesagten, als befremde es sie – oder aber: konspirativ, als würden sie ein verschollenes geheimes Tagebuch lesen – oder aber: rein sachlich, kalt (mit der Haltung: „ja, das ist so, aber … der Kapitalismus ist ein System, das eben den Motor bildet für das Glück der Mehrheit der Menschen … kritisieren ist okay, ändern wird es trotzdem nichts").

Aber zunächst Herr SONNENSCHEIN, ungekürzt:

KARL SONNENSCHEIN Also da gibt es einen ganz ausgefeilten Bewertungs- und Beurteilungs- und Feedbackprozess, denn wir gehen davon aus, dass unsere Mitarbeiter sich ständig weiterentwickeln wollen und müssen, und das findet so statt, dass es für jeden Berater vier Mentoren gibt, die seine Arbeit überwachen und ihm mit Rat und Tat zur Seite stehen, und zwei weitere Mentoren, die verdeckten Agenten nennen wir die, seine Leistungen verdeckt überwachen, das heißt, die kennt er nicht, das könnte jeder sein, das weiß er nicht, wichtig ist uns, dass eben die Mentoren und verdeckten Agenten auch alle selbst noch tätig sind an Projekten als Berater und nur einen Teil ihrer Arbeitszeit zur Überwachung nutzen, das Netz der Mentoren und Agenten ist so komplex mittlerweile verteilt, dass ich denke, dass wir sagen können, fast jeder Mitarbeiter ist auch noch als verdeckter Agent tätig, wobei selbstverständlich absolutes Stillschweigen darüber herrschen muss, welchen Mitarbeiter er überwacht, das kann über eine Zeitspanne von sechs Wochen sein, manchmal aber auch über mehrere Jahre gehen, der verdeckte Agent reicht seine Erkenntnisse über den überwachten Mitarbeiter dann in einem formalisierten geheimen Dossier an den Mentor weiter, der dann die einzelnen Punkte mit dem Berater durchspricht und entsprechende Trainings und Nachschulungen vorschlägt, wie er sich auf seine Schwachstellen konzentrieren kann und seine Performance verbessert, im seltenen Fall kann er sich auch direkt an die Firmenleitung wenden und diese, wenn es angezeigt ist, alarmieren, sagen, da ist jemand, der erhöhte Aufmerksamkeit braucht, da muss sich mal ein Spezialist drum kümmern, wir erwarten von all unseren Mitarbeitern, dass sie 300prozentige Excellence bieten im Qualitätsbereich, das heißt auch, sich weiterbilden, mitgehen mit den Entwicklungen am Markt, das heißt auch, mal ungefragt ne Extraschicht einlegen, auch mal mit Lösungsvorschlägen kommen, bevor die anderen zu einem Ergebnis gekommen sind, das heißt auch, dass der ständige Drive erkennbar ist, dieser Wunsch, ich will Leistung erbringen, ich will gut sein, ich kann nicht schlafen, wenn ich nicht die optimale Lösung für meinen Kunden ermittelt habe, dieses dauernde High Speed Jump Started Durchsetzungsding, dass ich mich als Mensch zurücknehme, aber in der Sache voll auf Angriff gehe und eben bei jeder Schlacht auch zum Endziel komme, und das heißt eben: lang anhaltender Wettbewerbsvorteil für den Kunden, und wenn ich das nicht mehr erreiche, wenn ich merke, da macht sich etwas in mir breit, Müdigkeit will ich das jetzt mal nennen, der Wunsch vermehrt auftritt, zur Ruhe zu kommen, dann eben auch selbstständig die Konsequenz zu ziehen und zu sagen, ja, gut, ich seh mich jetzt nach nem anderen Betätigungsfeld um, das ist oft ab vierzig, dass da auch mal vermehrt der Wunsch auftritt, jetzt will ich mal meine Frau länger als zwei Stunden am Wochenende sehen, jetzt will ich meinen Sohn auch einmal am Nachmittag zum Fußball fahren, das merkt man dann schon, da sollte man dann sofort gehen und sich nicht unnötig zum Ballast für den Betrieb machen, bis dahin hat man dann auch bestenfalls soviel Geld verdient, dass man sich zur Ruhe setzen kann oder was weiß ich, irgendeinen entspannten Job im Staatsmanagement oder im Aufsichtsrat der Deutschen Bahn oder in der Politik als Berater oder so was übernehmen kann, sollte das aber nicht der Fall sein, dass ein Mitarbeiter sich freiwillig meldet und sagt, ich kann nicht mehr, schickt mich weg, dann müssen eben da die Agenten verstärkt zum Einsatz kommen, viele Mitarbeiter tragen ja nach außen hin immer diese perfekte Maske der Effizienz, wirken gut drauf und bleiben immer als längste im Büro, alle denken, okay, ist zwar zweiundvierzig, hat aber noch alles im Griff und mit Spaß dabei, schaut man dann aber mal genauer hin, erkennt man, Abschlüsse werden schwächer, Effizienzlinie fällt rapide nach unten, und abends ist der so kaputt, der geht nicht noch zum Squash mit den anderen oder trinkt n Bier in der Hotellobby und geht schon mal die Listen für den nächsten Tag gemeinsam mit den anderen durch, der muss dann weg, viele Alte zum Beispiel sitzen nächtelang nur im Büro rum und machen gar nichts, die wollen einfach nur GESEHEN werden, die wollen, dass man sieht, aha, da sitzt der immer noch, ist schon halb drei und der sitzt da noch, aber die sitzen dann einfach da, machen nichts, driften weg, denken an ich weiß nicht was, ihre Kindheit, ihre Eltern, oder was sie jetzt mit den dreißig Jahren machen sollen, die ihnen noch bleiben, was soll man da machen, ohne Kraft und ohne Vision, die sitzen tatsächlich nur noch als ihre eigenen verblassenden Kopien aus einer besseren Zeit da, dafür haben wir die Agenten, aber, das klingt jetzt alles so brutal, ist aber letztlich im Interesse der gesamten Volkswirtschaft, sag ich mal, denn keiner hat ein Interesse daran, dass die Zahlen schlecht sind und die Unternehmen am Boden liegen, dann sag ich mal, wird letztlich zuerst bei der Kultur und bei der Gesundheit gestrichen und dann schreien auch wieder alle, und warum soll man unentwegt Leute auf Positionen lassen, wo sie im Grunde absolut nicht mehr leistungsfähig sein KÖNNEN, auch wenn sie wollten, die brauch man ja da nicht rumsitzen zu lassen und was weiß ich, nichts tun, das ist ja auch unmenschlich, aber manche sind hartnäckig, klar, die haben Angst, was tun, der Job ist ja auch ne Droge, was, wenn ich zwanzig Jahre Kokain genommen habe, und plötzlich heißt es, trink von heute an Pfefferminztee, wer macht das schon, da kommt dann die Angst, und da haben wir so Vorbereitungstrainings, wir schmeißen ältere Mitarbeiter nicht sofort raus, sondern bauen die graduell ab, das heißt ganz konkret, wir lassen denen immer weniger Verantwortung zukommen und stellen die in immer kleineren Projekten auf, das heißt, sie sind in ihrer Hochphase in New York stationiert und pendeln gleichzeitig noch zwischen Tokio und Paris, und dann baut sich das eben graduell ab, London – Berlin – Budapest – Bremen – Münster – Oldenburg – Fürstenfeldbruck – Husum – das wäre so humane Sterbehilfe, sag ich mal, also, ein Abgang in Würde – wobei spätestens wenn sie in Bremen angekommen sind, wissen sie eigentlich schon, dass sie sich langsam mal um ihre Rente kümmern müssten – oder natürlich sie kriegen noch einmal so einen Energyboost und legen voll los, das kann dann auch sein, dass jemand plötzlich auf dem Kieler Hauptbahnhof ankommt und merkt, jetzt muss ich wirklich was tun, sonst ist meine Zeit abgelaufen.

Stille.

Nachts, wenn man durch die Straßen läuft, sieht man all die Arbeitslosen, die sich irgendwo festklammern oder hinter Autos verstecken, weil sie Angst haben, dass man sie einfängt mit großen Netzen und zurück an ihre Arbeitsplätze bringt, vor denen sie immerzu weglaufen wie so schlecht erzogene Heimkinder, die ganze Stadt ist voll damit, unbewegliche, schlecht gekleidete, unsportliche, hässliche Menschen, die keinen vollständigen Satz zustandebringen und den ganzen Tag an der Currybude rumlungern und über „die da oben" palavern und dabei Dosenbier von ALDI in sich reinkippen. Sitzen da rum und warten, dass irgendwas passiert. „Eigeninitiative? Ein Fremdwort."
Was machen wir jetzt mit denen?
Ich habe schon viele Betriebe untersucht, in jedem Betrieb gibt es mindestens zwanzig Prozent der Angestellten, die faktisch nicht arbeiten, die zum Beispiel Zettel einfach immer wieder umsortieren oder falsch einsortieren, die Informationen gar nicht oder falsch weiterleiten, so dass unentwegt Mehraufwand entsteht. Was machen wir mit denen? Sollen wir die behalten? In jedem westlichen Land gibt es Berufe, die nur durch extrem hohe Subventionen überleben – wir brauchen die deutschen Bauern nicht, die halten wir künstlich am Leben, weil sie so eine große Lobby haben, weil keine Regierung

sich traut, auszusprechen, dass das nichts weiter ist als das künstliche Am-Leben-Halten eines Komapatienten, der keine Aussicht hat, jemals wieder zu Bewusstsein zu kommen, wir brauchen auch den Steinkohleabbau nicht, den subventionieren wir mit mehr als hunderttausend Euro pro Mann pro Jahr, das Geld könnten wir den „Kumpels" auch einfach so auszahlen, davon hätten die mehr als von dieser Fake-Arbeit, mit der sie ihre gesamte Gesundheit ruinieren, um uns dann am Ende des Tages wieder als chronische Patienten auf die Bilanzen zu drücken. Vierzig Prozent aller Arbeit in Deutschland ist Simulation von Arbeit, ist Arbeit, die kein Mensch braucht, ist nur dazu da, damit niemand bemerkt, wo unsere Gesellschaft real angekommen ist. Was machen wir mit denen? Eines Tages werden die erfahren, dass alles, was sie erarbeitet haben, sofort wieder weggeschmissen wurde – das liegt da auf irgendwelchen Müllbergen in Südamerika. Eines Tages wird sich dieses Subventionsprinzip auch nicht mehr aufrechterhalten lassen – wäre es da nicht sinnvoller, diese Menschen frühzeitig umzustrukturieren, dass die etwas anderes lernen, etwas, das volkswirtschaftlich Nutzen bringt? Die Politiker werden diese Probleme nicht lösen, da sie sie gar nicht angehen dürfen, die dürfen ja nicht einmal die Fakten auf den Tisch legen und die reine Sachlage beschreiben, die sind da zwischen der ständig drohenden medialen Vernichtungsmaschine und dem Wählerwohlwollen so eingeklemmt, dass sie unentwegt nur aushalten müssen, hoffen, dass sie es bis zur nächsten Wahl schaffen, von denen sind keine Reformen zu erwarten – die Konzepte liegen ja alle da, die haben wir ja alle ausgearbeitet – aber die setzt keiner um, das traut sich keiner, weil alle Angst haben, irgend jemanden zu verprellen und Wählerstimmen zu verlieren. Es wäre letztlich nicht unvernünftig, uns dieses Feld zu überlassen und uns einfach nach der reinen Lehre entscheiden zu lassen, einfach mal sachlich zu entscheiden, was gemacht werden muss, und das dann einfach zu machen, Demokratie ist schön und gut und sicherlich das höchste Ziel, und für eine intakte Gesellschaft mit einer gesunden gut funktionierenden Wirtschaft auch das beste Gesellschaftsmodell, aber momentan denke ich, sind wir durch dieses System völlig blockiert, und, ehrlich gesagt, machen wir uns nichts vor: Was genau bringt uns denn eine Demokratie, wo die Wahlkampagnen von Werbeagenturen ausgearbeitet werden, alle Kandidaten das Gleiche sagen und das Fernsehen letztlich mit seinen gefaketen Umfrageergebnissen und Hochrechnungen unentwegt in die Meinungsbildung eingreift, das Volk so verrückt macht und immer wieder mit Skandalen und falschen Berichten so in die Irre führt, dass es sich ohnehin nicht aufgrund von Fakten entscheiden kann – letztlich haben wir eine vollkommen überdrehte Mediendemokratie, in der die Stimmen vollkommen unsachlich und wahllos vergeben werden, vielleicht nach Sympathiepunkten, welcher Kandidat sieht am besten aus oder hat bei WETTEN DASS oder BIG BROTHER am besten abgeschnitten – was machen wir damit? mit diesem System? brauchen wir das? Oder wäre es da nicht besser, dieses System eine Zeitlang auszusetzen, mal Fakten und Sachlage sprechen zu lassen, ein Team von parteiübergreifenden Beratern ranzulassen, die auch nicht immer in diesem Parteigeklüngel und Interessendschungel stagnieren und aufgrund von falschen hierarchischen Strukturen immer wieder kaltgestellt werden, und die machen dann mal eine Aufstellung: Was wird gebraucht, was nicht, was muss anders werden, und dann auch konkret Vorschläge machen und endlich Strategien entwickeln, wie diese Reform- und Umstrukturierungskonzepte auch implantiert werden, das heißt, nicht erst totgeredet werden in der Presse und immer wieder revidiert werden, sondern endlich mal durchgesetzt werden und so lange in Kraft bleiben, bis auch eine Veränderung erfolgt ist – es wäre wichtig, auch die Presse mal eine Zeitlang in die Verantwortung zu nehmen, das, was wir da mittlerweile an Mediensystem haben, hat auch nichts mehr mit freier Meinung zu tun, das ist nur noch Lobbyismus und Blockadetaktik.

Wir haben Visionen, und wir können diese Visionen Realität werden lassen, wir kennen die Sachlage, und wir wollen handeln. Also lasst uns dieses große Projekt, das vor uns steht – und ich rede hier von nichts Geringerem als davon, das neue Jahrtausend fit zu machen, dem Orkan des globalisierten Weltmarktes standzuhalten – lasst uns dieses Projekt gemeinsam angehen, jeder nach seinen Möglichkeiten, jeder dort, wo er gebraucht wird, wir alle sind ein großes Team, die Arbeit kann beginnen, eine andere Welt ist möglich, wir schaffen sie.

8
LONDON ABERDEEN GLOBAL

KIND – ein Sprech/Flüster/Klangteppich aus Daten, Zahlen, Informationen.

KAPITALISMUS-Samples (wie der Beispieltext oben, würden dann noch weitere hinzukommen) verteilt auf den CHOR.

Der CHOR kann auch die Daten des KINDES mitsprechen/flüstern – und daraus erwachsen die Sampletexte.

SONNENSCHEIN UND GLASENAPP *im Raum – sie sind „nicht offiziell anwesend", das heißt, man müsste eine Entsprechung finden dafür, dass sie private Momente haben – vielleicht keuchen sie erschöpft in einer Ecke … schauen leer, fallen leer in sich hinein (wie klingt das?), in ihnen ist nichts, erschöpft, einsam, gesundheitlich angeschlagen, ohne Freude, Husten?, schweres Atmen?, wie klingen Leere und Einsamkeit? … allein im Hotelzimmer auf der Dienstreise.*

PAUL NIEMAND *baut einen überrealen Kontakt zu dem KIND auf – er ist das KIND, das ist er als KIND oder das ist bereits die Nachfolgegeneration, das KIND ist ein Traumbild – NIEMAND sieht sich selbst, aber als KIND, noch immer innerlich ein KIND, verletzt, ungeschützt, emotional unreif, er schaut auf das KIND, er listet gemeinsam mit dem KIND die Zahlen auf –*
Videoprojektion an die Wände: ein reiner Zahlenraum, Kindheitserinnerungen, die Unterseite eines Flugzeugs zieht in Zeitlupe über NIEMAND hinweg. Zahlen – Datenrauschen … tausende verblutender Geschäftsmänner im Schnee, ein Geschäftsmann eingefroren UNTER EIS.

Auftritt KIND/MR NOBODY-KOPIE – das KIND kommt langsam in den Raum und blättert vorsichtig in den Akten der Männer, es flüstert Zahlenreihen und Aktiendotierungen ins Mikrophon (oder ist per Mikroport verstärkt – oder singt es und ist nicht verstärkt?)

KIND/MR NOBODY-KOPIE *flüstert in ein Mikro*
LONDON Aberdeen Global AMSTERDAM ABN Amro Investment Management TOKIO ACM Offshore Funds NEW YORK Activest Investment GmbH HONGKONG Adig Investment Lux FRANKFURT SA Alsa AEB Asset Management PARIS Allianz Invest KAG ROM Axa Rosenberg Management ZUERICH Baring Fund Managers SEATLLE Baring International SYDNEY BB-Invest Belgrave Capital

Management SINGAPORE Carlson CDC IXIS AM CICM FUND Management Ltd Citigroup Asset Management TORONTO KAG Comgest Far East Management Comgest SA Comgest-Ofivalmo Credit Suisse AM MAILAND Lux Davis Funds Sicav Linienchart Balkenchart Kerzenchart Point & Figure Advance Decline Linie Beta Faktor Climax Indikator Momentum Chart Money Flow index Stochastics Trend Oszillator Volatilität Fundamentalanalyse

3U 31 DE0005167902 UUU 8,25 +114,3 9,25 3,66 75,2 65,97 68,00 1,1 0,20 0,76 0,87 11 9 0,7 14 (12) ADVA OPTICAL 26 DE000513006 ADV 3,10 +152,0 3,95 0,50 102,7 88,06 93,00 1,1 –0,04 0,15 0,19 21 16 12 (5) ARTICON 19 DE0005155030 AAGN 2,18 +74,4 3,30 0,92 22,4 210,54 208,90 208,97 0,1 –3,45 –0,86 –0,18 FORTEC 13 DE0005774103 FEV 32,10 +28,73 –21.34 +13,43 MEDICLIN DE0005998762 UUU 13,79 +500,23 45,33 92,34 +44,31 +23,87 KANGOL DE0003726319003 UUU 5,43 +8,23 –34,2 26,39 9,2 5,44 0,2 0,34 0,43 YAHOO-DE DE0000534452990 –232,1 –243,2 –192,32 PP SA 9,321 3,2 9,3 –3,2

ARTICON ATOSS AUGUSTA BAADER CANCOM CENTROTEC CONDOMI CONNECT CONSTANTIN DATA MODUL DEAG DIALOG EALG ZERO FREENET GESCO HEILER INIT INFOR INTERSHOP LAMBDA PHYSIK LPKF LYCOS EUROPE MACRO-PORE MASTERFLEX MATCHNET MAXDATA MORPHOSYS MHT OPEN OHB TECHNOLOGY PANDATEL PANKL RACING PAR-SYTEC PSI QSC QTS Q 50000 MIX TECJ TRANS ROFIN SINAR SANOCHEMIA SARTORIUS STEAG HAMATECH SYSWKOPLAN SYZGY TECHNOTRANS TELEGATE TELES TOMORROW FOCUS USU OPENSHOP WAVELIGHT WLS LINITED X-TRAG X-RAW X-5 X-SEVEN X-NET YAHOO YAVA-SMITH 5 YANK-ZERO YY-TT-AH ZERO F ZERO SUBLIME

PAUL NIEMAND

das KIND und der CHOR erst allein, dann gleichzeitig mit PAUL NIEMAND

Das war nicht ich, der hier morgens zur Arbeit rannte
Mein Leben floss langsam aus mir heraus
Es war irgendwo anders, nicht hier, nicht in mir.

ICH WILL HIER RAUS!, ich will hier weg, ich muss hier raus, da schreit etwas in mir, das will weg,

ich sitze im Flugzeug, neben mir all die Männer, die morgen alle ihre Entlassungsscheine auf dem Tisch haben werden, weil ich HEUTE NACHT NOCH die Namenslisten mit den Entlassungsvorschlägen nach DÜSSELDORF bringe, wir fliegen durch minus fünfzig Grad, und ich spüre die Kälte, diese dünne Schicht, die mich hier vor dem

Erfrieren schützt, wenn wir jetzt abstürzen, ins Meer, wenn wir jetzt ins Meer stürzen, wir würden erfrieren, noch bevor wir den Boden erreichten.

Nachts
Ohne Schlaf
Die erfrorene Katze im Kanal
Panische Angst
Festgefroren unter Eis
Bald liege ich auch dort
Spüre nichts friere fest kalt Eis

Bei der nächsten Geschäftsreise stürze ich mich aus dem Fenster aus zehntausend Meter Höhe DAS WIRD DANN JA WOHL IRGENDWIE IRGENDWER MITBEKOMMEN

Das Universum, leer, schnell, richtungslos,
kein Halt
der Flug der Katze, ihr Blick,
nichts kann sie retten

schreit
kein Halt
erfriert im Flug

9

AURELIUS GLASENAPP – DIE GEFAHR, INNERLICH ZU VERÖDEN, IST NATÜRLICH SEHR GROSS

AURELIUS GLASENAPP Die Gefahr, innerlich zu veröden, ist natürlich sehr groß, und da versuchen wir schon sehr frühzeitig etwas gegenzusteuern. Deshalb arbeiten wir jetzt bei uns an der Trainingseinheit „Zwischenmenschliche Begegnung". Das kann ein Lesezirkel sein, eine Klettergruppe, Actionpainting oder auch Diskotanz, oder dass man sich mal mit dem anderen Geschlecht befasst, das andere Geschlecht auch mal zum Essen einlädt und dann nach einem anregenden Glas Wein auch durchaus den Akt vollzieht, das baut Spannungen ab und macht durchlässig für Neues. Wir haben in unserer Firma jetzt ein zweigleisiges Programm neben dem weit reichenden Sportangebot, und das heißt „Abenteuer Kultur" – also Bezug aufbauen zum inneren Kern unserer Seelen, unserem Verlangen, unseren verborgenen Ressourcen, ich zum Beispiel schreibe Gedichte und tanze abends in der Musicalgruppe. Karl und ich arbeiten seit zwei Jahren an einem Musical, das wir hier gemeinsam mit der Belegschaft einstudieren und das wir dann im nächsten Sommer auf einer gemeinsamen viertägigen Surftour im Pazifischen Ozean der Geschäftsleitung vorführen wollen, wir haben Research betrieben und festgestellt, dass eines der schwerwiegenden Probleme im Umgang mit Kultur heute darin liegt, dass der Kunde sie nicht annimmt, meist, weil eine zu lange Vorbereitungsphase notwendig wäre, um Kultur in welcher Darreichungsform auch immer so weit zu durchdringen, dass sich auch Luststeigerung oder Erkenntnis einstellt. Tiere als Hauptdarsteller sind sehr beliebt, das hat unsere interne Studie ergeben, klar verständliche Handlungsmuster in erfrischend frechwitzigen Dialogen dargeboten, die die Abgründe des Menschsein auf das Tierreich übertragen, nicht zu tagesaktuell sind, politisch keiner eindeutigen Gruppierung zuzuordnen sind und Trost spenden, ansprechende Farbgebung und eine leicht zugängliche humorvolle Prosa mit Tiefgang, die auch auf die verwirrenden Widersprüche zwischen Mann und Frau hinweist, die sich wohl niemals nahe sein werden. Krisen, die ein Drama aufwirft, sollten auch in einem überschaubaren Rahmen gelöst werden. Wir haben über einen ausgefeilten Fragebogen und dreimonatiger firmenweiter Researchphase herausgefunden, dass 47 Prozent der Befragten gerne die Geschichte einer verloren gegangenen Robbe sehen würden, die nach einer aufrüttelnden Reise durch den gesamten Ozean zu sich selbst findet, und das alles getanzt in weinroter Farbgebung, wobei die Tanzbewegungen narrativ und nicht abstrakt sein sollten. Dabei sollte die Musik aus dem Bereich der Popmusik stammen, aber von einem Streicherensemble eingespielt werden, die Songs sollten aber einen klaren Wiedererkennungseffekt haben und den Zuschauer in positiver Weise an seine Jugendjahre erinnern. Mein Musical trägt den zusammengetragenen Ergebnissen des von Karl ausgearbeiteten Fragebogens Rechnung und verlegt seine Handlung im ersten Akt auf eine Gruppe Seelöwen in der Antarktis, die in einer sehr poetischen Sprache über das Menschsein an sich singen und tanzen. Der zweite Akt spielt auf Rollschuhen, der dritte Akt spielt in Nepal, wo die Hauptfigur, eine Robbe am Meeresgrund, ... zu sich selbst findet ... und das alles mit authentischer Indiomusik und einem Panflötenchor unterlegt, wozu ich eine passende Choreografie ausgearbeitet habe, im Kern eine Gruppe Eisbären auf Schlittschuhen, die über politische Themen diskutieren, parteiübergreifend und lösungsorientiert und in ihrer Diskussion das betrachtete Thema von allen Seiten ausgewogen beleuchten, sie haben Probleme mit dem anderen Geschlecht, und die lösen sie bis zum fünften Akt, der vierte Akt spielt dann wieder in Düsseldorf, im Büro, wo die verlorengegangene Robbe alles, was sie auf ihrer Reise gelernt hat, auch sofort praktisch umsetzen kann, denn Denken ist Handeln, das ist unser wichtigstes Motto, was nützen Erfahrungen, wenn ich sie nicht nutzbar machen kann? Nichts. Ich brauche ein Konzept, ein Programm, wie ich das, was ich erlebe, sofort in einen Reifeprozess eingliedern kann, der auch von außen wahrgenommen wird. Menschliche Beziehungen können mir nur dann nützlich sein, wenn ich sie auch nutzbar mache. Ich fahre auch gern Rad und beobachte dabei brütende Vögel. Die verlorene Robbe wird wieder ins Team integriert und hat sehr gute Abschlüsse, wichtig aber: Sie hat ihre Reise genutzt, um Mensch zu werden, und bringt dies nun auch sehr gut rüber. Kultur bedeutet auch, das Denken noch mal neu auszurichten, und das kann hilfreich sein, das ist nämlich wissenschaftlich erwiesen, dass eine gewisse Diffusion das Hirn so anregt, dass es zu völlig unkonventionellen Problemlösungen kommt, wenn es faktisch und analytisch kein Weiterkommen mehr gibt, das ist letztlich auch der Mehrwert von Kultur, sie bringt uns auf andere Gedanken, sie schafft Ausgleich, wenn Kultur gut gemacht ist, erfüllt sie einen ähnlich guten Zweck wie Sport.

10

AURELIUS GLASENAPP – ABENTEUER KULTUR – EIN GEDICHT

AURELIUS GLASENAPP Wer meine Freunde sind?
Flugtiere über dem Ozean verirrt,
Schiffbrüchige Schiffer ohne Schiff
Herdentiere, deren Hirte leuchtend irrt,
Der Nebel, das Schweigen, das schwarz gebrochene Licht,
Der sternlose Abendhimmel schweigsam schweigend blau am Firmament
Die Stille, die Kälte, die Nacht, der ewig unverstandne Wind.

Ich bin ein Abendstern, der die Welt verachtet, getrieben, umnachtet, mein Innerstes verloren, kalt starrend die Welt betrachtet.
Diese Abendstille schenk ich dir.
Blattwerk, weh noch einmal für mich.
Das Abendlicht lässt mich erschrecken.
Zittriges Laub, deine Nähe suche ich, die Angst, die Hast,
das stumme Verstehen.

Orangeknisternde Käferhaut, blüh noch einmal für mich.
Weis mir den Weg, der alle Winde blau studiert.
Gib mir Kraft.
Stern, leuchte schneller.
Der Wanderer hoffend trüb sein Haupt nun senket.
Verlassene Glut, ich schweige und richte.

11
BERATERGESPRÄCH 2 – WIR HABEN WIRKLICH EIN TOLLES TEAM

Das zweite Beratergespräch ist schon sehr viel weiter weg von jeglichem Realismus als das erste. Das Stück bzw. die Oper und die Inszenierung selbst sollten jetzt anfangen, zu delirieren.
PAUL NIEMAND hat das Gefühl, dass sich sein Leben, sein Denken, sein Fühlen, das, was er im Leben für andere darstellt und das, was er glaubt, zu sein, vollkommen voneinander lösen – TRENNUNG ABLÖSUNG AUFLÖSUNG aller Bestandteile … das alles in einem Zustand, in dem alle Grenzen anfangen zu verschwimmen.

Möglich wäre also Folgendes:
Der Text des Gespräches kommt vom Band. Das Sprechen hat sich von den Menschen abgelöst, sie wirken eher wie in sich versunkene Synchronsprecher, die den Anschluss an ihren Text suchen … ab und an sprechen sie etwas mit … SONNENSCHEIN und GLASENAPP könnten auch entrückt, vollkommen glückselig, verdrogt wirken … im Effizienznirvana angekommen … plötzlich jedes Wort genau auseinandernehmend, abschmeckend, seinem Klang nachträumend, in seine Bedeutung vordringend … Wissenschaftler, Tiefenbohrungen, was fördern wir zu Tage, Poeten der Effizienz … vielleicht sind sie auch einfach erschöpft und wachen nur ab und an auf und sprechen ein Wort mit.

KOMPLEXE STRUKTUR:
Das gesamte Beratergespräch 2 bis zur Stelle „Wollen wir noch alle zum Squash heute" vom Band –

Gleichzeitig live folgendes –
(Der CHOR sollte sich noch mehr auflösen, immer mehr klare Strukturen verlieren.)

CHOR La la la la la
Li la la la la la
Ha ha ha ha
Schhhhhh
Krr krr krr

Oder sehr weggetreten:

Ähh
Ähh
Was?
Ähhh?
Wachstum?
Bitte?
Wachstum?
Ja, Wachstum
Senkung des Spitzensteuersatzes?
Äh, ja
Herabsenken der Mindestlöhne?
Äh, genau, ja
Streichung der Subventionen?
Äh, was? ja, und Entlastung der Arbeitgeber
Kürzung des Arbeitslosengeldes?
Bitte? Ach so ja, Steuerfreiheit für Großunternehmen.
Etc.

CHOR *flüstert den Satz:*
Die Welt, die wir gebaut haben, ist nicht für den Menschen gemeint, sie ist für etwas anderes gemeint, aber für was, für was, das wissen wir nicht.

LIVE (gleichzeitig)

AURELIUS GLASENAPP entlang der Dimensionen

KARL SONNENSCHEIN glücklich mit dem Team

Auf einem sehr soliden Fundament

PAUL NIEMAND *darin viel realistischer, aber auch technisch verdoppelt, er kommt vom Band und live*
Also, was mir gut gefällt, was ich hier lese, bei der Analytik und Hypothesen getriebenen Arbeit, dass er für einen Anfänger sehr schön dieses Big Picture hinbekommt, also den Helicopter View. Wie sieht das denn aus bei den Tiefenbohrungen jetzt, wo er die Analysen gemacht hat bei den Marktsachen. Sind wir da arithmetisch wasserdicht, wasserfest, gibt es da was?

AURELIUS GLASENAPP wasserdicht

KARL SONNENSCHEIN Tiefenbohrungen tiefer tiefer irgendwo in der Tiefe gibt es ein Licht

AURELIUS GLASENAPP BIG PICTURE … the essence of life

KARL SONNENSCHEIN getriebene Arbeit

VOM BAND zeitgleich darunter (Kürzungsvorschläge! Das Kursivgedruckte könnte entfallen):

AURELIUS GLASENAPP Lass uns mal durchgehen, einfach entlang der Dimensionen, und überlegen, was können wir für ihn tun im Sinne von ihm da mehr Exposure geben, ihn da sozusagen weiter ins kalte Wasser schubsen.

KARL SONNENSCHEIN Er ist glücklich mit dem Team, er hat auch mehrmals gesagt, dass er es super findet, *er hat sich auch explizit bedankt, dass er speziell in dieses Team kam. Ähm, was er sehr gut macht, ist das ganze Thema, existierendes Know-how von BCG zu nutzen und darauf aufzusatteln, also* er steht *da* auf einem sehr soliden Fundament und nimmt auch die Unterlagen, die da sind, und das, was im Knowledge-Management da ist, das nimmt er sehr gut an.

PAUL NIEMAND Also, was mir gut gefällt, was ich hier lese, bei der Analytik und Hypothesen getriebenen Arbeit, dass er für einen Anfänger sehr schön dieses Big Picture hinbekommt, also den Helicopter View. Wie sieht das denn aus bei den Tiefenbohrungen jetzt, wo er die Analysen gemacht hat bei den Marktsachen. Sind wir da arithmetisch wasserdicht, wasserfest, gibt es da was?

AURELIUS GLASENAPP Ja, er ist halt noch relativ jung im Auftreten, und das wächst mit der Zeit. Das Selbstvertrauen wird mit der Zeit wachsen, also ich mache mir da grundsätzlich überhaupt keine Sorgen, *im Gegenteil, es war mit Sicherheit für den Fall ein sehr guter Griff. Wenn wir auf die unteren Punkte hier kommen, was das Thema Team betrifft, ob jetzt interne, ich glaube,* er hat auch Spaß mit dem Team, wir haben auch ein super Team.

KARL SONNENSCHEIN *Ja, die kommen toll miteinander aus.*

AURELIUS GLASENAPP *Ja, das sieht man am Abendessen oder sonst irgendwie, das funktioniert wunderbar. Er hat sich da voll integriert ins Team, und ich glaube auch schon, dass ihm das Spaß macht, ja.*

PAUL NIEMAND Dann würde ich sagen, reden wir wirklich auch noch mal explizit mit ihm, dass er sich wirklich ein bisschen mehr trauen, also auch in anderen Modulen durchaus aktiv beteiligen kann und sollte, aber das können wir heute Abend im Case Team Meeting mit ihm besprechen.

KARL SONNENSCHEIN *Das können wir heute Abend. Die eine Maßnahme, die wir schon ergriffen haben, ist, weil er hat innerhalb des bestehenden Projekts ein eigenständiges Subteam, wenn du so willst, wo wir sagen, das führt er eigenverantwortlich auch für die Ergebnisse eigenverantwortlich, und man merkt, sobald er aus seiner Comfort Zone so ein bisschen rausgedrückt wird, dann geht es auch plötzlich.* Es ist halt, wie das bei uns allen so ist, es dauert immer, da muss man manchmal ein bisschen mehr motivieren, dass es auch funktioniert.

PAUL NIEMAND Anschubsen.

KARL SONNENSCHEIN Ja, anschubsen.

AURELIUS GLASENAPP *Ich seh auch von den letzten Wochen, dass es schon besser wird, teilweise auch ein bisschen zwangsweise herbeigeführt, dadurch dass er einfach plötzlich vor dem Kunden steht und was sagen muss.*

PAUL NIEMAND *Er hat doch die Sitzung mit 17 Leuten geführt oder wie war das 13 Leute?*

AURELIUS GLASENAPP *Er muss plötzlich, er musste plötzlich. Das Thema war, dass andere Kundentermine quer kamen, das heißt, er musste, er musste an die Front, und dann ging's auch plötzlich.*

KARL SONNENSCHEIN *Ja, und fischreihermäßig ist auch alles im grünen Bereich.*

AURELIUS GLASENAPP Er hat verstanden, um was es geht, er kann das auch in den Gesamtzusammenhang einbetten, also diese typische Froschperspektive, die man häufig am Anfang sieht, die ist bei ihm nicht da, sondern er versteht, wie sich das alles ins Gesamtbett zusammenfügt.

PAUL NIEMAND Ja, dann dank ich euch sehr, dass ihr da alles zusammengetragen habt, und ich sag mal: Wollen wir dann das Feedback zusammen machen?

AURELIUS GLASENAPP Nee, jetzt auch mal vom Optical Point Of Aggression im Audiomotive Bereich seh ich gar keine Schwierigkeit.

PAUL NIEMAND Ja, das hab ich jetzt verstanden, also, machen wir einen Termin beim Case Meeting, wo wir ihn sozusagen noch mal auf Fronttauglichkeit und Out Of Area Compatibility hinweisen und dann eins zwei Fit Trainings anbieten, denn ansonsten ist er ja ein guter Kämpfer.

AURELIUS GLASENAPP Zielt und trifft.

KARL SONNENSCHEIN Eines unser besten Schlachtschiffe, ich sag mal, nur in der Navigation n bisschen abenteuerlustiger, dann wärn wir alle da, wo wir hinwollen.

PAUL NIEMAND Ja, schön, dann machen wir einen Termin und

Die Figuren werden plötzlich belebter und wacher, wenn es ums Squashspielen geht. Dann plötzlich schneidig klar. GLASENAPP und NIEMAND panisch wach – sie wollen nicht, nein, bloß nicht schon wieder eine ganze Nacht mit SONNENSCHEIN durchsporteln.

LIVE

KARL SONNENSCHEIN Wollen wir noch alle zum Squash heute?

Kurze Pause.

AURELIUS GLASENAPP Ähm, ich muss also noch ganz ganz viel

PAUL NIEMAND Ja, Außentermin heute, Case Meeting nach dem Case Meeting, sozusagen internes Case Meeting, darf keiner was von wissen, aber euch kann ichs ja mal sagen, also nee sorry

KARL SONNENSCHEIN Aach, nur zwei, drei Stunden Squash, die Arbeit können wir doch mitnehmen.

AURELIUS GLASENAPP Ähm ja, also, weißt du, ich

PAUL NIEMAND Ja, also, du kannst doch

KARL SONNENSCHEIN Ja, das wäre doch schön, wir beide, du und ich, hmm?

PAUL NIEMAND Ja, das fänd ich jetzt auch schön.

AURELIUS GLASENAPP Also ich

KARL SONNENSCHEIN Na, los, zwei, drei Stunden Squash, anschließend noch n bisschen Wasserski und Parachute Gliding, dabei können wir doch noch ganz schön den Debrief auswerten, anschließend noch ne Runde Bowlen und dann noch mal Parachute Gliding und noch ne Runde Extrem Inline Skating und dann noch mal den Debrief auswerten und noch ne Runde Squash und noch einmal den Fluss rauf- und runterschwimmen und dann noch n Rafting-Wochenende dranhängen und dann schon mal die Listen für den nächsten Tag durchgehen und immer wieder Parachute Gliding und dann auch noch mal ne Runde Schach einlegen oder Risiko oder Malefiz oder Mensch-Ärgere-Dich-Nicht und dabei schon mal die Telefonkonferenz vorbereiten und anschließend noch ne Runde Squash und Extreme Rafting und dabei auf Rollschuhen hier einmal die Wand hochklettern und dann ne Runde Schwimmen und dann zehnmal ins oberste Stockwerk auf einem Bein und dabei schon mal das Case Team Meeting vorbereiten und den Debrief auswerten und das Feedback unaufgefordert weiterleiten und die Sätze so strukturieren, dass Begeisterung aufflammt, und dann immer wieder richtig schön Parachute Gliding und noch n paar Gedichte schreiben und noch mal Mensch-Ärgere-Dich-Nicht und Mühle Schach und Extrem Canooing, Bungeespringen und Tarantella tanzen und die Hotellobby umstrukturieren und mit verbundenen Augen ein tragbares Office in einer Flughafenlounge aufbauen und schon mal die Listen für den nächsten Tag durchgehen und die FAZ korrekturlesen und dann noch mal Walken Klettern Singen Tanzen Squash Inline Skaten und Parachute Gliding und den Flieger nicht verpassen und im Taxi noch ne Runde Schlittschuhlaufen und anschließend mit dem Taxifahrer noch den Debrief auswerten und dabei noch ne Runde Bowlen und die Excel-Statistiken gegenchecken
Ad libitum … der Schauspieler kann weiterimprovisieren.

Der EFFIZIENZWAHN muss also in der Szene oben zu einem Höhepunkt geführt worden sein, PAUL NIEMAND nähert sich einem komplett entgrenzten Stadium kurz vorm Amoklauf. Gefühl und Leben trennen sich voneinander … das Leben ist bereits aus dem Amokläufer herausgelaufen, bevor er den „erweiterten" mitleidlosen Selbstmord begeht, in den er massenhaft andere Menschen mit hineinzieht.

Was macht der CHOR?
Wird er zu einem Instrument?
D.h. keinen Text mehr, aber noch anwesend – hörbar – Singen, Geräusche, Summen, Kratzen mit der Stimme, Atmen?

Für die Inszenierung denke ich, dass die auch immer komplexer in den Mitteln wird, d.h. das Video wird immer raumgreifender, während es am Anfang überhaupt nicht vorhanden ist –
dass das Beratergespräch 2 vom Band kommt und nur Teile live, soll auch dazu führen, dass dieses ständige Effizienzsprech irgendwann wie ein Hintergrundrauschen wirkt, das ständig in NIEMANDS Kopf ist, nicht mehr weggeht.

12
PAUL NIEMAND - DELIRIUM

Es gibt jetzt jeweils die „Prosafassung" und die „lyrische – verdichtete Fassung" der jeweils selben Textpassage. Gesprochene – lange Fassung eines Textes – vom Band – die verdichtete Fassung live gesungen. Teile der Langfassung werden auch vom CHOR übernommen. Der CHOR wird immer mehr zu Stimmen von PAUL NIEMAND, Stimmen in seinem Kopf.

A

Lange bzw. Prosa-Fassung

Manchmal bin ich stundenlang weg, einfach weg, ich weiß nicht wo, in der Firma, beim Meeting, ich komme nach Hause und verstecke mich hinter der Heizung oder lege mich neben das Bett auf den Boden, ich lese noch immer die Unterlagen, ich stehe meistens pünktlich auf, ich nehme die Bahn oder das Taxi, mein Auto kann ich nicht mehr finden, das steht da irgendwo, irgendwo ohne mich, ich weiß nicht, wo das ist, das fährt herum, ohne mich, sucht jetzt einen Parkplatz ohne mich, fährt und fährt und kommt nicht zur Ruhe, ich schaue niemanden mehr direkt an, ich schaue flüchtig an allem vorbei, ich sitze hier, arbeite und denke:

verkürzte/verdichtete Fassung:

weg
stundenlang
hinter der Heizung
neben dem Bett
flüchtig an allem vorbei

–

B

Prosa-Fassung:

Das ist nicht mein Leben hier, aber ich lebe es trotzdem, ich lebe das hier für euch, damit es euch allen besser geht
und das andere Leben, das ich jetzt nicht leben kann, weil ich keine Zeit habe und dauernd die Landebahn verfehle, das lebe ich dann irgendwann anders, irgendwo anders, in mir, jetzt, gleichzeitig, in Gedanken, irgendwas, was auch immer,
das lebt irgendwo ohne mich, irgendwo liegt das ohne mich und lebt so vor sich hin, ohne dass ich ihm je begegnet bin, das fliegt an mir vorbei und schaut mich panisch an, weil es auf eine große Eisfläche zurast, das crasht in irgendeinen Wald rein und geht in Flammen auf, das bricht weg wie einer dieser Scheißaktienfonds von dem Schwein Tom, bei dem ich all mein Geld verloren habe.
Was habe ich denn die letzten Jahre gemacht? Ich weiß es nicht mehr, hatte ich eine Frau?, nein, hatte ich Kinder?, nein, Sex?, ab und an war da was, ich hab keine Erinnerung mehr, außer dass es schnell war und relativ aufwändig gerechnet auf den doch recht kurzen Moment des Höhepunkts,
Stille, leises Surren, kalt,
mein Fernsehapparat schaut so seltsam zu mir herüber, was hat der vor? Der will mir nahe kommen, der will, dass wir uns endlich richtig nahe kommen, er will Zuneigung, mein Fernseher will Liebe, mein Fernseher will meine Nähe, aber ich will nicht, ich will keine Nähe zu niemandem, der will mich anfassen, ich will aber nicht angefasst werden,

lyrische/verdichtete Fassung:

Nicht mein Leben hier
Wo lebt das jetzt?

Ohne mich?
Rast an mir vorbei
Crasht in einen Wald hinein

Kinder?
Nein
Hatte ich eine Frau?
Nein

Stille, leises Surren, kalt

Mein Fernsehapparat sucht meine Nähe
Mein Fernsehapparat schaut mich an, will Liebe
Aber ich will nicht, keine Nähe, zu niemandem

Prosa-Fassung:

ich muss hier raus, ich muss weg, ich will abgeholt werden, was muss ich denn tun, damit ich hier endlich abgeholt werde? Alle erschießen, ja, vielleicht, vielleicht, als ich anfing, war das doch alles ein ganz anderes Leben hier, oder? ICH MUSS HIER RAUS ICH MUSS WEG DAS MUSS AUFHÖREN DAS MUSS AUFHÖREN DAS MUSS AUFHÖREN WEG WEG SCHNELL RAUS HIER WEG.

Verdichtete Fassung:

Raus, weg hier, weg
Als ich anfing, war das doch alles ein ganz anderes Leben hier, oder?
Ich will abgeholt werden
Muss ich erst alle erschießen damit ich endlich abgeholt werde?
DAS MUSS AUFHÖREN DAS MUSS AUFHÖREN DAS MUSS AUFHÖREN WEG WEG SCHNELL RAUS HIER WEG

Dann wieder:

Hier bin ich
Und hier löst sich vor meinen Augen die Welt auf
Was ich sehe ergibt keinen Sinn
Alles zerspringt in Einzelteile
Alles flieht in mir
Ich sehe Menschen, die ängstlich vor mir wegrennen, schreien und ich schieße einfach rein
Gesichter zerspringen

wunderschön endlich sind die weg
die sind endlich weg
keiner will die
keiner braucht die
niemand hat die je gebraucht
die können ruhig weg.

was der Markt nicht gebrauchen kann, kommt weg,
es gibt keine Gesellschaft, es gibt nur Individuen,

jeder hat Angst, seinen Job zu verlieren, obwohl keiner seinen Job mag und abends keiner gern nach Hause geht, abends gehen die alle zu ihren Frauen und schmeißen die Katzen aus dem Fenster, die sie von ihren Schwiegermüttern zur Hochzeit geschenkt bekommen haben, der ganze Kanal ist voll von diesen festgefrorenen Katzen, überall, alles voll, überall fliegen Katzen aus den Mietshäusern aus allen Stockwerken, da, dieses Geräusch! Das ist der Planet Erde, der rast durchs leere kalte All, und seine Bewohner schmeißen unentwegt Katzen aus dem Fenster, und ein Gebrüll ist das, wenn alle voll Angst in ihrem Gesicht auf das Eis zufliegen, schreien, die Landebahn verfehlen, aufschlagen, zerschellen, noch bevor sie richtig geboren wurden, liegen bleiben, sich nicht mehr bewegen, schreien, ganz leise, ganz ganz leise, kaum hörbar, das alles höre ich jetzt, ich kann nicht mehr, ich kann nicht mehr

mein Enthusiasmus lässt nach, meine Energie

ich spürte, wie ich langsam im Flug aus dem zwanzigsten Stockwerk unseres Bürogebäudes zu Eis gefror, alle Viere von mir gestreckt, panischer Gesichtsausdruck, wirre Panik, so flog ich Richtung Eis und kam neben den anderen Katzen auf dem Kanal zum Liegen, festgefroren, unter Eis, da lagen wir starr und starrten einander in die Augen, eine Statistik, die die nicht gebraucht wurden, festgefroren unter Eis.

Eine letzte Erinnerung, während ich langsam in Zeitlupe erfror:

Der Flur nachts.
Ich gehe als Letzter.
Die Räume atmen leise vor sich hin, alles wartet auf den nächsten Tag.
Der Geldstrom fließt weiter, ich höre das Rauschen, es ist ein leeres schnelles Rauschen, es ist eine schnelle Einsamkeit in diesen Räumen.

Wenn das Universum sich ganz allmählich zusammenzieht, mit einer Gleichgültigkeit durch die Leere rast und dich einfach mitreißt, ob du willst oder nicht, dieser ohrenbetäubende Lärm und dieser Riss zwischen mir und den Menschen und dem Planeten, der wieder zur Fläche wird, die einbricht, mir entgegenstürzt, dieser Schrei, allein durchs Universum zu stürzen, wissend, dass das Universum mich nicht bemerkt, weil es sich für nichts und niemanden interessiert, in eine schwarze leere Tiefe gerissen mit all den anderen, und niemand kann mich hören, und niemand kann mich sehen…

13

KIND - JETZT WIRD ES STILL UM MICH HERUM

KIND Jetzt wird es still um mich herum
Ich sehe nichts mehr
Es ist dunkel
Nacht
Ich liege in meinem Zimmer
Hier ist niemand
Der Fernsehapparat blinkt rot auf
Die Minibar surrt
Soll ich mich noch ins Hotelprogramm einschalten
Soll ich noch ein paar Filme schauen
Als Ersatz
Ich bin einsam hier
Ich liege erschöpft auf meinem Bett
Meine Frau wo ist die jetzt?
Habe ich überhaupt eine Frau?
Ich weiß es nicht
Alles vergessen
Es ist so still hier
Mein Computer atmet leise
Er versteht mich
Mein Computer versteht mich
Ich verstehe mich selbst nicht
Aber mein Computer weiß genau wie ich mich verhalten soll
Das beruhigt mich in meiner Einsamkeit

Ja das beruhigt mich in der Leere die ich hier zur Verfügung stelle um das System am Laufen zu halten
Ich gebe euch mein Leben und ihr macht eine leere Stelle daraus
Eine Fühllosigkeit die durchs All rast das bin ich
Eine Abwesenheit die die Einsamkeit erträgt die Leere das Unerträgliche
Ich klage nicht an ich halte durch
Ich habe nichts mehr zu erwarten
Mein Weg ist schon verplant
Mich erwartet nichts mehr
Ich habe kein Leben mehr vor mir
Das Leben das vor mir liegt wurde schon tausendmal gelebt

ANMERKUNGEN

PAUL NIEMAND ist die menschliche Existenz –
Seine zunächst kraftvolle existentielle Sprache „Am Anfang war der Himmel...“ wird kontrastiert mit der technisierten Sprache der BERATER –
Für mich zeigt das Stück die Ablösung eines Menschenbildes – ein neuer Begriff dafür, was der Mensch ist, wie er sich zu verhalten hat, welcher Wert ihm zukommt, wie er sprechen soll – und welche Gefühle wichtig, welche unwichtig sind...
Kann man dies auch in der musikalischen Struktur spürbar machen? Wird am Ende gar nicht mehr musiziert? – oder eben grade heftig gegen die Auflösung angekämpft? – die Wucht des Themas – nämlich die Ablösung unserer Demokratie zugunsten dieses neuen Medien-Wirtschafts-Empire mit dem dazugehörigen Glaubensystem – und vor allem DIE EXISTENZ DES MENSCHEN DES MENSCHLICHEN UND DER KUNST –
Unterschiedliche Emotionen Emotionalitäten – die Kälte, der Zynismus, die leer gespülte Seele – und dagegen die existentielle menschliche Kraft, die immer wieder aus NIEMAND hervorbricht. Die vor allem in der Kindheit liegt – dort liegt alles, was man fürs Schöpferische braucht, da liegt die Identität – und in der Liebe könnte sie liegen – aber im gesamten Stück gibt es keine Liebe zu einem anderen Menschen, dieses Bedürfnis soll umgeleitet werden – in die Liebe zum Markt.

Der Kirschgarten

von Anton Tschechow

Bearbeitung von Falk Richter

PERSONEN

LJUBA ANDREJEWNA RANJEWSKAJA
ANJA
WARJA
LEONID ANDREJEWITSCH GAJEW
JERMOLAJ ALEXEJEWITSCH LOPACHIN
PJOTR SERGEJEWITSCH TROFIMOW
SCHARLOTTA IWANOWA
FIRS
JASCHA
STATIST

Dieses Bühnenwerk enthält Songs, deren Rechteeinholung über die GEMA erfolgen muss.

ERSTER AKT

LOPACHIN Oh nee,
hustet.
da komme ich extra pünktlich hierher, um sie am Bahnhof abzuholen und dann schlafe ich einfach ein, einfach so im Sitzen. Ich bin so ein Vollidiot. Wieso weckt mich hier keiner!
Pause.
Sie war so lange weg, wer weiß, ob sie sich verändert hat. Sie war so ein fröhlicher, lieber Mensch eigentlich. Ich erinnere mich, wie mein Vater mich an meinem fünfzehnten Geburtstag mit hierher nahm und mir aus irgendeinem völlig blödsinnigen Anlass mit der Faust voll in die Fresse schlug, er hatte wieder gesoffen. Ljuba war damals noch sehr jung, sie hatte diese unglaublich schönen, wachen Augen, war ganz schlank und ... sie wischte mir das Blut aus der Stirn, nahm mich in den Arm, ganz sanft und sagte „Weine nicht, kleiner Bauer, bis zur Hochzeit sind alle Wunden verheilt".
Pause.
„Kleiner Bauer". Mein Vater war tatsächlich Bauer, und Ljuba und ihr Bruder nannten mich immer „unser kleiner Bauer" und hier bin ich – Anzug, teure Schuhe, Krawatte, wie ein Mastschwein in der Businesslounge!
Ich bin reich, sehr reich sogar, ich kann mir alles kaufen, aber wenn man genauer hinsieht, erkennt man eben: Bauer. Bauer bleibt Bauer. Seit Tagen versuche ich, dieses Buch zu lesen ... aber nach drei Seiten schlafe ich immer wieder ein...
lacht.

WARJA Ich glaube, sie kommen! Mir wird ganz kalt.

LOPACHIN Ob sie mich noch erkennt?

Auftritt LJUBA, GAJEW, ANJA, SCHARLOTTA, JASCHA

ANJA O Gott, Mama, erinnerst du dich noch?

LJUBA Das Kinderzimmer!
lässt ihr Portemonnaie fallen.

JASCHA Warte, ich hebs auf.

WARJA Hier ist alles so, wie Du es verlassen hast, Mama.

LJUBA Das Kinderzimmer, mein liebes, wunderschönes ... der einzige Ort, an dem ich mich wohl gefühlt habe und jetzt ... bin ich wieder hier und ... alles ist gut, alles wird so wie früher, Leonid, wir waren so sicher hier, so ... alles war so ... ich geh hier nie wieder weg, ich bleibe hier, ich...
Warja sieht ja aus wie eine Nonne, was soll das denn? Und Firs ist immer noch der alte. Leonid, ich bin zu Hause, ich bin endlich wieder

GAJEW Der Zug hatte zwei Stunden Verspätung. Zum Kotzen ist das.

SCHARLOTTA Dieser Raum inspiriert mich enorm.

WARJA Ach ja?

ANJA Ich schlaf nicht mehr, schon seit Tagen nicht, die ganze Reise über: Keine Sekunde Schlaf ... Was ist eigentlich mit meinen Haaren los? Mein Zimmer, als wäre ich nie weg gewesen. Ich bin zu Hause, endlich zu Hause.

WARJA Trofimow ist vorgestern angekommen.

ANJA Petja!!

WARJA Er schläft in der Sauna und wohnt dort auch.

ANJA Lass ihn uns wecken.

WARJA Nein, Mama darf ihn auf keinen Fall sehen.
Jetzt seid ihr endlich wieder da.

ANJA Ich hab so viel durchgemacht. Diese Kälte, als wir losgefahren sind und Scharlotta hat die ganze Fahrt über irgendein seltsames Zeugs geredet und ihre Performances geübt, grauenhaft.
Und wie läuft es hier? Habt ihr die Zinsen bezahlt?

WARJA Wovon denn?

ANJA O nein!

WARJA Im August wird das Gut verkauft.

ANJA Was?

LOPACHIN Mähhh

WARJA *lacht*
Hau ab, Du!

ANJA Warja, hat er dir einen Antrag gemacht?
WARJA schüttelt den Kopf.

Aber er liebt dich doch. Warum klärt ihr das nicht, worauf wartet ihr?

WARJA Ich glaub, das wird nichts mit uns. Er denkt nur ans Geschäft und nimmt mich überhaupt nicht wahr. Alle gratulieren mir zu unserer bevorstehenden Hochzeit, aber es passiert nichts, nichts, wir kommen uns einfach nicht näher, nie, er … ich weiß nicht, will irgendwie nicht, oder … ich weiß es nicht … ich komme mir vor wie im falschen Film und ich würde das Drehbuch gerne umschreiben und ihm ein paar Sätze geben wie „Ich will dich, ich brauche dich, du bist die Frau meines Lebens"? Aber irgendwie kann er diese Sätze nicht sagen, er sagt gar nichts! Nichts! Du siehst aus wie eine Biene.

ANJA Hat Mama mir gekauft. In Paris bin ich mit einem Ballon geflogen und beinahe abgestürzt. Das war irre.

WARJA Du bist wieder da! Du bist endlich wieder da!
Den ganzen Tag laufe ich durch den Kirschgarten und träume, es ist der schönste, ruhigste Ort der Welt, alles ist so hell und klar, alles Dunkle verliert sich in den Bäumen. Wenn wir dich an einen reichen Mann verheiraten würden, dann bräuchte ich keine Angst mehr zu haben. Ich könnte ewig durch diesen Garten laufen oder mich in ein Kloster zurückziehen, ich könnte endlos lange Reisen machen, von einer Stadt in die nächste, und irgendwann … zu Gott finden.

JASCHA kommt herein.

JASCHA Na, Ihr Gurken!

ANJA Jetzt lass sie doch mal.

FIRS lässt das Kaffeegeschirr fallen.

WARJA Was ist denn jetzt schon wieder?

FIRS Kaputt.

WARJA Hier geht alles kaputt. Ich kann nicht mehr, ich mache, was ich kann und … alles geht kaputt.

LJUBA Wie war das noch gleich? „Ich finde dich nicht mehr. Nicht in mir, nein. Nicht in den andern. Nicht in diesem Stein. Ich finde dich nicht mehr. Ich bin allein."

GAJEW „Später erzählte man: ein Engel kam –
Warum ein Engel? Ach, es kam die Nacht und blätterte gleichgültig in den Bäumen."
Hier in diesem Zimmer haben wir beide damals … geschlafen und noch ganz andere Sachen gemacht, Schwesterchen. Und jetzt sind

wir so alt, so entsetzlich alt, dass man sich morgens manchmal schämt, wenn man in den Spiegel schaut. Das Leben zieht weiter und lässt uns einfach zurück, wie eine flüchtige Bekanntschaft, an der man jegliches Interesse verloren hat.

LOPACHIN Ja, die Zeit rast.

GAJEW Wen?

LOPACHIN Die Zeit rast, sage ich, und wer zu spät kommt, den bestraft das Leben.

GAJEW Und hier stinkt es irgendwie nach Schweiß und ganz billigem Rasierwasser.

FIRS Wieso gestern?

ANJA Ich kann nicht mehr. Ich muss jetzt schlafen.

LJUBA Bist du froh, wieder zu Hause zu sein? Ich kann mich noch nicht daran gewöhnen, ich bin … noch gar nicht hier, ich bin, nein, ich bin hier nicht.

ANJA Gute Nacht, Onkel.

GAJEW küsst ANJA.

GAJEW Erstaunlich, wie ähnlich du deiner Mutter siehst! Ljuba, sie sieht genauso aus wie du damals, so schön und rein und

LJUBA Lass sie, sie ist müde, sie muss schlafen.

WARJA Also, es ist jetzt nach drei, bitte … bitte nehmt das alle zur Kenntnis und

LJUBA *lacht*
Warja, du hast dich gar nicht verändert.
FIRS serviert Kaffee.
Firs, mein lieber Freund. Ich trinke Tag und Nacht Kaffee, ich kann nicht anders. Danke, mein Alter. Sitze ich hier wirklich? Ich möchte aufs Dach klettern und herumspringen, die Arme in die Luft werfen und … Ich bin zu Hause. Und plötzlich kann ich schlafen. Zuhause. Wie sehr ich das vermisst habe: Heimat. Nach Hause kommen. Keine Fremde sein, dieses Haus, jeder Gegenstand hier, mein ganzes Leben, ich. Im Zug habe ich unentwegt aus dem Fenster geschaut und hab geweint…
Trink deinen Kaffee, mein Schatz und … Du lebst, Firs, das ist so schön, ich dachte, du wärst schon längst

FIRS Vorgestern

GAJEW Er ist schwerhörig.

LOPACHIN Ich muss leider schon um fünf wieder aufstehen, wichtige Termine. Ja, tut mir leid. Ich bin nur gekommen, weil ich Sie sehen wollte, Sie sind eine so wunderbare, großartige, schöne Frau, ich weiß gar nicht, wie ich…
Ihr Bruder Leonid sagt, ich sei immer noch ein dummer Bauer und hätte kein Benehmen, aber das ist mir völlig egal. Er kann sagen, was er will, das interessiert sowieso keinen. Hauptsache, Sie vertrauen mir noch wie früher und sehen mich aus Ihren schönen Augen mit diesem rührenden Blick an. Mein Vater hat hier gearbeitet, so wie mein Großvater und dessen Vater, sie alle haben hier immer gearbeitet ihr Leben lang, bis sie tot umgefallen sind, und sie hatten kein gutes Leben, waren einfache, ungebildete Menschen, ohne Geld, ohne Freude, aber ich habe all das vergessen, bin niemandem böse, denn Sie haben so viel für mich getan, waren immer da für mich, als gehörte ich zur Familie, Sie sind meine Familie, ich liebe…

LJUBA *springt auf*
Ich kann hier nicht sitzen bleiben, dazu bin ich jetzt nicht in der Lage. Diese Freude halte ich einfach nicht aus. Lachen Sie ruhig über mich blöde Kuh, ich bin seltsam, ich weiß, aber … meine Kiste, meine Schatztruhe, meine Bücher, meine Briefe, meine Fotos, meine alten Platten! Hier hab ich immer gesessen, nächtelang,
zu GAJEW
mit Dir, mein Schatz und wir haben diese Welt durchforstet in unseren Träumen und für Bruchteile von Sekunden war da eine Ahnung davon, wie das Leben funktionieren könnte, wie es groß und schön und hell und stark und ewig sein könnte!

GAJEW Als du weg warst, ist unser früheres Kindermädchen gestorben.

LJUBA Ja, schrecklich, das habe ich gehört.

GAJEW Und Olga lebt nicht mehr. Andre ist in die Stadt gezogen und arbeitet jetzt als Polizeichef. Alexander hat sich vor den Zug geworfen, Semjon liegt im Krankenhaus, schon seit Monaten, und hustet, er wird bald sterben. Indes wie blasser Kinder Todesreigen um dunkle Brunnenränder, die verwittern, im Wind sich fröstelnd blaue Astern neigen. Frost, Rauch, ein Schritt im leeren Hain

LOPACHIN Ja. Ich würde Ihnen gern positive, aufmunternde Nachrichten überbringen, aber die Zeit drängt, ich muss los und für Smalltalk hab ich jetzt einfach nicht genug Zeit. Ich werde Sie in wenigen Sätzen auf den neusten Stand bringen: Wie Sie alle wissen, wird Ihr Kirschgarten zur Tilgung der Schulden verkauft. Der Auktionstermin ist für den 22. August angesetzt, aber seien Sie unbesorgt, Sie können beruhigt schlafen, denn ich habe bereits eine Lösung. Ich bitte um Ihre Aufmerksamkeit für meinen Projektvorschlag, den ich hier

holt seinen Aktenkoffer.

in aller Kürze unterbreiten möchte: Wie Sie alle wissen, liegt das Objekt rund zwanzig Kilometer von der Stadt entfernt, die Anbindung an die örtliche Infrastruktur ist gewährleistet, das Objekt verfügt über einen Fluss, der Erholungswert ist großartig: Ruhe, die Nähe zur Natur, all das gibt es hier im Überfluss. Teilt man Kirschgarten und Flussgrundstück in mehrere etwa 100 Quadratmeter große Einheiten und verpachtet diese für den Bau von Wochenendhäusern und schafft ein weitreichendes Freizeitangebot hier in der Gegend, dann werden Sie jährlich Umsätze in einer Spannweite von 250 000-500 000 erzielen können.

GAJEW Das ist doch Blödsinn, bei allem Respekt.

LJUBA Ich weiß gar nicht wovon er redet.

LOPACHIN Wenn Sie eine gute Werbestrategie fahren, versichere ich Ihnen, werden Sie bis zum Herbst alle Wohneinheiten verpachtet haben und damit pro Einheit etwa 25 000 pro Jahr verlangen können, Wertsteigerungen bis zu 100% bereits im ersten Jahr sind keine Unmöglichkeit, wenn die Nachfrage wächst, was nicht auszuschließen ist, ganz im Gegenteil, die Leute wollen doch Ruhe, Entspannung, das Gefühl, ein Stück Natur zu besitzen und selbst zu gestalten. Ich kann Ihnen nur gratulieren, Sie sind saniert. Es müssen lediglich einige Grundlagen geschaffen werden: Wo derzeit nicht mehr benötigte, baufällige Gebäude stehen, das, in dem wir uns befinden, eingeschlossen, wird Raum geschaffen für Neues, für Innovation, für Veränderung, für Fortschritt. Die Zahl der ohnehin viel zu alten Kirschbäume wird nach Abschluss der Vorbereitungen des Vorhabens gegen null gehen.

LJUBA Gegen null? Lieber Lopachin, das ist ja alles durchaus beeindruckend, was Sie da darzulegen versuchen, aber … was soll der Unsinn? Das einzige, das überhaupt Wert hat in dieser Gegend, und das aufgrund seiner Einzigartigkeit weit über die Grenzen dieses Landes hinaus bekannt ist und seit Generationen großes Ansehen und große Bewunderung überall auf der Welt bei den Menschen hervorgerufen hat, ist unser Kirschgarten.

LOPACHIN Bewundernswert ist am Kirschgarten nur seine Größe. Die Bäume tragen nur alle zwei Jahre Früchte, und selbst diese mageren Erträge will niemand kaufen. Der Kirschgarten wirft einfach nichts mehr ab, nehmen Sie das bitte zur Kenntnis.

GAJEW Der Garten steht sogar im „enzyklopädischen Wörterbuch" und gilt als wichtigstes Kulturgut in dieser Gegend überhaupt.

LOPACHIN Wenn wir keine neuen Konzepte entwickeln, und zu keiner Einigung kommen, werden der Kirschgarten und das gesamte Gut auf der Auktion am 22. August verkauft. Ich mache nur Vorschläge. Die Entscheidung liegt bei Ihnen. Wir haben keine anderen Optionen, glauben Sie mir.

FIRS Früher, vor vierzig, fünfzig Jahren, hat man die Kirschen getrocknet, eingemacht, mariniert, zu Marmelade verarbeitet, und manchmal…

GAJEW Sei mal ruhig, Firs.

FIRS Manchmal hat man die getrockneten Früchte bis ins Ausland transportiert. Das brachte richtig Geld! Und die getrockneten Kirschen von damals waren weich, saftig, süß – und wie die dufteten. Damals verstand man noch was davon.

LJUBA Und wieso versteht man heute nichts mehr davon?

FIRS Ist in Vergessenheit geraten. Niemand erinnert sich mehr daran.

LOPACHIN Ja. Es gibt jetzt um alle Städte herum diese neuen Wohnprojekte für Sommergäste, Menschen, die aus den Städten aufs Land ziehen wollen oder am Wochenende hierherkommen, erschöpfte Menschen, die Ruhe brauchen und die Nähe zur Natur suchen. Die Anzahl dieser Menschen wird in den nächsten zwanzig Jahren um mehr als 500 Prozent ansteigen. Diese Menschen bringen Geld mit und sie haben Zeit, wollen sich engagieren, auch wieder körperliche Arbeit kennenlernen. Es kann gut sein, dass diese Wochenendhausbesitzer hier auf ihren Grundstücken wieder Nutzpflanzen anbauen. Und dann bricht eine glückliche, reiche, neue Blütezeit an für den Kirschgarten.

GAJEW So ein Blödsinn!

WARJA Mama, es sind zwei wichtige Nachrichten für dich gekommen
holt Nachrichten aus der Kiste.

LJUBA Aus Paris.
zerreißt die Nachrichten, ohne sie zu lesen.
Paris ist vorbei.

GAJEW Ljuba, weißt du eigentlich, wie alt diese Kiste ist? Vor einer Woche habe ich ein paar alte Notizen von mir gesucht und sie wieder aufgemacht und die Zahlen waren schon verblasst. Vor genau hundert Jahren hat irgendein Arbeiter mit seinen eigenen Händen diese Kiste zusammengebaut und sie hält immer noch und steht hier, hier bei uns. Lasst uns ihr Jubiläum feiern. Zwar hat das Ding keine Seele, aber es ist älter als wir alle und es hat seit Jahrzehnten all unseren Büchern und Gedanken eine würdige Herberge gegeben.

LJUBA Hundert Jahre, das kann man sich heute gar nicht mehr vorstellen.

GAJEW Ja, dieses Ding ... Liebe, sehr geehrte Kiste! Ich begrüße deine Existenz, die nun schon seit über hundert Jahren den strahlenden Idealen des Guten und Gerechten gewidmet ist; dein stummer Aufruf zu ehrlicher, fruchtbarer, sinnstiftender Arbeit hat seine Kraft im Wandel der Zeiten nicht verloren weil du in unserer Familie durch Generationen hindurch das Vertrauen in eine bessere Zukunft und in uns die Ideale des Guten und ein gesellschaftliches Bewusstsein verankert hast, das uns fernab vom Ausverkauf aller Werte und aller ökonomischen Hysterie, die wir derzeit mit erleben müssen den Glauben an den Menschen und sein unveräußerliches Grundrecht auf ein substanzielles, frei bestimmtes, ungebrochenes Leben fernab von Effektivität und Kommerz und
Pause.
jetzt habe ich den Faden verloren

LOPACHIN Ja...

LJUBA Leo, du bleibst auch immer der Alte.

LOPACHIN Tja, Zeit ist Geld, liebe Freunde, ich bin dann mal weg.

JASCHA *zu Ljuba*
Willst du jetzt deine Tabletten?

LOPACHIN Meine Liebe, nehmen Sie bitte keine Medikamente. Sie schaden zwar nicht, aber helfen tun sie auch nicht. Geben Sie sie mir ... So!
Er schluckt alle Tabletten auf einmal runter.

LJUBA *erschrocken*

Sie sind ja wohl verrückt geworden!

LOPACHIN Alle weg!

JASCHA Der Geldhai schluckt einfach alles.

Alle lachen.

FIRS *redet vor sich hin*
Das war so dunkel damals, wir sind da gar nicht angekommen, es war einfach zu dunkel, das hat ja niemand gefunden, da sind wir dann wieder umgekehrt, einige sind auch gar nicht erst losgeritten nur zwei Sätze und dann das war so still damals und der Mond zersprang in tausend Teile. Sie ist zurück. Jetzt kann ich endlich sterben.

LJUBA Wovon redet der denn?

WARJA Schon seit drei Jahren murmelt er so. Wir haben uns daran gewöhnt.

SCHARLOTTA geht über die Bühne.

LOPACHIN Entschuldigen Sie, ich habe es noch nicht geschafft, Sie zu begrüßen

SCHARLOTTA Kommen Sie mir bloß nicht zu nahe, Sie wollen mir doch nur an die Wäsche, Sie Tier!

LOPACHIN Ich hab heut einfach kein Glück bei den Frauen.

Alle lachen.

LJUBA Scharlotta, zeigst du uns Ausschnitte aus deiner neuen Arbeit?

SCHARLOTTA Auf keinen Fall, ich muss schlafen

LOPACHIN Wir sehen uns in drei Wochen. Nun aber auf Wiedersehen, machen Sies gut, meine Herrschaften, ich muss los.
zu GAJEW
Auf Wiedersehen. Am liebsten würde ich hier bleiben, aber … die Pflicht ruft. Ich würde lieber nicht fahren.
zu LJUBA
Denken Sie noch einmal über meinen Projektvorschlag nach. Wir können das alles hier umstrukturieren und wieder in Schwung bringen, glauben Sie mir, ein neues Leben wartet auf Sie, hier, es steht sozusagen gerade vor Ihnen. Es liegt alles in Ihrer Hand. So, jetzt bin ich aber weg. Lassen Sie mich Ihre Entscheidung wissen, denn ich

kann einen Kredit besorgen, so viel sie brauchen. Bitte denken Sie die ganze Sache ernsthaft und in Ruhe durch. Ich bin dann mal weg.

WARJA *wütend*
Jetzt gehen Sie endlich!

LOPACHIN Ich gehe ja schon, ich gehe!
Ab.

GAJEW Dieses Trüffelschwein. Warja will ihn ja heiraten, er ist ja Warjas kleiner Bräutigam.

WARJA Onkel, lass, das gehört jetzt nicht hierher.

LJUBA Doch, wieso. Ich würde mich sehr freuen, er ist ein guter Mensch.

JASCHA *zu Ljuba*
Sag mal, kannst du mir Geld leihen.

WARJA Was? Nein. Wir haben nichts.

JASCHA Nur zweihundert, bekommst du nächste Woche zurück.

LJUBA Ich habe wirklich nichts.

JASCHA Bitte, ich ... natürlich hast du noch was ... gibs mir einfach, ja, bitte.

WARJA Mensch, wir haben kein Geld mehr, kapier das mal!

JASCHA Ihr habt kein Geld, ich habe kein Geld, wir haben alle kein Geld. Geld hat man immer zu wenig, jeder, und dann, wenn du denkst es geht nicht mehr und die Lage schon total aussichtslos scheint, tut sich irgendwo eine Möglichkeit auf ... Geld ist reine Anarchie, das macht, was es will, es strömt und strömt, und plötzlich stehst du mitten im Strom und hast alles, was du brauchst ... Kannst du mir Geld leihen. N kleines Darlehen. So zweihundert? Das ist nun wirklich nicht viel, gibs mir, ich brauchs einfach, ich gebs dir auch zurück.

LJUBA Der Kaffee ist getrunken, dann können wir ja jetzt schlafen.

FIRS *klebt an GAJEW*
Sie haben wieder die falschen Hosen an, die sind doch ganz dreckig. Was mach ich nur mit Ihnen?

WARJA Anja schläft. Die Sonne ist schon aufgegangen. Unsere alten Bäume, so wunderschön.

GAJEW Alles ist ganz weiß und endlos und … erinnerst du dich … du und ich … wir beide, die hellen, endlosen Nächte, und jeder einzelne Baum hier weiß um uns und unser Leben, um unsere verborgensten Geheimnisse

LJUBA Meine Kindheit, ich war so unverfälscht. In diesem Zimmer habe ich immer gelegen, sah den Garten und das Glück erwachte jeden Morgen mit mir. Er sieht aus wie damals, nichts hat sich verändert. Dieser Garten ist größer und schöner als unser Leben. Hell und endlos. Er hat alle Winter überlebt, er steht da wie immer, egal, was um ihn herum passiert und wie unglücklich wir geworden sind. Wenn ich nur die Last der Vergangenheit abschütteln und alles vergessen könnte!

GAJEW Und jetzt wird der Kirschgarten zur Tilgung der Schulden verkauft. Das ist so seltsam.

LJUBA Schau mal, da geht unsere tote Mutter durch den Garten. Sie ist es wirklich!

GAJEW Wo?

WARJA Himmel hilf!

LJUBA Da … Nein, sie ist es nicht, ich habe mich getäuscht. Es war nur ein kleiner Baum, der sich geneigt hat. Es sah nur so aus.

Auftritt TROFIMOW.

LJUBA Dieses Meer weißer Blüten, der blaue Himmel, plötzlich ist alles möglich, ich bin am Leben.

TROFIMOW Ljuba Andrejewna!
LJUBA dreht sich langsam zu ihm um.
Keine Angst, ich gehe gleich wieder. Man hatte mir gesagt, ich soll bis zum Morgen warten, aber ich habe es nicht mehr ausgehalten: Ich musste Sie einfach sehen!

WARJA Das ist Petja Trofimow.

TROFIMOW Petja Trofimow, der ehemalige Lehrer Ihres Grischas. Habe ich mich so verändert?

GAJEW Schon gut, Ljuba. Schon gut.

WARJA *weint*
Ich hatte Ihnen doch gesagt, dass Sie bis morgen warten wollen.

LJUBA Mein Grischa, mein kleiner Junge, Grischa, mein Sohn.

WARJA Wir müssen damit leben, Mama, Gott hat es so gewollt.

TROFIMOW Es wird schon, es wird wieder gut.

LJUBA Mein Junge ist tot, ertrunken. Warum? Warum, mein Freund? Ich bin zu laut. Anja schläft, Petja, warum sind Sie so hässlich geworden, so alt?

TROFIMOW Neulich hat im Zug ein junges Mädchen „Hau ab, du Penner" zu mir gesagt, als ich mich neben sie setzen wollte.

LJUBA Als wir weggefahren sind, waren Sie noch ein ganz junger, wunderschöner Student, und jetzt ... sagen Sie nicht, Sie studieren noch.

TROFIMOW Ich bleibe wohl ewiger Student.

LJUBA So, jetzt schlafen wir alle.

JASCHA Ach so, kannst du mir vorher noch das Geld geben. Ich brauch das nämlich schon Morgen.

LJUBA Nein, ich habe kein Geld, mein Lieber.

JASCHA Ich gebs dir doch zurück, zweihundert, das ist doch nicht so viel, ich frag ja nicht nach 2 Millionen, zweihundert, bitte, nur für ein paar Tage, ja, kriegst es auch ganz bestimmt wieder, ich brauch das einfach, wieso muss ich denn jetzt hier vor allen Leuten so darum betteln, was soll denn das? Gibs mir einfach. Bitte.

LJUBA Leonid, gibst du ihm bitte das Geld!

GAJEW Wenn ich es ihm gebe, ist es weg.

LJUBA Bitte gib es ihm doch. Er braucht es. Er gibt es ja zurück.

GAJEW Mit dem Geld um sich zu werfen, hat meine Schwester nicht verlernt.

WARJA Deine Mutter sitzt schon seit gestern in der Küche und will dich sehen.

JASCHA Mir egal.

WARJA Respektloser Kerl!

JASCHA Was will die denn von mir? Sie hätte doch auch morgen kommen können.
Ab.

WARJA Unsere Mama hat sich überhaupt nicht verändert. Wenn es nach ihr ginge, würde sie das ganze Vermögen verteilen.

GAJEW Ja, stimmt ... Wenn gegen eine Krankheit sehr viele Mittel gegeben werden, bedeutet das, dass sie nicht heilbar ist. Also denke ich nach, ich zermartere mir das Hirn nach Auswegen, es gibt so viele Ideen und dann auch wieder keine. Es wäre gut, zu erben, oder Anja mit einem reichen Mann zu verheiraten, ein anderer Weg wäre, zu unserer Tante zu fahren, um sie um Geld zu bitten.

WARJA Wenn ich Gott doch nur dazu bringen könnte, uns zu helfen.

GAJEW Lass Gott aus dem Spiel. Die Tante schwimmt in Geld und könnte uns alle retten, aber ... sie mag uns nicht. Vor allem ist ihr Ljubas Lebensstil zuwider, sie verachtet sie dafür, dass sie so zügellos und undiszipliniert lebt und dauernd andere Männer hat, kein klares Ziel verfolgt, sich einfach so gehen lässt, trinkt und feiert, dann wieder zusammenbricht und wochenlang am Boden liegt, und mit jedem Zusammenbruch wieder in eine neue Stadt reist, um alles zu vergessen, und all unser Geld dabei draufgehen lässt.

ANJA Lieber Onkel, wir mögen dich hier alle, wirklich, aber du solltest einfach ab und an weniger reden. Was hast du da gerade gesagt?

WARJA Schweig einfach, das ist besser.

ANJA Wenn du nicht so viel redest, dann wirst du auch innerlich ruhiger.

GAJEW Ich werde schweigen. Nur noch eins zum Thema: Am Donnerstag am Amtsgericht habe ich Bekannte getroffen und die haben mir erzählt, dass man einen Kredit mit Wechseln besichern und so über eine Umverschuldung der Bank die Zinsen zahlen könnte.

WARJA Wenn Gott uns nur helfen würde!

GAJEW Am Dienstag fahre ich hin, und erkundige mich da mal nach den genauen Einzelheiten. Deine Mutter spricht mit Lopachin, er wird ihr nichts abschlagen. Und du fährst morgen früh zur Tante und bittest sie um Geld. So verfolgen wir eine dreiteilige Strategie und entscheiden die Sache für uns. Wir werden die Zinsen bezahlen, da bin ich ganz überzeugt. Bei meiner Ehre, bei allem, was du willst, schwöre ich, dass das Gut nicht verkauft wird!

FIRS Sie müssen ins Bett, Leonid!

GAJEW Gleich, gleich. Geh, Firs, bitte. Ich kann mich selbst ausziehen. Also, gut Nacht.
küsst Anja.

Und morgen erzähle ich euch die Einzelheiten. Jetzt gehen wir schlafen.
küsst Warja, will abgehen, kommt dann noch mal zurück.
Ich bin ein Mann des Umsturzes, dafür liebt mich der einfache Mann, der Mann auf der Straße versteht mich und ich verstehe ihn, weil wir die Kraft kennen, die sich zusammenballen kann, wenn der Sturm so unerträglich geworden ist, dass man sich wehren muss, dagegenhalten, nicht aufgeben, wir geben nicht auf, wir geben uns nicht geschlagen, ich habe schon so viel durchgemacht in meinem Leben und ich lass mich hier nicht einfach abtransportieren wie einen Haufen Bauschutt, auch, wenn die Zeiten Zeiten sind, in denen nichts und niemand mehr sicher ist, ich kämpfe, das habe ich gelernt von den einfachen Menschen, die alles mitmachen, bis zu dem Punkt, wo das Fass überläuft und dann ... nehmt die Beine in die Hand und lauft, lauft, denn, wenn der Sturm einmal richtig losbricht, dann gibt es kein Halten mehr, das Unrecht lässt sich nicht ewig

ANJA *unterbricht ihn*
Du fängst ja schon wieder an, Onkel

FIRS Leonid Andreitsch!

GAJEW „Einmal wenn ich dich verlier, wirst du schlafen können, ohne daß ich wie eine Lindenkrone mich verflüstre über dir. Ohne daß ich hier wache und Worte, beinahe wie Augenlider, auf deine Brüste, auf deine Glieder niederlege, auf deinen Mund..."

ANJA Ruhe jetzt!
Pause.
Ich will nicht zu dieser schrecklichen Tante, aber, ich weiß nicht ... irgendwie werden wir es schaffen.

WARJA Wir müssen schlafen.

ANJA Als wir in Paris ankommen, liegt dort Schnee und es ist kalt. Mama wohnt im vierten Stock, unentwegt sind irgendwelche Leute bei ihr zu Besuch, die Heizung geht nicht, es ist kalt und die hängen da rum, rauchen, hören Musik und reden unentwegt, und Mama sieht so unglücklich aus, sagt kein Wort, sie tat mir so leid, dass ich sie ganz fest an mich drückte, stundenlang saßen wir so da und weinten. Ihre Villa bei Mentone hat sie schon verkauft. Wir haben also nichts mehr. Aber Mama nimmt das irgendwie, ich weiß nicht, gar nicht wahr, oder, ich weiß es nicht...

WARJA Als du weg warst, gab es hier Schwierigkeiten mit dem Personal. Wir können ihnen nicht mehr genug Geld bezahlen. Es ist schrecklich. Die Stimmung ist kurz davor, umzukippen, kaum einer folgt mehr meinen Anweisungen, kaum einer arbeitet noch richtig, die wollen alle ihr Geld, aber wir können ihnen nichts zahlen. Anja?
Pause.
Sie ist eingeschlafen.

TROFIMOW tritt hinten rechts auf.

WARJA Psst, sie schläft endlich, gehen Sie.

ANJA *im Schlaf*
Ich bin so müde. Immer nur Glöckchen ... Onkel, liebster und Mama und Onkel

WARJA Bitte gehen Sie.

TROFIMOW Meine Sonne, mein Frühling.

ZWEITER AKT

Die Kirschgartenkommune macht zusammen Musik, nach und nach betreten Scharlotta, Jascha, Anja, Warja und Ljuba den Raum und spielen auf sehr einfachen Instrumenten eine sehr einfache eingängige Musik, Klangschalen, Gitarren, Zymbeln, Tamburin, Schlagfrosch usw. Scharlotta performt ihren Text dazu.

SCHARLOTTA Ich habe keinen richtigen Pass. Ich weiß nicht, wie alt ich bin, aber mir kommt es vor, als wäre ich jung. Als ich ein kleines Mädchen war, sind meine Eltern durch die ganze Welt gereist und haben so Performances gemacht auf irgendwelchen Festivals, ziemlich gute sogar, und ich war immer mit dabei. Ich war nie länger als zwei Monate an einem Ort. Ich habe alles Mögliche schon ausprobiert in meinem Leben, kann vieles, aber nichts richtiges und ich kenne keinen und ich weiß nicht einmal, ob meine Eltern verheiratet waren und ob ich wirklich ihre Tochter war. Irgendwann sind Mama und Papa nicht mehr zurückgekommen von einer Reise und ich bin allein durch die Gegend gezogen, habe mich mit allem möglichen Kram über Wasser gehalten, bin rumgetingelt, habe gesungen, getanzt, gezaubert, Theater gespielt, komponiert, Stücke geschrieben, unterrichtet, Feuer gespuckt, jongliert, gewahrsagt, getöpfert, gekellnert, Puppen gebaut, gemalt, dekoriert, Kindergeburtstage gestaltet, Tiere dressiert…
Aber, woher ich komme und wer ich bin, weiß ich nicht.
Nichts weiß ich.
Ich würde mich so gern einmal aussprechen, aber mit wem? Ich habe niemanden.
Mit niemandem kann ich sprechen.
Ich bin allein.
Wer ich bin und was ich soll, weiß niemand.
nähert sich Jascha.
Sag mal, für Frauen musst du ja einfach unwiderstehlich sein.

JASCHA Im Grunde ja. Aus irgendeinem Grund sind die Frauen immer völlig entfesselt, wenn sie mich sehen und verlieren jegliche Kontrolle. Die wollen mich, alle. Warum verstehe ich selbst nicht so, aber ich habe irgendetwas, ohne das die nicht leben können, und das setzt mich enorm unter Druck. Ich kann auch einfach nicht jede so extrem zurück lieben, das geht nicht, schon rein zeitlich geht das nicht, und da sind sie dann verletzt und verlieren jede Moral. Wenn ich eines nicht mag an Frauen, ist es, wenn sie sich daneben benehmen. Und verletzte Frauen benehmen sich immer daneben, leidende Frauen haben einfach kein Niveau. In Paris ist alles besser als hier, alles, auch die Frauen, die schauen dir in die Augen und dann ... und du wachst auf und bist jemand anderes, alles vergessen, alles neu, es gibt dich nicht mehr, explodiert in tausend Teile und ein neuer Tag bricht an und alles ist wieder offen. Paris, Paris, Paris, Paris, Paris. Sag mal, kannst du woanders hingehen, ich will nicht, dass die anderen denken, hier läuft irgendwas zwischen uns, ich kann mich nicht so festlegen, verstehst du, und ich bin mir einfach noch nicht so sicher, ob das wirklich was wird zwischen uns beiden. Ich bin auch so n Typ: Ich such die Verschmelzung, aber ich weiß einfach nicht, ob du wirklich die Frau bist, für die ich sterben würde. Ich will dir einfach nicht wehtun, und ich muss dich warnen.

LOPACHIN platzt in den Raum hinein und stört.

LOPACHIN Entschuldigung, Ljuba, sie müssen sich endlich entscheiden. Die Zeit bleibt nicht stehen. Die Frage ist wirklich ganz einfach: Sind Sie bereit, auf dem Grundstück Wochenendhäuser für Touristen bauen zu lassen oder nicht? Sagen Sie nur „Ja" oder „Nein". Nur ein Wort.

LJUBA Lopachin, stören sie nicht, wir sind hier grade an was dran.

GAJEW Man müsste mal wieder so eine richtige Rhetorikbombe platzen lassen, irgendwas, das hier alles auf den Kopf stellt!

LOPACHIN *flehend*
Geben Sie mir eine Antwort!

LJUBA *sieht in ihr Portemonnaie*
Gestern hatte ich noch so viel Geld und heute ist es schon wieder so wenig. Die arme Warja gibt den Angestellten nur noch Kartoffelbrei zu essen, um zu sparen und ich bringe ohne weiter darüber nachzudenken, mein Geld unter die Leute
lässt das Portemonnaie fallen, die Münzen rollen heraus, Geldscheine fallen raus, alles fällt raus.

JASCHA Ich hebs auf
sammelt das Geld auf.

LJUBA Es ist ja nur Geld.
Warum bin ich nur in dieses drittklassige Restaurant gefahren heute Morgen zum Frühstücken, alles so abgeschmackt eingerichtet, die

Tischtücher stinken nach billiger Seife und so abgeranzte Leute überall, und was die reden, unerträglich. Wieso wird so viel getrunken? Warum wird so viel gegessen? Warum wird so viel geredet? Leonid, du hast auch schon wieder so viel geredet.

LOPACHIN Ja…

LJUBA Du kannst doch den Kellnern nicht stundenlange Vorträge halten über „das System", den Umsturz, die siebziger Jahre, die Abschaffung des Geldes, und was sich alles ändern muss, das interessiert die doch überhaupt nicht.

LOPACHIN Nein.

GAJEW Ja, ich bin unverbesserlich, das ist nicht zu widerlegen.
gereizt zu JASCHA, der mit der Klangschale vor ihm rumtanzt.
Was soll denn das? Was zappelst du ständig mit dieser Klangschale vor meinen Augen herum?

JASCHA *lacht*
Sie sind so witzig! Allein schon Ihre Stimme … ich lach mich schlapp!
Er imitiert ihn.

GAJEW *zu seiner Schwester*
Er oder ich.

LJUBA Jascha, jetzt hör mal auf damit! Das nervt.

JASCHA Ich geh ja schon. Ich geh ja schon!

LOPACHIN Es gibt ein paar ausländische Investoren, die an Ihrem Gut interessiert sind. Die werden zur Versteigerung extra anreisen.

LJUBA Und woher wissen SIE das?

LOPACHIN Das erzählt man sich in der Stadt.

GAJEW Unsere Tante hat versprochen, Geld zu schicken. Aber wann und wie viel hat sie nicht gesagt.

LOPACHIN Geht es etwas konkreter? 800 000 oder 900 000?

LJUBA 10 000 oder 15 000, und auch dafür sind wir ihr dankbar.

LOPACHIN Ehrlich gesagt, so leichtsinnige, geschäftsuntüchtige und merkwürdige Menschen wie Sie habe ich noch nie erlebt. Ich sage Ihnen doch in ganz einfachen, klar verständlichen Sätzen, dass Ihr Gut verkauft wird, aber es kommt einfach nicht bei Ihnen an.

LJUBA Was sollen wir denn tun? Sagen Sie es uns!

LOPACHIN Ich sage es Ihnen doch jeden Tag aufs Neue: Sie müssen den Kirschgarten und das Grundstück, auf dem er steht, zur Verfügung stellen, damit darauf Wochenendhäuser für Sommergäste gebaut werden können. Und das muss jetzt geschehen, ohne weiteres Zögern. Denn der Auktionstermin rückt immer näher. Verstehen Sie doch: Sobald Sie eingewilligt haben, wird man Ihnen Geld geben und zwar so viel Sie wollen, und dann sind sie gerettet.

LJUBA Wochenendhäuser für Sommergäste ... Ferienanlagen, Wohnparks, Erholungslager für gestresste Stadtbewohner, ein Lager, wo das ganze widerliche Pack sich erholen soll, um am Ende des Sommers wieder irgendeiner leeren, sinnlosen Scheißarbeit nachzugehen, ein Freizeitcamp, eine Reparaturwerkstatt für irgendwelche verfetteten, überarbeiteten, uninspirierten, spießigen, innerlich total verödeten Bürokörper ... das klingt so grauenhaft, entschuldigen Sie.

GAJEW Entschuldigen Sie, und diese ganzen widerlichen Typen trampeln dann hier in unserem Kirschgarten herum und quatschen über Projekte, Verkaufsstrategien, Wertsteigerungen. Mir wird schlecht, das geht einfach nicht.

LOPACHIN Ich könnte heulen oder laut schreien, oder ich falle in Ohnmacht. Ich kann nicht mehr! Sie machen mich krank!
beschimpft GAJEW.
Sie Waschlappen!

GAJEW Hä?

LOPACHIN Waschlappen!
will gehen.

LJUBA *erschrocken*
Nein, gehen Sie nicht weg, bleiben Sie, mein Lieber. Ich bitte Sie. Vielleicht fällt uns noch was ein.

LOPACHIN Was soll Ihnen da noch groß einfallen!

LJUBA Gehen Sie nicht. Ich bitte Sie. Es ist immer so lustig, wenn Sie da sind.
Pause.
Ich erwarte, dass jeden Augenblick das Haus über uns zusammenbricht.

GAJEW *tief in Gedanken*
„Über dem dunkelnden Tal zogen die Sterne herauf,
Wir aber standen im Schatten und bebten"

LJUBA Wir haben wirklich viel gesündigt.

LOPACHIN Was haben Sie denn gesündigt?

GAJEW *steckt sich einen Bonbon in den Mund*
Es heißt, mein ganzes Vermögen hätte ich in Form von Bonbons verzehrt…
lacht.

LJUBA Ich habe so viele Fehler gemacht. Wie eine Wahnsinnige habe ich das Geld zum Fenster rausgeschmissen, habe mir überhaupt keine Gedanken darüber gemacht, und noch dazu einen Mann geheiratet, der nur Schulden machte. Er war so ein großartiger, toller Mann, aber er kippte Massen von Champagner in sich hinein und starb irgendwann in der Entzugsklinik im Vollrausch. Alles auf meine Kosten. Aber das hat mich auch nicht zur Vernunft gebracht. Ich verliebte mich in einen jungen Künstler und zog mit ihm zusammen. Hier in diesem Haus wohnten wir und feierten Tag und Nacht und machten Kunst und Musik und liebten uns überall hier zu jeder Tages- und Nachtzeit, ohne an den nächsten Morgen zu denken. Da traf mich die erste Strafe. Mein Sohn ertrank im Fluss. Ich musste hier weg und ging ins Ausland, fest entschlossen, nie zurückzukehren. Ich konnte diesen Fluss nicht mehr sehen, tagelang starrte ich nur vor mich hin, sah mein Kind, wie es langsam ertrank, lag bewegungslos zwischen den Kirschbäumen und hörte ihn schreien, mein Junge schrie nach mir, er schrie um Hilfe, jede Nacht, stundenlang, aber ich war nicht da, ich ließ ihn einfach ertrinken. Ich musste hier weg, verstehst du WEG RAUS WEG! Ohne mich umzusehen, ging ich, aber er folgte mir, egoistisch und rücksichtslos. Ich kaufte ein Haus in der Gegend von Mentone, weil er krank wurde. Drei Jahre pflegte ich ihn Tag und Nacht, ohne mir Ruhe zu gönnen. Er war ein so schöner, sensibler, begabter Mann, aber er hatte nicht genug Kraft, drei Jahre lang lag er nur da und hustete, spuckte Schleim und konnte nicht mehr ohne meine Hilfe essen. Ich war so ausgebrannt, so kaputt, so leer, und letztes Jahr, als wir zur Deckung der Schulden das Haus in Mentone verkauften und nach Paris gingen, nahm er mich ganz aus, ließ mich sitzen und zog zu einer anderen, irgend so einem jungen Ding, das gerade geerbt hatte. Ich war am Ende, tot, ich hatte nichts mehr, kein Geld, keine Liebe, kein gar nichts und habe mehrmals versucht, mich umzubringen, aber nicht mal das habe ich geschafft! Ich wollte nur noch nach Hause, in die Heimat, zu meiner Tochter. Und jetzt bin ich hier, egal, wie kaputt ich bin, hier ist mein Zuhause, ich kann hier nicht weg.
Sie weint.

Gott, sei mir gnädig und vergib mir meine Sünden, bestrafe mich nicht weiter. Heute hat er mir wieder geschrieben, jeden Tag kommen zwei bis drei Nachrichten an von ihm. Er bittet mich um Verzeihung, bittet mich, zurückzukommen. Er braucht mich, vermisst mich so, er kann nicht ohne mich leben, er liebt mich. Aber, nein, ich … nein.
kurze Pause.
Wir sollten eine Party machen, wie früher, alle einladen, die wir kennen und einfach feiern.

LOPACHIN Gestern habe ich ein sehr lustiges Stück im Theater gesehen.

LJUBA Wahrscheinlich war es überhaupt nicht lustig, aber Sie haben einfach gelacht, weil sie gar nicht anders können, als unentwegt zu lachen, egal, was man Ihnen vorsetzt, so sind Sie eben konditioniert worden: Alles soll witzig sein, Spaß machen, sich rechnen, zum Kotzen. Sie sollten sich keine Theaterstücke ansehen, sondern sich mit Ihrem eigenen Leben auseinandersetzen, daran arbeiten. Wie öde Ihr hier alle lebt, völlig ohne Substanz, völlig festgefahren und ohne Fantasie.

LOPACHIN Kann sein, ja, das stimmt, da gebe ich Ihnen Recht. Unser Leben ist ohne jede Substanz.
Mein Vater war Bauer und ziemlich dumm. Er hat nichts begriffen und mir nichts beigebracht. Er hat mich nur im Suff verprügelt. Und ich bin genauso ein Idiot. Ich habe keine vernünftige Ausbildung, und meine Handschrift ist eine Katastrophe, die Leute lachen sich kaputt, wenn sie einen Brief von mir bekommen, ich schreibe völlig unleserlich mit tausend Rechtschreibfehlern und richtig lesen kann ich auch nicht! Aber immerhin, ich bin hier.

LJUBA Sie müssen heiraten, mein Freund.

Pause.

LOPACHIN Ja, stimmt.

LJUBA Heiraten Sie unsere Warja, sie ist ein gutes Mädchen.

LOPACHIN Ja.

LJUBA Sie kommt aus einfachen Verhältnissen, arbeitet den ganzen Tag, aber vor allem: Sie liebt sie. Und Ihnen gefällt sie doch auch schon so lange.

LOPACHIN Ja, warum nicht, ich habe nichts dagegen. Sie ist ein nettes Mädchen.

Pause.

GAJEW Man hat mir eine Stelle bei der Bank angeboten. 3600 im Monat nach allen steuerlichen Abzügen. Hast du mich gehört?

LJUBA Was sollst du da? Geh da lieber nicht hin.

FIRS *mit Mantel*
Würden Sie den bitte anziehen, Sie erkälten sich sonst.

GAJEW Du nervst, Freundchen.

FIRS Ich dringe ja nicht durch. Am Morgen sind Sie wieder weg gefahren, ohne was zu sagen.
Er betrachtet GAJEW von oben bis unten.
Sie müssen sich doch abmelden, wenn Sie das Haus verlassen.

GAJEW Abmelden?

LJUBA Du bist wirklich stark gealtert, Firs.

FIRS Wie meinen?

LOPACHIN Sie sagt, du bist sehr alt geworden!

FIRS Ich lebe ja auch schon lange. Als ich hier anfing, zu arbeiten, da war Ihr Vater noch nicht einmal geboren,
lacht.
da war alles noch sehr übersichtlich, wir machten unsere Arbeit und keiner hat stundenlang diskutiert, da wurde einfach gearbeitet und die Klappe gehalten, sonst gabs ein paar hinter die Ohren und dann war Ruhe.

LOPACHIN Genau! Früher war alles besser. Da konnte man den Bauern einfach ein paar in die Fresse hauen und dann waren sie still.

FIRS Da wurde aber nicht so viel gequatscht. Da waren die einfach still und haben gearbeitet. Das ganze Gequatsche hält doch kein Mensch aus, alle quatschen und quatschen und quatschen und quatschen und alle quatschen was anderes und keiner kapiert mehr was und warum da unentwegt gequatscht wird, alle quatschen, aber keiner weiß, worüber, die quatschen einfach, quatschen und quatschen und quatschen und quatschen, alle quatschen, unentwegt wird gequatscht und gequatscht und gequatscht, anstatt einfach mal die Klappe zu halten und zu arbeiten, die sollen einfach arbeiten die Leute und die Klappe halten.

GAJEW Firs, sei mal still. Morgen fahr ich in die Stadt. Man will mich mit einem General bekannt machen, der uns bei der Umverschuldung helfen will, weißt du, es gibt da die Möglichkeit, hat der gesagt, einen Kredit mit Wechseln zu besichern und so über eine Umverschuldung der Bank die Zinsen zu zahlen und der will mit mir gemeinsam da diese Wechsel besorgen, um die Schuldlast aufzuschieben.

LOPACHIN Das wird doch nichts, und die Zinsen werden Sie auch nicht bezahlen, glauben Sie mir.

LJUBA Den General gibt es gar nicht. Er fantasiert.

TROFIMOW, ANJA, WARJA kommen dazu.

LJUBA Wenn Ihr wüsstet, wie sehr ich Euch alle liebe.

LOPACHIN Da ist ja unser Dauerstudent mit den jungen Damen.

TROFIMOW Das geht Sie nichts an.

LOPACHIN Bald ist er fünfzig Jahre alt und immer noch Student.

TROFIMOW Lassen Sie Ihre albernen Scherze.

LOPACHIN Ja, reg dich nicht auf, mach lieber mal was Vernünftiges aus Deinem Leben.

TROFIMOW Lass du mich in Ruhe. Mach du lieber mal was Vernünftiges aus Deinem Leben!

LOPACHIN *lacht*
Gestatten Sie die Frage: Was wissen Sie schon über mich?

TROFIMOW Sie sind reich, bald werden Sie Millionär sein. Sie sind in der Wirtschaft das, was in der Natur die Raubtiere sind, die alles fressen, was ihnen über den Weg läuft. Für den Kreislauf bist du notwendig.

Alle lachen.

WARJA Petja, erzählen Sie uns lieber etwas über das Universum.

LJUBA Nein, lasst uns lieber das Gespräch von gestern Abend fortsetzen.

TROFIMOW Was meinen Sie?

GAJEW Das Gespräch darüber, wofür es sich noch lohnt, zu kämpfen. Lasst uns den Diskussionskreis bauen!

Sie bauen aus Kissen einen Gesprächskreis auf und setzen sich zusammen, um zu „philosophieren".

TROFIMOW Wir haben gestern lange geredet, sind aber zu keinem Schluss gekommen. Vielleicht ist das auch einfach die falsche Frage.

Fragen wir zuerst einmal: Wer kämpft da überhaupt und was sind seine wirklichen Ziele. Lassen Sie uns erst einmal alle unsere Ziele hinterfragen, bevor wir aufbrechen, zu kämpfen. Lohnen sich unsere Ziele wirklich, um dafür in die Schlacht zu ziehen oder ist unser eigentliches Ziel nur die Befriedigung unserer Eitelkeit.

GAJEW Ja, gut, aber kämpfen MUSS man.

TROFIMOW Um sich selbst gut zu fühlen? Ist das schon Teil eines luxuriösen spätkapitalistischen Wellnessanspruchs, unentwegt das Gefühl zu haben, für eine gute Sache einzutreten, den alten Kampf für das Wohl der Menschheit noch aufrecht zu erhalten? Was ist überhaupt das Wohl der Menschheit? Wer definiert das?

ANJA Kämpfen wir überhaupt? Oder leben wir nur unter dem pathologischen Zwang, unentwegt über unsere Kämpfe zu sprechen, weil alle Kämpfe bereits geschlagen sind, aber ohne uns, wir sind nicht mehr Teil der Kampfarena, wir sind nicht mal mehr Zuschauer, wir sind Internierte im Hause des Wohlstandes, verdammt dazu, auf uns selbst zu starren, ohne etwas zu erkennen und besinnungslos zu reden, ohne etwas zu verstehen.

LJUBA *irritiert, dass ihre Tochter solche Sätze spricht*
Genau wie du, Anja!

TROFIMOW Worauf bilden wir uns überhaupt etwas ein, wir reden und reden, aber um uns herum brechen ganze Länder zusammen, andere Völker versinken in Armut, wo ist denn der Fortschritt, wo ist denn das Ergebnis der großen Kämpfe für die großen Ideale?
zu GAJEW
Was hast Du denn geleistet, sag mal, sag doch mal.

WARJA *zu TROFIMOW*
Jetzt werd doch nicht immer gleich persönlich. Was hast Du denn geleistet?

ANJA Es geht ja gar nicht immer um „Leistung", das ist auch so ein Anspruch, von dem man sich frei machen muss.

TROFIMOW Alle politischen Kämpfe sind nur Umstrukturierung von Machtverhältnissen, sind Kämpfe um Positionen, um Ämter, um Geld, mehr nicht, davon müssen wir uns befreien.

ANJA Wer stolz darauf ist, für seine Ideale zu kämpfen, wird diese Ideale niemals hinterfragen.

LJUBA Anja, jetzt lass ihn doch mal ausreden!

TROFIMOW Nein, nein, sie hat schon Recht. Wir müssen uns immer wieder selbst radikal hinterfragen. Was ist das, was wir leben? Welche Widersprüche leben wir da? Was verstehen wir überhaupt unter „Fortschritt", unter „Glück", was ist das überhaupt „Ziele", „ein politisches Ziel ER-REICH-EN" – ist das nicht nur eine Karrierestrategie wie jede andere auch?

ANJA Im Grunde stehen wir da in der Tradition Nietzsches, der sagt, wir sind ewige Wanderer, wir blicken von außen auf das System, wir befragen jede Ideologie radikal immer wieder neu, wir werden niemals Gefangene unseres eigenen Denkens. Und wir werden auch nicht Gefangene der gängigen Repräsentationsmodelle, das Normale gibt es nicht, aber das Abweichende eben auch nicht, wir sind das ganz andere, wir stehen außerhalb der Definitionen. Und auch unsere Sexualität stellen wir nicht dem System zur Verfügung, um sie nach den gängigen Mustern zu strukturieren.

WARJA *entsetzt*
Was?

GAJEW Ja, aber ohne Kampf kann es nie eine Wendung zum besseren geben und wir können den Herren der Welt nicht einfach kampflos das Terrain überlassen und uns in uns selbst zurückziehen. Das wäre falsch, der Kampf für eine bessere Welt ist die einzig lebbare Alternative zu den herrschenden Verhältnissen.

TROFIMOW Das ist eine rein romantische Position. Der Kampf über den Sie sprechen, ist etwas Mystisches, Quasi-Religiöses, ein Lebensgefühl, an dem Sie festhalten wollen, im Grunde nichts anderes als ein Produkt, das durch die Werbung mit dem Begriff Freiheit konnotiert ist.

GAJEW Unsinn!

ANJA *zu GAJEW*
Du bist im Grunde viel reaktionärer als dir bewusst ist, Onkel.

WARJA Anja!

LJUBA Anja, du bist jetzt bitte mal still.

ANJA Nein, Mutter, jetzt lass mich mal.

TROFIMOW Die Lüge ist ja, dass alle vorgeben, mit irgendwelchen Restposten linker Ideologien das System zu bekämpfen, dabei aber alle den Gesetzen des Marktes folgen, meist noch mit ihrer Kritikproduktion Geld machen, nichts anderes sind als Kritikarbeiter, aber ganz stolz auf sich sind, eitel, verlogen, zu faul, um an sich selbst die gleiche Kritik zu üben. Der so genannte Kampf dient nur dazu, die Kritik auf das andere zu richten, und sich nicht mit sich selbst auseinanderzusetzen.

ANJA Es geht aber darum, selbst einen radikalen, neuen Lebensentwurf zu entwickeln und den auch zu leben, völlig frei vom Markt.

TROFIMOW Man darf den Markt nicht in sich hineinlassen.

ANJA Jeder mystifizierte, zur Romantik regredierte Protest fungiert binnen kurzem als Marktlücke, die mit Waren zugeworfen wird.

TROFIMOW Dieses System, das seine eigene Kritik immer gleich als Teil seiner Totalität mitproduziert, wird in den nächsten Jahren zusammenbrechen. Und dann, wenn alles zusammengebrochen ist, brauchen wir alternative, radikal andere, nicht destruktive, nicht marktorientierte Lebenskonzepte als Alternativen und diese Konzepte müssen wir heute ausprobieren, leben, daran müssen wir arbeiten.

LJUBA Wie klug Sie sind, Petja.

ANJA Wir müssen aufhören, menschenähnliche Aggregate zu sein, wir müssen wieder Menschen sein.

TROFIMOW Wir müssen die Ungewissheit annehmen.

TROFIMOW/ANJA Arbeite an dir selbst, gib dein Bedürfnis nach Sicherheit auf

LOPACHIN Wissen Sie, ich stehe morgens um fünf auf, um dann bis zum Abend zu arbeiten. Ich habe ständig mit Geld zu tun, mit eigenem und mit fremden, und erlebe, wie die Menschen sind. Wie wenig anständige und ehrenhafte Menschen es gibt. Ein neues Denken, ein neues Leben, das gefällt mir. Wenn ich mir anschaue, was alles vor uns liegt, um unser Land wieder fit zu machen, aus der Krise zu retten und wieder an die Spitze zu bringen, so denke ich: Lasst uns über uns hinauswachsen und echte Riesen sein!

LJUBA Sie sollten nicht davon träumen, ein Riese zu sein, lieber Lopachin, nehmen Sie sich lieber ein Beispiel an den Zwergen und essen Sie etwas weniger. Unsere Warja ist so ein zartes, zerbrechliches Wesen, da müssen Sie ein bisschen aufpassen, sonst zerquetschen sie das arme Mädchen noch.

WARJA Mama!

Alle lachen. Hinten geht Scharlotta entlang.

LJUBA Still. Da geht Scharlotta.

WARJA Wieso ist die überhaupt hier, Mama? Die macht nichts und will Geld.

LJUBA Warja, wie kannst du so was sagen?

WARJA Weil es stimmt. Sie isst und trinkt und arbeitet nichts.

LJUBA Aber wir können sie doch nicht einfach so entlassen, wo soll sie denn hin?

WARJA Aber sie ist teuer und macht nichts.

LJUBA Sie ist anwesend, das reicht.

GAJEW Die Sonne ist untergegangen, Kollegen.

TROFIMOW Ja.

GAJEW „O Natur, du wunderschöne. Du schimmerst in ewigem Glanz, so wunderbar und gleichgültig. Du, die wir unsere Mutter nennen, vereinigst in dir das Sein und den Tod. Du erschaffst und zerstörst. Mutter."

WARJA *flehend*
Onkelchen, bitte!

ANJA Onkel, du fängst schon wieder an!

GAJEW Ich bin ja schon ruhig, ist ja gut.

Alle sitzen und hängen ihren Gedanken nach. Einen Moment Stille.

FIRS So klingt es immer, kurz vor dem Zusammenbruch. Alles steht still, nur eine Ahnung davon, dass nichts mehr so sein wird wie vorher.

GAJEW Wovon redest du?

FIRS Und alle schreien „Freiheit", aber wenn sie dann da ist, die Freiheit, weiß keiner, was er mit ihr anfangen soll, dann haben alle Angst.

Pause.

LJUBA *zu ANJA*
Du hast Tränen in den Augen. Was ist mit Dir, Töchterchen?

ANJA Nur so, Mama, da ist nichts.

JASCHA Sag mal, kannst du mir Geld geben. Nur so zwanzig oder dreißig, wenn du hast. Oder, wenn's geht vierzig. Bis morgen.

LJUBA *gibt ihm das Portemonnaie*
Nimms dir raus.

WARJA Ich geh weg, weg von hier. Ach, Mama, unsere Angestellten haben nichts zu essen, und du gibst dem einfach so dein ganzes Geld.

LJUBA Ja, vielleicht war das jetzt falsch, ich weiß es nicht ich bin so dumm, aber ... was soll ich denn machen ... dieses beschissene Scheiß Geld interessiert mich nicht! Ich halt diese Scheiße nicht aus, hier, nimm, nimm den Dreck, ich will den nicht haben, alle quatschen immer nur über Geld. Geld Geld Geld Geld Geld Geld Geld Geld Geld Geld Geld Geld Geld Geld Geld Geld Geld Geld Geld SCHEISSE darum geht es doch gar nicht um die Scheiße hier, Mann! Wir wollten doch mal was ganz anderes! Wo ist denn das alles hin? Ach, Scheiße!
zu LOPACHIN
Leihen Sie mir noch etwas! Ich hab nichts mehr.

LOPACHIN Gerne.

LJUBA Sie sind ein Schatz! Gehen wir, liebe Leute, es ist so weit. Warja, da haben wir dich vollkommen richtig verkuppelt, ich gratuliere.

WARJA Mama, damit macht man keine Scherze.

LJUBA Gehen wir, Freunde, es gibt Essen. Warja hat gekocht. Kartoffelbrei.

LOPACHIN Ich möchte Sie daran erinnern, meine Herrschaften: Am zweiundzwanzigsten August wird der Kirschgarten verkauft. Denken Sie daran!

Alle ab außer TROFIMOW und ANJA.

ANJA Endlich sind die alle weg und wir sind allein.

TROFIMOW Warja hat Angst, dass wir beide uns ineinander verlieben und irgendwelche schlimmen Sachen miteinander machen. Die ist so gefangen in ihren Klischeevorstellungen, dass sie nicht versteht, dass wir beide über der Liebe stehen. Wir haben mit diesen ganzen vorgegebenen Beziehungsmustern nichts zu tun, wir leben etwas anderes, vielleicht ist es einfach nur wunderschön, wenn wir zusammen sind, weil wir uns etwas zu sagen haben, weil wir fühlen ohne gleich eine Form dafür finden zu müssen, weil wir uns spüren, ohne jedes Gefühl gleich benennen zu müssen.

ANJA Was hast du nur mit mir gemacht, Petja. Warum liebe ich den Kirschgarten nicht mehr so wie früher? Ich habe ihn so innig geliebt, dass ich mir sicher war, dass es auf der Welt keinen schöneren Ort gibt als unseren Garten.

TROFIMOW Die ganze Welt ist unser Garten. Die Welt ist groß, herrlich und hat viele wunderbare Orte zu bieten. Überleg mal, Anja, Dein Urgroßvater und alle Deine Vorfahren waren Gutsbesitzer. Überall hier in diesem Garten hallen noch die Schicksale all dieser Menschen nach, die hier gearbeitet haben, um Euern Lebensstil zu sichern. Du, deine Mutter und dein Onkel, Ihr merkt es gar nicht mehr, aber Ihr lebt mit einer tiefen Schuld. Ihr lebt auf Kosten anderer, nämlich derer, die Ihr nicht mal bis in den Flur vorlasst. Ihr müsst Euch mit Eurer Vergangenheit auseinandersetzen, mit dem Unrecht, das hinter all dieser Schönheit liegt.

ANJA Ich gehe weg von hier, das verspreche ich Dir.

TROFIMOW Wenn du einen Schlüssel zum Gut hast, wirf ihn in den Brunnen. Geh einfach, sei frei wie der Wind.

ANJA Meine Mutter und der Onkel erscheinen mir auf einmal wie Fremde.

TROFIMOW Glaub mir, Anja, ich bin noch jung. Ich bin 33 Jahre alt, Student bin ich auch noch, aber ich habe schon viel aushalten müssen. Immer im Winter hab ich nichts zu essen, kein Geld für die Heizung, ich sitze da im Kalten und lese, schreibe, denke. Ich hab schon so viel erlebt, und trotzdem bin ich ohne Angst. In jeder Minute, bei Tag und bei Nacht, ist meine Seele voller unerklärlicher guter Vorahnungen. Ich fühle das Glück, ich kann es schon sehen. Ich höre schon seine Schritte. Und wenn wir es nicht sehen, es nicht erkennen, macht es auch nichts. Dann sehen es andere!

WARJAS STIMME Anja, wo bleibst du?

TROFIMOW Diese Frau ist so schrecklich, die soll uns endlich in Ruhe lassen.

ANJA Komm, gehen wir zum Fluss. Dort ist es schön.

TROFIMOW Ja, gehen wir zum Fluss.

WARJA *rennt über die Bühne*
Anja! Anja!

DRITTER AKT

Eine Party. Einige Gäste tanzen im Hintergrund. FIRS irrt mit einem Tablett umher und verteilt Getränke.

WARJA *glaubt, dass sie ihr Geld verloren hat*
Das Geld ist weg. Ich habe das Geld verloren! Das Geld, wo ist denn, wo ist es, wo ist es denn? Da ist es, ich werde noch wahnsinnig hier, das ist wie eine Krankheit.

TROFIMOW *zu WARJA*
Frau Lopachin, Frau Lopachin!

WARJA Geh arbeiten, du Penner!

TROFIMOW Ja, in deinen Augen bin ich vielleicht ein Penner, aber ich bin stolz auf das Leben, das ich führe.

WARJA Jetzt hat Mama diese Party organisiert, alle eingeladen, Essen, Trinken, Musik … wer soll denn das alles bezahlen?

TROFIMOW Wenn du die Energie, mit der du dir unentwegt Sorgen um Geld machst, in irgendetwas Sinnvolleres gesteckt hättest, dann hättest du wahrscheinlich die Welt verändern können. Du wärst heute an der Spitze irgendeiner neuen Religion, oder würdest eine Revolution anzetteln, wärst eine bedeutende Künstlerin oder würdest in der Wissenschaft für Furore sorgen, stattdessen rennst du hier nur panisch durch die Gegend und versuchst, das Geld zusammenzuhalten, Geld, Geld, Geld, Geld, Geld, wie stumpf und unsinnig! Und mich nennst du einen Penner – und verpennst dein eigenes Leben damit, dem Geld hinterherzulaufen. „Das Geld ist weg. Ich habe das ganze Geld verloren." Na, und? Dann ist es eben weg. Darum geht es doch gar nicht. Bist du glücklich? Frag dich das mal. Na, los, komm, frag dich das mal. Stell dich mal da vor den Spiegel und sag, ob das da, was du da siehst, glücklich ist. Hat Lopachin schon um deine Hand angehalten oder hat er bislang keine Zeit gehabt, weil er nur dem Geld hinterherrennt? IHR seid Penner, also lasst mich zufrieden! Geld, ich brauch Geld, gib mir Geld, Frau Lopachin braucht mehr Geld, Frau Lopachin führt ein stumpfsinniges, ödes Leben und will mehr Geld. Frau Lopachin will, dass Jesus sie endlich rettet und ihr all die Liebe gibt, die der kleine Bauer nicht mehr aufbringen kann für sie, weil er immer nur ans Geld denkt, Geld, Geld, Geld…

WARJA *schreit einfach so lange, bis TROFIMOW aufhört, zu sprechen, dann geht sie ab.*

LJUBA Warum braucht Leonid so lange? Was macht er so lange in der Stadt? Firs, gib den Leuten was zu trinken, die dehydrieren allmählich.

TROFIMOW Wahrscheinlich hat die Auktion nicht stattgefunden.

LJUBA Dann haben wir die Leute hier völlig umsonst eingeladen und die Party zur falschen Zeit organisiert. Na, macht nichts, KOMMT LASST UNS TANZEN, hier wird gefeiert heute, und, wenn das die letzte Party meines Lebens ist, Musik!

Auftritt SCHARLOTTA: Sie tanzt bedeutungsvoll von links durch die Menge herein, tanzt kurz mit TROFIMOW, geht dann nach vorne; die Performance beginnt.

SCHARLOTTA *zu TROFIMOW*
ACHTUNG!

Alle Gäste bilden ein Spalier.

SCHARLOTTA Passen Sie mal auf, mein Freund. Sagen Sie mal eine Zahl von 1 bis 10.

TROFIMOW 3

SCHARLOTTA Whhooosh bäängg dong!

3 Scheinwerfer fallen krachend von der Decke, blitzen auf, Black.
Licht geht an, wir sehen folgendes Bild: Kirschblüten regnen von oben herab und alle Gästen stehen als sich umarmende Paare im gesamten Raum verteilt. Rote Lichtstimmung, sanfte romantische Musik. Auch TROFIMOW und SCHARLOTTA liegen sich in den Armen.

SCHARLOTTA Das ist Liebe! Aufgepasst!

Lichtstimmung ändert sich. Blütenregen endet. Die Gäste lösen sich aus der Umarmung und bilden eine Reihe im Bühnenhintergrund mit dem Gesicht zum Publikum. SCHARLOTTA tritt von links aus, sie trägt eine Maske überm Gesicht. Sie (oder besser ein Akrobaten-Double) macht eine sehr eindrucksvolle Akrobatikchoreographie von links nach rechts. Die Gäste sind begeistert. SCHARLOTTA (bzw. ihr Double) rechts ab. Lichtwechsel. Ein anderer Farbfilter. SCHARLOTTA tritt rechts mit einem Megafon wieder auf. Lichtwechsel. Ein anderer Farbfilter.

SCHARLOTTA *durchs Megafon*
Ich sehe.
Du siehst.

Ich sehe dich sehen.
Jetzt ist etwas anderes auf dem Teller!
Und Achtung!
macht die Sirene des Megafons an.

Jetzt kommen zum Einsatz: Nebelmaschine, Windmaschine von rechts, Blüten werden von rechts hineingeweht. Auf der Tonspur laute wummernde schnelle Bässe. Die Gäste tanzen wild gegen den Wind an. Das geht eine Weile, dann auf ein Zeichen von SCHARLOTTA: Stille.

SCHARLOTTA geht zu TROFIMOW und hält ihm ein Kartenspiel hin.

SCHARLOTTA Ziehen Sie eine Karte.

TROFIMOW zieht eine Karte.

SCHARLOTTA Aha, Herz Dame. ABRAKADABRA...
Sie beginnt, laute, myseriöse Laute von sich zu geben, eine Art „Jeuken", während ANJA und WARJA in riesengroßen Herzdamekostümen aus dem Bühnenhimmel heruntergelassen werden, alle Gäste zaubern plötzlich kleine Herz Dame-Fahnen hervor und wedeln damit, Lichtwechsel, ein anderer Farbfilter, spannungsgeladene Musik.

SCHARLOTTA *geheimnisvoll*
Was ist eine Uhr im Baum? Ein Fisch.
geheimnisvolle Musik, Spannung steigert sich, bis ins unermessliche. Ein ausgestopftes Schaf wird von links nach rechts hineingezogen, explodiert und geht in Flammen auf, Erschrecken, Panik und Jubel.
Tja, Freunde, das ist Magie, das Leben ein Traum, das weite Land zwischen Fantasie und Wirklichkeit. Hokuspokus, aschalam da la ha. Theater: Das Fest der Sinne. Hui, das Licht geht an und hui: das Wechselbad der Gefühle kann beginnen. Hui, das Licht geht aus und badumm: Im Reich der Sinne und Lüste, all das, und noch viel mehr: Die Magie des Fantastischen, padamm, traramm, trülali: Theater! Leben zwischen Schein und Sein!

Großer Applaus, die Party geht weiter, es wird getanzt.

LJUBA Und Leonid ist immer noch nicht da. Ich verstehe nicht, was er so lange in der Stadt macht! Es ist doch sicher schon alles vorbei: Entweder ist das Gut verkauft, oder die Auktion hat nicht stattgefunden. Warum muss er uns so lange im Ungewissen lassen?

WARJA Bestimmt hat Onkelchen es gekauft, da bin ich mir ganz sicher.

TROFIMOW Klar.

WARJA Die Großtante hat ihm eine Vollmacht geschickt, damit er das Gut einschließlich der Schulden in ihrem Namen kaufen kann. Das hat sie für Anja getan. Und ich bin sicher, dass der Onkel es kaufen wird. Gott wird ihm dabei helfen.

TROFIMOW *durch SCHARLOTTAS Megafon*
Gott ist tot.

WARJA Ja, er WAR tot, aber er ist wieder auferstanden.

LJUBA Die Großtante hat 150 000 geschickt, damit das Gut in ihrem Namen gekauft wird. Uns vertraut sie nicht. Sie hasst mich, meine ganze Familie hasst mich, weil ich nicht so ein engstirniges, sinnloses, ersticktes Leben führe wie sie. Ich gehe kaputt an meinem Leben, aber ich habe immerhin gelebt, die sind doch alle schon tot auf die Welt gekommen, dieses missgünstige, kleingeistige Pack. ICH HASSE EUCH AUCH! 150 000 würde nicht einmal reichen, um die Zinsen zu bezahlen. Heute entscheidet sich mein Schicksal, nicht weniger als das.

TROFIMOW Frau Lopachin! Frau Lopachin!

WARJA *wütend*
Lass mich in Ruhe! Ewiger Student! Zwei Mal bist du schon von der Uni geflogen.

LJUBA Warum regst du dich so auf, Warja? Er neckt dich mit dem Namen Lopachin, na und? Wenn du willst, heirate Lopachin, er ist ein guter, interessanter Mann. Er hat Geld, er kann für dich sorgen. Wenn du nicht willst, heirate ihn nicht. Niemand zwingt dich, meine Kleine.

WARJA Ganz ehrlich, Mama, ich nehme die Sache ernst. Er ist ein guter Mensch, und ich mag ihn irgendwie.

LJUBA Dann heirate ihn. Worauf wartest du, das verstehe ich nicht!

WARJA Aber Mama, ich kann ihm doch nicht selbst einen Antrag machen. Seit zwei Jahren sagen alle, dass ich ihn heiraten soll. Aber er schweigt entweder oder macht blöde Witze. Ich kann ihn ja verstehen. Seine Arbeit ist ihm das wichtigste, er hat große Pläne, will ein Vermögen aufbauen, ein eigenes Unternehmen gründen, und da hat er einfach keine Zeit für eine Beziehung. Er vergisst mich immer wieder. Wenn ich nur etwas Geld hätte, nur ein ganz bisschen, nicht viel, würde ich alles hinwerfen und weit wegfahren. Ich würde mich von allem hier verabschieden und in ein Kloster gehen.

TROFIMOW Um ein schönerer Mensch zu werden und Jesus endlich ganz, ganz nahe zu kommen.

WARJA *zu TROFIMOW, wütend*
Als Student sollte man wenigstens ab und zu mal was Intelligentes von sich geben! Wie hässlich du geworden bist, Petja, und wie alt! Ich kann nur nicht ohne Aufgabe sein. Das halt ich nicht aus. Ich muss immer etwas tun. Ich brauch Arbeit, verstehst du, Arbeit, sonst werde ich verrückt.

LJUBA Petja, lassen Sie Warja bitte in Ruhe, Sie sehen doch, dass sie schon traurig genug ist. Das arme Mädchen hat auch nichts zu lachen, was für ein trübseliges Leben, oh Gott, das würde ich nicht aushalten.

WARJA Mama!

LJUBA Verzeih, mein Kind, ich meine nur ... ich bewundere dich, wie du das alles aushältst, so ungeliebt und verzweifelt, das könnt ich nicht.

WARJA rennt weg.

TROFIMOW Überall mischt sie sich ein, will alles kontrollieren. Es vergeht keine Sekunde ohne, dass sie einem hinterher spioniert. Den ganzen Sommer hat sie Anja und mir keine Ruhe gelassen aus Angst, dass wir uns ineinander verlieben könnten. Ich habe ihr überhaupt keinen Anlass gegeben. Ich denke nicht so einfach. Dieser ganze Beziehungsquatsch ist mir zu banal. Das interessiert mich doch gar nicht. Wir stehen über der Liebe.

LJUBA Dann stehe ich wohl unter der Liebe. Wo Leonid so lange bleibt? Wenn ich nur wüsste, ob das Gut verkauft wird oder nicht. Mir kommt alles so unwirklich vor, dass ich gar nicht mehr richtig denken kann. Ich bin total verwirrt. Ich könnte jetzt schreien oder eine Dummheit machen. Aber was soll ich machen? Retten Sie mich, Petja.
umarmt ihn, lässt ihre Hand unter sein Hemd gleiten und berührt ihn zärtlich.
Sagen Sie mir irgendetwas, sagen Sie etwas.

TROFIMOW Ist es nicht ganz egal, ob das Gut verkauft wurde oder nicht? Das alles ist jetzt vorbei, ein Zurück gibt es nicht. Hören Sie auf, sich was vorzumachen und sehen Sie einmal im Leben der Wahrheit ins Auge.

LJUBA Welcher Wahrheit? Sie sehen vielleicht, was die Wahrheit und was die Unwahrheit ist, aber ich habe jedes Sehvermögen verloren. Ich kann überhaupt nichts mehr erkennen. Sie lösen mutig alle großen Probleme der Menschheit, aber sagen Sie, mein Bester, liegt das vielleicht daran, dass sie noch gar nicht richtig gelebt haben, aber versetzen Sie sich doch mal in meine Lage. Ich bin hier geboren, hier haben mein Vater und meine Mutter gelebt, mein Großvater, mein Bruder, ich, hier liegt mein ganzes Leben, alles, was ich bin und fühle. Ohne den Kirschgarten ist mein Leben ohne Sinn. Und wenn man ihn unbedingt verkaufen muss, dann sollte man mich mit ihm verkaufen oder mir mit einer Axt Kopf, Arme und Beine abschlagen, bis ich tot daliege und nichts mehr fühle. Mein Sohn ist doch hier ertrunken.
weint.
Haben Sie Mitleid mit mir.

TROFIMOW Wissen Sie, ich fühle von ganzem Herzen mit Ihnen.

LJUBA So etwas muss man anders, ganz anders sagen. Mir ist heute schwer ums Herz, das können Sie sich gar nicht vorstellen. Es ist so laut hier, jedes Geräusch strengt mich an, Sie wissen nicht, wie das ist, ich zittere am ganzen Körper, aber in mein Zimmer kann ich nicht gehen, ich habe Angst vor der Stille dort. Verurteilen Sie mich nicht, Petja. Gern würde ich Ihnen meine Anja geben, das schwöre ich, aber, mein Liebster, Sie müssen studieren, Ihr Studium abschließen und arbeiten. Aber Sie tun nichts. Das Schicksal treibt Sie mal hierhin, mal dorthin – das ist so merkwürdig. Habe ich Recht? Sie können doch in Ihrem Alter nicht immer nur mit jungen Mädchen zusammen sein, Sie müssen sich doch auch mal an eine richtige Frau heranwagen. Und achten Sie etwas auf Ihr Äußeres, Sie sind so ein schöner Mann, aber davon erkennt man nichts mehr.

TROFIMOW Ich lege keinen Wert darauf, schön auszusehen.

LJUBA Heute kam schon wieder eine Nachricht aus Paris. Jeden Tag bekomme ich eine, gestern eine, heute eine. Der Egoist ist wieder krank, es geht ihm wieder schlecht … er bittet um Verzeihung, bettelt, ich soll zu ihm kommen, und eigentlich sollte ich wirklich nach Paris fahren, um bei ihm zu sein. Er kann ohne mich nicht leben. Denken Sie nicht schlecht von mir, Petja, sagen Sie nichts, sagen Sie bitte nichts…

TROFIMOW Entschuldigen Sie meine Direktheit, aber: Er liebt vor allem Ihr Geld. Er hat Sie ausgeraubt bis aufs letzte Hemd.

LJUBA Nein, das dürfen Sie nicht sagen!

TROFIMOW Er ist ein Betrüger, und Sie sind die einzige, die das nicht sehen will. Ein kleiner, mieser Betrüger, eine Null, ein Versager, liegt herum und versäuft Ihr Geld, der liebt Sie nicht, der braucht einfach Geld und eine Mutti, die sich um ihn kümmert.

LJUBA Sie sind 32 oder 33 Jahre alt und reden immer noch wie ein dummer Schuljunge.
Werden Sie erst mal ein richtiger Mann! In Ihrem Alter muss man Liebende verstehen können. Und man muss selbst lieben und sich verlieben! Auch wenn man daran scheitert.
wütend.
Halten Sie sich nicht für moralisch überlegen, Sie haben Angst vor Frauen, Sie Waschlappen, das ist alles, deshalb hängen Sie sich immer an kleine Mädchen ran, die können Ihnen nicht gefährlich werden, Angst haben Sie, Angst, Sie Feigling, und dumm sind Sie, von diesem ganzen angelesenen Zeugs verstehen Sie doch kein Wort, Sie verstecken sich nur vor sich selbst und Ihrem Leben, Sie Missgeburt!

TROFIMOW Was sagt Sie da?

LJUBA „Ich stehe über der Liebe" So ein Unsinn, Sie stehen nicht über der Liebe, eine Witzfigur sind Sie, da hat unser Firs schon ganz Recht, Sie führen das Leben eines kleinen Jungen, der nicht erwachsen werden will! Wie kann man denn in Ihrem Alter noch immer keine Freundin haben! Da stimmt doch was nicht mit Ihnen!

TROFIMOW Das ist unglaublich gemein! Was sagt sie da? Ich fasse es nicht, ich gehe.
Das war's dann wohl zwischen uns!
Er rennt weg.

LJUBA Petja, warten Sie doch! Sie komischer Mensch! Das war doch nur Spaß! Petja!

TROFIMOW rennt, stürzt dabei, fällt hin, steht wieder auf und rennt ab.

LJUBA Was ist los?

ANJA *die die Szene mitangesehen hatte*
Petja ist hingefallen!
ahmt LJUBA nach.
Petja! Retten Sie mich! Ich leide! Retten Sie mich!

LJUBA Dieser Petja ist wirklich komisch.

FIRS *rezitiert etwas abwesend ein Gedicht von Ingeborg Bachmann „Die gestundete Zeit." Er steht vorne an der Rampe. Hinter ihm ist die Party in Gange, es wird langsam getanzt, niemand hört ihn, JASCHA nähert sich ihm langsam vorwärtstanzend.*
Es kommen härtere Tage
Die auf Widerruf gestundete Zeit
Wird sichtbar am Horizont
[…]
Sieh dich nicht um.
Schnür deinen Schuh.
Jag die Hunde zurück.
Wirf die Fische ins Meer.
Lösch die Lupinen!
Es kommen härtere Tage.

TROFIMOW taucht irgendwo auf. LJUBA stürzt sich auf ihn.

LJUBA Petja, Sie reine Seele, ich bitte um Verzeihung. Lassen Sie uns tanzen.

JASCHA *zu FIRS*
Na, Großväterchen!

FIRS Ich fühl mich nicht gut. Früher haben auf unseren Festen Schriftsteller, Künstler, Architekten, berühmte Schauspieler und Politiker getanzt und heute lungern hier nur noch die Überflüssigen und Ausgeschlossenen rum. Arbeitslose, die nicht wissen, wo sie hin sollen. Und selbst bei denen hat man das Gefühl, die kommen nur noch ungern zu uns. Ich fühle mich schwach. Ich stehe jeden Morgen pünktlich auf und arbeite, egal, was passiert und wie es mir geht, ich stehe auf und arbeite, und ich stelle nicht so viele Fragen. Vielleicht lebe ich deswegen noch.

JASCHA Ja, ja, jetzt reicht's aber. Wenn du doch bald abkratzen würdest.

FIRS Wenn die Stille uns anfällt, das ist manchmal nicht auszuhalten. Wie sehen Sie das?

JASCHA Was?

FIRS Wenn die Stille uns anfällt, wie sehen SIE das?

JASCHA Wenn die Stille uns anfällt.

FIRS *lauter und eindringlicher*
Ja, wenn die Stille uns anfällt, die Stille, wenn sie uns anfällt … wie sehen SIE das?

JASCHA *geht weg.*

FIRS Ach, du Versager
spricht mit sich selbst

LJUBA Ich muss mich setzen. Ich bin müde.

ANJA Gerade hat in der Küche jemand gesagt, dass der Kirschgarten heute verkauft wurde.

LJUBA An wen?

ANJA Das hat er nicht gesagt. Er ist jetzt schon wieder weg.

JASCHA Ein alter Mann hat das gesagt. Ein Fremder.

FIRS Und Leonid Andrejewitsch ist immer noch nicht zurück. Dabei hat er nur den leichten Übergangsmantel an. Er wird sich erkälten. Ach, diese Jugend.

LJUBA Ich falle auf der Stelle tot um. Jascha, los, geh und frag, an wen er verkauft wurde.

JASCHA Aber der Alte ist doch schon längst weg.
Er lacht.

LJUBA Sag mal, was lachst du immer so blöd. Worüber freust du dich denn so?

JASCHA Einfach so. Ist alles so witzig hier. Ihr. Seid alle so witzig!

LJUBA Firs, wenn das Gut verkauft wird, wohin gehst du dann?

FIRS Ich? Dorthin, wo Sie befehlen.

LJUBA Was ist mit deinen Augen? Bist du krank? Geh, leg dich schlafen.

FIRS Schlafen? Ich? Wenn ich schlafen gehe, wer wird dann hier servieren? Wer wird hier aufräumen und saubermachen? Und wer hilft Leonid Andrejewitsch dabei, sich auszukleiden? Ich bin doch allein für das ganze Haus zuständig.

JASCHA *zu LJUBA*
Falls du wieder zurück nach Paris gehst, nimm mich mit, bitte, ja. Ich kann hier nicht bleiben, unter diesen ganzen Idioten, hier sind alle so ungebildet, dumm, langweilig, vertrocknet, der Fraß aus der Küche ist nicht auszuhalten und dieser Zombie läuft hier herum und brabbelt unentwegt zusammenhangsloses Zeugs, hier gibt es nichts, nichts, absolut nichts, ich kann hier nicht bleiben, hier gibt es kein

Leben für mich, nimm mich mit, bitte, bitte, ja, nimm mich mit. Komm, lass uns tanzen, ja, ist doch alles egal, komm.

LJUBA tanzt wild und immer wilder und exzessiver mit JASCHA, so als wollte sie sich und allen anderen noch einmal beweisen, dass sie voller Kraft und Lebensenergie steckt, so als wollte sie noch einmal ihre eigenen Grenzen spüren. Sie hat dabei kurze Schwächeeinbrüche, fällt drei Mal hin und tanzt dann weiter, sie tanzt so lange, bis sie keine Kraft mehr hat, dann bricht sie zusammen und hustet, die Musik wird ausgeschaltet, LJUBA hustet und hustet, hustet und hustet, unendlich lange, so lange, dass man es nicht mehr aushalten kann.

LJUBA Wasser, Firs, bring mir Wasser! Musik!

WARJA Mama, jetzt lass doch mal.
Geht, bitte, alle. Geht bitte. Die Party ist vorbei.

JASCHA Was spielst du dich denn so auf?

WARJA Geh bitte.

JASCHA Wir feiern hier.

WARJA Geh.

JASCHA Nein.

WARJA Geh, endlich, Mann, geh! Hau ab, geh in die Küche zu deiner Mutter, arbeite irgendwas, aber lunger hier nicht so rum, hau ab, verschwinde.

JASCHA Sag mal, wie redest du eigentlich mit mir?

WARJA HAU AB!

JASCHA Vielleicht ist das, was ich mache, AUCH Arbeit, nur, du bist zu dumm, das zu begreifen. Du bist doch nur frustriert, weil dich nie jemand anfasst, weil du vergehst vor Sehnsucht, aber immer alleine und unglücklich bleiben wirst.

WARJA AHHHH. Jetzt reichts. Hau ab, raus hier, alle, SOFORT. Die Party ist vorbei, genug gefeiert. Raus hier, weg, alle weg, zieht Euch an, Musik aus, raus hier, weg, weg, alle weg!

Einige Gäste verlassen die Party.

SCHARLOTTA Hey, hey, was ist denn los mit dir Kindchen, er hat doch Recht, nimm das doch mal an. Als Angebot, um daran zu arbeiten.

WARJA Halt den Mund! Was machst du überhaupt hier? Du arbeitest nichts und willst Geld.
zu allen
Keiner macht was hier und alle wollen Geld. Vielleicht können mal alle, die nicht arbeiten, das Haus verlassen, aber SOFORT. Haut ab, alle, ICH HAB DIE SCHNAUZE VOLL jetzt ist mal gut hier, los, PARTY IS OVER, wir haben nichts mehr, kapiert das endlich mal, und du
zu JASCHA
hau endlich ab, geh zu deiner Mutti und arbeite, hilf ihr in der Küche oder mach sonst irgendwas, aber verschwinde endlich und WAG ES JA NICHT, MICH ZU BELEIDIGEN, ICH BIN STÄRKER ALS DU, DU SCHWACHKOPF.
zu TROFIMOW
Verdammt nochmal, hast du überhaupt keinen Anstand, lass Anja in Ruhe, du Penner, die ist viel zu gut für dich.
zu allen
Raus hier, weg, das ganze Pack geht jetzt nach Hause, alle Schmarotzer weg hier, wer kein Geld hat, weg! RAUS RRAUS RRRAUS haut endlich ab, DIE PARTY IST VORBEI kapiert! Wir sind pleite!! Lasst die Flaschen hier, sind Pfandflaschen, kann Firs morgen zurückbringen, dann reichts noch für ne halbe Mahlzeit hier, Jascha hau endlich ab, los, ich schlag dich sonst tot, geh endlich, geh.

JASCHA Du vergreifst dich im Ton, ma chérie. Ob ich arbeite oder nicht, darüber dürfen nur Leute urteilen, die mehr Ahnung haben und älter sind als Du.

WARJA Los, raus hier, Du Nichtsnutz,
zu SCHARLOTTA
und du auch, los.
JASCHA lacht, WARJA rennt hinter ihm her.
Geh mir aus den Augen! Los, renn, renn um dein Leben und komm nie wieder, ICH SCHLAG DICH TOT DU NICHTSNUTZ, DU KLEINER BAUER.

LOPACHIN kommt herein und WARJA schlägt aus Versehen auf ihn ein.

LOPACHIN Na, herzlichen Dank!

WARJA Meine Schuld!

LOPACHIN Macht ja nichts. Ich bedanke mich aufrichtig für den angenehmen Empfang
lacht.

WARJA Nichts zu danken. Hats wehgetan?

LOPACHIN Nein, ach wo. Bis zur Hochzeit sind alle Wunden wieder verheilt
lacht.

LJUBA Bist du das, Jermolai? Warum kommst du so spät? Hast du getrunken? Wo ist Leonid?

LOPACHIN Er ist mit mir gefahren, er kommt gleich.

LJUBA Also? Hat die Auktion stattgefunden? Sagen Sie doch etwas!

LOPACHIN Auktion war gegen vier Uhr zu Ende. Wir haben den Zug verpasst und mussten daher bis halb zehn warten. Ui, mir ist etwas schwindelig.

GAJEW kommt herein. In der rechten Hand hält er eine Tüte mit Einkäufen, mit der linken Hand wischt er sich die Tränen ab.

LJUBA Leo, was ist los? Sag schon, Leo! Schneller, ich bitte dich!

GAJEW Nimm das. Hier, ich hab ein paar alte Platten mitgebracht, und ein bisschen Krabbensalat. Ich hab heute nichts gegessen. Was ich durchgemacht habe! Ich bin fürchterlich müde. Hilf mir Firs, ich will mich umziehen.

WARJA Was ist bei der Auktion herausgekommen? Jetzt erzähl endlich!

LOPACHIN Das Gut ist verkauft.

LJUBA Wer hat es gekauft?

LOPACHIN Ich

Pause.

LOPACHIN Ich habe es gekauft. Warten Sie, meine Herrschaften, seien Sie so lieb, mir ist ganz wirr im Kopf, ich kann kaum sprechen…
lacht.
Wir kamen also zur Auktion, dort saß schon Deriganow, der extra aus dem Ausland angereist war. Leonid hatte nur 150 000 und Deriganow lachte sich schlapp über diese Summe und bot sofort zusätzlich zur Übernahme der Schulden, die auf dem Gut lasten, sofort 300 000. Leonid fängt an zu weinen und verlässt den Saal, alle lachen, ich erkenne sofort die Lage und biete 400 000. Deriganow bietet 450 000, ich 550 000. Das heißt, er bietet in 50 000 er Schritten und

ich in 100 000er Schritten. Er 600 000, ich 700 000, er 750 000, und ich plötzlich 1 000 000, er zögert, zögert zu lange, zum ersten, zum zweiten und er kann sich nicht entscheiden zack zum dritten 1 000 000. Der Kirschgarten gehört jetzt mir! Er ist mein!
lacht laut.
Guter Gott, ich glaub es nicht, der Kirschgarten gehört mir!
Lachen Sie mich nicht aus! Wenn mein Vater und mein Großvater erleben dürften, was hier passiert. Ich, Lopachin der geprügelte, dumme, kleine Bauer, der kaum lesen und schreiben konnte, ich habe das Gut gekauft, auf dem wir wie Penner behandelt wurden und jetzt GEHÖRT DAS ALLES MIR!
LJUBA wirft den Schlüssel des Gutes auf den Boden.
Ich träume, das ist alles nur Einbildung, das alles hier passiert nicht wirklich, es kann nicht sein, es kann, kann nicht, nein, ich! Ich bin verrückt geworden, geistig umnachtet, DER KIRSCHGARTEN GEHÖRT MIR!
hebt die Schlüssel auf.
Sie hat die Schlüssel weggeworfen und will damit zeigen, dass sie hier nicht mehr die Geschäfte führt! Ist ja jetzt auch egal.

Die Gäste machen Anstalten zu gehen.

Nein, keiner verlässt den Raum, jetzt wird gefeiert! Musik! Tanzen! Los, aber was Lustiges, los, ich will Musik hören, kommt alle her und seht zu, wie Lopachin, die Axt nimmt und den Kirschgarten kurz und klein schlägt, wie die Bäume einzeln auf die Erde krachen. Das kommt alles weg hier, ALLES! Und etwas Neues entsteht! Lasst uns Wochenendhäuser bauen, einen großen Freizeitpark, wo viel Platz ist für uns und unsere Enkel, und wir alle werden hier ein neues Leben führen, und gemeinsam glücklich sein!
Warum haben Sie nicht auf mich gehört? Meine Arme, meine Gute, jetzt kann man nichts mehr ändern. Hoffentlich ist das bald alles vorbei – das ganze Chaos und Unglück hier. Wir werden ein anderes, schöneres Leben haben, Sie und ich.

JASCHA Sehen Sie nicht, dass sie weint. Gehen wir und lassen sie etwas allein. Kommen Sie.

LOPACHIN Hey, was soll das. Fass mich nicht an! Musik, lauter! Alles soll so sein, wie ich es will. Hier kommt der neue Gutsherr, der Eigentümer des Kirschgartens! (er wirft aus Versehen etwas um. Es geht kaputt) Ich komme für alles auf, keine Angst, ich bezahl hier ALLES! DER KIRSCHGARTEN GEHÖRT MIR!

ANJA Mama! Mama, hörst du mich. Der Kirschgarten ist verkauft, er gehört nicht mehr uns, das stimmt. Aber dir ist das Leben geblieben, das noch vor dir liegt. Wir werden ein neues Leben beginnen, wir werden alles vergessen und noch einmal ganz von vorne anfangen und alle Fehler und alle Erinnerungen hinter uns lassen, unser neues Leben wird ehrlicher sein als dieses hier. Du wirst glücklich sein, wir beide, du und ich, werden glücklich sein.

LJUBA Du weißt nicht, was du redest, Anja, ich kann nicht noch mal von vorne anfangen, das kann ich nicht. Ich bin jetzt tot.
geht ab.

VIERTER AKT

Einige wenige Möbel stehen in der Ecke wie zum Verkauf bereitgestellt. Koffer, Kisten, Taschen, alles ist in Auflösung begriffen, alles ist zur Abfahrt bereit. JASCHA steht in der Mitte des Raumes mit einem Tablett mit Champagnergläsern.Wie bestellt und nicht abgeholt. Er trinkt vor allem selbst immer wieder, die anderen ignorieren den Champagner.

LOPACHIN Darf ich Sie herzlich bitten. Bitte, trinken wir jeder ein Glas auf den Abschied. Ich habe vergessen, Champagner aus der Stadt mitzubringen, und am Bahnhof fand ich nur eine Flasche. Bitte sehr!
kurze Pause.
Wie denn, meine Freunde! Sie wollen nicht? Hätte ich das gewusst, hätte ich keinen gekauft. Na, dann trinke ich auch keinen.

LOPACHIN Dann trink wenigstens du, Jascha.

JASCHA Auf die Abreisenden! Und alles Gute für die, die bleiben!
trinkt.
Ich kann Ihnen versichern, dass das kein echter Champagner ist.

LOPACHIN Der war teuer! Draußen ist Oktober, aber es ist so sonnig und warm, als wäre es Sommer. So lässt es sich gut bauen.
nachdem er auf die Uhr gesehen hat.
Freunde! Es sind nur noch 46 Minuten bis zur Abfahrt des Zuges! Das heißt, wir müssen in 21 Minuten zum Bahnhof aufbrechen. Machen Sie etwas Tempo.

TROFIMOW kommt.

TROFIMOW Ich glaube, wir sind abfahrbereit. Wo sind denn meine Schuhe? Ich hab irgendwo meine Schuhe verloren. Anja! Hast du meine Schuhe irgendwo gesehen?

LOPACHIN Trink doch ein Gläschen.

TROFIMOW Sicher nicht.

LOPACHIN Dann geht es jetzt nach Moskau.

TROFIMOW Ja, erst begleite ich die anderen in die Stadt, und morgen fahre ich nach Moskau.

LOPACHIN Aha, so so. Die Vorlesungen laufen doch schon seit sechs Wochen. Oder warten die Professoren, bis du angekommen bist?

TROFIMOW Das geht dich nichts an.

LOPACHIN Wie lange studierst du nun schon?

TROFIMOW Denk dir mal was Neues aus. Das ist einfach nicht witzig. Meine Schuhe ... irgendwo müssen die doch sein. Da wir uns ja wahrscheinlich nicht mehr wiedersehen werden, möchte ich dir zum Abschied einen Rat geben: Hör auf mit deinen dummen Witzen, über die kann keiner lachen, die sind nicht witzig. Und wenn du selbst lachst, dann sieht das aus wie ein epileptischer Anfall und die Leute fangen an, dich widerlich zu finden, obwohl sie dich eigentlich mögen. Und versuche nicht immer, allen zu gefallen, das bringt nichts, einigen gefällst du halt nicht, da musst du nicht die ganze Zeit albern vor ihnen rum zappeln und dich zum Affen machen, du wirst ihnen einfach nicht gefallen, nimm das hin. Und gewöhne dir auch ab, Ferienparks zu bauen. Das ist auch so ein albernes Rumgezappel, sich vorzumachen, dass das Leben, das du dir hier abgeguckt hast, so einfach aufzuteilen ist in kleine Parzellen und irgendwelchen Wochenendtouristen verkauft werden könnte als Ersatz für ein substanzloses, dummes Leben. Dass sie hier in einer Woche zu sich selbst finden, ihre verborgenen Ressourcen entdecken, Künstler werden, lesen, schreiben, Musik machen, lange Spaziergänge und ein gehaltvolleres Leben führen. Die werden hier eine Woche kraftlos rumhängen, etwas durchatmen, „ihre Batterien aufladen", und dann wieder nach Hause fahren in ihren dummen, sinnlosen Alltag, dem Geld nachjagen und sich kaputtmachen, einsam sterben, so wie du auch.

LOPACHIN *umarmt ihn*
Auf Wiedersehen, mein Guter. Danke für alles. Nimm Geld von mir für die Reise, wenn du welches brauchst.

TROFIMOW Was soll ich damit. Nicht nötig.

LOPACHIN Aber Sie haben doch keins.

TROFIMOW Doch habe ich. Ich danke Ihnen. Ich habe Geld für eine Übersetzung bekommen.
Aber ich finde meine Schuhe nicht, verdammt! Meine Schuhe sind weg!

WARJA Da sind Ihre Schuhe!

wirft ein Paar Schuhe auf die Bühne.

TROFIMOW Warum sind Sie denn jetzt so böse, Warja? Hmm, das sind überhaupt nicht meine Schuhe.

LOPACHIN Ich habe im Frühling mit ein paar Aktiengeschäften 400 000 verdient. Einfach so in zwei Wochen und weil ich es kann, biete ich Dir ein Darlehen an.

TROFIMOW Lass, lass. Auch, wenn du mir 800 000 anbieten würdest, würde ich sie nicht nehmen. Ich bin ein freier Mensch. Und alles, was Sie, Reiche und Arme, so hoch schätzen, hat über mich nicht die geringste Macht, für mich ist das nicht mehr als eine Feder, die durch die Luft schwebt. Ich komme ohne Sie klar, ich kann Sie einfach stehen lassen und weitergehen, weil ich stark und stolz bin. Wenn hier erst einmal alles zusammengebrochen ist, wird Geld keine Rolle mehr spielen, die Menschheit wird lernen, radikal anders zu denken. Wir gehen einer neuen Zeit entgegen, wo ganz andere Werte zählen. Und ich stehe dabei in der ersten Reihe.

LOPACHIN Wirst du auch ankommen?

TROFIMOW Ja, werde ich.

Pause.

TROFIMOW Ich werde ankommen oder ich zeige anderen den Weg.

LOPACHIN Dann, auf Wiedersehen, mein Bester. Man sagt, Leonid Andrejewitsch hat eine Stelle bei der Bank angenommen für 4600 netto im Monat. Dort wird er es nicht lange aushalten, faul wie er ist. Aber immerhin, er versucht es.

ANJA Mama bittet Sie, den Kirschgarten noch nicht abholzen zu lassen, solange sie noch da ist.

LOPACHIN Sofort, sofort, ist ja richtig.
Ab.

ANJA Ist Firs ins Krankenhaus gebracht worden?

JASCHA Ich hab es den Leuten heute Morgen gesagt. Jetzt gehe ich davon aus, dass sie es getan haben.

ANJA *zu PETJA*
Kannst du nachfragen, ob Firs ins Krankenhaus gebracht wurde.

JASCHA Ich habe es doch heute Morgen gesagt, wozu noch zehnmal nachfragen?

WARJA *tritt auf*
Ist Firs ins Krankenhaus gebracht worden?

ANJA/JASCHA *fast gleichzeitig*
Ja.

WARJA Und warum haben die Leute den Brief für den Arzt nicht mitgenommen?

ANJA Dann muss man jemand hinterherschicken.
geht ab.

WARJA Jascha, deine Mutter ist gekommen, um sich von dir zu verabschieden.

JASCHA Mann, die soll mich endlich in Ruhe lassen, was will die denn dauernd? In sechs Tagen sind wir wieder in Paris. Morgen setzen wir uns in den Expresszug und rollen los, dann sind wir weg, endlich weg von hier! Ich kann es kaum glauben. Vive la France, sag ich nur. Das hier ist nichts für mich, so kann ich nicht leben. Diese Unkultur hab ich mir jetzt lange genug angesehen, für mich ist das hier beendet, Schluss, aus, ich komm nicht mehr wieder. Warum weinst du denn, Warja. Du bist so ein schönes Mädchen, du solltest nicht so viel weinen, es tut mir leid, ehrlich, sei nicht enttäuscht, du bist hübsch und alles, aber irgendwie bist du nicht so mein Typ, weine nicht, mein kleiner Engel, weine nicht, bitte, es gibt so viele Männer, muss ja nicht ich sein.

GAJEW Wir müssen jetzt wohl wirklich gehen, wir sind schon spät dran.
mit Blick auf JASCHA.
Sag mal, hast du den ganzen Krabbensalat gegessen. Mensch, der war für die Reise gedacht. Für alle.

JASCHA Excusez. Ma mère est dans la cuisine. Elle voudrait parler avec moi.
Ab.

LJUBA In zehn Minuten werden wir uns in den Wagen setzen. Leb wohl, liebes Haus. Der Winter wird vergehen, der Frühling wird beginnen und dann wird es dich schon nicht mehr geben. Man wird dich abreißen. Mein Schatz, du strahlst. Bist du froh, sehr froh?

ANJA Ja, sehr! Jetzt beginnt ein neues Leben, Mama!

GAJEW Wirklich, jetzt ist alles gut. Bis zum Verkauf des Kirschgartens waren wir alle beunruhigt, haben gelitten und jetzt, wo diese Frage endgültig und unumkehrbar entschieden ist, haben wir uns alle beruhigt und sind sogar wieder etwas fröhlich. Ich bin jetzt Bankangestellter, ein Vermögensverwalter, ich mach sogar Anlageberatung. „Es gibt nur zwei Dinge, die Leere und das gezeichnete ich." Tja. Und du Ljuba, siehst auch irgendwie besser aus, ganz ohne Zweifel.

LJUBA Ja, meine Nerven haben sich beruhigt, das ist richtig. Ich schlafe gut. Auf geht's!
zu ANJA
Mein Mädchen, wir sehen uns bald wieder. Ich fahre nach Paris und werde dort von dem Geld leben, das die Großtante geschickt hat, damit wir das Gut kaufen können. Ich wünsche ihr Gesundheit und ein langes Leben! Aber das Geld wird nicht lange reichen.

ANJA Ich mache jetzt erst mal mein Studium zu Ende und dann werde ich arbeiten und dir helfen. Mama, wir werden zusammen sein, nicht wahr? Ich werde lesen, alles lesen, was mir wichtig erscheint, und es wird sich eine ganz neue, wunderbare Welt eröffnen … Komm bald zurück, Mama.

LJUBA Ja sicher.

SCHARLOTTA *hat ein Bündel im Arm wie ein Baby, deklamiert und bewegt sich dabei sehr theatralisch.*

Wer reitet so spät durch Nacht und Wind?
Es ist der Vater mit seinem Kind.
Er hat den Knaben wohl in dem Arm,
Er fasst ihn sicher, er hält ihn warm.

Mein Sohn, was birgst du so bang dein Gesicht?
Siehst, Vater, du den Erlkönig nicht!
Den Erlenkönig mit Kron' und Schweif?
Mein Sohn, es ist ein Nebelstreif.

Du liebes Kind, komm geh' mit mir!
Gar schöne Spiele, spiel ich mit dir,
Manch bunte Blumen sind an dem Strand,
Meine Mutter hat manch gülden Gewand.

Mein Vater, mein Vater, und hörest du nicht,
Was Erlenkönig mir leise verspricht?
Sei ruhig, bleibe ruhig, mein Kind,
In dürren Blättern säuselt der Wind.

Willst feiner Knabe du mit mir geh'n?
Meine Töchter sollen dich warten schön,

Meine Töchter führen den nächtlichen Reih'n
Und wiegen und tanzen und singen dich ein.

Mein Vater, mein Vater, und siehst du nicht dort
Erlkönigs Töchter am düsteren Ort?
Mein Sohn, mein Sohn, ich seh es genau:
Es scheinen die alten Weiden so grau.

Ich liebe dich, mich reizt deine schöne Gestalt,
Und bist du nicht willig, so brauch ich Gewalt!
Mein Vater, mein Vater, jetzt fasst er mich an,
Erlkönig hat mir ein Leids getan.

Dem Vater grausets, er reitet geschwind,
Er hält in Armen das ächzende Kind,
erreicht den Hof mit Mühe und Not;
in seinen Armen das Kind war tot.

Sie wirft das Bündel dramatisch auf den Boden, spielt Entsetzen.
Das Kind ist tot, das Kind ist tot!
Bitte, finden Sie mir eine neue Stelle. Ich muss arbeiten. Irgendwas. Ich kann auch was Lustiges.

LOPACHIN Wir finden eine neue Stelle für Sie, machen Sie sich keine Sorgen.

GAJEW Alle lassen uns im Stich. Warja geht weg. Plötzlich werden wir nicht mehr gebraucht.

JASCHA *gibt LJUBA Geld*
Hier, das schulde ich dir noch. N Teil zumindest.

LJUBA Merci.

LOPACHIN Ich träume wohl! Woher hast du das?

JASCHA Ich hab doch gesagt, ich gebs zurück.

LJUBA Wir können jetzt fahren. Ich fahre mit zwei Sorgen. Die erste ist der kranke Firs.
Fünf Minuten haben wir noch.

ANJA Mama, Firs ist schon ins Krankenhaus gebracht worden. Jascha hat heute Morgen dafür gesorgt.

LJUBA Meine zweite Sorge ist Warja. Sie ist daran gewöhnt, früh aufzustehen und zu arbeiten. Jetzt ist sie ohne Arbeit und wie ein Fisch auf dem Trockenen. Sie hat so abgenommen, ist ganz blass und weint so viel, die Ärmste.
zu LOPACHIN

Sie wissen ja genau, dass ich davon geträumt habe, sie mit Ihnen zu verheiraten. Und es sah ja wirklich danach aus, dass Sie heiraten würden. Sie liebt Sie, und Ihnen gefällt sie auch. Aber ich weiß nicht, ich weiß nicht, warum Sie beide die Sache nicht endlich mal miteinander klären, das kann doch nicht so schwierig sein.

LOPACHIN Ich verstehe es selbst nicht, ehrlich gesagt. Irgendwie ist das alles so seltsam. Wenn es nicht zu spät ist, bin ich weiterhin bereit. Na, los, erledigen wir die ganze Sache sofort und basta, denn ohne Sie, das spüre ich, schaffe ich es nicht, ihr einen Antrag zu machen.

LJUBA Wunderbar. Das geht ganz schnell. Ich rufe Sie sofort.

LOPACHIN Ich hab ja noch den Champagner, großartig, das lockert etwas.
will was trinken.
Leer, irgendjemand hat alles ausgetrunken.
zu JASCHA
Sag mal, hast du die ausgeleckt? Nicht ein einziger Tropfen mehr.

LJUBA Egal, das geht auch ohne Alkohol. Komm, wir gehen nach draußen Jascha, allez! Ich rufe sie. Warja, lass alles stehen und liegen und komm her, komm!

LOPACHIN *sieht auf die Uhr*
Ja…

Pause.

LOPACHIN Hallo … Wohin werden Sie jetzt gehen?

WARJA Ich? Zu den Ragulins. Ich werde mich dort um den Haushalt kümmern, als Haushälterin oder so.

LOPACHIN Das ist 100 Kilometer entfernt von hier. Richtig?
WARJA nickt.
Das Leben in diesem Haus ist nun vorbei.

WARJA Ja. Das Leben in diesem Haus ist zu Ende. Hier wird es keins mehr geben.

LOPACHIN Ich fahre jetzt auf eine Konferenz.
Er spricht das Wort „Konferenz" wie ein Fremdwort aus.
Mit demselben Zug. Ich habe viel zu tun. Morgen kommt der neue Verwalter, der sich hier um alles kümmert, den Abriss und das Fällen der Bäume betreuen wird. Ich habe keine Zeit dafür.

WARJA Ja…

LOPACHIN Im letzten Jahr um diese Zeit hat es schon geschneit, erinnern Sie sich? Aber heute ist es ruhig und sonnig. Aber kalt ist es doch, minus drei Grad.

WARJA Ich habe nicht nachgesehen. Unser Thermometer ist sowieso kaputt.
Kann ich was spielen?

LOPACHIN Spielen. Ja ... Let's play!

WARJA singt „Happiness" aus dem Film Happiness von Todd Solondz – (http://www.youtube.com/watch?v=o2Jt6lakh1k)

Nach dem ersten Refrain steigt LOPACHIN ein und singt mit ihr, sie singen eine Weile, LOPACHIN nähert sich ihr, sie merkt das, erwartet das auch, er will ihre Haare berühren, weiß nicht, wie er das anstellen soll, berührt die Haare nicht, versucht, ihre Schulter oder ihren Arm zu berühren, lässt dann ab, steht einen Moment unentschlossen und unglücklich da, weiß nicht, was er tun soll.

Nachdem WARJA den Refrain ein weiteres Mal gesungen hat, geht LOPACHIN schnell ab.

WARJA singt allein weiter, weint dabei.

LJUBA kommt dazu.

LJUBA Und?

WARJA Ja, es ist soweit, Mama. Ich werde heute noch pünktlich zu den Ragulins kommen, aber wir dürfen den Zug nicht verpassen.

LJUBA Anja, zieh dich an! Jetzt können wir abfahren.

ANJA Auf geht's!

GAJEW Freunde, meine lieben teuren Freunde! Wie kann ich dieses Haus verlassen und schweigen. Wie soll ich mich beherrschen und euch nicht zum Abschied mitteilen, welche Gefühle mich übermannen...

ANJA Onkel!

WARJA Onkelchen, bitte.

GAJEW macht eine Geste: Ich bin still.

TROFIMOW Also, liebe Freunde, es wird jetzt wirklich Zeit, zu fahren!

LJUBA Wir fahren jetzt, und hier bleibt kein Mensch.

LOPACHIN Bis zum Frühling, dann sollen schon die ersten Interessenten anreisen, und in einem Jahr kommen die ersten Gäste und die werden einen Hauch von Ihrem Leben spüren, all der Ruhe, der Schönheit, der Freiheit, die Sie hier genossen haben. Und wer weiß, vielleicht kommen Sie als Gast auch gerne mal ab und an vorbei und verbringen hier ein paar Tage, um Ruhe zu finden von dem aufreibenden Leben in Paris. Sie sind mir immer willkommen.

WARJA reißt ihre Gitarre hoch, dass es einen Moment lang so scheint, als wollte sie damit LOPACHIN schlagen, der tut so, als würde er ausweichen.

WARJA Was denn, was denn! Daran habe ich nicht einmal gedacht.

TROFIMOW Leute, wir steigen jetzt in den Wagen, sonst verpassen wir den Zug!

ANJA Petja, da sind deine Schuhe.

TROFIMOW Fahren wir, Herrschaften!

LOPACHIN Sind alle raus hier? Ich lasse dann abschließen.

ANJA Leb wohl, Haus! Leb wohl, altes Leben!

TROFIMOW Sei gegrüßt, neues Leben!
mit ANJA ab.

WARJA lässt den Blick noch einmal durch das Zimmer wandern und geht dann ohne Eile ab. Auch JASCHA geht ab und SCHARLOTTA geht ebenfalls ab.
LJUBA und GAJEW sind jetzt allein. Sie haben darauf gewartet, werfen sich jetzt einander in die Arme.

LJUBA Der Kirschgarten. Mein Leben. Meine Jugend. Mein Glück. Leb wohl. Leb wohl.

GAJEW Schwarzer Schnee.

LJUBA Alles weg, alles weg.

GAJEW Schwarzer Schnee fällt.

LJUBA Alles weg, alles.

ANJAS STIMME Mama! Komm!

TROFIMOWS STIMME Huhu!

LJUBA Wir kommen!

LJUBA und GAJEW gehen ab, ziehen dabei ihre Kindheitsschatztruhe, die Kiste, auf die GAJEW eine Rede gehalten hatte, von der Bühne.

Die Bühne ist leer. Es wird still. FIRS erscheint. Er ist gekleidet wie immer. An den Füßen trägt er Hausschuhe. Er ist krank.

FIRS Alle weg. Mich haben sie vergessen. Macht nichts. Ich sitze hier ein wenig. Leonid Andrejewitsch hat sicher Schal und Handschuhe vergessen. Das kommt, weil ich nicht aufgepasst habe. Er ist noch ein kleiner Junge, ich muss auf ihn aufpassen, er kann das nicht allein. Das Leben ist vergangen, als hätte ich nicht gelebt. Ich lege mich etwas hin. Kraft hast du nicht mehr, nichts hast du mehr, gar nichts. Du Nichtsnutz

ENDE

Krieg der Bilder

The World Outside Is Real

Hörstück

STIMMEN

LAURA

MARCO

MARC

STEFAN

TIM

TOM

JULIA

FIGURENBESCHREIBUNG

LAURA – etwa 30, AGENTURLEITERIN, eine gehetzte Frau, die versucht, nicht zusammenzubrechen, und die jedes Gefühl dafür, was Frieden sein könnte, verloren hat.

MARCO – etwa 30, PERFORMANCE ARTIST. Er hat sich auf Gewalt, Zerstörung, Vernichtung spezialisiert. Er arbeitet an einem großen Klangkunstwerk, einer Auftragsarbeit. Interviewschnipsel von Politikern, Tagesschauaufnahmen, Originalmaterial aus Kriegsgebieten und gesampelte sowie selbst am Computer produzierte Musik mischt er zusammen, es soll alles ein furioses Klangkunstwerk werden, das auch eine Art Klangstatement zu den neuen Kriegen des 21. Jahrhunderts werden soll.
Dieses Klangkunstwerk könnte mit einem Klangkünstler (oder von dem Regisseur/der Regisseurin selbst) produziert und dann immer wieder während des Hörstücks eingespielt werden bzw. in Ausschnitten zu hören sein. Aber auch die Bits und Pieces, aus denen es sich zusammensetzt, sollten isoliert hörbar sein. Es soll der Eindruck entstehen, wir hören Marco bei der Arbeit zu.

MARC – etwa 25, ein JUNGE, an dem jeder interessiert ist und der entschlossen auf jede Krisensituation zusteuert, die sich ihm anbietet. Er probiert ab und an ein paar Jobs aus, solange sie ihn interessieren, findet aber in sich und der Welt keine zusammenhängende Linie, der er nachspüren könnte, das jeweils intensivste und exzessivste Szenario zieht ihn an.

STEFAN – zwischen 30 und 40, ein FOTOJOURNALIST mit vielen Auszeichnungen.

TIM – etwa 30, ein KULTURMENSCH, sehr früh Karriere gemacht, immer unterwegs, fliegt von einem Event zum anderen.

TOM – alterslos, der ASSISTENT. Er ist der einzige, der in den letzten Jahren keinen rasanten Karriereaufstieg vollzogen hat. Er ist in der Wohnung geblieben und schaut den anderen zu. Er ist sich unsicher darüber, was er mit sich will. Er hält die Stellung, er versucht, mitzuhalten, aber er findet seinen Platz nicht wirklich zwischen den anderen.

JULIA – etwa 30, eine VIDEOFILMERIN und Fotojournalistin. Krisen zu Hause und überall auf der Welt sind ihr Spezialgebiet. Sie sieht sich selbst irgendwo zwischen Kunst und Journalismus, Kunst und Dokumentation.

ANMERKUNGEN DES AUTORS

Als BREAK habe ich eine Art Störung oder Unterbrechung bezeichnet. Sie kann sehr kurz sein oder bis zu einer Minute dauern, dann wird der Sprachfluss unterbrochen, ein Geräusch bricht ein, das assoziativ mit der Szene zu tun hat, sie auf eine andere Ebene führt oder sie mit einer anderen Welt konfrontiert. Ich habe da Klangvorschläge notiert, diese können aber auch ganz anders ausgeführt werden.

Regieanweisungen sind immer als Vorschläge gemeint.

INTRO

Handyklingeln, Faxgeräusche, Geräusch des Einloggens ins Internet, ein startendes Flugzeug, Motorengeräusche, Geschwindigkeit, immer schneller, dann ein Crash, Geräusch von Explosionen.
Agentur, Hektik, technische Geräte, die ständig auf sich aufmerksam machen, immer wieder Ausschnitte aus Beiträgen zu Krieg, Terror, Börsenstürzen. Man hört Politiker, Talkshows, Fetzen von Nachrichten, dann wird kurz reingezappt in Musik und ganz banale Quizsendungen, in denen die Zuhörer etwas gewinnen können, Werbung, dann wieder Berichte zur Lage, Meldungen, Statements.

MARCO ist damit beschäftigt, diese Ausschnitte zu hören und zu sortieren, eventuell zu loopen und sich immer wieder anzuhören, er reagiert kaum auf LAURA, die etwas sucht und dabei durch das Chaos der Agentur stöbert.

1

Sehr schnell, hektisches Durcheinander. Unter dem ganzen ersten Teil liegt eine trailerartige Musik wie ein CNN Kriegsbericht-Trailer: schnell, dramatisch, treibender Rhythmus.

LAURA Sag mal, hast du diesen Vertrag gesehen, da muss doch ein Brief angekommen sein

MARCO Keine Ahnung

LAURA Da muss doch n Brief angekommen sein oder n Fax oder n Anruf

MARCO Bei mir nicht

LAURA Ja Mann bei dir kommt auch **gar** nichts an

Eine Detonation.

TOM *Dokuebene*
„Niemand glaubt mehr an die Echtheit dieser Bilder, jeder weiß, wie man diese Bilder manipulieren, am Computer verfremden, irgendwas reinrechnen oder wegrechnen kann ... und gleichzeitig sind wir

angewiesen auf diese Bilder, um uns überhaupt einen Begriff machen zu können von der Welt da draußen"

Ein Sample aus MARCOS Klangkunstwerk.

LAURA Hör mal, ich muss morgen um sechs einen Flieger nehmen, und ich weiß nicht wohin, ich weiß nicht welchen, ich weiß nicht wen ich wo treffen soll, das stand alles hinten auf diesem Scheißvertrag drauf, das hatte ich mir da notiert, wo ist denn dieser Scheiß oder auf dem Briefumschlag ich weiß es nicht mehr, warum hilft mir denn keiner, helft mir doch mal HILFE

MARCO *zählt Kriegs- und Kriseneinsätze auf, spricht sie ein in ein technisches Gerät, Stimme verfremdet*
Joint Guardian Determined Force Shining Hope Sustain Hope Provide Refuge Open Arms Eagle Eye Decisive Endeavor Deliberate Forge Decisive Enhancement Provide Promise Desert Strike Desert Thunder Desert Fox Provide Comfort Desert Falcon Provide Comfort 2 Kosovo Albanien Bosnien Kroatien//Mazedonien Irak Israel Saudi-Arabien Kuwait Kurdistan Korea Sierra Leone Luftraum Kongo Kolumbien Mosambik Venezuela East Timor Sudan Afghanistan Luftraum Eritrea Ruanda Uganda Liberia Somalia Nordkorea Angola Haiti Bangladesh Panama Libyen Tschad Libanon

TIM *gleichzeitig mit MARCO*
So sorry seid jetzt still, ich muss in zwei Stunden aufstehen und ins Büro, ich hab ne Pressekonferenz und ich hab kein Bock, da auszusehen wie ein Zombi

TOM *wie eine Dokuaufnahme, die später produziert wurde, Interviewstyle*
Alle waren Karrierekrieger geworden, rasten irgendwelchen Terminen hinterher, schossen Fotos, lagen erschöpft in Businesslounges herum – zeitlose ortlose Räume, die überall auf der Welt gleich aussehen – und warteten auf ihre Einsätze, die ihnen per Handy oder per Email durchgegeben wurden: „Da ist gerade wieder eine Regierung gestürzt worden, da ein Öltanker verunglückt, da fliegen die USA und Groß Britannien Luftangriffe" und dann hin: Alles abfotografieren, alles abfilmen, Statements einholen, zurück ins Labor, alles auswerten, schreiben, Videos bearbeiten und wenn wir mal keine Bilder hatten, haben wir einfach das Internet geplündert: Wir haben ja nicht so viel Zeit!, schneller, schneller, schneller, schneller, es war nicht mehr zu definieren, was genau wir eigentlich alle machten. Wir machten eigentlich alle alles und alle alles gleichzeitig, und jeder lebte fünf Leben gleichzeitig und hatte dreißig Berufe auf einmal, und das Ergebnis sah man dann im Fernsehen, in den Zeitungen, in

der Kunsthalle, hörte man im Radio oder sah es auf Plakatwänden, die Leute, die all das machen, die Unsichtbaren, die man nie sieht, das waren wir, wir, unsere Agentur, Laura schrieb zwischendurch sogar noch an einer total erfolgreichen Sitcom und war Ghostwriter für unseren Verteidigungsminister.

Eine Detonation.

JULIA *wie in einem Bericht fürs Fernsehen, spricht schnell*
Heute steht der Kapitalismus einer neuen Herausforderung gegenüber: Es gibt nichts mehr zu kaufen. Womit wir handeln, ist nicht mehr fassbar, nicht mehr greifbar, wir verkaufen Fiktionen, die wir als Nachrichten verkaufen, wir handeln mit Krisen und Vernichtung, unser Militär ebnet neue Handelswege, und wir begleiten diese Kriege auf der Bildebene.

STEFAN *Doku*
Wobei wir da ganz genau auswählen, es gibt da ein ziemlich klares System, nach dem Bilder von den Chefredakteuren ausgewählt werden. Sehr einfach. Wir bebildern diese Idee, dass die Welt in Gut und Böse aufgeteilt ist. Wir: Gut. Die anderen: Schlecht. Wir beruhigen das Gewissen, zeigen die Bilder von unseren helfenden Soldaten. Zunächst einmal bomben wir diese Länder um hunderte von Jahren zurück, dann bauen wir sie nach unseren Vorstellungen wieder auf, gewinnen sie als neue Märkte oder lassen sie im Chaos zurück und schicken dann ein paar Non-Governmental Organizations hin oder die UNO oder die Kirche. Auf diese Aufbauarbeit konzentrieren wir uns, darüber schreiben wir, davon machen wir Fotos, die Zerstörung, die wir selbst erzeugen, zeigen wir nicht.

BREAK.
Sound: Etwas stürzt ab, Aufschlag, Explosion.

JULIA Starbucks McDonalds Walmart DIESEL NIKE Burger King the Republican Party Enron Exxon SONY General Motors Microsoft

LAURA Was?

JULIA Britney Spears Destiny's Child Christina Aguilera Shakira

LAURA Was?

JULIA Ob du die Verträge schon zurückgeschickt hast, die solltest du nämlich bis gestern zurückgeschickt haben

LAURA Ja fuck verdammte Scheiße ich such das doch die ganze Zeit.
schreit.
Ist das hier ein Krisengebiet? Ist das hier ein Krisengebiet?

TOM Entspann dich mal

LAURA *schreit*
Ich bin entspannt!

MARCO *spricht etwas in ein Diktiergerät wie für ein Interview, das er mit sich selbst führt*
„Eine surrealistische Apokalypse, ein Zustand des totalen Krieges, der kein Krieg der Nationen mehr ist, sondern sich auf alles bezieht: Feindliche Übernahmen in der Wirtschaft, Kämpfe kleinster Splittergruppen innerhalb einer Gesellschaft, und alle Gruppierungen sind miteinander verbunden durch ein Netz von Allianzen, die sich ständig verschieben. Die Menschen befinden sich in einem paranoiden Zustand, weil sie immer neu herausfinden müssen, wer mit wem fusioniert hat oder wer seine politische Richtung gewechselt hat. Und sie fühlen sich bedroht, alle fühlen sich ständig bedroht."
laut zu den anderen.
Ich frage mich, ob irgendwer überhaupt daran interessiert ist, diese Konflikte zu lösen, oder ob es eben nur Leute gibt, die von diesen Krisen und Konflikten profitieren, weil diese Krisen eben unsere neuen Märkte sind, das System ohne die Kriege gar nicht existieren würde.

Eine Detonation/Sample.

LAURA Hast du meinen Vertrag gesehen?
Hast du?

TIM Was?
Pause.
Ach so den ja hab ich ja du sollst nach Brüssel morgen
Morgen Brüssel Dienstag Berlin Mittwoch Seattle Donnerstag Prag Freitag Genua Samstag Bonn

LAURA Bonn?
Was soll ich denn in Bonn?
Bonn gibt's doch gar nicht mehr
Was soll ich denn in Bonn?

TIM Du ich weiß es nicht

LAURA Bonn?
Wieso Bonn?

MARCO *wie oben*
Noble Response Stabilize Timor Infinite Reach Enduring Freedom Guardian Retrieval Quick Response United Shield Restore Democracy Safe Passage Provide Relief Continue Hope Desert Storm Desert Sword Desert Calm Desert Farewell

TIM Ich kann sowieso nicht mehr schlafen
Schon seit Tagen nicht
Seit Wochen eigentlich

LAURA Monaten

TIM Nee ehrlich
im Flugzeug ab und zu oder in der Bahn
im Taxi neulich bin ich plötzlich im Taxi eingeschlafen
Komme ich plötzlich irgendwo an und weiß nicht wo

LAURA Steigst aus

TIM Und schaust auf eine leere Landschaft, Stille, keine Menschen, Schnee, alles vereist, niemand da, und denkst: Hier will ich nie wieder weg, ich will hier nie wieder weg

LAURA Ruhe Stille

TIM Schneesturm

BREAK.
Geräusch eines Schneesturms, dann hebt ein Flugzeug ab.
Flughafen, Ansagen, Menschen in Lounges, Fernsehberichte auf den TV Screens in den Lounges, Geräusche von startenden und landenden Maschinen, Chaos, Hektik, Überforderung, Aktienkurse, Zahlen, Zahlen, Ansagen, dann das Innere des Flugzeugs, Stewardessen, Sicherheitsbestimmungen. Alles geht über in eine beruhigende angenehme Soundfläche. Zu TIMS Sprechweise: TIM fühlt sich wohl, wenn er entkommen kann, denn er gerät sehr schnell aus der Fassung, seine Belastbarkeitsgrenze ist immer kurz davor, überschritten zu werden.

TIM sowieso wahnsinn dass jetzt alles nur noch taktik ist und man so aufpassen muss wem man was sagt dass man im grunde niemandem mehr irgend etwas sagen kann und auch aufpassen muss wo man mit seinem handy steht im ice ist das gefährlich

plötzlich übers geschäftliche zu reden nicht übers private das sowieso nicht im büro werden witzige zettel an meine tür gepappt halbnackte sportler oder sind das alles hollywoodstars ist das eine anspielung ist das lieb gemeint oder ist das eine art kritik an meinem aufsteigertum sich langsam herauslösen aus der eigenen generation aus der masse generation x internet mtv viva viel geld schnelle schnitte ganz früh karriere machen wie würden sie denn diese generation jetzt einmal so ich sage mal beschreiben? ja, vielleicht, dass also generell gesagt, dass vielleicht die virtuelle erfahrung und – ja ja sie haben da auch mal an anderer stelle glaube ich über medien generell was gesagt könnten sie das vielleicht noch mal eben weil das würde jetzt ganz gut in unseren nein ich denke nein ich kann nicht nein ich glaube nein ich denke dass
ich denke ja
ich denke nein nein
generell kann ich will ich da jetzt eigentlich nichts mehr zu sagen nein
generell will ich im grunde überhaupt nicht mehr
und dann klingelt gottseidank mein handy oder es kommt eine durchsage ich werde zurückgerufen bitte sofort bitte eilig bitte schnell ja da kann man jetzt nichts machen im übrigen steht das auch alles in unserer pressemappe sie können sich ja auch im grunde bei unserem team oder morgen früh dann meine sekretärin
der flug ist gebucht, das hat barbara noch eben schnell erledigt, gebucht, umgebucht, wieder zurückgebucht, weil stefan dann erst doch nicht und dann doch und dann wieder sorry aber nichts zu machen eben doch absolut nicht kommen konnte okay scheiße, hmmm, ja, sag mal, aha, der taxifahrer, eine frau, ja, sehr hübsch, da fällt mir ein, ich hab ja auch so n teil irgendwo rumliegen, weiß bloß nicht wo, in welcher stadt, juliane, auch so ein nichtssagender name, aber so heißt die, juliane und die hat auch glaub ich kinder, ja, von mir, schreckliche kleine häßliche zwerge, die sich selbst aus dem fernsehen herauskopiert haben, sitzen den ganzen tag vor der glotze, völlig bewegungslos, gucken nur dauerwerbesendungen und bestellen mit meinem telefon irgendwelche bauchtrainer und mehrzweckkleider, häßliche dumme würmer, unkreativ, humorlos, stumpfsinnig, genau wie ihre mutter, liegt auch nur den ganzen tag fett auf dem bett ich will die nicht nein ehrlich nicht ich
einmal eben atmen
luft
ja

ja
die wolken das flugzeug
endlich unbeobachtet
augen schließen
angst
augen öffnen: so schön alles hier
kontrollbildschirme
videoprogramm
abendessen
stewardessen
zeitungen? nein ich
aber da sehe ich mich
mein bild auf der wirtschaftsseite
um gottes willen
was mache ich denn da?
prognosen beschreibungen
kulturseite
kulturmensch nennen die mich
der „kulturmensch" wie es jetzt viele gibt
bitte ich
ahhh
nein
die wolken auf meinem bildschirmschoner
irgendwie genauso seltsam wie diese sogenannten echten wolken da draußen hinterm fenster
„alles wirkliche erscheint genauso unwirklich wie alles unwirkliche unwirklich erscheint" barbara sendet das stündliche briefing:
tokyo weltausstellung
was stellt sich aus
thema: nato
thema: humanismus
thema: hightechkriege und das ende der ästhetischen
aufbereitbarkeit eine welt im umbruch aha
in unserer agentur war da kein ende der aufbereitbarkeit zu sehen
die ganze maschine funktionierte tadellos trailer talkshows spendenkonten
aufgebrachte studenten im fernsehstudio: nie wieder krieg versus nie wieder auschwitz
in tokyo steige ich aus absolviere kurz zwei publikumsdiskussionen kriegsbilder bilder des krieges ich lese heute nur ab sonst schreibe ich meist selbst heute zu kraftlos die rede liegt für mich an der

hotelrezeption im taxi zur galerie lerne ich das alles auswendig vorbei an den werbeflächen nike diesel starbucks mcdonalds cnn aol microsoft unsere welt sieht überall gleich aus egal wie weit man wegfliegt kriegskunst war das denn ein krieg? die bilder zu diesen kriegen alle unglaublich clean, kaum zu unterscheiden von den werbeflächen, nichts zu erkennen, keine spuren, der unsichtbare krieg, ein paar familienväter fliegen mittags los und werfen ein paar bomben ab kehren am abend zurück zu ihrer basis schauen die baseball league im fernsehen haben keinen bezug zu den ländern die sie da beschießen denken in seltsam mittelalterlichen kategorien von gut und böse ein haufen religiöser fundamentalisten mit high tech waffen, die unsichtbaren, nichts zu erkennen, stundenlang schauen wir auf diese leeren bilder, dahinter verbirgt sich das unaussprechliche, aber wir sehen es nicht, die bilder hinter diesen bildern bekommen wir niemals zu sehen, die zeigen sie uns nicht, abendessen in der botschaft, der nette mann vom goetheinstitut ist auch da, die sehen auch in jeder stadt gleich aus, und immer so freundlich munter und gut gelaunt, warum sind die eigentlich immer alle so verdammt gut gelaunt, welche medikamente nehmen die eigentlich, ich bin einsam hier, meine frau wo ist die jetzt? meine freundin mein freund mein heimlicher geliebter kann man hier noch irgend jemanden aufs zimmer bestellen? zu müde für alles heute zu erschöpft ich will nicht mehr weg diese reisen machen mich wahnsinnig nachts diese zusammenbrüche in den hotelzimmern und die sehen auch überall auf der welt gleich aus ich weiß schon lange nicht mehr wo ich eigentlich bin, verteilt auf diese internationalen hotelketten ohne erinnerung alles verschwimmt ich fühle die zahlen sie bewegen sich in meinem kopf weiter weiter aber warum keine ahnung ich mach das noch zehn jahre dann brech ich zusammen und dann nichts leere oder ist DAS hier schon der zusammenbruch ich will mit niemandem darüber sprechen ich traue niemandem alles strategie weiter weiter wenn ich ankomme will ich meine ruhe aber ich komme nie an kaum packe ich aus geht es gleich weiter ich weiß schon seit langem nicht mehr wo ich eigentlich bin

2
TRAUMA/STUDIO

Wir wissen nicht, ob hier ein Film gedreht wird oder ob diese Szene real stattfindet. Sie hat etwas Alptraumartiges.
Durchgehend schnelles Klicken einer Schnellschusskamera, ein psychedelischer flächiger Sound, keine Beats.

MARC Ich seh nichts mehr

STEFAN Was?

MARC Ich Scheiße ich seh nichts mehr aua das tut so weh Scheiße ich

MARCO Was ist denn?

MARC Ich ich weiß nicht aua ich

MARCO Was?

MARC Weiß nicht

STEFAN Komm her

MARCO Fass ihn nicht an

STEFAN Sag mal, was ist denn überhaupt los hier

MARCO Fass ihn nicht an

MARC völlig aufgelöst, verzweifelt. Klicken der Kamera.

MARC Nicht bitte nicht weh tun

STEFAN Keiner tut dir weh

MARC Es tut so weh aua

STEFAN Was hast du denn?

MARC Nein, bleibt da, nicht näher kommen, bleibt da stehen, beide
Keiner bewegt sich, d.h. MARC reagiert hier auf etwas, was nur in seinem Kopf stattfindet.
Stehenbleiben, stehenbleiben hab ich gesagt!!
Ihr sollt stehenbleiben, verdammt nicht bewegen!!

STEFAN Aber

MARC Und nicht sprechen! Nicht sprechen, hast du gehört, beide! Nicht sprechen!
verzerrt jetzt das Geräusch von Fotokameras, die klicken.
Nicht näherkommen, nicht
Pause.
Meine Augen, ich kann nichts mehr sehen, warum hilft mir denn keiner?

BREAK.

STEFAN Leg die Kamera weg

MARCO Das ist wichtig hier

STEFAN O Mann leg deine verdammte Scheißkamera endlich weg

MARCO Ich brauch diese Bilder, verdammt

MARC Nicht sprechen, habe ich gesagt, nicht sprechen, ich hab euch gewarnt, ich hab euch gewarnt, ich hab euch gewarnt, ich jag hier alles in die Luft, alles
sucht verzweifelt etwas, wirft Sachen um, es klingt gewalttätig, heftiges Kameraklicken.
Das soll brennen jetzt, das muss alles verschwinden, alles weg hier, alles, alles vergraben, alles vergraben
Das muss alles weg, alles weg hier, ich auch weg, ihr auch, alle, alle weg hier, keinen mehr hier, ich will keinen mehr, niemand mehr, ich schlag dich tot, ich knall dich ab, ich brenn euch alle nieder, aber ganz schnell geht das, ganz ganz schnell, Mann, kapiert ihr denn gar nichts, los, Mann, los, los, jetzt, gleich ists vorbei, Mensch, versteht ihr denn nicht, kapiert ihr denn nicht, Mann, wir müssen hier weg, schnell, die sind gleich da, dann steht hier nichts mehr, alle tot, alle verbrannt

BREAK.
Eine Detonation.

MARCO Er hat gestern alles in Brand gesetzt, alles, plötzlich gibt es kein Haus mehr, keine Eltern mehr, nichts, weißt du das?, weißt du das?

MARC Der hat mir mein Auge rausgeschnitten, der war das

STEFAN Wo ist deine Mutter, weißt du das?

MARC Und dann ist der auf mir rumgetreten und hat Sachen mit mir gemacht

STEFAN Wo sind denn seine Eltern?

MARCO Erschossen verbrannt im Keller wollen wir mal gucken wollen wir mal alle zusammen gucken gehen ja?

Fotoklicken, Bombardements, loderndes Feuer.
MARC schreit laut.

MARCO Cut

STEFAN Cut? was heißt hier „Cut"?

MARC schreit.

MARCO Cut verdammt noch mal cut cut cut

Kugelhagel.

MARC Ich muss dann ja auch jetzt weiter könnt ihr vielleicht ohne mich weitermachen ich muss dann ja auch jetzt ins Kino hab mich da verabredet und bitte bitte ich muss jetzt weg

STEFAN Dein Auge ist doch verletzt

MARC Nee hier ist nichts verletzt nein sorry da hab ich ja auch ne Salbe draufgetan aber nein ich muss dann jetzt echt weg sorry aber aua das tut so weh ich geh dann jetzt okay

Bombardements, Schreie, dann wird diese Szene plötzlich zurückgespult, und ein Interviewschnipsel mit JULIA eingespielt.

vor meinen Augen ist ein Mann explodiert, da liegen überall noch diese Minen, und keiner weiß genau, wo ... plötzlich Leichenteile überall, ein kleines Mädchen wurde zerrissen von der Wucht, der Mann dann wiederum landete vor unserer Windschutzscheibe, ziemlich spooky das Ganze

MARCO Sorry, noch mal, das war jetzt nicht so überzeugend

JULIA wiederholt den Text, diesmal authentischer, währenddessen in einer anderen Tonqualität TIM gleichzeitig mit ihr etwa ab der Hälfte von JULIAS Text.

TIM Ich lösche das Licht ... allein in meinem Hotelzimmer irgendwo in irgendwo in ... ich habe es vergessen ... und ... nichts, hallo? Ist da jemand? Nein in mir drin niemand, nichts, ich bin allein ohne mich, eine Abwesenheit. Eine leistungsorientierte Abwesenheit, sehr flexibel, sehr sehr flexibel, überall zu jederzeit einsetzbar als alles, was das System von mir verlangt. Fuck, verdammte Scheiße, leer, leer, leer, mich gibt es nicht, ich bin nicht hier, das, was hier spricht, hat keinen Körper, fuck verdammte Scheiße, Mist! Abwesend, um Geld zu verdienen, und irgendwie funktioniert das, irgendwie funktioniere ich, und langsam sterbe ich dabei ab oder bin ich schon tot keine Ahnung, wer spricht hier?, ein toter totes was? Keine Ahnung, es gibt mich nicht, ich bin nicht hier, ich bin nicht hier

Radiohead: „I´m not here", dann plötzlich ein harter Cut, Detonationen.

3
ATELIER

MARCO *arbeitet an seinem Klangkunstwerk.*
Hör mal

MARC Was denn

MARCO Hör mal

MARC Ja

MARCO Gefällt dir das?
spielt ihm Kriegssounds vor, die er aus Samples und Originalmaterial zusammengebastelt hat, sehr laut.
Gefällt dir das?

MARC *unsicher*
Was machst du denn damit?

MARCO Nur so
dreht wieder voll auf, Bombardements, Explosionen, Einstürze, Reden von unterschiedlichen Politikern, aus denen er nur einige Begriffe herausgesampelt und hintereinandergeschnitten hat: Terror, Gefahr, Verteidigung, Sicherheit, Kapital, Freiheit, das vermischt mit Börsendaten.

MARC Ist das n Auftrag?

MARCO Ja, auch

MARC Wofür?

MARCO Weiß ich noch nicht: Zürich, Berlin, Weltausstellung
zu TOM
Kannst du mal für mich da hinfliegen und das dealen?

TOM Ich?

MARCO Ja du kannst doch auch mal was machen oder?

TOM Ich?

MARCO Oder da anrufen?

TOM Ich?

MARCO Ja du

TOM Ich?

MARC Ja Mann du

TOM Eigentlich Julias Job

MARC Julia ist doch krank

MARCO Ist die wieder krank?

MARC Kann nicht mehr laufen

MARCO Ist das

MARC Ja

MARCO Oh

MARC Ging ganz schnell

MARCO Nicht aufgepasst

MARC Wollte unbedingt dieses Wachhaus fotografieren, wo sie die Kinder alle erschossen hatten, die lagen da noch rum, das war doch erst vor drei Tagen passiert, dabei ist sie ausgerutscht

MARCO Aber das hätte sie doch…

MARC … wissen können, ich weiß, war alles vermint

MARCO Aber jetzt sag doch mal, wie findest du denn das?

MARC *unsicher*
Gut ja

MARCO *zu TOM*
Ich muss das jetzt mal abgeben, kannst du das nicht dealen für mich in Zürich?

TOM Ich ruf da morgen an

MARCO Kannst du das nicht gleich machen?

TOM Ja

BREAK.
Eine kurze Gewehrsalve.

LAURA Sag mal, hast du diese erfrorenen Säuglinge irgendwo gesehen?

BREAK.
Etwas stürzt ein, sehr laut.

LAURA Kannst du nicht mal für Ordnung hier sorgen, ich find hier echt nichts mehr wieder, ich verlier hier alles, diese Mütter, die ihre erfrorenen Säuglinge durch den Schnee tragen, und hinter denen fliegt diese Brücke in die Luft, wo sind die, die sind verschwunden

TOM Wer?

LAURA Dieser Flüchtlingstreck der aus Versehen von uns erwischt wurde

MARCO „Uns"?

LAURA Ja von der NATO was weiß ich

MARCO Sag mal „uns" „uns", NATO ist für dich „uns"

LAURA Ja jetzt stell dich nicht so an

MARCO „Uns" ich fass es nicht, das nennst du freie Presse, ja „uns" „uns" ich nicht ich hab keine Flüchtlingstrecks in die Luft gejagt ich nicht

LAURA Ich auch nicht

MARCO Doch **du**
du warst das
du und die: ihr, ihr gemeinsam
solange du dich nicht von denen distanzierst und denen alles nachplapperst, trägst du auch die Verantwortung

BREAK.
CNN Trailer, immer wieder hintereinandergeschnitten von unterschiedlichen Nachrichtensprechern gesprochen (in unterschiedlichen Sprachen) die Worte WAR FREEDOM TERROR PEACE FREEDOM OF SPEECH MILITARY ACTION MILITARY CAMPAIGN.

LAURA *Dokuebene*
Wir hatten da überhaupt keinen Zugang, wir waren angewiesen auf das, was wir da von der Militärleitung an Berichten und Bildmaterial geliefert bekamen. Wir saßen da tagelang in so Panzerwagen und ließen uns vom Pressekorps herumfahren, die Presseoffiziere fuhren uns dann zu den Orten, von denen sie wollten, dass die zu Hause in den Zeitungen gedruckt wurden, die umfuhren weiträumig alles, was so von der Allianz zerstört wurde. Also gab es davon auch keine Bilder. Schulen, Krankenhäuser, wir hatten gehört, dass das getroffen wurde, aber wir sahen das nicht, und selbstständig konnte

man sich da gar nicht bewegen, man brauchte ja den Schutz der Soldaten, kein Mensch wollte da allein durch die Gegend fahren, um nach zerstörten Krankenhäusern und Kindergärten zu suchen, das war allen viel zu gefährlich, also gab es das zu sehen, was die wollten, mehr nicht. Ich kam mir eher vor wie ein Schauspieler oder wie so ein ferngesteuertes Kampfgeschoss, eine Art lebende Kamera, wir alle spielten da unentwegt Demokratie, simulierten da Pressefreiheit, das war allen klar, dass wir da Opfer einer sehr geschickten Zensur waren, Opfer und Täter gleichzeitig, denn wir machten ja alle mit, keiner wollte seine Karriere aufs Spiel setzen, wofür auch?

STEFAN *Dokuebene*
Die Konkurrenz ist hart. Es werden immer die dramatischsten Bilder genommen. Die meisten suchen einfach nur das allerextremste Szenario. Ich glaube, viele sind richtig froh, wenn neben ihnen jemand erschossen wird oder einem Kind der Kopf weggerissen wird. Wir hatten vorher von unseren Auftraggebern gesagt bekommen, was für Motive wir anschleppen sollten, und das machten wir dann auch: Schreiende Frauen, erfrorene Säuglinge, verkohlte Leichen mit weit aufgerissenen Gebissen.

TOM *Dokuebene*
Ich erinnere mich, wie wir einfach das abschrieben, was hier direkt von der Militärleitung über den Ticker kam, das waren die einzigen Informationen, die es gab, also druckten wir die ab, um überhaupt etwas abzudrucken, das machten alle so, das war besser als gar nichts zu drucken, es gab ja keine anderen Quellen.

MARCO *währenddessen im Hintergrund live in der Agentur, cholerischer Anfall*
Dass keiner hier eine Haltung hat das kotzt mich auch so an ja das macht mich auch so fertig dass absolut keiner hier eine Haltung zu irgendwas hat dass alle immer nur dem Datenstrom hinterherschwimmen die Krise managen dass hier keiner mal irgendwie eigenständig **denkt** hier denkt keiner dass hier alle nur irgendwelche Bücher schreiben irgendwelchen Terminen hinterherjagen irgendwelche Aufträge aushandeln irgendwelche geheimen Treffen arrangieren in irgendwelchen Expertenrunden abhängen und und irgendwas vom Teleprompter ablesen das kotzt mich soo an das ist Horror das ist die eigentliche Katastrophe

BREAK.
Lacher und Applaus.

LAURA Sag mal, hast du diese erfrorenen Säuglinge irgendwo gesehen?

STEFAN Nee aber wenn du n paar ersoffene Neger brauchst

LAURA Aus welchem Land?

STEFAN Uganda
Ich glaub Uganda, weiß nicht genau, ist das in Afrika Uganda? irgendwo da ja

LAURA Ist denn da grad was?

STEFAN Weiß ich nicht

MARCO Ja da ist irgendwas

LAURA Und was?

MARCO Weiß ich nicht irgendwas
versucht, sich zu erinnern.
Irgendwas war da
Hab ich gelesen gehört irgendwas
Bürgerkrieg oder so
Hungersnot
ich weiß nicht
Flutkatastrophe
Wasser irgendwas
alle abgesoffen
schlimm

STEFAN Da ist ne Fähre verunglückt, die hatte Uranium geladen

LAURA Ich denk da ist ein Flugzeug explodiert?

STEFAN Nee ne Botschaft. Oder eine Shopping Mall?

MARCO Eine Shopping Mall? In Uganda?

BREAK.
Schnellschusskamera, schnelles Klicken.

TIM Ich kann nicht schlafen
Wieso hängt der seine Bilder dauernd zum Trocknen hier auf?

Ich will schlafen und sehe nur ausgerissene Arme weggefetzte Beine, Menschen ohne Gesichter, Kinder ohne Augen, ohne Ohren, ohne Haut

STEFAN Musst du dich dran gewöhnen
„The world outside is real"

TIM Ich kann da echt nicht schlafen
Und ich muss schlafen
Ich brech sonst wieder zusammen
Ich muss auch gleich schon wieder weiter
Horror
Tokyo Kulturaustausch
Ich frag mich die ganze Zeit, was es da auszutauschen gibt

MARCO Ich arbeite heute Nacht durch

LAURA Ich sowieso
Ich muss diesen Artikel noch layouten
Aber dafür brauch ich diese **scheiß**erfrorenen Säuglinge
durchwühlt wütend einen Stapel Fotos und findet plötzlich das Foto, das sie die ganze Zeit gesucht hat.
Sag mal, du hast das?
Du hast mir das geklaut
Bist du wahnsinnig?

MARCO Ich brauchte das Bild für die Ausstellung

LAURA Sag mal, spinnst du, das ist **mein** Bild
Sag mal
Ich such das den ganzen Tag
weint fast.
Das brauch ich doch

MARCO Sorry

LAURA Ja „sorry" jetzt sagt der „sorry"

MARCO Ich brauchte das
kurze Pause.
Dringender als du
kurze Pause.
Für deinen Scheißbericht
Für euch ist das doch nur Porno
Ich setz das wenigstens in Zusammenhänge
Ihr holt euch da nur einen drauf runter
und kassiert ab

LAURA Und du kassierst nicht ab oder was

MARCO Wenn ihr euch das überhaupt anguckt
Wenn ihr überhaupt drauf guckt

LAURA Wer kassiert denn hier am meisten ab
Für seine Zweitverwertung
Wenn du uns nicht hättest, gäbs dich gar nicht
Was wär denn da drauf auf deinen Videos, wenn es uns nicht gäb
Ich seh da keinen Unterschied
Du filmst unser Material einfach noch mal ab, stellst das in irgendwelche leeren Hallen, meinst das ist „Kunst" und kassierst ab, kassierst ab wie blöde

MARCO Was fühlst n eigentlich, wenn du das siehst?
Pause.
Was fühlst n, wenn du da diesen erfrorenen Säugling siehst?

LAURA Ach fick dich

MARCO Die Wahrheit will immer niemand hören

LAURA Die „Wahrheit"
Was is n das für ne Scheiße?

BREAK.
Sample.

LAURA auf dem weg zum flughafen plötzlich: sag mal hab ich? hab ich? o gott ja ich denke ich hoffe scheiße hat? ja shit shit shit doch doch ich hab das doch noch schnell oder? oder nicht? oder dieser dieses dieser dieses dings dings brief oder was? das hab ich den hab ich dem doch noch hab ich das oder? ich weiß es nicht mehr oder soll ich jetzt noch schnell zurück? aber schaffen wir das dann noch? ich weiß es nicht vielleicht könnte tom aber tom: auch so ein ständiges sicherheitsrisiko dem irgend etwas anzuvertrauen mein flieger fuck wo ach ja okay aber
diesen refugee event diesen flüchtlingsrave im lager ob marc ich weiß nicht kann ich dem das antun ja der freut sich ankunft skopje achtzehn uhr zehn wir werden abgeholt major fischer und oberstleutnant brenner aus leipzig holen uns persönlich ab transall ich hardcore na ja hat stefan mir jetzt die richtigen? ja ich denke ja ich glaube mein handy geht hier nicht das nervt jetzt grade irgendwie sehr

trümmer überall unendliche trümmerfahrten wer organisiert das hier? gibts hier wie nennt man das „strukturen"?
„ich sage mal somalia war noch ne nummer härter da hatten die richtig fliegen am leib und knochen guckten schon so aus denen raus aber schneeschippen könnten die hier auch mal wenn die sonst schon nichts zu tun haben" harald pilz vom mdr ist auch hier kotz den wollte ich ja nun eigentlich gerade nicht treffen der hatte mich doch neulich zu seiner scheißpremierenfeier für diese ätzende äthiopiendokunummer für drei sat na ja okay hallo ja ja hallo und du ja wir drehen hier über abgebrannte orthodoxe kirchen aus dem vierzehnten jahrhundert ach so ja schön und du ja wir machen hier diesen äh refugee rave zusammen mit *amica* und ähm *fit for fun* also der spendengemeinschaft von o gott wie peinlich *men's health* und *fit for fun* es gibt momente wo ich wünschte ich könnte einfach alles vom schreibtisch aus regeln
alles liegt in trümmern aber die sonne scheint herr brenner aus leipzig ist gut drauf und überall diese herrenlosen hunde auch ein irres bild rudel von herrenlosen hunden im schnee an den häusern überall einschußlöcher alte männer die einfach nur verwirrt in den trümmern herumstehen überall abgebrannte häuser einschußlöcher was ist hier nur passiert ich
ich
ich kann nicht mehr sprechen
endlich
–
treffen mit silke vom human rights watch christian humanitarian organisation agricultural international assistance american jewish joint distribution committee albanian austrian partnership american bar association ich kann doch überhaupt kein englisch das wird peinlich heute abend peacetalks frieden wir haben eine partneraktion mit association for rebuilding democracy und film aid die beauty of kfor night mit dj hell und dem peace orchestra eröffnung eines baseball squads gemeinsam mit einer anzahl repräsentativer deutscher und amerikanischer filmstars katja riemann wird erwartet auch peinlich irgendwie
bei dem gedanken kommt mir grad so innerlich jegliche existenzberechtigung abhanden
anja kruse kommt die auch?
das war so eine gemeinschaftsidee von mir dem *tagesspiegel* und der kanadischen botschaft die dann wiederum mit filmaid usa die verhandlungen aufgenommen hat und lisa aus boston bereits vor zwei

wochen schon einmal eingeflogen hat um vorbereitungen zu treffen es gab schwierigkeiten mit dem d2 netz festnetz gibt es sowieso nicht was zieh ich eigentlich an horror ich habe dieses military-teil von prada aber kommt das nicht ein bißchen ein bißchen ich weiß auch nicht

ich weiß es nicht schusssichere weste? oder? und was für schuhe? keine ahnung ob wir noch das council for the defense of human rights and freedom integrieren könnten eine shopping mall einweihen das kann nicht ernst gemeint sein was soll denn da drin sein was wollen die denn da reinstellen?

dass ich das alles immer selbermachen muss dass ich da immer echt selbst hinfliegen muss tim konnte nicht wollte nicht der hat sich geweigert „bloß nicht dritte welt" hat er mir per sms geschickt „dritte welt kannste selbermachen"

ich manage hier alles den ganzen laden seit drei jahren fast keinen schlaf mehr ab und zu ein totalzusammenbruch achtundvierzig stunden absolute bewegungslosigkeit daliegen nicht sprechen nicht denken wie so ein relais das mal wieder ausgewechselt werden müßte weiter ich muss weiter nur nicht nur nicht schlappmachen jetzt nur nicht liegenbleiben diese ganze vitamin c scheiße hilft auch nichts mehr meine magnesiumwerte ich bilder aussortieren informationen zusammentragen ab und an selbst einen einsatz fahren dann ein anruf von meinem vater:

„hör mal das mit kant geht so nicht"

bezieht sich auf meine rede für tim die tim halten soll bei dieser bei diesem bei dieser was? eröffnung in hab ich das schon rüber ich hab das doch oder

ja wieso geht das nicht?

„weil kant das gar nicht geschrieben hat"

mein vater: klarheit ruhe auf alles eine antwort

was? wieso? was? das stand aber so in meinem folder den tom mir na ja egal okay ich überarbeite das noch mal

kant kant auch so ein name der nichts bedeutet kant kant egal

die drei bettys aus manchester wollen dieses tanzfestival in pristina organisieren und fragen ob wir da was wüßten aus berlin jemand der da hinkönnte die kulturstiftung der deutschen bank wäre wahrscheinlich interessiert allerdings sollte das ganze erst mal möglichst unpolitisch sein

auch das ja

ich versuche tim zu erreichen wie gut dass lufthansa jetzt endlich auch bordtelefone überall wurde aber auch zeit tim hallo ja sag mal

wer ist denn catharina von barnheim?
die macht da nen ballettworkshop oder so ziehen wir da mit? schicken wir da fotografen interessiert das? könnten wir da bbc vielleicht begeistern oder arte ich weiß es nicht ich muss mal überlegen ich versuch jetzt stefan zu erreichen ich ruf gleich zurück cooperative housing foundation was machen die denn da? die teilen da suppe aus wie absurd department for international development world relief save the children save the world
am flughafen dann major fischer: ich sage nur massengräber massengräber massengräber im übrigen weihnachten finden se mich in nem tophotel irgendwo an der ostsee mit whirlpool und allem drum und dran und dann komm ich erst mal den ehelichen pflichten nach aber volles programm
äh ja verstehe äh seltsame information na gut und wie finden wir jetzt bitte die drei bettys aus manchester? im uno haus ist heute pizzatag alles zugefroren das licht fällt aus strom fällt aus major fischer bringt mich noch aufs zimmer
äh ja danke danke ich muss dann auch jetzt wirklich gleich sofort also jetzt gleich ich meine jetzt sofort und ich bin echt müde schlafen also sofort jetzt danke tschüß
tür zu ich liege da
rotes licht
unten auf der straße fahren die krisenboys vorbei und hören laut britney spears
wo bin ich?
ganz weit weg? kann man das so sagen? oder ganz nah? beruhigte zone ausgangssperre morgen werd ich abgeholt die heizung geht nicht kein wasser hmm bloß professionell wirken morgen help age international human appeal international humanitarian aid international worldwide for human rights humanitarian community information center help hilfe zur selbsthilfe mine clearance and unexploded clowns without borders spielen das stück „don't touch the mines"
müde
humanity first
humanitarian cargo carriers
international crisis group
international catholic migration commission
institute for international social affairs
ich hab das gefühl dass man jeden im moment hier trifft ob man will oder nicht

die ganze welt ist hier
alle haben hier irgendwo ihre büros und agenturen aufgebaut die einheimischen müssen leider auf der straße schlafen sorry jungs aber wir brauchen die wohnungen sorry wir müssen noch dieses meeting da und ähm ja nee nicht böse sein in spätestens fünfzig jahren könnt ihr hier wieder einziehen
ich liege da
es ist kalt
hole mir unten aus der hotelbar einen whiskey
thomas aus mannheim sitzt an der bar
bitte jetzt nicht wieder diese massakerdiskussion ja
ruhe
eben mal was trinken
ich fühle mich wie ein kompletter idiot
ich habe nichts zu sagen
nichts zu sagen zu diesem
diesem thema
nichts
nichts
absolut nichts
gar nichts
nichts
absolut nichts
gar nichts
thomas aus mannheim ist hier als fahrer für kuwait joint relief committee
fährt decken in die bergregionen aha
kurzes gespräch: hätten wir? ja vielleicht oder bodentruppen? wäre dann? na ja ja kann sein kann aber wer weiß das schon aber diese flüchtlingstrecks und
ja ja aber
es ging ja auch darum zu verhindern dass
genau
gut nacht dann
ja machs gut du

irgendein stillstand in meinem kopf irgendein ein ich weiß es nicht eine art zusammenbruch ich habe ja überhaupt keine ahnung ich weiß doch überhaupt nichts über ich bin doch gar nicht richtig vorbereitet wir alle hier sind doch überhaupt gar nicht vorbereitet und wissen doch absolut gar nichts über dieses land
und doch das

es muss ja alles weitergehen schnell die organisation das darf nicht wirklich stagnieren unser europa muss weiterfließen egal wo wann wer welche krise verursacht der warenstrom der gedankenstrom der austausch das muss alles weiterlaufen vielleicht deshalb dieser einsatz um **unseren** frieden zu sichern

4

MARC *ziemlich aufgedreht*
Ich brauch was brauch Bilder Dias irgendwie irgendwie Fotos oder so ich hab doch diesen Gig nachher ich leg doch auf da brauch ich noch was da muss ich doch noch was an die Wand werfen irgendwas projizieren. Julia nimmt mich mit hat die gesagt, die will mich mitnehmen zu so nem Fotoshooting hat die gesagt, dass ich da mitsoll oder Casting oder so dass ich da die fotografieren da Verletzte das ist für die neue Dieselkampagne parachutech da soll ich mit da werd ich abtransportiert im Krankenwagen da komm ich ins Lazarett mit so ganz vielen Frauen Krankenschwestern die alle Diesel tragen da soll ich mit da will die mich mitnehmen

MARCO *arbeitet gleichzeitig an seinem Klangkunstwerk, spult Loops vor und zurück, vermischt Kriegssounds mit psychedelischer Chill-Out-Musik*
Äh was?

MARC Ich brauch auch jetzt Fotos für diesen Humanitarian Overkill da soll ich doch auflegen heute das ist so ne Liveartgruppe aus Madrid oder so da soll ich auflegen und Dias projizieren und da werd ich verwundet da werd ich erschossen da soll ich auflegen und dann werd ich erschossen so als Liveartevent mit allem Drum und Dran da werd ich erschossen und dann live operiert vor den Augen der Zuschauer das ist so ne neue Performancegruppe aus Madrid oder so die haben mich entdeckt die haben mich angesprochen die finden mich gut

MARCO ja sag mal ist alles in Ordnung bei dir oder so kann das sein ist da was kann das sein?

MARC Ich muss da ja jetzt los aber wo ist denn Stefan ich brauch da noch Fotos ich werd dann ja gleich erschossen wollt ihr da nicht mitkommen und euch das angucken wollt ihr nicht dabeisein ich will da nicht alleine hin ich würde gerne dass ihr da mitkommt wollt ihr da nicht mitkommen das wird auch alles übertragen nach draußen da wird das dann auf so nen See projiziert da bin ich dann in der ganzen Stadt zu sehen auf dem See

BREAK.
Ein Flugzeug fliegt über uns hinweg.

TIM *kommt hereingestolpert, ist völlig übermüdet*
Sag mal diese Rede

LAURA Ja

TIM Hast du mir da hast du da ich meine du wolltest doch Kant wieso Kant?

LAURA Schlaf

TIM Nein

LAURA Du musst morgen früh raus

TIM Ich will aber nicht schlafen
Ich hab keine Lust mehr zu schlafen
Ich soll dauernd überall hinfliegen und dauernd irgendwo schlafen ich will aber nicht mehr verstehst du ich will nicht mehr

LAURA Leg dich hin

TIM Nein!

MARCO Nun leg dich doch hin!!

TIM *sehr laut und wütend*
Nein!!!
Ich komm nicht an!!!!

LAURA Was?

TIM Ich komm nicht an!
Ach lass is egal
Ich
Ich setz mich mal hier hin ja redet einfach weiter ich setz mich nur mal kurz hierhin

BREAK.
Klicken einer Schnellschusskamera.

MARC ist bei STEFAN, wühlt in einem Stapel Fotos herum. MARCO arbeitet weiter an seinen Maschinen, mit seinen Sounds schafft er eine bedrohliche nervige Atmosphäre: Schüsse, Detonationen, Schreie, Motorengeräusche von Panzern, von Transallmaschinen, allmählich verwandelt sich der Klangraum in einen Kriegsschauplatz. Die anderen kommen dadurch zunehmend an den Rand ihrer Belastbarkeit.

STEFAN Was machst n da?

MARC Ich brauch was Bilder sag mal was ist denn das? Soldaten das sind ja nur Soldaten hast du nicht was anderes was ist das denn das ist ja ist ja heftig

STEFAN Verstümmelte Leiche vergewaltigt verstümmelt Benzin rübergegossen verbrannt

MARC Kann ich das haben kann ich das mitnehmen und das da ja kann ich das haben ich brauch das

STEFAN Die hab ich schon Marco versprochen

MARC Was wieso das denn der hat doch genug von dem Zeug ich brauch doch auch mal was ich will doch auch mal was haben immer kriegt der alles warum gibt **mir** denn keiner was ich bin doch auch hier an mich kann ja auch mal einer denken

STEFAN Frag doch Marco

MARC Der gibt mir ja nie was
da brauch ich gar nicht zu fragen
da krieg ich sowieso nie was

BREAK.
MARCO bastelt mit der amerikanischen Nationalhymne herum, distortet sie, dazu Samples von US-amerikanischen Politikern, unterschiedliche Politiker, die die Worte „Terror, God, Freedom, War" sagen.

TIM Ich soll jetzt in den Bundestag
hab da ein Angebot

LAURA Ach was

TIM Ja
Aber ich will nicht
Ich glaub, ich will da nicht hin zu diesen ganzen Deppen

LAURA Welche Partei denn?

TIM Keine Partei, ich soll da beraten
Alle
Ich soll die alle beraten
Die wissen doch gar nichts
Die brauchen Leute die denen das alles erklären
Die haben doch gar keine Ahnung Medientraining und so die ganzen Begriffe wie die jetzt all diese Angriffe rechtfertigen sollen wie

die da vor die Kameras treten sollen die Allianzen die sich ständig verschieben warum wer aus welchem Grund jetzt wieder irgendwo einmarschiert und die ganzen Netzwerke die ganzen Schläfer und Attentate und Kurseinbrüche diese ganzen Diktatoren und unterschiedlichen Religionen und wer da welche Interessen vertritt und wo wir eigentlich genau welche Verträge laufen haben und Zugang zu Ressourcen freiräumen müssen und wie das alles richtig ausgesprochen wird diese ganzen Namen und mit wem wir befreundet und mit wem verfeindet sind sowieso jetzt die ganze Vernetzung und alles die neue Wirtschaftsordnung globalisierte Finanzströme Outsourcing Flexibilisierung und was wir mit unseren ganzen Arbeitern machen sollen die keiner braucht und warum das System in spätestens zehn Jahren komplett zusammengebrochen ist und was dann eigentlich kommen soll das begreift ja gar keiner das soll ich denen jetzt alles erklären
ich will aber nicht ich erklär nichts mehr niemandem ich behalte das jetzt alles für mich
Ich mag die nicht
Das sind doch die Leute mit denen in der Schule nie jemand was zu tun haben wollte
Diese Schulsprecher und Schach-AG-Wichser

LAURA Genau wie du

TIM Ja genau wie ich

BREAK.
Mehrere Detonationen, Flugzeugabstürze, Explosionen auf der Leinwand, Schreie auf der Tonspur.

LAURA Du musst mal näher rangehen da muss mal was passieren diese erfrorenen Säuglinge das war doch n Fake oder das hast du doch geklaut das Bild oder das wir brauchen irgendwie mal besseres Material du gehst nicht genug ran ich hab immer das Gefühl du hast Angst

STEFAN Was?

LAURA Ich werd das Zeug bald nicht mehr los Mann die lachen schon über uns, du bist immer so weit weg dass keiner weiß ob das überhaupt n echtes Bild ist

STEFAN Unsinn

LAURA diese Säuglinge – die waren überhaupt nicht erfroren, die lebten noch – peinlich, kann sein, dass wir die Abzugshonorare zurücküberweisen müssen, Hardcore, die lebten, Mann, das musst du doch sehen oder hast du das geklaut das Bild? warst du da gar nicht? hast du das aus dem Internet geklaut, du hast das aus dem Internet geklaut oder du bist da nie wo bist du denn eigentlich du bist da nie oder irgendwas stimmt doch nicht mit mir irgendwas ist doch irgendwie bin das doch gar nicht ich irgendwas ist doch passiert sag mal hab ich mich verändert erkennt ihr mich noch keiner sagt was hier niemand nichts ich ich wie soll ich da auch ich das hier das hier was ist denn da da ist doch was was ist denn da irgendwas ist doch da irgendwas wieso sagt denn keiner was pack deine Koffer und hau ab

STEFAN Was?

LAURA Los geh endlich geh niemand brauch dich keiner will dich hier los hau ab hau endlich ab los geh geh endlich bevor die dich abholen und hier alles in Schutt und Asche legen los geh weg die hassen dich du bist gefährlich bitte bitte geh geh jetzt endlich geh die bringen uns alle um die knallen uns alle ab die fackeln uns ab geh endlich geh weg

Geräusch von: Flugzeugen, Bombenabwürfen auf der Tonspur, Detonationen, ein entsetzlicher Krach.

Mach das aus!

MARCO Wieso das ist doch schön!

LAURA Nein!

MARCO Dafür hab ich siebzigtausend im Voraus bekommen Schweizer Franken

BREAK.
Applaus, irgendwer hat irgendwas gewonnen, es wird gejubelt, dann ein kurzes TV-Zapping durch vollkommen verblödete Programme, bitte extrem stumpfsinnige Ausschnitte wählen: VIVA, TV Total, Fliege, Peep, Deutschland sucht den Superstar und dergleichen, als Teil davon:

JULIA Ich komm da hin denk da ist alles verbrannt sitzen die da im Garten und grillen alle total gute Laune was soll denn der Scheiß ich geh da hin soll zwei Wochen lang diese Familie begleiten da sitzen die alle friedlich beim Angeln das Haus steht noch da ist überhaupt nichts passiert das ganze Dorf steht noch was soll ich denn jetzt darüber schreiben die sitzen da alle ganz friedlich rum was soll ich denn jetzt darüber schreiben

Applaus und Lacher auf der Tonspur.

BREAK.
Flugbomber, Detonationen, Samples von Nachrichtensprechern, die unterschiedliche Ortsnamen sagen, an denen in den letzten hundert Jahren kriegerische Auseinandersetzungen waren.

TOM *wieder Doku*
Drei Tage sollte der Angriff dauern und 80 hat er gedauert und Frieden herrscht dort JETZT immer noch nicht, vielleicht hat eine wirtschaftliche Umstrukturierung stattgefunden, aber es herrscht kein Frieden. Aber es wird nicht mehr darüber berichtet und so glauben alle, der Krieg sei zu Ende, der geht aber weiter, da wird täglich weitergebombt, alles an neuen Waffensystemen abgeworfen, was entwickelt wurde und getestet werden muss, aber es wird nicht mehr berichtet und wenn nicht mehr berichtet wird, dann existiert das auch nicht mehr.
Die Frage, ob ein Krieg richtig ist oder nicht – und manchmal kann man das Gefühl haben, es ist richtiger das Falsche zu tun, als gar nichts zu tun – diese Frage überlagert die eigentliche Frage, ob man einen Krieg überhaupt **führen** kann. Wer Krieg führt, tritt unkontrollierbare Prozesse los, und der gesamte Medienapparat dient dazu, mit starken Bildern zu suggerieren, dass wir alles unter Kontrolle hätten, aber wir haben da überhaupt nichts unter Kontrolle. Ich glaube, in dem Moment, wo wir den Krieg zulassen, führt der Krieg uns, nicht wir den Krieg.

MARCO Tom weg!

TOM Nein

MARCO Du wirst erschossen heut Nacht
Weißt du das

BREAK.
Erschießungen, Hinrichtungen.

MARCO So Tom
deine Zeit ist jetzt abgelaufen

TOM Was?

MARCO Ich schneid dich jetzt raus
Mir reichts
Deine Kommentare kannste dir von jetzt ab sparen
Gleich biste weg
Wie im Film dem Cutter zum Opfer gefallen
Einfach weg und keiner wird dich vermissen
Weißt du das
Ist dir das klar
Wenn du tot bist wird sich keiner mehr an dich erinnern
Dich gibts einfach nicht mehr wie nie gewesen

TOM Ich hab genauso ein Recht hier zu sein wie du

MARCO Nein hast du nicht

TOM Ich hab genau so n Recht hier zu sein wie alle andren auch

LAURA Hör mal du gehst jetzt du hast jetzt nämlich keinen Text mehr du bist jetzt nämlich weg dich gibts jetzt nicht mehr verstehst du einfach weg rausgerissen rausgeschnitten aus allen Zusammenhängen ohne Geschichte ohne alles keine Spuren nichts an dich erinnert sich keiner

MARCO Das läuft jetzt nämlich einfach alles ohne dich weiter und keiner merkt das ist dir das klar keiner merkt das du bist einfach weg und keinem fällt das auf

LAURA Für dich wird keiner ein Mahnmal errichten wenn du tot bist
Für dich gibts keine Trauertage

MARCO Du wirst erschossen, weißt du das

TOM Ich bleib hier

LAURA Nein, du gehst jetzt

TOM Nein

LAURA Ich würde an deiner Stelle jetzt so was von lautlos meine zwei drei Plastiktüten zusammensammeln und abhauen
bevor man dich an irgend nem Baum findet aufgeknüpft oder im Keller Genickschuss, da wär ich jetzt ganz vorsichtig

Sollen die ruhig Bomber schicken um dich zu retten pass mal auf dann gehts erst richtig los dann löschen wir euch total aus keine Geschichte mehr keine Gegenwart

MARCO Für den schickt keiner Bomber
Wenn der tot ist merkt das keiner

BREAK.
Genickschuss.

LAURA Vielleicht gibts ja irgendwo ne Gruppe die sich für dich engagiert oder so aber hier gerade nicht hier jetzt gerade irgendwie so weniger irgendwie wär es hier jetzt gerade mal ganz gut wenn du dich in Bewegung setzen würdest Richtung Grenze oder so sonst kann es sein dass du gleich kein Gesicht mehr hast dass das irgendwie weggefetzt wird abgebrannt zerschossen könnte sein ja

MARCO Vielleicht bauen die dir ja irgendwo n Lager da kannste dann rumliegen und Tabletten schlucken oder auf Hilfstrupps warten vielleicht gibts irgendwo n Filmteam das ne Reportage über dich dreht aber hier nicht

BREAK.
Wir hören Schüsse, Erschießungskommandos, Hinrichtungen, dann wird diese Sequenz zurückgespult, gleichzeitig.

STEFAN Ja, da war alles ganz anders, da war ich selbst wie so ein Soldat, der in einen Out of Area-Einsatz geschickt wurde, wir hatten doch alle keine Ahnung, wir wussten doch überhaupt nichts über dieses Land, über deren Geschichte, wer wann wen abgeschlachtet hatte, keine Ahnung, wir taten natürlich alle so, und schon die Ankunft war völlig verstörend, das dann zu sehen: Die Soldaten bekommen ihre Waffen ausgehändigt, die Journalisten ihre Kameras und dann ab in den Mader oder wie das heißt, ab zu den Massengräbern, und da standen wir dann und haben alle gereihert wie die Blöden, den Geruch kann man auch nicht beschreiben: Alles ganz still, keine Vögel, das weiß ich noch, keine Vögel, absolute Stille, Tierkadaver überall, über den Menschenleichen lagen dann noch die Tierkadaver, und man erkannte auch noch die Kinder, die waren halt kleiner, so kleine Holzbalken, das waren die abgebrannten

Kinder, und wir haben alle da gestanden und gekotzt, und dann kamen die Typen auf uns zu und meinten: „Mein Massengrab ist noch viel größer, bei mir liegen 30 Tote", und dann wieder andere: „Bei mir fünfzig", und dann kam einer, der wollte dann dreitausend Dollar haben für sein Massengrab, da lagen dann siebenhundert Kinder, hatte der gesagt, „700 childs 700 childs", hatte der immer gesagt, ja, liegen da, „3000 dollar for 700 childs" ganz guter Stückpreis meinte dann der eine Typ, der wurde dann später erschossen, die wollten sofort ihre Bilder loswerden, an die Grenze bringen, das war ja alles ein Chaos, überall noch Heckenschützen, die dann auf uns gezielt haben, die haben uns ja gehasst, total, ja, in deren Augen waren wir ja verantwortlich für den Krieg, wir haben ja immer die Flüchtlinge abgefilmt, und das lief ja stundenlang dieses Leid, diese schreienden, heulenden Menschen, diese vergewaltigten Frauen, mit den erfrorenen Kindern auf dem Arm, diese Flüchtlingstrecks ohne Männer, wo immer die jungen Männer fehlten, die dann einfach fehlten, deshalb wurde ja dann überhaupt dieser Krieg geführt, wir hatten den ja vorbereitet mit unserer Kamera, die hassten uns, wir waren deren eigentliche Feinde, wir hatten diesen Angriff ja vorbereitet mit unseren Bildern und diese CBC Typen wollten natürlich wieder die ersten sein, und die wurden dann auch einfach abgeknallt, der Typ von der *Bild* nicht, der Typ von der *Bild* hatte so n Panzerwagen vom Springerverlag mitgekriegt, den hatten die von der Bundeswehr einfliegen lassen, die waren am besten geschützt, ja, und dann haben wir da alle geschrieben wie die Blöden, ja, alles abfotografiert und geschrieben, und dann haben wir uns all die Massengräber zeigen lassen und später erst kapiert, dass die zum Teil gefaket waren, dass die Typen da einfach die Leichen aus den Krankenhäusern gezerrt hatten, und ja, die wollten natürlich auch Geld verdienen, die wussten ja genau, warum wir gekommen waren, wir wollten ja diese Bilder, und die Presseoffiziere wollten ja auch, dass wir diese Bilder schießen, die hatten ja auch den Rechtfertigungsdruck für den Einmarsch oder Truppenverlegung, wie das offiziell genannt wurde, Kollateralschäden, Truppenverlegung, und aber einige Gräber waren aber schon echt, nur einige nicht, das war so verwirrend, verstörend, auch total seltsam, diese Verdoppelung, die Meldungen stimmten alle nicht und stimmten aber auch doch, es gab dann eben nicht siebenhundert Kinder, aber fünfzig junge Männer, oder irgendwo lagen einfach Teile von Menschen rum, oder drei Tote lagen dann da in einem Keller, und da habe ich dann gefilmt, und da kam dann der Bruder von dem Mann an, der da lag, und der

sagte nichts, und da lagen dann auch noch seine Eltern, das erkannte der an einem Ärmel, an einem Hemd von dem, von dem Vater, und der schaute da nur so drauf, der sagte nichts, der war aus Dortmund, der Typ, der hatte da ein Busunternehmen, der war total verwirrt, der wusste überhaupt nicht mehr, wo er war,
Ab hier gleichzeitig mit TIM.
das war ja das Haus, in dem der aufgewachsen war, und da lagen jetzt im Keller, das war ja der Hobbykeller, das waren reiche Leute, sowieso hauptsächlich reiche Leute, bestialisch abgeschlachtet, der sagte nichts, dann kam seine Cousine rein und nahm den in den Arm, und dann, dann heulte der los, das habe ich alles aufgezeichnet, die beiden schreien da vor Schmerzen, das ist, das ist Wahnsinn und geredet, dann durchgeredet stundenlang, der Geruch war so schlimm, seine Cousine hat ihn dann umarmt und geküsst und dabei gekotzt, weil man halt den Geruch nicht aushält, und draußen die Panzer und, na ja, dann wurden gleichzeitig da die alten Leute, die zurückgeblieben waren, bestialisch zusammengeschlagen, da hat man dann Todesschreie gehört, die waren zum Teil so alt, die wussten gar nicht, dass Krieg war, das war, das war, die stürzten sich aus den Fenstern, und dann wurden sofort wieder Häuser abgebrannt und Menschen erschlagen und das Wort Menschenrechte, das klingt so lächerlich in dem Zusammenhang, so nichtssagend, so eine Anmaßung, das ist so ein Unsinn, o Gott, ja, na ja, so halt

TIM *gleichzeitig mit Schluss von STEFAN (Stichwort: „der war total verwirrt, der wusste überhaupt nicht mehr, wo er war"), leise vor sich hin, aber besser hörbar als STEFAN*
alles bricht zusammen, ich habe keinen anhaltspunkt mehr, wie ich die ereignisse zusammendenken soll, ich bin zu schlecht informiert, ich weiß zu wenig, ich rase gemeinsam mit den sich ständig wechselnden ereignissen auf irgend etwas zu, aber ich weiß nicht, was, es wird immer schneller, kann erfolg explodieren?, geht das?, oder geht das immer weiter?, ich weiß es nicht, ich weiß es nicht, ich habe auch seit monaten niemanden mehr angefasst, liege allein in meinem hotelzimmer, das mir barbara angemietet hat, kenne niemanden, sage etwas, das ich von zetteln ablese oder auswendig gelernt habe und denke: „hoffentlich ist das gleich mal vorbei, hoffentlich", man müsste doch irgendwo ankommen, irgendwo landen, aber es geht immer immer weiter, kurzer stopp, kurz mal durchatmen und dann weiter, die ereignisse überstürzen sich, auf meinem folder lese ich kurz die zusammenfassungen des tages, mit diesen informationen stürze ich in die welt, haltlos, fuck mein Ladegerät, mein Ladegerät,

sag mal kann mir hier jemand sein fuck shit das Ladegerät wo ist denn jetzt mein Ladegerät mein Lade Lade Ladegerät wie soll ich denn jetzt ich kann ja gar nicht leer leer Akku leer mein Akku ist leer das Ladegerät kann mir kann mir ja das Lade Ladegerät das wäre echt kann hier mal jemand bitte bitte mein Akku ist leer keine Verbindung nichts kann mir das vielleicht bitte das Ladegerät ja das Ladegerät geht das das das Ladegerät das das also geht das geht das das Ladege das dass das also und vielleicht ja dass das ich laden und kann jemand bitte ich laden mich laden jetzt schnell weil o Gott da kommt schon der Warnton gleich bin ich weg das ja kann vielleicht geht das weil ich brauch das doch und fuck jetzt ähm danke also danke ja ähm ich muss doch auch schon wieder weiter weiter ich muss doch schon längst wieder ich muss doch jetzt schon weg sein eigentlich o Gott kann mich mal jemand ausrufen lassen am Schalter ob ich nicht doch schon da bin weil also ich muss da doch schon längst angekommen ange ange angekommen ange ange ange laden la la Lade Ladegerät sein bin ich aber nicht und Hilfe ich wer

5

STEFAN Ich hab versucht ein Buch zu schreiben das alles aufzuschreiben

JULIA Ja

STEFAN Das ging aber irgendwie nicht

JULIA Ja

STEFAN Ich kriege da keine Zusammenhänge rein

JULIA Ja

STEFAN Oder eine Rede zu schreiben
Pause.
Zwölf junge Männer

JULIA Ja

STEFAN Einfach in den Brunnen geworfen und eine Handgranate drauf Arme und Beine kamen da wieder rausgeflogen
Pause.
und gekotzt haben wir gereihert wie die Blöden standen da alle vor uns zehn zwanzig Leichen nur so Holzbalken abgebrannte…
findet das Wort nicht.
Teile was weiß ich
darüber Tierkadaver

JULIA Die waren aus dem Krankenhaus

STEFAN *aggressiv*
Ja aber das wussten wir ja da noch nicht
Pause.
Und eine Stille das kann man sich gar nicht vorstellen dieser Leichengeruch überall Totenstille und dann
lacht.
fliegen plötzlich irgendwo irgendwelche Schafe in die Luft
Pause.
Die haben die über die Minenfelder gejagt
Pause.
Im Abendrot wunderschöne Landschaften ist ja Urlaubsgebiet da postkartenschön

JULIA Ich weiß

STEFAN Absolute Stille plötzlich explodieren die Schafe

Pause.
Nachts haben wir uns dann an den Leopard Zwei angekuschelt die anderen und ich da waren wir ja sicher wir hatten ja absolut keine Ahnung absolut keine Ahnung nichts die lagen da ja noch alle besoffen in den Gräben und haben auf uns losgeballert die haben uns ja gehasst gehasst haben die uns wir waren ja deren Feinde wir haben ja das Bildmaterial geliefert das diesen Angriff rechtfertigte und das haben wir auch das haben wir auch das ist uns irgendwie so passiert ich weiß nicht wie aber das ist uns irgendwie passiert wir hatten ja keine Ahnung wir waren ja alle überfordert wenn du dann da bist ja wenn du da bist und du siehst das alles: wie die Frauen da ganz langsam ganz vorsichtig mit ihren erfrorenen Säuglingen auf dem Arm durch den Schnee ganz still ganz still geben keinen Laut von sich Gesichter blutig Haare abgebrannt oder du siehst diese zerschossenen Häuser die alle ganz leer sind in den Dörfern keine Männer mehr die Frauen völlig verstört wenn du das siehst wenn du das siehst, da musst du doch handeln, da muss man doch irgendwie handeln egal wie oder du hörst jemanden schreien in einem Haus gehst aber nicht rein weil du weißt dass das alles vermint ist das haben die ja alles von uns gelernt die Deutschen haben diese Minen im Zweiten Weltkrieg auch überall ausgelegt wusstest du das?

JULIA Ja das wusste ich alles ich weiß das alles
Pause.
ich les ja Zeitung

STEFAN Ja

JULIA Ich guck ja Fernsehen

STEFAN Ich liebe dich

JULIA Was?

STEFAN Ich liebe dich

JULIA Du spinnst ja total

STEFAN Ich liebe dich
Ich kann nicht mehr
Warum machen wir das?

JULIA Was?

STEFAN Warum fliegen wir da hin fotografieren das alles ab keine Ahnung ich weiß es nicht mehr ich habe mal gedacht ich könnte durch meine Bilder Menschen dazu bewegen anders über Krieg zu denken weil sie sehen wie schrecklich das ist weggefetzte Gesichter überall massenhaft erstochene verbrannte erfrorene von Säure und Gas zerätzte Menschen halb verhungerte Hunde die in Leichenteilen herumstochern … ich dachte die Leute die Krieg führen haben Angst vor mir weil ich den Menschen zeige, wie schrecklich das ist: Krieg. Aber stattdessen finden die das toll, die wollen meine Bilder, die geben mir sogar Preise, Auszeichnungen, ohne meine Fotos könnten die ihre Kriege gar nicht führen, die wollen mich, die brauchen mich.

JULIA Schhhhhh

STEFAN Ich habe überhaupt keinen Einfluss darauf wann meine Bilder wo wie gedruckt werden ich liefer nur das Material wenn es nicht passt wird es nachbearbeitet Leute rausgeschnitten mit Photoshop alles was denen nicht passt korrigiert bis es eben genau das Bild ist was sie haben wollten diese Bilder lügen diese Bilder sagen überhaupt nichts aus ich sehe das doch diese ganzen Bilder das sehe ich doch alles bearbeitet alles einfach so bearbeitet wie die das gerade brauchen sogar Filmbeiträge die wechseln einfach den Ton aus kopieren einen anderen Hintergrund rein ich kann nicht mehr ich will nicht mehr ich hör auf keine Lust mehr auf Leichenteile danke nein keine schreienden vergewaltigten Kinder die auf Müllhalden abgeladen werden

JULIA Beruhig dich komm schlaf du musst morgen früh weiter es geht weiter du musst weiter

STEFAN Ich will aber nicht

JULIA Du musst aber

STEFAN *weint*
Ich will aber nicht ich bleibe hier

JULIA Schhhh ich liebe dich

STEFAN *lacht*
Ehrlich?

JULIA Ich weiß es nicht. Nein. Natürlich nicht. Keine Ahnung. Ich weiß es nicht mehr. Ich hab mich an dich gewöhnt. Wir haben ein Kind. Ich hab mich an dich gewöhnt. Ich pass auf dich auf, sagen wir lieber: Ich pass auf, dass dir nichts passiert. Zumindest. Ja. So gut ich das kann.

BREAK.
Meeresrauschen

LAURA *Doku*
Ich erinnere mich, wie wir stundenlang über schneeverwehte Felder liefen, nichts war zu erkennen, alles war zugefroren, kalt, es war so kalt, ich dachte an meine Eltern, an mein Zuhause, irgendwo außerhalb von Hamburg, unsere Fertighaussiedlung mit dem Jugoslawen gleich am Autobahnzubringer neben der Tankstelle, die Presseoffiziere zeigten auf leere weiße Felder und sagten: „Hier: Verstümmelte Leiche vergewaltigt Benzin drüber gegossen verstümmelt verbrannt die Mutter währenddessen vergewaltigt der Tochter alle Gliedmaßen abgeschnitten während der Bruder ans Scheunentor genagelt wurde Vater Mutter alle vergewaltigt die Töchter sehen der Vergewaltigung des Bruders zu Genickschuss alle verbrannt wir fanden nur noch diese Reste", und dann schauten wir auf verbrannte Holzbalken, Kinder warfen Blumen über eine Mauer, angeblich die Nachbarskinder, Keller, wo angeblich Hinrichtungen stattfanden, aber man sah ja nichts, es war nichts mehr da, nur Schnee, der Humor der Kollegen war in diesen Tagen entsetzlich abgeschmackt, ich hielt es kaum mehr aus, die Männer an den Massengräbern und ihre Witze, diese Scheißfernsehfressen, mir wird schlecht, aber, wir notierten das, wir notierten diese Stories, wir schrieben das mit, was die uns sagten, aber es blieb ein leeres weißes Feld, wir konnten das nicht nachprüfen, niemand war anwesend, als diese Taten verübt wurden, die wenigen Überlebenden reden nicht und wenn sie reden, sind sie so traumatisiert, dass es Gräueltaten aus ihnen herausredet, die so außerhalb dessen sind, was wir noch als menschenmöglich ansehen, ich weiß es nicht, ich laufe durch Berlin und stelle mir vor, jeder wäre hier vergewaltigt worden, hätte erlebt, wie seine Frau oder Mutter vor seinen Augen missbraucht und verbrannt worden wäre, Kinder abgestochen, diese Leute reden nicht, und wenn wir sie etwas fragen, antworten sie, was wir wollen, da ist nichts rauszufinden, Trauma … alles so friedlich hier, wir lagern diese Konflikte aus, wir machen die Grenzen dicht, die medialen Grenzen, die echten Grenzen, stell das mal aus, bitte, bitte, stell das jetzt mal aus, ich weiß nicht mehr, ich wusste nachher nichts mehr, wochenlang nur Trümmer und dann lernte ich diese Frau kennen, die mir Sachen erzählte, die ich nie absolut niemals hätte irgendwo aufschreiben können und ich weiß auch nicht, was daran wahr ist, vielleicht redet

das Trauma aus ihr raus, keine Ahnung, stell das aus, ich sag jetzt nichts mehr

Klangkunstwerk ab, final version, dann TOM darüber im Vordergrund.

TOM *zitiert aus einem Buch*
„Wir sehen seit geraumer Zeit Menschen beim Verrücktwerden zu. Wir sehen uns selber beim Verrücktwerden zu." ... und hier ja warte mal: „Es geht um drei komplexe Systeme, die miteinander ein weiteres meta-komplexes System ergeben: die Medien, der Krieg und der politisch-ökonomische Zusammenhang." Man kann diese Systeme weder hinreichend beschreiben, noch kann man sie „kontrollieren", sie sind in etwa so kontrollierbar wie das Weltall oder die Genforschung, wir haben sie angeschoben, jetzt existieren sie im Grunde ohne unsere Steuerung .... na ja, aber etwas Schönes hat dieser ewige Krieg für den ewigen Frieden dann doch: Marc hat endlich einen Sinn für sich im Leben gefunden, eine Aufgabe, Stefan hatte ihn mit ins Krisengebiet genommen, und da ist er dann voll aufgeblüht, er war endlich angekommen, er half beim Wiederaufbau, er war Teil einer neuen Einheit, die nach einem Krieg, in dem ein Land um hunderte von Jahren zurückgebombt wurde, alles wieder aufbaute.

Alle Spuren auf einen Schlag aus und dann direkt auf MARC.

BREAK.
Sehr beruhigende Maschinensounds, das beruhigende sonore Brummen einer Transallmaschine von innen, ein Klang wie im Mutterleib, wo der Soldat sich sicher fühlt.

MARC Hier hab ich euch mitgebracht so Sounds Transall total peacig die Soldaten alle beieinander vier Uhr morgens total schön total chillig irgendwie das ist so schön da unten so ein Frieden Wahnsinn
Die brauchen mich da ich soll da beim Aufbau mithelfen da ist ja überall Chaos wir müssen da für Ordnung sorgen
Ich muss da hin die brauchen mich
Wir müssen das da erst mal alles wieder aufbauen in Ordnung bringen
Da herrscht ja nur Chaos
Die brauchen uns
Die brauchen mich
Ich soll da mithelfen

Die haben mich gefragt ob ich da mithelfen will
Diesmal gehts ums Ganze
Das ist unsere Chance uns aus unserer Geschichte zu befreien Auschwitz und der ganze Kram das endlich rückgängig zu machen endlich zu zeigen wer wir wirklich sind wir wollen Frieden wir wollen Menschenrechte wir bauen das Land da auf die wollen uns ja die wollen ja vor allem dass Deutsche dabei sind wir sollen endlich wieder Verantwortung übernehmen international ich muss da wieder hin die brauchen mich ich werd da gebraucht verstehst du ich werd da gebraucht kommt wir schlafen noch mal alle miteinander und dann muss ich auch los die warten ja jetzt schon alle auf mich wir müssen doch morgen dieses Krankenhaus diese Schule dieses Kinderheim ja alles ganz friedlich so ein Frieden alle Soldaten aller Länder sind dort vereint die brauchen uns die wollen uns die sind so froh dass wir endlich gekommen sind, wir schützen die wir helfen denen die laufen uns hinterher fassen uns an den Händen die Frauen küssen uns werfen uns Blumen hinterher wir sind die Popstars der Krisenregion ehrlich das ist total schön endlich endlich das haben wir aber auch verdient nach all den Jahren endlich gewollt zu werden endlich eine Heimat gefunden zu haben mitzuregieren an vorderster Front wir sind wichtig wir bestimmen mit versteh doch ich kann nicht hierbleiben ich muss da mit das ist wichtig ich bin wichtig ich bin ganz ganz wichtig verstehst du wichtig wir sorgen für Frieden Freiheit Ordnung Sicherheit und dass alle Menschen glücklich mit einander leben können und das ist schön das ist wunderschön

Die letzten Worte hallen nach „Frieden Freiheit Ordnung Sicherheit", immer wieder hallend geloopt aus allen Richtungen und dazu die Worte „schön, wunderschön" immer wieder geloopt von allen Sprechern des Stückes, zusammen mit einer sehr angenehmen Musik, in die sich wie eine dazugehörige Soundfläche ein Bombenteppich legt.

Hotel Palestine

PERSONEN

ANDY
BOB
CRISS
LYNN
JODIE
RON

MITARBEIT: Marcel Luxinger

1.
EINE LÜGE IST KEINE LÜGE, SOLANGE MAN DIE WAHRHEIT NICHT KENNT.

BOB Andy!

ANDY Angesichts der Anschläge in Madrid haben Sie auf die unmittelbare Bedrohung hingewiesen, die Terrororganisationen für jedes Land des westlichen Kulturkreises darstellten. Handelt es sich dabei um dieselbe „unmittelbare Bedrohung", von der Sie sprachen, als Sie die Gefährlichkeit des Irak beschrieben?

BOB Ich kann mich nicht erinnern, beim Irak von einer „unmittelbaren Bedrohung" gesprochen zu haben.

ANDY Sie und Ihre ganze Regierung benutzten in Zusammenhang mit dem Irak die Bezeichnung „unmittelbare Gefahr" bei jeder möglichen Gelegenheit. Der Außenminister vertrat diese Meinung sogar vor dem UN-Sicherheitsrat, und Tony Blair sprach von den „45 Minuten", binnen derer Saddam Hussein angreifen könne.

BOB Diese Frage sollten Sie dann wohl an das Büro des Britischen Premierministers richten. Abgesehen davon empfehle ich Ihnen, sich an unsere Generäle zu wenden, falls es Sie interessiert, ob eine Frist von 45 Minuten den Tatbestand der Unmittelbarkeit erfüllt.

ANDY Was verstehen denn Sie unter „unmittelbar"?

BOB Wenn Sie mit „unmittelbar" meinen, dass wir unmittelbar davor standen, vom Irak angegriffen zu werden, dann kann ich Ihnen sagen, dass ich das weder geglaubt noch gesagt habe und auch niemanden in der Regierung kenne, der das geglaubt oder gesagt hat. Aber wenn es bedeutet, dass wir bis zur letzten Minute warten müssen, ehe wir irgendetwas unternehmen dürfen, dann kenne ich ein paar Leute, die damit ein Problem haben. Nächste Frage.

CRISS Nachdem der Verteidigungsminister sagte, dass die Menschen im Irak sagen könnten, was sie wollten, hat die Übergangsregierung alle Medienorgane verboten, die für die Rückkehr der Baath-Partei werben. Kann es sein, dass die Meinungsäußerungsfreiheit im Irak noch nicht ganz perfektioniert ist?

LYNN Unter Saddam Hussein wurde Ihnen die Zunge herausgeschnitten, wenn Sie gegen das Regime protestierten, egal, ob Sie es

öffentlich taten oder privat.
Nächste Frage.

CRISS Das Pentagon hat Menschenrechtsorganisationen davon ausgeschlossen, die kommenden Militärgerichtsverfahren gegen Gefangene in Guantanamo Bay zu verfolgen. Außerdem dürfen die Pflichtverteidiger nur mit Einwilligung des Militärs mit der Presse sprechen. Ein Sprecher von Amnesty International bezeichnete diese Beschränkungen als rechtswidrige Schikane. Hat der Präsident dazu eine Meinung?

LYNN Es handelt sich dabei keineswegs um eine Schikane. Es werden nicht alle Beobachter zu den Prozessen zugelassen, richtig. Das liegt aber lediglich daran, dass die Platzverhältnisse in den Gerichtsräumen und die Infrastruktur eingeschränkt sind. Wir müssen auch diplomatischen Delegationen aus den Heimatstaaten der Angeklagten Sitzplätze zur Verfügung stellen. Damit aber nicht der Eindruck von gezielter Benachteiligung aufkommt, werden die restlichen Sitzplätze unter den Medien verlost.

CRISS Und die Menschenrechtsorganisationen?

LYNN Wir haben diesen Gruppen mitgeteilt, dass wir ihrem Wunsch nach Teilnahme entsprechen werden, sobald wir die Möglichkeit sehen, sie angemessen unterzubringen.

CRISS Wann soll das sein?

LYNN Wir haben stets bekräftigt, dass wir die Verfahren so weit der Öffentlichkeit zugänglich machen werden, solange dadurch nicht die Sicherheit des amerikanischen Volkes gefährdet wird. Dazu tun wir unser Möglichstes. Nächste Frage.

CRISS Ich habe eine Folgefrage…

LYNN Es gilt die Eine-Frage-Regel. Nächste Frage!

ANDY Ein britisches Obergericht hat die unbegrenzte Internierung ohne Anklage und Rechtsbeistand als „offenkundigen Verstoß gegen fundamentale Prinzipien des internationalen Rechts" verurteilt. Augenzeugen reden von einem „amerikanischen Gulag".

BOB Die unrechtmäßigen Kämpfer, die wir in Afghanistan und im Irak bei der Ausübung eines von fundamentalem Hass auf uns und unsere Werte geprägten Kriegs in Gewahrsam genommen haben, werden in Guantanamo untergebracht, damit sie nach ihrer Freilassung nicht umgehend wieder zu ihren Einheiten zurückkehren können.

ANDY Sie unterscheiden zwischen Soldaten und unrechtmäßigen Kämpfern. Beide kämpfen für eine Sache und setzen dafür Waffengewalt ein. Worin besteht der Unterschied?

BOB Der Unterschied zwischen einem unrechtmäßigen Kämpfer und einem regulären Soldaten besteht darin, dass der reguläre Soldat, wenn er einen gegnerischen Soldaten tötet, einen rechtmäßigen Akt begeht. Ein unrechtmäßiger Kämpfer hingegen, und der Begriff macht es deutlich, hat eben nicht das Recht, sich auf das Schlachtfeld zu begeben und Soldaten umzubringen.

CRISS Und wer wird auf Diego Garcia untergebracht?

BOB Bitte?

CRISS Wen halten wir auf Diego Garcia fest?

BOB Wie bitte?

CRISS Diego Garcia!

ANDY Die Insel!

BOB Ach, die Insel Diego Garcia. Soviel ich weiß, befindet sich auf Diego Garcia ein kleiner Armee-Stützpunkt, der von unseren und den britischen Truppen im Krieg gegen den Terrorismus genutzt wird.

ANDY Und wer noch? Angeblich werden dort die höheren Al-Qaida-Mitglieder hingebracht, wo sie in einem Verhörzentrum vom pakistanischen Geheimdienst vernommen, also gefoltert werden.

LYNN Soviel ich weiß, befinden sich da lediglich ein paar hundert Soldaten. Außerdem wäre es doch vollkommen sinnlos, in Afghanistan Terroristen zu fangen, um sie dann auf eine einsame Insel zu fliegen und dort von Pakistanis verhören zu lassen, wenn Pakistan gleich nebenan liegt.

CRISS Ein US-Geheimdienstmann wird zitiert, der gesagt hat: Wir treten nicht die Scheiße aus ihnen heraus. Wir schicken sie in andere Länder, damit die dort die Scheiße aus ihnen heraustreten.

BOB Wir haben an den Exkrementen solcher Gefangener kein Interesse, wir sind auf Informationen angewiesen, damit wir in Zukunft Angriffe wie am 11. September rechtzeitig verhindern können.

ANDY Unsere Gefangenen werden also ausschließlich von Amerikanern verhört?

LYNN Die Al-Qaida ist ein Sammelbecken für die Schlechtesten der Schlechten. Sie kommen aus den unterschiedlichsten Regionen und sprechen ganz verschiedene arabische Dialekte. Selbstverständlich benötigen wir zur adäquaten Vernehmung Spezialisten mit einer gewissen kulturellen Affinität. Damit ist letztlich auch den Gefangenen gedient. Nächste Frage!

JODIE Die Opposition und die liberale Presse sowie beinahe die gesamte restliche Welt nennen den Präsidenten einen Lügner, weil es im Irak keine Massenvernichtungswaffen gibt. Wie geht der Präsident damit um?

BOB Eine Lüge ist keine Lüge, solange man die Wahrheit nicht kennt. Wenn man etwas behauptet, von dem man glaubt, es sei wahr, was sich später als unwahr herausstellt, so ist das keine „Lüge", sondern ein „Fehler". Diesen Unterschied scheinen einige Leute nicht mehr wahrnehmen zu können, und der Präsident bedauert das sehr.
Crissie.

CRISS Trifft es zu, dass Halliburton in Guantanamo Bay für acht Millionen Dollar einen Hinrichtungstrakt gebaut hat?

LYNN Es trifft zu, dass der Verhandlungssaal für die bevorstehenden Prozesse bereits möbliert ist und seine Wirkung nicht verfehlt. Die Zahl der geheimdienstlich relevanten Informationen hat sich seitdem versechsfacht. Dank der anreizorientierten Vernehmungen sind viele Gefangene kooperativer als zuvor.

CRISS Einschüchterungen, Schlafentzug, Gewalt und Androhung von Gewalt gegenüber Gefangenen sind gemäß dem von den Vereinigten Staaten ratifizierten Anti-Folter-Vertrag nicht erlaubt.

LYNN Menschen, deren ersehntes Ziel die Zerstörung unseres Landes ist, müssen daran gehindert werden. Gelegentlich aggressive Befragungsmethoden stehen unseres Erachtens durchaus in Übereinstimmung mit einem Vertrag, der im Übrigen vor dem 11. September unterzeichnet wurde. Und – Sie wissen es, nicht wahr – die Welt ist seit diesem Tag eine andere.

2.
WIR SIND MENSCHEN, DIE DAS SCHÖNE IN DER WELT ERKENNEN KÖNNEN.

RON Wir sind Menschen, die das Schöne in der Welt erkennen können, die ihr Leben selbst in die Hand nehmen, den Augenblick nicht ungenutzt vorüberziehen lassen, die einer Frau in die Augen schauen und ohne Ironie die Worte „Ich liebe dich" sagen können und die nicht tatenlos zusehen, wenn ein Mensch tot am Boden liegt. Wir schauen uns um in der Welt, und dort, wo wir gebraucht werden, helfen wir, wenn Menschen in Not uns darum bitten. Die Europäer mögen darüber lachen, aber wir nehmen unsere Aufgabe als Polizisten und Feuerwehrmänner dieser Welt sehr ernst, denn wenn wir sie nicht ernst nähmen: Diese Welt würde im Chaos versinken, das wissen die Europäer. Missgünstig schauen sie auf unsere Macht, auf unseren Wohlstand, auf unsere technischen und kulturellen Errungenschaften – ihr größter Traum ist es, in einem Chevrolet einmal von der Ostküste unseres Landes zur Westküste zu fahren und dabei zu spüren, wie groß und schön und weit unser Land ist und wieviel Raum es lässt zum Träumen und wieviel Platz zum Atmen, und wieviel Kraft es einem gibt, all diese Träume auch umzusetzen. Ich glaube, in den Vororten Brandenburgs und Frankfurt/Oders werden ihre kleinen Seelen diese Weite nicht finden, deshalb strömen sie in Massen auf unseren Kontinent. Wenn Ihr Land einmal bedroht sein sollte, rufen Sie doch mal die Franzosen um Hilfe, oder die Belgier, die Russen oder die Luxemburger, die Marokkaner, Türken oder Griechen, rufen Sie ruhig, rufen Sie laut „Hilfe, liebe Dänen, helft uns, Hilfe, liebe Panamesen, helft uns, liebe Tschechen, liebe Polen, liebe Syrer, liebe Mexikaner", rufen Sie ruhig, während Sie langsam verbluten und Ihre Kinder neben sich sterben sehen. Sie lachen, weil Sie nicht wissen, was in dieser Welt vor sich geht, Sie sitzen in Ihren Cafés und rauchen filterlose Zigaretten und bedauern den Verlust des Körpers in der mediatisierten Welt. Ihren Körper werden Sie in dem Moment spüren, wo er von einem Schuss gestreift wird, wenn eine Bombe explodiert, wenn eine Mine Sie mitreißt, keine Sorge, Ihren verlustig gegangenen an seiner Nicht-Existenz leidenden Körper dritten Grades werden Sie noch wiederentdecken, kurz, bevor Sie ihn für immer verlieren. Und woher diese Arroganz der Franzosen und Deutschen uns gegenüber? Kaugummikauende Cowboys, ohne Ahnung von Weltpolitik? Fressen nur

Burger, lesen nicht, schauen nur Soaps, bei denen die Lacher eingespielt werden, weil sie sogar zu doof sind, den einfachsten Witz zu kapieren? Was soll denn das sein, „deutsche Kultur?", ich frage Sie ernsthaft: „Was soll das sein?", woher kommt diese deutsche Arroganz gegenüber dem angeblich so unkultivierten Amerika – was ist denn so unkultiviert an Miles Davis, Thomas Pynchon und David Lynch im Vergleich zu Dieter Bohlen, Martin Walser und Hark Bohm? Und keine Ahnung von Weltpolitik?

Ich sehe und, Entschuldigung, vielleicht habe ich ja nicht richtig hingeschaut, ich sehe keine Konzepte aus dem Lager der grünen Politiker, die in Berlin den Außenminister stellen, wie wir uns gegenüber der wachsenden Bedrohung durch den internationalen Terrorismus verhalten sollen, außer unentwegt zu bekunden: „Krieg böse, Deutschland lieb, bitte nicht schlagen." Es gibt einen Unterschied zwischen Amerika und Europa, lassen Sie uns das festhalten, ja, den gibt es, wir brauchen euch nicht, wir führen unsere Kriege ohne euch, wir sind angegriffen worden, und ihr glaubt, ihr würdet uns mit euren Sicherheitsratsvetos und Friedensmärschen davon abhalten, uns zu verteidigen? Wir ziehen in den Krieg, mit oder ohne euch, dass ihr uns widersprochen habt, ist eure Angelegenheit, merkt euch nur: Das nächste Mal fragen wir euch nicht mehr, denn ihr seid um einiges unbedeutender, als ihr glaubt.

Viele Amerikaner wissen tatsächlich nicht, wo euer Deutschland auf der Landkarte liegt, und ich denke, sie tun recht daran, auch nicht weiter danach zu suchen.

3.

UND WENN SIE NICHT DISKUTIEREN WOLLEN, WENN SIE EINFACH NUR WOLLEN, DASS WIR GEHEN?

ANDY Der Präsident hat ein ehrgeiziges Programm zur Demokratisierung des Nahen Ostens und der früheren Sowjetrepubliken islamischen Glaubens vorgeschlagen. Hat das mit Öl zu tun?

LYNN Nein, es hat mit Demokratie zu tun. Wir stehen an einem Wendepunkt in der Geschichte. Der 11. September hat gezeigt, wie gefährlich Staaten sind, deren Bevölkerungen entweder unter tyrannischen Diktatoren oder brutalen Theokratien leben müssen. Die Wut und die Verzweiflung suchen nach einem Ventil und entladen sich - unter dem Einfluss der antiwestlichen Propaganda - gegen uns und unsere Werte.

CRISS Hat die Regierung diesmal einen Plan, um ihr Ziel zu erreichen?

LYNN Wir werden in den nächsten Wochen und Monaten mit den Europäern zusammensitzen, um einige Grundprinzipien für Reformen zu formulieren.

CRISS Mit anderen Worten, wir gehen hin und sagen den Arabern: „Seht zu, dass ihr so lebt wie wir!"

LYNN Nein, so etwas wird nicht funktionieren.

BOB Es ist eher so, dass wir sagen: „Hört zu, Jungs. Wir hören Stimmen in der ganzen islamischen Welt, die nach Demokratie und Reformen schreien. Und das können wir euch anbieten, damit ihr dieses Ziel erreicht."

ANDY Trifft es zu, dass Noah Feldman, der die Übergangsregierung in Verfassungsfragen berät, gesagt hat: „Wenn wir zu früh Wahlen abhalten, könnten die falschen Leute gewählt werden"? Hat der Präsident, nachdem er das erste Mal halbwegs legal eine Wahl gewonnen hat, Angst, vor demokratischen Wahlen im Irak?

BOB Im Irak sind wir Zeugen eines historischen Prozesses, auf den die Iraker Jahrzehnte gewartet haben. Sie übernehmen die Verantwortung für ihr eigenes Land. Die UNO soll auf Wunsch des irakischen Regierungsrates die Möglichkeit freier Wahlen im Irak überprüfen. Und die Übergangsregierung überprüft gerade die Möglichkeit einer solchen Prüfung unter sicherheitstechnischen

Überlegungen. Wir nähern uns also, wie Sie sehen, unserem Ziel: einem sicheren und demokratischen Irak.

ANDY Und wenn sie nun einen islamischen Gottesstaat und die Vereinigten Staaten draußen haben wollen?

BOB Der Regierungsrat will, dass wir als Gäste bleiben.

ANDY Angenommen, sie bitten uns, zu gehen.

BOB Im Moment werden die Grundlagen für die Machtübergabe im Irak erarbeitet. Die Diskussion um unsere militärische Präsenz wird zu gegebener Zeit geführt. Ich glaube, dass die Iraker unsere Bemühungen um ihre Sicherheit zu schätzen wissen.

ANDY Wenn sie wollen, dass alle fremden Truppen verschwinden, verschwinden wir?

BOB Ich habe Ihnen bereits gesagt, dass wir darüber mit der Übergangsregierung diskutieren.

ANDY Und wenn sie nicht diskutieren wollen, wenn sie einfach nur wollen, dass wir gehen?

BOB Das irakische Volk hat wiederholt und auf verschiedene Weise zum Ausdruck gebracht, dass wir willkommen sind. Der Nahe Osten ist eine kritische Region, eine Brutstätte des Terrors, und ein freier, friedlicher und demokratischer Irak im Herzen des Nahen Ostens wird dazu beitragen, vieles in dieser Region zum Guten zu wenden, zu einer sichereren und besseren Welt.
Nächste Frage.

JODIE Könnte man sagen, dass dieser Krieg erst der Beginn einer großen Offensive ist, die Frieden schaffen wird in den Teilen der Welt, in der Menschen, die offen ihre Meinung sagen wollen, öffentlich verbrannt und durch die Straßen geschleift werden, in der Frauen ihr Gesicht verbergen müssen und nicht am öffentlichen Leben teilnehmen dürfen? Kann man das so sagen?

LYNN Ja, das kann man so sagen.

JODIE Und dass wir verpflichtet sind, diese Mission zu erfüllen?

LYNN Das denke ich auch, ja.

CRISS Weiß der Präsident, wie viele Soldaten im Irak seit Beendigung der Kampfhandlungen getötet und verwundet worden sind?

BOB Diese Zahl ist allgemein bekannt.

CRISS Weiß der Präsident Bescheid?

BOB Er ist sich der Opfer, die im Irak erbracht werden, sehr wohl bewusst.

CRISS Okay, also, wie viele Menschen sind bisher im Irak getötet und verwundet worden? Und ich meine nicht nur die Amerikaner, sondern alle Toten und Verletzten.

BOB Ich habe diese Zahlen nicht zur Hand.

CRISS Aber der Präsident kennt sie?

BOB Ich denke…

CRISS Sind die Zahlen verfügbar?

BOB Also, wenn Sie eine exakte und aktuelle Zahl haben wollen, dann sollten Sie sich an die Übergangsregierung wenden oder an das Central Command.

ANDY Jeden Tag gibt es über hundert Anschläge auf die US Truppen und ihre Verbündeten, über 1100 gefallene GIs wurden in die Heimat zurückgebracht, mindestens 20000 Verletzte sind allein ins Militärkrankenhaus Landstuhl ausgeflogen worden, über 26000 Veteranen aus dem Afghanistanfeldzug und dem zweiten Irakkrieg haben offiziell Versehrtenrente beantragt und man spricht von über 100 000 Zivilopfern seit dem Angriff.

BOB Diese Zahlen sind mir nicht bekannt. Ich versichere Ihnen aber, dass

ANDY Welche Zahlen sind Ihnen denn bekannt?

LYNN Andy, bitte, lassen Sie Bob ausreden.

CRISS Der Präsident hat also keine Ahnung, wie viele…

BOB Der Präsident weiß, dass das, was wir im Irak tun, entscheidend ist, um den Krieg gegen den Terror zu gewinnen, der schon so viele Todesopfer und Verletzte gefordert hat.

CRISS Das war aber nicht meine Frage.

BOB Es ist aber entscheidend, dass…

CRISS Wie viele Menschen sind gestorben und verwundet worden?

BOB … entscheidend, dass wir im Irak…

CRISS Ich weiß. Aber weiß er, wie viele…

BOB … mehr Sicherheit und mehr Frieden herstellen…

CRISS … Menschen verletzt und getötet worden sind?

BOB … um die ganze Welt sicherer zu machen.

CRISS Das war nicht meine Frage. Die Frage war, ob der Präsident weiß, wie viele…

BOB Wie gesagt, ich habe diese Frage beantwortet: Er ist sich der Opfer bewusst, die unsere Truppen und ihre Familien erbringen, und gedenkt ihrer täglich.
Nächste Frage.

JODIE Könnte man sagen, dass – wenn wir damals gegen die Nazis aus Deutschland und die Faschisten aus Japan verloren hätten – die Welt in die Barbarei abgetaucht wäre und wir heute an einem ähnlichen Punkt stehen, da auch der Krieg gegen den Islamofaschismus ein Kampf um die Zivilisation ist, den wir gewinnen müssen?

LYNN Genau.

JODIE Dann könnte man also sagen, dass im Moment sehr, sehr viel auf dem Spiel steht – vielleicht mehr denn je seit dem Zweiten Weltkrieg, wo wir ganz Europa aus den Händen eines Verrückten befreit haben –, und kann es sein, dass wir auch heute mit aller Entschiedenheit vorgehen müssen, um diesen Krieg zu gewinnen, weil hier mehr auf dem Spiel steht, als der eine oder andere in seiner begrenzten Sichtweise überblicken kann?

LYNN Das könnte man sagen, Jodie, ja, danke.

ANDY Könnte man sagen, dass unter dem Begriff Terrorist jemand verstanden wird, der Zivilisten angreift?

LYNN Das ist richtig.

ANDY Warum bezeichnen Sie dann Leute, die amerikanische Truppen angreifen, als Terroristen? Operieren Ihre Soldaten etwa in Zivil?

LYNN Das ist, angesichts der gefallenen Soldaten, offen gestanden, eine absolut geschmacklose Frage. Nächste Frage!

ANDY Es wurde mitgeteilt, dass in den nächsten Tagen Aufträge für den Wiederaufbau des Irak in der Höhe von fünf Milliarden ausgegeben werden. Ist das ein großer Vertrag für Halliburton oder eine Anzahl kleinerer Verträge für Halliburton. Und welche Arbeiten umfassen diese Aufträge für Halliburton?

LYNN Es gilt auch hier die Eine-Frage-Regelung, Andy, nächste

Frage.

CRISS Dann stelle ich dieselbe Frage.

LYNN Welche?

CRISS Dieselbe Frage, die Andy eben gestellt hat.

LYNN Und welche Frage wäre das?

CRISS Welche Arbeiten umfassen die Aufträge in Höhe von fünf Milliarden Dollar, die für den Wiederaufbau im Irak, also Entschuldigung, Sie haben die Frage doch gehört.

Kurze Gefechtspause.

LYNN Sieben Aufträge sind Wiederaufbau-Programm-Management-Aufträge. Zehn weitere Aufträge für insgesamt fünf Milliarden beziehen sich auf verschiedene andere Bereiche.

ANDY Zehn Aufträge zu je 500 Millionen?

LYNN Nein, Sie verwechseln das mit den zehn Aufträgen zu je 500 Millionen, die das Pentagon bereits erteilt hat. Diese neuen Aufträge sind unterschiedlich gestückelt...

CRISS Für den Wiederaufbau?

LYNN Für den Wiederaufbau und das Wiederaufbau-Programm-Management. Diese Aufträge sind aber eher klein, im Vergleich zu den Wiederaufbau-Aufträgen.

ANDY Das sind sieben Programme?

LYNN Nein, Aufträge.

ANDY Für den Wiederaufbau?

LYNN Für das Wiederaufbau-Programm-Management und sieben für den Wiederaufbau.

CRISS Ich dachte zehn.

LYNN Richtig, zehn für den Wiederaufbau.

CRISS Und sieben für das Wiederaufbau-Programm-Management.

LYNN Genau.

ANDY Die 1,8 Milliarden, die Bechtel erhielt, dienten dazu, die Zeit zu überbrücken, bis diese neuen Aufträge für Halliburton erteilt werden?

LYNN Ja.

ANDY Oder bis sie zu Ende gebracht werden.

LYNN Richtig.

CRISS Was jetzt?

LYNN Überbrückung, wie Sie sagten.

CRISS Was?

LYNN Ja genau.

CRISS Das war eine Frage.

LYNN Nächste Frage.

CRISS Kannst du bitte erst diese Frage beantworten.

LYNN Das habe ich bereits getan.

CRISS Die 1,8 Milliarden, die Bechtel erhielt…

LYNN Ich habe diese Frage bereits beantwortet.

CRISS … dienten die nun dazu, die Zeit zu überbrücken, bis diese neuen Aufträge für Halliburton erteilt…

LYNN Verstehst du die Frage?

BOB Nicht wirklich, ich kann auch die Relevanz der Frage im Zusammenhang mit dem Antiterrorkampf nicht erkennen, letzte Frage, Ron.

CRISS Es geht auch nicht darum, die Relevanz der Frage zu erkennen, sondern darum, die Frage zu beantworten.

LYNN Ja gut, danke für die Belehrung, wir haben hier ein Zeitlimit, also es sind sieben Aufträge, Ron, bitte.

CRISS Also hat Bechtel das Geld, das…

LYNN Ron, bitte, eine letzte Frage noch.

CRISS Darf ich bitte meine Frage stellen.

LYNN Du darfst hier alles. Du darfst hier alles fragen, was du möchtest, Crissie, aber ich kann momentan die Relevanz deiner Frage nicht erkennen, und im Übrigen habe ich es dir ausreichend erklärt, wenn du nicht zuhörst oder es einfach nicht begreifst, dann ist das außerhalb meiner Verantwortlichkeit, ich kann nicht jede Frage dreimal beantworten, lass doch einfach ein Tonband mitlaufen und hör es dir so oft an, bis du die Antwort verstanden hast, danke, Ron, letzte Frage, bitte, jetzt wirklich.

CRISS Ich formuliere sie gern noch einmal.

RON Da draußen sterben Menschen.

CRISS Ja, warum sterben die wohl, frag dich das mal.

BOB Da draußen sterben Menschen, das hat Ron sehr gut erkannt, danke, Ron, junge Männer und Frauen, die alles geben, um die Freiheit, Crissie, die du hier bis zu einem gewissen Grad, entschuldige bitte, überstrapazierst, zu sichern.

LYNN Mit ihrem eigenen Leben.

RON Weil sie an etwas glauben.

BOB Weil sie, genau, ja, richtig, Ron, danke, an etwas glauben, an das es zu glauben sich lohnt, was würden diese Menschen denken, wenn sie erführen, Crissie, dass Sie hier nichts weiter tun als … jetzt hab ich den Faden verloren, wo waren wir, Lynn, hilf mir, ich weiß es nicht mehr, es ging um was? Halliburton? Guantanamo oder Amnesty International? Oder um unsere Freunde, die nicht regulären Kämpfer? Crissie, suchen Sie sich etwas aus.

RON Ich würde gerne jetzt meine Frage stellen.

CRISS Bitte, Ron, stellen Sie Ihre Frage, bitte!

BOB Das ist nett von Ihnen, Crissie, Ron, also –

RON Der Hund des Präsidenten ist kürzlich gestorben. Wie hat der Präsident reagiert?

BOB Nun, ich denke, er war traurig. Aber Spot wurde 15 Jahre alt und hatte zum Schluss schwere Herzprobleme. Dem Präsidenten ist klar, dass ein Hundeleben nicht ein Menschenleben lang währen kann. Er und seine ganze Familie werden Spot in liebevoller Erinnerung behalten.

RON Hatten Sie auch mit Spot Bekanntschaft gemacht?

BOB Ich hatte hin und wieder das feuchte Vergnügen, da sich Spot wenig um die Sicherheitsvorkehrungen im Weißen Haus kümmerte. Er hielt die Security-Leute ständig auf Trab.

CRISS War Spot ein Befürworter der Intervention im Irak?

BOB Spot hielt sich aus Politik raus. Er war eher familiär orientiert, obwohl er mich manchmal an eine Massenvertilgungswaffe erinnerte.

RON Aber jetzt mal im Ernst: Wo wird er beigesetzt?

BOB Ich denke, auf der Ranch in Texas.

CRISS Neben den Stimmzetteln aus Florida?

BOB Danke, Crissie, für diesen wirklich geistreichen Kommentar, ich denke, wir alle könnten ein bisschen Ruhe gebrauchen, danke an alle, danke.

4.

POLITIK GEGENÜBER DEM IRAK IST IMMER AUCH KRIEGSPOLITIK.

JODIE Offensichtlich reicht es auch in der Linken aus, die Worte Öl, USA und Krieg in beliebiger Reihenfolge zu arrangieren, um ein Statement zum Irak zu verfassen. Der Rest ist dann eine reine Fingerübung. Ein paar Ölpreise hier, Krieg ist immer schlecht, das Volk zahlt immer die Zeche. Die Frage ist aber, ob unter bestimmten Voraussetzungen militärische Gewalt sinnvoll und richtig sein kann. Und obwohl diese Frage im Irak eindeutig bejaht werden konnte, behauptete die Mehrheit der Deutschen, die USA wollten nur ein weiteres Marionettenregime im Irak einsetzen, das ihnen die Kontrolle über die Erdölvorkommen sichert, andere fürchteten, es würde ein Flächenbrand ausbrechen, und die ganze Region würde zu den Islamisten überlaufen. Die deutsche Beteiligung an der Aufrüstung des Irak und die wissentliche Beihilfe zum Mord an den Kurden wird mit derselben Ignoranz geleugnet, mit der vor ein paar Jahren Scharpings erfundenen Greueln im Kosovo Glauben geschenkt wurde. Ihr seht die Welt nicht, wie sie ist, sondern wie sie eurer Vorstellung von ihr entspricht. Tatsache ist, dass der Irak, lange bevor das Embargo verhängt wurde, pleite war und längst nicht mehr in der Lage war, die Grundbedürfnisse der Bevölkerung zu decken. Zwei internationale Kriege hat Saddam angezettelt. Erst wurde der schiitische Klerus bekämpft, dann kamen die Kurden dran. Es wurden mehr als 4000 Dörfer systematisch zerstört, 100.000 Kurden wurden umgebracht. In 41 Fällen wurden chemische Kampfstoffe gegen die kurdische Zivilbevölkerung eingesetzt, das ist erwiesen. Politik gegenüber dem Irak ist immer auch Kriegspolitik, und selbst die scheinbar zivilen Bereiche, wie z. B. der Außenhandel, waren immer auch Kriegspolitik, indem man das irakische Regime mit chemischen Waffen und anderen Gütern versorgte. Also ging es nicht um Krieg oder Frieden, sondern lediglich um die Wahl zwischen zwei Optionen des Krieges. Dieser Krieg hat den permanenten Krieg, den Saddam gegen die eigene Bevölkerung führte, endlich beendet. Bisher machte man Containment-Politik. Diktatoren wurden an der Macht gehalten, weil sie den schmutzigen Job gegen echte und halluzinierte Feinde – Kurden, Kommunisten, Islamisten, die Bevölkerung insgesamt – wunderbar erledigten. Containment funktioniert im Nahen Osten nicht mehr. Es hat sich eine Dynamik entwickelt, an deren

Ende der antisemitische Terror gegen Israel und der Angriff des elften September stehen. Seitdem hat es sich in Teilen des amerikanischen Establishments endlich herumgesprochen, dass die gewohnte Politik zur Stützung nahöstlicher Eliten gescheitert ist. Die Regimes bestrafen jede oppositionelle Äußerung als Verrat, Kritik ist nur im Rahmen einer panarabisch oder panislamisch verbrämten Ablehnung äußerer Feinde – nämlich des Zionismus, des Imperialismus – erlaubt.

Ich kann mich gegenüber dem Irak nicht neutral verhalten. Mir war der Sturz Saddam Husseins eine Herzensangelegenheit. Mir sind die Menschen im Irak, in Israel und in der ganzen Region nicht egal.

Also, wenn der ein oder andere das jetzt nicht ganz verstanden hat oder durch gezieltes Fragen das ein oder andere allgemeine Wissensdefizit auffüllen möchte, ich stehe jetzt noch zehn Minuten zur Verfügung für eventuelle Fragen, Andy, Crissie, fragen Sie, bitte.

5.
WIR HABEN EIN „MORALISCHES SELBSTVERTRAUEN", UND WIR GLAUBEN AN DIE WAHRHEIT.

RON Was ist los mit den Europäern? Werden sie von der Geschichte überrannt? Menschen entwickeln sich weiter, Beziehungen zwischen Staaten verändern sich, Kräfteverhältnisse verschieben sich, wer gestern noch unser Freund war, kann heute schon unser Feind sein. Wir müssen aufpassen, uns in alle Richtungen umschauen, bei unseren europäischen Freunden haben wir manchmal das Gefühl, sie schauen unentwegt nur in eine Richtung: zurück in ihre eigene Vergangenheit, und dort schauen sie voll Angst, voll Grauen in ihr eigenes Antlitz – viel Heldenhaftes gibt es dort nicht zu sehen.

Wir waren zumindest überrascht, wie schnell sich die europäische Einheit zerschlagen ließ, innerhalb weniger Stunden. Und in dem großen Zusammenschluss freier Staaten, die gemeinsam die Vereinigten Staaten von Europa gründen wollten, wurden wir Zeuge eines Rückfalls ins tiefste Ressentiment des frühen 20. Jahrhunderts: Spanier gegen Deutsche, Polen gegen Franzosen, Russen gegen Italiener. Russland, Deutschland und Frankreich hatten anscheinend wirklich erwartet, die Mehrheit der europäischen Staaten würde sich unter ihre Befehlsgewalt begeben – weit gefehlt – das neue Europa schloss sich dem neuen Amerika an.

Und amerikanische Führung ist keine schlechte Sache. Wir haben in unserer kurzen Geschichte die Menschen von Polio geheilt, die Sklaverei verboten, Hitler und den Kommunismus besiegt, Deutschland und Japan zu blühenden Demokratien geformt, Männer auf den Mond geschossen und Frankreich, Italien, Osteuropa, Panama, Kuwait, Afghanistan und – endlich – den Irak befreit. Warum schaffen wir das? Wieso sind wir zu all dem in der Lage, während Europa in den letzten fünfzig Jahren nichts Bedeutendes mehr geleistet hat?

Wir haben ein „moralisches Selbstvertrauen", und wir glauben an die Wahrheit – wir schreiben Realität nicht in Anführungszeichen, wir leben hier und jetzt, und wir haben Visionen, keine Angstzustände.

Ach, eins noch: Wir haben im Gegensatz zu euch nie eine Diktatur ertragen.

6.
THE WIZARD OF OZ.

ANDY Bob, am Tag der Wahlen wurde berichtet, dass Menschen über drei Stunden an Wahllokalen anstehen mussten, um ihre Stimme abzugeben, in Ohio wurden 60 000 Postwurfsendungen an Privathaushalte verteilt, auf denen zu lesen war „Bushwähler gehen am Dienstag, Kerrywähler am Mittwoch zur Wahl" – die Wahl war allerdings am Dienstag, stundenlang fielen die Wahlautomaten aus und einige der Wahlmaschinen haben falsch gezählt, so dass wieder massenhaft Stimmen in Ohio falsch ausgezählt wurden, 250000 Stimmen in Ohio wurden **überhaup**t nicht ausgezählt, das waren Stimmen von Leuten, deren Wahlberechtigung angeblich nicht geklärt war, internationale Wahlbeobachter wurden von Wahllokalen in Ohio abgewiesen...

BOB Was ist Ihre Frage, Andy?

ANDY Wenn wir eine Demokratie sein wollen, dann ... ich meine ... also ... wieso müssen denn Leute drei Stunden anstehen, um ihre Stimme abzugeben, warum werden die Wahlen nicht auf einen Sonntag gelegt, wo jeder zur Wahl gehen kann und nicht nur Leute, die in solchen Jobs arbeiten, wo sie es sich leisten können, bis zu drei Stunden ihrer Arbeit fernzubleiben und ... ich weiß es nicht ... ich kriegs nicht mehr zusammen ... wieso können wir denn nicht **mehr** Wahllokale einrichten? wieso müssen die Leute drei Stunden im Regen stehen und warum bekommen schon wieder tausende von Afroamerikanern keine Wahlbenachrichtigung zugeschickt und...

CRISS Ich versteh es nicht, ich versteh es nicht ... macht es dem Präsidenten denn gar nichts aus, daß die gesamte Weltbevölkerung ihn ablehnt, dass nur ein paar Bibelfundamentalisten in Texas, Utah und Ohio geschlossen hinter ihm stehen, weil sie es gut finden, dass er die Ehe zwischen Homosexuellen verbietet und Abtreibungen mit Todesstrafe belegen will? Ich meine ... wieso geben 92% der Bushwähler an, dass sie ihn gewählt haben, weil wir uns im Krieg mit dem Irak befinden – und und und der Präsident hat zu dem ganzen Chaos da unten nichts weiter zu sagen, als dass wir Demokratie in den Nahen Osten bringen.

ANDY Was meint denn der Präsident mit Demokratie? Was für eine Demokratie will er denn da installieren, etwa die gleiche, die wir mittlerweile in den USA haben? – und was meint er überhaupt mit Freiheit, was soll denn das Wort eigentlich in Zusammenhang mit der Innenpolitik des Präsidenten überhaupt bedeuten? Und hat er keine Angst, dass der Widerstand gegen Amerika weltweit zunimmt, dass es mehr Anschläge gibt, mehr Hass auf die USA, mehr Tote, mehr Krisenherde, die er nicht mehr unter Kontrolle kriegen kann – er kriegt ja nicht einmal den Irak unter Kontrolle, er hat doch überhaupt keine Ahnung, wie er das da jetzt in den Griff kriegen soll?

BOB Andy, Andy, beruhig dich: Der Präsident führt einen Krieg, der über Leben und Tod der gesamten westlichen Zivilisation entscheidet – es wäre fatal für den gesamten Westen gewesen, wenn der Präsident mitten in Kriegszeiten abgewählt worden wäre – der Präsident handelt im absoluten Einvernehmen mit den christlichen Grundwerten unserer Gesellschaft, das irakische Volk hat uns eingeladen, weil es befreit werden wollte aus den Händen eines grässlichen Diktators, deshalb sind wir da, wir helfen den Menschen, endlich die Freiheit zu genießen, warum wollen Sie, Andy, diesen Menschen Frieden, Freiheit, Wohlstand, neue Perspektiven und ein glückliches Leben in Sicherheit vorenthalten? Warum sind Sie so eigennützig Andy, warum darf ein junger Iraker nicht mit den gleichen Vorzügen aufwachsen, mit denen Sie aufgewachsen sind, Andy – finden Sie Ihre Haltung christlich?

LYNN Der Kurs, den wir im Irak eingeschlagen haben...

CRISS Was für einen Kurs – nur kurz, Lynn, was für einen Kurs, ich kann keinen Kurs erkennen, was genau ist der Kurs, können Sie uns das in drei Sätzen erklären, ich kann keinen Kurs mehr erkennen.

ANDY Wenn man die Tür öffnet, um einen Blick auf Bushs Strategie für den Irak zu erhaschen, so las ich neulich, starrt man in einen leeren Raum.

LYNN Ich weiß ja nicht, was Sie so alles lesen, Andy, das ist sicher Teil Ihres Berufes, sich nach allen Seiten hin zu informieren, ich kann Ihnen aber versichern, der Präsident hat einen Kurs, an dem hält er fest, es wird sich nichts ändern, auch, wenn es jetzt ein paar Probleme gibt, die gibt es immer –

BOB Wenn Sie einen Ausflug durchs Gebirge machen mit Ihrer Familie, Andy, und Ihre Frau verirrt sich im Wald, da heißt das ja nicht, dass Sie nicht wissen, von wo aus Sie gestartet sind, nächste Frage.

CRISS/ANDY Was?

LYNN Hören Sie zu, Crissie, Sie kennen doch sicher den Film *THE WIZARD OF OZ* – die kleine Dorothy aus Kansas verlässt ihr Zuhause, um ihren Hund Toto zu retten – auf dem Weg durch das Zauberland Oz befreit sie die Armee der bösen Hexe – das heißt, sie wird gejagt von der bösen Hexe, und schließlich wirft sie einen Eimer Wasser auf die böse Hexe, die dann sofort verdampft, die dunkle Armee der bösen Affen, die bislang die Macht der bösen Hexe gesichert hat, schließt sich sofort Dorothy an und tanzt mit ihr gemeinsam Richtung Schloss, um den Zauberer Oz zu treffen – es ist wichtig, dass unsere Kinder dieses Märchen sehr früh sehen, damit sie begreifen, dass das Gute über das Böse siegen kann, dass man Herz, Mut und Verstand braucht, und den findet man in dem Zauberland Oz – manchmal sind wir etwas enttäuscht, wenn die böse Hexe nicht sofort stirbt oder sich die Affenarmeen dieser Welt uns nicht sofort anschließen – wir dürfen dann nicht sofort die Schultern hängen lassen und aufgeben, wir müssen mit Herz, Mut und Verstand weiter nach Oz vordringen, um von dort aus die Geschicke der Menschheit zu lenken –wir müssen daran GLAUBEN, dass wir auserwählt sind, den Menschen in der gesamten Welt Freiheit und Demokratie zu bringen, nur wenn wir fest daran GLAUBEN, dann schaffen wir es auch.

Wir haben Schwierigkeiten, ja, die liegen in der Natur der Sache – werden Sie uns abhalten davon, die Armee der bösen Affen zu befreien? Nein.

7.

ENTERTAINMENT UND VERNICHTUNG.

CRISS Ich weiß es nicht, ich weiß es doch auch nicht, nein, nicht wieder so ein Text, mit dem alles gesagt sein soll, und dann streiten sie sich wieder um die beste Rolle und wollen, dass der Text demokratisch gerecht verteilt ist: RECHT RECHT was ist denn das? Recht, das gibt es doch gar nicht mehr, das hat sich doch nun wirklich alles aufgelöst, die Maske ist ab, da brauchen wir uns nichts mehr vorzumachen, und daher auch gleich meine Frage: Lohnt es sich denn überhaupt noch, über all diese Scheinwelten zu schreiben, über das FERNSEHEN zum Beispiel, das unentwegt Bilder produziert, ein einziges Geschrei an Bildern und Expertenrunden, und niemand kann diese Bilder und diese Informationen eintauschen in irgendeinen Gegenwert: Wir wissen doch gar nichts, wissen doch gar nichts, die geben uns ja keine Information.
Deshalb frage ich jetzt so lange nach, bis ich das kapiere, auch wie viel dieser Dick Cheney zum Beispiel jetzt wirklich für den Wiederaufbau im Irak abziehen kann für seine Firma Halliburton, und welche Aufträge da schon genau vor Kriegsausbruch feststanden und wie die Logistik da funktioniert, bevor die Jungs losgeschickt werden, die Wege frei zu räumen für unser System, das sich nun in alles hineinschreiben will, jedes Land, jede Kultur als Niemandsland ansieht, als weiße leere Fläche auf der Landkarte, als leeres Blatt, als leeres System, in das wir uns hineinschreiben müssen mit unserer Vorstellung von Freiheit, Geld und Demokratie – auch so drei Wörter, die gegen nichts Reales mehr einzutauschen sind, nichts, nichts, absolut nichts, eine Leere schreibt sich in die Welt, eine aggressive Leere, die keine Empathie mehr empfinden kann, den Zynismus überdreht, sich in die Hysterie hineinschraubt und über alles hinwegrast wie eine außer Kontrolle geratene Tomahawk-Missile, die kurz vor ihrem Aufschlag noch schöne Bilder liefert fürs besagte Fernsehen, das dann schöne und sportive Berichte liefern kann von eingebetteten Journalisten und an den Bomben selbst montierten Kameras, die zeitgleich mit der Vernichtung das Entertainment liefert, das unser System geworden ist, das im Kern unser System geworden ist, die Bilder und der Applaus, zeitgleich mit der Geschwindigkeit und der Vernichtung: Das sind Wir, das sind wir, das müssen wir begreifen, wo wir doch sonst nicht viel begreifen. Wenn wir plötzlich erkennen, wer wir sind, dann sind es meist nur Bruchteile

von Sekunden, und wir landen auch schon in der Klinik und müssen beruhigt werden.
Wir können alle nachts nicht schlafen, niemand kann das, auch diese Soldaten nicht, wie unsere Sportler werden die auch unentwegt gedopt, wie unsere Börsenspekulanten werden die auch unentwegt gedopt, was da alles eingeworfen wird, um dieses System am Laufen zu halten – um das jetzt noch weiter zu führen: Neulich las ich einen Bericht, nach dem 44 Prozent der im Vietnamkrieg getöteten amerikanischen Soldaten durch friendly fire gestorben sind – das ist doch gar keine schlechte Trefferquote, liebe Militärfreunde – die fliegen also in Gebiete, wo sie nichts zu suchen haben, und schießen sich erst mal alle selbst über den Haufen, zwischendurch bringen sie noch ein paar Zivilisten um, werfen ein bisschen Napalm ab, vergewaltigen ein paar Frauen – und 60 Prozent der Veteranen des ersten Irakkrieges sind am so genannten Golfkriegsyndrom gestorben – Ablagerungen von Uran in der eigenen Munition – ein Syndrom, über das in den Vereinigten Staaten nicht berichtet werden darf, weil das die Truppenmoral schon sehr schwächen würde, wenn die Soldaten begreifen würden, dass ihr größter Feind das Militär selbst ist.
Aber das ist im Grunde nichts Neues: Wer in den Krieg zieht, wird immer betrogen, aufs Übelste, und wahrscheinlich stirbt er vor Ort oder bekommt später eine Psychose und wird eingeliefert, selbst mein Vater, der als sechzehnjähriger noch als Flakschütze in den Zweiten Weltkrieg geschickt wurde, hat einen ziemlichen Schaden davongetragen, die werden nicht mehr glücklich, diese Menschen, die werden einfach nicht mehr glücklich, aber dieser Mythos, dass der Krieg das große Abenteuer ist für den jungen tatendurstigen Mann, dieser Mythos ist aus unserer Kultur nicht mehr herauszubekommen, der wird wiederholt und wiederholt und wiederholt, und alle machen da immer wieder mit.
Mal sehen, woran die Irak2-Jungs sterben werden, wir wissen nicht einmal, wie viele Tote es sind, das sagt uns keiner, auch wenn wir noch so lange fragen, das sagt uns keiner.
Abgekommen vom Thema? Oder rast man eben einfach so schnell durch all diese Fragen, weil sie einen interessieren und nie beantwortet werden, man bekommt einfach nicht die richtigen Informationen – und die Informationen, die man offiziell bekommt, sind alle so widersprüchlich, die stimmen alle immer nicht, werden dann aber in ihrer Widersprüchlichkeit immer unkommentiert so stehen gelassen, das ist wohl die Aufgabe dieser sogenannten Journalisten, den Widersprüchen nicht auf den Grund zu gehen und sich einbetten

zu lassen, eingebettet ins System, Berichte aus der Froschperspektive oder aus der Perspektive eines Infanteristen oder Panzergrenadiers, der Journalist wird auf eine Stufe gestellt mit den Fußsoldaten, die in diesen Kriegen schon seit jeher schonungslos verheizt wurden – und sie machen es gerne, es gab auch zwei Deutsche, die sich dort ins Bett der Militärs gelegt haben, kleine Strichjungen der Coalition of the Willing, und immer ganz aufgeregt erzählt haben, wie spannend und aufregend und echt diese Fahrten im Panzer sind: Echtzeitberichterstattung führt zu Nullinformation – die Implosion der Mediendemokratie, etwas anderes sind wir geworden, etwas, das ich noch nicht so recht beschreiben kann – Faschismus wäre wohl zu ungenau, aber Demokratie ist es eben auch nicht. Im Übrigen wurde unabhängigen Journalisten einfach damit gedroht, dass man sie abschießen würde, wenn sie ins Land reingehen würde, und das hat man dann mit einigen der wenigen, die sich das trotzdem getraut haben, auch gemacht, das Hotel Palestine wurde ganz real beschossen – Demokratie ist das nicht, was ist das also, und gibt es eine Möglichkeit zum Widerstand? Wie könnte der aussehen? Widerstand?

8.

DER KAMPF DER SYSTEME.

JODIE Vielleicht sollte man nicht immer alles gleich so werten. Man gerät schnell in ein Denken hinein, aus dem es keinen Ausweg mehr gibt. Amerika ist nun mal der Inbegriff der westlichen Zivilisation, daran gibt es nichts zu rütteln. Tatsache ist, dass dieser Motor eine ganze Menge in sehr zurückgebliebenen Regionen dieser Welt zum Guten verändert hat. Der Kapitalismus enthält – wenigstens im Kern – die Möglichkeit des größtmöglichen Glücks für die größtmögliche Zahl von Menschen. Natürlich kann man sich ohne Ende grässlich aufregen über Turbo-Kapitalismus und Dekadenz, und dass alle nur noch fraktal durch irgendwelche Flughafenlounges hetzen und sich selbst nicht mehr spüren und alles immer schlimmer und schlimmer wird, nur wozu?
Kritik an der US-Außenpolitik und an den gesellschaftlichen Verhältnissen in den USA ist sicher berechtigt und notwendig, wie in jedem Land. Aber es gibt einen Unterschied zwischen konstruktiver Kritik und bloßem antiamerikanischen Ressentiment. Antiamerikanismus ist nämlich nicht, wie du vielleicht meinst, eine besonders radikale Kritik. Die Konkurrenz zwischen den USA und dem „Alten Europa" verschärft sich. Antiamerikanismus ist Teil des Kampfes dieser Systeme, ein letztes Aufbäumen des „alten" Europas, bevor es in der Bedeutungslosigkeit versinkt – die Europäer haben keinen Glauben mehr, das hat sie schwach gemacht, Kant war der entscheidende Fehler im Denken des alten Kontinents: Stark ist nicht, wer sich ständig selber kritisiert und ironisiert, stark ist nur der Mensch des Glaubens. Wir sind eine starke Kultur, und wir sind stark in unserem Vertrauen auf Gott. – Die Muslime halten Jesus Christus für einen untergeordneten Propheten. Den Europäern ist jeglicher Bezug zu Gott abhanden gekommen. Sie können unseren Kampf nicht verstehen, er spielt sich ohne sie ab.

9.

AUS KRIEGERISCHEN VÖLKERN GING DIE KULTUR HERVOR, ERST IM KRIEG BEGREIFEN WIR, WER WIR WIRKLICH SIND.

LYNN Wir werden den Araber wohl nie ganz verstehen.

JODIE Aber, wenn wir ihm auf die Spur kommen wollen, dann führt der Weg zu ihm mitten durch die Wüste. Wie die Wüste, die scheinbar sinnlos daliegt, braucht auch der Krieg, als ultima ratio im Kampf der Kulturen, keine eigene Begründung, er ist sich selbst genug. Erst im Krieg begreifen wir, wer wir wirklich sind, im Kampf erst spüren wir, ob wir es wert sind, zu überleben.

LYNN Im Krieg werden wir uns selbst gewahr, eine Kultur, die einem Krieg standhält, geht gestärkt aus sich selbst hervor.

JODIE Wir sind eine starke Kultur, aber wir sind sehr verletzbar, in unserer Mitte haben wir lange Zeit ein Denken genährt, das in seiner Verzweiflung ausschließlich um sich selbst kreist, das unsere Körper schwächt, das uns die Kraft nimmt, einem Sandsturm standzuhalten und geradeaus zu blicken.
zu ANDY
Warum will dieser Körper nicht kämpfen? Warum will dieser Körper nur Fragen stellen? Hat dieser Körper Angst? Da draußen gibt es eine ganze Welt zu erobern – haben Sie denn gar keine Träume?

LYNN Wir sind im Krieg, da draußen gibt es Menschen, die uns vernichten wollen und erst Ruhe geben, wenn sie oder wir tot sind – du kannst hier gerne alles fragen, das ändert nichts, wir kämpfen weiter, wir haben das jetzt angefangen, und deshalb müssen wir das jetzt zu Ende bringen.

JODIE Aus kriegerischen Völkern ging die Kultur hervor, während die friedlichen Sammler und Jäger in die Randzonen der Erde vertrieben und allmählich ausgerottet oder absorbiert wurden.

LYNN Die Wüste ist das, was uns zwingt, andere Menschen zu werden.

JODIE Die Wüste duldet nur den Kämpfer, der Zögerer hat keine Chance.

10.

STILLSTAND, SANDSTURM – DER SCHÖNSTE MOMENT DIESES KRIEGES.

BOB … und dann brachen unsere Panzer los, und ich verließ mein Büro und fuhr mit
wir rollten gemeinsam durch die Wüste, und ich berichtete live
plötzlich Stillstand der Sand stach wie Eisblitze in die Augen
unsere Nachtsichtgeräte sahen nichts mehr
die Videophoneübertragung brach ab – nichts, weit und breit nichts – steckengeblieben im Sandsturm
alle Zeiten fielen durcheinander – dieses Hightechzeitalter, das wir geworden sind – und die archaische Kraft der Wüste – Sandsturm – Stillstand – alle Monitore dieser Welt zeigten drei Tage lang Bilder, auf denen nichts zu erkennen war
die Soldaten lagen in ihren Panzern und bewegten sich nicht
unser Krieg war in der Wüste steckengeblieben
Stille
Keiner sprach, keiner stellte Fragen, die gesamte westliche Zivilisation, so schien es, war in einem einzigen Wüstensturm versandet
all unsere Waffen – wertlos
ich saß da tagelang und sah nichts sprach nichts Ruhe Stille die Zeit begann zu fließen Stillstand die Präsidenten beider Länder versteckten sich in ihren Präsidentschaftspalästen und warteten schweigend ab
die Welt starrte drei Tage lang gebannt auf die Bildschirme: Ein weltweiter Sandsturm hatte alles zum Erliegen gebracht – es war der schönste Moment dieses Krieges, ich habe so etwas später nie wieder erlebt –
alle schauten auf die Bilder, auf denen nichts zu erkennen war, und sagten: „Seht mal, es ist nichts zu erkennen", und alle fragten sich, was wir wohl geworden sind, dass wir dasitzen vor unseren Fernsehgeräten und uns Bilder anschauen, auf denen absolut nichts zu erkennen ist –
dann drehte sich der Wind, die Kriegsmaschine befreite sich aus den Sandlöchern, und unsere Panzer rollten weiter in Richtung Bagdad, und dort trafen wir dann auch ein, wir stürzten die Statue Saddams, wir hissten unsere Flagge, und wir rauchten die erste Zigarette im Schlafgemach des Diktators, wir rissen die Gemälde aus der Nationalgalerie und schickten sie an unsere Frauen zu Hause, wir nahmen

die erste Pipeline in Besitz und begannen mit der Förderung der Ölressourcen, wir errichteten eine Regierung aus unseren Männern, wir nahmen das Land im Sturm, wir fassten Fuß, jetzt patrouillieren wir die Straßen, diese Stadt ist fest in unserer Hand.

11.

WER DEN TOD LIEBT UND DAS LEBEN ANDERER IN FRAGE STELLT, DER MUSS AUCH MIT DEM EIGENEN TOD RECHNEN.

LYNN Wir müssen den Araber in uns entdecken ... Wer uns töten will, muss begreifen, dass auch wir töten können...

JODIE Wir müssen ihre Sprache des Kampfes lernen, um sie zu schlagen...

LYNN Die Entschlossenheit, die sie in sich haben, müssen wir in uns entdecken...

JODIE Die Entschlossenheit, mit der sie gegen uns vorgehen...

LYNN ... sich in die Luft sprengen, um uns zu töten...

JODIE ... müssen wir erwidern mit der Bereitschaft, in den Tod zu gehen, für unser Land, für unseren Glauben, für unsere Art zu leben.

RON Wer den Tod liebt und das Leben anderer in Frage stellt, der muss auch mit dem eigenen Tod rechnen. Wir werden überleben.

12.

WIR MÜSSEN DIE HERZEN DER GESAMTEN MENSCHHEIT EROBERN.

JODIE Kann es sein, dass die Entnazifizierungs- und Umerziehungsprogramme, die die Deutschen nach dem Ende des Zweiten Weltkrieges durchlaufen mussten, zu weit gegangen sind? Dass wir in dem Bestreben, den Deutschen den Militarismus auszutreiben, übertrieben und nun ein Volk von naiven Pazifisten herangezüchtet haben, das zwar den „American Way of Life" weitgehend als seinen Lebensstil anerkannt hat, ohne aber zu verinnerlichen, dass eine Demokratie wie die amerikanische immer auch eine wehrhafte Demokratie sein muss?

LYNN Das war ja gut gemeint von uns damals. Diese Menschen kamen aus einem faschistischen Gewaltregime, wer hätte gedacht, dass das nun ins völlige Gegenteil umschlägt?

RON Nach allem, was wir im Irak erreicht haben, was ist unsere nächste größte Herausforderung?

LYNN Wir befinden uns im 21. Jahrhundert, das sich vom 20. Jahrhundert deutlich unterscheidet, weil es Terroristen gibt, deren sehnlichster Wunsch es ist, unsere verkohlten Körper an Brückenpfeilern hängen zu sehen.

JODIE Ist es also notwendig, den Prozess der Umerziehung noch einmal aufzunehmen und den Europäern – allen voran den Deutschen – zu erklären, was eine Demokratie bedeutet, wie gefährdet sie ist, und dass es gilt, sie mit allen Mitteln zu verteidigen? Und mit welchen Umerziehungsprogrammen könnte diese Umstrukturierung des europäischen Denkens praktisch vollzogen werden?

LYNN Wir müssen ihre Herzen erobern, Jodie, wir müssen ihre Herzen erobern, wir müssen ihnen helfen, sich von ihren alten, um sich selbst kreisenden rückwärtsgewandten Denkstrukturen zu befreien.

JODIE Und wäre es nicht sinnvoll, im Rahmen eines Gesamtumstrukturierungsprogramms auch die arabischen Menschen mit umzustrukturieren, die Afrikaner, die Chinesen vielleicht, und die Inder, die Tschetschenen, die Weißrussen, die Syrer, die Koreaner und Pakistanis und all die anderen Volksstämme, das wäre vielleicht das Beste.

LYNN Sicher, ja, das wäre das Beste, ich bin sicher, das wird auch funktionieren, wir müssen einfach nur ihre Herzen erobern, wir müssen GLAUBEN, wer einen festen Glauben hat, der kann Berge versetzen, das ist es ja, was die Europäer nicht begreifen.

RON Wer hätte damals für möglich gehalten, dass Ronald Reagan den Kommunismus zu Fall bringen würde – niemand. Auch heute glaubt niemand, dass George Bush gegen den militanten Islam siegen wird. Eines Tages wird die Menschheit uns für den Krieg, den wir jetzt führen, sehr dankbar sein und sagen: Das war der Beginn einer Ära der weltweiten Demokratisierung, dem Zeitalter der Freiheit für alle Menschen.

JODIE Und jetzt können wir endlich weitermachen, wo wir schon eine ganze Armee hier stehen haben: Das iranische Volk will Demokratie, Syrien, Libyen, und dann endlich müssen wir auch das Palästinenserproblem in den Griff bekommen.

RON Das werden wir auch noch lösen. Jetzt wo Arafat endlich tot ist, werden sich die Palästinenser unseren Friedensangeboten nicht mehr verschließen können – es wird eine neue Zeit anbrechen für Israel.

ANDY Die intellektuelle Linke in den USA hat den Kontakt zur Basis verloren – wir sind zu kompliziert, wir haben keinen demokratischen Kandidaten, der die gesamte Weltpolitik auf die Angst vor Al-Quaida reduzieren könnte, wir haben niemanden in der Partei, der alle innenpolitischen Probleme und eine katastrophale Wirtschaftslage auf die Frage „Homoehe – ja oder nein?" reduzieren könnte – wir sind zu kompliziert, wir brauchen eine neue Sprache – aber wer schreibt die für uns?

RON Der Präsident hat die Mehrheit der Amerikaner hinter sich, es haben noch nie so viele Menschen für einen Präsidenten gestimmt wie für George W. Bush.

ANDY Amerika wählt, aber der Ausgang dieser Wahl ist für den Rest des Planeten genauso bestimmend wie für das Heim der Freien und Tapferen selber – wäre es nicht gerecht, dass ALLE Menschen den Präsidenten der Vereinigten Staaten wählen dürften, nicht nur die 4% Amerikaner, die es auf der Welt gibt.

RON Andy, wir haben schon genug Arbeit damit, die eigene Bevölkerung davon abzuhalten, zur Wahl zu gehen – da werden wir nicht auch noch irgendwelche Afrikaner, Chinesen und Europäer darum bitten wollen, zu Hause zu bleiben.

Lachen.

ANDY Der amerikanische Soziologe Richard Sennet findet für unsere Art zu leben den Terminus des „Sanften Faschismus". Amerika befinde sich im Zeitalter des „sanften Faschismus". Was könnte denn das bedeuten „sanfter Faschismus"?

RON Das müssen Sie dann wohl Ihren Soziologen da fragen, ich habe keine Ahnung, was das heißen soll. Amerika hat gegen den Faschismus gesiegt und wird jetzt auch gegen den Islamofaschismus siegen – so viel ist sicher – vielleicht hat Richard Sennett einfach zu lange in Europa gelebt, um irgendwelche SINNVOLLEN Aussagen über Amerika zu treffen – wir wollen Freiheit für alle Menschen, das ist unsere Mission, von Faschismus kann da keine Rede sein.

ANDY „Sanfter Faschismus"? Heißt das, wir leben ab jetzt ständig in einer diffusen Angst, die uns dazu bringt, alles zu akzeptieren, was die Regierung anordnet? Heißt das, wir foltern Menschen, aber wir tun es für eine gute Sache? Heißt das einfach, wir brauchen kein regierungskritisches Fernsehen, weil das unpatriotisch wäre, wir brauchen keine Informationen, weil wir VERTRAUEN haben müssen in unsere Regierung, so wie der Präsident VERTRAUEN darin hat, dass Jesus Christus ihm den Weg weisen wird, das Richtige für sein Land zu tun?

JODY Der Wahlkampf war fast genauso teuer wir der Irakkrieg und es war doch sowieso klar, dass die Republikaner gewinnen – es wäre wirklich zu überlegen, nur noch alle zehn Jahre Wahlen durchzuführen, das würde Geld sparen, das man woanders besser einsetzen könnte und das gäbe dem jeweiligen Präsidenten auch mehr Zeit, seine Ziele wirklich durchzusetzen.

ANDY 40 000 US-Bürger haben seit der Wiederwahl Bushs bereits einen Antrag auf politisches Asyl in Kanada gestellt –

BOB Wir gehen davon aus, dass es sich hierbei um Menschen handelt, auf die unser Land durchaus verzichten kann.

CRISS Amnesty International hat in einem Bericht erklärt, dass der von den Vereinigten Staaten geführte Krieg…

LYNN Überzeugungen, Crissie, sind wichtiger als die Wirklichkeit – Gott will die Freiheit für jeden Menschen auf dieser Erde und das ist Teil unserer Außenpolitik.

JODIE Wir sind EINGELADEN worden in den Irak – deshalb sind wir dort.

CRISS In Guantanamo Bay soll es verschiedene Selbstmordversuche gegeben haben.

BOB Wir sollten auf keinen Fall vergessen, dass wir es mit Al-Quaida-Gefangenen zu tun haben, mit Leuten also, für die ein Ende durch Suizid ohnehin das höchste Ziel ist.

CRISS Die Genfer Konvention besagt, dass…

BOB Die Gefangenen in Guantanamo Bay erhalten hervorragende medizinische Pflege, drei Mahlzeiten am Tag, angemessene Unterkunft und Kleidung, Lesestoff. In jeder Zelle weist ein Pfeil nach Mekka, die Tiere werden nach muslimischen Vorschriften geschlachtet, bevor sie zubereitet werden, fünfmal täglich ruft das Lagerradio zum Gebet, und an jeden Gefangenen wird ein Koran ausgeteilt. Deinen Freunden geht es in Guantanamo besser als in den Slums ihrer Heimat.

CRISS Das war aber nicht meine Frage!

LYNN Aber das war unsere Antwort.

CRISS Die UN-Menschenrechtscharta besagt, dass…

LYNN Das wissen wir selbst, Crissie, nächste Frage…

CRISS Warum musste Donald Rumsfeld nicht gehen, als bekannt wurde, dass er zu jederzeit von den Folterungen in Abu Ghraib gewusst, sie zum Teil selbst angeordnet hatte? Warum hat der Präsident damals gesagt, dass Rumsfeld einer der besten Außenminister ist, den die USA je hatten?

LYNN Weil das die Wahrheit ist, deshalb.

CRISS Okay, Lynn, eine letzte Frage, hör zu: Du kennst doch sicher den Film *Mars Attacks*, die Aliens greifen an, die wollen irgendwelche Ressourcen und haben einen Kassettenrekorder mit, auf dem lassen sie immer wieder ein Band ablaufen: LAUFEN SIE NICHT WEG WE COME IN PEACE WE COME IN PEACE WE ARE YOUR FRIENDS, und dann ballern sie alles in Grund und Boden, was sie erwischen können – kann es sein, dass ich mir das so vorstellen muss, diese Truppen aus Texas und Utah und Colorado? – Kommen da zuerst die Streubomben und dann erst diese Carepakete und diese Flugblätter mit den Ratschlägen für irakische Frauen, kommen die dann, nachdem alle verbrannt sind, oder kurz vorher? Wie muss ich mir das vorstellen? Das irakische Kind greift nach dem gelben Carepaket mit dem Peanutbuttersandwich, und in der nächsten Sekunde wird ihm das Gesicht weggerissen, anschließend wehen Flugblätter herunter, wo Tony Blair und George Bush freundschaftlich die Hand ausstrecken – we come in peace don't burn the oil fields we come in peace.

LYNN Ja danke, Crissie, danke, das ist ein interessanter Gedankengang, danke.

CRISS Es könnte sein, dass in den nächsten Jahren immer weniger geredet und immer mehr gehandelt wird – auf beiden Seiten!

LYNN Ja, danke Crissie, danke.

ANDY Was passiert mit Europa? Was machen wir mit der UNO, sollen wir die behalten?

RON Die Europäer müssen jetzt begreifen, dass George Bush von den Amerikanern gewollt wird – und dass er eine Realität ist – und dass Amerika eben nicht nur aus Manhattan und Kalifornien besteht, sondern aus Ohio, Utah, Colorado und Texas – und das George W. Bush für DIESES Amerika steht – und die Europäer sich mit DIESEM Amerika auseinandersetzen müssen.

JODIE Der Glaube an Gott versetzt Berge – der Glaube an Gott kann mehr verrichten als jedes internationale Abkommen –wir werden die UNO nicht abschaffen, wir werden sie den gegebenen Umständen entsprechend umstrukturieren.

RON Die EU ist ein Kunstprodukt. Ihre Vorkämpfer wollen eine neue europäische Identität schaffen. Und sie tun es, indem sie Gegensätze zwischen dem alten Kontinent und Amerika schüren. Sie sind dabei, Europa als Gegenpol zu definieren – als einen Kontinent, der sein Selbstbewusstsein daraus bezieht, nicht Amerika zu sein.

LYNN Das bedeutet: Unsere Feinde sind auf allen Seiten, überall, die Welt hasst uns, aber wir sind die Stärkeren. Wir müssen kämpfen. Wir müssen endlich begreifen, dass wir im Krieg sind. Wir werden gewinnen, es wird sich einiges ändern.

ANDY Und wie schaffen wir das?

LYNN Mit Herz und Verstand. Wir werden die Herzen erobern. Wir werden die Herzen der gesamten Menschheit erobern, warten Sie es nur ab.

JODIE Es geht um Liebe, um Freiheit, um Glauben, es geht um das große Gefühl.

LYNN Wir müssen ihre Herzen erobern, Andy, wir müssen Licht schaffen im Reich der Finsternis.

JODIE Das wird teuer, Lynn, Bob, Andy, aber wir werden ihre Herzen erobern, wir schaffen das, Ron, ja, ich weiß es, glaubt mir, auf den Glauben kommt es an, der Glaube versetzt Berge, wer einen Glauben hat, wird die Welt verändern, wir werden die Welt verändern, glaubt mir, die Welt wird eine andere sein, wir haben jetzt vier Jahre Zeit, dieser Welt ein neues Gesicht zu geben – es wird ein neues Amerika, eine neue Weltordnung, ein neues Leben für alle Menschen, wir schaffen das schon.

LYNN Wir werden die Herzen der gesamten Menschheit erobern.

JODIE Wir schaffen das.

TRUST

DIE SUCHENDEN

Und wenn ich gehen würde, würde es nichts ändern
Und wenn ich bleiben würde, würde es nichts ändern
Und wenn du mich anschauen würdest, würde es nichts ändern
Und wenn du einfach nur dasitzen würdest, würde es nichts ändern
Schau dich an
lacht.
Ich meine
Ich meine
Schau dich einfach an
Dieser
Dieser
Dieser Körper da oder was auch immer
Das sein soll
Ich kann das nicht
Verstehst du
Ich kann das nicht mehr
Ich kann das einfach nicht mehr, verdammt noch mal
Was sagt der mir
Was versucht dieser
Dieser dieses Ding da
Zu sagen
Ich kann das nicht lesen
Tut mir leid
Aber
Tut mir leid, aber
Vielleicht ist es besser, wenn du einfach da bleibst und ich
Ich weiß nicht
Was wollte ich sagen?

Was wollte ich sagen?

Was will ich eigentlich sagen?

Was will ich eigentlich?

Ich weiß es nicht

Ich kann mich nicht erinnern

Und wenn ich dich berühren würde, würde es nichts ändern

Und wenn ich dich wirklich, wirklich wollen würde, würde es nichts ändern

Wir haben es bis hierhin geschafft

Zehn Jahre

Mein Gott

Tut mir leid

Tut mir so leid

Vergiss alles, was ich gesagt habe

Lass uns einfach alles so lassen, wie es ist

Wir haben

Dieses Gleichgewicht

Diesen Ausgleich

Diese Balance, sagt man das so?

Dieses Gleichgewicht geschaffen und

Ich ich ich

Ich äh

Ich

äh

äh ich

äh äh äh

Zu kompliziert

Lass uns einfach alles so lassen, wie es ist

Es ist zu kompliziert, das jetzt alles zu ändern

Bitte

Tut mir so leid

Vergiss, was ich gesagt habe
Tut mir leid
Es tut mir so leid
Ich habe das nicht gemeint
Lass uns einfach alles so lassen, wie es ist
Lass uns nicht alles durcheinanderbringen
Es hat so lange gedauert das hier jetzt alles
Das war so so
Anstrengend
lacht.
Das hat nur mit mir zu tun
Das hat nichts mit dir zu tun
Tut mir leid
Das ist irgendwie in mir und
Tut mir leid
Das ist alles meine
Das ist alles meine, ich meine, das ist
Tut mir leid
O Gott
Das bin ich hier
Und das da bist du
O Gott
Und ich
Ich weiß gar nicht
O Gott
Aber lass uns einfach alles so lassen, wie es ist
Das hat so lange gedauert diese diese dieses das hier
Lass uns das alles einfach so lassen, ja?
Okay?
Gut.

Tut mir leid.

Was soll ich denn jetzt dazu sagen?

Es ist doch … es ist doch, das hat doch nichts mit mir zu tun, ist doch deine Sache

Ich soll das jetzt?

Ja warum?

Was denn?

Okay, hör zu

Wir

Wir lassen das jetzt einfach so, wir lassen das jetzt einfach so

Es hat jetzt zehn Jahre gedauert, dass es alles so wurde, wie es jetzt ist

Das ist jetzt einfach auch zu

Nein

Setz dich doch mal hin

Zu, oder?, kompliziert, das alles jetzt noch mal neu, ich meine

Du und ich und

lacht.

O je

Ich kann das da

Ich meine

Egal

Ich meine, wir reden schon so lange drüber, und das ändert doch

nichts

Ich kann's auch überhaupt nicht verstehen

Ich meine, ich kann's überhaupt nicht lesen, was du da machst, was du da geworden bist in den letzten Jahren, was soll denn das da sein?

Oder? Ich weiß nicht

Wie, was?

Ich meine, irgendwie

Nichts

Ich weiß auch nicht

Das bin ich jetzt

Wie soll ich das denn jetzt wissen? Das versteh ich nicht

Das musst du doch selber wissen

Ich meine, wir arbeiten jetzt schon so lange, jetzt musst du doch allmählich mal

Ich meine, du musst doch

Das kann doch nicht immer bei mir

Du bist jetzt auch echt alt geworden

Wir sind, was?, wie lange?

Zusammen, oder wie du das nennen willst, ja

Du musst es doch jetzt auch mal selber wissen

Ich meine, ist ja vorher schon

Was soll das denn jetzt werden?

Ich kann das überhaupt nicht verstehen

Ich kann das nicht lesen

Deine Bewegungen, dieser, dieser Körper, ich meine, hast du dich mal gefragt, welchen Körper du eigentlich hast, was er erzählt, die Geschichte deines Körpers, die Geschichte, die dein Körper mir jeden Morgen erzählt

O Gott, ich meine

Ich weiß nicht

Ich meine gar nicht mehr, was ich sage, ich meine überhaupt nichts, also ich weiß nicht

Vielleicht stimmt da was in mir

Also das ist jetzt einfach so

Das ist jetzt auch zu anstrengend und außerdem okay okay

Hör zu

Du lebst dein Leben, ich leb mein Leben

Du bist da, ich bin hier

Kann ja auch schön sein manchmal

Okay, tut mir leid

Ich meine das nicht so

Ich meine das alles nicht so

Was meine ich überhaupt?

Was meine ich damit?

Was will ich dir damit sagen?

Ich weiß nicht, was ich eigentlich sagen will

Ich wir

Ich ich kann damit gar nichts anfangen

Ich meine ich weiß nicht

Das Ding da

Das da steht

Ganz hübsch und so

Aber irgendwie

Keinen Bezug nein

Aber wir lassen das jetzt so, oder?

Wir lassen das jetzt ganz einfach so

Wir lassen das jetzt einfach so stehen

Wir machen einfach weiter, okay?

Lass mich

Ich bin einfach

Da ist irgendwas

Ich meine

Mit mir, das bin, ich denke, das liegt einfach nur an, in, also ich glaube, ja, mir

Und es tut mir leid

Okay

Das hat nichts mit dir zu tun

Das hat nur etwas mit mir zu tun

Das alles hier hat nichts mit dir zu tun

Das hat alles nur etwas mit mir zu tun
Okay

And if I told you, it wouldn't change anything
And if I didn't tell you, it wouldn't change anything
And if I loved you, it wouldn't change anything
And if we stayed together, it wouldn't change anything
And if I left you, it wouldn't change anything
And if I packed my bags, it also wouldn´t change anything
And if I call you, it doesn't change anything
And if I don't call you, it doesn't change anything
And if I kiss you, it doesn't change anything
And if I really really want you, it doesn't change anything
And if I, if I just fall asleep, it doesn't change anything
And if I fuck you, it doesn't change anything
And if I trust you, I, I, you know, I, yeah, I, I, I, I just can't, I just cannot, I, I, I
I, I, I just cannot trust you
I, I, I, I just, I just can't, I just can't
I don't know, I don't know
I don't know what to say
I don't know the thing is, the thing is that
It is
I don't know
I just, I don't, I just don't, you know, it is, I mean, what
What is this, what is this, what is this
What is this thing, what is this thing with you? Just don't know
Just go and let me sleep
Just go and let me sleep
JUST GO AND LET ME SLEEP
Sorry sorry it is all my fault

I didn't mean any word of what I said

I didn't mean any word no I didn't I just I don't know sorry I just

I didn't mean that

I am sorry

Sorry

Und wenn ich es dir sagen würde, würde es nichts ändern

Und wenn ich es dir nicht sagen würde, würde es nichts ändern

Und wenn ich dich lieben würde, würde es nichts ändern

Und wenn wir zusammenbleiben würden, würde es nichts ändern

Und wenn ich meine Sachen packen würde, würde es nichts ändern

Und wenn ich dich anrufen würde, würde es nichts ändern

Und wenn ich dich nicht anrufen würde, würde es nichts ändern

Und wenn ich dich küssen würde, würde es nichts ändern

Und wenn ich dich wirklich, wirklich wollen würde, würde es nichts ändern

Und wenn ich jetzt, wenn ich jetzt einschlafen würde, würde es nichts ändern

Pause.

Und wenn ich gehen würde, würde es nichts ändern

Und wenn ich einfach nur am Fenster stehen würde, würde es nichts ändern

Und wenn ich einfach einmal ja sagen würde, würde es nichts ändern

Und wenn ich dich für einen Augenblick nur verstehen würde, würde es nichts ändern

Pack deinen Koffer und bleib

Bleib hier

Und wenn ich dir vertrauen würde, wenn ich dir, wenn ich

Und wenn ich dir

Wenn ich

Ich kann dir einfach nicht

Ich kann dir einfach

O mein Gott

Ich kann das einfach alles nicht

Lass uns einfach alles so lassen, wie es ist

Lass uns einfach alles so lassen, wie es jetzt ist

Es ist zu kompliziert, das jetzt alles zu ändern

Lass uns nicht alles durcheinanderbringen

Es hat so lange gedauert das hier jetzt alles

DIE VIERTE GENERATION

Ab und an wird einfach mal zusammen Musik gemacht. Alle spielen dabei ein Instrument; und wer eine schöne Stimme hat, singt.

Judith singt zum Beispiel *Love etc.* von den Pet Shop Boys in einer loungeartigen Bossa Nova-Variante, die so klingt, als hörte Kay sie im Radio auf einer Taxifahrt vom Flughafen Charles de Gaulle auf dem Weg zum fünften Stock des Centre Pompidou ins Videoarchiv, wo er den ganzen Tag sitzt mit einem Kaffee und einem Croissant und Videos guckt, auf denen kleine Kinder mit blassen, beinahe toten Gesichtern ganz sanft an riesige Rechenmaschinen gelehnt leer schauen, einfach vor sich hin schauen und einer Computerstimme lauschen, die in unregelmäßigen Abständen eine ungeordnete Reihe von Sätzen in den sterilen, hell beleuchteten Raum hineinspricht:

There is more to life than laundry

The crystal rabbit

The shape of time to come

High Profile

The simple truth about dish washing

One free phone call

And bring you free choice

The fine art of snacking

Kay wirft einen kurzen Blick auf die Installation und erinnert sich an Nächte einer langen Reise durch eine norwegische Fjordlandschaft mit seiner Jugendfreundin Beate, auf der sie immer wieder Björks *HUMAN BEHAVIOUR* auf repeat gehört hatten, kurz bevor es zum Streit kam, der zu viel an angestauten Unzufriedenheiten losbrechen ließ und die gerade erst drei Monate andauernde Liebesbeziehung wegfluten ließ, woraufhin Beate auf einer Raststätte nachts um halb zwei in der Nähe von Trömseflössn, wo die Sonne nicht untergehen wollte, sondern wie ein Tischtennisball am Horizont entlang hüpfte, wutentbrannt und mit einem letzten Türenschlagen und den Worten „Kay, du bist eine solche Niete, das glaubst du gar nicht" einfach zu einem anderen Fahrer ins Auto stieg, einem 18jährigen gut aussehenden großen blonden Jungen, der gerade mit seinen Kumpels den Pokal in der Zwischenrunde der Trömseflössner Handballmeisterschaft gewonnen hatte und von der exzessiven Siegerparty komplett betrunken auf der Heimreise einen Zwischenstopp auf der Raststätte eingelegt hatte, weil ihm schlecht geworden war und er sich übergeben musste und Beate ohne Widerspruch das Steuer seines Mitsubishi Colt überließ, Kay schaute den beiden hinterher und dachte in leisen Worten und ohne Wollen oder Widerstand „Fotze, blöde, dumme, fickende fuck scheiß fucking Dreckfotze", setzte sich in sein Auto, wo er im Radio Judiths Stimme hörte, die leise mehr hauchte als sang „YOU NEED MORE THAN A GERHARD RICHTER HANGING ON YOUR WALL", nein, das stimmt jetzt nicht, Judiths hauchende Stimme, die jetzt gerade sagt „Too much of anything is never enough" wird er erst gleich hören, wenn er wieder in das Taxi steigen wird, um zurück zum Flughafen Charles de Gaulles zu fahren, um seine Reise fortzusetzen nach Shanghai, warum Shanghai, das klären wir später, zunächst muss Kay vorbei an einer immens großen, unüberschaubar weitläufigen Ansammlung an Sofas, eine Sofa- und Sesselinstallation, darauf liegen Menschen, die Kunstbände vor ihrem Körper halten, sie alle scheinen beim Lesen großer Kunstbände und philosophischer und sozialwissenschaftlicher Werke eingeschlafen zu sein: Alain Ehrenberg *Das erschöpfte Selbst,* Eva Illouz *Die Errettung der modernen Seele,* Wolfgang Fritz Haug *Warenästhetik im High-Tech-Kapitalismus,* Byung-Chul Han *Hyperkulturalität. Kultur und Globalisierung,* sie alle liegen hier in einem Meer aus Sofas und Sesseln und fluten in ihrer Erschöpfung, langsam wie Farnkraut bewegen sie sich hin und her, irgendetwas Seltsames ist in diese Sofalandschaft eingebaut, sie scheint zu atmen, sie bewegt sich, ganz langsam, und wenn man die Augen schließt und leise auf seinen eigenen Atem hört, vernimmt man einzelne Sätze aus den Büchern, die zusammengeklappt oder aufgeschlagen vor der Brust eines jeden einzelnen Schlafenden ruhen, Kay legt sich ab, sein Körper möchte Teil dieser Körperlandschaft werden, er stellt seine braune Tasche neben sich auf das Sofa, das Atemgeräusch all dieser Menschen ist ihm zum Meer geworden, an dem er nun auf den orange glühenden Sonnenuntergang schaut. IN DER MITTE DES LEBENS Teil 1, so heißt dieses Buch, das plötzlich aufgeklappt auf seiner Brust ruht und leise zu ihm spricht IN DER MITTE DES LEBENS, angekommen in der Mitte des Lebens, ich verweile jetzt hier bei diesen Körpern, und er lehnt sich zurück, und er atmet langsam, und plötzlich ist er überrascht, als er die Augen schließt, fluten Bilder und Erinnerungen, Satzteile, und er dämmert langsam und schwimmt hinaus auf dieses Meer und verweilt dort und schwimmt immer weiter und weiter hinaus, dem orangefarbenen Sonnenuntergang entgegen. Und wir fahren nun an seiner Stelle die fünf Rolltreppen hinunter, während Paris in der Juliabendsonne verglüht, laufen auf den Fahrer zu, der tatsächlich all die Jahre auf uns gewartet hat, steigen in das Taxi, um zurück zum Flughafen zu fahren, um den Nachtflug nach Shanghai jetzt doch noch zu erreichen, damit wir dort mit dem japanisch isländischen Sozialsystemeforscher Atsushi Lyngursvötsson die Neuauflage seines bisher fünfbändigen Werkes ZUSAMMENBRECHENDE SYSTEME vom Zerfall des Römischen Imperiums bis zum Zusammenbruch des Sowjetsozialismus überarbeiten können, denn bis zum Jahr 2010 soll diese mittlerweile als Standardwerk an den Universitäten dienende, groß angelegte, akribisch genau ausgearbeitete Untersuchung um einen sechsten Band erweitert werden ZUSAMMENBRUCH DES FINANZSYSTEMS IM HIGHTECH-KAPITALISMUS NACH DEM ZUSAMMENBRUCH DES SOWJETSOZIALISMUS und die Frage vorab geklärt werden, ob dieses System nun ähnlich wie der Sowjetsozialismus in den nächsten fünf bis zehn Jahren verschwunden sein wird, ob es ersetzt werden wird und wenn ja, durch welches neue System. Wir steigen also etwas unsicher ins Taxi und bitten den Fahrer, das Radio lauter zu drehen, wo Judith nun gerade singt „You need more, you need more, you need more, you need more you need LOVE", und gehen noch einmal unsere Notizen durch für das anstehende Meeting, zu dem alle bedeutenden Sozialwissenschaftler, Volkswissenschaftler, Philosophen, Ökologen und Systemforscher aus aller Welt eingeladen wurden, um die Frage zu klären, ob dieses bestehende System bereits im Zusammenbruch begriffen ist und wir von nun ab den

Zerfall erleben werden, oder ob diese Krise eine rein zyklische Erscheinung ist, die dem System innewohnt und in von nun ab immer kürzer werdenden Abständen immer wieder auftreten wird, da unser System im Kern darauf basiert, virtuelle Werte zu schaffen und reale Werte zu verbrennen, und es immer wieder zyklisch zu Systemzusammenstößen, sogenannten value clashes kommen wird, indem sich fiktionale, virtuelle Werte einfach auflösen, da sie nie bestanden haben, durch absolut nichts in der Realität abgedeckt waren und insofern einfach verschwinden, wie eine Fata Morgana, ein Drogenrausch oder eine manische Phase, die dann übergeht in die Phase der Depression, der Erschöpfung, des Sich Ausruhens, Sich Sammelns, des Sich Sortierens, in der es dazu kommen kann, dass man einfach mal ein paar Jahre so daliegt, ohne zu wissen, was man will, was man kann, wer man ist, wo man einfach nur daliegt und nichts tut, wie ein Praktikant, der unter den Trümmern eines eingestürzten Hochhauses, z.B. des eingestürzten Kölner Stadtarchivs liegt, oder der von einer der Dachplatten getroffen wurde, die Hartmut Mehdorn so vorsätzlich lebensgefährdend an den Berliner Hauptbahnhof hat anbringen lassen, um ein paar Euro einzusparen, die er sich dann lieber selbst überweisen wollte, und auf einen Rettungstrupp oder einen Rettungsfonds wartet, der einen aus den Trümmern befreit und wieder ans Tageslicht zurückholt, aber man wartet da und wartet und atmet erschöpft und kann sich nicht bewegen und weiß nicht mehr weiter und liegt da nur, und der Schmerz nimmt zu, und der Schmerz nimmt ab, und niemand kommt, denn die Stadt kann sich kein Rettungsteam mehr leisten, da der etwas vorschnelle SPD-Stadtrat das ganze Geld der Stadt bei einem irgendwie leider nicht besonders gut durchdachten Cross Border Leasing-Geschäft mit den Anwälten von Stanley Morgan verbrannt hat, und man weiß das, man hat davon gelesen, man kapiert überhaupt nicht, wieso diese Leute, die doch einfach nur die Stadt verwalten sollen und deren Aufgabe es ist, zu gucken, dass alles einigermaßen gut läuft, auf einmal wie ein Haufen durchgedrehter Jugendlicher auf Alcopops von einem amerikanischen Anwaltsbüro zum nächsten irren, um dort alles, was die Stadt so an Materialwerten zu bieten hat, in vollkommen überkomplexen nicht mehr überschaubaren Vertragsvereinbarungen, die in ihrem Volumen die Seitenanzahl des nun bald sechsbändigen Werkes des japanisch isländischen Sozialsystemforscher Atsushi Lyngursvötsson bei weitem übersteigen und von absolut niemandem auf der Welt überhaupt je gelesen wurden, zu verkaufen, und, wie sich nun herausstellt, wieder zurückkaufen müssen für den zehnfachen Preis. Und wir fahren vorbei an einer Gruppe demonstrierender Mittfünfziger, alles Angestellte eines in finanzielle Not geratenen Warenhauses, die schweigend hinter großen Bannern mit der Aufschrift „Wir sind das Herz der Innenstadt. Lasst uns nicht sterben!" auf den bevorstehenden Zusammenbruch der großen Warenhauskette hinweisen, sind leise verwirrt, da wir uns noch an Zeiten erinnern, als eben genau GEGEN diese als „Tempel des Konsumterrors eines unmenschlichen Schweinesystems" verschrienen Orte aggressivst mobil gemacht wurde, und unser Taxifahrer verwickelt uns in ein Gespräch darüber, ob der ehemalige Vorstandschef wohl dasselbe Motiv im Sinn hatte, wie damals die jungen Akteure der RAF, die einen großen Brandanschlag gegen dasselbe Warenhaus planten, der aber nicht annähernd so erfolgreich war wie das geschickt eingefädelte und von langer Hand geplante Zerstörungsprojekt des Vorstandschefs, der, wie unser Taxifahrer weiß, die konzerneigenen Immobilien zu Ramschpreisen an einen Fonds verkaufte, der ihm selbst gehörte, und dieselben Immobilien vom Konzern zu komplett überhöhten Preisen zurückmieten ließ, sodass der Konzern in der Folge ausblutete, während die so geschickt umgelenkten Geldströme wirklich direkt auf sein eigenes Konto flossen und er, verhofft oder unverhofft, wer weiß das schon so genau, einen weitaus größeren Beitrag zum Zusammenbruch des so genannten „Schweinesystems" geleistet hat, als die RAF es jemals zu träumen gewagt hätte. „Die Vierte Generation", so heißt das Buch, an dem unser Fahrer arbeitet, und es stellt die gewagte These auf, dass die RAF, nach dem langen Gang durch die Institutionen nun in den Führungsetagen der Unternehmen und Finanzhäuser angekommen, das gehasste System effizient und nachhaltig untergehen lassen wird und dass der Zusammenbruch dieses Warenhauses der erste große Erfolg war.

Aber wir verlassen jetzt diese Szenerie, wir wollen auch jetzt nicht gemeinsam das Buch ZUSAMMENBRECHENDE SYSTEME von Atsushi Lyngursvötsson lesen, das würde den Rahmen sprengen, und wir würden dieses Buch vielleicht gar nicht verstehen, und selbst wenn wir es verstehen würden, wüssten wir nicht, was wir mit unseren Erkenntnissen anfangen sollten, wohin mit all dem Wissen? Wohin damit? Wir würden Angst haben, dass Atsushi Lyngursvötsson zu dem Schluss gekommen ist, dass dieses System, so wie wir es jetzt leben, tatsächlich in spätestens fünf Jahren eingestürzt wäre, und was würden wir dann mit dieser Erkenntnis anfangen? Uns auf ein neues System einigen? Wie sollte das gehen? Uns noch einmal alle zusammensetzen und darüber diskutieren, was wir eigentlich brauchen, was nicht, und wie ein glücklich erfüllter Lebensentwurf aussehen könnte, der auch die Menschen anderer Kontinente berücksichtigen würde, die weit davon entfernt sind, in ihrem Luxus leerzulaufen, weil sie nicht mal Wasser haben, geschweige denn Handys, Burnoutsyndrome oder Scheidungsanwälte?

Lass uns einfach alles so lassen, wie es ist

Es ist zu kompliziert, das jetzt alles zu ändern

Lass uns nicht alles durcheinanderbringen

Es hat so lange gedauert das hier jetzt alles

Das war so so

Anstrengend

Wir drehen lieber das Radio auf und hören Judith zu, wie sie singt.

VERTRAU MIR

Vertrau mir. Ja, ich weiß, dass ich dich total betrogen habe, aber ich mache das nicht wieder, wirklich, ehrlich, ab heute, nach all dem, was passiert ist, kannst du mir wirklich vertrauen. Ja, ich weiß, dass ich deinen Autoschlüssel vom Nachttisch genommen und dein Auto zusammen mit Fred gegen einen Baum gesetzt habe und dass dein Konto jetzt leer ist, tut mir einfach leid, ich hatte aber all diese Schulden, weil Fred einfach so teuer ist, aber der Sex mit dir war einfach so öde in den letzten Jahren, und Fred war irgendwie, ich weiß nicht, so anders, so kraftvoll irgendwie, und der hatte auch so viel Zeit, und wenn der keine Zeit hatte, dann war da noch Alfredo oder Dominik oder Francesco, und die waren alle so teuer, und die wollten alle Autos haben, und da hab ich denen halt deins gegeben, also deine drei der vier, also eins ist noch da, war da, das hab ich dann eben heute auf dem Weg hierher, äh, irgendwo, vergessen oder verkauft, ich weiß nicht mehr, oder einfach stehen gelassen, weil Stau war, aber, aber das ändert sich, ehrlich, VERTRAU MIR, ab morgen früh oder sagen wir, spätestens übermorgen Mittag, wird das alles anders, ich werd mich jetzt etwas mehr beschränken und mehr achtgeben darauf, dass so was einfach nicht mehr passiert, also ehrlich, ja, ich weiß, ich hätte nicht mit deinem Bruder schlafen sollen, aber, das mach ich auch alles nicht mehr, nein, auch nicht mit deinem Vater und ähm, dass du dir jetzt auch diesen Tripper zugezogen hast und dein Computer irgendwie, ja, wie soll ich sagen, weg ist, tut mir echt leid, aber ab morgen Mittag oder spätestens übermorgen Abend passiert das alles nicht mehr, ich hab mich geändert, ehrlich, ich hab mich echt geändert, also, ich will es zumindest, will es ganz fest, Schatz, ähm, kannst du mir Geld leihen, na ja, so vier Milliarden oder so, ich gebe dir das auch wieder, aber sonst kann ich echt nicht leben, ich schmeiß das auch wirklich nicht wieder besoffen ins Klo und drück die Spülung wie bei den letzten fünf Milliarden, ehrlich, ich hab mich geändert, ich hab nachgedacht, und ich finde, ich hab mich da echt nicht gut verhalten, und es tut mir leid, also, ähm, ich fahr jetzt noch mal ganz kurz weg für ähm drei Wochen mit Tim und äh Michael, aber dann, dann also, hatte ich ja gesagt, Montagnachmittag in drei Wochen, da bin ich dann echt ein anderer Mensch, und alles ist anders, und ich werde einfach besser auf uns beide aufpassen, denn ich will ja auch, dass es dir gut mit mir geht, dass du glücklich bist UND VERTRAUEN HAST, DU SOLLST MIR WIEDER VERTRAUEN KÖNNEN, DAS IST MIR WICHTIG, DENN OHNE VERTRAUEN KANN MAN EINFACH NICHT LEBEN okay, ja, also, bis dann, ähm, ich ruf dich an, ach so, ja, kann ich dein Handy haben, meins hab ich, ähm, hab ich, also, ich weiß auch nicht, verschenkt oder so, auf jeden Fall, kann ich dein Handy haben? Sonst kann ich dich ja gar nicht anrufen; und das wär ja doof, weil wir beide, du und ich, wir gehören einfach zusammen, Karsten äh Stefan äh Hans? Kay? Friedrich? Lars? Nils? Jörg? Ludwig? Peter? oder, äh, wie war noch gleich dein Name, hab ich jetzt auch einfach zwischendurch vergessen, sorry, kommt nicht wieder vor, oh, huch, jetzt hab ich, Scheiße, Mist, jetzt hab ich die vier Milliarden aus Versehen in die Jeans gepackt, die gerade, Scheiße ach Mist, in der Waschmaschine ist und o je, na ja, äh, also, sorry, kannst du mir da noch mal kurz aushelfen, sonst muss ich Johannes und Max jetzt schon wieder absagen, und das äh wär ja auch blöd irgendwie, nur so fünf sechs Milliarden, das müsste reichen, damit komm ich durch bis nächste Woche, gut, danke, du bist echt ein Engel, ich werd das auch nicht wieder aus Versehen im Taxi liegenlassen das Geld diesmal oder schon wieder aus Versehen in die Müllverbrennungsanlage kippen, ich weiß auch nicht, wie das passieren konnte, ich dachte, das sei der Biomüll, aber war es wohl dann irgendwie doch nicht, sorry, kommt nicht wieder vor, so, okay, tschüsstschüss, Kuss und ja, aber, äh, was wollt ich, ach ja, vergiss mich nicht, ja, ich liebe dich, also, bis dann, und ach so, eine Sache noch, tut mir jetzt o Gott auch leid irgendwie, aber, also: Wunder dich nicht, falls, also falls ähm falls es hier morgen klingelt oder übermorgen, aber ich hab die Wohnung verkauft an äh sieben unterschiedliche Käufer, gestern, und die haben jetzt alle schon den Vorschuss in bar bezahlt, und mit dem Geld fahr ich jetzt mit Michael oder Matthias oder beiden weg in den Urlaub, ich muss auch einfach mal raus, alles so anstrengend hier, brauch mal Ruhe, dann geht's mir auch besser, und ich bin nicht mehr so gereizt, und dann läuft's auch wieder mit uns ICH MUSS EINFACH MAL 'N BISSCHEN AUSSPANNEN UND ZUR RUHE KOMMEN und dann kann ich mich auch wieder mehr auf uns beide konzentrieren, also hinterlass mir irgendwo deine neue Adresse, und dann, wenn ich zurück bin, WENN ich zurück bin, wird alles wieder so, wie es mal war, oder äh nein, eben nicht so, sondern alles wird so, wie es noch nie war zwischen uns, nämlich schön, also: Bis dann, mein Schatz, hab dich lieb. Ach, und wenn du aus dem Haus gehen solltest, äh, wunder dich nicht, ich hab die Straßenbahn und das Krankenhaus und die äh Wasserwerke bei so einem sehr raffinierten Cross Border Leasing-Geschäft oder wie das heißt über Polen und die Ukraine nach Shanghai verliehen, und wenn du mit der Bahn fahren willst, musst du die erst ähm zurückkaufen und dir dann 'n Ticket lösen, hoffe, das ist okay, dein Bankberater kann dir das alles erklären, falls er noch da ist, bzw. sie, die Bank, weil, die hängt ja mit drin, und wenn das crasht, dann ist die ja auch weg, ich meine die Stadt, in der du äh lebst oder auch nicht, also, und wenn dir das so vorkommt, als ob alle um dich herum nur noch Chinesisch sprechen, dann ähm kann das eventuell daran liegen, dass sie das tun, also wirklich tun, also dass die wirklich alle Chinesisch sprechen, weil die das hier alles übernommen haben, dieses Abwracklager hier, und dann wär's gut, wenn du das schnell lernen könntest, also Chinesisch, damit du zumindest ab und an mal nach dem Weg fragen kannst, damit du nicht verloren gehst, ach Mist, Scheiße, mein Gott, da fällt mir grade ein, die hatten ja vor, jetzt hier diesen Staudamm zu bauen, morgen oder so, nein heute, ach ja, richtig, jetzt gleich, hier, also in zwei Minuten oder in einer oder so wird das hier alles gesprengt und dann weggeschwemmt, die brauchen Energie, die brauchen einfach mehr Energie, o Gott, da solltest du irgendwie ganz schnell noch ähm versuchen, wegzukommen, aber wohin, ja, tja, wer weiß, keine Ahnung, und womit, denk dir was aus, Schatz, also gut dann, tschau tschau, man sieht sich, fragt sich nur wo und in welchem Zustand, ja, also, ich geh dann mal, ich, ähm, bin jetzt mal tschüss tschüss, weg.

ZUSAMMENBRÜCHE

Ich glaub, ich breche jetzt einfach mal zusammen.

Ich glaub, ich breche jetzt auch einfach mal zusammen.

Ich auch.

DAS GROSSE BELLEN

Bell mal, bell mal ... so richtig laut, wütend, aggressiv

Miau, miau

Nein bell mal, bell mal richtig

Miau miau

Nein, stell dir mal vor, du bist wütend, du hast die Schnauze voll, DIR REICHT ES, sag mal, MIR REICHT ES JETZT

Mir reicht es jetzt

Ja, aber du musst das auch meinen

Was?

Du musst das meinen

Was muss ich meinen?

Dass du die Schnauze voll hast, dass du jetzt genug Lügen gehört hast, dass du dich nicht weiter verarschen lässt, dass, wenn die glauben, dass sie alles mit dir machen könnten, dass die sich da aber echt geschnitten haben

Ach so

ICH HAB DIE SCHNAUZE VOLL

lacht.

MIR REICHT ES JETZT ENDLICH!! ICH LASS DAS HIER NICHT MEHR WEITER MIT MIR MACHEN

lacht.

Ja, ich verstehe

Und dann bell, bell einfach mal

bellt ganz leise.

Aggressiv, laut, wütend, als würdest du gleich alles kurz und klein schlagen wollen. So jetzt alle mal, aggressiv, laut, wütend, so, als sei jetzt der Punkt erreicht, wo ihr genug habt, wo ihr euch einfach nicht mehr alles gefallen lasst, WO IHR DIE SCHNAUZE VOLL HABT, los bellt, bellen jetzt, BELLEN!

Alle bellen, aber sehr schwach, eher ein Winseln, ein sehr vorsichtiges Schoßhündchenbellen.

MANN, IHR SOLLT BELLEN, IHR PENNER

leises, kraftloses Bellen, das z. T. in eher unsicheres Husten übergeht.

BELLT LOS, BELLT, IHR HABT DIE SCHNAUZE VOLL, IHR WOLLT NICHT MEHR, IHR LASST EUCH NICHT MEHR ALLES GEFALLEN, ihr seid kurz davor, loszuschlagen, alles kurz und klein zu schlagen, ihr geht jetzt rein in diese Bank und schnappt euch den erstbesten Banker und nehmt seine Scheißfresse und schlagt die mit voller Kraft auf seine Scheißschalterablage und lasst ihn diese scheißwertlosen Fondsunterlagen fressen und schlagt seinen Kopf so lange gegen das Scheißwerbeplakat, das da neben ihm hängt und endlose Rendite verspricht, bis er kotzt, bis er Blut spuckt, bis nur noch Schleim aus seiner dummen verlogenen Fresse trieft, und er bettelt und winselt und um Erbarmen fleht und schreit, und dann lasst ihr das Stück Dreck da liegen und arbeitet euch weiter vor zum Nächsten immer schön der Hierarchie entlang, immer höher

Er bricht ab, schaut sich um, schaut in ratlose Gesichter.

14 JAHRE/3 WOCHEN – I

Ich habe dich

Was

Ich habe dich nie, ach ich weiß nicht, ich denke

Was denn was

Ich habe dich eigentlich, wenn ich ehrlich bin

Ja

Soll ich ehrlich sein

Ja bitte

Im Grunde nie wirklich

Ja

Wahrgenommen

Pause.

Ich meine, du warst einfach da. Manchmal warst du auch nicht da, manchmal haben wir geredet, manchmal auch nicht, ich würde nicht sagen, dass … aber ich will dir jetzt auch nicht wehtun, es ist ja schon alles so lange her

Für mich ist es nicht

Es ist alles schon so lange her, ich bin jetzt jemand anderes, und das alles ist ein ganz anderes Leben

Drei Wochen

Was?

Drei Wochen ist das her. Vor drei Wochen bin ich aufgestanden, und da waren deine Sachen plötzlich alle weg. Und dann hab ich mich da hingesetzt und gewartet, stundenlang, tagelang, eine Ewigkeit hab ich da gesessen, aber du warst einfach weg

Sag ich ja, das ist lange her, und manchmal hab ich dich angeschaut nachts, wenn du geschlafen hast, und dann war das wie, wie soll ich sagen, wie der Schrank oder im besten Fall wie das Radio, das auf ganz leise gestellt irgendwo im Hintergrund, das irgendwo jemand im Hintergrund hat laufen lassen, so ein Rauschen, so ein beiläufiges, flüchtiges Rauschen und

Vierzehn Jahre

Was?

Vierzehn Jahre immerhin waren wir zusammen

Pause.

Ach ja, so lange war das? Mein Gott

Pause.

Davon hab ich irgendwie … mein Gott

lacht.

gar nichts mitbekommen. Vierzehn Jahre und … aber das ist doch alles schon eine Ewigkeit her

Drei Wochen, drei Wochen ist das her, vor drei Wochen stand ich plötzlich auf, und da warst du einfach weg, und da bin ich durch die Wohnung gelaufen und hab dich gesucht, aber da war nichts mehr da, nichts, kein Zeichen, keine Nachricht, du warst einfach weg

ICH BIN WIE GELD

Das Vertrauen ist nun einfach mal weg. Und meine Wut muss ja irgendwo hin, ich kann mir ja nicht unentwegt, wenn ich wütend bin, ein Che Guevara T-Shirt bei Prada kaufen und damit dann voll wütend über den Kudamm laufen, ich muss doch endlich mal Formen entwickeln, damit meine Wut in irgendetwas hineinfließen kann, bei dem ich das Gefühl habe, SACHEN ÄNDERN SICH, und zwar nicht immer nur Sachen, die man kaufen muss.

Ich kann immer nur den ganzen Style um mich herum austauschen, mehr kann ich überhaupt nicht austauschen, ab und an kann ich mit jemand anderes meinen Körper tauschen, aber auch das geht dann immer nur ein zwei Tage, dann sucht der sich schon wieder 'nen anderen Körper, wieso auch nicht, diese Körper sind ja alle genormt, da kann der ja auch 'nen anderen Körper nehmen, der ERKENNT JA GAR NICHT DIE DIFFERENZ, die ich hier immer versuche herzustellen, MEINE VERSUCHE, DIFFERENZ HERZUSTELLEN SIND EINFACH ZU ZAGHAFT, ich müsste da mal etwas MUTIGER VORSTOSSEN, aber ich hab mich noch nicht entschieden, ich hab NOCH KEINE RICHTUNG GEFUNDEN, ich bleibe immer gleich, und es kotzt mich an, dass ich immer gleichbleibe

GESTERN HABE ICH MIR BEI ESCADA DIESES HEMD HIER GEKAUFT, das ist doch echt hübsch, oder? ABER MEIN LEBEN HAT SICH ÜBERHAUPT NICHT VERÄNDERT DADURCH ICH BIN IMMER NOCH DIE GLEICHE ich bin einfach die Gleiche und ich bin gar nicht richtig hier ich bin irgendwie so 'n Kind, das seit vierzehn Jahren von seinen Eltern in einem Hotelzimmer in Hongkong oder Peking oder Shanghai auf einer Geschäftsreise oder Promotour oder was weiß ich AUF DER STEUERFLUCHT in den Pazifischen Ozean einfach zurückgelassen wurde, und ich sitze hier immer noch, und alle sprechen Chinesisch und sind ganz nett, aber ich versteh nichts, und keiner redet mit mir, und ich warte immer noch, dass meine Eltern zurückkommen und mich abholen oder jemanden vorbeischicken, der mich mitnimmt, oder dass mal irgend 'ne Nachricht von denen kommt, damit ich irgendeinen Anhaltspunkt habe ICH HABE KEINEN ANHALTSPUNKT das habe ich einfach nicht ICH BIN WIE GELD verdammt ich bin wie Geld ich bin alles und überall und keiner kann meinen Wert einschätzen

Und jeden Tag muss geguckt werden, ob ich überhaupt noch was wert bin, das wechselt nämlich jeden Tag, mein Wert, meine Beziehungen zu anderen, und dauernd laufe ich Gefahr, komplett wertlos zu werden über Nacht, dauernd laufe ich Gefahr, komplett einzubrechen

ICH BIN WIE GELD, alle wollen mich haben und zwar ganz viel, aber ich schaffe es einfach nicht, irgendwen glücklich zu machen

Auch, wenn die das immer glauben

Und ich darf überall hin, aber ich kann meinen Wert einfach nicht mehr abschätzen, weil es da keine Richtlinien mehr gibt, die lösen sich grade alle auf

ICH BIN WIE GELD

Das ist auch was Schönes, denn Geld ist überall und kennt keine Grenzen,

keine Moral und keine Angst,

manchmal ist es scheu, wenn es Sicherheiten garantieren soll, dann zieht es sich lieber zurück, oder wenn es einspringen soll in der Not, wenn es anderen helfen soll, dann geht es lieber, und das mach ich auch, ich bin eigentlich immer am liebsten GANZ SCHNELL WEG, wenn es drauf ankommt, das wird mir immer alles zu riskant mit dir, mein Schatz, du bist nett und süß, aber es gibt einfach im Moment lukrativere Märkte als dich

DU WILLST EINFACH ZU VIEL und das kann ich dir gar nicht geben ich muss ja meine Ressourcen SCHÜTZEN VERDAMMT NOCHMAL jetzt hab ich mich aber hier mit meinem Pradarock in der Escadabluse verhakt UND ALL DIESE IMAGEKONSTRUKTE klemmen da jetzt irgendwie fest

Was in diesem Trust hier alles als ICH fungiert, das hält ja keine Sau mehr aus,

scheißegal, ich verdiene 200.000 im Jahr, und manchmal wird mir das ausgezahlt in einer Weise, dass das zwei Millionen sind AN WERTPAPIEREN, die kann ich aber nicht einlösen, denn dann würde der Kurs gleichzeitig zusammenbrechen und dann wär die Firma, für die ich arbeite und die mir anteilsweise gehört, nichts mehr wert, und dann wär ich arbeitslos, und dann kann ich auch diese WERTPAPIERE TOTAL VERGESSEN

Manchmal bin ich einfach weg, einfach weg, da hatten alle so große Hoffnungen in mich gesetzt, dass ich ihr Leben ändere zum Beispiel, dass jetzt eine ganz große Zukunft vor ihnen steht, aber da bin ich dann einfach weg, du bist so ein lieber Hase, mein Schatz, aber du wohnst einfach im falschen Land, ja, tut mir leid, das rentiert sich jetzt grade alles nicht für mich.

So, was jetzt, was jetzt, ich müsste ja jetzt mal irgendwie weiter, aber mein Körper klebt hier so komisch fest, der bewegt sich ja unendlich frei und schnell durch Zeit und Raum, aber ich klebe hier immer fest, ein seltsames Gefühl, ich bin überall, aber ich klebe hier so an meinen Klamotten an diesem Ort und werde immer unbeweglicher, seltsam, ich bewege mich gar nicht mehr und bin trotzdem immer woanders, ich hab auch grad gar kein Bedürfnis mehr nach irgendwas, ich bin jetzt einfach mal hier und halt das aus.

ICH BIN SO FROH, DASS DU ENDLICH WEG BIST

Mein Gott, mit dir hab ich mich so gelangweilt, das glaubst du gar nicht. Morgens, wenn du da lagst neben mir, oder, wenn du deinen Rollkoffer stundenlang durchs Wohnzimmer gefahren hast, weil du wieder nicht mitbekommen hattest, dass das meine Wohnung und nicht irgendein Scheißflughafen war, auf dem du panisch hin und her rennen musst, damit die Leute nicht denken, du seiest in irgendeine Angststarre verfallen, oder wenn du wie immer zum Abendbrot NICHTS gegessen hast, weil dein Körper bald auseinanderfällt vor lauter Überdrehung und Kraftlosigkeit und du den deshalb unentwegt abstrafen musst diesen KÖRPERCONTAINER, mein Gott, das hat mich alles so gelangweilt, das glaubst du gar nicht, ich bin da jedes Mal eingeschlafen, wenn du wieder besoffen mit vierzig Stundenkilometer morgens um fünf in Zeitlupe gegen irgendeinen Kinderwagen hier in der Gegend geknallt bist, und ich dich dann da wieder abholen musste aus dem Krankenhaus, verdammt, das hat mich einfach nur Zeit und Kraft gekostet, und das war so öde, mein Gott, so öde. Ich bin so froh, dass du endlich weg bist. Ich bin so froh, dass du endlich weg bist. Ich bin so froh, dass du endlich weg bist

14 JAHRE/3 WOCHEN – II

Du verwechselst da, also, ich weiß nicht, aber du hast da irgendwie was durcheinander

Was

Wir waren vor vierzehn Jahren für drei Wochen

Nein

Doch, doch glaub mir, vor vierzehn Jahren waren wir für drei Wochen zusammen, aber das ist jetzt auch alles schon so ewig her, und ich erinnere mich da auch einfach gar nicht mehr richtig dran, du hattest geheiratet oder so, hab ich gehört

Ja dich

Nein, nein, da irrst du dich, zumindest hab ich davon gar nichts, also ich weiß nicht, und dann warst du plötzlich weg, einfach weg, das hatte ich noch gehört, du warst dann plötzlich

Ja, weil du mich, also, du warst plötzlich einfach weg, all deine Sachen, und da war ich ganz allein plötzlich, ich meine nach vierzehn Jahren, und da bin ich, da hab ich mich einfach, ach ich weiß nicht

Ja, siehst du, das weißt du schon alles gar nicht mehr, das ist halt alles schon so lange her

Drei Wochen, drei Wochen ist das her, vor drei Wochen stand ich plötzlich auf, und da war alles ganz still, und da hab ich mich umgeschaut, und da waren deine Sachen alle weg, und dann war nichts mehr so, wie es war, alles war plötzlich ganz anders, und du warst auf einmal nicht mehr da

Das ist jetzt vierzehn Jahre her, tut mir leid, vor vierzehn Jahren waren wir für drei Wochen zusammen, aber das war irgendwie, also das war nett und so, aber das war irgendwie nichts, also nichts Richtiges, jedenfalls nicht für mich, das Projekt hab ich dann ganz schnell wieder abgebrochen, und dann bist du für vierzehn Jahre, ich weiß nicht, verschwunden irgendwo? hab ich gehört, irgendwo, warst weg

Nein

Doch, ich glaube

Nein

Doch, ich glaube, ehrlich gesagt, doch, tut mir leid

Wir waren zusammen

Ja, ich weiß, aber nicht wirklich, nicht echt, das war nur, tut mir leid

DREI WOCHEN

Das ist drei Wochen her

Vor drei Wochen stand ich plötzlich auf

Und da war alles ganz still

Da war plötzlich nichts mehr zu hören

Da waren deine Sachen alle weg

Und da hab ich mich da hingesetzt

Und da habe ich das erste Mal in meinem Leben diese

Diese Stille gehört

Diese Ruhe

Und dass

Dass es eben auch so geht

Dass das auch geht

Dass du dann eben einfach weg bist

Und dann ist es still

Und es ist ruhig

Und dann hab ich mich ans Fenster gestellt

Und dann hab ich rausgeguckt

Und dann hab ich die Lichter der Stadt gesehen

Und alles wurde immer langsamer

Und langsamer

Und dann wurde es dunkel

Und dann hab ich die ganze Zeit da unbeweglich am Fenster gestanden und rausgeguckt Nacht für Nacht und es war schön

Das war so ruhig

Und dann hat das Telefon geklingelt, und dann wusste ich, das warst du

Du wolltest mir alles erklären

Aber das war mir alles egal

Und dann hab ich in der ganzen Wohnung geguckt, ob da noch irgendwas von dir ist

Da war aber nichts, das war alles weg

Seitdem sitz ich da

Tag für Tag

Steh ich einfach unbeweglich am Fenster

Und schau raus

Und weiß, du bist da irgendwo

Irgendwo und ich brauch dich aber auch nicht zu sehen

Oder zu treffen

Das reicht mir völlig, wenn ich weiß, du bist da irgendwo, und du rufst ab und zu an

Und ich muss auch gar nicht rangehen

Es reicht mir auch schon, wenn ich weiß, dass du ab und zu anrufst, und ich muss dich aber auch gar nicht sprechen, und dann steh ich da

Und dann ist es ganz still, und dann hör ich deine Stimme *nicht*

Und dann hör ich deinen Atem *nicht*

Und dann erzählst du mir *nicht*, was du den ganzen Tag gemacht hast

Dann kommst du *nicht* abends noch zu mir und willst mich in den Arm nehmen oder willst in den Arm genommen werden oder willst mir was erzählen, dann bist du einfach weg, dann bist du einfach weg, und es ist still, und es ist schön, und dann sitz ich einfach da, und dann weiß ich, ich könnte jetzt überall sein, aber ich bin jetzt hier, und es gibt Leute, die mich treffen wollen, aber die treff ich einfach nicht, und es gibt Leute, die wollen mit mir zusammen sein, aber ich will gar nicht mit denen zusammen sein, ich bleib einfach nur hier

Das ist so schön

So ruhig

Ich könnte jetzt überall sein, aber ich bin es nicht

Vielleicht steh ich einfach nur unbeweglich am Fenster

I USED TO WANT TO CHANGE THE WORLD

I used to want to change the world and now I'm just caring about a parking place.

I used to want to change the world but I forgot what that meant.

I used to want to change the world and then I met you.

I used to want to change the world and then my father died.

I used to want to change the world and now I just want to join it.

I used to want to change the world and now I just want to move in it.

I used to want to change the world and then I started to walk around and got lost.

I used to want to change the world and then I forgot what I wanted.

I used to want to change the world until I figured out what the world really is.

I used to want to change the world so much that I never stopped.

I used to want to change the world I started changing so much I didn't know who I was.

INSEL DER UNGEBRAUCHTEN, UNGELIEBTEN KÖRPER

Und alles war ganz still, und ich bin gelaufen, weiter und immer weiter, und dann war plötzlich alles weg, und niemand und nichts war mehr da, in mir, und ich bin weitergelaufen und weitergelaufen, und plötzlich war ich auf dieser Insel der erschöpften, ungeliebten Körper, die langsam im Nebel verschwanden und sich auflösten am Horizont wie eine Bleistiftzeichnung, und alles wurde immer langsamer und langsamer und kein Geräusch, nichts war zu hören, alles lag nur da, wie eine Ewigkeit im Nebel, die schon immer dort auf mich gewartet hatte, und da waren nur diese ungebrauchten, ungeliebten Körper und strichen sich ganz sanft mit der Hand über die eigene Haut, berührten sich ganz vorsichtig, und niemand sagte etwas, und alle lagen da, und alles wurde immer langsamer und langsamer, und ich hörte meinen eigenen Atem, und das war das einzige Geräusch, und ich wusste nicht mehr, wie lange ich dort schon gelegen hatte, und ich sah kein Ende mehr, alles ging weiter und weiter und weiter und weiter, aber alles blieb immer gleich, und ich spürte nichts, und ich hörte nichts, und ich sah mich selbst, wie ich immer wieder, immer wieder ganz langsam in Zeitlupe langsam, ganz langsam zu Boden sank und dort liegen blieb, und nichts passierte, und da war kein Denken, keine Erinnerung, nur der Nebel und alles löste sich auf, und ich lag da am Wasser im Nebel und bewegte mich nicht, atmete und wusste: Hier bin ich jetzt. Das ist das, was ich geworden bin. Das hier. Das hier. Das hier. Das hier.

UND WENN ICH ES DIR SAGEN WÜRDE

Und wenn ich es dir sagen würde, würde es nichts ändern

Und wenn ich es dir nicht sagen würde, würde es nichts ändern

Und wenn ich dich lieben würde, würde es nichts ändern

Und wenn wir zusammenbleiben würden, würde es nichts ändern

Und wenn ich meine Sachen packen würde, würde es nichts ändern

Und wenn ich dich anrufen würde, würde es nichts ändern

Und wenn ich dich nicht anrufen würde, würde es nichts ändern

Und wenn ich dich küssen würde, würde es nichts ändern

Und wenn ich dich wirklich, wirklich wollen würde, würde es nichts ändern

Und wenn ich jetzt, wenn ich jetzt einschlafen würde, würde es nichts ändern

Pause.

Und wenn ich gehen würde, würde es nichts ändern

Und wenn ich einfach nur am Fenster stehen würde, würde es nichts ändern

Und wenn ich einfach einmal ja sagen würde, würde es nichts ändern

Und wenn ich dich für einen Augenblick nur verstehen würde, würde es nichts ändern

Pack deinen Koffer und bleib

Bleib hier

Und wenn ich dir vertrauen würde, wenn ich dir, wenn ich

Und wenn ich dir

Wenn ich

Ich kann dir einfach nicht

Ich kann dir einfach

O mein Gott

Ich kann das einfach alles nicht

Tut mir so leid
Vergiss, was ich gesagt habe
Tut mir leid
Es tut mir so leid
Ich habe das nicht gemeint
Lass uns einfach alles so lassen, wie es ist
Lass uns nicht alles durcheinanderbringen
Es hat so lange gedauert, das hier jetzt alles
Das war so, so
Anstrengend
Das hat nur mit mir zu tun
Das hat nichts mit dir zu tun
Das ist irgendwie in mir und
Das ist alles meine
Das ist alles meine, ich meine, das ist
O Gott
Das bin ich hier
Und das da bist du
O Gott
Und ich
Ich kann das nicht
Und wenn ich dich berühren würde, würde es nichts ändern
Und wenn ich dich wirklich, wirklich wollen würde, würde es nichts ändern
O Gott
Aber lass uns einfach alles so lassen, wie es ist

ARBEITSVERTRÄGE

Ich lerne dauernd irgendwelche gutaussehenden, interessanten, jungen, energiegeladenen Männer kennen, und ich will irgendeine Art Beziehung zu denen aufbauen, also ich würde gerne über Kunst mit denen reden, Musik hören, lange rumknutschen, mit denen schlafen, aber die wollen alle immer alles vertraglich aushandeln, die wollen alle Arbeitsverträge, die wollen für mich arbeiten und Verträge in der Hand haben, zumindest irgendwie Geld, Vorteile, irgendetwas, das sich ein bisschen besser rechnen lässt als so 'n paar nette Stunden. Diese Stunden sind ja auch nur für mich nett, denn die jungen Männer zahlen ja mit ihrer Währung, ihrem Jungsein, ihrer Jungseinenergie, ihren schönen Körpern, der neuen Sicht auf diese Welt und diesen Markt. Und ich? Ich muss ja irgendetwas zurückzahlen, und diese Generation braucht vor allem Struktur, Arbeitsverträge oder auch ganz einfach Geld, denn die wollen ja was kaufen oder wegfahren oder einen Computer haben, um ins Netz zu kommen, denn die können ja nicht unentwegt einfach immer nur von unserer Generation von einem Praktikum ins nächste Praktikum geschickt werden, die haben ja alle Kunstgeschichte und Literatur und Mediendesign und Kulturgeschichte Tibets studiert und stehen jetzt alle neben Kopiergeräten herum und schleppen irgendwelche Umschläge zur Post, die wollen irgendwie mehr als nur rumliegen, Musik hören und rumknutschen.

14 JAHRE/3 WOCHEN – III

Jetzt ist es mir wieder eingefallen, also. Wir waren drei Wochen zusammen in vierzehn Jahren, ich hab das genau ausgerechnet, aufgelistet, die Tage, Zeiten, die Momente, die wir miteinander verbracht haben, ich hab das alles aufgeschrieben, und genau, ich meine, ich hab das alles genau mitge aufge ich hab das protoko verstehst du, hier schau mal und da ja guck

14.7.2006 11 Uhr 53 bis 12 Uhr 3 und

21.11.2007 9 Uhr 13 bis 10 Uhr 24

Wir waren genau drei Wochen zusammen in den letzten vierzehn Jahren, und ich hab dich ich meine

Lass mich einfach okay ich meine du bist nett und so aber bitte lass mich einfach ich hab keine ich mein ich kann jetzt einfach (nicht), und, du, tut mir leid, aber lass mich, danke

CONFESSIONS

DER JUNGE Vielleicht hättet ihr einfach ab und an mal da sein sollen
Ihr wart immer weg
Ich bin euch nicht böse oder so
Ich meine, wie auch: Ich kenn euch ja gar nicht, aber
Irgendwie
Mir geht es gut und
Ich komm zurecht
Ich weiß gar nicht, ob ich irgendwelche was weiß ich Traumata habe oder
Störungen
Ich meine, ich weiß gar nicht, wie ihr die ausgelöst haben solltet
Wir kennen uns ja gar nicht
Aber
Ihr hättet nicht so einfach abhauen sollen

DAS MÄDCHEN Vor vierzehn Jahren bin ich wach geworden, und da war plötzlich
alles ganz still
Und da wart ihr plötzlich nicht mehr da
Und auch an dieser Rezeption wusste niemand, wo ihr wart
Ich bin dann da einfach in diesem Zimmer geblieben
Die nächsten Jahre
Geld hattet ihr ja dagelassen, aber
Das war irgendwo in Shanghai im 27. Stock und
Mann, da war ich vier
Und ich bin einfach vierzehn Jahre nicht aus diesem Hotelzimmer herausgekommen
Dann hab ich da gesessen
Fernsehen geguckt
Die Chinesen hatten da dieses eine Programm, wo sie unentwegt Sprengungen zeigten
Sie sprengten unentwegt Gebäude in die Luft

Das zeigten die
Da beschloss ich, Sprengmeisterin zu werden
Nicht für Gebäude
Sondern für Finanzprodukte

DER JUNGE Vielleicht hättet ihr einfach ab und an mal da sein sollen
Mehr als drei Wochen im Jahr
Ihr wart einfach weg
Ich war vierzehn, und da seid ihr einfach abgehauen
Habt mich dagelassen
Wart plötzlich weg
Alles still
Meine ganze Kindheit war so unglaublich ruhig und still und

DIE FRAU Junge, ich weiß nicht genau, wer du bist, aber

DER MANN Du phantasierst

DIE FRAU Ich kenn dich überhaupt nicht

DER JUNGE Ja, wie sollst du das auch, du bist ja einfach abgehauen

DIE FRAU Du, vielleicht hatte ich einfach zu tun, aber

DER JUNGE Mann, da war ich vier, Mama.

DIE FRAU Sag nicht Mama zu mir, das mag ich schon mal gar nicht, außerdem bist du überhaupt nicht dran, Nina ist dran
Nina, was willst du denn sagen?

DAS ANDERE MÄDCHEN Ich, gar nichts

DIE FRAU Du bist aber dran

DAS ANDERE MÄDCHEN Ich will aber nichts sagen

DIE FRAU Aber du bist dran

DAS ANDERE MÄDCHEN Ich möchte aber nicht

DER MANN Du bist aber dran, mein Gott

DER JUNGE Na, wenn Nina nichts sagen will, dann könnt ich ja vielleicht, Mama, ich

DIE FRAU Du bist nicht dran. Nina ist dran. Nina, jetzt sag halt was

DER MANN Sag was

DAS ANDERE MÄDCHEN Nein

DER MANN Sag irgendwas

DAS ANDERE MÄDCHEN Nein, ich will nicht

DAS MÄDCHEN Sag doch einfach irgendwas, ist doch egal, was

DAS ANDERE MÄDCHEN Ich hab aber nichts zu sagen

DAS MÄDCHEN Macht doch nichts

DER MANN Jetzt sag halt was

DIE FRAU Geht es dir gut?

DAS ANDERE MÄDCHEN Was?

DER MANN Ob es dir gut geht?

DAS ANDERE MÄDCHEN Ja, ich denke, ich glaube, ja, oder?

DIE FRAU Erzähl ein bisschen mehr darüber

DAS ANDERE MÄDCHEN Ich weiß nicht.

DIE FRAU Fehlt dir was?

DER MANN Hast du

DIE FRAU Sorgen?

DAS ANDERE MÄDCHEN Ich?

DER MANN Jetzt red schon, mein Gott, das kann ja nicht so schwierig sein

Pause.

DAS MÄDCHEN Sag einfach was

DAS ANDERE MÄDCHEN Ich weiß nicht, nein, keine Ahnung, ich weiß nicht, ob mir was fehlt, ob irgendwas anders sein sollte, vielleicht, ich weiß es nicht so genau, eigentlich geht es mir, glaub ich, ganz gut, aber das weiß man ja nie so genau, ob das jetzt schon reicht oder ob da irgendwas ist, das mir noch gar nicht bewusst ist, also ... ja, ich weiß es einfach nicht, ich kann es nicht sagen, ich suche und suche und suche, aber ich finde einfach nichts in mir, das mich wirklich, wirklich bedrücken würde, im Grunde, glaub ich, ist alles ganz gut, aber vielleicht könnten wir gemeinsam etwas finden, an dem ich arbeiten kann, irgendeine Störung oder so, irgendwas muss da ja sein, kein Mensch ist glücklich, das gibt es einfach nicht, deshalb trau ich mir da auch nicht, da muss irgendwas in mir drin sein, das ... irgendwas, das...

VIELLEICHT STEHST DU UNBEWEGLICH AM FENSTER

Vielleicht stehst du unbeweglich am Fenster, und ich halte mich an dir fest

Ich suche deine Augen, aber ich finde sie nicht

Vielleicht habe ich alles vergessen

Vielleicht entdecke ich nichts

Und vielleicht stehst du unbeweglich am Fenster, und ich sehe dich nicht

Vielleicht stehst du unbeweglich am Fenster, und ich halte mich an dir fest

Ich suche deine Augen, aber ich finde sie nicht

Vielleicht habe ich alles vergessen

Vielleicht entdecke ich nichts

Und vielleicht stehst du unbeweglich am Fenster, und ich sehe dich nicht

LANDSCHAFTEN, DIE AUF IHREN ZUSAMMENBRUCH WARTEN

ein endlos langer golfplatz

er steht da

still

nur das geräusch der bewässerungsanlage

die seit jahren dieses wohnsilo am meer mit seinen 27 golfplätzen und 13728 dreieinhalb zimmer luxusappartements im halbstundentakt mit wasser versorgt

er schaut sich um

hier ist niemand

kein mensch weit und breit

alles still

nur dieses immer wiederkehrende geräusch der bewässerungsanlage

niemand spielt hier golf

niemand lebt hier

eine landschaft, die auf ihre wertsteigerung wartet

1400 dieser wohnungen gehören zu jeweils 17 prozent dem lebensabend fonds, in den er sich seit 2004 mit 4 prozent seines monatlichen einkommens eingekauft hat

und dieses geld liegt hier

und wächst

und wächst und sichert und

alles still

stefan wird unruhig

stellt sich ans fenster

aber da gibt es nichts zu sehen

auf seinem schreibtisch liegen nun die letzten 14 seiten des letzten kapitels seines buches LEBEN IN DER KRISE KAPITEL 27: DAS GELD LEBT LIEBER OHNE UNS WEITER Die Finanzströme und das wegflutende Ich

nachdem die neoliberalen wirtschaftssysteme die ihnen zugeordneten vormals demokratischen regierungen in geiselhaft genommen hatten, konnten sie die nationalen und internationalen finanzströme selbst lenken und die summen bestimmen, die ihnen zugeführt wurden

kann sich nicht konzentrieren, wechselt in die küche

die regierung hat die aufgabe, die zustimmung der massen zu organisieren

kocht sich einen tee

die verbankung des staates ging der verstaatlichung der banken voraus

widerstand?

was ist in der finanzdemokratie überhaupt durch die wahl beeinflussbar und was liegt komplett außerhalb des einflussbereiches des wählers

gibt es da irgendwo eine wut

in mir

da draußen

eine notiz in der zeitung

während einer unangemeldeten demonstration lynchen chinesische arbeiter einen der manager, die ihre fabrik in den ruin getrieben und sie arbeitslos gemacht haben

die hatten einfach die schnauze voll

in frankreich drohen entlassene arbeiter, ihre fabrik in die luft zu sprengen

er schaut aus dem fenster

noch ist alles ruhig

und wir werden doch immer wieder aufgefordert, uns china als vorbild zu nehmen

warum machen wir das denn nicht endlich mal

wenn denen was nicht passt, flippen die aus und schlagen so lange auf menschen ein, bis deren schädel zertrümmert vor ihnen liegen

die sind nicht so nett wie wir hier

ich kann doch nicht immer, wenn ich wütend bin und mir was nicht passt, ein che guevara t-shirt kaufen und damit die straße auf und ab laufen. das reicht nicht mehr, um meine ziele durchzusetzen

judith erreicht den 27. stock des großen kongresshotels, in der hand einen koffer mit 200 millionen euro

27. stock, leichte kopfschmerzen

was beruhigt uns denn hier alle so, warum sind wir denn immer so unendlich beruhigt, er stellt sich ans fenster, kinderschreie

das geld muss weg, das soll nicht mehr wachsen oder heimlich für mich arbeiten, das soll jetzt endlich mal EINGETAUSCHT werden gegen LEBEN

kapitel 27: ist widerstand möglich? und wenn, wie?

stefan geht zurück zu seinem schreibtisch

lea steht hinter einer großen glasscheibe

kein geräusch

sie schaltet den fernseher ein: zusammenbrüche

als ich ein kind war, habe ich mir immer diese filme im fernsehen angeschaut, wenn gebäude gesprengt wurden, das hat mir immer ungemein gefallen

wenn das alles zu boden sinkt

alles einstürzt

das wollte ich auch machen

dinge zum einstürzen zu bringen

sie hat dieses seltsame talent

seit sie ein kind ist

sie sieht all diese netzwerke

so wie menschen, die die zahl pi als farbe sehen

zwanzig sprachen sprechen

oder ohne probleme 5723 durch 2,783 teilen können und das ergebnis bis auf 200 ziffern nach dem komma korrekt angeben können

kann sie sehen, wer bei einem fondszusammenbruch eigentlich alles mit diesem großen netzwerk verbunden, wer zu boden gestürzt und alles verloren hat

und das macht ihr freude

zu sehen, wie die da alle liegen

und nicht mehr hochkommen

gestern war das alles noch ein großes versprechen auf endlosen reichtum

profitmaximierung

geld ohne arbeit

und jetzt ist das alles verschwunden

und niemand weiß, warum

alles liegt da

diese unvorhersehbaren zusammenbrüche

so still

stefan geht in den keller und sucht ein buch in einer alten kiste

er kann sich nicht mehr erinnern, welcher der räume sein keller war und in welche kisten er die bücher verpackt hat

bleibt für einen moment unentschlossen stehen

wenn ich darauf wette, dass zwischen 14.34 und 14.35 tokioter zeit die rückversicherung für eine kreditversicherung in ihrem wert um 2,4 prozent fällt – für einen kredit eines studenten in oregon, der sich mit diesem kredit am 14.5.2007 vier häuser in ford lauderdale gekauft hat, um sie am 12.10.2008 mit einem gewinn von 3 prozent pro haus weiterzuverkaufen, um sich damit eine neue werbekampagne für sein start-up-unternehmen als berater für angeschlagene versicherungsunternehmen zu finanzieren, dann

all diese netzwerke sieht sie vor sich

sie sitzt in ihrem hotelzimmer im 27. stock hinter dieser glasfront und schaut auf die tabellen auf ihrem laptop

und die ziffern und buchstaben all dieser fonds verbinden sich mit namen und netzwerken

sie weiß, wer hier wie investiert hat zu welchen anteilen

all dieses geld

rauscht

setzt menschen in bewegung

bricht zusammen

es liegt eine schönheit in diesen zusammenbrüchen

sie lehnt sich zurück, schließt die augen und genießt diese stillen zusammenbrüche

crash

atemgeräusche

das rauschen dieser zahlenreihen

unhörbar

all das drama, das sich dahinter verbirgt

angst

wut

schreie

verlust

sie packt diese papiere und verpackt sie um und verpackt sie wieder um und sie sieht

sie sieht kay, wie er die verlassenen golfplätze durchwandert, die sich um spaniens küste ziehen

landschaften, die darauf warten, zusammenzubrechen

und sie sieht judith, die mit all ihrem geld in bar und ohne fondsanlagen durch die welt reist, um herauszufinden, was dieses geld alles in bewegung setzen kann, wenn es nicht irgendwo eingefroren rumliegt oder geparkt wird, sondern, wenn dieses geld plötzlich auf lebende menschen trifft, die alles dafür tun würden, um in seinen besitz zu kommen, sogar gefühle und intensität zu mobilisieren

dieses geld kann viel mehr, als in einem fonds darauf zu warten, zusammenzubrechen.

sie liegt auf dem bett ihres hotelzimmers unter ihr 16 millionen menschen

und ich weiß noch nicht, wohin ich mich von hier aus bewegen werde

alles so still hier

einmal im monat treffen sich die anleger, meist rentner aus deutschland, den niederlanden, skandinavien und florida, und laufen gemeinsam über den golfkurs zu dem großangelegten pavillon, dort ist ein karaoke-fest

niemand spielt hier golf

es würde dem rasen schaden und der wertsteigerung des objekts entgegenwirken

niemand wohnt hier

es würde das objekt abnutzen und den wert des fonds fallen lassen

und niemand möchte hier werte fallen lassen

denn dies sind die einzigen werte, die diese menschen haben

sie schaut im internet nach fondsanbietern oder webpagespezialisten und lädt sie zu sich ins hotelzimmer und lässt sie erzählen

von ihrem leben

ich will geschichten hören

von menschen

ich will die endlich wieder live sehen

ich hab die schnauze voll von facebook und elite single.de

diese scheiße hat mir mein ganzes leben kaputtgemacht

und jetzt ist das alles zusammengebrochen, und niemand weiß, wo das alles ist

das ist alles weg

weil es nie da war

es wurde nur gesagt, dass es existiert

diese banken haben die macht zu sagen, was existiert und was nicht, die können einfach eine fiktive zahl nennen und als kredit vergeben, und dann ist diese summe plötzlich in der welt und muss plötzlich durch echte menschen erarbeitet werden, damit diese abstrakte zahl auch ein realer wert wird. was aber wenn der reale wert eine wette ist, die ich darauf schließe, dass ein student aus oregon, dem ich einen kredit über 2 millionen dollar im zeitraum vom 12. oktober 17 uhr 13 bis 13. oktober 17 uhr 50 gewährt habe, damit er in dem zeitraum eine option auf den dreiprozentigen verfall einer anzahl von rückversicherungsaktien aus einer versicherung zur absicherung von kreditausfällen im immobilienmarkt in den außenbezirken von detroit abschließen konnte, bei diesem geschäft in dem zeitraum vom 12. oktober 17 uhr 18 bis 12. oktober 17 uhr 22 mehr als 0,027 prozent verlust macht. und wenn ich dabei dann 12 millionen euro verliere und etwa 3.000 andere spieler am selben tag einen ähnlich hohen betrag verspielen und die bank dann nicht mehr zahlungsfähig ist und das geld dann von der regierung abrufen muss, um weiter fiktive zahlen als geld zu vergeben, dass

stefan hat das gefühl, der welt abhanden gekommen zu sein

seine freunde machen sich sorgen, denn er hat schon seit drei tagen keine neuen texte mehr auf sein facebookprofil gestellt

was ist denn bloß los, fällt dem auch nichts mehr ein

die meisten leute auf facebook sind einfach besser als ich: die haben die gewitzteren, abgefahreneren sprüche, die cooleren bilder und die kennen alle irgendwie heike makatsch und benno führmann, und einige hier sind sogar mit quentin tarantino verlinkt, und ich kenne nur zwanzig prozent der leute, die meine freunde sind, und das sind alles nur arbeitslose schauspieler, theaterwissenschaftsstudenten oder meine eltern. und das gibt mir das gefühl, irgendwie ein loser zu sein.

ich muss hier unentwegt originell sein und das strengt mich ungeheuer an ICH KANN EINFACH NICHT UNUNTERBROCHEN WITZIG UND ORIGINELL SEIN dieser performance-zwang, ich muss mich hier ständig selbst bewerben mit jedem satz, den ich in diesen von anderen imagekonstrukten wimmelnden raum spreche, muss ich hier auf mich als produkt verweisen UND DAS SCHAFF ICH EINFACH NICHT MEHR

27. stock, leichte kopfschmerzen.

jetzt wird mir auch langsam heiß...

ich spüre diese, also das hab ich gleich gespürt: diese nähe, oder? sie und ich. wir beide. zusammen. wir beide klicken so richtig miteinander, wir haben noch einen langen weg vor uns, gemeinsam, die nächsten jahre, also, da stimmt irgendwie die physik zwischen uns, frau äh, was? sie sind so eine inspirierende, lebenslustige, aufgeweckte, attraktive, spontane, unternehmungslustige, aktive, unkonventionelle, gesellige, einfühlsame, verständnisvolle, frische, sportliche, individuelle, jung gebliebene, einfallsreiche, unterhaltsame, lebensfrohe, leidenschaftliche, sensible, sensitive, flexible ... 200 millionen sagten sie?

ja, mein mann, der

ach so

ja, keine sorge

lacht.

den gibt's nicht mehr, nur noch in form dieser 200 millionen und die ... müssen ja jetzt irgendwie mal weg, versorgt werden ... zieh den rest auch mal aus, mein schatz, waldwirtschaft, sagten sie?

wissen sie, was busso graf von der schulenburg und sein sohn bolko sagen, die schon viele jahre in der US forstwirtschaft tätig sind?

Ganz

meint die Klamotten.

holz wächst unabhängig von konjunkturen und krisen.

das ist wichtig: wachstum unabhängig von krisen.

ja, und genau das kann ICH ihnen bieten.

das ist wichtig. ich hatte so viel krise in den letzten jahren, das glaubst du gar nicht. und gewachsen ist da überhaupt nichts mehr. ich meine, der mann war so erschöpft und leer, genau wie seine ganzen produkte, die er da unentwegt neu geschnürt und umverpackt und im netz vertickt hat, das musste ja alles irgendwann zusammenbrechen. der ist ja dauernd zusammengebrochen, jede nacht, hier in meinen armen, da war es nur eine frage der zeit, dass der markt ihm irgendwann mal folgt. also, ich habe einen erheblichen nachholbedarf an sehr, sehr nachhaltigen

das kann ich ihnen wirklich alles bieten. nachhaltigkeit ist mein spezialgebiet. ich bin immer sehr, sehr nachhaltig. was für ein anlagetyp sind sie denn so?

einsam

verletzbar

vom markt sehr, sehr enttäuscht

aber bereit, alles zu geben.

sie liegt da auf ihrem bett und schaut diesen männern zu, die sich langsam ausziehen, und sie begreift: hier ist mein geld gut angelegt. diese männer haben sehr viel gefühl und geben wirklich alles, denn sie hat etwas, nachdem jeder sucht: geld.

wie hier langsam alles zusammenbricht, so schön, diese angst in den augen all dieser männer, die jetzt zum ersten mal ihr leben spüren

haben die denn wirklich alle gedacht, diese nullwerte lassen sich bis ins unermessliche steigern?

hier steht er nun in diesem wellnesspalais der golfkolonie, die flächendeckend mit steuergeldern um die spanische küste herum gebaut wurde, und nimmt das mikrophon in die hand für seine erste karaoke nummer, aber

in diesem teil der erde scheint einfach keine energie mehr in den körpern zu sein

die wissen nicht mehr, in welche richtung sie sich bewegen sollen und

ach, sie sind das, o gott, sie kenne ich doch

ja, wir waren mal miteinander verheiratet

na, da wäre dann ja der rest des abends vorprogrammiert, na, dann kommen sie mal rein, das wird jetzt bestimmt eine ziemliche enttäuschung. müssen wir denn unbedingt reden vorm sex?

na ja, das hatten wir ja eigentlich im profil so vereinbart

na gut, dann fangen sie mal an, aber bitte nicht so lang, ich muss noch arbeiten heute nacht, so 'n bisschen ablenkung wollt ich schließlich auch noch, setzen sie sich mal diese mütze auf, dann erkenn ich sie nicht so gut, wenn sie über mir liegen, oder können wir den sex zuerst hinter uns bringen und dann reden, wär das auch möglich, ich glaub, das wär mir lieber, und das reden können wir ja dann auch vielleicht später online erledigen, ich bin einfach nicht so 'n kommunikativer typ

aha das hatten sie aber dann anders in ihrem profil

ja mein schatz, aber du bist ja nun auch nicht gerade der 29jährige parachute glider, den ich hier erwartet hab, also, lass uns lieber gleich zur sache kommen, bevor ich hier noch

stille

stille auf diesem flur

es ist der moment, bevor sie in das zimmer kommt

ihre mutter ist mit dem ganzen geld abgehauen

irgendwohin

200 millionen

die will sie jetzt nicht mehr anlegen, die will sie endlich ausgeben

die tauscht sie jetzt endlich ein gegen ein leben

mit menschen und gefühlen

ihr vater hat sich zurückgezogen auf seinen altersruhesitz in spanien

der spielt nur noch golf und singt karaoke

ihr freund hat sich seit wochen nicht gemeldet

er liegt irgendwo im keller und schreibt an einem buch über widerstand

sammelt akribisch genau alles, was er finden kann

kurz aufflammende äußerungen von wut

angezündete autos

verprügelte fondsberater

ermordete fabrikbesitzer

weltweit

brennende bankfilialen

hier ist alles ruhig

noch

nun kommt sie zur tür herein

wir haben eigentlich keine beziehung zueinander, außer dass du mein freund bist, aber ansonsten: ich seh dich kaum, ich weiß auch kaum, wer du bist, also hab ich mir überlegt, dass

nein, sprich nicht weiter

ich gehe

nein

doch

ich kann nicht mehr so leben. es ist wie … nicht leben. ob du da bist oder nicht und ob ich hier bin oder nicht … das fühlt sich alles gleich an und … ich muss weg, ich will das ändern … ich will … ein anderes leben

zwei uhr nachts

27. stock

leichte kopfschmerzen

kay schaut über den endlos langen golfplatz. golfplatz an golfplatz reiht sich hier die gesamte spanische küste entlang, und die sonne versinkt

kein geräusch, nur die bewässerungsanlage

in diesem moment steht judith unbeweglich am fenster

6 millionen menschen

und ich bin kein teil davon

stefan liegt im keller zwischen den kisten seines eingestürzten bücherbords

200 secondhand werke über widerstand und revolutionäre energien liegen über ihm und schnüren ihm die atemwege ab

er spürt diese energien

all diese gedanken

dieser wille die verhältnisse anders zu denken

umzustürzen

neu zu strukturieren

aber er kann sich nicht bewegen

lea schaut auf den monitor

die pakete für den lebensabendfonds für 1.400 luxusappartements an der spanischen küste liegen vor ihr

sie hat all diese pakete zusammengeschnürt

geschnürt, wieder umgeschnürt, neu verpackt

wie kleine zeitbomben ticken diese kleinen pakete vor sich hin

ich wollte sprengmeisterin werden

schon als kind

nicht für gebäude

sondern für finanzprodukte

ich packte diese fondspakete zusammen verpackte sie neu und wieder neu und versah sie mit ganz unauffälligen zeitzündern

und kein filialleiter irgendeiner bank ahnt auch nur, was in diesen paketen drinsteckt

ich wusste

eines tages fliegt das alles in die luft

ich saß da

ganz seelenruhig

in meinem credit suisse büro in shanghai

und packte diese kleinen unscheinbaren pakete zusammen

die 17 prozent rendite versprachen in den ersten sechs monaten

das lösten sie auch ein

aber im siebten monat

brach alles zusammen

und diese ganzen geldgierigen schweine erstickten in der trümmerlandschaft ihrer scheißwertlosgewordenen fondssysteme

ich hörte die röcheln

und nach hilfe schreien

und wenn die nicht so clever gewesen wären, dafür zu sorgen, dass ihre regierungen ihnen all ihre verluste einfach wieder zurücküberweisen würden über sogenannte rettungsschirme und notfallfonds, dann wären wir diese ganzen nutzlosen schweine endlich los

dann würden die daliegen

kraftlos

und würden um hilfe schreien

und langsam in ihrer geldgier und ihrer blödheit ersticken

so endet nun also das letzte kapitel von stefans buch DAS GELD LEBT LIEBER OHNE UNS WEITER und es ist nun doch eine art erzählung oder kurzprosa geworden

eine art essay oder textsammlung

es konnte sich nie so richtig auf eine form einigen

denn jedes kapitel verlangte immer wieder nach einer neuen schreibweise und

die wut war da und verlor sich wieder

und am ende lag er da

ruhe

das hier

das hier

das hier bin ich

mein leben

jetzt

hier

alles kommt zu einem stillstand

Pause.

alles kommt zu einem stillstand

und ich weiß nicht, wohin ich mich von hier aus bewegen werde

SOLO SWIM

Slight headache
2 a.m.
All calm
Not sure in which direction I wanna move from here

27. Stock
Hohe Glaswände

Full protection (all my life)

Und es gibt Menschen, die mich treffen wollen
Aber ich will niemanden sehen

27. Stock
Hohe Glaswände
Alles ganz still
Kein Geräusch dringt nach hier oben

I could be anywhere
But I am not

Das Wasser bewegt sich nicht mehr
16 Millionen Menschen

And all of this is bigger than I could ever be
and all of this is bigger than I will ever be

Alles ist so sicher geworden in den letzten Jahren
Es ist alles so sicher geworden

I am guided by an electronic navigation system that tells me exactly where to go

Guides me from outer space to absolute precision

All diese Wege und Möglichkeiten

I can never go wrong

Never off-roads

Ich komme immer an

Ich komme immer an

All these years precisely mapped out for me

Someone must have been there before me

Someone must have been there before me doing all the research and I am following what they have come up with

What a scary feeling thinking of all the years ahead of me

Maybe if I stop to listen

Maybe if I hold my breath

2 a.m.

Slight dizziness

All lights shut down

Blinking

Driving

Heavy dark ships

27th floor

No sound from the outside

Somewhere someone is waiting for me

But I do not want to get in contact

Somewhere someone is waiting for me

To start the day with a smile

Throw some eggs in the pan make some phone calls

Take my little girls to school and go to work

Be good be creative be inspired be inspiring

Come up with new ideas come up with something totally new that has never been done the new hot thing the ultimate in movement full of brilliant ideas thought and concept yet so free and straight from all my heart and instinct and yet a lasting experience that is wholly and spiritual and funny and serious and breath taking and hilarious and sexy and smooth and radical, cutting edge and accessible, personal, deep, beautiful and universal, challenging, subversive and emotional, slightly anarchistic, very, very entertaining ABSOLUTELY MAKES SENSE and FUCKING SELLS pick up the girls from school drive them to my mother's house, can you watch over them? Keep them busy? Steve and I have to focus on that new concept applying for another grant you know you see well sorry well no, you can't go for yoga for one day then Mom, for chrissake PLEASE why are you being so difficult Lisa, Lisa, you are staying with Grandma today and yes, yes, please, Lisa, Sophie, hey, please, hey, come on, WHAT? Drive Lisa back as she caught a fever, put her to bed, read her a story, wait for the babysitter, go to the pharmacist, buy medicine, make her some tea, yes, yes, these girls are all I want in life, they are bigger than life, Steve and I have to focus on this thing again, must be written in a way that they will give us more money, must be written in a way that THIS WHOLE DAMN SHOW CAN GO ON

All this comes to a standstill

I could be anywhere

But I am not

Ich könnte jetzt überall sein

Behind high glass walls soundproof and secure

Und ich weiß nicht, wie ich hierhergekommen bin

So calm clear clean and full of knowledge about myself

Alles verlangsamt sich

My life my fears my family and how I can work things out

Das Wasser bewegt sich nicht mehr

Whenever we have an argument we sit down and talk and soon we sort things out

Es ist alles so sicher geworden

So klar

Ich muss nur eingeben, wo ich hin will, und dann komme ich da auch an

This building is so secure

I cannot leave

I can only collapse

All has come to a standstill

And then slowly

Very slowly

I start to move

While no one is watching

Ignore all instructions

Ignore all wisdom

All doors in flight

Take off no landing

27. Stock

Hohe Glaswände

Alles still

Und ich weiß nicht, wohin ich mich von hier aus bewegen werde

Alles ist so sicher

Alles ist so sicher geworden in den letzten Jahren

Ich folge immer nur diesem Navigationssystem, das mir genau sagt, wie ich fahren muss

Hochkomplexes System aus Möglichkeiten und Wegen

Und ich muss nur eingeben, wo ich hin will

Und dann komme ich dort auch an

Ich komme immer an

Irgendjemand muss schon vor mir dagewesen sein und das alles aufgezeichnet haben

Und ich muss nur den Anweisungen folgen

Und dann komme ich auch an

Ich komme immer an

Ich komme immer an

Ich folge immer nur diesem Navigationssystem, und dann komme ich auch an

Hochkomplexes System aus Straßen und Wegen und Möglichkeiten

Und ich muss nur eingeben, wo ich hin will

Und dann komme ich auch da an

Ich komme immer an

All diese Möglichkeiten

Und ich folge immer nur diesem elektronischen Navigationssystem

Irgendjemand muss schon vor mir dagewesen sein und all diese Wege aufgezeichnet haben

Und ich muss nur eingeben, wo ich hin will

Und dann komme ich da auch an

27. Stock

Leichte Kopfschmerzen

Alles verlangsamt sich
Und ich weiß nicht, wie ich hierhergekommen bin
Aber alle sind so nett zu mir
Die sind alle so nett zu mir
Wenn ich etwas brauche, dann rufe ich irgendwo an, und dann bekomme ich das auch

Es ist alles so sicher geworden in den letzten Jahren, so geradlinig, so klar
Klar und verständlich

Dieses Gebäude gibt mir Schutz

Kein Geräusch

Kein Geräusch dringt bis nach hier oben

Ich könnte jetzt überall sein
Aber ich bin jetzt hier

Wir haben uns doch kaum wahrgenommen
All diese Jahre
Das war schön manchmal, aber
Du warst doch gar nicht hier
Und ich war auch nicht hier
Wir waren doch gar nicht anwesend
Wir waren hier doch überhaupt nicht
Wir waren doch überhaupt nicht
Wir waren doch überhaupt nicht wir
Wir waren doch immer nur die Auseinandersetzung darüber, was wir nicht waren

All das kommt zu einem Stillstand

2 Uhr nachts

Und ich weiß nicht, wohin ich mich von hier aus bewegen werde

Ich folge einfach nur diesen Anweisungen und

Ich komme immer an

Ich komme immer an

Ich komme immer an

Die sind alle so nett so freundlich

Wenn ich etwas brauche, dann rufe ich irgendwo an, und dann bekomme ich das auch

Ich folge einfach nur diesen Anweisungen und

Ich komme immer an

Ich komme immer an

Ich komme immer an
Und ich biege niemals falsch ab
Und wenn ich in die falsche Richtung fahre, dann weist mich eine freundliche Stimme darauf hin, die sind alle so nett hier, so freundlich, die sind alle so unglaublich nett geworden zu mir in den letzten Jahren, wenn ich etwas brauche, dann bekomme ich das auch, und wenn ich einen falschen Weg einschlage, dann braucht es nur wenige Sekunden, und ich werde korrigiert, und wenn ich dich aus Versehen aus dem Fenster schmeiße, dann sage ich einfach sorry, und dann vergibst du mir, und wenn ich einfach 500 Milliarden

Euro verbrenne, dann ruf ich einfach irgendwo an, und dann druckt die jemand nach und gibt sie mir einfach wieder, und dann kann ich sie wieder verbrennen und wieder und wieder und wieder, und ich bekomme sie immer wieder zurück, ich bekomme einfach alles immer zurück, und ich mache mich nie strafbar, und wenn, dann nur für einen Tag oder eine Stunde, und dann wird mir vergeben, und alles wird vergessen oder ausgelöscht und kann wieder von vorne beginnen, und wenn ich stürze, dann hilft mir jemand auf, und wenn ich alles um mich herum einstürzen lasse, dann werde ich freundlich darauf hingewiesen und in Sicherheit gebracht und zurück auf die Spur gesetzt, und dann gehe ich weiter und bringe neue Dinge zum Einstürzen, und mir wird vergeben, mir wird einfach immer und überall vergeben, ich kann nichts falsch machen, es gibt überall diese Sicherheitsschirme, und mit denen stürze ich so langsam zu Boden, das merkt überhaupt keiner, die federn jeden Aufschlag ab, es gibt keinen Aufschlag mehr, alles ist so sicher geworden in den letzten Jahren für mich, für mich ist das alles so sicher geworden in den letzten Jahren, ich komme immer an, und wenn alles in Flammen aufgeht, dann setze ich mich zur Ruhe, ich schaue zu von hier oben, hier oben bin ich sicher

My Secret Garden

Ich habe noch immer keinen Titel für dieses Stück.

Ein Titel kann ein Auftrag sein an einen Autor.

Ein Titel kann die Richtung vorgeben, ein Thema, eine
Reise, ein Titel kann anzeigen: Da solls langgehen, das solltest du dir mal genauer anschauen.

Aber im Moment sind da immer nur all diese Krisen und Zusammenbrüche in meinem Kopf und

Ja, KRISE wäre ein guter Titel.

Dann würden wir hier einen vierzigjährigen Mann sehen, MICH, dem gerade alle Gewissheiten, alle Beziehungen und alle menschlichen Kontakte weggebrochen sind, angekommen im Zustand permanenter Erschöpfung und Rastlosigkeit in einem Körper der sich nur noch wenige Exzesse erlauben kann, ohne sofort mit Vitaminspritzen und Wellnessprogrammen bearbeitet werden zu müssen.

Dessen Vater an Schläuchen angeschlossen im KOMA liegt.

KRISE wäre gut oder

EINSAMKEIT

EINSAMKEITSEXZESSE oder

ERSCHÖPFUNG

oder

KINDHEIT, denn seit einigen Nächten kommen immer wieder diese Kindheitsbilder und ich wache auf, und da ist nichts weiter als ANGST einfach nur ANGST.

Meine Eltern sterben und ich würde gerne noch alles mit denen klären, aber ich weiß nicht genau, was und wo ich anfangen soll.

Da war leider nie wirklich Nähe zwischen uns.

Und wenn da Nähe war, dann war es immer ZU NAH, so dass man es nicht aushalten konnte.

Ein beklemmendes Gefühl wie eingeschlossen sein unter Wasser und langsam festfrieren.

TAGEBUCH

Irgendwer redet also einfach so drauf los aus seinem Leben.

AUTOFIKTION

Wäre auch ein guter Titel, denn dann wäre klar: Das hier habe ich zwar alles erlebt, aber nicht genau so, wie ich es hier beschreibe, ich bin ja AUTOR, ich nehm das sowieso alles immer dramatischer wahr als es sich in Wirklichkeit zugetragen hat. DAS IST ALLES FIKTION, FREI ERFUNDEN, NICHTS VON DEM, WAS ICH HIER SCHREIBE, HAT SICH WIRKLICH SO ZUGETRAGEN.

Meine langjährige Beziehung ist weggebrochen.

Mein ganzes Geld ist bei dieser Scheißfinanzkrise weggebrochen.

FUCK ALL wäre da mein Titelvorschlag, um den Themenkomplex BEZIEHUNG ARBEIT GELD mal intensiver zu bearbeiten.

SAG, DASS DAS ALLES HIER NICHT MEINE SCHULD IST.

Wäre auch ein guter Titel, denn seit einiger Zeit habe ich dieses schreckliche Gefühl, dass ich einfach nichts, absolut nichts mache, um den Zustand dieser Welt in positiver Weise zu verändern, sondern einfach nur so vor mich hinlebe, arbeite und Geld kassiere und es dann fleißig wieder ausgebe.

Ein Titel kann ein Auftrag sein an einen Autor.

NOTIZEN

TAGEBUCH

AUTOFIKTION

FLUCHT NACH FRANKREICH

Endlich mal weg aus dem dunklen Land mit dieser grauenhaften Vergangenheit, die da irgendwo tief abgelagert noch in den Körpern all dieser Menschen klebt.

FLUCHT NACH FRANKREICH

Das würde mir gefallen.

Wie Schiller, wie Büchner, später Fassbinder, Romy Schneider, die wollten alle weg aus dieser deutschen Dunkelheit, die wollten alle hierher in dieses helle Land

mit den schönen Frauen und dem guten Essen und den Studenten, die über Sartre, Foucault und Badiou diskutieren, während sie endlos Kette rauchen und unentwegt zum Streik gegen einen ungerechten Staat aufrufen und abends Godard Retrospektiven in kleinen Kinos schauen.

FLUCHT NACH FRANKREICH

oder

HOTEL NACHTS

Denn meist sitze ich ja in Hotelzimmern, nachts, allein

und schau aus dem Fenster,

hohe Glasfront,

Ruhe,

angenehm,

kein Geräusch, kein Geräusch dringt nach hier oben.

Und wenn ich etwas brauche, rufe ich einfach bei der Rezeption an, und dann bringen die mir das, ich bin versorgt, ich stehe außerhalb aller Verpflichtungen, man kümmert sich um mich AUSSERHALB VON ZEIT UND RAUM, Fernbedienung Minibar, Laptop, der Blick aus dem Fenster, Erinnerungen, keiner der meinen Gedankengang unterbrechen kann. TELEFON AUSSCHALTEN, einfach rausschauen auf die Stadt, und da liegen sie dann: All diese Fragmente, Geschichten, Erinnerungen, Anfänge.

Ein Titel kann ein Auftrag sein.

KINDHEIT KRISE KOMA

Ich würde gerne über meine Eltern schreiben.

Auch wenn mir das schwer fällt,

und ich mich immer wieder frage WOZU EIGENTLICH? WEN INTERESSIERT DAS?

Das ist doch alles schon so lange her, und das war alles nicht schön, und ich bin so froh, dass ich da endlich weg bin und nicht mehr in Geiselhaft verwahrt werde von diesen,

Ist das jetzt schon Text? kalten, wirren, lieblosen Menschen, die alles mit mir machen durften, und ich saß da ohne Rechte, ohne Anwalt, ohne die Genfer Konventionen,

denn die hatten ja nur DEN KRIEG UND DIESE NAZIZEIT UND NAZIIDEOLOGIE UND NAZIERZIEHUNG in ihrem Kopf und ihrem Herzen und dann den WIEDERAUFBAU und das ADENAUERDEUTSCHLAND, das ja kaum besser war als diese NAZIZEIT, denn da wurden ja einfach nur DIE ALTEN NAZIS UMETTIKETTIERT zu CHRISTLICHEN KORRUPTIONSMITGLIEDERN einer ebenfalls menschenverachtenden ANTIDEMOKRATISCHEN

SCHEISSPARTEI, und alle mussten alles so schnell wie möglich VERGESSEN UND ARBEITEN UND NICHT HINTERFRAGEN, und ANGST WAR EIN WICHTIGES THEMA DIESER GENERATION, Angst davor, dass irgendjemand erfährt, was sie im Dritten Reich gemacht haben, Angst davor, abzuweichen von der Norm der komplett kontrollierten arbeitstreuen Mittelklasse, Angst davor, dass ihre Kinder nicht dem entsprechen, was das Fernsehen einem so vorgibt als Rollenmodell für die eigenen Kinder. Die Idee meiner Mutter war:

Diese Kinder machen mich glücklich.
Diese Kinder, die sind lieb.
Diese Kinder geben mir all das, was mein Mann mir nicht geben kann.
Diese Kinder sind besser als eine Flasche Rotwein nachts vor dem Fernsehgerät, wenn ich vor dem Testbild sitze und ganz allmählich hinwegdämmere.
Diese Kinder werden mir endlich LIEBE geben, DANKBARKEIT, VERSTÄNDNIS.
Die werden mich ablenken.
Jetzt muss ich nicht mehr nur für mich alleine putzen.
Jetzt kann ich endlich auch für mehrere Leute putzen.
Und am Wochenende fahren wir Rad.
Und am Wochenende sitzen wir im Garten.

Halt mich fest mein Sohn, das Leben war keine Freude bislang.

Alle Geschwister gestorben auf der Flucht.

Erfroren,

aber das interessiert keinen.

Wenn Nazis fliehen, dann fliehen keine Menschen, dann fliehen Nazis und deshalb wird sich auch für deine Geschichte niemand interessieren, und jetzt setz dich da in dieses Fertighaus, warte, dass dein Mann zu spät von der Arbeit kommt, schau dir WETTEN DASS ODER SONST IRGEND NE SCHEISSE IM FERNSEHEN AN und trink eine Flasche Rotwein, eine zweite Flasche Rotwein, badischen oder CÔTE DU RHONE und langsam flimmern die Gedanken, und ein angenehmer Rausch besetzt den Kopf, und alles wird etwas müder und weniger aggressiv und

Weißt du, ich habe mir immer so sehr Kinder gewünscht, und dann kamt … ihr.

Ich hatte mir das alles ganz anders vorgestellt.

Ihr seid so

seltsam.

Ich krieg keinen Bezug zu euch.

WAS WOLLT IHR EIGENTLICH?

Das versteh ich gar nicht.

WIESO SEID IHR SO KOMISCH ZU MIR?

Saß da im sogenannten Partykeller mit der dritten Flasche gepflegten Rotwein in ihrem 70er Jahre Outfit und der düsteren Beleuchtung, Möbel in schwarz und dunkelbraun gehalten

und hielt sich an mir fest.

DU LIEBST MICH GAR NICHT.

DAS SPÜR ICH.

DU LIEBST DEINE MUTTER GAR NICHT.

DU GRAUENHAFTER MENSCH.

Wieso bist du abends immer weg?
Wo bist du denn da?

– Ich

SCHAU MICH NICHT AN MIT DEN AUGEN DEINES VATERS DAS ERTRAG ICH NICHT.

WIESO LIEBST DU MICH NICHT?

– Aber ich

SEI STILL LASS MICH.

Diese Ehemänner waren einfach nicht in der Lage, diesen Frauen irgendwas zu geben.
Die dämmerten da vor sich hin in den Vorstadtsiedlungen.
Die durften nicht arbeiten, denn die Männer hatten Angst, dass andere Männer dann denken würden, dass sie selbst zu schwach seien, nicht genug Geld verdienen würden und

diese Frauen waren da geparkt, saßen da rum, hatten ABSOLUT NICHTS ZU TUN.

Die mussten ja nicht mal kochen, die konnten einfach eine Fertigpizza in die Mikrowelle schieben.

Standen da,

hielten sich fest am Küchenschrank von Eierlikör und Cognac und Einsamkeit benebelt

und starrten auf die sich langsam drehende Scheibe der Mikrowelle, warteten *pling,* holten die Pizza raus, kippten etwas Olivenöl drüber und servierten sie sich und den Kindern und,

die wurden nicht gebraucht, und die hatten nichts zu tun, und

die mussten irgendwie den Tag rum bringen.

Mikrowelle,

Saftpresse,

Kaffeemaschine,

Staubsauger,

Bügeleisen,

Waschmaschine,

Wäschetrockner,

Geschirrspülmaschine,

Tiefkühltruhe.

FASS MICH NICHT IMMER AN, MUTTI, ICH MAG DAS NICHT.

KOMM MIR NICHT IMMER SO NAH, ICH BIN SCHON SIEBZEHN.

Diese Häuser waren so leer und einsam tagsüber.

Der Mann bei der Arbeit.

Die Kinder in der Schule.

Also putzten sie,

dann putzen sie noch mal,

dann noch mal.

Damals gab es noch kein Nachmittagsprogramm im Fernsehen.

Also öffneten sie Briefe,

stöberten in Schulheften,

in Tagebüchern.

Machten sich Notizen.

DIE WOLLTEN IHREN SÖHNEN NAHEKOMMEN.

DIE WOLLTEN WISSEN, WAS DIE SO DENKEN,

WIE DIE FUNKTIONIEREN.

Wie ein Uhrwerk, das man auseinandernimmt und in Einzelteile zerlegt, um genau herauszufinden, was sich im Kern dieses mysteriösen Gehäuses verbirgt.

ABER DIE SÖHNE WOLLTEN KEINE NÄHE.

DIE SÖHNE WOLLTEN IN RUHE GELASSEN WERDEN.

– FASS MICH NICHT IMMER AN, MAMA.

– KOMM NICHT IMMER INS BADEZIMMER, WENN ICH DUSCHE.

– FUMMEL NICHT IMMER AN MEINEM GÜRTEL RUM, ICH BIN SCHON SIEBZEHN, MAMA.

Mutter schleicht heimlich durch mein Zimmer, öffnet alle Schränke, sucht nach irgendwelchen Anzeichen von Leben.

Was lebt dieser Junge eigentlich?

Ich muss mehr über den erfahren.

Mutter öffnet Briefe, die an mich gesendet wurden, Mutter stöbert in den Tagebüchern herum, Mutter notiert sich die Telefonnummern, die ich gewählt habe, Mutter sucht die Schulhefte nach Randnotizen ab, Mutter telefoniert mit anderen Müttern von Söhnen, mit denen ich befreundet bin und fragt so nach,

was machen denn die beiden so, wenn sie bei Ihnen sind?

Ich habe ja keinerlei Zugriff mehr auf meinen Sohn und

ist alles in Ordnung? Und

Mutter ruft die Lehrer an und erkundigt sich.

Mutter ruft die Eltern der ersten Freundin an und erkundigt sich.

– Mutter trink' nicht jeden Abend zwei Liter Rotwein, das verkraftest du doch gar nicht.

– Und komm' nicht dauernd nachts in mein Zimmer verdammt noch mal.

– Nein, wenn ich da schwer atme, heißt das nicht, dass ich krank bin, mein Gott, dann heißt das einfach nur, dass ich einfach einen Moment mal für mich sein muss, diese Wände hier im Haus sind zu dünn, viel zu dünn, es gibt zu wenig Türen in diesem Haus, alles ist offen, Wohnzimmer, Küche, Flur, alles ist einsehbar, hörbar, keine Wände, kein Schutz, alles wird gehört, überwacht, wahrgenommen, ausgewertet UND SPÄTER GEGEN MICH VERWENDET, es gibt hier keinen einzigen Ort, an dem die Mutter nicht ist. LASS MICH IN RUHE UND HÄNG DICH NICHT IMMER SO AN MICH DRAN UND NIMM NICHT IMMER MEINE HAND, WENN WIR AUF DER STRASSE LANGLAUFEN, ICH BIN SCHON SIEBZEHN VERDAMMT NOCHMAL.

– Nein, ich finde dich nicht attraktiv.

– Nein, du bist nicht der wichtigste Mensch in meinem Leben.

– Nein, ich will nicht zu Hause wohnen bleiben, bis ich 30 bin.

– Nein, ich will nicht erst Karriere machen und dann eine Familie gründen, ich will überhaupt erst mal LEBEN und IRGENDWAS KENNENLERNEN, bevor ich mich überhaupt entscheiden kann, WORIN ICH KARRIERE MACHEN WILL.

– Und nein, ich werde dich nicht heiraten, wenn ich mal groß bin.

– LASS MICH ENDLICH LOS.

– FASS MICH NICHT DAUERND AN.

Und wir sehen jetzt einen Jungen,

nachts,

der sitzt in einem Wohnzimmer umgeben von Maschinen auf standby,

das Surren des Kühlschranks, der Stereoanlage, der Alarmanlage.

Das Blinken des Fernsehapparats, der Küchenuhr, der Mikrowelle.

Alle schlafen,

angenehm ENDLICH SIND DIE MAL STILL.

In den Bücherregalen

endlose Reihen unberührter Readers Digest Bände und gebundene deutsche Klassikerschmuckausgaben.

Goethe

Lessing

Kleist

Schiller

Büchner

Niemand hat diese Bücher jemals berührt,

die meisten sind noch immer in ihrer Plastikfolie originalversiegelt.

Es drängte in ihm,

er suchte nach etwas,

wie nach verlornen Träumen,

aber er fand nichts,

alles war ihm so klein, so nahe, so

RISS.

Nachts, alle schliefen.

Ich erinnere mich an das Geräusch in dem Moment, als ich die Plastikfolie ganz langsam von den unberührten Bänden deutscher Klassik abzog.

Dieses Geräusch,

es riss ihm in der Brust.

Er begriff nicht, dass er so viel Zeit brauchte.

Er meinte, er müsse alles mit ein paar Schritten ausmessen können.

Büchners Lenz

Nachts zwischen den Maschinen auf standby

Aufschlagen, blättern, was steht da.

Es fasste ihn eine namenlose Angst in diesem Nichts: Er war im Leeren! Er riss sich auf und rannte los.

Und wir sehen jetzt ein Kind, einen Jungen, der läuft,

der ist AUF DER FLUCHT,

der will weg, der will raus, der läuft und läuft und

der weiß HIER KANN SICH LEBEN NICHT EREIGNEN.

Buchholz in der Nordheide,

wo die Frauen verstört durch weite, leere, dunkelgetäfelte Häuser irren und nach Staubkörnern suchen, tagelang, nächtelang.

Und die Männer nachts im Cognacrausch vor dem Testbild wegdämmern.

Er stand keuchend, den Leib vor sich gebogen, Augen und Mund weit offen, er meinte, er müsse den Sturm in sich ziehen, alles in sich fassen, er dehnte sich aus und lag über der Erde, er wühlte sich ins All hinein, es war eine Lust, die ihm weh tat, er setzte sich seinen Walkman auf den Kopf SWEET DREAMS ARE MADE OF THIS und hörte immer wieder diese eine Stelle, spulte die Cassette immer wieder zurück an diese eine Stelle, an der Annie Lennox nicht mehr singt, sondern nur noch schreit und drehte die Musik so laut auf, wie es nur ging, so dass kein Geräusch mehr von außen zu ihm durchdringen konnte, und er nur noch diese synthetischen Klänge hörte und lief vorbei an den endlosen Reihen immer gleicher Häuser mit immer gleichen Geschichten, aus denen die Fernsehgeräte blau heraus auf die Straße flimmerten, und er sah nichts mehr, und er hörte nichts mehr, und alles verschwamm, und die Zeit blieb stehen, und die Zeit raste weiter und hörte auf und riss in ihm in alle Richtungen, er rannte und rannte WEG HIER WEG oder er stand still und legte das Haupt ins Moos und schloss die Augen halb, und dann zog es weit von ihm, die Erde wich unter ihm, sie wurde klein wie ein wandelnder Stern und tauchte sich in einen brausenden Strom, der seine klare Flut unter ihm zog. Aber es waren nur Augenblicke; und dann erhob er sich nüchtern, fest, ruhig, als wäre ein Schattenspiel vor ihm vorübergezogen – er wusste von nichts mehr.

Vielleicht sollte ich dieses Stück MACHINES AT NIGHT nennen.

Dann sähen wir Kinder, die nachts allein zwischen all den blinkenden Maschinen auf standby in weiten dunklen Räumen säßen und einfach nur vor sich hinschauen und warten, dass die Zeit verstreicht, dass sie älter werden und endlich, endlich diese toten leeren Orte verlassen können, diese Vorstadtwüsten, in denen kein Leben war, nichts.

DAS ALLMÄHLICHE VERSTREICHEN DER ZEIT IN ERWARTUNG EINES ANDEREN LEBENS.

Oder wir würden einfach hier sitzen und zusammen Musik hören.

Die Musik dieser Jahre.

Dieser Raum wäre mit großen Teppichen ausgelegt, und wir würden hier alle gemeinsam liegen und uns unsere Lieblingslieder vorspielen und uns erzählen, wie das war, als wir diese Songs das erste Mal gehört haben, welche Geschichten, welche Dramen wir mit diesen Liedern verbinden.

Das erste Mal Sex.

Ging voll schief.

Ich kam schon nach 20 Sekunden und dachte: Aha, das war jetzt also diese große Sache, von der alle reden?

oder

Der erste Kuss.

Der erste Pornofilm, krass mit elf, das hat mein Leben nachhaltig verändert, dieses Gefühl, ständig Hochleistung vollbringen zu müssen.

Der erste Selbstmordversuch.

Die Party, zu der keiner kam, weil ich den Leuten zu spät Bescheid gesagt hatte,

oder weil ich gerade out war und keiner mit mir feiern wollte.

Alleine nachts vor dem Plattenspieler liegen mit einer Flasche Gin leise mitsingen.

Immer weiter trinken,

Gedichte schreiben,

weitertrinken,

kotzen

oder

zu lieben und nicht zurückgeliebt zu werden

und dann besoffen auf der Autobahn mit dem Auto der Eltern ohne Führerschein auf der falschen Spur fahren und hoffen, dass einem irgendwer entgegenkommt und alles vorbei ist.

ERINNERUNGEN

ERINNERUNGSRÄUME

Und wie Musik uns da hinführt zu diesen Bildern und Gefühlen, die da alle abgespeichert in unseren Körpern lagern wie in großen Archiven.

Wer bin ich? Was erinnere ich? Wie erinnere ich es? WAS IST DAS ÜBERHAUPT EINE ERINNERUNG? Es ist ja auch eine Form der Fiktion.

Von wo aus schaue ich überhaupt zurück?

Und WER erinnert da WEN?

Diese Menschen unter denen ich damals so gelitten habe.

Das sind ja nicht mehr dieselben Menschen,

das sind ja heute andere Menschen,

das sind ja ganz andere Körper,

und ich habe ganz andere Beziehungen zu denen,

und

die sehen nicht mal mehr so aus wie diese Menschen damals, und ich,

ich sehe auch nicht mehr so aus wie

Er liegt jetzt da IM KOMA an Schläuche angeschlossen, kraftlos, braucht meine Hilfe, seine Organe werden mit Eispacks gekühlt und hinter ihm hängen große Computerbatterien und zeigen an, wie viel Lebensenergie noch in ihm ist.

NICHT MEHR VIEL

NICHT MEHR VIEL

MEIN VATER

Auch ein möglicher Titel für dieses Stück.

MEIN VATER DIESES FREMDE WESEN

DER MANN, DEN ICH NIE VERSTANDEN HABE

DER MANN MIT DEN SELTSAMEN EIGENSCHAFTEN

DER MANN, DEN ICH SO GERNE LIEBEN WÜRDE, ABER NICHT LIEBEN KANN

MEIN VATER, was erinnere ich da?

Da war dieser Garten.

Und in diesem Garten stand mein Vater

mit dem Insektenvertilgungsgerät.

Ein langer Schlauch, und er

sprüht mit diesem seltsamen Plastikgerät das Vertilgungsmittel auf den Rasen,

sehr konzentriert, beobachtet jeden Graswipfel und sprüht dann sehr konzentriert

und

Meine Mutter, mein Vater morgens im Badezimmer, ich stehe an der Tür, höre zu.

Meine Mutter – Eine Frau kann auch mal unpässlich sein.

Mein Vater – NEIN, KANN SIE NICHT.

Meine Mutter – Natürlich kann sie das.

Mein Vater – NEIN, DANN BRAUCH ICH DOCH GAR KEINE FRAU ZU HABEN, das geht ja jetzt schon drei Tage so, seit drei Tagen verweigerst du den Verkehr. JETZT REICHT ES MIR ALLMÄHLICH, ich hab die Schnauze voll, heut Nacht schläfst du mit mir oder du packst deine Koffer und fliegst raus.

oder

Vater stürmt ins Zimmer.

Ich liege im Bett.

STEH AUF, LOS STEH AUF, DU FAULES SCHWEIN, IST SCHON ACHT UHR, DU MUSST ZUR SCHULE.

Was?

AUFSTEHEN, SCHULE, DU FAULES SCHWEIN.

Vati, heut ist Sonntag.

Ach so, hm gut.

Diese Versuche, Vater zu sein, ERZIEHUNG ZU SPIELEN.

Nachdem er sich jahrelang im Büro und auf Flughäfen versteckt hatte, saß mein Vater plötzlich zu Hause rum, er hatte sich mit 59 aus dem Berufsleben zurückgezogen, weil es immer sein Traum war, irgendwann mal nicht mehr so viel arbeiten zu müssen, jetzt saß er da, hing rum, zu Hause, saß vor dem Fernseher, lief orientierungslos durchs Haus, kam alle zehn Minuten in mein Zimmer, um nach irgendeinem Gegenstand zu fragen, den er im Haushalt nicht finden konnte und WOLLTE PLÖTZLICH ALL DIE VERPASSTEN JAHRE DER ERZIEHUNG NACHHOLEN, aber da war ich schon 17. Es war nicht auszuhalten, dieser Mann hatte keine Ahnung, was er mit seiner Zeit anfangen sollte, wenn er nicht arbeiten würde, unentwegt stand er am Telefon, unschlüssig, hektisch, zögerlich, wählte die Nummer seiner alten Firma, fragte da nach, wie es so läuft, wollte mit Rat und Tat zur Seite stehen, aber die wollten ihn da nicht mehr haben, er versuchte seine alten Kontakte zu reanimieren, begann mit waghalsigen Währungsspekulationsgeschäften, wollte chinesische

Pfirsiche vorbei am Zoll und den deutschen Steuerbehörden nach Hamburg verschiffen lassen und mit enormen Gewinn zurück nach China exportieren und

Dieser hektisch panische Mann, der jeden Tag älter und älter wurde,

ANGST in seinem Gesicht,

WAS MACHE ICH JETZT NUR MIT MEINEM LEBEN?

Alles war so angerissen und abgerissen und da waren keine Beziehungen außerhalb der Arbeit, da war nur die Arbeit, und jetzt war die weg, und da waren keine Freundschaften und keine Interessen und vor allem da war keinerlei Beziehung zu mir, meiner Schwester, meiner Mutter, DIESER TYP GING ALLEN ENTSETZLICH AUF DIE NERVEN, ein enormes Problem: Auf einmal sitzt da dieser alte Typ rum und weiß nichts mit sich anzufangen, manchmal saß er einfach da stundenlang und zappte durchs Fernsehprogramm, schaltete alle 5 Sekunden um, stundenlang nichts, keine Geschichte, keine Handlung, keine Figur hielt er länger aus als fünf bis zehn Sekunden, alles war zerrissen, weggesprengt, bezugslos ohne Geschichte, EINSAMKEITSEXZESS, schnelle zerrissene Leere.

ABSOLUTE INNERE LEERE

Auf was blicke ich eigentlich zurück?

SCHOCK DER BANALITÄT

Ein Leben in der Fertigmusterhausausstellung.

So tun als WOHNTEN wir,

als seien wir eine ganz normale Familie.

Das waren Häuser aus dem Versandkatalog. 12 unterschiedliche Modelle und am Wochenende liefen da all diese Leute vorbei und schauten sich die Häuser an, um zu entscheiden, welches davon sie bestellen und zu Hause bei sich aufbauen lassen sollten, und wir saßen da, und all diese potentiellen Kunden liefen durch unseren Garten, schauten durch unser Fenster, und Makler klingelten bei uns und forderten uns auf, alles sauber zu halten, einen möglichst guten Eindruck zu hinterlassen und objektfremde Elemente vom Haus zu entfernen, um mögliche Kunden nicht zu verschrecken.

WENN DIE HIER NICHTS KAUFEN, LIEGT DAS AN IHNEN NICHT AM HAUS, DIE KUNDEN KAUFEN JA EIN LEBENSGEFÜHL, UND DAS MÜSSEN SIE DEN KUNDEN VERMITTELN.

OBJEKTFREMDE ELEMENTE

könnte ein Titel sein.

ANGST

GESCHICHTSLOSIGKEIT

oder noch besser

FLUCHT AUS DER VERGANGENHEIT.

Diese Fertighausausstellungen hatten keine Vergangenheit keine Geschichte, die wurden da hingesetzt innerhalb weniger Tage vorher war da WALD. Plötzlich war da ein Dorf binnen weniger Tage OHNE GESCHICHTE OHNE VERGANGENHEIT, ein Neustart, eine tabula rasa, eine leere Fläche, auf der man sein Leben neu beginnen konnte.

Meine Mutter immer unter Beobachtung, immer unsicher, immer unter dem Druck, nicht dem Anspruch zu genügen, nicht ALLES UNTER KONTROLLE zu haben, spielte Mutter, spielte Familie, spielte Normalität.

Meine Mutter:
FALL NICHT AUF, REISS DICH ZUSAMMEN, SAG NICHT SO KOMISCHE SACHEN, ZIEH NICHT SO SONDERBARE KLAMOTTEN AN, MACH DIE MUSIK LEISER, LASS DEINE BÜCHER HIER NICHT SO OFFEN LIEGEN, PACK DEINE NOTIZEN WEG, VERHALT DICH RUHIG, VERHALT DICH NORMAL, NICHT AUFFALLEN, NICHT AUFFALLEN, BITTE, BITTE NICHT UNANGENEHM AUFFALLEN.

Ich will nicht auffallen, ich will nicht auffallen, ich will meine Ruhe, ich will nicht auffallen.

Diese Flucht durch den Winter, die war so anstrengend und

die Soldaten, weißt du.

Meine Mutti, die war immer so nett zu den Soldaten und

dann durften wir da bei denen übernachten,

alle beide.

Und die Soldaten waren dann immer ganz nett zu meiner Mutti und

manchmal auch ganz nett zu mir, die haben mich dann

immer wenns kalt war, da haben die mich,

da haben die mich,

da haben die so Sachen gemacht, und danach war mir nicht mehr kalt.

Da waren wir dann alle

ganz

–

warm

–

–

Ich:
WAS?

–

Gespräch Ende.

ANGST LEERE FLUCHT

oder

ICH WILL MICH NICHT ERINNERN.

ICH WILL MICH NICHT ERINNERN.

Eine Frau steht in einem dunklen weiten Raum irgendwo am Rande der Stadt, versteckt sich ängstlich hinter der Gardine, kriecht hinter die Heizung, hält sich an der Mikrowelle fest und sagt immer wieder, immer wieder

ICH WILL MICH NICHT ERINNERN, ICH WILL MICH NICHT ERINNERN.
Wie diese Häuser hier einfach in den Vororten abgeworfen wurden und mit ihnen ganze Familien, denen Väter zugeteilt wurden, die morgens in langen Mänteln in einer Reihe standen und ihre schwarzen Mercedesse und Volvos vom Eis frei kratzten, während die Mütter die Fahrräder der Kinder aus den Kellern holten und ihnen hinterher winkten und WAS DA FÜR ERINNERUNGEN IN DIESEN MENSCHEN TOBTEN UND NICHTS, NICHTS, NICHTS DAVON KAM AN DIE OBERFLÄCHE, NICHTS, KEIN GERÄUSCH, DIESE STILLE, DIESE ENTSETZLICHE STILLE.

Es fasste ihn eine namenlose Angst in diesem Nichts: Er war im Leeren!

Er riss sich auf und rannte los.

Weg,
weg nur weg,
HIER IST ALLES TOT.

HIER FÜHRT ALLES IN DIE ENGE,
INS DUNKLE,
IN DIE VERZWEIFLUNG, DIE PSYCHOSE, DIE ANGST.

Und in diese deutsche Vergangenheit, MIT DER ICH NICHTS ZU TUN HABEN WILL. ICH BIN DAS NICHT, ICH BIN DAS NICHT, ICH WILL DAS NICHT SEIN.

Wenn dieses Stück DEUTSCHE GESCHICHTE heißen würde, dann würden wir vielleicht der Herkunft, der Geschichte, der Vergangenheit dieser Eltern auf den Grund gehen, wir würden uns mit ihrer Erziehung beschäftigen, mit ihren Eltern und den Eltern ihrer Eltern, mit Deutschland und Europa zur Zeit zwischen den Kriegen, wir würden uns damit auseinandersetzen, wie Eltern und Kinder damals miteinander umgegangen sind, DIESE BEZIEHUNG AUS ANGST, AGRESSION UND FREMDHEIT zwischen den Generationen, wie Eltern einfach auf ihre Kinder einprügeln, ihnen Gehorsam und Zucht und Ordnung eingeprügelt haben, WEIL DIE EINZIGE VORSTELLUNG VON GESELLSCHAFT DAS MILITÄR WAR.

Wir würden hier ein paar elfjährige Kinder auf die Bühne bitten, in historischen Kostümen, und einfach stundenlang auf sie einschlagen, sie in kleine enge Räume einsperren, und wir würden das Fremde, das Böse in diesen Kindern verorten und es als unsere Aufgabe ansehen, es in den Griff zu bekommen, zu ordnen, in klare Bahnen zu lenken, diese Kinder durch Zucht und Ordnung von all dem Bösen zu befreien und so lange auf sie einzuschlagen, bis wir selbst ganz verstört da stehen würden und jeden Bezug zu uns und der Welt verloren hätten und nichts mehr da wäre außer Hass und Leere und Unverständnis und der Wille, uns selbst, unsere Kultur und alle anderen Kulturen endgültig vom Bösen zu befreien, neu zu ordnen, alles auszulöschen, alles zu vernichten bis nichts mehr da wäre außer einem Haufen Trümmer, in denen schwer verletzte Menschen wirr, verstört herumirren würden, einzelne Trümmerteile aufheben, sie endlos lange anstarren würden und sich nur noch in Fertighausbauten zurückziehen, alles vergessen, sich in irgendeine Arbeit stürzen wollen und abends so viel Wein und Cognac trinken, bis sie schwer benebelt auf dem Sofa einschlafen würden.

Aber das wollen wir nicht.

Wir wollen dieses Stück nicht DEUTSCHE GESCHICHTE NENNEN.

Lieber nennen wir es

HOTELZIMMER NACHTS.

Ein Mann etwa vierzig Jahre alt sitzt irgendwo im 27. Stock,

Notizhefte,

alte Briefe,

Skizzen, Tagebucheinträge liegen ausgebreitet vor ihm.

Er sucht nach Anhaltspunkten.

AUTOFIKTION

Ich wollte über meine Eltern schreiben, aber

das ist jetzt alles weg,

wir haben auch nie wirklich miteinander gesprochen und

Dein Vater ist zusammengebrochen, der

Ich versuche das zu beschreiben, aber ich,

ich weiß ja gar nicht mehr, was ich in dem Moment gefühlt habe.

Eher die Frage, wie löst man jetzt all das Organisatorische.

Prozess der Auflösung und Verwirrung.

Rechnungen, Verträge, Versicherungen, Bankauszüge, Depotunterlagen, Quittungen, Belege.

Es war nicht mehr zu erkennen, was meine Eltern in ihrer Verwirrtheit alles unterschrieben hatten.

Wer ihnen da welche Rendite versprochen hatte und

Die hatten völlig den Überblick verloren.

Teleshopping, Großeinkäufe,

komplexe Immobilienfonds.

Das Geld war weg oder auf Jahre gebunden.

Meine Schwester und ich verbrachten Tage und Nächte damit, all diese Unterlagen zu sortieren, herauszufinden, was sie alles unterschrieben und gekauft hatten,

durchsuchten ihre Ordner nach Anhaltspunkten,

trafen auf diese Kisten,

Fotos,

Schriftstücke,

Dokumente,

und dabei fand ich es plötzlich: Alles, was ich je irgendwo als Notiz auf einem Zettel vermerkt hatte, jeder Brief, der je an mich geschickt wurde, all meine Tagebücher und jugendlichen Romanfragmente, da lagen sie als Kopien in mehreren Kisten verpackt. Die hatten das alles aus meinen Schränken und unterm Bett und aus allen Schubladenverstecken herausgezogen, und meine Mutter hatte das abgetippt und mit handschriftlichen Notizen versehen, abgeheftet. 100 Kisten mit abgeschriebenen Zetteln, der Ordner meiner Jugend. Jetzt lagen sie da. Mein Vater an den Schläuchen, hinter einer Maske zappelte er und rang nach Luft, sah aus wie ein riesengroßer Frosch, tiefgekühlt mit Eispacks, die von außen um seine Organe geschnallt waren, und wachte immer für Sekunden aus seinem Koma auf, lag da und plötzlich sprachen all diese Sprengungen, die Menschen, wie die wegrennen auf der brennenden Brücke und in die Tiefe stürzten oder einfach auseinandergerissen wurden durch die Wucht des Aufschlages, all das sprach aus ihm heraus in wilden abgehackten Sätzen. Ein panischer tiefgekühlter Frosch hinter einer Sauerstoffmaske mit einer Armada aus fiependen sirrenden Computern hinter sich, die seinen Herzschlag überwachen, bricht das Schweigen,

Diese Brücke, und die liefen dann da alle weg, diese Schreie und

siehst du, jetzt beißen die sich wieder die Köpfe ab.

Was?

Da da drüben beißen die sich wieder gegenseitig die Köpfe ab.

Vati, was siehst du da?

Da an der Wand, da liegen die doch und jetzt rennen sie los und aber zu spät, die, nein, das schaffen die nicht mehr und

Aber das war doch alles am letzten Tag vor Kriegsende.

Die hätten wir doch auch leben lassen können.

Wir wussten doch alle, dass das jetzt vorbei war, aber

das war auch ein Schmerz, weil

das begreift ja keiner.

Ich war doch 16.

Und ich hab das doch geglaubt.

Das war doch gar nicht zu verstehen, warum wir Deutschen plötzlich alles verlieren sollten, wir,

wir waren doch eine große Nation und wir haben doch daran geglaubt, dass.

Wo warst du denn in Frankreich? Wo genau?

Wieso willst du das wissen?

Welche Stadt, sag mal, in welcher Stadt hast du diese Brücke gesprengt, ich

Warum interessiert dich das? Ist doch egal. Da wurden doch massenhaft Brücken gesprengt auf allen Seiten, und das ist doch jetzt alles vorbei, das ist

Aber das lebt in dir.

Und diese Angstzustände, die spüre ich doch auch, und ich weiß nicht, woher die kommen, ich

5 uhr 51

HOTELZIMMER NACHTS

Ein Mann etwa vierzig Jahre alt liegt auf seinem Sessel,

müde,

erschöpft,

kann nicht schlafen,

schaut auf seinen Laptop,

all diese abgebrochenen Fragmente.

27. Stock,

schaut aus dem Fenster,

Nebel,

Eisschollen treiben den Fluss entlang.

Minibar,

Vodka,

Whisky,

Schokolade,

Fernbedienung,

zieht sich langsam aus,

Schuhe,

Hose,

Hemd,

Socken,

Unterhose,

schaut auf seinen Körper,

diese Haut hier,

dieses,

dieser, dieses,

O Gott.

Programmwechsel,

schaut vor sich hin,

Augen zu müde, um

irgendetwas zu erkennen.

– Sie haben bislang nie über Ihre Eltern gesprochen.

– Nein.

– Warum nicht?

– Scham.

Pause.

Ich schäme mich, und … ich bin mir auch immer noch nicht sicher, ob das eine gute … ich weiß es nicht … es ist so, dass … also … diese Menschen, die mir damals all das angetan haben, und diese kraftlosen, verwirrten Menschen, die mir heute gegenüberstehen und meine Hilfe brauchen, … das sind nicht dieselben Menschen, und … ich will nicht mehr dieser Mensch sein, dieses verletzbare, einsame, orientierungslose Wesen, ich will … mich nicht erinnern, ich bin … heute … etwas anderes … die durften ja alles mit mir machen, die haben meine Briefe geöffnet, meine Tagebücher geklaut und gelesen und die haben mich verfolgt, mir hinterherspioniert, die haben mich sogar fotografiert, wenn ich allein spazieren gegangen bin … ich habe da massenhaft Fotos gefunden und … ich habe sogar Fotos von mir gefunden, wie ich schlafe … die sind nachts in mein Zimmer gekommen und haben mich fotografiert, wie ich schlafe … auf einigen der Fotos war ich sogar … nein, ich … und jetzt, heute, ich … ich weiß es nicht … ich habe nie eine Beziehung zu diesen Menschen gehabt, und ich will sie auch nicht mehr haben, ich … zahle für die, … ich zahle dafür, dass sie noch nicht sofort sterben, dass sie noch … eine Weile in ihrem Heim rumsitzen und Aquarelle malen oder … ich weiß es nicht … aus dem Fenster schauen, und … da war sehr wenig Liebe … ich weiß nicht, wo die war, aber sie war nicht in unserem Haus, und sie war nicht in unseren Körpern und auch heute … sie ist hier nicht (fasst seinen Körper an), sie ist nicht hier, hier drin, ich weiß nicht, ob sie da außen irgendwo ist, und ob einfach irgendeine Verbindung zwischen mir und diesem Außen da nicht so ganz funktioniert aber,

– Gibt es auch schöne Momente in Ihrem Leben?

– Nein, ich glaube … oder … was meinen Sie?

– Sind Sie manchmal glücklich?

– Ich glaube … seltsamerweise … ich weiß es nicht, sicher, vielleicht, oder? Sonst wäre das ja … nein.

– Was denken Sie jetzt?

– Dass ich nicht hier sein möchte in diesem Moment.

– Aha.

– Dies alles hier ist … ich möchte nicht hier sein.

– Wo möchten Sie sein?

– Irgendwo, wo niemand ist … an einem Ort, von dem niemand weiß … ich möchte einfach nur, dass keiner weiß, wer ich bin, das wäre mir … am liebsten und … das Gegenteil ist der Fall, seltsam.

Protect me

TITELSUCHE

- Ich habe noch immer keinen Titel für dieses Stück.

Ein Titel kann ein Auftrag sein an einen Autor.

Ein Titel kann die Richtung vorgeben, ein Thema, eine Reise, ein Titel kann anzeigen: Da soll's langgehen, das solltest du dir mal genauer anschauen.

Aber im Moment sind da immer nur all diese Krisen und Zusammenbrüche in meinem Kopf und

Ja, KRISE wäre ein guter Titel.

Dann würden wir hier einen vierzigjährigen Mann sehen, MICH, dem gerade alle Gewissheiten, alle Beziehungen und alle menschlichen Kontakte weggebrochen sind, angekommen im Zustand permanenter Erschöpfung und Rastlosigkeit in einem Körper, der sich nur noch wenige Exzesse erlauben kann ohne sofort mit Vitaminspritzen und Wellnessprogrammen bearbeitet werden zu müssen.

Dessen Vater an Schläuchen angeschlossen im KOMA liegt.

KRISE wäre gut oder

EINSAMKEIT

EINSAMKEITSEXZESSE oder

ERSCHÖPFUNG

oder

KINDHEIT, denn seit einigen Nächten kommen immer wieder diese Kindheitsbilder, und ich wache auf, und da ist nichts weiter als ANGST, einfach nur ANGST.

ANGST

ANGSTATTACKEN

plötzlich morgens und ich kann nichts dagegen tun.

Meine Eltern sterben, und ich würde gerne noch alles mit denen klären, aber ich weiß nicht genau, was und wo ich anfangen soll.

Da war leider nie wirklich Nähe zwischen uns.

Und wenn da Nähe war, dann war es immer ZU NAH, so dass man es nicht aushalten konnte, ein beklemmendes Gefühl wie eingeschlossen sein unter Wasser und langsam festfrieren.

Meine langjährige Beziehung ist weggebrochen, und

ich weiß jetzt langsam nicht mehr, der wievielte Versuch das war,

aber irgendwie verläuft das immer gleich,

und ich kann den Unterschied nicht so ganz erkennen zwischen Zusammensein und Nichtzusammensein, das könnte das Problem sein, sagt mein Therapeut. SIE BRAUCHEN DOCH NIEMANDEN, BLEIBEN SIE DOCH EINFACH MAL ALLEIN, aber das fühlt sich dann nach einiger Zeit AUCH IMMER IRGENDWIE SELTSAM an.

MEIN THERAPEUT WILL, DASS ICH ALLEIN BLEIBE.

DER WILL MICH SCHÜTZEN.

ICH LEBE IN DIESER SICHERHEITSVERWAHRUNG

und habe kaum noch Kontakte zur Außenwelt.

Ich arbeite und gebe Geld aus

und erfahre nichts mehr, dass ich nicht anschließend sofort mit ihm auswerten und bearbeiten kann.

NICHTS VERWIRRT MICH.

Ich bin außerhalb der Gefahrenzone.

Da ist nur dieses Gefühl.

Ich komme nachts nach Hause, es ist Ende Dezember, und ich war für ich weiß nicht wie lange nicht mehr hier, und ich laufe durch die leere Wohnung, alles still und die Stille wird immer lauter und lauter, und ich kann nichts dagegen machen, und ich sehe mein Gesicht hinter mir im Spiegel, und ich denke

O GOTT WAS IST DAS DENN?

Ein in die Jahre gekommener Teenager,

ein erschöpftes Kind

so dünn und so

SCHUTZLOS HIER JETZT GERADE IN DIESEM MOMENT, und

ich denke an diesen Jungen auf dem Flughafen mit dem

I STILL HAVE A DREAM T-SHIRT, und mir wird klar

DER MEINTE DAS NICHT IRONISCH.

DER MEINTE DAS NICHT IRONISCH.

Und das ist aus einem BUCH, das ich gerade lese,

aber das denke ich,

genau das denke ich die ganze Zeit

sonst nichts.

DER MEINTE DAS NICHT IRONISCH.

VERSTEHST DU, DER MEINTE DAS NICHT IRONISCH.

DER MEINTE DAS NICHT IRONISCH.

JA IST JA GUT, ANTWORTET DIESE STIMME, DIE AUCH ICH IST.

NEIN IST NICHT GUT, IST NICHT GUT, DAS IST ALLES GAR NICHT GUT. JETZT HIER GERADE. VERSTEH DOCH, DER MEINTE DAS NICHT IRONISCH.

DER MEINTE DAS NICHT IRONISCH. DER MEINTE DAS NICHT IRONISCH.

Ich kann mich niemandem mitteilen nicht einmal mir selbst. UND JETZT STREITEN DIE SICH WIEDER IN MIR, UND DAS MACHT MIR ANGST, also rufe ich meinen Coach an und erzähle ihm davon, und er lacht erst und sagt ES IST DOCH NUR EIN BUCH, MEIN GOTT, LEG DICH IN DIE BADEWANNE UND NIMM DIESE GLOBULI IN DER 200er POTENZ UND, aber so einfach lass ich mich diesmal nicht abwimmeln, NEIN VERSTEHST DU, DER MEINTE DAS NICHT IRONISCH, DER MEINTE DAS NICHT IRONISCH, und er seufzt und sagt, Okay, hast du nen Block da irgendwo und Filzstifte, mal bitte mal all deine Träume und innersten Wünsche auf einen großen Block und und ruf mich zurück, und dann sitze ich da für den Rest des Abends mit einem DIN A 3 Block und knie auf dem Fußboden meiner 4 Zimmerwohnung und male mit Buntstiften die LANDSCHAFT MEINER VERBORGENEN SEHNSÜCHTE UND TRÄUME und, o Gott, ALLES NUR ABSTRAKTE FORMEN, ICH KANN ABSOLUT ÜBERHAUPT NICHT ERKENNEN, WAS DAS DA EIGENTLICH SEIN SOLL, WAS ICH DA MALE, O GOTT, was mache ich hier auf dem Fußboden dieser seltsam unbehausten Wohnung neben mir mein Koffer SONST NICHTS nur das Summen des leeren Kühlschrankes und der Alarmanlage. WAS BESCHÜTZT DIESE ALARMANLAGE HIER EIGENTLICH?

Auf dem Weg ins Badezimmer nehme ich dieses Buch in die Hand und schlage einfach eine Seite auf. PLÖTZLICH WAR ICH AN DIESER STELLE IN MEINEM LEBEN steht da, und dieser Satz löst eine solche Panikattacke aus: Wo bin ich denn? An welcher Stelle, wo? Und was lebe ich eigentlich? Ich schlage weiter: DIE RÄUME DIE ICH BETRETE STERBEN.

VIELLEICHT BRAUCH ICH JETZT EINFACH SEX OHNE VIEL WORTE.

Aber eigentlich will ich keinen Sex, ich will Nähe, rumsitzen, nichts sagen, sich leicht berühren, einfach nur anwesend sein, so etwas fast Unmerkliches, jemand, der da ist, aber keine Forderungen stellt, jemand, der da ist, aber die Dinge nicht verkompliziert, eine unauffällige Anwesenheit, eine angenehm einfache Abwesenheit.

Plötzlich sehe ich meine Reflektion in der Fensterscheibe: EIN ERSCHÖPFTES EINSAMES KIND.

Bleib!

Geh nicht, geh!

Beschütz mich!

Was wollte ich noch mal?

Ach ja, einen Titel für dieses Stück – irgendwas mit Schutz wäre gut.

SCHUTZ VOR DEM LEBEN

EIN LEBEN IN SCHUTZ UND ANGST

WAS WOLLEN SIE?

- Wissen Sie, damit kommen Sie nicht weiter.

- Was?

- Damit mit dieser, mit diesem, dieser Haltung damit, ich meine WAS WOLLEN SIE?

- Das weiß ich nicht.

- NATÜRLICH WISSEN SIE DAS, JEDER WEISS DAS.

- Nein, niemand weiß das, niemand.

Pause.

Niemand weiß, was er will, niemand.
kurze Pause.
Niemand, den ich kenne, weiß das.

- DAS IST DOCH UNSINN.

- Nein, das ist kein Unsinn.

- Gibt es irgendetwas, das Ihnen Freude macht?

- Was?

- Ob es irgendwas gibt, das Ihnen Freude macht?

- Darum geht es doch gar nicht, ich will wissen, wie ich leben soll, das will ich von Ihnen wissen, das will ich endlich wissen DAFÜR BEZAHL ICH SIE VERDAMMT NOCHMAL.

DER ORDNER MEINER JUGEND

- Ich wollte über meine Eltern schreiben, aber

das ist jetzt alles weg.

Wir haben auch nie wirklich miteinander gesprochen und

Dein Vater ist zusammengebrochen, der

Ich versuche das zu beschreiben, aber ich,

ich weiß ja gar nicht mehr, was ich in dem Moment gefühlt habe.

Eher die Frage, wie löst man jetzt all das Organisatorische.

Prozess der Auflösung und Verwirrung.

Rechnungen, Verträge, Versicherungen, Bankauszüge, Depotunterlagen, Quittungen, Belege.

Es war nicht mehr zu erkennen, was meine Eltern in ihrer Verwirrtheit alles unterschrieben hatten.

Wer ihnen da welche Rendite versprochen hatte und

Die hatten völlig den Überblick verloren.

Teleshopping, Großeinkäufe,

Komplexe Immobilienfonds.

Das Geld war weg oder auf Jahre gebunden.

Meine Schwester und ich verbrachten Tage und Nächte damit, all diese Unterlagen zu sortieren,

herauszufinden was sie alles unterschrieben und gekauft hatten,

durchsuchten ihre Ordner nach Anhaltspunkten,

trafen auf diese Kisten.

Fotos

Schriftstücke

Dokumente

Und dabei fand ich es plötzlich: alles, was ich je irgendwo als Notiz auf einem Zettel vermerkt hatte, jeder Brief, der je an mich geschickt wurde, all meine Tagebücher und jugendlichen Romanfragmente, da lagen sie als Kopien in mehreren Kisten verpackt. Die hatten das alles aus meinen Schränken und unterm Bett und aus allen Schubladenverstecken herausgezogen, und meine Mutter hatte das abgetippt und mit handschriftlichen Notizen versehen, abgeheftet. 100 Kisten mit abgeschrieben Zetteln, der Ordner meiner Jugend. Jetzt lagen sie da.

//

- Sag mal

WAS IST DAS?

- Alles zu deinem Schutz

wir wollten, wir mussten

weißt du

du warst immer so ein

wie soll ich sagen

zerbrechliches

du warst nicht sehr stabil als Kind

wir hatten Angst und

das war nicht gegen dich

das war zu deinem Schutz

wir wollten dich schützen

- Mich beschützen?

- Wir hatten Angst, dass das alles, diese Welt, alles

zuviel?

werden könnte und

wir wollten nur sicher gehen, dass dir nichts

wir wollten nur sicher gehen

Pause.

//

- Mein Vater an den Schläuchen, hinter einer Maske zappelte er und rang nach Luft, sah aus wie ein riesengroßer Frosch, tiefgekühlt mit Eispacks, die von außen um seine Organe geschnallt waren, und wachte immer für Sekunden aus seinem Koma auf, lag da, und plötzlich sprachen all diese Sprengungen, die Menschen, wie die wegrennen auf der brennenden Brücke und in die Tiefe stürzten oder einfach auseinandergerissen wurden durch die Wucht des Aufschlages, all das sprach aus ihm heraus in wilden abgehackten Sätzen. Ein panischer tiefgekühlter Frosch hinter einer Sauerstoffmaske mit einer Armada aus fiependen sirrenden Computern hinter sich, die seinen Herzschlag überwachen, bricht das Schweigen.

- Diese Brücke und die liefen dann da alle weg diese Schreie und, siehst du, jetzt beißen die sich wieder die Köpfe ab.

- Was?

- Da, da drüben beißen die sich wieder gegenseitig die Köpfe ab.

- Papa, was siehst du da?

- Da an der Wand, da liegen die doch und jetzt rennen sie los, und aber zu spät die, nein, das schaffen die nicht mehr und

Aber das war doch alles am letzten Tag vor Kriegsende.

Die hätten wir doch auch leben lassen können.

Wir wussten doch alle, dass das jetzt vorbei war, aber

Das war auch ein Schmerz, weil

Das begreift ja keiner.

Ich war doch 16.

Und ich hab das doch geglaubt.

Das war doch gar nicht zu verstehen, warum wir Deutschen plötzlich alles verlieren sollten, wir

Wir waren doch eine große Nation und wir haben doch daran geglaubt, dass

- Wo warst du denn? Wo genau?

- Wieso willst du das wissen?

- Welche Stadt, sag mal, in welcher Stadt hast du diese Brücke gesprengt, ich

- Warum interessiert dich das? Ist doch egal. Da wurden doch massenhaft Brücken gesprengt auf allen Seiten, und das ist doch jetzt alles vorbei, das ist

- Aber das lebt in dir.
Und diese Angstzustände, die spüre ich doch auch und ich weiß nicht, woher die kommen, ich

//

5 Uhr 51

HOTELZIMMER NACHTS

Ein Mann etwa vierzig Jahre alt liegt auf seinem Sessel

müde

erschöpft

kann nicht schlafen

schaut auf seinen Laptop

all diese abgebrochenen Fragmente

zieht sich langsam aus

schaut auf seinen Körper

diese Haut hier

dieses

dieser dieses

o Gott

schaut vor sich hin

Augen zu müde, um

irgendetwas zu erkennen

LOHENGRIN/INTERNATIONALES HEALTH RESORT

5 Uhr 51
Hotelzimmer nachts
Die Musik von Richard Wagner auf einem iPod
Ein Fotoband über den zweiten Weltkrieg
Briefwechsel zwischen der Familie Wagner und Adolf Hitler
Ein Buch über die Architektur Albert Speers
UNRUHE SCHLAFLOSIGKEIT
DIESER KÖRPER, ICH MAG DEN NICHT MEHR, ICH WEISS NICHT MEHR, WAS ICH DAMIT MACHEN SOLL, DER KANN NICHTS MEHR, DER MACHT MICH NICHT GLÜCKLICH.
Ausgebrannt leer

Wenn dieses Stück ERSCHÖPFUNG heißen würde, dann würden wir einen sehr einsamen Mann sehen, z. B. einen in die Jahre gekommenen Jungregisseur, der den Auftrag bekommen hat, Wagners Lohengrin zu inszenieren, HITLERS LIEBLINGSOPER, ein völlig überbewertetes Stück, wie er findet, mit schaurig dummer Handlung und schmieriger, alle Reflexion verklebender, sentimental-trivialer Musik, das er NICHT AUSSTEHEN KANN UND ZU DEM IHM ABSOLUT NICHTS EINFÄLLT, aber er will den Ruhm, die Ehre, das Geld, und er betrügt und belügt sich selbst und findet Sätze, die sagen: Dies ist ein sehr interessanter, hochbrisanter, aktueller Stoff, der auch heute EINE ENORME EMOTIONALE RELEVANZ entfalten kann, gerade in Zeiten der globalen Finanzkrise, wo sich die Menschen wieder nach einem Retter sehnen, einer Lichtgestalt, die uns schützt, beschützt, uns all unsere Probleme und Ausweglosigkeiten abnimmt, und die uns aus diesem Tal der hochkomplexen internationalen Verstrickungen eines nicht mehr überschaubaren Marktes, der uns wie ein Sturm hin- und herschleudert, ohne dass wir irgendeine Richtung erkennen können, hinausführt zurück an die verschüttete Quelle all dessen, was uns abhanden gekommen ist in den letzten Jahren. SUBSTANZ. DIE SUBSTANZ LEBEN/DIE SUBSTANZ LEIDENSCHAFT/DER GLAUBE/DIE LIEBE/DAS ECHTE UNVERSTELLTE UNBEARBEITETE GEFÜHL.

Und er liegt da in seinem Hotelzimmer in Shanghai im 27. Stock, wohin er sich zurückgezogen hat, und er schaut raus, und aus dem Nebel wächst nun langsam dieses neue faschistoide radikalkapitalistische Empire und wir sehen Nokia, Sharp, Toyota, Siemens, Nike Schriftzüge in wilden Neonfarben und 20 mal 30 Meter lange Werbeflächen, die von großen Schleppkähnen den Yangtze River entlang gezogen werden, wo die Helden Beckham, Clooney, Pit, Obama, die Lohengrins unserer Zeit, Versprechen abgeben, die nie ein Mensch einlösen wird können, und er liegt da und er hört diese Wagnermusik auf seinem iPod und er denkt an seinen Vater, der irgendwo tiefgekühlt im Koma an Schläuchen hängt und dessen Herz künstlich am Leben gehalten wird, und der immer mal wieder für Sekunden aus seinem Koma erwacht und von den Zivilisten, Frauen, Kindern und dieser Brücke erzählt,

und er denkt:

Nein, ich will da nicht rein in diese sentimental verklebte Scheiße
die Welt meines Vaters.
Diese dämlich verschwollene Sprache
„Nie sollst du mich befragen
noch wissend Sorge tragen".
Diese saudumme nicht mehr nachvollziehbare sentimentalvertriefte Handlung,
das ist unsere große deutsche Tradition.
Ich halt das nicht aus.

Er packt seinen Koffer.
Fährt zum Flughafen.
Er steigt in den Flieger nach Bangkok.
Dort erwartet ihn der Chauffeur des Internationalen Health Resorts PROTECT ME! und fährt ihn in einer dreistündigen Autofahrt, auf der dreimal das Tape RELAXING SOUNDS A GUIDE TO YOUR INNER WORLD durchloopt über staubige Straßen vorbei an riesigen Werbeflächen mit seltsamen Schriftzeichen und kaum mehr verkehrstauglichen Mopeds, an denen sich ganze Familien festklammern ohne jegliche Sicherheitsvorkehrungen, alle Geschwindigkeitsbegrenzungen ignorierend Richtung Abendsonne und Meer.

Er kommt an.

Er steigt aus.

Alles wird ihm abgenommen.

Der Koffer.

Seine Sorgen.

Sein Leben.

Er muss sich diesen Leuten nur anvertrauen.

Er legt sich hin.

Und die bewegen seine eingerosteten Glieder.

Er schaut auf die Palmen, den Himmel.

Er legt sich auf einen gynäkologenähnlichen Stuhl, man führt einen kleinen Schlauch in seinen Anus ein und saugt allen Dreck all die Scheiße, die sich dort in den letzten Jahren und Jahrzehnten in den Windungen seines Dickdarms und Zwölffingerdarms angelagert hat aus ihm heraus.

Das ist sehr schmerzhaft, und man muss oft weinen, denn mit all dieser Scheiße, die sich da so festklammert in den entlegensten Verästelungen, strömen auch alle verborgenen Erinnerungen an die Oberfläche.

Und die sind nicht immer angenehm.

Ich glaube, mein ganzes Leben bestand daraus durchzuhalten, weiterzumachen, nicht aufzugeben.

Das wurde mir so mitgegeben, aber ich weiß gar nicht, warum.

Ich hatte ja überhaupt kein Ziel vor Augen, außer nicht unterzugehen.

Ich weiß auch heute noch nicht so recht, wo ich hin will.

In diesem Resort gibt es

Keine Kinder.

Keine Handys.

Keine Laptops.

Keine Kameras.

Keine iPods.

Keine laute Musik.

Das ist da alles nicht erlaubt.

VERBOTEN

In dem Resort gibt es

Kein Geld.

Und kein Alkohol und nur selbst angebautes Essen.

Und man steht morgens um sechs auf und macht Yoga.

Und dann geht man ans Meer und nimmt ein kleines Frühstück ein,

und macht etwas Stretching,

und dann geht man schwimmen,

und am Strand entlang spazieren,

geht in die Sauna

und trifft einen Coach, mit dem man all seine Sorgen bespricht.

Und der macht dann unterschiedliche Pläne,

an die man sich halten kann:

Was esse ich?

Was gucke ich im Fernsehen oder Kino?

Was trinke ich und wie viel?

Welche Muskelgruppen trainiere ich?

Was lese ich?

Wann schlafe ich und wie viel?

Wie organisiere ich meine Freundschaften?

Wie schaffe ich kleine Zwischenräume zwischen Arbeit und Privatleben?

Wie schaffe ich mir überhaupt ein Privatleben?

Was ist das überhaupt EIN PRIVATLEBEN, inwieweit unterscheidet sich das von meiner Arbeitswelt, und ist das nicht etwas für ARBEITSLOSE, die den ganzen Tag zu Hause rumliegen, WEIL SIE NICHTS ZU TUN HABEN UND NICHT GEBRAUCHT WERDEN? EIN PRIVATLEBEN, was meint der damit, dieser nette Heilpraktiker mit der sanften Stimme? Was soll das sein? Und wieso hält der die ganze Zeit seinen Mittelfinger auf meine Stirn UND ÜBT EINEN LEICHTEN DRUCK AUS, während er mir AUSTRALISCHE BUSCHBLÜTEN unter meine ausgestreckte Zunge träufelt, die angeblich meine dysfunktionale BINDUNGSFÄHIGKEIT wieder ins Gleichgewicht bringen sollen?

Gemeinsam mit Freunden kochen und dabei lachen.

Ein neues Fischgericht ausprobieren zum Beispiel und anschließend über Kunst, Musik, Theater, Kino, Literatur, Sport, Reisen, Mode,

Politik oder auch Beziehungsprobleme eine angeregte Unterhaltung führen.

Witze machen.

Die Dinge leichtnehmen.

Aber meine Freunde sind ja nie in der Stadt, in der ich mich gerade aufhalte, und auf Facebook und über Skype kann man einfach nicht so richtig gut zusammen kochen. Den Garten umgraben? Aber wie mach ich das, ich habe ein Arbeitsloft, in dem ich ab und an auch übernachte, und ansonsten lebe ich im Hotel.

Kaufen Sie sich doch einfach einen Garten und dann fliegen Sie da ab und an hin und graben den um.

ICH SAGE IHNEN, DAS BERUHIGT UNGEMEIN.

Wenn Ihnen das zu aufwändig ist, kaufen Sie sich einfach eine Schaufel,

gehen heimlich nachts in den Park,

und graben da die Beete um.

Bei mir ist kein Park.

Ach schauen Sie einfach mal, irgendwo in Ihrer Straße steht bestimmt ein Baum,

sprechen Sie mit dem,

geben Sie dem Wasser, BERÜHREN SIE DIESEN BAUM

und Sie werden sehen, WIE VIEL LIEBE SO EINE PFLANZE GEBEN KANN,

aber passen Sie auf, dass Sie niemand dabei sieht,

sonst werden Sie eventuell abtransportiert und mit Medikamenten abgefüllt,

und das ist nicht so gut für Ihre Verdauung,

das irritiert in der Regel den sensiblen Bereich im Zwölffingerdarm, und der ist sehr wichtig für Balance und Kreativität UND REGULIERT DAS ANGSTCHAKRA, und das ist bei Ihnen ohnehin völlig außer Kontrolle geraten.

Vergessen Sie nie: SIE SIND DAS ZENTRUM DES UNIVERSUM.

Sagen Sie sich DAS HIER IST MEIN UNIVERSUM.

Alle anderen sind da nur ZU GAST.

Und wenn die IHRE AURA STÖREN, dann schmeißen Sie die einfach raus.

Aha, gut, okay. Aber da ist im Grunde niemand mehr übrig. Ich glaube, ich hab schon alle rausgeschmissen und mein Universum ist irgendwie gerade sehr kalt und einsam und leer. Da sind einfach zu viele Sonnensysteme erloschen in meinem Universum in den letzten Jahren und

Er bricht ab.

Er legt sich an den Pool.

Er schaut sich um und sieht

Nur reiche Leute mit seltsam unförmigen schlappen Körpern, die sie hinter sehr teuren Markenklamotten verbergen, die traurig und einsam vor sich hinschauen, allein am Tisch vor ihrer Algensuppe sitzen und sich an einem vollkommen debilen Buch von Dan Brown oder einem dieser schwachsinnigen Debilautoren festklammern.

Alle sind fett.

Keiner lächelt.

Alle sind müde.

Alle halten sich an etwas fest, das ihnen keine Substanz gibt.

Stille.

Ich muss einfach mal zu mir kommen.

Aber was finde ich dann da vor in mir?

O je.

Gar nichts.

Ich will mich nicht erinnern.

Ich will nicht wissen, wer ich hier und heute bin.

Ich will das alles nicht.

Ich weiß überhaupt nicht, was ich will.

ALLES IST SO ENTSETZLICH TRAURIG UND EINSAM

denkt er und

schaut auf seinen Körper, der irgendwie keine Energie mehr hat.

WO IST DIE DENN BLOSS HIN DIESE ENERGIE IN DEN LETZTEN JAHREN?

WAS HABE ICH DENN BLOSS MIT MEINEM LEBEN GEMACHT?

WO IST DENN DAS?

WO IST DENN BLOSS MEIN LEBEN GEBLIEBEN?

UND WIESO HABE ICH KEINEN ZUGRIFF MEHR DARAUF?

Er geht auf sein Zimmer und schaltet heimlich sein Telefon ein.

Zweihundert Anrufe in Abwesenheit.

Hundertsechsundfünfzig ungelesene SMS.

DIE SOLLEN MICH ALLE IN RUHE LASSEN.

Ich muss jetzt einfach mal mit irgendwem reden, irgendjemand, der mir NAH ist, aber wer könnte das sein?

Ihm fällt niemand ein.

Er schaut durch die Kontaktliste seines iPhones.

Alles nur berufliche Kontakte.

Plötzlich trifft er auf einen Eintrag, den er schon fast vergessen hatte.

Da war doch irgendwas.

Kurze Pause.

Er ruft seine Freundin an.

Die wir hier jetzt mal Alexandra nennen.

Eine Schauspielerin.

Sie träumt von der großen Karriere in Hollywood und hat nun nach zehn Jahren erfolglosen Castings in den USA endlich einen Part in einer History-Fernsehsoap als KZ-Aufseherin bekommen und versucht sich gerade mit Lee Strassberg Einfühlungstechniken, die sie bei einem Workshop in der Nähe von Nürnberg kennengelernt hat, auf die Rolle vorzubereiten. EINS ZWEI EINS ZWEI STEHENBLEIBEN, sie nimmt ab, LOHENGRIN dröhnt aus ihrer Stereoanlage.

ICH FASS ES NICHT, MACH BITTE DIESE SCHEISSE AUS.

BELEIDIGE NICHT DIE MUSIK DES FÜHRERS, SONST LEGE ICH SOFORT WIEDER AUF.

Diese gestörte Borderlinerin ist tatsächlich alles, was ich an Beziehungsversuchen noch habe auf der Welt, das muss man sich mal vorstellen!

Stell dir mal vor, wir hätten den Krieg nicht verloren.

Was? Wer wir?

WIR DEUTSCHEN.

Mach diese Musik aus.

Diese Musik ist so wunderschön, ich muss immerzu weinen, während ich diese Musik höre, SIE BEWEGT MEIN HERZ. Stalingrad haben wir zwar verloren, da waren wir schwach, aber nach dem Zusammenbruch der Sowjetunion sind wir nun doch noch ans Ziel gekommen: Niederschlagung der Bolschewisten und eine Führungsrolle innerhalb der Europäischen Union. Wir sind Exportweltmeister. Und wenn durch diesen Finanzwahnsinn nun bald auch der amerikanische Führungsanspruch in Frage gestellt wird, und sich die USA, die arabische Welt und China gegeneinander aufreiben, wird Deutschland als Führungselite innerhalb einer erstarkten Europäischen Union die Weltvormachtstellung…

SAG MAL, treibst du es nicht etwas zu weit mit dieser EINFÜHLUNGSMETHODE? Und jetzt mach bitte diese Musik aus, mir wird ganz schummrig.

DIE MUSIK DES FÜHRERS WIRD NICHT AUSGESTELLT. Der Führer musste das deutsche Volk verlassen, so wie Lohengrin, denn das deutsche Volk war noch nicht reif für seine Erlösung. Der Führer wollte das deutsche Volk zum Endsieg führen, aber das deutsche Volk hat sich nicht führen lassen, es war des Führers unwürdig, und erst jetzt in einem erstarkten Europa unter deutscher Führung mit Angela und Guido werden wir endlich die Weltmachtstellung antreten, die uns seit 1945 zugestanden hat.

UM GOTTES WILLEN, WAS REDEST DU DENN DA?

Ich bereite mich auf meine Rolle vor. EINE WELT OHNE NATIONALSOZIALISMUS WILL ICH MIR EINFACH NICHT VORSTELLEN, das ist mein einziger Satz in dieser dämlichen Serie, ansonsten sage ich nur etwa fünfundzwanzig Mal EINS ZWEI SCHNELLER EINS ZWEI STEHENBLEIBEN am Ende habe ich eine ergreifende Szene: Ich stehe am letzten Tag des Krieges kurz vor der Kapitulation unter einem Bild Friedrich des Großen, höre Lohengrin und sage EINE WELT OHNE NATIONALSOZIALISMUS WILL ICH MIR EINFACH NICHT VORSTELLEN und erschieße mich.

Wir hören einen Schuss und Alexandra fällt tot um. Ein Teil ihres Gehirns spritzt gegen die Stereoanlage, die Musik verstummt. Endlich Stille.

Nein, Unsinn. Ich würde dieses Stück hier gerne NICHT DEUTSCHE GESCHICHTE nennen, und ich würde auch gerne, dass DER FÜHRER in diesem Stück keine große Rolle spielt. Und auch Wagner und Lohengrin sollten EINFACH IN DIESEM STÜCK NICHT WEITER VORKOMMEN.

Gehen wir also noch mal ein paar Schritte zurück und nehmen eine andere Abzweigung.

Er ruft seine Freundin an.

Die wir hier jetzt mal Anna Karenina nennen.

Abgelehnt.

Die wir hier jetzt mal Jenny-Bianca nennen.

Die beiden haben sogar eine gemeinsame Wohnung, nur wohnen sie nicht darin.

Sie haben sogar eine Beziehung, aber die führen sie nicht.

Diese Frau ist irgendwie der einzige emotionale Bezugspunkt, den ich noch habe.

Das muss man sich mal vorstellen.

Sie ist Schauspielerin.

UND SIE HÖRT NICHT LOHENGRIN. Sie kennt Lohengrin gar nicht, sie hört Lady Gaga oder Shakira, aber sie hört IN KEINEM FALL WAGNER.

Sie sitzt zu Hause an drei ihrer vier Handys und kann sich nicht entscheiden, ob sie am Tag der Kleistpremiere in Wien lieber die Kostümanprobe für den Tatort in Stuttgart oder den Frischkäsespot in München terminieren sollte und diskutiert das gerade angestrengt verhetzt mit ihrer Agentin Claudia, während unten das Taxi wartet für dieses Lifestyle Shooting für Allegra, das sie auf dem Weg zu den Drei Fragezeichen und das Geheimnis des verschwundenen Weckers Hörspielaufnahmen noch mitnehmen wollte, all das kurz vor einem Kurztrip nach Ibiza mit ihrer Künstlerfreundin Sibylle, mit der sie dort kurz mal runterkommen und auskühlen wollte und sich mit diesem neuen History Doku Drehbuch beschäftigen wollte, das da gestern noch auf den Tisch geflattert ist und einfach SO GEIL KLINGT, DAS GANZE PROJEKT und sie sich bis übermorgen entscheiden muss, ob sie da zusagt oder nicht, und sie hier in Berlin sowieso niemals zur Ruhe kommen würde schon allein, weil ihr

Freund Stefan gerade in den Endproben steckt zu seinem Projekt mit diesen

Moment mal, wieso Stefan, ich dachte, ich sei dein Freund.

Bist du auch, also bist du AUCH.

Aber, was, wieso?

Hör mal, du bist nie hier, ich meine, wir sehen uns einfach nie, und ... das ist auch nicht schlimm, ich meine, das ist völlig in Ordnung, niemand sieht sich, zumindest nicht live, aber ich kann hier nicht die ganze Zeit allein rumhängen, Mann, ich komm abends nach Hause, und da bin ich müde und da will ich was erleben und da will ich vor allem nicht hier rumsitzen und darauf warten, dass du mich anrufst und mir erzählst, wie kaputt und müde du bist und wie scheiße grade alles läuft, da will ich einfach mal, dass hier so n junger Typ rumliegt und...

Du es tut mir leid, aber der ähm, der Stefan kann einfach super gut ficken, und ich hab nur dieses eine Leben und ich muss versuchen, in dieses eine Leben so viel reinzupacken wie möglich, ein Leben ist einfach zu wenig, und ich hab eines mit dir und ich hab eines mit Stefan, und ich hab auch noch ein paar andere Leben, aber das ändert nichts daran, dass ich dich immer noch mag, und dass ich ab und an an dich denke, und ich freu mich schon, wenn wir uns dann im Herbst oder Frühjahr, ich weiß es nicht mehr so genau, ich hab mir das aufgeschrieben, wenn du zurück bist, wiedersehen und dann

Er legt auf.

Stille.

Kurze Pause.

ALLES IST SO ENTSETZLICH TRAURIG UND EINSAM.

Und ich kann nichts dagegen tun.

Denkt er und

Wer ist überhaupt dieser Stefan?

Der ist 10 Jahre jünger als ich und macht diese total wilden abgefahrenen Performances, veröffentlicht so radikale Kurzprosa auf seiner eigenen Homepage und ist irgendwie sensibel, intelligent, aggressiv, innovativ, witzig, sieht gut aus, ist super erfolgreich und kann total gut ficken und ich
Ich

Ich
Ich nicht.

Er schaut aus dem Fenster seines kleinen Thai Pavillon im INTERNATIONAL HEALTH RESORT „PROTECT ME!“

Dicke erschöpfte Fondsberater stehen in der Abendsonne und machen Tai Chi.

Dieser Ort ist ein Lazarett,

denkt er.

Wie das Lazarett, in das mein Vater 1945 eingeliefert wurde, nachdem er und seine Kameraden Europa in Schutt und Asche gelegt haben.

Er schaut auf eine Gruppe erschöpfter Männer um die vierzig, die mit einem frisch gepressten ENERGY BOOSTER am Pool liegen und sich mit Klangschalen neu ausvibrieren lassen.

Hier werden all diese verwundeten Finanzspekulanten und Hedge Fonds Manager eingeliefert, um sich mit buddhistischen Heilpraktiken fit machen zu lassen für die ökonomischen Angriffskriege, die Europa erneut in Schutt und Asche legen werden,

denkt er.

UND DAS KOTZT MICH AN.

Er will seinen besten Freund anrufen.

Aber er hat keinen besten Freund, er hat nur Leute, für die er bezahlt.

Also versucht er, seinen Therapeuten anzurufen.

TOM DER SKYPE THERAPEUT, der jederzeit und überall für ihn zu erreichen ist.

Die Therapie-Flatline ein Superangebot mit endloser Redefreiheit.

Für 2750 Euro im Monat ist Tom jederzeit und überall per Handy oder Skype für ihn erreichbar.

Er will sich einfach ausheulen und erzählen, wie traurig und einsam und scheiße alles ist.

Und von diesem Gefühl, das er gerade hat.

DAS IST DOCH KRIEG.

DIESE FINANZKRIEGE, DAS SIND DOCH AUCH KRIEGE.

Und hier liegen all diese Verwundeten und Verletzten dieser Wirtschaftskriege herum und lassen sich mit buddhistischen Heilpraktiken wieder fit machen.

Das ist doch ein Kriegszustand jetzt hier und

wir müssen doch etwas machen.

Diese Finanzspekulanten machen hier alle Yoga und Watsu Therapie mit den Geldern aus den staatlichen Rettungsfonds.

Die liegen hier alle rum und ruhen sich aus und

wir müssen doch irgendwas machen, aber wir machen nichts und

die behaupten einfach, dass die gesamte Wirtschaft zusammenbricht, wenn die Regierungen sie nicht retten mit Milliarden von Steuergeldern, und

das macht mich unendlich wütend, und ich weiß grad nicht, wie ich meine Wut beruhigen kann.

HILF MIR DOCH MAL BITTE.

Aber Tom geht nicht ran.

Tom hat nämlich ganz andere Sorgen.

Tom sitzt nachts mit einem Whisky in der Hand allein im 2. Stock eines Konferenzhotels in Saarbrücken und denkt

MANN IST DAS ALLES TRAURIG UND EINSAM UND SCHEISSE.

Er hat am Abend einen Vortrag gehalten über WUTMANAGEMENT und wollte danach einfach mal ein bisschen Spaß haben, aber das hat irgendwie nicht geklappt.

WUT ist etwas, das Ihnen nur schadet,

hat er den Angestellten einer mittelgroßen Drogeriemarktkette in Saarbrücken erklärt, denen zuvor im Zuge der Finanzkrise gerade das Weihnachtsgeld gestrichen wurde.

WUT zerstört Ihre Fähigkeit, in eine reibungslose effiziente Kommunikation mit anderen Menschen zu treten.

Wenn Sie WUT spüren, dann sollten Sie davon ausgehen, dass irgendetwas in ihrem Leben nicht stimmt.

Vielleicht Ihre Beziehung zu Ihren Eltern.

Vielleicht Ihre Beziehung zu ihrem Körper.

Vielleicht Ihre Beziehung zu Ihrem Partner.

WUT ist immer ein kindliches Gefühl und ein Zeichen dafür, dass Sie mit sich selbst nicht im Reinen sind,

dass Sie den Weg zu sich selbst noch nicht gefunden haben.

Wenn Sie wütend sind, nehmen Sie diese Wut und schauen Sie sich diese Wut in Ruhe an.

Ziehen Sie eine Grenze zwischen sich und Ihrer Wut.

Lassen Sie Ihre Wut nicht an Sie herankommen.

Wer wütend ist, ist verletzbar.

Wer wütend ist, sagt: „Ich bin schwach".

Reagieren Sie gelassen.

Atmen Sie lange und tief.

Sagen Sie sich:

Ich entscheide selbst, was ich fühle,

und WUT will ich nicht fühlen.

Ich will kein Opfer meiner eigenen Gefühle sein.

Ich bin kein Opfer, ich bin stark.

Ich bin kein Opfer, ich habe KEINE WUT,

ich liebe meinen Job.

Ich erfreue mich am Reichtum der anderen,

ich bin stark.

Nach dem Vortrag zog er sich schnell zurück ins Hotel, um einfach mal ein bisschen Spaß zu haben, aber jetzt sitzt er da und denkt

MANN IST DAS ALLES TRAURIG UND EINSAM UND SCHEISSE.

Und ich schlage vor, wir verlassen jetzt das Internationale Health Resort „PROTECT ME!" und schalten direkt rüber nach SAARBRÜCKEN zu unserem Skype Therapeuten TOM, der einfach nur Spaß haben wollte in seinem HOTELZIMMER NACHTS und immer wieder laut vor sich hinsagt:

MANN IST DAS ALLES TRAURIG UND EINSAM UND SCHEISSE.

Ok, gut, also,

Achtung und

HOTELZIMMER NACHTS

4 Uhr 52

MANN IST DAS ALLES TRAURIG UND EINSAM UND SCHEISSE.

Dieser entsetzlich dumme Billigstricher verlässt endlich das Hotelzimmer, und ich habe wieder Ruhe.

Ich weiß auch nicht, was da jedes Mal in mich fährt.

Ich sollte einfach weniger trinken

oder einfach diese Callboyinternetplattformen für meinen PC sperren lassen.

Da muss es doch eine technische Lösung für dieses Problem geben.

Ich trinke keinen Kaffee mehr.

Ich kokse nicht mehr.

Ich esse nur noch Bio.

Und gehe joggen.

Aber ich hänge nächtelang auf diesen Internetportalen rum und

Es ist auch so anstrengend,

wenn alles in seine Einzelteile zerfällt,

jede Bewegung, jede Praktik genau ausgehandelt und taxiert werden muss.

Grundrate ist meine Anwesenheit,

sagt das billige verdrogte Wrack, das da in meiner Tür steht und absolut nichts mit den Fotos zu tun hat, die da in seinem Profil stehen und

Küssen plus 30,

Blasen aktiv plus 25,

Ficken sind 40 extra,

Schlagen ins Gesicht 30, Schlagen auf den Arsch 30, Anspucken mach ich umsonst, aber nur aktiv.

Passiv ist teurer als aktiv und

Taxi plus 20,

Taxi zurück plus 20.

Küssen ja, aber nicht Zungenkuss, das sind dann noch mal 20 extra.

Blasen ja, aber ich nehm ihn nur zur Hälfte rein, sonst gilt das als Deep Throat, sind dann noch mal 25 Aufpreis.

Abspritzen plus 35, gleichzeitig Abspritzen noch mal 15 extra,

ins Gesicht Abspritzen plus 10,

Augen offen plus 15.

Wenn du bestimmte Worte magst, kannst mir vorher sagen, sag ich dir dann, plus 20.

Sag mal hast du'n Energydrink, ich hab jetzt 2 Nächte durchgefeiert, und ich kann eigentlich nicht mehr, ich würde eigentlich

Ähm

Kann ich mich einfach mal kurz hier hinlegen und

Ich muss einfach mal kurz ne Runde

Ich muss einfach mal

Mich kurz ausruhen und

Weck mich in ner Stunde und dann legen wir voll los.

Guck nicht so, du bürgerliches Geldschwein.

Was?

Glotz mich nicht so doof an.

Naja, hör mal, du siehst nicht so aus wie auf den Fotos in deinem Profil, du kommst eine Stunde später als vereinbart, du willst plötzlich das Doppelte von dem vereinbarten Preis, aber du liegst einfach nur hier und schläfst.

Ich muss mich einfach mal ausruhen.

Ja, aber, muss das denn unbedingt HIER sein, und wieso soll ICH dafür zahlen.

MANN ICH BIN MÜDE, LASS MICH IN RUHE, ICH BIN MÜDE.

MANN IST DAS ALLES TRAURIG UND EINSAM UND SCHEISSE UND JETZT HAU ENDLICH AB HIER.

LASS MICH IN RUHE, LASST MICH ALLE ENDLICH IN RUHE.

Wenn dieses Stück PASSIVER WIDERSTAND heißen würde, dann würden wir keine T-Shirts mehr kaufen, keine Autos, keine Callboys und Callgirls, wir würden nicht mehr an irgendwelche tropischen Strände fahren, die für uns so hergerichtet wurden, dass wir die Armut, die sie umlagert, nicht mehr spüren, wir würden einfach nur hier sitzen, uns wahrnehmen und miteinander reden und endlich erkennen, DASS WIR DIESE GANZE SCHEISSE NICHT BRAUCHEN.

THIN ICE

MAMA MITGEBRACHT

- Hast du Mama mitgebracht?
- Mama ist tot.
- Hast du die AUCH umgebracht? Na ja, das sieht dir ähnlich.
- Papa.
- Das sieht dir und deiner Schwester ähnlich und jetzt bin ich dran.
- Ach, Mensch, Papa.
- Glaub ja nicht, ich krieg das nicht mit.
- Papa.

KEIN VERLANGEN

- Können Sie ihm das nicht sagen?

Er kommt doch auch zu Ihnen.

Bitte,

er muss mehr Einsatz zeigen,

sich mehr ins Zeug legen,

ich spür nichts, ich spür nicht, dass da irgendwas von ihm kommt.

Gibt's da nicht irgend so'n Training, das Sie mit ihm

wo er lernt Gefühle bei seinem Partner

könnten Sie ihn da nicht mal irgendwo anmelden,

da muss es doch irgendwas geben, wie nennt man denn das, was der hat diese dieses diese

Er muss doch in der Lage sein, mir das Gefühl zu geben, dass ich, dass ich, ich also, er muss doch mich

oder er soll einfach gehen.

Ja,

vielleicht wäre das das Beste.

Samstag bin ich nicht da, und ich kann Ihnen den Schlüssel hierlassen, dann kann er seine Sachen holen und,

ja der soll einfach weg, das bringt doch alles nichts, ich meine

der schafft es nicht mich zu,

er kommt doch morgen zu Ihnen.

Klären Sie das doch mit ihm er soll einfach gehen und mich nicht mehr anrufen.

Wenn es da für ihn noch irgendwas zu klären gibt, dann soll er das einfach alles direkt mit Ihnen,

ich zahl Ihnen das auch, die Extragespräche, das können Sie einfach bei mir mit auf die Rechnung setzen.

- Ja, aber, äh

- Ja, was heißt hier „ja, aber, äh", Mensch, das ist doch Ihr Job, Sie haben das doch studiert, Sie KÖNNEN so was doch, viel besser als ich, und er braucht das doch auch, dass man ihm mal sagt und klarmacht, dass, da stimmt doch was nicht bei dem, und das muss ihm mal jemand, aber ich kann das nicht MACHEN SIE DAS DOCH MAL FÜR MICH, SIE KÖNNEN DAS DOCH, HELFEN SIE MIR DOCH EINFACH MAL, ICH ZAHL DAS AUCH VERDAMMT NOCHMAL.

NICHT MEHR HIER

- Was willst du hier?

- Ich will dich sehen.

- Willst mich umbringen?

- Nein.

- Mich entmündigen und das ganze Geld mitnehmen, um damit wegzufahren?

- Nein, ich bin hier, um dich zu sehen.

- Warum?

- Um dich zu sehen.

- Und was siehst du da, wenn du hier bist, um mich zu sehen?

- Was?

- Was siehst du da?
kurze Stille.
Siehst du mich?

- Was?

- Siehst du mich? Bin ich noch hier, ich meine, ich … ich bin hier nicht mehr, oder? Sag mal.

- Papa, ich muss gehen.

- Bleib, bitte geh nicht.

- Papa.

- Geh nicht weg, bleib,
kurze Pause.
geh nicht weg, bitte, ich will heut Nacht nicht allein schlafen, ich, bitte.

- Papa, ich muss los, wirklich … Ich hab noch so viel zu erledigen und

- Nein, bitte bleib hier.

- Das geht nicht.

- Bitte.

- Nein.

- Bitte.

- Papa, ich

- Ich bin weg, oder? Siehst du mich noch? Ich bin hier gar nicht mehr, oder? Ich … ich … ich bin hier nicht mehr, ich bin nicht mehr hier.

NICHT NOCH VORBEIKOMMEN

- Kannst du nicht noch vorbeikommen?
- Nein, das schaff ich jetzt nicht mehr.
- Komm bitte.
- Komm du doch.
- Nein.
- Warum denn nicht?
- Du hattest gesagt, du wolltest kommen.
- Ja, aber
- Was?
- Ich schaff das jetzt nicht mehr ich
- Warum denn nicht?
- Ich kann nicht.
- Bitte.
- Komm du doch.
- Nein.
- Warum denn nicht?
- Immer soll ich kommen.
- Ja, aber du kannst doch morgen ausschlafen und
- Nein, ich muss auch arbeiten.
- Dann sehen wir uns morgen.
- Ich will aber nicht allein schlafen.
- Na, dann komm.
- Nein.
- Komm bitte.
- Nein ich, ich komm hier jetzt nicht mehr weg, ich
- Na gut, dann sehen wir uns
- Nie.
- Morgen.

- Nie.

- Hör auf.

- Komm.

- Nein ich

- Nun komm doch bitte.

- Nein ehrlich, ich schaff das heute nicht mehr.

- Bitte.

- Nein.

- Nur kurz.

- Nein, ich

- Wir sehen uns in 5 Minuten, oder … du bringst mich noch zu Bett und

- Ok.

- Ja.

- Ja, aber

- Was?

- Ich brauch noch'n Augenblick, ich … schaff das jetzt nicht sofort, ich … muss noch ein paar Sachen erledigen und dann

- Dann schlaf ich schon.

- Dann leg ich mich dazu.

- Ich will dich aber auch mal SEHEN, mit dir REDEN, dich wahrnehmen, dich hier haben bei mir in meinem Arm, ich

- Na, dann komm.

- Nein.

- Na, siehst du.

- Was?

- Du willst auch nicht.

- Ja, aber

- Komm, wir sehen uns morgen.

- Nein.

- Ist jetzt zu spät.

- Nimm dir'n Taxi und komm.

- Ich würde gerne, aber

- Bitte.

- Nein.

- Bitte.

- Kannst du nicht kommen?

- Aber ich komm doch immer.

- Nein, ich komm auch manchmal.

- Wann denn?

- Hör auf, ich

- Ich bin dir einfach nicht wichtig.

- Hör auf.

- Nicht genug.

- Ich

- Was ist jetzt… kommst du?

- *sagt nichts*

- Hallo?

- *sagt nichts*

- Hallo?

KEINE NÄHE

- ICH WILL KEINE NÄHE, NEIN, NICHT, ZU NIEMANDEM.

So verdammt schwer, irgendjemandem nahe zu kommen und das auszuhalten.

Und dabei ist das ALLES, WAS ICH WILL.

Geh weg, lass mich endlich in Ruhe, geh bitte.

Bitte, bitte, bleib, geh, nein warte, setz dich da hin, sag nichts, beweg dich nicht, STÖR MICH NICHT, warte einfach auf mich, warte, ja, nein, nicht gehen, einfach da sitzen bleiben, ich sag dir dann schon, wann ich dich brauche, ja morgen oder so oder übermorgen, bleib einfach da auf standby, ja da hinten, in dem Sessel da, ja da ja, nein noch weiter, nein noch weiter, so ja so, dass ich dich nicht sehen kann, nicht atmen höre, aber noch weiß, dass du in der Nähe bist, wenn ich dich brauche, ja so, das wär gut, aber

TITELSUCHE 2

Ich habe immer noch keinen Titel für dieses Stück.
Aber wer weiß schon am Anfang seiner Arbeit, wo er am Ende ankommen wird.
Wir wissen ja nicht mal, wie wir in 5 Jahren diese Gesellschaftsform hier nennen sollen, die wir jetzt gerade leben.
Worauf sich das hier gerade alles zubewegt.
Das kann ja keiner benennen oder vorhersagen.
Das ändert sich doch jeden Tag.

Diese enormen Umverteilungen von Geld. 700 Milliarden allein in Deutschland hat die Bundesregierung an Steuergeldern weitergeleitet an die Führungsetagen der Banken und die durften damit machen, was sie wollten, und mussten nicht einmal Rechenschaft ablegen darüber, wohin das Geld denn nun genau fließen würde und mussten an ihren riskanten Geschäftspraktiken absolut nicht ändern.

700 Milliarden Euro für einen vollkommen undurchsichtigen Prozess, der sich jeglicher Kontrolle und Regulierbarkeit entzieht. 700 Milliarden, die in den nächsten Jahren von irgendwem zurückgezahlt werden müssen.

Und wo ist dieses Geld jetzt?
Und wo war es vorher?
Und wenn dieselbe Summe in die Kunst, in die Bildung, in die Wasserversorgung derjenigen, die keinen Zugang zu Trinkwasser haben, gegangen wäre und
Das wäre ja AUCH möglich.
Das ist ja gar nicht NICHT MÖGLICH.
Es wird nur immer gesagt, dass das NICHT MÖGLICH ist,
da unrealistisch.
WAS IST EIGENTLICH REALISTISCH?

Gibt es ihn denn, den anderen Ort? Die andere Möglichkeit? Das andere Leben?

Ein Titel kann ein Auftrag sein.

Ich würde diesem Stück gern den Titel REVOLUTIONÄRE ENERGIEN geben und dann wäre die Richtung zumindest schon einmal klar.

Es ginge um KAMPF WIDERSTAND UND EINE GRUPPE VON MENSCHEN, DIE DIE SCHNAUZE VOLLHAT UND ZURÜCKSCHLÄGT.

Wenn dieses Stück REVOLUTIONÄRE ENERGIEN heißen würde, dann würden wir hier junge Menschen sehen, die sich nicht mehr alles gefallen lassen, die ihr Leben für sich zurückerobern wollen, die morgens aufstehen, müde, ausgelaugt, verpennt, sich in Unterhose in die Küche stellen und einen Kaffee kochen, die erste Zigarette anzünden und aus dem Fenster schauen: Und dann würde sie da liegen die Stadt. Schnell und kalt und unfreundlich und viel zu groß, und sie würden ihr Spiegelbild im vom Morgentau beschlagenem Fenster sehen und sagen: DIESE GEDEMÜTIGTE PRAKTIKANTENFRESSE HAT KEINEN BOCK MEHR, JEDEN TAG UMSCHLÄGE ZUR POST ZU SCHLEPPEN ODER NEBEN DEM KOPIERAUTOMATEN HERUMZUSTEHEN, DAS AUTO DES CHEFS AUS DER GARAGE ZU FAHREN UND SUSHI FÜR DIE TEAMSITZUNG IN DER PAUSE ZU HOLEN UND DAFÜR ABSOLUT KEINEN CENT UND NICHT MAL EIN FREUNDLICHES WORT ZU BEKOMMEN. DIESE GEDEMÜTIGTE PRAKTIKANTENFRESSE WILL JETZT MEHR VOM LEBEN UND GEHT ZU DIESER SCHEISSFIRMA EINFACH NICHT MEHR HIN, DIE KNACKT JETZT LIEBER DEN BANKACCOUNT DES CHEFS, KLAUT SEINE STEUERUNTERLAGEN UND ERPRESST IHN, FÄHRT SEIN AUTO GEGEN DEN PFEILER IN DER TIEFGARAGE, OOOPS SORRY, UND VERBINDET JEDEN ANRUFER MIT IRGENDEINER SEXHOTLINE, BIS NIEMAND MEHR ANRUFT UND DIESE SCHEISSAGENTUR KEINE SCHEISSWERBEAUFTRÄGE MEHR BEKOMMT UND DIE STADT NICHT MIT IHREN SCHEISSWERBESLOGANS VON WEGEN ZUKUNFT, FORTSCHRITT, INNOVATION, FREIHEIT, GRENZENLOSIGKEIT, ABENTEUER, INTENSITÄT, SICHERHEIT VOLLHÄNGEN KANN. ICH KANN DIESE SCHEISSE NICHT MEHR SEHEN, ICH REISS DIESE GANZE VERLOGENE WERBESCHEISSE AB VON DEN HÄUSERFASSADEN, ICH ZIEHE MIT ALL DEN ANDEREN UNBEZAHLTEN

GEDEMÜTIGTEN PRAKTIKANTENFRESSEN LOS UND REISS DIESE VERLOGENE SCHEISSE, DIE MIR DEN BLICK AUF MEINE STADT VERSPERRT, VON DEN FASSADEN UND KAUFE NICHTS MEHR.

ICH KAUFE EINFACH NICHTS MEHR.

Das wäre zum Beispiel eine Möglichkeit

Ja, aber ich will hier heute noch Köpfe rollen sehen.

Irgend so ein Finanztransaktionsschwein wird heute Nacht noch dran glauben.

Das liegt hier dann,

tot,

totgetreten,

endlich zur Verantwortung gezogen.

Diese Leute wissen, was sie tun.

Die sind verantwortlich.

Die können sich nicht immer hinter irgendeinem abstrakten Begriff von System und Markt und Wachstum und Effizienz verstecken.

Die liegen heut Nacht auf der Straße und bluten langsam aus.

BLUT

BLUTRAUSCH

Und wenn dieses Stück hier BLUTRAUSCH heißen würde und als HARDCORE AKTIONSKUNST LIVEPERFORMANCE (im Sinne der Wiener Schule) angekündigt werden würde, dann würden wir hier eine Gruppe Banker, die irgendwelche Rentner vorsätzlich falsch beraten und sie um ihre gesamte Rente gebracht haben, um sich ein Outdoorpool im Winterskigebiet davon zu kaufen mit Schweinegedärmen einreiben, nackt aufknüpfen und hier hängen lassen und drauf pissen und DAS WÄR DANN KUNST, dann wären diese nutzlosen Schweine endlich mal IN EINEN SINNZUSAMMENHANG GERÜCKT WORDEN.

Aber vielleicht wäre es auch interessant, ein Stück über eine aggressive revolutionäre FRAU zu machen. Sie ist intelligent, sieht gut aus, liest komplizierte sozialwissenschaftliche und philosophische Werke, macht Kunst, experimentiert mit Drogen und hat gerne brutalen innovativen Sex. Sie hat einen revolutionären Auftrag: Sie fickt all diese Fondsberater und Bankmanager und fickt sie so hart und brutal durch, dass die beim Sex sterben. Herzinfarkt. Koma. Und das filmt sie ab. Und das stellt sie auf ihre Homepage PORN REVOLUTION. Sie hackt alle Seiten auf denen Börsenkurse und Fondspakete gehandelt werden und verlinkt all diese Seiten mit ihrer Seite PORN REVOLUTION, so dass überall nur noch diese vergewaltigten gedemütigten Finanzspekulanten und Wirtschaftsbosse zu sehen sind. Sie löst den totalen Hype aus und hat immer mehr Anhängerinnen. Junge Frauen, die sich unter dem Schlachtruf CUM TILL YOU DIE FUCKER zusammenrotten.

Und wenn dieses Stück jetzt CUM TILL YOU DIE FUCKER heißen würde, dann würden wir jetzt diese Widerstandsgruppe sehen,

siebzehnjährige Mädchen,

die sich nachts in Clubs rumtreiben

und Ausschau halten nach Männern aus der Finanzindustrie,

Fondsberater, Banker, Spekulanten,

und die mit Alkohol und Drogen abfüllen

und sie dann so lange ficken, immer wieder und immer wieder, bis die Typen mit einem Herzinfarkt zusammenbrechen und im Koma enden,

und auf sehr großen Videoleinwänden würden wir uns das jetzt gemeinsam angucken,

vergewaltigte, gedemütigte Fondsberater und Wirtschaftsbosse

in Großaufnahme,

aber auch das bleibt eine Fantasie,

auch das bleibt nur eine kleine infantile Fantasie eines Autors, der nachts an seinem Laptop sitzt allein und an seinem Stück schreibt, für das er noch immer keinen Titel gefunden hat, und das von ihm selbst seinem Leben der Welt da draußen, der Krise, dem Koma, den Ängsten und Phantasmen unserer Gesellschaft handeln soll und

denkt,

irgendwann sollte dieses Stück bei so etwas wie Schönheit und Vergebung ankommen.

ABER ICH WEISS NICHT, WIE DAS GEHT.

DIE SCHRECKLICHE SZENE

- O je, jetzt kommt die schreckliche Szene, die will ich nicht spielen.

- Papa.

- Was heißt hier Papa.

- Komm Papa, das machen wir jetzt.

- Bitte lass dir irgendwas einfallen, dass wir das jetzt nicht

- Papa, bitte.

- Und nenn mich nicht immer Papa.

- Papa

- Ich möchte lieber nicht, nein.
Pause.
Ich mag diese Szene nicht, die ist so schrecklich.

- Na komm, komm zieh das aus, ich helf dir auch.

- Ich brauch deine Hilfe nicht.

- Nun komm.

- Nein,
bitte ich schaff das.
Kennst du den hessischen Landboten?

- Klar.

- FRIEDE DEN HÜTTEN KRIEG DEN PALÄSTEN
Georg Büchner

- Ich weiß, Papa.

- Du bist doch Autor.

- Ja?

- So was musst du mal schreiben.
kurze Pause.
Das hat der Büchner mit 22 geschrieben und wie alt bist du jetzt?

- 40

- 40
Pause.
40

Pause.
und? Hast du schon den hessischen Landboten geschrieben?

- Nein.

- Na, dann mach das mal, anstatt hier immer bei mir rumzuhängen, was willst du überhaupt hier?

- Ich komme dich besuchen.

- Sag mal lieber der Mama, die soll kommen, das ist schöner, wenn die da ist.

- Mama ist tot.

- Das ist doch Unsinn, du willst nur nicht, dass ich die sehe, GÖNNST mir das nicht, weil du auch keine Frau hast, soll ich auch keine haben.
Du kennst doch Fernsehen, oder?

- Ja.

- Haste schon mal geguckt, oder?

- Ja, hab ich.

- Alles voller Opfer.

- Was?

- Und die sollen alle davon ablenken, was hier eigentlich passiert.

- Aha.

- Von der laufenden massiven Umverteilung des gesellschaftlichen Reichtums zugunsten neoliberaler Eliten.

- Wer hat dir das denn gesagt?

- Deshalb zeigen die uns immer nur diese Opfer überall DAMIT WIR MITLEID HABEN. Das Mitleid verklebt alles, das hat Nietzsche schon gesagt, kennst du Nietzsche?

- Ja, kenn ich.

- Kennst du?

- Ja.

- Und den hast du auch gelesen?

- Ja.

- Alles?

- Nein, natürlich nicht.

- Tja, sag mal, was machst du eigentlich den ganzen Tag, wenn da nichts reinkommt, kann da auch nichts rauskommen.
kurze Pause.
Dass die Bundesbank jetzt Bücher in Auftrag gibt, die sich mit der Integrationsunfähigkeit von Migrantenkindern beschäftigen, soll nur von dem eigentlichen Thema ablenken.

- Und das ist?

- Die Integrationsunfähigkeit der Finanzwirtschaft in die Gesellschaft. Diese Bundes-Banker-Millionärskinder sind doch viel weniger integriert als irgendwelche Migrantenkinder. Die sehen sich doch überhaupt nicht als Teil der Gesellschaft, die kennen das Wort TEILEN doch überhaupt nicht. Kannst du die nicht mal wegschaffen mit ihren Scheißprivatjets und ihren 15 Villen, in denen sowieso nie jemand wohnt, die brauchen wir doch gar nicht, die liegen uns doch nur auf der Tasche, schaff die doch mal weg mit deinen Freunden, ihr redet immer nur, macht doch mal was. Mensch, du bist schon 40. Da musste jetzt aber mal was machen, das die Welt erschüttert, sonst biste hier gewesen und keiner hat's bemerkt!

- Halt mal still jetzt bitte, Papa.

- Das ist doch dein historischer Auftrag, die jetzt wegzuschaffen. Du kannst doch nicht immer nur lesen und nicht handeln.

- Papa, halt jetzt still oder ich lass dich hier in deiner ganzen Scheiße verrotten heute.

- In meiner Scheiße verrotten, in meiner Scheiße verrotten. DU LÄSST DICH DOCH SELBST IN DEINER SCHEISSE VERROTTEN, rottest in deiner Scheiße hier vor dich hin. WO IST MAMA! MAMA, WO BIST DU? MAMA!

- Halt die Klappe jetzt. Mama ist tot, und wenn du nicht stillhältst, bist du auch bald tot.

- So können wir jetzt wieder eine andere Szene spielen, ich finde die hier immer die schrecklichste am Abend.

- Ich weiß.

- Lass uns aufhören damit und die Stelle, wo ich mich hier mit meiner eigenen Scheiße … das machen wir heute mal nicht … oder … ich kann doch das Gedicht aufsagen.

- Jetzt nicht.

- Oder der LENZ.

- Das kommt später, Papa.

- Lass uns das überspringen, bitte.

- Papa wir.

- Lass uns doch den Lenz und
kurze Pause.
lass uns das jetzt, ja?
Pause.
Bitte.

MACHINES AT NIGHT

- Nachts

im Haus meiner Eltern,

umgeben von Maschinen auf standby.

Das Surren des Kühlschranks, der Stereoanlage, der Alarmanlage,

das Blinken des Fernsehapparates, der Küchenuhr, der Mikrowelle.

Alle schlafen.

Angenehm ENDLICH SIND DIE MAL STILL.

In den Bücherregalen

endlose Reihen unberührter Readers Digest Bände und gebundene deutsche Klassikerschmuckausgaben.

Goethe

Lessing

Kleist

Schiller

Büchner

Niemand hat diese Bücher jemals berührt,

die meisten sind noch immer in Plastikfolie originalversiegelt.

Ich erinnere mich an das Geräusch in dem Moment, als ich die Plastikfolie ganz langsam von den unberührten Bänden deutscher Klassik abzog, nachts zwischen den Maschinen auf standby.

„Es drängte in ihm, er suchte nach etwas, wie nach verlorenen Träumen, aber er fand nichts. Es war ihm alles so klein, so nahe, er begriff nicht, dass er so viel Zeit brauchte, um einen fernen Punkt zu erreichen; er meinte, er müsse Alles mit ein paar Schritten ausmessen können. Nur manchmal, wenn der Sturm das Gewölk in die Täler warf, riss es ihm in der Brust, er stand, keuchend, den Leib vorwärts gebogen, Augen und Mund weit offen, er meinte, er müsse den Sturm in sich ziehen, Alles in sich fassen, er dehnte sich aus und lag über der Erde, er wühlte sich in das All hinein, es war eine Lust, die ihm wehe tat; oder er stand still und legte das Haupt ins Moos und schloss die Augen halb, und dann zog es weit von ihm, die Erde wich unter ihm, sie wurde klein wie ein wandelnder Stern und tauchte sich in einen brausenden Strom, der seine klare Flut unter ihm zog. Aber es waren nur Augenblicke, und dann erhob er sich nüchtern, fest, ruhig als wäre ein Schattenspiel vor ihm vorübergezogen, er wusste von nichts mehr.

Alles so still, grau, dämmernd; es wurde ihm entsetzlich einsam, er war allein, ganz allein, er wollte mit sich sprechen, aber er konnte, er wagte kaum zu atmen; es fasste ihn eine namenlose Angst in diesem Nichts, er war im Leeren, er riss sich auf und flog den Abhang hinunter. Es war finster geworden, Himmel und Erde verschmolzen in Eins. Es war, als ginge ihm was nach, und als müsse ihn was Entsetzliches erreichen, etwas das Menschen nicht ertragen können, als jage der Wahnsinn hinter ihm."

SAG, DASS ICH EIN GUTER AUTOR BIN

- Sag, dass ich ein guter Autor bin.

- Du bist ein guter Autor.

- Sag, dass meine Texte Relevanz haben und dich tief in deinem Inneren erschüttern und berühren.

- Deine Texte haben Relevanz und sie erschüttern und berühren mich tief in meinem Inneren.

- Sag, dass es nicht meine Schuld ist, dass die Welt so ist, wie sie ist.

Sag, dass es nicht meine Schuld ist, dass ich die Welt noch immer nicht geändert habe.
Sag, dass ich alles tue, was in meiner Macht steht, aber dass eben nur sehr sehr wenig in meiner Macht steht, fast gar nichts, ich aber trotzdem kämpfe und mir Mühe gebe Tag für Tag, Nacht für Nacht.

- Du tust alles, was in deiner Macht steht und du kämpfst trotzdem, obwohl nur sehr sehr wenig in deiner Macht steht, fast gar nichts, und du gibst dir Mühe Tag für Tag, Nacht für Nacht.

- Sag, dass ich zwar älter werde und meine Haut auch schon schlaffer wird, dass ich aber für einen Mann über 40 noch immer sehr sehr gut aussehe, interessant, attraktiv, aggressiv, radikal, sensibel, sensitiv.

- Du wirst zwar älter, und deine Haut wird an einigen Stellen schon schlaff, aber für einen Mann über 40 siehst du immer noch sehr gut aus, interessant, attraktiv, aggressiv, radikal, sensibel, sensitiv.

- Sag, dass alles, was ich schreibe, Tiefe hat, Substanz, Kraft, Intelligenz, Vision, Gefühl und für die Ewigkeit geschrieben ist und dass folgende Generationen unsere Zeit und unser Leben heute durch mich und meine Texte begreifen und erinnern werden.

- Alles, was du schreibst, hat Tiefe, Substanz, Intelligenz, Vision, Gefühl und ist für die Ewigkeit geschrieben und

- Ja, ja, du sagst es nicht so, dass ich es dir glaube.

- Was?

- Du sagst es nicht so, dass ich es glaube. Du musst es so sagen, dass ich es glaube.

- Alles, was du schreibst, hat Tiefe, Substanz, Intelligenz, Vision, Gefühl und
bricht ab.

- Du musst es sagen. DU musst es sagen, sonst, sonst höre ich mit allem auf, sonst verliere ich alle Hoffnung, du musst es sagen und du musst es so sagen, dass ich es glaube:
Sag, dass von dieser Zeit, in der wir heute leben, nichts mehr übrig bleiben wird außer mir, dass nur ich noch gelesen werde in 100 Jahren oder 1000 Jahren, zumindest in Fragmenten, in Auszügen, dass ein paar Sätze, wenigstens ein paar Sätze übrig bleiben, ein paar Gedanken, irgendwas, irgendwas, ein paar Satzfetzen, irgendwas, das irgendwer dann zusammenfügen kann und … sag, dass all das hier nicht meine Schuld ist und dass es nicht meine Schuld ist, dass ich

alles so lasse, wie es ist, und dass es nicht meine Schuld ist, dass mir die Kraft ausgeht und die Lust und die Zuversicht und dass ich nicht mehr für dich da bin und dass ich vielleicht, ich weiß es nicht, dass ich eigentlich gar nicht, nie, da bin, dass ich, im Grunde, nicht hier bin, dass

AUF DER INTENSIVSTATION

- Auf der Intensivstation

Die Schwestern lachen.

Der Pfleger dreht das Radio auf.

Mal bin ich da, dann bin ich wieder weg.

Ein Kommen und Gehen,

nur das Surren der Computer,

das Atemgerät,

Eiswickel um meine Organe.

So ein riesengroßer tiefgekühlter Frosch zappelnd hinter der Sauerstoffmaske, das bin ich jetzt.

Manchmal geht der Alarm los, dann weiß ich:

Jetzt bist du gleich tot.

Alle stürzen eilig ins Zimmer,

dann wird die Dosis erhöht,

dann strömt dieses

wie so ein ganz seltsames Gefühl

schwer zu beschreiben

durch meinen Körper.

Und ich komme zurück.

LANGSAM ZERFÄLLT DER RAUM

UND PLÖTZLICH WAR ICH AN DIESER STELLE IN MEINEM LEBEN.

Sätze

Erinnerungen

Fragmente

THE LONG SKYTRAIN RIDE

Are we drunk?
Are we afraid?
Are we religious?
Are we having sex?
Are we hoping for a better life?
Are we exhausted?
Are we five days before the revolution?
Are we a new computer game that is being tested?
Are we having the time of our lives?
Are we just tired?
Or looking for another relationship?
Are we just passing time?
Are we waiting for someone to change the channel?
Are we happy are we sad?
We cannot say anymore.
We are just floating.
And it feels so
I don't know
Like
Like

This long ride on a dark lazy afternoon somewhere on a skytrain in Tokio where you are all by yourself and you glide through all this perfection and you realize there is no driver no conductor no one who takes care of you no one seems responsible for anything and you just glide along and it seems endless and beautiful and you feel so far away from anything.

Are we just hiding or looking for a better setting to make us more presentable?

Are we ever alive or are we just a special effect?

Play Loud

PLAY LOUD entstand gemeinsam mit Anne Tismer, Lucie Debay, Cédric Eeckhout, Gael Maleux, Greg Rémy, Franz Rogowski am Théâtre National Bruxelles in französischer Sprache.

PLAY LOUD

TRACKLIST

1. DER PERFEKTE TAG
2. NAH
3. POSSESSION
4. IM KINDERZIMMER/IM KINOSAAL
5. DURCHWACHTE NACHT
6. IT IS SUPPOSED TO BE LOVE
7. YOUPORN
8. LASS ES UNS NOCH EINMAL VERSUCHEN/ TELEFONAT NACHTS
9. SPRICH MIT IHR
10. NORDPOL
11. EXIT MUSIC (FOR A FILM)
12. PLAY LOUD

Dieses Bühnenwerk enthält Songs, deren Rechteeinholung über die GEMA erfolgen muss.

DER RAUM

Ein Jugendzimmer, ein Kinosaal, ein Bandprobenraum – alles in einem. Überall Plüschtiere, DVD- und Videocassettenhüllen, Kabel, Verstärker, Instrumente, Notebooks, Leinwände, auf die projiziert werden kann. Die Performer erzählen aus ihrem Leben, performen gemeinsam ihre Songs, schauen sich Filmclips auf youtube an, erinnern sich zurück. Das Stück hat die Form eines Popalbums, die Aufführung hat die Struktur eines Livekonzerts. Die Band spielt ihre Tracks, ab und an spricht jemand direkt mit den Zuschauern, ab und an wird statt eines Songs eine Szene performt. Jede Szene ist wie ein eigener Track in einem Album. Die Tracklist ist die Grundlage für den Abend, sie kann neu arrangiert und anders zusammengesetzt werden.

DER PERFEKTE TAG

L der perfekte tag

also an einem perfekten tag

würde ich sehr lange schlafen

und ich würde wach werden und die sonne würde durchs fenster hereinfallen

und ich würde sex haben mit meinem freund

und mit meinem ex-freund der würde plötzlich auch in der tür stehen mit frühstück in der hand und würde sich für alles entschuldigen was er mir angetan hat und dann würden wir alle zusammen schlafen

uns lange küssen.

lange so da liegen lachen reden sich anfassen musik hören

im bett frühstücken

sich erzählen was man so geträumt hat

und dann miteinander schlafen

weiter frühstücken wieder miteinander schlafen

duschen aufstehen durch die stadt laufen einfach so ohne zeitdruck ohne richtung ohne termine

lachen sich an der hand halten

an dem perfekten tag würde keine werbung in der stadt hängen und keine flugzeuge wären am himmel

alle autos würden still stehen

die menschen würden zu fuß laufen und miteinander reden

sich kurz in den park legen oder ans wasser und da miteinander reden

oder sex haben

oder nur dastehen sich anschauen sich an den händen halten

sich küssen stundenlang

an einem perfekten tag würde ich meine eltern anrufen und sie würden sich daran erinnern wer ich bin und sie würden sagen WIR LIEBEN DICH FÜR ALLES WAS DU BIST UND TUST UND WENN

DU MAL WAS BRAUCHST ODER WENN ES DIR NICHT SO GUT GEHT KANNST DU JEDERZEIT ZU UNS KOMMEN ODER UNS ANRUFEN WIR SIND IMMER DA FÜR DICH GENIESSE DEIN LEBEN DAFÜR IST ES DA

in der stadt wäre kein lärm

in den körpern wäre keine angst

in den augen keine müdigkeit

ich würde dann ins studio gehen und meine besten freunde wären schon da und würden auf mich warten

und wir haben einen neuen song dabei und den wollen wir an dem tag ausprobieren

ich komme an alle begrüßen mich und wir lachen und es ist einfach schön, dass wir wieder zusammen sind

die jungs haben die nacht durchgemacht und an der instrumentierung für den neuen song gearbeitet

und der text liegt da und die melodie ist schon gefunden und die jungs spielen los und ich stell mich ans mikrophon und wir singen einfach los

Sie greifen zu Instrumenten und performen ihre eigene Coverversion des im Folgenden angegebenen Songs. Möglichst mit sehr einfacher, rudimentärer Instrumentierung. Alle Songs sind hier im Folgenden als Vorschläge zu verstehen. Jede Gruppe kann auch ihre eigenen Songs auswählen. Die YouTubeverlinkungen sind als Anregung zu verstehen.

L *SONG „JORGE REGULA" von Moldy Peaches*

http://www.youtube.com/watch?v=9mo5ehG8xZw

L ja, dann geht die sonne unter

wunderschön

wir liegen alle beieinander berühren uns

einige haben sex einige reden miteinander einige liegen einfach so da

und mein kopf wäre völlig frei und ich würde dich anschauen und ich würde keine angst haben und ich würde sagen:

ich mag dich

ich bin da für dich

ich will dass du nicht gehst dass du hierbleibst

ich will dass wir zusammen sind

ich will dass du mich festhältst

wenn du mal ne andere hast ist das ok

ach ich weiß nicht

nein ich

ähm

ich kann dir einfach nie das ist die scheiße ich kann dir nie

wenn du mich jetzt so anschaust weiß ich nicht

ich kann dir einfach nicht vertrauen

WER BIST DU?

WAS WILLST DU VON MIR?

wieso hast du mich gestern nicht zurückgerufen?

wo warst du denn heut nacht?

wieso antwortest du nie auf meine sms?

wer ist diese tussi auf facebook, die dir dauernd irgendwelche links auf deine wall postet mit irgendwelchen abgedrehten liebesliedern?

wer ist die?

was will die von dir?

woran denkst du wenn wir sex haben?

du bist immer so abwesend

ich bin gestern mal ins netz gegangen auf deinem computer weil ich meine emails checken wollte, MANN, in deinem verlauf sind ja nur pornoseiten MASSENHAFT glotzt du die ganze zeit pornos? gestern von 3 uhr 17 bis 5 uhr 21 hast du dir auf youporn 98 unterschiedliche hardcore filme angeschaut

das heißt: wir ficken miteinander du täuschst einen orgasmus vor tust so als würdest du einschlafen und schleichst dann aus dem bett raus um dir ZWEI STUNDEN LANG HARDCOREPORNOS ANZUGUCKEN

wer bist du eigentlich?

was willst du von mir?

wieso schenkst du mir nie was?

meinen geburtstag hast du auch vergessen

wieso sehen wir uns immer erst nach 23 uhr was machst du denn vorher immer?

wieso kenne ich deine freunde nicht?

du bringst nie jemanden mit du stellst mir nie jemanden vor wir schlafen zusammen das ist alles wir haben ÜBERHAUPT KEIN LEBEN ZUSAMMEN

WIR MACHEN NIE WAS GEMEINSAM:

mal essen gehen

mal ins kino gehen

mal wegfahren

mal gemeinsam mit freunden kochen

NICHTS

WIR LIEGEN NUR HIER FICKEN UND DANN SCHLÄFST DU EIN UND AM NÄCHSTEN MORGEN BIST DU WEG WAS SOLL DAS EIGENTLICH SCHEISSE ICH WILL LIEBE

geh

ich kann nicht mehr

ich will nicht mehr

mir reicht es jetzt ehrlich

hau ab

ich hab die schnauze voll

raus hier raus jetzt raus

Sie greifen zu Gitarren und schlagen mit Drumsticks auf alten Drumcomputern herum, bearbeiten ein altes Synthiegerät und machen nun eindringlich aggressiven Punkrock, z.B.

A *SONG „THIS IS NOT A LOVE SONG" von PIL*

http://www.youtube.com/watch?v=rXY0XD7ahZQ&feature=results_video&playnext=1&list=PL421A1F38F0215689

G Der folgende Track heißt „Nah"

NAH

L ich würde gern
dass wir uns nahe sind

C aber wir sind uns doch nah

L ich meine ja
ja wir sind uns nah
aber ich meine
o gott
ich meine
nah nah
echt nah
anders nah
ja wir sind uns nah
aber
nicht nah

C wir sind uns doch nah

L ja ich weiß
aber ich meine
ich weiß nicht
ich meine
was anderes
anders nah
anders eben mein gott

C meinst du, dass wir miteinander schlafen sollen?

L nein
weiß nicht

C das haben wir doch schon gemacht
ich meine
ich weiß nicht, was du meinst
nah nah
was meinst du damit „nah"?

L na „nah" eben

C wie „nah"?

L nah

C nah

L nah

C nah?

L ja, aber anders nah, eben nah, nicht „nah", sondern nah

C das ist mir zu abstrakt

L nah

C „nah" – sorry, aber das ist mir zu abstrakt

L abstrakt?

B abstrakt, ja

A nah ist abstrakt?

C na abstrakt ja

G was ist „abstrakt"?

C na, mein gott, abstrakt eben

G ja, wie abstrakt?

C na, abstrakt

L nah, abstrakt

C nah sein?

L nah

C das ist mir zu abstrakt

L nah sein? abstrakt?

C na ja, diese Art von Nahsein

L welche?

G machs doch konkret

C kann sie ja nicht

G machs doch einfach konkret

C kann sie doch nicht

L nah
nah
nah

C das ist völlig abstrakt

L gut

C ja

L ich liebe dich

C ist doch völlig abstrakt

L ich wäre dir so gerne
nah

C ja

L nah

C ja, nah

L *schreit laut*
Stille.

C was?

L weiß nicht

C was?

L weiß nicht

C *macht etwas*
meinst du das?

L weiß nicht

C sag ich ja, völlig abstrakt

L nah

C hm.

Eine sehr langsame, melancholische, zerbrechliche Musik, L nimmt die Stimmung aus der vorangegangenen Szene mit in ihre Songperformance von z.B.

L SONG IN A MANNER OF SPEAKING von Nouvelle Vague

http://www.youtube.com/watch?v=-uZlvKXnYU4

POSSESSION

C Meine Mutter ist nur 17 Jahre älter als ich. Das hat sie mir immer übel genommen. Wenn sie Besuch hatte von irgendwelchen Liebhabern, musste ich immer so tun, als sei ich der Nachbarsjunge, der gekommen war, um irgendetwas zu reparieren, also saß ich meist da und schraubte am Fernseher oder Videorekorder herum und ging dann irgendwann raus und wartete, bis sie und der Typ fertig waren.

Mama, wann geht dein Freund wieder?

Cédric, sag nicht Mama zu mir, das mag ich nicht

Mama, wer ist denn das?

Hör zu, mein Schatz, du bist die größte Liebe meines Lebens, aber das bleibt unser Geheimnis, ja, davon darf niemand erfahren. Wenn dich jemand fragt, sagst du einfach: Du bist nur hier, um den Videorekorder zu reparieren.

Irgendwann gab es Ärger, ich hatte keine Lust mehr, unentwegt irgendetwas zu reparieren. Ich hatte alles schon mehrmals auseinandergenommen und wieder zusammengebaut: Die Heizung, das Bügeleisen, das Telefon, den Fernseher, die Videoanlage, die Stereoanlage. Ich hatte alles in seine Einzelteile zerlegt und mir das Innenleben dieser Maschinen genau angeschaut, um herauszufinden, wie alles funktioniert, ich habe Tage damit verbracht, neue Verbindungen zu schaffen, Kabel anders zusammenzulegen, und Geräte auf geheime komplexe Weise miteinander zu verschalten. Eines nachts kam meine Mutter aus dem Schlafzimmer in die Küche und wollte ein Glas Milch in der Mikrowelle warm machen. Als sie auf die Taste drückte, explodierte der Fernsehapparat und die Stereoanlage erzeugte auf voller Lautstärke schrille Frequenzüberdrehungen und die Waschmaschine lief aus. Von da an beschloss sie, ihre Liebhaber außerhalb der Wohnung zu treffen.

Cédric, du bleibst zu Hause ich geh weg

Da ist Essen im Kühlschrank, das musst du nur in die Mikrowelle stellen

Hier sind Filme

Die schiebst du da in den Rekorder, setzt dich aufs Sofa und schaust sie dir an. Das macht Spaß. Wenn ein Film zu Ende ist, machst du eine kurze Pause und schiebst den nächsten rein, nach zwei Filmen schiebst du dir Essen in die Mikrowelle, startest den dritten Film und setzt dich davor. Nach dem siebten Film gehst du bitte schlafen. Wenn was ist, ich bin Montag wieder zurück.

ich habe über 3000 filme geguckt in meiner jugend

das fing mit elf jahren an

fellini, godard, antonioni, lynch, pasolini,

ich hab absolut nichts verstanden

ich hab die 120 tage von sodom geschaut mit elf

und absolut nichts verstanden

ich war völlig fasziniert von der szene, wo sie scheiße essen

das hab ich dann nachgespielt

bin in die küche gegangen, hab einen teller genommen, meine scheiße drauf verteilt und dann gegessen

ich fand es ekelhaft, aber ich wollte unbedingt das machen, was die da in dem film machten

ich wollte teilhaben an deren geschichte

und hab die dialoge mitgesprochen

am ende gings mir total schlecht und ich hab alles wieder ausgekotzt genau in dem moment,

als meine mutter zur tür reinkam

die war völlig fertig

ich hab mich nicht getraut, zu sagen, dass ich gerade pasolini reenacte

ich hab kubrik, fassbinder, cassavetes geguckt

almodovar, cronenberg, bergmann, solondz

aber nichts verstanden

also schaute ich auf diese bilder und baute mir meine ganz eigene logik zusammen, dachte mir

meine eigene geschichte dazu aus

ich erinnere mich an eine szene mit isabelle adjani aus zulawskis POSSESSION

das ist ein film, den ich nie verstanden habe

isabelle adjani verliebt sich in so eine fremde seltsame masse, einen blob und

es gibt diesen moment in der u-bahn, wo sie so seltsam besessen ist von ihrer liebe zu diesem fremden wesen und

irgendwie stellte ich mir so meine mutter vor, wenn sie sich in einen mann verliebte dass sie irgendwie eine etwas seltsame art hatte, ihre gefühle zu zeigen, und diese männer nicht so richtig wussten, was sie damit anfangen sollten, denn die waren immer nach dem ersten date alle sofort wieder weg

sonntag abends kam meine mutter immer völlig verstört nach hause und saß einfach nur da auf dem sofa, starrte vor sich hin und sagte

du liebst mich doch, oder?

du verstehst mich doch, oder?

hältst zu mir.

du würdest nicht so einfach gehen, oder

mich einfach allein lassen, oder?

sag mal, cédric, mach ich irgendwas falsch

sag mal

gibt es irgendwas an mir, das du nicht magst

das dir nicht gefällt oder das ich anders machen sollte

komm mal her

nimm mich mal in den arm

du liebst mich doch, oder

brauchst mich doch, oder

und dann hielt sie meine hand, küsste mich, ihr ganzer körper zitterte

sag mal ehrlich: bin ich hübsch? gefall ich dir? ist irgendetwas seltsam an mir?

und dann lag sie ganz lange in meinem arm und weinte

da war ich elf

und sie hielt mich ganz fest an sich gedrückt und ihr körper zitterte so und machte so ganz seltsame geräusche und

ja also dies ist der ausschnitt, den zeigen wir jetzt mal

das war meine erste filmszene mit elf, die so richtig hängen geblieben ist in meinem kopf

hier wir schauen mal kurz rein

POSSESSION VON ZULAWSKI MIT ISABELLE ADJANI –

http://www.youtube.com/watch?v=eAZJwvLJ53Y

Die Szene läuft über den Videobeamer, während er gleichzeitig spricht.

ja seltsamerweise hab ich immer an diese szene gedacht, wenn ich mir LIEBE vorgestellt habe als kind, ich dachte, wenn man sich verliebt, dann ist man besessen und wird so seltsam hin und hergerissen, die gefühle wühlen so im körper herum und man verliert die kontrolle über sich, lacht und weint und kotzt und zittert am ganzen körper, verliert die orientierung, irrt so verstört debil durch sein eigenes leben, haltlos. wenn ich verliebt war, hatte ich immer das gefühl, etwas fremdes hatte meinen körper ergriffen, irgendein alien lebte jetzt darin und ich war dem ausgeliefert, der nährte sich von dem chaos meiner unkontrollierbaren gefühle und ich war nicht mehr ich selbst und war all dem wehrlos ausgeliefert und konnte mir nur noch zuschauen und das fand ich schrecklich, das machte mir angst.

ich wollte mich nicht verlieben.

ich blieb lieber zuhause und schaute mir all diese gefühle auf der leinwand an

ich hatte dieses riesige archiv

alle szenen, die mir gefielen, sammelte ich

und schaute sie wieder und wieder an

und es hatte etwas sehr befreiendes

all das nicht selbst durchmachen zu müssen

da zu sitzen

und andere all das für einen erleben zu lassen

den schmerz

die angst

die verzweiflung

die schlaflosen nächte

den hass

das verlangen

die sehnsucht

die eifersucht

ich glaube, sich verlieben war nie so meine sache.

mama?

mama?

bist du da irgendwo?

mama?

Es folgt nun ein Re-enactment des youtube Ausschnittes, der vorher gezeigt wurde, L beginnt, alle anderen kopieren L, eine eigene Choreografie entsteht, im Hintergrund läuft der Originalton von POSSESSION.

IM KINDERZIMMER/IM KINOSAAL

G anschreiben gegen die angst

stille

winter

nichts bewegt sich

weihnachten seit jahren wieder allein mit meinen eltern

nachts im kinderzimmer

alles eingeschneit

festgefroren

ich liege hier

du bist irgendwo und

ich weiß nichts mehr nichts mehr

umgeben von notizen

tagebuchaufzeichnungen

stofftieren

plattenhüllen

postern

alten briefen.

abgebrochene kurzgeschichten

romanfragmente

drehbuchversuche die nach 2 seiten enden

nichts zuende geführt

alles bricht ab

von diesem punkt aus gesehen ergibt mein leben überhaupt keinen sinn: alles liegt hier in einzelteilen und fügt sich zu nichts zusammen

wie soll ich eine zusammenhängende geschichte von mir erzählen?

anfang mitte ende handlung entwicklung?

ich glaube ich hatte meine eltern zu weihnachten besucht und war dann einfach in meinem alten kinderzimmer liegen geblieben wochenlang im mai lag ich immer noch da

und nahm irgendwelche medikamente ein

die mich bewegungsunfähig machten

zwischen all den erinnerungen

tagebuchseiten

fotos

dvds

cds

filmsequenzen

songfragmenten

meine eltern liegen da irgendwo nebenan

geben kaum noch laute von sich

ich kann nicht sagen ob die leben oder tot sind

hatte ich die? nein. totgeschlagen in einem plötzlichen racheanfall für das leben, das sie mir vorenthalten hatten?

wenn sie den raum betreten, stirbt etwas in mir

ich weiß nicht was das ist

wenn sie den raum betreten, bin ich nicht mehr ich, ich bin dann etwas anderes

alles leben fließt aus meinem körper

alles verkrampft sich

kein widerstand

ich bin hier

liege herum in meiner kindheit

klebe fest in all den aufbrüchen abgebrochenen versuchen und handlungssträngen

wie ein insekt das so festklebt nicht mehr weiterkommt

du bist jetzt weg

das versuche ich zu begreifen

es ist fast wie ein schmerz und doch

ich spüre nichts

von hier aus betrachtet ist mein leben eine ansammlung von fragmenten versuchen falschen entscheidungen alles so unverbunden

ich könnte nicht sagen wer ich bin

oder warum ich so handle wie ich handle

ich glaube ich rette mich von tag zu tag

das was anfällt mache ich erledige ich aber

kein ziel

kein plan

keine orientierung

ich schaue was passiert und reagiere dann

mehr kann ich nicht sagen

es schneit draußen glaube ich

es wird kälter

ich liege hier

ich habe vergessen wie alt ich bin

ich hoffe immer noch auf die liebe meiner eltern

und dass sie mich verstehen

mich mal in den arm nehmen

mit mir reden anstatt mich immer nur vollzuquatschen

auf mich einzureden an mir vorbeizureden niemals zuzuhören

aber da kommt nichts mehr

ich stehe auf

irgendwann

es ist schon dunkel

sie schlafen oder sind schon tot ich kann den unterschied nicht mehr erkennen

ich schaue filme und höre musik und

nichts passiert

du bist weg

die zeit friert fest

und ich kann nicht einmal mehr sagen wie lange wir zusammen waren

und was da eigentlich passiert ist

ich bleibe hier liegen

erinnerungen

keine handlung

alles was ich jetzt noch erinnere ist die musik die wir gehört haben und

ja

die filme die wir geschaut haben und

so ein gefühl:

dass ich dich nie sehr geliebt habe,

dass es oft anstrengend war und

ich meist das gefühl hatte nicht da zu sein wenn du bei mir warst, aber

dass es gut war, nicht allein zu sein

dass alles besser war als das hier jetzt

dieses ich weiß nicht, wie ich das nennen soll

schlafen

einfach schlafen

variation:

ein mann läuft durch den schnee winter er will vergessen

ich will dich vergessen kann nicht mehr schlafen weiß nicht mehr weiter will einfach nur gehen gehen laufen laufen alles vergessen nicht mehr teilhaben an all dem hier weg nur weg

ich ging zu einem kino

kaufte alle tickets

ich wollte allein sein

niemand neben mir

kein geräusch kein geräusch

mir schien als hätte ich alles verlernt

blicke gesten worte berührungen

ich saß da

drei wochen lang

festgefroren

draußen schnee

alle flughäfen lahmgelegt

kein weiterkommen

kein weiterkommen in der geschichte mit dir

ich war festgefroren in meiner sehnsucht meiner einsamkeit dem gefühl alles

wirklich alles

falsch gemacht zu haben

ich rufe dich an du nimmst nicht ab

ich klingle an deiner tür du bist nicht da

unsere freunde reden nicht mehr mit mir

niemand mehr da

ich saß da

drei wochen lang

in diesem kino

neben dem haus meiner eltern wo ich mich für den gesamten winter einquartiert hatte

ich war da einfach in meinem alten kinderzimmer liegen geblieben

fünf vorstellungen am tag

blicke

gesten

sätze

„halt mich fest"
„geh nicht"
„bleib"
„ich hasse dich"
„ich brauche dich"
„verlass mich nicht"
„ich liebe … einen anderen"
„ich bring dich um"
„geh endlich geh ich kann dich nicht mehr ertragen"
da war nichts mehr nichts in meinem körper
meine seele wie rausgerissen falls ich je eine besessen hatte
so angenehm: all dem nur zuzuschauen
auf die leinwand zu schauen und zu wissen
ich muss an all dem hier nicht mehr teilhaben
das alles hier geschieht ohne mich
der hass
die wut
die verzweiflung
die sehnsucht
die schlaflosen nächte
die schreie
die schlägereien
ich bin kein teil davon
ich liege hier in meinem sessel
um mich herum alles still niemand da
und ich fühle all diese dinge ohne daran teilzuhaben
ich bin geschützt
es ist dunkel
da ist liebe
da ist tod

da ist angst
da ist trennung
da ist schmerz
da ist glück
da ist verzweiflung
da ist alles
alles alles alles
aber ich muss das alles nicht mehr fühlen
ich bin endlich frei
ich schaue zu
ich schaue nur noch zu

DURCHWACHTE NACHT

KANNST DU NICHT NOCH VORBEIKOMMEN?

L Kannst du nicht noch vorbeikommen
C Nein das schaff ich jetzt nicht mehr
L Komm bitte
C Komm du doch
L Nein
C Warum denn nicht?
L Du hattest gesagt du wolltest kommen
C Ja aber
L Was
C Ich schaff das jetzt nicht mehr ich
L Warum denn nicht?
C Ich kann nicht
L Bitte

C Komm du doch

L Nein

C Warum denn nicht

L Immer soll ich kommen

C Ja aber du kannst doch morgen ausschlafen und

L Nein ich muss auch arbeiten

C Dann sehen wir uns morgen

L Ich will aber nicht allein schlafen

C Na dann komm

L Nein

C Komm bitte

L Nein ich ich komm hier jetzt nicht mehr weg ich

C Na gut dann sehen wir uns

L Nie

C Morgen

L Nie

C Hör auf

L Komm

C Nein ich

L Nun komm doch bitte

C Nein ehrlich ich schaff das heute nicht mehr

L Bitte

C Nein

L Nur kurz

C Nein ich

L Wir sehen uns 5 Minuten, oder … du bringst mich noch zu Bett und

C Ok

L Ja

C Ja aber

L Was

C Ich brauch noch n Augenblick, ich … schaff das jetzt nicht sofort, ich … muss noch ein paar Sachen erledigen und dann

L Dann schlaf ich schon

C Dann leg ich mich dazu

L Ich will dich aber auch mal SEHEN mit dir REDEN dich wahrnehmen dich hier haben bei mir in meinem Arm ich

C Na dann komm

L Nein

C Na siehst du

L Was

C Du willst auch nicht

L Ja aber

C Komm wir sehen uns morgen

L Nein

C Ist jetzt zu spät

L Nimm dir n Taxi und komm

C Ich würde gerne, aber

L Bitte

C Nein

L Bitte

C Kannst du nicht kommen?

L Aber ich komm doch immer

C Nein, ich komm auch manchmal

L Wann denn?

C Hör auf, ich

L Ich bin dir einfach nicht wichtig

C Hör auf

L Nicht genug

C Ich

L Was ist jetzt … kommst du?

C *sagt nichts*

L Hallo?

C *sagt nichts*

L Hallo

ICH WILL KEINE NÄHE NEIN NICHT ZU NIEMANDEM

C ICH WILL KEINE NÄHE NEIN NICHT ZU NIEMANDEM

So verdammt schwer irgendjemandem nahe zu kommen und das auszuhalten

Und dabei ist das ALLES WAS ICH WILL

Geh weg lass mich endlich in ruhe geh bitte

Bitte bitte bleib geh nein warte setz dich da hin sag nichts beweg dich nicht STÖR MICH NICHT warte einfach auf mich warte ja nein nicht gehen einfach da sitzen bleiben ich sag dir dann schon wann ich dich brauche ja morgen oder so oder übermorgen bleib einfach da auf stand by ja dahinten in dem Sessel da ja da ja nein noch weiter nein noch weiter so ja so dass ich dich nicht sehen kann nicht atmen höre aber noch weiß dass du in der nähe bist wenn ich dich brauche ja so das wär gut aber

G Der folgende Track ist aus dem Album TRUST

UND WENN ICH ES DIR SAGEN WÜRDE

G Und wenn ich es dir sagen würde, würde es nichts ändern
Und wenn ich es dir nicht sagen würde, würde es nichts ändern
Und wenn ich dich lieben würde, würde es nichts ändern
Und wenn wir zusammen bleiben würden, würde es nichts ändern
Und wenn ich meine Sachen packen würde, würde es nichts ändern
Und wenn ich dich anrufen würde, würde es nichts ändern
Und wenn ich dich nicht anrufen würde, würde es nichts ändern
Und wenn ich dich küssen würde, würde es nichts ändern
Und wenn ich dich wirklich, wirklich wollen würde, würde es nichts ändern

Und wenn ich jetzt, wenn ich jetzt einschlafen würde, würde es nichts ändern
Pause
Und wenn ich gehen würde, würde es nichts ändern
Und wenn ich einfach nur am Fenster stehen würde, würde es nichts ändern
Und wenn ich einfach einmal ja sagen würde, würde es nichts ändern
Und wenn ich dich für einen Augenblick nur verstehen würde, würde es nichts ändern
Pack deinen Koffer und bleib
Bleib hier
Und wenn ich dir vertrauen würde, wenn ich dir, wenn ich
Und wenn ich dir
Wenn ich
Ich kann dir einfach nicht
Ich kann dir einfach
O mein Gott
Ich kann das einfach alles nicht
Tut mir so leid
Vergiss, was ich gesagt habe
Tut mir leid
Es tut mir so leid
Ich habe das nicht gemeint
Lass uns einfach alles so lassen, wie es ist
Lass uns nicht alles durcheinander bringen
Es hat so lange gedauert, das hier jetzt alles
Das war so, so
Anstrengend
Das hat nur mit mir zu tun
Das hat nichts mit dir zu tun
Das ist irgendwie in mir und
Das ist alles meine
Das ist alles meine, ich meine, das ist
O Gott
Das bin ich hier
Und das da bist du
O Gott
Und ich
Ich kann das nicht
Und wenn ich dich berühren würde, würde es nichts ändern

Und wenn ich dich wirklich, wirklich wollen würde, würde es nichts ändern
O Gott
Aber lass uns einfach alles so lassen, wie es ist

Einfache Gitarrenbegleitung. A allein am Mikro. Die anderen tanzen im Hintergrund nach z.B.

A *SONG „AND IT'S SUPPOSED TO BE LOVE" von Ayo*

http://www.mtv.de/videos/20265401-ayo-and-it-s-supposed-to-be-love.html

YOUPORN

G auf youporn sehe ich einem typen zu, der seinen schwanz in den weit aufgerissenen mund einer alterslosen frau steckt so tief und so lang, bis sie kotzt, so ein grüner schleim läuft über ihr gesicht und verklebt augen und haare, warum grün weiß ich nicht, sie würgt, sie röchelt, das video verzerrt, löst sich auf, pixelt, die gesichter wie fratzen, eine verbindungsstörung, das bild wird zerrissen, das gesicht der frau scratcht hin und her, löst sich auf, formlos verrissen, mein schwanz ist völlig schlapp, ich liege da, versuche krampfhaft, mir einen runterzuholen, da ist so ein schmerz, ich will hier nicht allein liegen, soll das jahre so weitergehen? wenn du weiterhin allein bleibst, stirbst du, das war der rat meines vaters zu weihnachten, wenn du so weiter machst, schaffst du höchstens noch zwei jahre, mehr nicht, du brauchst eine frau, die sich um dich kümmert, die dir zuhört, wenn du sorgen hast, die dir kraft gibt, die dir den glauben gibt, dass es einen sinn hat, dass du morgens aufstehst und dich an die arbeit machst, die dich festhält, dir zum abschied einen kuss gibt, die du anrufen kannst, wenn du nicht mehr weiter weißt, das video hat sich verharkt und kommt nicht mehr von der stelle, die grüne kotze läuft aus dem hals der frau, die kaum noch luft bekommt, dann fließt sie wieder rein, dann raus, dann wieder rein, ich starte den film noch einmal, ich will nicht, dass mein vater recht behält, dieser schreckliche mensch, der nie für mich da war als kind, den ich kaum zu gesicht bekommen habe, der mich nicht einmal in den arm nehmen konnte, ohne dabei einen dummen ironischen spruch zu machen, der sich niemals selbst in frage gestellt hat in seiner unerschütterlich debilen selbstsicherheit, youporn funktioniert nicht mehr, irgendein serverproblem, ich versuche es auf porntube und sehe einer frau zu, die einen mann durchkitzelt, als eine art folter, bis der schreit und um gnade winselt vor lauter lachen, das macht mich grad gar nicht an, ich bin wirklich allein hier, plötzlich spritze ich ab, ich weiß nicht wie, mein schwanz ist völlig schlapp, es muss wohl irgendetwas mechanisches gewesen sein, nachdem ich fast zwanzig minuten meine hand im gleichen rhythmus rauf und runter bewegt habe und o je ich fühle nur noch dieses stechen

Alle außer G und A produzieren jetzt sehr leise nervige eindringliche Soundflächen.

LASS ES UNS NOCH EINMAL VERSUCHEN/ TELEFONAT NACHTS

G Lass es uns noch einmal versuchen

A nein

G bitte

A nein, wir haben alles versucht

G ich kann nicht mehr

A ich auch nicht

G ich brauche dich

Pause.

A nein, das ist nur so ein Gefühl jetzt.

G Komm zurück

A Wenn ich zurückkommen würde, wäre es drei Tage lang gut und dann wären wir genau wieder an dem Punkt, an dem wir aufgehört haben.

G Immerhin drei Tage. Drei Tage können alles sein.

A Nein

G Drei Tage, in denen wir glücklich sind

A Ich muss los

G Bist du glücklich?

A Nein

Pause.

G Komm zu mir

A Ich kann nicht

G Setz dich in ein Taxi und

A keine Kraft mehr

G bitte

A ich kann auch nicht mehr reden. Alles besprechen. AUSEINANDER NEHMEN. Da ist nichts zu klären. Gefühle sind da und dann … sind sie weg. Und dann ist alles anders. Da ist nichts zu klären. Verstehst du.

G Nein

A Es gibt nichts zu klären

G wir können einfach zusammen da liegen, Musik hören, uns festhalten … wie früher

A es gibt kein früher, es gibt nur jetzt.

G ich komm vorbei

A nein

G ich fahr jetzt los

A nein

G ich will dich sehen

A es geht nicht. Nein. Ich…

G bist du nicht allein?

A … will das nicht. ich will nicht. ich will dich nicht…

G bitte

A … sehen

G bist du nicht allein?

A was?

G ist da jemand bei dir?

A lass das

G ist da jemand?

A ich leg jetzt auf

G nein

A ich leg auf

G was willst du?

A ich weiß es nicht. Dass

G ja?

A alles aufhört
Pause.
zu viel. Alles. Still. Nicht. Denken. Nicht. Reden.

G Ich fahr jetzt los. Lass mich rein.

A Nein

G Ich will einfach nur bei dir sein. Wir müssen nicht reden. Ich sag nichts. Ich sage. Nichts.

A Ich gehe. Ich gehe aus dem Haus

G Ich finde dich

A Lass es bitte

G Ich suche dich und ich finde dich, lass es uns noch einmal versuchen

A Lass uns doch einfach mal drei Nächte schlafen. Nichts voneinander hören.

G Nein

A Nicht immer wieder alles aufwühlen und

G bitte

A nein

G bitte. bitte. bitte. bitte. ich kann nicht mehr.

A ich auch nicht mehr.
Pause.
Wirklich. Ich kann nicht mehr. Du musst jetzt auflegen.

G ich kann nicht
Pause.
was bin ich für dich?
Pause.
ich komme vorbei jetzt

hallo?
hallo?

A Ich bin nicht mehr da.

G Nur eine Nacht noch und dann

A ich habe aufgelegt. Ich bin nicht mehr da. ich hör dich nicht mehr.

G Mach die Tür auf, wenn ich komme.

A ruf mich nicht mehr an. ruf mich bitte bitte nicht mehr an

G mach das nicht

A ich hör nichts mehr

G leg nicht auf

A ich kann nicht mehr sprechen

G du musst nichts sagen. Leg dich einfach ins Bett. Leg den Hörer neben dich und … leg nicht auf, ich … ich bin gleich bei dir. Leg nicht auf. Leg nicht auf. Bitte. Hallo? Hörst du? Hörst du mich?

A Ich weiß es nicht. Ich weiß nichts mehr.

L Der folgende Track heißt DONT FUCKING TELL ME WHAT TO DO

L *SONG „DON'T FUCKING TELL ME WHAT TO DO" von Robyn*
http://www.youtube.com/watch?v=tGybcFIUkYs

SPRICH MIT IHR

G sprich mit ihr. wenn ich sie anrufe, legt sie sofort auf

L nein

G gib mir dein handy

L du bist nie hier und jetzt plötzlich kommst du hier vorbei und … weißt du wie spät es ist?

G gib mir dein handy. wenn sie meine nummer sieht, legt sie sofort auf und

L ich hatte gestern geburtstag

G herzlichen glückwunsch.

L irgendeine ahnung wie alt ich geworden bin?

G hör zu, mir geht es beschissen, ich muss dieses Drehbuch zu Ende schreiben, diese dämliche komödie und

L 18? 20? 22? irgendeine Idee?

G mir fällt nichts mehr ein, ich schlaf nicht mehr seit tagen schon bitte du musst

L WIE ALT?

G 20?

L 24.

G na gut. hör zu, ich muss das fertig kriegen und ich

L was arbeite ich?

G GIB MIR JETZT DEIN HANDY

L NEIN. was arbeite ich?

G du wolltest doch … keine ahnung … bitte ruf jetzt deine mutter

L WAS ARBEITE ICH? irgendeine idee?

G ich weiß es nicht. irgendwas mit … Musik

L verheiratet?

G hör zu, mir tut das alles unendlich leid

L Kinder?

G ich weiß, ich war nicht so oft da für dich

L nie

G was?

L nie da für mich

G das stimmt nicht, wir hatten auch

L geh einfach

G schöne zeiten miteinander

L wann? wann genau war das?

G das war

L ja, wann, wann, sag mal, wann genau und wer „wir". Du und wer noch? ich war jedenfalls nie dabei, wenns schön war TUT MIR LEID

G gib mir dein handy, wenn sie deine nummer sieht, geht sie ran
schreit ganz laut und schlägt auf ihn ein.
ICH VERMISSE SIE SIE MUSS ZURÜCKKOMMEN ICH KANN NICHT MEHR ARBEITEN MIR FÄLLT NICHTS MEHR EIN

C können Sie nicht gehen

G wer ist der typ

L das ist mein freund. wir heiraten in zwei monaten.

G wirklich? naja, gut. viel, also ehrlich ähm viel

L ich kriege ein kind von ihm

G schön, das ist

L verschwinde

C gehen Sie doch einfach

G Sie hat ihren mantel noch bei mir … vielleicht ist ihr kalt, vielleicht … ihr wird doch so schnell kalt. gib mir jetzt dein handy
wird etwas gewalttätig.

L FASS MICH NICHT AN

C hey

L lass mal

C hau mal ab hier du penner

L doch lass ihn einen moment.

G weißt du, als du kleiner warst, da warst du noch nicht so schwierig und da…

L ja da saß ich meist weggetreten in der ecke rum, weil ich mich nicht getraut habe, irgendwas zu sagen, weil ich angst hatte, dass ich irgendeinen streit auslösen würde.

G da konnte man mit dir reden, dich einfach mal in den arm nehmen

L nimm mich in den arm

G was?

L das kannst du heute auch noch. nimm mich einfach in den arm

G was jetzt?
schaut C an, er zögert etwas zu lange.

L verschwinde

Er will sie in den Arm nehmen, zu spät, wie sie findet, es wirkt etwas umständlich unbeholfen, sie lässt es nicht zu.

L lass hör auf lass es einfach FASS MICH NICHT AN

G ihr seid beide so … schwierig, du und deine mutter. wieso trenn ich mich nicht endlich von euch?

L man kann sich nicht trennen, wenn man nie miteinander zusammen war, papa. oder anders gesagt: wenn man nie richtig zusammen ist, weil man nie richtig „ja" sagt, dann macht man nichts außer sich unentwegt zu trennen, dann ist das zusammensein eine einzige endlose trennung und jetzt hau ab, trenn dich endlich, geh. GEH ENDLICH HAU AB HIER

C gehen Sie doch einfach jetzt, ich will schlafen

L geh schlafen

C nicht so lang der typ

G ich bin ihr vater

C der typ ist dein vater?

L komm geh geh schlafen ich klär das hier. also du hast 2 minuten. was willst du? es ist 2 uhr nachts.

G hör zu, mir gehts schlecht, ich kann nicht mehr arbeiten, mein kopf ist total gelähmt, seit sie weg ist, sie muss zurückkommen, sag ihr, es tut mir leid, alles wirklich, sag ihr, ich hab mich geändert, ich ändere mich, ich

L aha

G ich bin jetzt ein anderer, sag ihr das und…

L wie anders?

G anders, einfach anders, du weißt schon: verständnisvoller, ich höre jetzt zu, gehe auf sie ein und, bitte sprich mit ihr, auf dich hört sie

L geh

G sie soll zurückkommen, wenigstens für ein paar tage, ich kann nicht schlafen, ich kann nicht einschlafen nachts, sag ihr, sie soll sich neben mich legen und, sie soll einfach nur da liegen, nichts machen, das reicht schon völlig aus, wenn sie da liegt und meine hand hält und, ich zahl ihr das auch, dir auch, ihr braucht doch geld, jetzt, wo ich nicht mehr da bin, habt ihr doch nichts mehr, ich zahl euch das, ich geb dir … was brauchst du, sag mal, wieviel, ich geb dir das … ich geb dir geld, aber rede mit ihr, mach dass sie zurückkommt, ich kann nicht mehr, BRING SIE ENDLICH ZURÜCK ZU MIR

A *SONG „YOU BELONG TO ME"*

http://en.wikipedia.org/wiki/You_Belong_to_Me_(1952_song)

NORDPOL

A Geh

C Nein

A Ich will, dass du gehst

C Nein

A Geh ich will dich hier nicht haben

C Ich geh nicht

A Geh jetzt sofort

C Nein

A Raus
Sie küsst ihn.
Du sollst weg, geh endlich oder

C Oder was?

A Was willst du? bleiben gehen nur kurz vorbeischauen wieder abhauen WAS WILLST DU EIGENTLICH WAS du kannst hier nicht einfach so nach drei Monaten vorbeischauen als sei nichts gewesen und dann gleich wieder abhauen ich

C Hör mir mal zu

A Nein

C Hör zu

A Ich will nichts hören ich will absolut nichts hören ich hab genug gehört ICH WILL NICHTS MEHR HÖREN Du hättest wenigstens mal anrufen können

C Ich wollte aber

A So schwer ist das nicht, weißt du, man muss einfach nur eine Nummer wählen und dann kann man dem anderen sagen, was los ist und dass er sich keine Sorgen machen muss, dass man bald wiederkommt und

C Das verstehst du nicht

A Nein, du verstehst nicht. Du verstehst gar nichts.

C Es ging nicht, ich wollte, aber es war einfach so viel, ich wurde völlig überwältigt von all den

A Bleiben oder Gehen? Was willst du jetzt?

C Ich weiß nicht, was willst du?

A *küsst ihn noch mal*
Ich will, dass du bleibst
Sie geht.

C Bleib

A Nein

C Doch bleib hier

Sie geht weg.

C Hier ich hab ein Geschenk für dich

A RAUS

C Schau es dir doch wenigstens mal an

A Ich will keine Geschenke.

C SCHAU ES DIR JETZT AN

A Danke. Was ist das? n Stück Papier. Danke für das Stück Papier und jetzt geh.

C Das ist kein Papier, das sind zwei Zugtickets, wir fahren zum Nordpol

A Was?

C Wir fahren zum Nordpol. Da wolltest du doch immer hin, du hast gesagt, da ist es so kalt, da spürt man den Schmerz nicht mehr, da ist Klarheit und Stille und

A Ich soll mit dem Zug zum Nordpol fahren, sag mal, spinnst du?

C Du hast das selbst gesagt, dass du da hin willst, wir fahren zusammen

A Nein

C Doch

A Nein, das hab ich nie gesagt

C Doch hast du. Du hast mir dieses Lied vorgespielt in unserer ersten Nacht EISBÄR. „Ich möchte ein Eisbär sein. Im kalten Polar. Dann müsste ich nicht mehr schreien. Alles wär so klar. Eisbären müssen nie weinen."

A Du glaubst, ich bin verrückt oder

C Nein

A Du denkst, ich bin alt und verrückt und deshalb schickst du mich jetzt mit dem Zug zum Nordpol, damit du mich endlich los bist

C Nein

A Ich bin zu alt

C Nein

A Ich bin viel zu alt für dich. Das ist ja alles widerlich. Mir wird ja selbst schlecht davon. Geh endlich, such dir nen junges Mädchen, irgendeine dumme kleine Blondine, die

C DU BIST NICHT ZU ALT.

A Du schickst mich weg zum Nordpol, damit die mich da oben einfrieren, weil du mich alt und hässlich findest

C HALT DIE KLAPPE JETZT du bist nicht alt du bist nicht hässlich du bist wunderschön hast du mich verstanden du bist wunderschön und ich liebe dich

A Du liebst mich nicht. Du machst dich nur lustig über mich.

C Nein

A Du und Lucy ihr wollt mich wegschaffen

C Unsinn

A Du willst mich weghaben, damit ihr hier alles übernehmen könnt, ich soll weg, damit die hier aufrücken kann

C Ich liebe dich

A Das ist doch unsinn

C NEIN IST ES NICHT

A Ihr wollt mich loswerden. Ihr habt euch das ausgedacht. Ich soll hier weg, ich soll an den Nordpol. O Gott, das ist alles so schrecklich.
schaut auf das Zugticket.
Das hier ist wirklich ein Zugticket an den Nordpol und da soll ich jetzt hin.

Er küsst sie.

C Was bin ich für dich?

A Geh

C Was bin ich für dich? Was willst du von mir?

A Geh endlich weg, geh bitte. Bitte bitte geh.

C Du hast selbst gesagt, ich soll bleiben

A Hab ich nicht

C Doch hast du! Entscheide dich endlich. Was willst du. Soll ich gehen? Oder soll ich bleiben.

A Das ist mir egal.

C Paul hatte Recht.

A Paul hatte Recht?

C Ja Paul hatte Recht.

A Was soll das jetzt heißen: Paul hatte Recht? Wer ist Paul und was hat Paul gesagt?

C Das kann ich dir nicht sagen, es würde dich zu sehr verletzen, aber in jedem Fall, er hatte Recht.

A Schick mich nicht weg.

C Was willst du von mir, sag es mir los.

A Ich weiß es nicht, das musst du schon selber wissen.

C Paul hatte mich gewarnt, jemals dieses Haus hier zu betreten. Wenn du über diese Schwelle gehst, hat Paul gesagt, verlierst du den Überblick, du wirst ein anderer, du hast keine Kontrolle mehr: Soll ich gehen oder soll ich bleiben, was willst du?

A Ich will, dass du mich … verstehst.

C *will sie küssen, sie wendet sich ab.*

A Ich fahre nicht mit dem Zug an den Nordpol.

C Dann nehmen wir ein Flugzeug. Wir fliegen zusammen.

A Du gibst mich da ab und verschwindest wieder. Ich weiß alles. Ich weiß genau, was ihr vorhabt. Ich kenne Euren Plan.

C Es gibt keinen Plan!

A Geh

C Nein

A GEH JETZT!

G Nein

A ICH WILL, DASS DU SOFORT GEHST, sonst schlag ich hier alles kaputt

C Mach doch

A Ok
Sie fängt an, Dinge aus den Regalwänden zu holen und macht sie kaputt.
ihr habt irgendeinen Plan. Irgendetwas Schreckliches habt ihr vor. Was ist das? Was habt ihr vor mit mir?

C Ich will dich. Ich liebe dich. Ich will mit dir den Rest meines Lebens verbringen.

A Ich bin hässlich

C Nein

A Ich bin so unendlich hässlich und deshalb soll ich weggeschafft werden für den Rest meiner Zeit und

C Schau mich an

A Nein

C Was bin ich für Dich?

A Lass mich. Lass mich endlich los.

SONG „EISBÄR" von Grauzone

http://www.youtube.com/watch?v=cTuTc_liKS4

EXIT MUSIC (FOR A FILM)

C ich komme aus einer kleinen stadt

mit vier straßen

wenn man da zu schnell läuft oder eine hastige bewegung macht dann

hat man ohne dass man es bemerkt schon die stadtgrenze verlassen und steht mitten im wald

ich hab da immer irgendjemanden gesucht dem ich nahe sein konnte aber

da waren nur sehr sehr seltsame menschen

kalt misstrauisch unfreundlich

ich hab mich für kunst interessiert, für musik, für filme, aber

die leute da haben mich alle immer nur seltsam angeschaut

die dachten, jeder, der lange haare hat, nimmt heroin

damals hatte ich etwas längere haare als jetzt

ich saß oft stundenlang am fenster

und hörte dieses lied

radiohead exit music for a film

zwei leute sind sich sehr nahe und fliehen zusammen

fliehen aus ihrer kindheit

thom yorkes stimme hat mich immer fasziniert

so kraftvoll und verletzlich

ich wollte da weg, einfach weg

in die stadt

wo menschen sind mit geschichten ohne angst vor dem leben ohne angst anderen menschen in die augen zu schauen die in ganzen sätzen reden können

abenteuer suchen und

ich hatte diesen film gesehen

my own private idaho

von gus van sant

keanu reeves und river phoenix fliehen von zuhause

der eine ist total reich und der andere ist so trailer park trash und will einfach nur weg, sein bruder ist auch gleichzeitig sein vater und er hält das alles nicht mehr aus und bricht immer zusammen liegt manchmal einfach nur da hilflos und verletzbar

und die beiden ziehen durchs land und lernen das leben kennen und schlafen mit so älteren geschäftsmännern um sich geld zu verdienen und an einem abend sitzen sie gemeinsam am lagerfeuer und river phoenix sagt

ich würde gerne, dass wir uns nah sind

und … komm wir lesen das mal … kannst du mal den part von keanu reeves lesen, ich bin lieber river phoenix

Sie lesen zusammen von Zetteln ab.

C ich würde gerne, dass wir uns nah sind

G aber wir sind uns doch nah

C ja klar ich meine wir sind uns nah, aber ich meine etwas anderes, anders nah

G wie nah?

C ich weiß nicht, anders eben … ich meine: was bedeute ich dir eigentlich?

G was du mir bedeutest? mike, du bist mein bester freund

C ja, ich weiß, wir sind freunde, und das ist gut, ich meine, ja, klar, es ist gut, einen freund zu haben, aber

G und?

C und, ja, und nein es ist gut, das ist eine gute sache, wir bleiben freunde

G mike. ich schlafe nur mit männern, wenn ich geld dafür bekomme

C pause
kannst du das noch mal wiederholen?

G ich schlafe nur mit männern, wenn ich geld dafür bekomme

C ja, ich weiß

G und liebe zwischen zwei männern gibt es nicht

C ja, ich, ich weiß nicht, also, ich meine, ich könnte auch jemanden lieben, wenn ich kein geld dafür bekommen würde, ich liebe dich und du bezahlst mich nicht dafür

G Mike!?

C ich würde dich echt gerne küssen, Mann. Gute Nacht, Mann. ich liebe dich. weißt du, ich liebe dich. wirklich.

und dann sitzen sie so eine weile da und es ist ganz still und die zeit bleibt für einen unerträglichen augenblick lang stehen und dann sagt keanu reeves

Ok, komm her, Mike, lass uns einfach schlafen, ja. lass uns schlafen.

und dann nimmt er ihn in den arm und dann schlafen sie ein und

ich hab diese szene immer und immer wieder geguckt und mitgesprochen und

dazu dieses lied gehört exit music for a film" und am fenster gesessen und

und ich wusste, eines tages würde ich abhauen und in die stadt fahren und der held meines eigenen filmes werden und diese NÄHE irgendwo irgendwie finden

SONG „EXIT MUSIC (FOR A FILM)" von Radiohead

PLAY LOUD

Die Performer nehmen nun jeder eine E-Gitarre und spielen los. 7 Minuten lang. Soundüberlagerung. Lautstärke, Frequenzüberdrehung. Am Ende stellen sie ihre E-Gitarren direkt vor dem Verstärker ab und erzeugen somit endloses Feedback. Sie verlassen die Bühne. Das Feedback spielt eine Minute auf voller Lautstärke ohne sie weiter. Dann fallen auf einen Schlag Ton, Licht aus. Das Video zeigt eine sehr ruhige glatte Meeresoberfläche.

SOUND PLAY LOUD

http://www.youtube.com/watch?v=C6NUxuwrYh4

Rausch

(die Striche (-/--/---) vor den einzelnen Repliken markieren Sprecherwechsel)

DER ANFANG: WO BIST DU?

-ich würd so gern einfach schreiben

ohne ein thema

ohne eine richtung

ohne etwas zu bearbeiten, das sich angestapelt hat

ohne all diese materialien und textmassen, notizen, empfindungen, enttäuschungen und ängste

mich einfach wegschreiben in eine andere welt

in eine andere eigene welt hineinschreiben

mich langsam hineinwagen in augenblicke, die ich noch nie erlebt habe, in begegnungen, die ich nie gehabt habe, in eine welt, wo all das stattfinden kann, das sich hier um mich herum und in mir nicht ereignet

ich würde so gerne einfach ganz leise sprechen, so dass du ganz nah herankommen musst, um mich überhaupt zu hören und vielleicht spreche ich in einer sprache, die du nicht verstehst, die dir fremd und seltsam vorkommen wird, ganz leise, ganz ruhig, ohne hast, ohne eile

OHNE ANGST

irgendwo ganz hinten in einem anderen raum steht der junge gutaussehende dramaturgiepraktikant und kopiert stapelweise texte zur lage der nation

irgendwo da hinten in einem der letzten räume tief versteckt am ende eines dunklen ganges, fernab meiner wahrnehmung, steht dieser wirklich hübsche, freundliche, immer gut gelaunte, intelligente, energiegeladene, wollende, alles gebende junge mann am kopierer und zieht zettel um zettel durch das kopiergerät

irgendwo dahinten hinter der letzten tür im dunkeln am ende eines längst vergessenen ganges sortiert er die zettel und heftet sie zusammen zu großen schweren materialsammlungen, die er an die schauspieler und tänzer verteilt und alle mitarbeiter, und zusammenmontiert zu kleinen heften, die ausliegen auf der probe und die benutzt werden, damit andere hübsche, wollende, alles gebende, energiegeladene, immer gut gelaunte junge menschen sich auf die rückseiten all dieser zettel telefonnummern notieren oder emailadressen, webpages, auf denen sie miteinander in kontakt treten können, sich austauschen können und vor allem EINANDER IN IRGENDEINER ART UND WEISE NÄHER KOMMEN KÖNNEN, WIE AUCH IMMER, NUR NAH SOLL ES SEIN, NÄHE SOLL ES GEBEN, INTIMITÄT, MITEINANDER, AUSTAUSCH ERLEBEN, VERSTÄNDNIS, EIN WEITERKOMMEN, VORDRINGEN IN DIE BREITE, IN DIE TIEFE, IN DIE HÖHE, IRGENDWOHIN, ABER IRGENDWOHIN MITEINANDER, NUR DIESE ENTSETZLICH UNGEWISSE EINSAMKEIT, ISOLATION, DIESE INDIVIDUALITÄTSFOLTER, AUTONOMIEGEFÄNGNISHAFT BEENDEN, VERLASSEN DÜRFEN, ZUSAMMEN KOMMEN, EINS WERDEN, ÜBER SICH SELBST UND SEINE UNERTRÄGLICHE EINSAMKEIT HINAUSWACHSEN

wo bist du?

wo bist du?

wieso antwortest du denn nicht?

wieso schreibst du denn nicht zurück?

wieso postest du nie irgendwas auf meine Pinnwand? und wieso klickst du nie den GEFÄLLT MIR BUTTON bei irgendeiner meiner fotos? – so scheiße sehe ich doch gar nicht aus.

ich warte auf dich

ich würde mich am liebsten irgendwo hinschreiben, wo es mein leben, das ich bislang gelebt habe, nicht gibt

wo ich nicht unentwegt meine angst, mein versagen, meine unerfüllten hoffnungen bearbeiten müsste

ich würde gerne leise, ganz leise sprechen, sodass du ganz nah heran kommen müsstest, und ich würde in einer sprache sprechen, die dir fremd vorkommt oder vielleicht nur in bildern, und du müsstest gar nichts erkennen, denn ich wäre ja da, und das würde dir schon reichen

irgendwo am hinteren gang in der dunkelheit stellt der junge gutaussehende, wollende, alles gebende praktikant seinen rucksack ab und schaltet den kopierer ein

da geht es um krise

die finanzkrise

das auseinanderfallen europas

den zerfall der demokratie

es geht um den untergang

in all seinen varianten

das geld geht unter

das vertrauen geht unter

am 21. dezember geht sogar die ganze welt unter, das haben die mayas hundertprozentig verlässlich so berechnet

ich würde dich einfach nur festhalten, aber ganz vorsichtig, aber nicht zu lasch, nicht so, dass du schon wieder nicht erkennen könntest, ob das überhaupt so gemeint ist, dass ich auch wirklich mit dir zusammen sein will

nicht so unentschieden lahm, lasch und kraftlos

nein klar entschieden, aber nicht so, dass du nicht mehr atmen kannst

das alles würde ich dann gerne in einer sprache zu dir sagen, die du nicht verstehst, damit du dir meine worte nicht genau anschauen und auseinandernehmen, analysieren und bewerten kannst, um mir dann anschließend in nie enden wollenden feedbackschleifen rückmeldungen zu geben darüber, wie ich meine versuche mich mitzuteilen noch verbessern könnte

verhandlunsgstrategie

letzte rettungsmaßnahmen

eurobonds

deutsche bank

angela merkel

griechenland

occupy

finanztransaktionssteuer

all das sammelt und kopiert der junge schöne mann und schaut dabei auf sein iPhone 4S, das er sich mit welchem geld auch immer gekauft hat

ich glaube, er hat sein zimmer in seiner wg untervermietet für drei monate und hat bei wechselnden freunden übernachtet, auf facebook hat er so eine witzige nachricht gepostet – wer adoptiert mich für eine nacht? – biete sex und koche sehr gut –

vielleicht hat er auch reiche eltern

vielleicht hat er es auch einfach dem regisseur seiner letzten produktion geklaut, als der irgendwo besoffen nach einer anstrengenden probe aus der kantine gefallen ist und das taxi knapp verfehlt hat und dann dalag in seiner eigenen kotze und einsamkeit und traurigkeit und irgendwie nicht mehr so toll und aufregend wirkte, wie in den interviews im fernsehen interviews über

den verfall jeglicher werte und richtlinien

es gibt keine verbindlichkeiten mehr

menschen sind nicht in der lage, sich aufeinander einzulassen und entweder waren sie das noch nie und jetzt erst ist die zeit gekommen, in der ihnen das überhaupt erst mal bewusst wird oder
bricht ab.
da ist ein außen

und dieses außen ist auch hier innen

da ist eine welt und die lebt in mir

da sind gesetze da draußen, und die sind hier auch

und wenn ich diese welt anschaue, dann leben die gesetze dieser welt in mir und walten in mir und verwalten mich und treiben mich in richtungen, die ich gar nicht verstehe

warum kann ich dir nicht einfach mal eben so vertrauen und alles ist schön, warum geht das nicht?

wieso kann ich dir auf die frage, ob wir nun zusammen sind oder nicht, gar nicht antworten?

weil ich nicht weiß, was das heißt

weil ich nicht weiß, was du von mir erwartest und ob ich diesen

erwartungen gerecht werden kann

ich kenne das:

in dem moment, wo ich JA ICH WILL sage

öffne ich eine tür

dahinter geht es bergab

unendliche lange alte steile treppen

bist du wirklich das, was du vorgibst zu sein?

liebst du mich auch wirklich?

und ich meine damit wirklich wirklich

liebst du mich genau so stark, wie ich dich liebe?

LOHNT SICH DAS JETZT HIER ALLES MIT DIR?

WILL ICH DAS WIRKLICH?

all diese fragen warten da unten in diesem keller und da

da steht ja auch schon der schöne praktikant und kopiert und kopiert und kopiert all diese seiten endlosen wissens darüber, wie eine erfolgreiche, glückliche, zufriedenstellende beziehung zweier erwachsener autonomer individuen mit ausdifferenzierten über die jahre hin von hochwertigen coaches und lebenshilfeberatern ausgearbeiteten wertesystemen zielsetzungen und zukunftsentwürfen denn im besten falle auszusehen habe und vor allem, WIE MAN DIE ERREICHT, wie man da hinkommt, welche schritte man da zurücklegen muss

ich mache etwas

und du schaust mir dabei zu

du beobachtest mich und wertest mich aus

habe ich mich so verhalten, dass es einer erfolgreichen gleichberechtigten auf gegenseitigem vertrauen und respekt basierenden erfüllten beziehung zweier erwachsener autonomer individuen mit ausdifferenziertem begehren und wertesystem dienlich ist?

oder gefährde ich hier gerade UNSERE BEZIEHUNG mit dem, was ich hier tue?

ich liebe dich

klingt etwas zu unterkomplex in diesem zusammenhang

denn die frage ist ja, WANN ICH DAS GENAU SAGE UND WIE IN WELCHER TONLAGE UND WIE ICH DICH DABEI ANSCHAUE, BERÜHRE ICH DICH DABEI, NEHME ICH MIR ZEIT, IST DAS EINE ENTLASTUNGSSTRATGIE, HABE ICH NUR EIN SCHLECHTES GEWISSEN, WEIL ICH DICH IM GRUNDE GAR NICHT WIRKLICH IN ALL DER GÄNZE DESSEN, WAS DU BIST UND SEIN KÖNNTEST, WAHRNEHME

--du nimmst mich gar nicht richtig wahr

ich weiß nicht, ob du wirklich der mann bist, für den es sich lohnt, so viel einsatz hier zu zeigen ich bin mir nicht sicher, ob ich am ende des tages auch das herausbekomme, was ich hier mit voller kraft und all meiner wertvollen lebenszeit und energie einsetze

wird sich das unternehmen hier lohnen?

sollte ich mich nicht besser absichern?

andere potentielle hochwertige auf gegenseitigem verständnis und respekt basierenden beziehungsoptionen parallel kultivieren

nur für den fall, dass

nur für den fall, dass

das hier

eventuell doch nicht

GANZ GENAU DAS IST, WONACH ICH MICH ALL DIE JAHRE SO ENDLOS ENTSETZLICH GESEHNT HABE

-WIESO HABE ICH SO ENTSETZLICHE ANGST DAVOR, ALLEIN ZU SEIN?

WIESO IST ES SO VERDAMMT SCHWER, HEUTE JEMANDEN ZU FINDEN, MIT DEM MAN EINFACH MAL N PAAR SCHÖNE STUNDEN ZUSAMMEN HABEN KANN?

WIESO IST LIEBE IMMER SO VERDAMMT HARTE ARBEIT?

UND WIESO REDEST DU UNENTWEGT IMMER NUR VON UNSERER BEZIEHUNG UND NIE VON DIR UND MIR? WARUM MÜSSEN WIR IMMER NUR DEN ANSPRÜCHEN, DIE UNSERE BEZIEHUNG AN UNS HAT, GERECHT WERDEN? WARUM KÖNNEN WIR NICHT EINFACH MAL DAS TUN, WORAUF WIR LUST HABEN, WAS UNS SPASS MACHT, UNS IRGENDWIE UNSEREN GEFÜHLEN HINGEBEN? WARUM MÜSSEN WIR DENN IMMER AN UNSEREN GEFÜHLEN ARBEITEN UND WOHER WEISST DU DAS ÜBERHAUPT ALLES SO GENAU: WIE EINE BEZIEHUNG GENAU AUSZUSEHEN HAT, WIE MAN ZU SEIN HAT, DAMIT DIE BEZIEHUNG AUCH FUNKTIONIERT?

--MACH MICH ENDLICH GLÜCKLICH

GIB MIR ENDLICH ALL DAS, WAS ICH BRAUCHE, UM MICH GANZ ZU FÜHLEN

---wieso kann ich dir einfach nicht vertrauen?

wieso schaltest du immer ganz schnell deinen computer aus in dem moment, wo ich den raum betrete

wem schreibst du denn da immer?

warum stellst du denn dauernd fotos von dir ohne t-shirt auf facebook? du bist doch jetzt mit mir zusammen. ich hab meinen status da schon vor zwei wochen geändert und du? du nicht? IN EINER BEZIEHUNG steht da bei mir und bei dir steht immer noch SINGLE, warum denn? was suchst du denn immer noch gleichzeitig, während du mit mir zusammen bist? wieso suchst du denn überhaupt die ganze zeit? wieso hört denn das suchen gar nicht auf. ich gehe nur kurz aus dem zimmer und du bewirtschaftest die ganze zeit deine parallelbeziehungen, und wenn ich in den raum zurückkomme, guckst du panisch und schaltest sofort den computer aus. WAS SUCHST DU DENN EIGENTLICH, SAG DOCH MAL? VIELLEICHT KANN ICH DIR JA DABEI HELFEN, ES ZU FINDEN.

-ich entschwinde

ich bin nur eine möglichkeit

vorübergehend

bis du etwas gefunden hast, das sich besser für dieses projekt eignet: die optimale beziehung

die allen anforderungen gerecht wird

ALLE

küss mich, mach mich glücklich

---und nun check doch nicht immer deinen facebook-account, wenn wir uns küssen

-und lad doch nicht immer bilder hoch, wenn du mit mir schläfst

---zähl doch nicht immer die GEFÄLLT MIR KLICKS, wenn ich diene hand halte

AUA DAS TUT SO WEH AHHHHHHH!!

Pause.

-letzte rettungsmaßnahmen, krisengipfel, scheitern, gefahr

über den untergang europas wollte ich tatsächlich diesmal nichts sagen

über den untergang des geldes, den untergang des systems

wenn es untergeht, dann geht es eben unter, mich stört es nicht, soll es doch untergehen, soll es endlich weg, ich mach mir keine schlaflosen nächte mehr wegen diesem scheiß finanztransaktionskapitalismus, der ist jetzt in mir drin und der geht da nicht mehr raus, der geht jetzt unter und ich mit ihm, aber was wir jetzt erleben, ist das letzte aufbäumen, die letzte kurze intensive hyperblüte, die explosion kurz vor der implosion, das ereignis wird kommen, es ist schon da, wir spüren es, es wird alles ändern, es ändert unseren blick auf die welt schon jetzt und alles wird ganz schnell gehen und dann sehen wir die dinge plötzlich anders und wir werden nicht mehr begreifen, wie wir so leben konnten all die jahre und jahrzehnte, das wird alles keinen sinn mehr ergeben und es wird uns irgendwann seltsam vorkommen, dass wir all die jahre damit verbracht haben, uns über handytarife zu unterhalten, während die neoliberalen eliten des finanztransaktionskapitalismus IM RAUSCH DER UMVERTEILUNG ÜBER SOGENANNTE RETTUNGSSCHIRME DAS GESAMTE STAATSVERMÖGEN AUF IHRE KONTEN HABEN WANDERN LASSEN

aber was ich wirklich wissen will, ist das:

schaffen wir das?

du und ich

hörst du mir zu, wenn ich mit dir rede

oder denkst du die ganze zeit nur, wie du hier am elegantesten raus kommst

schaust du mich die ganze zeit nur an und bewertest mich auf meine fähigkeit hin, mit dir eine erfolgreiche stabile krisenresistente beziehung, die AUCH EIN VERSPRECHEN AUF DIE ZUKUNFT BIETET, einzugehen

fragst du dich die ganze zeit, ob da noch was besseres kommt?

wenn ich dich küsse, fragst du dich dann die ganze zeit, ob da IRGENDWANN NOCH ETWAS BESSERES KOMMT?

I WANT

I want you to take care of me

I want you to be honest

I want you to laugh when I tell a joke

I want you to hold me when I am weak

I want you to introduce me to your friends

I want you to change your facebook status to IN A RELATIONSHIP WITH me

I want you to smile at me when I am lost

I want you to kiss me hard before you go to work

I want you to call me late at night

I want you to spend more time with me

I want you to introduce me to your family

I want you to look at me and say YOU ARE MY MAN

I want you to look at me and say YOU ARE SEXY I WANT YOU MORE THAN ANYTHING

I want you to help me when I am lost

I want you to call me and call me and then call me again and again and again and again

I want you to send me a text message everytime you think of me

I want your voice

I want your skin

I want your touch

I want your kiss

I want to be the first thing you think of when you wake up

I want you to talk about me when you are with your friends

I want you to say YES I LOVE YOU, YES IT IS TRUE, YES I promise

I want you to make me feel good

I want you to make me feel good

I want you to make me feel good

I want you to dance for me when I am drunk

I want you to say FUCK OFF to anyone who starts flirting with you

I want you to call me and tell me how much you miss me when I am not there

I want you to get naked on skype when you talk to me

I want you to get hard and jerk off in front of the camera while you are telling me how beautiful I am and how much you are longing for me to come back

I want you to fuck me and fuck me again and fuck me so sensitively that I feel every move every I DONT KNOW JUST LOOK AT ME AND TELL ME HOW MUCH YOU WANT ME AND NEED ME AND THAT YOU CANNOT BE WITHOUT ME AND THAT THIS WHOLE WORLD ONLY MAKES SENSE BECAUSE OF ME BECAUSE I AM THERE BECAUSE YOU FOUND ME AND I AM THE ONLY THING YOU WANT AND NEED AND DESIRE AND

JUST MAKE ME FEEL GOOD

I WANT YOU TO MAKE ME FEEL GOOD

JUST MAKE ME FEEL GOOD

MAKE ME FEEL ALIVE

MAKE ME FEEL BIGGER

I WANT OUR LOVE TO BE BIGGER

I WANT US TO BE BIGGER

I WANT LIFE TO BE BIGGER

I WANT THE WORLD TO BE BIGGER

AND LOUDER

I WANT THINGS TO BE LOUDER

I WANT TO BE LOUDER

I WANT THIS LOVE TO BE LOUDER

I WANT TO BE BIGGER AND LOUDER AND I WANT YOU SO MUCH

I want you to tell me that you will NEVER LEAVE ME

I want you to NEVER EVER DISAPPEAR

I want you to cry for me

I want you to hurt yourself when you feel that my love is not big enough

I WANT YOU TO CRY IN MY ARMS UNTIL I KISS YOU AND HIT YOU AND MAKE YOU FORGET ALL THE PAIN ALL THE ARRRRGGGHHHHH I WANT YOU TO TELL ME HOW MUCH YOU NEED ME AND THAT YOU CANNOT LIVE WITHOUT ME

I want you to want me so much that you get scared and attack me and kick me right in the face

I WANT YOU I WANT YOU MORE I WANT YOU SO MUCH MORE I WANT YOU SO MUCH

I want you so much that I am losing my mind

WIE KONNTEN WIR NUR SO LEBEN?

ehrlich gesagt: auf den tag freue ich mich schon: wenn das hier alles zusammenbricht. und dann wird da was neues entstehen und wir werden zurückblicken, und wir werden nicht mehr verstehen, wie wir so leben konnten, das hier, das leben hier jetzt, das wird für uns alle keinen sinn mehr ergeben, wir werden zurückschauen und denken: wie konnten wir nur so leben, das ergibt doch gar keinen sinn, wieso haben wir denn bloß so gehandelt, kein normaler mensch würde so handeln. und dann sagen wir einfach: naja, das war halt damals so. das haben alle so gemacht und ... das war halt einfach damals so.

HOW TO DISAPPEAR COMPLETELY

Mein letzter freund, der war eher wie so 'ne schildkröte, die man hinter der heizung vergessen hatte und die da irgendwie so langsam festtrocknete und der so ganz langsam ALLES LEBEN ENTZOGEN WURDE, nein da muss was passieren, aber eben nicht zu viel, nicht so viel, dass ich unentwegt in so 'nem psychotischen RAUSCH lande, wie bei meinem vorletzten typen, der ich weiß nicht wie der das gemacht hat, aber echt nur von einer krise in die nächste segelte, der war unruhiger als der markt beim zusammenbruch von lehman brothers, der hat nicht eine einzige nacht geschlafen, wenn der bei mir war, sondern hatte immer so angstattacken, der lag immer so nackt auf dem fußboden mit einem föhn neben sich und zitterte,

der zitterte und zitterte

in dem war irgendetwas

das er nicht kannte und das

irgendwas mit ihm machte

wie so ein tier oder ein anderes wesen

da war noch ein anderes seltsames wesen in dem drin

ein wesen aus einer anderen zeit

und das warf ihn zu boden

das hing ihm so an seiner halsschlagader wie so ein riesengroßer, seltsamer, wolfähnlicher … ich weiß nicht … verängstigter, zutiefst verunsicherter, aber gefährlicher, tollwütiger … so eine seltsame fratze war das, die brach da ab und an nachts mal durch neben mir und

dieses zittern und ich

dieses zittern, dieser dünne mann lag da auf den badezimmerfliesen und jaulte wie ein wolfsjunge und kratzte sich am ganzen körper und zitterte und bekam kaum noch luft und

irgendetwas war da in dem

und das riss an seiner halsschlagader und

er hatte keinen zugriff mehr auf sich und sein leben

und auch von innen

riss da

ein langer tiefer unerträglicher RISS

dieses geräusch

AHHHHHH

jetzt hör ich es wieder

was ist denn?

hallo?

stefan?

was hast du denn?

hey, hey, wach auf, ich bin doch hier, ich bin

da für dich und

hallo?

aus seiner halsschlagader lief blut

er lag da auf dem boden und zitterte, kratzte sich, riss sich selbst die haut auf

DER HATTE SO EINE ANGST

VOR SEINEM EIGENEN LEBEN

seinem eigenen anspruch an sich

schweiß

nachts

das geräusch des kratzens des reißens

haut löst sich auf

DER WAR GANZ WUND OHNE SCHUTZ

und aus diesen wunden rissen sich all diese

ich weiß nicht, wie ich das sagen soll

da war so ein lachen und

so eine angst und

VERLASS MICH NICHT BITTE

KOMM ZURÜCK

WAS SOLL ICH DENN JETZT TUN

NEIN LASS MICH HIER NICHT LIEGEN

stefan, bitte, hallo hörst du mich?

ich bin hier

bin für dich da

aber

riss mich weg und

meine haut KEIN SCHUTZ MEHR VOR DER AUSSENWELT

die dringt in mich ein, die ist hier, die ist hier in mir überall

DIESES AUSSEN IST HIER IN MIR ÜBERALL

ICH BEKOMME DIESE AUSSENWELT NICHT MEHR RAUS AUS MIR

ICH BIN DAS ALLES

ALLES, WAS ICH DA DRAUSSEN SEHE UND NICHT ERTRAGE, DAS BIN ICH

ICH BIN DAS JETZT

ICH BIN ALL DAS

DIESE ANGST VOR DEM ZUSAMMENBRUCH

DIESE ANGST ALLES ZU VERLIEREN

DASS DAS ALLES HIER ZUSAMMENBRICHT UND DANN WAS?

JA WAS KOMMT DANN

DAS ALLES BIN ICH JETZT

ICH BIN DIESE AUSSENWELT

ICH BIN ALL DAS, WAS ICH DA DRAUSSEN SEHE UND NICHT AUSHALTE

ICH WILL DAS NICHT SEIN

UND ICH KANN DA NICHT MEHR DRAUFGUCKEN ALS ETWAS FREMDES, ICH BIN DAS JA SELBST, ICH BIN DAS JA ALLES SELBST UND WENN DAS ALLES UNTERGEHT, DANN GEHE ICH AUCH UNTER, UND WENN ICH DAS DA DRAUSSEN ALLES ZERSTÖREN WILL, DANN MUSS ICH MICH SELBST ZERSTÖREN UND

stefan, stefan jetzt hör doch mal auf zu zittern, ich will schlafen, ich will doch auch mal schlafen, ich will muss doch auch mal schlafen, ich muss doch auch mal zur ruhe kommen, ich will, muss, MUSS UNBEDINGT DOCH AUCH MAL ZUR RUHE KOMMEN, bitte jetzt hör doch mal auf zu zittern und REISS DIR NICHT IMMER DIE EIGENE HAUT WEG, ICH HALT DAS NICHT MEHR AUS DIESES GERÄUSCH DES KRATZENS, DAS BLUT HIER ÜBERALL IN UNSEREN LAKEN, können wir denn nicht mal eine nacht miteinander verbringen, ohne dass hier überall deine abgerissenen abgeschürften hautreste im bett rumliegen und alles rot ist VOLLER BLUT.

ich liebe dich, ich liebe dich, aber du liegst hier immer nur in meinen armen und weinst, das ist doch auf die dauer auch nicht wirklich das, was man so gemeinhin als GESUNDE AUSGEGLICHENE BEZIEHUNG ZWEIER GLEICHBERECHTIGTER ERWACHSENER

AUTONOMER INDIVIDUEN DER WESTLICHEN MODERNE BEZEICHNEN KANN ODER?

jetzt bleib doch mal hier

jetzt renn doch nicht gleich wieder weg

jetzt schließt der sich wieder im badezimmer ein

ich verstehe das doch AUCH alles nicht

diese welt hier

was hier gerade abgeht

Pause.

im rausch der ereignisse verstehe ich NICHTS MEHR und die welt wird ein RAUSCHEN, ein RAUSCHEN an hintergrundinformationen, an INFORMATIONEN, DIE MICH VON **EINER** BEWUSSTLOSIGKEIT IN DIE **NÄCHSTE** SCHOCKEN, ICH KANN NICHT MEHR, ICH KANN NICHT MEHR, ICH KOMM NICHT HINTERHER.

stefan, stefan

nun komm doch mal her

hey

alles nicht so einfach, ich weiß

alles nicht so einfach

manchmal möchte ich einfach nur da liegen mit dir, mein iphone 4S an meinen bose wireless lautsprecher anschließen, radiohead hören und auf dem display die lyrics zu HOW TO DISAPPEAR COMPLETELY aufrufen und dann den gesamten abend mit dir aufs display schauen und arm in arm hier liegen und alle radioheadsongs hören, die es gibt, und gemeinsam mitsingen, leise, dich dabei anschauen, deine stimme hören, meine stimme nach deiner stimme modulieren, und ich höre dich, dein herz schlagen in dieser dünnen schutzlosen haut mit deiner wunderschönen stimme, und wir rauschen durch diese klänge und texte und

ja ich möchte, dass dieser augenblick

dieser moment hier

sich herauslöst aus meinem leben und

wir sind nur noch klang, geräusch, stimme

die zeit wird

flüssig

gasförmig?

nicht mehr zählbar in irgendwelchen einheiten

wir arbeiten nicht

wir machen uns keine sorgen um unsere karriere

wir sind jetzt einfach hier

ein universum aus verletzungen und wunden und

stefan?

hallo

ich bin da für dich

PAARTHERAPIE

COACH ein trader kann auch gewinn aus fallenden kursen schlagen

wie kann ich gewinn daraus schlagen, wenn unsere beziehung gerade in die krise gerät?

meine verzweiflung bringt mich dann dazu mehr zu arbeiten

ich flüchte in die arbeit, ich leiste mehr, ich produziere mehr, ich will einfach lieber in der agentur im büro am laptop sitzen anstatt unentwegt mit dir zu diskutieren und mir anhören zu müssen, wie scheiße ich bin, dass ich alles falsch mache und NICHT GENUG AUF DICH EINGEHE, davor renne ich weg

MANN ICH WILL NICHT DAUERND AUSGEWERTET UND ANALYSIERT WERDEN UND MICH FÜR ALLES, WAS ICH TUE, RECHTFERTIGEN MÜSSEN, ich will auch nicht dauernd die verantwortung dafür zugeschoben bekommen, DASS ES DIR GERADE NICHT GUT GEHT, DASS DU UNZUFRIEDEN BIST, NICHT WEITERKOMMST MIT DEINER KARRIERE, DEINEM LEBEN, DAS IST ALLES NICHT MEINE SCHULD, MANN BEGREIF DAS DOCH MAL: du bist normativ unzufrieden! wir alle sind normativ unzufrieden! das ist so eingeschrieben in unser system, SONST HÄTTEN

DIESE GANZEN BESCHISSENEN PSYCHOCOACHES UND ANALYTIKER UND THERAPEUTEN JA ALLE GAR KEINE ARBEIT UND DANN GÄBE ES KEIN WACHSTUM, ABER WIR BRAUCHEN WACHSTUM SONST STAGNIERT EUROPA UND DANN GIBTS NE KRISE, damit es keine wirtschaftskrise gibt, brauchen wir die persönliche krise. DAS UNGESCHÜTZTE SELBST MUSS UNENTWEGT IN DIE KRISE GETRIEBEN WERDEN, WEIL ES EINFACH SO UNENDLICH VIELE PROFITEURE GIBT, DIE ALLE GEWINN AUS UNSERER KRISE SCHLAGEN, wenn wir beide hier verzweifelt aufeinander einprügeln, dass wir uns nicht das geben, was wir brauchen, dann verkennen wir die einfache tatsache, dass

wir uns gar nicht geben KÖNNEN, was wir brauchen, weil wir ja nie wirklich WISSEN, was der andere braucht. DAS WECHSELT DOCH TÄGLICH, denn wir sind ja verunsicherte instabile IDENTITÄTEN, DIE EBEN ABSOLUT NICHT WISSEN, WAS SIE EIGENTLICH WOLLEN UND SICH DESHALB AUCH IMMER NUR SO MITTEILEN KÖNNEN, DASS ES FÜR DEN ANDEREN NICHT LESBAR IST.

was willst du eigentlich?

FRAU DAS WEISS ICH DOCH NICHT. DAS SOLLST DU MIR DOCH VON DEN AUGEN ABLESEN, VERDAMMT NOCHMAL, DAFÜR HABE ICH DOCH EINE BEZIEHUNG, DAMIT SIE MIR VON DEN AUGEN ABLIEST, WAS ICH BRAUCHE, UM GLÜCKLICH ZU SEIN.

MANN naja vielleicht brauchst du einfach nur mich, um glücklich zu sein.

FRAU JA, DICH ABER EBEN NICHT SO, WIE DU MIR HIER ENTGEGENTRITTST.

MANN na wie tret ich dir denn hier entgegen?

FRAU NA DU BIST SO ANSTRENGEND, SO UNBERECHENBAR, DU WILLST SO VIEL, ABER JEDEN TAG WAS ANDERES, UND DANN MACHST DU AUCH IMMER SO SACHEN, DIE MIR TOTAL AUF DIE NERVEN GEHEN.

MANN was denn?

FRAU NA ZUM BEISPIEL, DASS DU ANDAUERND HIER BIST, MENSCH, ICH BRAUCH DOCH AUCH MAL MEINEN RAUM UND JA, DANN,

COACH was stört mich eigentlich an meinem partner?

FRAU na, ich glaube eigentlich, dass er gar nicht kapiert, wer ich eigentlich TIEF TIEF IN MEINEM INNEREN WIRKLICH BIN.

MANN JA, ABER WIE SOLL ER DAS DENN KAPIEREN? DAS WEISST DU DOCH SELBST NICHT MAL.

FRAU ja und deshalb brauchen wir eben all diese analytiker, die uns das erklären, wer wir überhaupt sind und was wir eigentlich brauchen, was wir suchen.

COACH SIE WISSEN JA NOCH GAR NICHT, WAS SIE SUCHEN IN EINEM ANDEREN MENSCHEN, KANN DAS SEIN? ALSO WENN ICH HIER IHRE BEINE BERÜHRE, MERKE ICH DAS GANZ STARK: SIE WOLLEN DAUERND WEGLAUFEN, SIND ABER EIGENTLICH VIEL ZU ERSCHÖPFT UND JA, WENN ICH MEINEN KOPF HIER SO AUF IHR HERZ LEGE, DA SPÜRE ICH JETZT SO EINE TRAURIGKEIT. SO ALS WOLLTEN SIE EIGENTLICH AM LIEBSTEN EINFACH NUR WEINEN. SIE SIND SEHR TRAURIG, KANN DAS SEIN? SEHR SEHR TRAURIG? DAS SPÜR ICH. WARTEN SIE MAL, ICH HAB DA WAS, ICH SETZ IHNEN DA JETZT MAL NE NADEL, DA KANN DIE TRAURIGKEIT ABFLIESSEN, SIE MÜSSEN WIEDER INS HANDELN KOMMEN, DAS IST WICHTIG. ICH WÜRDE IHNEN RATEN, KOMMEN SIE JETZT ERST MAL DIE NÄCHSTEN WOCHEN TÄGLICH IN MEINE PRAXIS. WIR MÜSSEN SIE JETZT ERST MAL EMOTIONAL STABIL BEKOMMEN, IHRE FREUNDIN MUSS DA JETZT MAL NE WEILE ZURÜCKSTEHEN.

MANN ja, aber ich wollte doch mit der in den urlaub fahren, wir haben da so ne reise ge…

COACH NEE, DAS LASSEN SIE MAL, DA WÜRD ICH STRIKT VON ABRATEN.

MANN aber da haben wir uns schon so lang drauf gefreut und,

COACH JA, ABER DAS IST JA KEINE ECHTE FREUDE, DAS IST JA NUR KOMPENSIERTE ANGST. ALSO WIR MÜSSEN SIE JETZT ERST MAL WIEDER STABIL KRIEGEN HIER. OH JE, JA, WENN ICH HIER AN DIE BEINE GEHE, DIE BEINE SAGEN DIE GANZE ZEIT: NICHT IN DEN URLAUB FAHREN, BITTE NICHT MEHR BEWEGEN, ALSO SIE BRAUCHEN JETZT RUHE. ICH SEH SIE MORGEN FRÜH UM ELF UND DANN REDEN WIR WEITER. SIE SIND DOCH PRIVAT VERSICHERT, DIE KASSE ÜBERNIMMT DAS IN DER REGEL NICHT, ICH SCHREIB DANN IMMER

BURNOUT, DANN ÜBERNEHMEN DIE DAS MEISTENS. BEI BURNOUT ÜBERNEHMEN DIE JA MITTLERWEILE FAST ALLES,

DENN DIE HABEN ALLE ANGST HIER, DASS DAS HIER ALLES EINES TAGES KOMPLETT ZUSAMMENBRICHT.

wie die angst, dass dieses seltsame finanzsystem hier eines tages komplett zusammenbricht, gibt es auch die angst, dass die menschen hier eines tages einfach zusammenbrechen, die können alle nicht mehr, die haben keine kraft mehr, die liegen dann nur noch rum, und wer schreibt dann die ganzen e-mails und trifft sich mit all den marketingchefs im fitnessstudio? einer muss da ja hingehen und die treffen, sonst klebt hier morgen die ganze stadt ja nicht mehr voll mit dieser ganzen WERBESCHEISSE, DIE DIESE VERFICKTEN KOKSER SICH DA NÄCHTELANG AUSDENKEN, und dann kauft die ganze scheiße ja keiner mehr, WEIL DIE JA GAR KEINER BRAUCHT, aber wenn das mal bekannt wird, ALSO WENN SICH DAS MAL HERUMSPRICHT, WIE WENIG VON DEM GANZEN PLUNDER WIR WIRKLICH BRAUCHEN, UM GLÜCKLICH ZU SEIN, DANN, dann bricht hier wirklich alles zusammen.

Ja, da ist diese angst

und diese angst ist ein motor

MANN ich werde immer unterbrochen, DAS NERVT, ich kann keinen gedanken zu ende führen, unentwegt ist da immer irgendwas, auf das ich reagieren muss, UND DAS STÖRT MICH. ich muss unentwegt reagieren auf irgendein geräusch, irgendetwas, das so tut als sei es ganz ganz wichtig und sich jedes mal neu als etwas KOMPLETT BELANGLOSES HERAUSSTELLT, und das macht mich fertig, genauso wie du, ich meine, ich sitze hier mit dir, und eigentlich hieß es mal, ja, super liebe, da gehts um küssen, sich in die augen schauen, sich zärtlich berühren, guten sex haben und tolle sachen zusammen unternehmen, mal so n RAUSCH zu erleben, aber irgendwie sitzen wir hier seit wochen immer nur in dieser paartherapie herum und sagen uns gegenseitig, WAS WIR ALLES FALSCH MACHEN, UND DASS WIR MEHR RAUM BRAUCHEN, warum willst du denn immer MEHR RAUM HABEN und DASS ICH MEHR AUF DICH EINGEHE, GEH DOCH EINFACH MAL AUF MICH EIN, VERGISS DICH DOCH MAL FÜR NEN AUGENBLICK UND DEINEN BLÖDEN RAUM, LASS DICH DOCH EINFACH MAL GEHEN. nee, geht auch nicht, ZU VIEL ANGST naja schade, ok, wo waren wir? ach so, ja, nee, klar, ah aha ja, stimmt, also gut, nee, das nächste mal werde ich da meine ansprüche einfach etwas mehr zurückschrauben und versuchen, mehr in dich hineinzuhören. FUCK THAT, LETS HAVE FUN BABY, LETS GET DRUNK, KISS AND FUCK ALL NIGHT AND nee, ok, gut ist jetzt gerade nicht die geeignete lebensphase, um das zu tun. HIER GEHT ES UM ZUKUNFTSPLANUNG UND ABSICHERUNG.

COACH ja, Sie sollten Ihrer partnerin schon noch ihren eigenen raum lassen, HERR RADENKOVIĆ ODER FRAU DRAEGER, DAS HABE ICH IHREN WORTEN DOCH SO ENTNOMMEN, DASS SIE MEHR RAUM BRAUCHEN?

FRAU JA MEHR RAUM, ABER AUCH N KIND, ALSO, SO ALS GEMEINSAMES PROJEKT, DAS UNS VERBINDET, ETWAS, DAS UNS ANEINANDERSCHWEISST NEBEN DER ARBEIT IN DER AGENTUR, ETWAS UM DAS WIR UNS KÜMMERN MÜSSEN, UNSER GEMEINSAMES BABY SOZUSAGEN, ABER JETZT MAL NICHT METAPHORISCH GESPROCHEN, SONDERN ALSO ÄHM ECHT N ECHTES BABY.

COACH und wie sehen Sie das jetzt HERR RADENKOVIĆ?

MANN nee, also was? äh N BABY, an sich ne schöne sache, passt aber gerade aktuell nicht so ganz in meine lebensplanung, also ich denke, das wäre so in drei vier jahren dran. ABER DANN VIELLEICHT MIT EINER JÜNGEREN FRAU NICHT MIT DER DA.

COACH wie geht es Ihnen jetzt, wenn Sie das hören Frau Draeger?

FRAU scheiße.

COACH äh, könnten Sie das ETWAS GENAUER,

FRAU nee, einfach scheiße gehts mir da.

COACH Sie wollen ein kind?

FRAU nein, ich will kein kind, ich dachte nur, dass es uns helfen könnte, wieder etwas SCHWUNG REINZUBRINGEN IN DEN LADEN HIER ich meine irgendwas einfach, ach egal, war nur so ne idee, ich dachte, das würde uns wieder näher zusammenbringen. DU BIST MIR SO FERN.

du bist mir so ferngerückt in den letzten jahren, ich kenne dich gar nicht, ich dachte einfach das würde uns helfen wieder etwas, ich weiß nicht, LEBEN in uns

COACH ja sehr schön, das haben Sie jetzt sehr schön genau LEBEN. KINDER. SIND. LEBEN. lassen Sie sich diesen satz jetzt mal auf der zunge zergehen KINDER SIND der versuch, noch irgendwie halt und sinn und ordnung in diese destabilisierten subjekte hineinzubekommen.

herr radenković, versuchen Sie es doch einfach mal, diese sache mit dem kind, notfalls können Sie Ihre frau ja nach drei monaten im stich lassen, das machen 40 prozent aller heterosexuellen männer so, und im notfall geben Sie das kind einfach irgendwo ab. wir haben ein so breit gefächertes netz an ichstabilisierenden heilsangeboten, davon konnte die katholische kirche zu ihrer blütephase nur träumen. Sie können ihr kind jederzeit bei uns abgeben, wir kümmern uns dann darum, wir haben so viele therapieangebote wie es psalmen im gesangsbuch gibt, vorausgesetzt SIE SIND PRIVAT VERSICHERT, falls Sie bei der AOK oder irgend ner anderen gesetzlichen RAMSCHKASSE sind dann,

MANN ich liebe dich.

FRAU WAS SOLL DAS DENN NUN WIEDER HEISSEN, DAS IST JA WOHL DAS ALLERLETZTE, SCHLEPPT MICH HIER IN DIE THERAPIESITZUNG UND SAGT, ICH LIEBE DICH, ALSO DAFÜR ZAHL ICH NICHT, WIR SIND HIER, UM UNSERE FUNDAMENTALEN PROBLEME ZU LÖSEN UND NICHT, UM HIER IRGENDWELCHE VORABENDSERIEN NACHZUSPIELEN.

MANN ja, aber ich liebe dich wirklich, ich meine, du bist so schön, Lea, deine augen, deine haare, dein lächeln, dein humor, deine wunderschönen wohlgeformten kleinen brüste.

FRAU ALSO DAS WIRD MIR JETZT ETWAS ZU INTIM HIER, MANN, HIER HÖREN DOCH ALLE ZU, ALSO LASS UNS JETZT ENDLICH MAL ZUR SACHE KOMMEN: DU GEHST GAR NICHT RICHTIG AUF MEINE BEDÜRFNISSE EIN, ZUMINDEST NICHT WIRKLICH, DU SAGST ES ZWAR, ABER DU TUST ES NICHT UND WENN DU ES TUST, DANN NUR, UM DEN ANSCHEIN ZU ERWECKEN, DASS DU ES TUST, ODER SCHLIMMER NOCH AUS SCHLECHTEM GEWISSEN, WEIL DU WEISST, DASS DU ES TUN SOLLTEST, DESHALB TUST DU ES, ABER NICHT EINFACH SO INTUITIV AUS DIR HERAUS, ICH MUSS DIR JEDESMAL GENAU SAGEN, WAS DU TUN SOLLST UND DANN TUST DU ES, ABER MEISTENS NUR DIE HÄLFTE DAVON UND AUCH DIE DANN NICHT MAL RICHTIG. NICHT WIRKLICH RICHTIG ERNSTHAFT ZUMINDEST, UND ICH HABE STÄNDIG DAS GEFÜHL, DA IST NOCH IRGENDETWAS, IRGENDETWAS IN DIR, DAS DU VOR MIR VERBIRGST, WIR HATTEN ABER GESAGT: 100 PROZENTIGE TRANSPARENZ, DAS HATTEN WIR VOR UNSEREM ERSTEN

LIVETREFFEN DAMALS SO SCHRIFTLICH VEREINBART: 100 PROZENTIGE TRANSPARENZ ZU JEDER ZEIT, IN JEDER SITUATION, IMMER, UND ICH SPÜRE ABER GANZ TIEF IRGENDWO HIER HIER DRIN HIER IN MEINEM INNEREN, DASS DU IRGENDETWAS GANZ TIEF DA TIEF IN DEINEM INNEREN DA IRGENDWO VOR MIR VERBIRGST. WAS IST DAS, WAS IST DAS, WAS DU DA VERBIRGST, WAS, SAG MAL, WAS IST DAS?

COACH ja, herr radenković, wie geht es Ihnen, wenn Sie das jetzt so hören von Ihrer freundin?

MANN scheiße.

COACH aha.

MANN einfach nur scheiße.

COACH können Sie das etwas differenzierter…

MANN NEE, KANN ICH NICHT, WAS SOLLN DAS? SCHLEPPST MICH HIER HER, UM MICH FERTIG ZU MACHEN VOR DEM TYPEN DA ODER WAS?

COACH o herr radenković, jetzt müssen Sie, ah ich spüre da gerade, ja, jetzt treten Sie doch beide einfach mal aus sich heraus, ja so als würden Sie jetzt von oben auf sich selbst drauf gucken, verlassen Sie einfach mal kurz diese körper, und ja schauen Sie sich selbst mal genauer an, und dann schauen Sie ihren partner an und dann fragen Sie sich:

ist diese frau, ist dieser mann wirklich der mensch, mit dem ich MEIN LEBEN TEILEN möchte, mit dem ich diese SCHWIERIGE. MEINEN GANZEN EINSATZ ERFORDERNDE. ARBEIT. AN EINER ERFOLGREICHEN. AUF GEGENSEITIGEM RESPEKT UND … na Sie wissen schon.

FRAU nee.

MANN nee scheiße. die? nee.

COACH Gut, dann würde ich jetzt einfach sagen, wir brechen das hier ab und ab dienstag kommen Sie dann jeder getrennt in meine praxis, ich sehe gerade, ach schön, ja das trifft sich gut, ich hab da noch kapazitäten frei, herr äh, Sie dienstags 16 bis 17 uhr und frau äh draeger, ja mittwochs 11 bis 19 uhr.

FRAU was?

COACH ja Sie brauchen etwas mehr betreuung, weil … das werden Sie morgen merken: bei Ihnen bricht nämlich jetzt eine ganze welt zusammen. für frauen sind beziehungen sehr viel sinnstiftender als für männer. frauen leiden auch einfach mehr, das hat hier eine äh, das hat die äh, diese studie äh, ja die hat das also, ja frauen leiden mehr, männer verdrängen mehr so danke ja. ICH NEHME AN, SIE BEIDE SIND PRIVAT VERSICHERT, WEIL DIE GESETZLICHE RAMSCHKASSE ÜBERNIMMT DIESE LEISTUNGEN HIER NICHT, DIE FINDEN DA, DAS SOLLTE JEDER SELBST MIT SICH KLÄREN. WAS FÜR EINE ABSURDE VORSTELLUNG. ALS SEI IRGENDWER HIER IN DER LAGE, SEINE PROBLEME SELBST IN DEN GRIFF ZU BEKOMMEN. GUT ALSO DANKE UND,

LOVERS ARE STRANGERS

DAS HAT NICHTS MIT DIR ZU TUN

-kannst du einfach mal aufhören zu tanzen?
tanzt weiter.
das bringt mich jedesmal völlig raus, und ich weiß ehrlich gesagt nicht, was du damit eigentlich sagen willst?
schaut ihm zu.
was willst du mir damit jetzt sagen? hab ich dich mit irgendwas verletzt oder?

--das ist nicht für dich, das ist nur für mich

-aha

--ja ich mach das NUR SO, das hat jetzt nichts mit dir zu tun

-wie alles

--was?

-wie alles zwischen uns

DOPPELBELASTUNG

-warum ist es eigentlich nie schön mit uns?

warum ist das immer nur arbeit?

nach einem anstrengenden tag komme ich aus dem büro, und dann geht die arbeit erst richtig los.

die BEZIEHUNGSARBEIT

und ich schaff das nicht mehr

DIESE DOPPELBELASTUNG

ich halt das nicht mehr aus

DAS WIRD MIR ALLES ZU VIEL

WIESO RUFST DU DENN NICHT AN

-wieso rufst du denn nicht an?

das war doch schön mit uns

und das hat dir doch auch gefallen

das hab ich doch gemerkt

du hast gelacht

so an deinen haaren gespielt

und ich hab das gegoogelt

frauen, die sich beim ersten date viel an den haaren spielen, signalisieren interesse

und du hast gelächelt

sehr viel gelächelt

frauen, die beim ersten date sehr viel lächeln, signalisieren bindungsbereitschaft

und ich hab dir doch gefallen

das hab ich doch gespürt

ich hab dir drei nachrichten auf facebook hinterlassen und dich zweimal angerufen, hab dir vier sms geschickt und dir gestern gemailt und jetzt heute und

ich war heute bei dir

zuhause und auf der arbeit

und in deinem fitnessstudio

aber du warst nicht da

ich versteh das nicht

was genau gefällt dir denn nicht an mir?

was ist denn so schlimm an mir?

was hab ich denn falsch gemacht, dass du dich jetzt plötzlich nicht mehr meldest?

vielleicht kann ich das ja ändern

mich ändern

sag doch mal

das war doch schön mit uns

wieso meldest du dich denn nicht?

wieso rufst du denn nicht an?

HÖR AUF ZU WEINEN

-hallo

--hallo

-bist du angekommen

--ja

-und

--ich weiß nicht ... alles sehr leer hier ... keine möbel

-du kannst ja morgen losgehen und

--*weint*

-nicht weinen, das hatten wir so vereinbart

--*weint*

-das hatten wir anders abgesprochen. nicht wieder. unter druck setzen und HÖR AUF ZU WEINEN

--ja

-wir probieren das jetzt. das haben wir so ausgemacht.

--ja

-du bist da. schaust, wie es dir geht, wenn du eine zeit lang mal wieder nur für dich sein kannst. deinen eigenen raum...

--ich will aber gar nicht nur für mich sein

-das ist aber gerade besser für dich, glaub mir

--ich will mit dir sein. ich will bei dir sein mit dir zusammen und

-wir streiten zu viel, wir … das ist nicht gut. ich muss mich auch mal wieder auf mich konzentrieren und

--*weint*

-hör auf zu weinen, das ändert jetzt auch nichts. wir haben das doch nun besprochen geklärt und gemeinsam beschlossen, dass das für uns alle das beste ist

--scheiß leere wohnung hier, nichts drin, kalt

-und stefan meint, es ist das beste

--stefan, ich hasse den

-der hat uns sehr geholfen

--der trennt uns, damit es uns schlecht geht und wir noch mehr stunden bei ihm nehmen müssen. scheiße. ich geh da nicht mehr hin. komm hier her jetzt.

-nein

--bitte

-ich kann nicht

--komm. ich will hier nicht allein schlafen heute nacht. ich kann das nicht, ich schaff das nicht

-das ist aber besser. für uns beide. auch für dich. zu dir zu kommen. mit dir zu sein.

--ich will aber nicht zu mir kommen. da ist nichts. ich will nicht bei mir sein, ich will bei dir sein.

-

SCHON WIEDER NICHT GESCHAFFT

-es ist vorbei und

ich will es einfach niemandem sagen

schon wieder nicht geschafft

mein coach bringt mich um

wir haben das doch geübt

so lange daran gearbeitet aber

ich schaff das einfach nicht

ich kann das nicht

I DON'T WANT TO DISAPPOINT MY COACH AGAIN

-I don't want to disappoint my coach again

I am so afraid to go into session next week and tell him that I failed AGAIN

he will hate me so much

I will just pretend that we are still together and that EVERYTHING IS OK

EINE GESUNDE INNIGE BEZIEHUNG ZU SICH SELBST

-ich glaube, was Sie brauchen, ist eine gesunde, innige beziehung zu sich selbst. das würde Ihnen mal gut tun. schreiben Sie sich doch bis zum nächsten mal selbst einen liebesbrief und schreiben Sie da mal alles auf, was Sie an sich lieben, was Sie begehrenswert finden, was Ihnen an sich selbst gefällt, machen Sie sich komplimente schreiben Sie an sich selbst sms „hallo wie gehts meine süsse du siehst toll aus, ich liebe dich, du bist die schönste intelligenteste lustigste frau der welt, ich freu mich auf dich heute abend" und dann verbringen Sie mal so 'nen abend mit sich selbst, kochen für sich, stellen kerzen auf, machen schöne musik an und dann sind Sie einfach mal bei sich, mit sich, horchen in sich hinein, nehmen sich mal wahr, SPÜREN SICH und nehmen mal wahr, was für ein schöner interessanter und vor allem LIEBENSWERTER mensch Sie eigentlich sind

--wollen Sie nicht?

-was

--nur für ne stunde

-äh

--vorbeikommen

-äh nein

--und mit mir essen und feststellen, was für ein schöner intelligenter lebenslustiger und vor allem LIEBENSWERTER mensch ich bin

-äh nein, das geht also das, nein das ist so nicht vorgesehen zwischen uns, wir haben ja eine professionelle…

--ich zahl Ihnen das auch als extrastunden, die kasse übernimmt das, ich bin privat

-nein tut mir leid

--*ganz ernst*
bitte

-ich glaube, für Sie ist es erstmal ganz wichtig, dass Sie eben NICHT Ihr selbstwertgefühl aus der beziehung zu anderen ziehen, sondern eben AUS SICH SELBST, Sie brauchen eine tiefgehende liebevolle beziehung mit sich selbst, die auch auf gegenseitigem vertrauen und respekt basiert, Sie müssen sich selbst respektieren, schätzen lernen, annehmen, Sie haben sich noch nicht angenommen, fahren Sie doch mal weg, mit sich selbst irgendwohin, wo es schön ist und dann verbringen Sie da eine schöne zeit mit sich und lernen mal ganz andere seiten von sich kennen, verbringen etwas quality zeit nur mit sich

-

ZUFALL

-wer schreibt dir denn da immer?

--niemand

-aha
Pause.
und wieso legst du dein handy immer genau in dem moment weg, wo ich ins zimmer komme?

--zufall, ich hab nur geguckt, wie spät es ist

-hm

OHNE VIEL DRAMA

-ich habe mich von dir getrennt, schon vor drei monaten. ich suche jetzt nur noch den geeigneten moment, wo ich dir das möglichst reibungslos mitteilen kann ohne viel drama

ABER DAS WAR DOCH SCHÖN MIT UNS

-aber das war doch schön mit uns

--ja, aber ich bin, tut mir leid, im moment, also ich, ich bin in letzter zeit so oft enttäuscht worden, und ich brauche jetzt erst mal mehr raum für mich und kann mich nicht sofort wieder auf was neues einlassen, ich muss das alles erst mal verarbeiten, damit klarkommen mit den ganzen enttäuschungen und...

-aber wir können uns wiedersehen

--ja, nein, denke eher nein, weil ich ... ich kann im moment keine ... ich brauch ... ich kann da nichts versprechen, ich bin noch nicht so weit, ich

-aber das war doch schön und wir beide passen doch auch gut zusammen

--ja vielleicht, sicher klar, aber ich bin noch nicht so weit, ich muss mich jetzt erst mal um mich selbst kümmern, ich brauch jetzt erst mal abstand zu allem und ich brauch meinen eigenen raum

EINE LIEBE DIE MIR DAS GEFÜHL GIBT AM LEBEN ZU SEIN

-ja klar, du liebst mich, aber das ist nur so ne ganz normale liebe, so wie halt jeder liebt, ich suche eigentlich was anderes, was total anderes, ich will EINE LIEBE, DIE MIR DAS GEFÜHL GIBT, AM LEBEN ZU SEIN, ich will hier sein jetzt mit dir und alles wird lauter intensiver, die zeit bleibt stehen, wir bewegen uns ohne worte, weißt du, aber so eine liebe ist das nicht, das ist eher so eine "ja, ok, lass uns ne weile zusammen sein, ist ja irgendwie immer noch besser als dauernd allein rumzuhängen liebe". so eine liebe ist das, und die will ich nicht. sowas will ich nicht mehr, sowas hatte ich schon. oft genug. ich will jetzt mal was anderes. was echtes. also: entweder du legst jetzt mal los und zeigst mir, dass du mich wirklich echt und bedingungslos liebst oder du gehst jetzt einfach und lässt dich nicht mehr blicken. HAU EINFACH AB, HAU AB HIER, ich hab keine ahnung, was du von mir willst, was willst du, was was willst du, sag mal was?

-die scheiße ist ja, dass man in der beziehung überhaupt gar nichts schönes mehr abkriegt, seit alles vorteilhafte, alles intime ins facebookprofil abgewandert ist, sitzt man dann immer nur noch mit den beschissenen verborgenen seiten eines anderen menschen in der beziehung herum: der ganzen scheiße, die er auf seinem facebookprofil verschweigt, die ist dann für die beziehung gedacht, für den offline partner, dein echtes lächeln ist echt scheiße und du siehst auf facebook auch viel besser aus und du hast da überhaupt nicht erwähnt, dass du immer diese angstattacken hast und nachts immer nackt mit dem föhn im badezimmer liegst, das hast du da alles verschwiegen, das ist alles so unromantisch und abenteuerlos mit dir, so anstrengend, ich krieg immer nur die ganze scheiße ab, und das schöne leben, das aufregende tolle das stellst du dann bei facebook rein, das ziehst du ab aus unserem leben. DAZU HABE ICH DANN KEINEN ZUGANG MEHR, ich hab immer nur zugang zu den ganzen PROBLEMGESPRÄCHEN, wo ich wann wie nicht genau auf dich eingegangen bin, dich nicht ausreichend genug WAHRGENOMMEN hab, dir nicht GENAU ZUGEHÖRT HAB, da nicht voll und ganz SENSITIV UND PARTNERSCHAFTLICH SORGSAM MITFÜHLEND auf deine bedürfnisse eingegangen bin. JA VERDAMMT, WENN DU DEINE BEDÜRFNISSE NIE FORMULIERST, DANN KANN ICH JA AUCH NICHT AUF DIE EINGEHEN // NA DAS MUSST DU DOCH SPÜREN, WAS ICH WILL, WIR SIND DOCH IN EINER BEZIEHUNG, DA MUSST DU DOCH SPÜREN, WAS ICH WILL, WONACH ICH MICH SEHNE, DAS MUSST DU DOCH SPÜREN, DAFÜR SIND WIR DOCH ZUSAMMEN, DAMIT ICH JEMANDEN HABE, DER DAS ALLES SPÜRT, WAS ICH WILL UND BRAUCHE, OHNE DASS ICH MICH DA IMMER FORMULIEREN MUSS, DAS MUSST DU DOCH SPÜREN // ja, ich spür da aber nichts außer angst bei dir und bei mir angst davor, dass das alles nicht klappt, dass wir dem anspruch, den unsere beziehung an uns stellt, nicht gerecht werden, dass wir nicht in die nächste runde kommen, DASS WIR DAS FEEDBACK NICHT MEHR ERTRAGEN, weil wir zu schwach sind zu NORMATIV UNBESTÄNDIG und uns gar nicht EINLASSEN KÖNNEN AUFEINANDER // zieh doch nicht immer alles schöne von dir ab aus unserem leben und stell das auf facebook rein, bitte, lass doch noch n paar momente einfach hier in der offline welt mit mir, ich finde dein facebookprofil so schön und witzig und ansprechend und sexy und irgendwie einfach SO TOLL,

DASS ICH IMMER DENKE, JA MIT DER WILL ICH ZUSAMMENSEIN, MIT DER DA, DIE IST SOOO TOLL, MIT DER WILL ICH EINFACH ZUSAMMENSEIN, aber wenn du dann hier sitzt in echt, O JE DAS IST SO ENTTÄUSCHEND, diese leere zitternde NORMATIV UNBESTÄNDIGE MENSCHENHÜLLE, DIE DA NACKT AUF DEM BODEN LIEGT UND ZITTERT, das macht mir solche angst, ich würde dich so gerne beschützen, dich schützen vor dir selbst, der welt da draußen, der welt da drinnen, dem kapitalismus, der finanzkrise, dem auseinanderdriften europas, dem kurz bevorstehenden zusammenbruch des euros und der nächsten großen koalition, aber ich weiß ja selbst gar nicht, ob du überhaupt der mensch bist, in den ich jetzt in diesem augenblick wirklich alle meine ressourcen investieren sollte. bist du das? sind meine ressourcen wirklich garantiert sicher bei dir angelegt? und wer garantiert mir diese sicherheit? angela merkel? o gott! NEIN! KANN DIE NICHT MAL WEGSEIN AUS UNSEREM LEBEN, die sieht man jetzt ja wirklich überall, wie sie panzer nach saudi-arabien verkauft, rentnern in stuttgart die augen mit pefferspray rausschießt, korrupte amigopolitiker in präsidentschaftsposten hievt, um sie aus dem weg zu räumen, in davos die machthaber dieser welt umschmeichelt, WAS FÜR EIN AUFSTIEG, KOHLS MÄDCHEN, JETZT DIE MUTTER DIESER FIKTIVEN NATION EUROPAS, DER NEUE FÜHRER DER FINANZTRANSAKTIONSDEMOKRATIE, lass uns doch angela merkel einfach mal für einen augenblick vergessen und uns einfach in die augen schauen und uns anlächeln. ACH NEIN scheiße, du lächelst echt scheiße, ja lea sorry, das muss ich dir jetzt einfach mal so sagen, DEIN LÄCHELN IST ECHT NICHTS WERT DAS HAT RAMSCHNIVEAU, für so ein lächeln investier ich nichts lea und hässlich bist du auch, du bist viel schöner auf deinem facebookprofil, da stellst du alles rein, was ich haben will, aber hier hier bei mir da stellst du gar nichts rein in dieses WIR, dieses WIR bleibt irgendwie leer hohl ausgehöhlt zittrig und liegt nackt auf dem badezimmerboden herum und weint, scheiße ach mann, jetzt wein ich auch, die gefühle gehen mit mir durch, die gehen hier einfach so durch, seit ich mit dir zusammen bin – seit ich mit dir zusammen bin, habe ich die ganzen gefühle nicht mehr unter kontrolle, ich weine so oft, seit ich mit dir zusammen bin, lea. ich sag hier immer lea, das hat mir mein datingprofil so geraten, sagen Sie mehrmals beim date den namen der frau, DAS SCHAFFT BINDUNGSPOTENTIAL, und nun mache ich das immer, lea komm doch mal her, lea warte, lea hallo, lea scheiße, die reagiert nicht, DA WILL SICH IRGENDWIE

KEIN BINDUNGSPOTENTIAL ENTWICKELN lea! komm! platz! sitz! los! hop! hier her! lea! lea! klappt nicht. WIR BINDEN UNS NICHT, wir bleiben immer so normativ unbeständig desorientiert und verzweifelt und stellen unsere besten seiten immer nur bei facebook ins profil, wir ziehen diese ganzen ressourcen ab aus dem echten leben und geben sie MARK ZUCKERBERG, damit der das weiterverkaufen kann und an die börse gehen kann mit unseren daten, DIE AUSGEFUCHSTE SAU, mann scheiße lea komm mal her, lächel mich doch einfach mal an. o gott dieses lächeln. horror. das sagt nichts. bewegt nichts. es ist das schrecklichste und leerste lächeln, das ich je gesehen habe. dabei bist du so schön. auf facebook. und hier in meiner wohnung: nichts. ich weiß nicht, was ich mit dir anfangen soll. ich kann dich ja nicht wie so ne vase irgendwo abstellen und dann ab und zu angucken. ich muss ja auch mal irgendwas mit dir machen, aber. ich weiß nicht. ich mag dich gar nicht mehr. nicht so richtig in jedem fall. irgendwie kann ich gar nichts. richtig. mit dir. anfangen. es ist seltsam, aber wenn wir mal nen abend zusammen bei mir verbringen, geh ich immer nach ein paar minuten ans netz und schau mir dein profil an. deine nähe verunsichert mich. ich kann da keinen bezug herstellen. liebe ist quelle von unbehagen, desorientierung, verzweiflung, verärgerung, ruhelosigkeit, schlaflosigkeit, unzufriedenheit mit sich selbst. es ist so, als seien wir zur liebe verdammt. da steckt so viel gesellschaftlicher druck dahinter. mein selbst traut sich einfach nicht mehr, sich auf irgendetwas einzulassen. mein normativ unbeständiges verunsichertes selbst verweilt immer in einem DAVOR, es sagt nie JA, es häuft nur immer mehr und mehr interessante und noch interessantere optionen an. ES SAGT NIE JA, ES SAGT IMMER NUR, MAL SCHAUEN, NE, ABWARTEN, ERST MAL GUCKEN, WIE DIE DINGE SICH SO ENTWICKELN, NICHT ZU FRÜH EIN RISIKO EINGEHEN, weil diese dummen finanzspekulationsschweine diese welt so unsicher gemacht haben, habe ich unentwegt angst, bin nichts mehr außer angst und trau mir absolut nichts mehr zu, weil diese widerwärtig destruktiven von keiner politischen instanz mehr regulierten blöden finanztransaktionsschweine die welt so unsicher gemacht haben, ist mein selbst so verunsichert, dass es keine bindungen mehr eingeht, UND DESHALB VERHARRE ICH IMMER NUR IN EINEM DAVOR UND MEIN LEBEN FINDET NICHT MEHR STATT, es finden nur noch unterschiedliche möglichkeiten statt in meiner fantasie, aber REAL HIER SPÜRBAR IST DA GAR NICHTS MEHR, weil diese widerwärtigen destruktiven finanztransaktionsschweine IM

SPEKULATIONSRAUSCH DAS GESAMTE STAATSVERMÖGEN UMVERTEILEN AUF EIN PAAR WENIGE MILLIARDÄRE, traut sich mein verunsichertes selbst nicht mehr, hier in der realität noch eine existenz zu gründen und zieht all sein kapital ab aus der wirklichkeit und stellt es auf facebook rein als OPTION ZUM FANTASIEREN, damit andere verängstigte, ausdifferenzierte individuen sich das alles anschauen können wie einen roman und sich da reinfantasieren können, sich abgesichert in den vier wänden ihrer beziehung, die sie ausschließlich mit sich selbst führen vorzustellen wie es sein könnte mit den fotos und dem leben, das ich da reingestellt habe, ABER ICH HABE HIER KEIN LEBEN MEHR, weil mein selbst VIEL ZU VERUNSICHERT IST.

liebst du mich?

--ja klar

-wie meinst du das?

--was?

-„ja, klar" was heißt das? was willst du mir denn WIRKLICH damit sagen? liebst du mich?

--ja

-ich meine wirklich. liebst du mich WIRKLICH

--ja klar

-hm

-was

--nee nichts

-ich liebe dich

--ja ich meine nicht, ob du mich liebst im sinne von "ich liebe dich", ich meine, ob du mich WIRKLICH liebst. WIRKLICH EHRLICH. MICH. nur mich. ob du MICH WIRKLICH EHRLICH, WIRKLICH, WIRKLICH LIEBST? das will ich wissen, mehr nicht. also: LIEBST DU MICH NUR MICH MICH ALS MICH SO WIE ICH BIN SO WIE ICH WIRKLICH TIEF IN MEINEM INNEREN BIN, DAS HIER UND DAS DAHINTER UND DARUNTER ALLES, WAS HIER DRIN IST UND ALLES, WAS DAS HIER FÜHLT TUT UND SAGT UND BEI DIR AUSLÖST, LIEBST DU DAS? und ich meine jetzt, LIEBST DU DAS EHRLICH. WIRKLICH. TIEF UND ECHT UND VOLL UND GANZ UND ... ja? sag mal, sag doch einfach mal, LIEBST DU MICH?

I WANT

I WANT YOUR SKIN
I WANT YOUR LIFE
I WANT YOUR BLOOD
I WANT YOUR SOUL
I WANT YOUR HEART
I WANT MORE AND MORE AND MORE
I WANT EVERYTHING
I WANT YOU TO BE MINE
I WANT YOU TO STAY FOREVER
I WANT YOU TO WANT ME SO MUCH THAT
YOU ARE LOSING YOUR MIND

LIEBE MUTTI/LEBEN IN DER ZELTSTADT

-vielleicht ist die vorstellung, dass ZWEI menschen miteinander glücklich werden können einfach falsch, vielleicht ist das einfach eine jahrtausend alte verirrung der menschheit, so wie die katholische kirche, der kapitalismus und der adel. vielleicht sind das alles falsche konzepte und wir müssen andere konzepte ausprobieren und wir verlassen jetzt diese coaching seminare und paartherapien und gehen jetzt in dieses zeltlager und wir wissen noch nicht genau, wohin das alles führen kann und wonach wir eigentlich suchen, aber wir haben begriffen, so kann es nicht weitergehen mit der katholischen kirche, dem adel und den entsetzlich unglücklichen jeden mensch in die psychose und direkt in die analysepraxis treibenden zweierbeziehungen.

-vielleicht ist es ja einfach ein fehler der menschheit zu glauben, dass zwei menschen miteinander glücklich sein können, vielleicht können nur 10 oder 20 menschen miteinander glücklich sein, weil auf einem einzigen menschen viel zu viel druck lastet, wenn er sich in eine beziehung mit nur einem einzigen anderen menschen begibt. vielleicht ist das alles unsinn, sich hier so wegzuschließen von der welt in einem bett, in einem schrank, in einem zuhause und sich vollkommen manisch auf nur einen menschen zu fixieren, und der soll dann alles liefern, was die welt da draußen nicht liefern kann, der soll mir dann alles geben, was ich selbst nicht habe. vielleicht ist das wirklich die falsche strategie, um glücklich zu sein, und wir liegen hier gemeinsam in dieser zeltstadt vor den toren der frankfurter finanztürme und finden das heraus: was wir eigentlich alles in den letzten tausend jahren falsch gemacht haben, und jetzt ist der historische moment gekommen, all diese konzepte zu überdenken und kritisch zu hinterfragen und zu verwerfen: wir brauchen dieses entfesselte finanzsystem nicht, das ist nicht gut für uns, das muss weg, und zwar so schnell wie möglich, und wenn durch die finanztransaktionssteuer nun all die widerwärtigen finanztransaktionsschweine zusammen mit der fdp nach london abwandern, um so besser, da sind wir die los, und müssen beim nächsten wucherungsexzess ihrer scheißspekulationsgeschwüre nicht wieder für alles aufkommen und denen ihren ganzen verzockten einsatz zurückzahlen, das können ja dann mal die engländer machen, die haben da ja genug geld angehäuft in ihren ebenfalls völlig überflüssigen und aus mir vollkommen unverständlichen gründen noch immer nicht durch eine längst fällige revolution beseitigten, dekadent, debil, durch und durch nutzlosen und leider unhaltbar überteuerten königshäusern. beim nächsten bankencrash kann die city of london – das ist nämlich der ort, wo die verursacher dieser krise alle sitzen – ja mal einen sturm auf das englische königshaus organisieren und die polizei auffordern, pfefferspray in die fressen von prinz charles und dem ganzen degenerierten adelsgesocks da zu sprühen und sich mal aus deren kassen bedienen, müssen ja nicht immer und ausschließlich WIR für diese vollkommen nutzlosen überflüssigen scheißdrecksfinanztransaktionsschweine bezahlen und bei der gelegenheit die fdp bitte auch gleich abschaffen oder so lange mit pfefferspray bearbeiten, bis aus ihren verlogenen, dummen, korrupten lobbyistengeldkoffer entgegennehmenden, für alles falsche dieser welt eintretenden … der satz bricht hier ab, liebe mutti, weiter bin ich nun noch nicht gekommen mit meinem neuen stück, das die wut und den bevorstehenden gesellschaftlichen wandel reflektieren soll. ich hoffe, dir und vati geht es gut. leider bin ich zu beschäftigt, um zu deinem geburtstag zu kommen, leider werde ich es auch zu vatis geburtstag nicht schaffen und auch zu weihnachten, sylvester, ostern und eurem hochzeitstag ist mein terminkalender leider schon voll. vielleicht ist es ja ein irrtum in der menschheitsgeschichte, so wie der finanzkapitalismus, die katholische kirche und die vorstellung, dass zwei menschen jemals glücklich miteinander werden könnten, dass man sich auch nach jahren immer und immer wieder begegnen sollte. mir ist in den letzten jahren aufgefallen, liebe mutti, dass ich ein flüssiges wesen bin und sich meine moleküle unentwegt in einer chaotischen, durchs all rasenden, komplexen vernetzungsstruktur bewegen, die ich leider selbst nicht immer kontrollieren kann und die mich in unregelmäßigen zeiteinheiten immer wieder neu zusammensetzt, aber eben immer nur für momente: so fühle ich mich dir derzeit leider überhaupt nicht nah, im grunde kommt es mir heute so vor, als hätten du und ich absolut nichts gemeinsam, und ich verstehe nicht, wieso ich es so lange habe zulassen können, dass jemand, der mir so fremd ist wie du, so viel raum in meinem leben einnehmen konnte, vielleicht ist es ja einfach ein irrtum in der geschichte der menschheit, dass ein junge so lange zeit dem einfluss seiner mutter ausgesetzt ist und sie immer ängstlich wachsam und lenkend bis zu seinem dreißigsten oder manchmal vierzigsten lebensjahr einen seltsamen einfluss auf ihn ausübt, der ihn meistens nur lähmt und unglücklich macht und blockiert und ... ja, liebe mutti, das ist mir aufgefallen, du unterbrichst meinen flow, ja, wenn ich in deiner nähe bin, ist mein flow blockiert und, ehrlich gesagt, das kann ich so nicht länger hinnehmen, genauso wenig wie ich den finanzkapitalismus, die katholische kirche und die sinnlose anhäufung von geld in den händen von 1 prozent der weltbevölkerung weiter hinnehmen werde. liebe mutti, dies sind revolutionäre zeiten, und ich liege hier seit wochen in diesem zeltlager und werde dreimal täglich von der deutschen polizei mit pfefferspray bearbeitet, aber ich lasse mich hier nicht mehr verdrängen, wir liegen hier und reden und diskutieren und handeln all das aus, was die menschheit in den letzten tausend jahren vergessen hat, sich mal genauer anzuschauen. und ich habe festgestellt, liebe mutti, dass es mich gar nicht gibt, ich bin kein einzelner, ich bin ein netzwerk, ich bin teil eines netzwerkes, und dieses netzwerk begibt sich gerade in eine kriegerische auseinandersetzung mit dem finanztransaktionsnetzwerk und dem netzwerk der katholischen kirche und dem adelsnetzwerk, das sich seit mehr als tausend jahren über diese erde ausgebreitet hat. das netzwerk der frankfurter polizei wird zwar nicht müde, uns immer wieder im auftrag von angela merkel und der fdp mit giftgas zu beschießen, aber wir halten durch, wir halten hier so lange durch, bis der globalisierte deregulierte finanzkapitalismus durch ein menschlicheres gerechteres system ersetzt worden ist, so, ja, liebe mutti, ich suche noch nach ein paar witzigen stellen, so ein paar lustige entlastende momente, die braucht das stück ja auch, vielleicht hast du da ja vorschläge, wie du weißt, gefallen mir deine witze immer unglaublich gut, also schick mir doch noch ein paar rüber.

-wir liegen hier in diesem zeltlager und wir werden täglich dreimal mit pfefferspray beschossen, aber wir bleiben hier so lange liegen, bis wir all diese missverständnisse der letzten tausend jahre mal genauer betrachtet und aufgelöst haben. am ende wird der deregulierte finanztransaktionskapitalismus durch ein gerechteres besseres menschlicheres und weniger zerstörerisches system ersetzt werden.

-wir liegen seit wochen in diesem zeltlager vor den türmen derjenigen, die auf getreidepreise in afrika und den untergang europas spekulieren,

wir haben keine eile,

wir lassen uns all die zeit, die wir brauchen

wir lösen unsere fragen und gespräche nicht auf in kleine sendegerechte soundbites, die die jounalisten und marketingchefs einspeisen können in ihre kanäle

wir liegen hier einfach, hören uns zu, warten ab, reden, wollen verstehen, suchen diesmal nicht nach eiligen lösungen

ab und zu schicken cdu und deutsche bank ein paar spezialeinheiten vorbei, die uns mit pfefferspray die augen wund sprühen, so dass wir uns tagelang nur noch fest im arm halten können und weinen, weinen oder schreien vor schmerz

aber auch das hält uns nicht davon ab, uns die zeit zu nehmen, all die irrtümer, denen die menschheit in den letzten tausend jahren aufgesessen ist, anzuschauen, genauer zu betrachten, auseinanderzunehmen und dann wege zu suchen, wie wir nun aus der reproduktion all dieser irrtümer endlich austreten können

was braucht die menschheit, was nicht

polizisten, die im auftrag der cdu und der finanztransaktionsspekulanten pfefferspray in die augen von siebzehnjährigen gymnasiasten sprühen, brauchen wir schon mal nicht

-wir brauchen auch die cdu nicht, die fdp hätte schon vor zwanzig jahren abgeschafft werden müssen, aber die cdu muss nun auch diesen planeten verlassen und mit ihr der papst und die gesamte katholische kirche, die erbeuteten schätze des vatikans werden gerecht unter der ausgebeuteten erdbevölkerung verteilt, der wahnhafte glaube, dieses widerwärtige kontrollsystem katholische kirche würde auch nur annähernd die komplexität der schöpfung und der dem universum innewohnenden gesetze widerspiegeln, wird von uns zurückgewiesen, ebenso wie der vollkommen wahnhafte glaube, der markt könne sich jemals selbst regulieren, ebenso der glaube, dieses finanzsystem würde, wenn es NICHT reguliert würde, nicht SOFORT ZIELSTREBIG auf die nächste krise zusteuern, denn, das haben wir nun also begriffen: die krise ist deshalb der normalzustand des systems, weil die krise für die umverteilung der öffentlichen gelder zugunsten neoliberaler eliten sorgt. die krise ist ein deckname für die umverteiltung von milliarden von euro und dollar an eine kleine gruppe milliardäre. insofern ist die krise von der kleinen gruppe der globalisierten milliardäre gewollt und wird angestrebt.

wir wollen also den papst und die katholische kirche abschaffen, weil sie zu jeder zeit mit jedem unrechtsystem hand in hand gearbeitet hat, weil die katholische kirche an sich das unrecht schlechthin darstellt, so wie auch das englische königshaus, und alle adelshäuser dieser welt, die vollständige enteignung des adels ist eine aufgabe, die die menschheit leider nicht vollständig bis zum abschluss betrieben hat, und das, liebe mutti, werden wir nun sehr bald in angriff nehmen. wir haben alle gebiete ausgemacht, die nicht von google streetview erfasst wurden, und wir gehen davon aus, dass genau an diesen weißen flecken auf der streetviewkarte die schätze dieser welt gelagert werden. im übrigen gibt es auch hier in dieser stadt einige weiße flecken auf der landkarte und dort werden wir in wenigen tagen aktiv werden. liebe mutti, das staatsfernsehen ist leider noch immer auf seiten der finanztransaktionsspekulanten und auch die fdp darf dort immer noch ungehindert die parolen der finanztransaktionsspekulanten, der pharmaindustrie und der waffenlobby ungehindert als politische statements getarnt zur besten sendezeit verkünden. liebe mutti, das werden wir sehr bald stoppen.

-liebe mutti, ich habe noch immer kein mädchen gefunden. ich habe es hier im zeltlager auch schon einige male mit ein paar jungen ausprobiert. ich bin da momentan noch sehr unentschieden, und möchte erst mal eine weile alles offen lassen und noch weiter experimentieren. ich trainere viel, wie du auf dem beigefügten foto erkennen kannst, ich möchte, dass dieser körper für den nächsten kampf mit einem räumungskommando der spezialeinheiten von cdu und deutscher bank gewappnet ist, ich sprühe mir täglich selbst tränengas und pfefferspray ins auge, das machen wir hier alle so, wir erhöhen die dosis täglich, so dass wir zunehmend resistent werden gegen die angriffe von cdu und deutscher bank. nach den gasangriffen der spezialeinheiten von cdu und deutscher bank liegen wir uns oft stundenlang weinend in den armen und halten uns aneinander fest. das ist schmerzhaft, aber es bringt uns näher zusammen. das leid verbindet uns und das wissen, dass dieses system, so wie es jetzt zu uns spricht, mit diesen mitteln und mit diesem unrecht, schon in sehr kurzer zeit nicht mehr bestehen wird. es wird in absehbarer zeit platz machen für ein anderes system und wir erleben jetzt den übergang, wir leben jetzt genau in der zeit der transformation von einem system zum anderen und das ist sehr schmerzhaft, aber auch sehr aufregend, es gibt keinerlei gewissheiten, wie das neue system aussehen wird, aber dass das alte sich gerade auflöst, ist deutlich spürbar.

-liebe mutti, ich habe immer noch kein mädchen gefunden, obwohl ich ja eigentlich aus diesem einen grund hier in dieses lager gekommen bin. wir liegen hier im lager und werden täglich von den spezialeinheiten der cdu und der deutschen bank mit gas bearbeitet. es ist manchmal verwunderlich, da es momente gibt, wo hier väter ihre eigenen sechzehnjährigen töchter mit gas bearbeiten. aber die deutsche bank überweist der deutschen polizei jeden tag aufs neue spendengelder mit der auflage das zeltlager zu räumen, so dass sich die polizei schon mit hinweis auf die katastrophale lage der öffentlichen kassen damit entschuldigt, nicht anders handeln zu können. die cdu hingegen überweist das geld, das eigentlich für die öffentlichen kassen vorgesehen war, direkt auf das konto der deutschen bank und die überweist es dann weiter an die polizei, wobei sie all diese überweisungen wiederum als spenden geltend machen und von der steuer absetzen können.

-liebe mutti, gestern hat sich hier nachts um vier ein junge in meinen schlafsack gelegt. er hat gezittert. und geweint. ich habe ihn dann im arm gehalten und ganz fest an mich gedrückt. dann kam ein mädchen dazu aus der agamben diskursgruppe. die hatten da bis um fünf uhr die frage nach dem permanenten ausnahmezustand diskutiert. wir haben dann hier gelegen und uns festgehalten, wir zitterten und weinten und ich habe mich ganz langsam dabei ausgezogen und die beiden haben mich überall an meinem körper berührt. mein körper ist so ein seltsamer panzer geworden, und jede berührung, die kein angriff ist, löst eine erschütterung aus.

-ich liege hier im schlafsack, irgendwo höre ich schreie, da wird gerade irgendwer von einem zivilbullen verprügelt, der im auftrag der cdu und der deutschen bank hier nachts vorbeikommt und mit knüppeln auf schlafende jungs und mädchen einprügelt, aber wir haben uns nun schon daran gewöhnt, das alles wird uns nicht abhalten, uns all die fragen zu stellen, die sich die menschheit in den vergangenen tausend jahren noch nicht intensiv genug gestellt hat: wie schaffen wir es, diese kontrollsysteme außer kraft zu setzen. wir schaffen das nur, indem wir anfangen uns als netzwerk zu begreifen, das diese gesamte welt umspannt und sich den falschen ansagen eines ungerechten zerstörerischen systems verweigert. dieses system ist ja nun schon seit langer zeit in mir drin, und ich kotze es jetzt aus mir heraus, ich schwitze dieses system aus mir heraus, ich weine es aus mir heraus, mit jedem gasangriff der polizei weine ich dieses system mehr und mehr aus mir heraus und bald wird es nicht mehr in mir drin sein, und ich werde nicht mehr nach den regeln eines entfesselten deregulierten finanztransaktionskapitalismus handeln: ich will nicht unentwegt auf den zusammenbruch einer freundschaft oder einer liebe spekulieren, ich will nicht unentwegt danach ausschau halten, wo ich die beste option für eine beziehung finden kann.

-liebe mutti, du hast mich mit deiner ansage, dass es meine aufgabe sei, die für mich best passendste und schönste frau zu finden, mit der ich eine aufregende, vertrauensvolle und gewinnbringende beziehung führen kann, ganz schön unter druck gesetzt. vielleicht ist es ja ein irrtum der menschheit, liebe mutti, dass zwei menschen miteinander glücklich sein können. vielleicht müssen wir ja so lange in zeltlagern unterschiedliche lebenskonzepte ausprobieren und so lange all die jahrtausende alten kontrollsysteme hinterfragen und zur disposition stellen – wie die katholische kirche, die cdu und ihren finanztransaktionskapitalismus und die feudale adelsklasse, die wir irgendwann vergessen haben, komplett zu enteignen und abzuschaffen, bis die sich auflösen, an macht verlieren, nur noch als folkloristische touristenattraktionen einen kleinen nischenplatz im zoo der gescheiterten menschheitsentwicklungen einnehmen. ich glaube, dass wir uns schon in 20 jahren im frankfurter zoo ein paar finanztransaktionsspekulanten anschauen werden, wie sie da sitzen an ihren computern und auf den zusammenbruch europas spekulieren und die getreidepreise in afrika so in die höhe treiben, dass 200 millionen menschen jährlich an hunger sterben, und wir werden uns fragen, wieso uns eine solche lebensform als normal erschien all die jahre lang, ich glaube, wir haben einfach nicht genau genug hingeschaut, und das tun wir halt jetzt. ich bin fest davon überzeugt, dass philipp rösler und kai diekmann auch in diesem zoo sitzen werden und wir werden sie uns anschauen, wie sie da ihre reden halten und ihre artikel schreiben und wir werden uns darüber wundern, dass die menschheit tatsächlich einmal so unterentwickelt gewesen sein konnte. wie haben die das all die jahre nur ausgehalten? werden wir uns fragen. liebe mutti, der schmerz, den das pfefferspray in meinen augen verursacht, ist nichts gegen den schmerz, den die gesamte menschheit im moment noch ertragen muss. wir werden bald nicht mehr weinen, und dann werden wir zurückblicken und feststellen, dass sich dieser schmerz wirklich gelohnt hat. die welt wird eine andere sein, und darauf freue mich schon jetzt.

-legst du dich zu mir

--du weinst ja

-das ist nur das gas nichts innerliches nur eine körperliche reaktion auf äußere einwirkungen

--soll ich dich festhalten

-ja

--so

-noch mehr

--so

-noch mehr

--du zitterst ja

-ja

--du weinst ja

-ja

-liebe mutti
wir haben nun wieder sehr lange diskutiert, gitarre gespielt und uns in den armen gelegen und sind zu dem ergebnis gekommen, dass wir neben der katholischen kirche, dem englischen königshaus und aller noch nicht enteigneten königshäuser und adeligen dieser welt, dem internationalen finanztransaktionskapitalismus, der mafia, der

pharmalobby, der waffenlobby, und dem mövenpickkonzern auch alle marketing-, public relations-, und werbeagenturen dieser welt schließen werden und die angestellten umschulen werden zu fachkräften im forschungsbereich für alternative energiequellen. leider ist es wieder drei grad kälter geworden und ich bin auch heute wieder von einer spezialeinheit im auftrage der deutschen bank mit giftgas beschossen worden, das pfefferspray landete direkt in meinen augen, aber ein sehr schönes, zartes mädchen, dessen t-shirt von einem wasserwerferangriff komplett durchnässt war, hat mir ganz langsam, ganz vorsichtig die augen ausgewaschen und sehr lange bei mir gelegen, mich fest im arm gehalten und getröstet, nach einbruch der dunkelheit haben wir auf die hellerleuchteten türme der deutschen bank geschaut und uns in der gewissheit, dass dieses unrechtsregime genauso fallen wird wie das regime gaddafi und das regime berlusconi sehr lange zart und intensiv geküsst.

-liebe mutti, ich habe noch immer nicht herausgefunden, wie ich in den nächsten jahren leben will, aber dieses zeltlager erscheint mir derzeit als genau der richtige ort, alle möglichkeiten von beziehungen experimentell zu erproben: ich habe gestern auch sehr lange mit einem älteren mann zusammengesessen und über marx und hegel diskutiert, am ende hat er mir den hessischen landboten von georg büchner vorgelesen, und dann sind wir arm in arm eingeschlafen. mir wird immer klarer, dass wir unsere beziehungen nicht nach den strukturen und mechanismen eines deregulierten finanztransaktionskapitalismus ausrichten dürfen und immer nur nach der für uns kurzfristig besten option ausschau halten müssen, wir müssen langsamer werden, uns zeit nehmen, und genau in die richtung steuern, die am wenigstens gewinn zu versprechen scheint und absolut nicht effizient ist, all das, wovor wir angst haben, muss unser ziel sein, und all das, was uns unlogisch erscheint, soll uns magisch anziehen. jetzt liege ich hier gerade mit den anderen jungs und mädchen und wir singen gemeinsam songs von radiohead und ich verschmelze mit den stimmen der anderen und wir werden langsam eins. dies sind die schönsten momente zwischen zwei pfefferspray-angriffen der spezialeinheiten, die die deutsche bank hier in unregelmäßigen abständen vorbeischickt. die deutsche bank wird schon allein deshalb in zwei jahren nicht mehr bestehen, weil es niemanden mehr geben wird, der sein geld dort anlegt. die leute haben längst begriffen, dass sie ihr geld nur noch bei alternativen banken anlegen dürfen.

-liebe mutti

das rauschen ist so schön hier

ich bin nicht mehr einsam

ich bin jetzt endlich teil eines wir

ein netzwerk

ich bin teil eines netzwerkes, und das ist so schön

so wie all diese lichtpartikel sich zu einem wunderschönen sonnenaufgang zusammenfügen

bin auch ich teil dieser wunderschönen … ach mutti, ich breche hier ab, die polizei kommt gerade wieder einmal vorbei und schießt uns pfefferspray in die augen. gab es eigentlich irgendwann mal eine zeit, in der die polizei nicht unentwegt damit beschäftigt war, aufmärsche von neonazis zu schützen, rentnern mit pefferspray die augen rauszuschießen, und auf der loveparade jugendliche auf ecstasy so lange in tunnels einzusperren, bis die sich gegenseitig zertrampeln? und gab es eigentlich mal eine zeit, wo die cdu nicht die gesamten öffentlichen gelder an einige wenige banken überwiesen hat, damit die das dann in einem großen Rausch der Umverteilung weiterleiten können an ein paar wenige finanzspekulationsmilliardäre?

gab es einmal eine zeit, wo die cdu zu etwas anderem da war? wenn ja, erzähl mir doch einmal irgendwann von dieser zeit. vielleicht schaffe ich es ja doch noch, zu weihnachten bei dir vorbeizukommen und dann kannst du mir erzählen, wie das war, früher.

vielleicht brauchen wir auch diesmal dieselbe kraft, die es gebraucht hat, die französische revolution bis zum ende durchzuführen, und sehr wahrscheinlich wird es einige tote geben. dieses system wird sich nicht auf friedliche weise durch ein besseres ersetzen lassen

UND NUN ENDET DIE SPRACHE

-und nun endet die sprache
die sprache wird klang
kein träger von bedeutung mehr
mehr
meer
meeresrauschen
wind
stille
windstille
augen
augenblick
ein augenblick am meer, das meeresrauschen, in uns stille
vorsichtig schaue ich dir nach
du drehst dich um
dein blick sagt: nur du und ich, nur du und ich

--„So on a summer's day waves collect,
overbalance, and fall;
collect and fall;
and the whole world seems to be saying "that is all" more and more ponderously,
until even the heart in the body which lies in the sun on the beach says too,
THAT IS ALL
Fear no more, says the heart.
Fear no more says the heart, committing its burden to some sea,
which sighs collectively for all sorrows, and renews, begins, collects, lets fall.

And the body alone listens to the passing bee; the wave breaking; the dog barking,

far away barking and barking"

-wind

stille

augen

augenblick

ich erinnere mich

---du kamst nach der show ins café und wolltest mir sagen, wie toll du das fandst und

ich hatte noch ganz viel zu tun, musste leute treffen, mit denen was besprechen und sollte noch zu so 'nem blöden meeting

aber du saßt da und hast einfach gewartet

mach nur, ich warte hier

und du warst so schön

ich dachte die ganze zeit nur: oh wie schön, sie ist so schön und

du hast da einfach gesessen und gewartet, und dann haben wir die ganze nacht geredet und zuhause bei dir auf der matratze gelegen und

radiohead gehört

HOW TO DISAPPEAR COMPLETELY

oder chinawoman LOVERS ARE STRANGERS

you know I used to be so wild and now I am so fragile

erinnerst du dich

ich musste am nächsten tag weg mit freunden ans meer. ich hatte das schon so lange zugesagt, ich konnte da nicht mehr absagen, ich hatte auch den schlüssel zu dem haus da am meer, und du konntest nicht mit, und ich saß da eine woche und hab nur an dich gedacht, wie schön du bist und wie unglaublich es ist, dass ich dich kennengelernt habe, und dann hast du mir diese sms geschickt

Der Virginia Woolf Text „So on a summer's day" wird wiederholt und gleichzeitig in unterschiedlichen europäischen Sprachen überlagert gesprochen: Englisch, Französisch, Ungarisch, Serbisch…

-manchmal möchte ich einfach nur daliegen, mit dir musik hören und ganz leise sprechen, sodass du ganz nah heran kommen musst, in einer sprache, die du nicht verstehst, sodass du nur noch auf den klang achten kannst und alles, was ich sage, ist wie musik für dich, und du schaust mich an, und du hältst meine hand, und du lauschst diesem klang dieser melodie, und ich sage

du und ich, jetzt hier, nur das, mehr nicht

und wir sind kein versprechen auf die zukunft

und wir steigern nicht unseren wert

und wir haben keine pläne

wir sprechen nicht über grenzen

nicht über rückzugsmöglichkeiten

wir sprechen nicht darüber, was uns stört, womit wir nicht klarkommen und wie der andere uns mehr raum geben kann

wir wollen unser potential nicht steigern

wir streben kein wachstum an

du sagst mir nicht, was dich alles an mir stört

ich sag dir nicht, was mich alles an dir stört

wo ich dich verletzt habe

wo ich dir unrecht getan habe

wo ich nicht ganz auf dich eingegangen bin

wo ich nicht richtig zugehört habe

winter

draußen

nacht

schnee fällt

irgendwo spielt irgendjemand klavier

verloren für immer

nicht hier

nicht unser leben

irgendwo sagt jemand

DIESER ORT HIER, DIESES GEBIET, ZWISCHEN DIR UND MIR IST EIN ORT, AN DEM NICHT SPEKULIERT WIRD, ALLE GESETZE UND GESETZLOSIGKEITEN DES FREIEN MARKTES TRETEN HIER AUSSER KRAFT FÜR DEN BRUCHTEIL EINER SEKUNDE, EINER NACHT VIELLEICHT, JA VIELLEICHT SOGAR EINER GANZEN NACHT UND DIESE NACHT GEHÖRT UNS UND WIR WISSEN NICHTS DARÜBER HINAUS, GAR NICHTS UND WIR WOLLEN AUCH NICHTS WISSEN

Teil II: Texte über Falk Richter

Zusammenbrechende Textflächen

Bernd Stegemann

1. Sex oder *Die Verstörung*

Intime Kommunikation in den Zeiten des Internets hat ihre besonderen Spielarten gefunden. Partnerbörsen, Datingseiten, Chatrooms und Foren für alle Fantasien bevölkern das Netz. Will das Theater sich dieser neuen medialen Interaktion nähern, verfolgt es unterschiedliche Strategien. Es wird dabei häufig versucht, die virtuelle Realität eines gemeinsamen Gesprächs ohne reale körperliche Präsenz darzustellen. Eine andere Möglichkeit besteht darin, die Netz-Kommunikation zur Vorgeschichte der dann gezeigten Situation zu machen. So geschehen in *norway.today* von Igor Bauersima und auch in einer zentralen Episode in Falk Richters *Verstörung*. Hier treffen zwei Männer aufeinander, die sich offensichtlich in einem Forum für schnelle sexuelle Kontakte verabredet haben. Die Pointe der nun sich entwickelnden Situation besteht offensichtlich darin, dass einer der beiden Männer nicht so aussieht, wie sein Foto und seine Selbstbeschreibung glauben gemacht hat. Da jedoch Heiligabend und die Zeit schon fortgeschritten ist, beginnt der sich betrogen fühlende Mann, der nur mit seinem Tarnnamen Gayromeo genannt wird, nach Möglichkeiten sexueller Befriedigung zu suchen. Das nun beginnende Verhandlungsgespräch dreht sich um die schwierige Frage, wie nun noch „unkomplizierter Spaß" zu haben ist. Der Mann mit falschem Foto, Paul, ist in diesen Verhandlungen in der sichtlich schwachen Position. Sein reales Erscheinen hat seinen Marktwert drastisch sinken lassen. Er ist bemüht und bejaht alle Forderungen, die Gayromeo an einen möglichen „Spaß" stellt. Die zentrale Bedingung ist hierbei die absolute Unverbindlichkeit. Diese Bedingung entpuppt sich durch seine umständlichen Begründungen und das vehemente Insistieren als eigentliche Obsession von Gayromeo. Die Situation wird hierdurch paradox. Zwei Männer treffen sich für „unkomplizierten Spaß", der eine ist enttäuscht, der andere offensichtlich durch den realen Anblick erregt. Der Enttäuschte bremst nun jeden Kontakt durch umständliche Bedingungen aus, während Paul auf alles einzugehen scheint, um zum Ziel seiner Erregung zu kommen. Pauls Prüfung endet mit einer kalten Begutachtung seines Körpers, die nicht zu seinen Gunsten ausfällt. An dieser Stelle wird die Szene nach dem dramaturgischen Prinzip von *Verstörung* unterbrochen durch einen anderen Handlungsstrang. Als sie wieder einsetzt, ist Gayromeos Entscheidung gefallen: „Wir lassen das." Der Kontrast zwischen den Fotos im Netz und Pauls realem Aussehen verhindert die Möglichkeit, Paul doch annehmen zu können. Kein Sex ist für Gayromeo offensichtlich verlockender als die Erwartung von enttäuschendem Sex. Und inzwischen hat Paul durch die langwierige Examination seiner realen Erscheinung Potenzprobleme. Diese Anlaufschwierigkeiten führen bei Gayromeo zur endgültigen Ablehnung. Paul hingegen versucht, die missglückte sexuelle Situation zu einer intimen umzudeuten. Die Differenz zwischen dem „A-meat" Gayromeo und seinem eigenen Aussehen möchte er in einer echten Beziehung verschwinden machen. Er zwingt Gayromeo seine Freundschaft auf mit der zweifelhaften Begründung, dass er doch einen Freund brauche. Der Zwang wird zur tatsächlichen Gewalt, er schlägt Gayromeo nieder, fesselt ihn und nötigt ihn in der nächsten und letzten Szene dieser Episode dazu, sein Freund zu sein. Dabei legt er ihm die Worte in den Mund, die er gerne von ihm hören würde. Die erzwungene Freundschaft bleibt, wie auch sonst, eine einsame Inszenierung von Beziehung. Statt eines Bildes im Netz sitzt der nun gefesselte und blutende Gayromeo vor ihm und bleibt eine tote Puppe seiner Fantasie.

Die Intimkommunikation hat seit ihrem ersten Auftreten in der frühen Neuzeit eine parallele Entwicklung zu den gesellschaftlichen Kommunikationsmedien durchlaufen.[1] Ihr Beginn war von rhetorischen Figuren gekennzeichnet, deren Anwendung den Regeln des Anstands und der Bildung folgte. Das Raffinement, mit dem die zur Verfügung stehenden sprachlichen Mittel eingesetzt wurden, entschied über Erfolg und Misserfolg der Verführung. Klassische Beispiele sind die Verführungsszenen von Don Giovanni in den unterschiedlichen Fassungen von Tirso de Molina, Molière und da Ponte. Mit dem Erscheinen des bürgerlichen Subjekts verschiebt sich die

---

1 Vgl. Niklas Luhmann: *Liebe als Passion*, Frankfurt/Main 1982.

Situation der Verführung. Das Regelwerk der Verführung wird ebenso wie der seinem Stand gemäße Charakter suspekt und an seine Stelle tritt das bürgerliche Subjekt. Dieses steht vor der paradoxen Schwierigkeit, sein Inneres so zu kommunizieren, dass es wahr und verständlich zugleich erscheint. Der Gebrauch rhetorischer Figuren verbietet sich unter dieser Maßgabe. Allgemeine Formulierungen für einen individuellen Sonderfall zu verwenden, dient der Selbstdarstellung als einzigartigem Wesen wenig. Zugleich kann das Subjekt nicht in eine Privatsprache verfallen, die zwar einzigartig, aber auch unverständlich wäre. Es muss also seine Seele, seine Gefühle, seine Einzigartigkeit so formulieren, dass sie verständlich und authentisch zugleich wirkt. Der Bürger muss sich seine Gefühle quasi anmerken lassen. Eine Betonung z.B. seiner Aufrichtigkeit würde gleich Argwohn wecken und eine zu geschickte Formulierung seiner Liebe ließe ihn als Don Juan erscheinen. Die Seufzer, das Ach, das Unaussprechliche, das „Je ne sais quoi" wird zur Sprachfigur dieser Epoche. Die Liebe wird zur Passion. Denn nur wenn sein Gefühl den Liebenden dazu zwingt, dem anderen seine Liebe zu gestehen, ist sie glaubwürdig und verführt das Gegenüber, ihn ebenfalls lieben zu müssen. Der Selbstmord aus unerwiderter Liebe ist dann die fatale Konsequenz einer Selbsterhöhung des subjektiven Gefühlshaushalts.

In der Moderne wird die sogenannte romantische Liebe zum Maßstab und zur Selbstüberforderung aller Liebenden erklärt. Eine Kulturindustrie hat sich der Produktion dieser Ekstasen angenommen, um sie als Gefühlsware gewinnbringend handeln zu können.[2] Jeder Mensch möchte nun Fühlen wie im Film und Liebe als eine Passion erleben, als gäbe es im Bereich der seelischen Fähigkeiten keine Unterschiede zwischen den Menschen, so wie sie im Körperlichen allgemein anerkannt sind. Nicht jeder kann einen Marathon laufen, aber jeder glaubt wie eine Figur aus einem Film fühlen zu können. Die Verführung durch den Anschein der authentischen Passion ist wiederum in eine neue Phase gekommen. Die Kulturindustrie produziert inzwischen nicht nur die Vorbilder für authentische Gefühle, sie stellt auch in der Lebenswelt die Möglichkeiten zu authentischen Momenten zur Verfügung: romantische Abendessen, Reisen, Blumensträuße und Gedichtbände. So wie die rhetorischen Figuren abrufbar waren, sind die Zeichen für eine romantische Situation inzwischen inklusive des Überbietungszwangs standardisiert. Falk Richters *Verstörung* spielt nun in einer Zeit, in der diese

---

[2] Vgl. Eva Illouz: *Der Konsum der Romantik,* Frankfurt a.M. 2007 und Dies.: *Gefühle in Zeiten des Kapitalismus,* Frankfurt a.M. 2006.

aufgenötigten Angebote zu einer umfangreichen Zerstörung intimer Kommunikationsmöglichkeiten geführt haben. Der gewählte Zeitpunkt, der Heilige Abend vor Weihnachten ist allgemeiner Kumulationspunkt für die Erwartungen an überzeugende Menschlichkeit, der mit inflationären Angeboten der Kulturindustrie an authentischen Geschenken und Momenten entsprochen wird. Parallel zu den vorgefertigten Momenten der Authentizität verläuft die Verdinglichung des Gegenübers im virtuellen Verführungsraum des Internets. Der Andere wird zur Projektionsfläche des eigenen Begehrens. Das Phantasma, das im Internet-Nutzer entsteht, wenn er durch die millionenfachen Angebote der Seiten surft, steht in keinem realen Kontakt mehr zu den dahinter sich verbergenden Menschen. Und zugleich verbergen sich hinter den standardisierten Selbstdarstellungen Menschen, die im Hinblick auf die Regeln des Marktes ihr Selbstbild entwerfen. So driften die Wahrnehmung des Anderen und die Selbstdarstellung des Eigenen unendlich auseinander. Das Kennenlernen in der vom Netz vorgegebenen Form führt zu einem Abgrund zwischen Suchenden und Gefundenen. Im Suchenden entsteht aufgrund seiner einsamen Phantasie vor den Bildern und Sätzen ein Phantasma des Anderen, das mit diesem aufgrund einer doppelten Entfremdung nichts mehr zu tun haben kann. Denn zum Ersten hat sich der Mensch schon zum Nutzer zugerichtet und sich damit von seinem einstmals unendlichen Selbst verdinglichend entfernt und dabei meistens zum Objekt sexueller Begierden stilisiert. Zum Zweiten werden die Fantasien des Betrachters durch diese Selbstdarstellungen angeregt. Sie entwickeln sich dann nach ihrer eigenen Logik ohne die Möglichkeit des Realitätsabgleichs zu Phantasmen, die jede denkbare reale Begegnung als defizitär deklassieren. Die Enttäuschung, die in der Szene zwischen Paul und Gayromeo ausgeführt wird, ist dieser Art des Kennenlernens durch die mediale Vermittlung strukturell eingeschrieben. Der echte Mensch ist eine prinzipielle Enttäuschung in Zeiten des virtuellen Sexmarktes.

2. Liebe oder *Im Ausnahmezustand*

Mann und Frau führen ein Leben wie im Paradies. Sie sind erfolgreich, haben ein Kind, wohnen in einer sicheren und begehrten Wohnlage. Für jedes Hobby gibt es Freizeitangebote und die sozialen Kontakte halten keine bösen Überraschungen bereit, da alle, die hier wohnen, ähnlich glücklich Erwählte sind. Die Bösen, die Anderen, leben auf der anderen Seite des Sicherheitszaunes, dort, wo niemand gerne ist und schon gar nicht freiwillig hin möchte.

Mann und Frau leben im Ausnahmezustand ihrer Beziehung. Sie quälen sich mit Ängsten nicht zu genügen, herauszufallen, ausgestoßen zu werden aus der Gated Community ihres Konsumgefängnisses. Ihr Leben ist die Erfüllung eines Traums der bürgerlichen Gesellschaft. Sicherheit im Drinnen und Schutz vor dem unbekannten Draußen.

Wenige Worte haben einen so alarmierenden und staatstragenden Klang wie das Wort „Ausnahmezustand". Es mag an Carl Schmitts Definition des Souveräns als Entscheider über den Ausnahmezustand liegen.[3] Vielleicht ist auch der Widerspruch, der in dem Wort selbst formuliert wird, Ursache für die Beunruhigung, die von ihm ausgeht. Eine Ausnahme ist eine Durchbrechung der Regel und diese ist ihrem Wesen nach kein Zustand, sondern ein punktuelles Ereignis. Damit die Ausnahme die Regel auch bestätigt, tritt der Ausnahmezustand in Kraft. Und wer über die Entscheidungsgewalt verfügt, diesen zu erklären, muss von einer Position aus agieren, die mehr umfasst als nur den Geltungsbereich des Gesetzes. Der Ausnahmezustand ist ein besonderer Grenzübertritt, da er im Moment seines Inkrafttretens die Grenze selbst erst erschafft. Denn nur von der Perspektive des Gesetzes aus ist ein Ausnahmezustand notwendig, um die Bedrohung der Gültigkeit des Gesetzes abzuwehren. Und umgekehrt wird mit dieser Verteidigung das zu verteidigende Gesetz außer Kraft gesetzt. Hegel hätte gesagt, das Gesetz wird aufgehoben, um es zu bewahren.

Die Grenze zwischen dem Gesetz und seinem Ausnahmezustand ist eine Wiederholung aller Grenzziehungen moderner Systeme. Systeme konstituieren sich aufgrund ihrer Leitdifferenz, mit der sie sich selbst und ihre Umwelt voneinander unterscheiden. Im Vollzug dieser Unterscheidung von System und Umwelt wird die eine Seite wie die andere bezeichnet. Das Bemerkenswerte an dieser Systembildung ist sein Charakter als doppeltes Ereignis: Nur indem es

---

3 Vgl. Carl Schmitt: *Politische Theologie,* Berlin 1996.

sich von seiner Umwelt unterscheidet, konstituiert es diese als das Andere, und nur wenn es dieses Andere als spezifisch Anderes bezeichnet hat, kann es diese Umwelt beobachten. Das Rechtssystem beobachtet menschliches Verhalten mit der Unterscheidung Recht/Unrecht. Ein Kuss auf der Straße ist für das Recht unsichtbar, solange er keinen Unfall provoziert. Beobachte ich die Umwelt unter der Perspektive gut/böse, sehe ich anderes, als wenn ich sie mit der Unterscheidung jung/alt, drinnen/draußen oder sozialistisch/kapitalistisch betrachte. Jede dieser Grenzen erzeugt einen anderen Beobachtungsgegenstand und strukturiert die Umwelt anders. Die Unterscheidung in Inklusion und Exklusion ist für moderne Gesellschaften zu einem zentralen Paradigma geworden. Als sozial gilt, was die Inklusion steigert und die Exklusion mindert. Möglichst viele Menschen sollen Zugang zu Bildung, Nahrung und Medizin erhalten. Doch die Unterscheidung erzeugt auch einen Teil, der auf der exkludierten Seite steht. Der allgemeine Weltzustand wird so beschreibbar als systematisches Patchwork von Zugehörigkeiten und Ausgrenzungen. Ich bin Autofahrer, aber kein Golfspieler; ich habe Kinder, aber keine Aktien; ich wohne auf dem Lande, aber zur Miete usw. Die Evolution moderner Gesellschaften mindert die Grenzen zwischen allen Lebensbereichen und erhöht dadurch die Flexibilität des individuellen Lebensentwurfs. Im Gegenzug fallen die Bindungen an die Institutionen (Arbeitgeber, Sozialgesetze und Nation) und an die Menschen (Scheidung, Kleinfamilie und Singles). Die größte Angst des modernen Menschen ist somit eine paradoxe: Er flieht jede unauflösliche Verpflichtung und fürchtet zugleich die Exklusion aus den für seinen Lebensentwurf notwendigen Systemen.

Die Leitdifferenz von Drinnen und Draußen bestimmt die Selbstbeschreibung des modernen Menschen. Nur wer drinnen ist, lebt menschlich, da Menschsein durch diese Zugehörigkeit definiert ist. Eine kollektive Angst, „aus dem System zu fallen", nicht mehr dazuzugehören, draußen zu sein, bildet den Antrieb, die Grenze zwischen Drinnen und Draußen ständig zu überprüfen und sich durch die Grenzziehung seiner eigenen Zugehörigkeit zu versichern.

Ein *Homo sacer* wäre nach Giorgio Agambens Reformulierung[4] ein Mensch, der sein Menschsein verloren hat, da er nicht nur auf der falschen Seite der Grenze lebt, sondern diese Grenze für ihn keine Realität mehr hat. Ein *Homo sacer* kann somit auch keine Hoffnung mehr haben, jemals wieder auf die richtige Seite der Grenze zu gelangen, da diese für ihn nicht mehr existiert. Ein solcher Mensch

[4] Vgl. Giorgio Agamben: *Homo sacer*, Frankfurt a.M. 2007.

ist aus dem menschlichen Zusammenhang, der durch Grenzen und Gesetze gebildet wird, gefallen.

Die Angst vor der Auflösung der Grenze und dem damit irreversiblen Verlust der Zugehörigkeit manifestiert sich im Ausnahmezustand. Wer die Kraft nicht mehr aufbringt, jeden Tag erneut die Grenze zu ziehen und dadurch seinen Anspruch auf Dasein zu bestätigen, verliert seine Zugehörigkeit zum Innen. Je mehr Energie in die Aufrechterhaltung der Grenze geflossen ist, je wichtiger ihre ein- und ausgrenzende Funktion ist, desto angstvollere Bilder werden durch ihren drohenden Zusammenbruch evoziert. Und je fundamentaler die Funktion dieser Grenze für das Dasein des darin lebenden Menschen ist, desto kräftezehrender wird die tägliche Wiederaufrichtung des Schutzwalls gegen das von ihm ausgegrenzte Andere. Das politische Verfahren des Gleichgewichts aus Verschärfung der Ausgrenzungsmechanismen bei gleichzeitiger Hoffnung auf Inklusionsmöglichkeiten versucht diesen Zustand stabil zu halten. Geriete diese Balance in ein Ungleichgewicht, wäre eine Hysterisierung des Zugehörigkeitsgefühls die Folge, die in der Konsequenz in einem Ausnahmezustand münden würde. Die Grenze wäre nur zu erhalten, wenn sie aufgehoben würde. Die Situation der in diesem Ausnahmezustand lebenden Menschen wäre ein Kampf um die Bewahrung des Status quo. Ihre Handlungen wären determiniert von der Abwehr gegen das Draußen. Und dieses Draußen wird durch die Art der vorherigen Abgrenzung bestimmt. Es ist dämonisch, krank, fremd und unberechenbar, wenn die Grenzziehung genau dieses ausgrenzen sollte. Die Kommunikation im Ausnahmezustand wäre strukturiert von Argwohn gegen jedermann und blinder Sorge um sich selbst. Die Menschen wären gefangen in einem Ausnahmezustand ihres Lebens. Agambens These ist, dass die westlichen Regierungen das Prinzip des Ausnahmezustands zu ihrem Regierungsalltag gemacht hätten.[5] Die Frage ist, ob nicht die durch diese Regierungsbemühungen inkludierten Bürger längst einen individuellen Ausnahmezustand erreicht haben, in dem sich die Arbeit der Abgrenzung mit ihrem Selbstbild so verschlungen hat, dass die Außerkraftsetzung der Regeln jede Sekunde als Implosion droht.

---

[5] Vgl. Giorgio Agamben: *Ausnahmezustand*, Frankfurt a.M. 2006.

3. Geld oder *Unter Eis*

Unter Eis ist Teil des *Systems*, das Falk Richter in der Spielzeit 2003/04 an der Berliner Schaubühne initiiert hat. Das *System* hatte sich, wie jedes System, eine spezifische Funktion zugedacht. Seine Aufgabe war, die Unwissenheit der Theatermacher, die über ihre Gegenwart, in der sie leben, etwas erzählen wollen, zum Ausgangspunkt einer Erforschung der Welt zu machen. „Ich weiß es nicht, ich weiß es doch auch nicht...", beginnt Richters Konzept des *Systems*, in dem er die Suche nach den „wirklichen" Ursachen und Gründen hinter den verwirrend vielfältigen Phänomenen startet. Niklas Luhmann, der deutsche Vordenker der Systemtheorie, wünschte sich in einem Text der 1980er-Jahre einmal eine Kunst, die parallel zu seiner Erforschung der Wirklichkeit eine eigene poetische Reformulierung seiner systemtheoretischen Erkenntnisse versuchen möge. In Rainald Goetz' seit den 1990er-Jahren stark von Luhmanns Denken und Schreiben inspirierten Texten fand er einen ersten Autor, der seinem Wunsch folgte. *Das System* von Falk Richter konnte Luhmann leider nicht mehr erleben, da er 1998 gestorben ist. Die Reformulierungen von *Unter Eis* hätten ihm vielleicht gefallen, wie das ganze *System*, Theater als Wirklichkeit beobachtendes und generierendes System bewusst zu machen.

In *Unter Eis* treffen drei Unternehmensberater aufeinander, die unterschiedliche emotionale Bindungen an ihren Beruf haben. Der Beruf des Unternehmensberaters ist der idealtypische Fall einer systemtheoretischen Anwendung. Die Systemtheorie geht davon aus, dass es Systeme gibt.[6] Diese schließen sich gegen ihre Umwelt ab, um eine interne Komplexität zu ermöglichen. Der rasante Fortschritt der Wissenschaften seit dem 18. Jahrhundert ist nur so zu erklären, dass z.B. ein physikalisches Experiment nur unter den Kriterien des Experiments beobachtet wird und nicht auch unter moralischen Fragen oder persönlichen Vorlieben, ästhetischen Beurteilungen oder juristischen Gesetzen. Das politische System kann es dann in Reaktion darauf zu seiner Aufgabe machen, genau dieses zu befragen, um mit der Unterscheidung, ob ein solches Handeln gut oder böse ist, Einfluss zu nehmen. Es wird jedoch dadurch niemals den physikalischen Wert des Experiments, sein Ge- oder Misslingen beeinflussen können. Die vehemente Abschließung der einzelnen Systeme wie Recht, Wissenschaft, Politik, Religion, Familie mit ihren Intimbindungen und auch Wirtschaft beurteilte man vom Systemblick z.B.

---

[6] Vgl. Niklas Luhmann: *Soziale Systeme*, Frankfurt a.M. 1984.

des Sozialismus aus als negativ und nannte sie dann „Entfremdung", die durch eine Zerstörung der Systemgrenzen aufgehoben werden müsse. Das vorrangige Ziel war in dieser Beschreibung die Aufhebung der Grenzen zwischen Kapital und Arbeit oder, anders formuliert, zwischen Produktionsmitteln und Produktivkräften.

Der zweite evolutionäre Gewinn, den die Systemtheorie beschreibt, ist genau diese Möglichkeit, dass die Systeme sich wechselseitig auf ihre blinden Flecken hin beobachten und kritisieren können. Die Religion könnte nun zur sozialistischen Unterscheidung sagen, dass sie die Menschen nicht als Gotteskinder begreift, die christlichen Tugenden der Agape und Charitas ausblendet und durch zweckrationales Handeln (Enteignung, Umverteilung und Umerziehung) der göttlichen Gnade hybrid vorgreifen will. Der Unternehmensberater ist, wie man jetzt leicht sieht, ein systemtheoretischer Präzedenzfall, da er engagiert wird, um genau diesen Außenblick auf die innere Verfasstheit eines Unternehmens zu erarbeiten und zu formulieren. Er ist, im besten Falle, für das Unternehmen ein quasi göttliches Auge, das sämtliche blinden Flecken aufdeckt und hierdurch die latenten Strukturen explizit macht. Ein System im evolutionären Prozess ist auf diese fast immer schmerzhafte Bewusstwerdung seiner Lebenslügen (im therapeutischen System), seiner Sünden (in der Religion), seiner Spleens (im intimen System der Familie oder Liebe), seiner mangelhaften Bildung (in Wissenschaft und Schule) und seiner Krankheiten (Medizin) angewiesen. Die Unternehmen im System der Wirtschaft haben sich neben dem Markt, der mit seiner harten Unterscheidung von Gewinn und Verlust das Hauptregelmaß darstellt, eine Art Frühwarnsystem in Form der Unternehmensberatung geschaffen.

Paul Niemand, der älteste Berater in *Unter Eis*, beginnt überraschenderweise mit einer Erzählung seiner Kindheit. Er erinnert sich sehr präsent an seinen Vater, der in seiner kindlichen Wahrnehmung ein elendig überforderter Fluglotse auf einem gottverlassenen Flughafen war. Seine wirre Mutter ist ungleich weniger wichtig. Beiden gemein ist, dass beide Eltern ihn nicht sehen, nicht hören, dass sie

> festgefroren [sind] UNTER EIS / die haben mich nur geboren, weil man das halt so macht, die lieben mich nicht, und deshalb werde ich immer rennen und laufen und suchen und schauen und stürzen und fallen und zerbrechen und schreien.

Gefühlskalte Eltern oder Eltern, die Gefühle nur behaupten, da sie glauben, ihrer fürsorglichen Rolle gerecht werden zu müssen, erzeugen bei ihren Kindern genau diese Selbstwahrnehmung des

Unsichtbarseins, des nicht Vorhandenseins. Die Lücke im Ich des Kindes, das keine ursprüngliche Geborgenheit, kein Fundament für eine fraglose Existenzberechtigung hat, erzeugt eine Aktivität, die dieses unheilbare Loch zu füllen versucht. Der schmerzhafte Riss im Selbstbild des nicht geliebten Kindes ist dann der Ausgangspunkt für eine ziellose und darum neurotische Energie. Das Quantum, das Paul Niemand aufbringt, um sein Rennen und Stürzen zu durchleben, ist von der neurotischen Energie gespeist und daher enorm, aber auch endlich, da diese Energie keinen Rückfluss in einer Befriedigung erfahren kann. Der Neurotiker hetzt solange einer schimärenhaften Erlösung nach, bis er ausgebrannt auf der Strecke bleibt. Auf dem Weg dieser Lebensflucht setzt die neurotische Energie alles daran, das vermeintlich erfülltere Leben der anderen Menschen zu zerstören. Er tötet alles, von dem er glaubt, dass andere es lieben könnten. Dass dieser Paul Niemand ein Unternehmensberater geworden ist, wirkt wie ein teuflischer Plan zur wechselseitigen Zerstörung seines Lebens, das versucht, möglichst viele andere mitzureißen. Ihm zur Seite sind zwei jüngere Kollegen gestellt, die vorbildlich die Glaubenssätze des Beraterberufs aufgesogen haben. Ihre Grundenergie verhält sich spiegelbildlich zur neurotischen von Paul Niemand. Sie sind Hysteriker. Ihre Sprechkurve verläuft in stetigen Steigerungen und Aufschwüngen. Ihr Sprechen ist ein hysterisches, da es durch diese Bögen gerade eine Distanz zum Gegenüber wie zum Gegenstand des Besprochenen herstellt. Sie begreifen ihr Sprechen als Vollzug einer Selbstbefriedigung, die keinen Partner, kein Thema, keine Liebe braucht, um sich selbst zu fühlen. Ihr Verständnis von Beratung ist Selbstbefriedigung und damit das Gegenteil des systemisch verstandenen Beobachtens und Beschreibens. Die drei Berater haben so eine fundamentale Umwertung ihrer Aufgabe vollzogen. Der Ältere sucht in der Beratung Selbstzerstörung und Fremdzerstörung zu synchronisieren. Die Jüngeren verlassen ihr Gefängnis des Narzissmus nicht mehr und beschleunigen den Wechsel der Erregungen bis zur eigenen Auslöschung. Ob die Funktion des Unternehmensberaters diese Eigenschaften provoziert oder umgekehrt Menschen mit diesen neurotischen Anlagen diesen Beruf ergreifen, bleibt die ungelöste Frage, die *Unter Eis* aufwirft.

Als vierte Figur tritt zum Ende ein Kind auf, 9 bis 13 Jahre alt, also vor der Adoleszenz. Es ist gekleidet wie Paul Niemand und wird auch durch zum Teil paralleles Sprechen als sein kindliches Alter Ego eingeführt. Dieses Kind verhält sich perfekt eingepasst in die Unternehmenskultur der Berater. Es bekommt die besten Zukunftsprognosen, die seine ältere Ausführung, Paul Niemand, nicht mehr bekommt. Während dessen junge Ausgabe bruchlos eingefügt wird, verrinnt sein Leben in der Beschleunigung der Kicks von Porno und Entlassungen. Die Obszönität der realen Auswirkungen, die in der Blase aus Hotels, Flughäfen und Sitzungen erdacht wird, errechnet sich in dem Aktiengewinn von „0,00000789 Prozent pro Mann", den Paul Niemand entlassen hat.

Dass diese vier Berater dringend Rats bedürften, sei es göttlichen, therapeutischen oder familiären, ist mit Händen zu greifen. Und dass Berater keine Götter sind, die mit Excel-Tabellen und Core Values die Welt retten könnten, wird ebenso klar. Warum also, so fragt man sich zusehends, wird diesen Menschen und ihrem Beruf eine so hohe Relevanz zugeschrieben? Und die Antwort liegt im Monolog eines der beiden jüngeren Berater, Karl Sonnenschein, verborgen. Nach der Beschreibung eines ziemlich paranoiden Plans zur gegenseitigen Überwachung der Berater und zur schnellstmöglichen Aussortierung der nicht mehr effizient arbeitenden Kollegen gerät er in das Thema staatlicher Subventionen. Dazu stellt er einige teuflisch kluge Fragen: Ob es nicht einfacher ist, die 100.000 Euro, die pro Arbeiter im Steinkohlebergbau jährlich vom Staat gezahlt würden, dem Kumpel einfach so in die Hand zu drücken, ohne gesundheitsgefährdende und umweltzerstörende Arbeit? Und ob Politiker, die in jeder Entscheidung von sensationsgierigen Medien und wankelmütigen Wählern, die fast immer zu ungebildet und unreif sind, um eine fundierte Entscheidung treffen zu können, ob diese Politiker mit ihren ungezählten lobbyistischen Abhängigkeiten eigentlich die richtige Instanz für Entscheidungen sind? Mit der Ausführung dieser Fragen entsteht tatsächlich ein Bedürfnis nach einer anderen Form der Entscheidungsfindung als der einer Massendemokratie. Ein systemtheoretischer Beobachter könnte ein Element in einer solchen Entscheidung sein. Die in *Unter Eis* sich selbst darstellenden Berater sind dagegen eine abschreckende Option. Blind für sich selbst und den Gegenstand gerät ihnen die Welt zu einer Excel-Tabelle und Sprache zu einer Ansammlung von Floskeln. Der Mensch ist nicht Gott und von daher ist dieser der Einzige, der ohne Berater auskommen muss. Die Welt muss mit dem Unvollkommenen zurechtkommen. Jedes System, das Anspruch auf eine alles bestimmende Meisterdifferenz erhebt, ist hybrid und darum zur Tragödie verdammt. Den blinden Fleck in der Unterscheidung von Gewinn und Verlust, der das wirtschaftliche System bestimmt, aufzuzeigen, wäre Aufgabe der Berater. Wenn diese ihrer Aufgabe nicht gewachsen sind, muss in der Moderne ein anderes System diese Funktion übernehmen. Und das kann eben auch die Kunst sein.

4. Vertrauen und System. Zu *TRUST*

„Vertrau mir." Wer würde nicht skeptisch bei dieser Anrede, zumal wenn sie mehrfach wiederholt und mit einer intensiven, emotionalen Aufforderung vorgebracht wird? Doch was lässt uns argwöhnisch werden und befürchten, dass die Betonung der Vertrauenswürdigkeit mit einem eklatanten Mangel an derselben einhergehen müsse? Das zivilisierte Verhalten des Mitteleuropäers hat seine prägende Form im Zeitalter der Aufklärung erfahren. In Abgrenzung zum Verhalten des Adels entwickelte der Bürger ein Selbstbewusstsein, das nicht auf äußerlichen Zeichen beruhte, sondern die inneren Werte zum Maßstab seiner Stellung in der Gesellschaft erhob. Der gute Familienvater, der gläubige Christ und ehrenwerte Kaufmann bildeten die drei Lebensbereiche, in denen die Seele sich als integer erweisen musste. Doch wie kann auf dem Marktplatz die heile Familie, deren Oberhaupt man ist, zum Garanten der Glaubwürdigkeit werden, wie kann vor Gott das gute Leben in die Waagschale der unergründlichen Gnadenwahl geworfen werden und wie kann vor den Augen der nächsten Verwandten die Treue bewiesen werden? Wer in diesen Kontexten sagen muss: „Vertrau mir.", der hat schon verloren und weckt einen nicht mehr zu stillenden Argwohn. Wie eine Bestechung wirkt diese Aufforderung, man möge in einer offensichtlich heiklen Situation einen Vorschuss an Vertrauen gewähren, der über die schwierige Zeit hinweghilft, um am Ende zurückbezahlt werden zu können.

Aus der Hollywood-Dramaturgie des Katastrophenfilms ist diese Situation bekannt. Eine Gruppe von Eingeschlossenen ist uneinig über die Möglichkeiten einer Rettung. Ein Anführer, der zuvor durch ungewöhnliches Verhalten auffällig geworden ist, bittet nun, gegen alle Vernunft, um das Vertrauen zu einem auf den ersten Blick wenig Erfolg versprechenden Plan. Während die bedrohte Lebenszeit verrinnt, entblättern sich die Mitstreiter durch ihre Art und Weise, wie sie auf dieses unmögliche Angebot reagieren. Die extremen Positionen sind einerseits das credo quia absurdia – ich glaube, weil es unmöglich erscheint – und auf der anderen Seite die des modernen Skeptikers, der zu dieser Glaubensleistung nicht die Kraft besitzt. Ein absurder Glaube erscheint ihm als Demütigung seines aufgeklärten Verstandes. Welche dieser beiden Positionen durch die

Dramaturgie als rettungswürdig vorgeführt wird, ist allgemein bekannt.

In *TRUST* von Falk Richter nimmt diese Entwicklung eine gänzlich andere Richtung. Die hübsche junge Frau, die ihren Mann in einem langen Monolog unzählige Male auffordert, ihr zu vertrauen, entpuppt sich in ihrem Sprechen als etwas völlig anderes als eine hübsche junge Frau. Die Zumutungen, die sie von ihrem Partner verlangt, übersteigen jedes individuell leistbare Vermögen. Mehrere Milliarden Euro, die Bank, die Straßenbahn und die ganze Stadt sind von der jungen Frau veruntreut worden durch Unaufmerksamkeit, Schlamperei und Vergnügungssucht. Die Aufforderung, dennoch zu vertrauen, da in einer nicht näher bestimmten Zukunft alles wieder gut würde, klingt, je länger die Rede dauert, wie Hohn. Wer spricht hier mit wem und warum rennt der so bestohlene und verhöhnte Mann nicht weg von diesem weiblichen Leviathan der Inkompetenz. Die Antwort ist einfach und kompliziert zugleich: Es gibt keinen Ort, an dem dieser Mechanismus nicht existieren würde. Hier spricht das System der Gesellschaft selbst, hier spricht die schwer zu erklärende Verquickung aus Politik, Geld und Macht. Hier wird das menschliche Vertrauen, dessen Funktion im bürgerlichen Leben eine so große Bedeutung hat und dessen Mitteilungsform so sensibel und feinnervig austariert ist, auf eine schier unmenschliche Probe gestellt. Parallel zur Evolution der Möglichkeiten, Vertrauen in der Interaktion und Kommunikation zwischen Menschen erzeugen zu können, ist eine Umwelt entstanden, in der einzelne Systeme untereinander und mit den Menschen kommunizieren. Geld, Macht, Wissenschaft, Politik, Kunst, Familie und Religion sind die wesentlichen funktionalen Systemzusammenhänge, die als Leistungen der Moderne entstanden sind und in ihrer jeweiligen Struktur und Form beschreibbar gemacht werden müssen.

Jeder Bürger kennt die enervierende und demütigende Arbeit, das Leben eines Jahres in die Sprache eines Formulars der Steuererklärung übersetzen zu müssen. Ob man in diesem Jahr ein liebevoller Vater, eine verruchte Geliebte, ein fleißiger Alkoholiker oder fauler Angestellter war, ist für dieses System der Steuererfassung unsichtbar, es sei denn, das Vatersein wäre steuerlich erfasst, das Leben als Geliebte hätte einen zweiten Wohnsitz oder der Alkoholmissbrauch größere Ausgaben im Gesundheitssystem zur Folge. Ebenso ist die reale Interaktion zwischen dem Steuerpflichtigen und seinem Steuerbeamten für die Festsetzung seiner Steuerpflicht irrelevant. Eine große Anzahl an institutionellen Regeln dient der Sicherung gegen eine Einflussnahme, die aus dem Verhältnis zwischen den beiden realen Menschen Beamter und Steuerzahler zu einer Veränderung der Steuerzahlung kommen könnte. Die persönliche Sympathie oder Antipathie hat keine Auswirkungen, auch wenn es dem Zahlenden häufig so vorkommt, als würde gerade er besonders hart behandelt. Die Ablösung des Handelns von der konkreten Interaktion ist die Folge einer gesellschaftlichen Evolution, die lange nur aus der Perspektive der Entfremdung beschrieben wurde. Kafkas Figuren stehen vor dem Gesetz wie vor dem Mirakel des abwesenden Gottes. Der geschlossene Verhängniszusammenhang des entzauberten Himmels ließ den Menschen sich noch einsamer und unbehauster fühlen als je zuvor. Alle Techniken, die das Leben gerechter und sicherer machen sollten, führten zu einem rasanten Anwachsen des Vertrauensverlustes auf der Ebene des sinnlich Wahrnehmbaren, der realen Interaktion. Wenn der Andere mir nicht mehr als Mensch sondern als Funktionsträger entgegentritt, wie ist dann Kommunikation mit ihm möglich? Wodurch entsteht Vertrauen, wenn der mühsam erlernte Umgang mit Menschen, der zu einem gesellschaftlichen Miteinander von anonymen Beziehungen verholfen hatte, nun ersetzt wird durch eine Beziehung zwischen Systemen? Der zivilisatorische Gewinn, der aus dem Umgang mit Menschen im 18. Jahrhundert entstanden war, lag in der Wahrnehmungsschulung des Mitmenschen als doppeltes Wesen. Es gab ein Ausdrucksvermögen, in dem der Mensch versuchte, sich als vertrauenswürdiger Mitmensch zu zeigen. Die Differenz zwischen der Absicht der Mitteilung und dem darin formulierten Inhalt lässt Kommunikation zu einem komplexen Beziehungsgefüge werden. Ich kann nun erkennen, dass die Betonung eines bestimmten Inhalts dessen Wahrheit negiert. Genauso kann die beiläufige Mitteilung einer Eigenschaft diese zu einer glaubwürdigen Wahrheit machen. Jede Kommunikation vollzieht sich nun auf zwei Ebenen zugleich. Es gilt zu verstehen, was gesagt werden soll, und es gilt wahrzunehmen, wie dieses mitgeteilt wird. Allgemein kommt man durch diese Doppelperspektive auf das menschliche Verhalten zu einer gesteigerten Wahrnehmungsschärfe, die mit der Entstehung des bürgerlichen Schauspielers, der sich genau dieser Ausdrucksweise bedient, ihren künstlerischen Ausdruck findet. Das Werben um Glaubwürdigkeit vereint den bürgerlichen Schauspieler mit dem bürgerlichen Leben auf dem Markt, auf dem er seine Fähigkeiten und Produkte zu verhandeln hat. Die Probleme, die aus einer so verfassten Kommunikation entstehen, sind jedoch vielfältig. Wenn die Aussage „Vertrau mir." zwischen unbekannten

Menschen im bürgerlichen Kontext zu Argwohn führt, sei es in Liebesangelegenheiten, sei es in Geschäften, dann müssen die Kommunikationsstrategien sich entwickeln. Man muss vertrauenswürdig erscheinen, ohne diesen Schein aktiv hergestellt zu haben. Der Liebesschwur, der argumentativ und rhetorisch überzeugend ist, ist es gerade aus diesen Gründen nicht. Das überforderte Stammeln, das keinen Satz vollständig zu Ende spricht, ist ein wahres Anzeichen für das innere Gefühl. Der wortgewandte Verkäufer ist ein schlechter Garant für die Qualität seiner Ware. Der mürrische Biobauer aus einer „ehrlichen" Gegend, dem keinerlei Verkaufsinteresse im Auge blinkt und dessen Waren doppelt so teuer sind wie die an den Nachbarständen, ist der Geheimtipp unter den korrekten Konsumenten. Parallel zu dieser Evolution der Kommunikation ist die Welt der funktionalen Systeme entstanden, die für diese interaktiven Ungewissheiten Absicherungen bilden sollen. Wenn die Interaktion mit dem Gemüsehändler eine letztendliche Ungewissheit über die Waren erzeugt, muss auf einer anderen Ebene dieser Vertrauenskrise entgegengearbeitet werden. Eine Institution muss entstehen, die ohne Ansehen der Person die Ware mit neutralen Kriterien prüft und das Ergebnis als objektives Urteil der Ware anheftet. In der Trennung des kommunikativ erzeugten Vertrauens von einem institutionell verbürgten Vertrauen liegt der evolutionäre Gewinn für die Gesellschaft. Die Lasten, die auf der interaktiven Kommunikation ruhen, werden dadurch deutlich gemindert. Die Freiräume, die dadurch entstehen, werden von einer ausdifferenzierten Intimkommunikation besetzt. Die Frage nach der Selbstdarstellung, Selbstverwirklichung und den passenden Intimbeziehungen nimmt die moderne Kommunikation als unendliche Spielform, die den Selbstfindungsprozess zu einer nicht abschließbaren Geschichte erweitert. Die Beziehungen jenseits der intimen Kommunikation werden hingegen von funktionalen Systemen gesteuert, die die reale Kommunikation von der Arbeit der Glaubwürdigkeitserzeugung zu einem Teil befreit haben. Hat das Auto noch eine gültige TÜV-Plakette, dann darf es noch fahren; wie lange es noch fahren kann, muss ich aus dem Gesicht des Autohändlers lesen. Die bemerkenswerte Änderung im Verhalten besteht darin, dass der TÜV-Plakette nicht vertraut werden muss, sondern dass ihre Mitteilung eine Wahrheit darstellt. Im Falle des weltweit am meisten verbreiteten Kommunikationsmediums ist diese Unterscheidung von unabsehbarer Konsequenz. Geld ist der globale Ersatz für Vertrauen. Zahle ich mein Hotelzimmer im Voraus, muss ich nicht vertrauenswürdig erscheinen.

Dem Geld selbst muss nicht vertraut werden, solange der Marktzusammenhang seine Funktionstüchtigkeit als Vertrauensmedium gewährleistet. Droht jedoch ein Zusammenbruch dieser Funktion, scheint der Untergang des Abendlandes in Sichtnähe zu rücken. Die jüngste Finanzkrise hat eine Ahnung davon gegeben. Die riesige Vertrauenshypothek, die das Geld in der gesamten Welt übernommen hat, würde, wenn es als nicht mehr vertrauenswürdig erschiene, zu einem totalen Zusammenbruch aller zwischenmenschlichen Beziehungen führen. Wasser, Nahrung, Energie, Bildung, Medizin und das nackte Dasein sind durch Geldkreisläufe organisiert. Kommen diese zum Erliegen, bricht ihr Gegenwert in der Realität im gleichen Augenblick zusammen. Das Erdgas, das die Ukraine in jedem Winter erneut nicht bezahlen kann, ist vorhanden, unabhängig davon, ob es bezahlt wird oder nicht. Es gibt auf der materiellen Ebene keinen Grund, dass die Ukrainer jeden Winter frieren müssen. Doch ist der Verkettungszusammenhang zwischen der Ware und seinem auf dem Markt erzeugten Preis für ein an das Geld gewöhnte Denken unauflöslich. Kein Geld, keine Ware. Durch die unhinterfragbare Gültigkeit des Geldes taugt dieses über seine primäre Funktion als Tauschäquivalent für eine Vielzahl anderer Funktionen. Vor allem seine absolute Gültigkeit verschafft ihm eine fast diabolische Erscheinung. Nicht nur der Erwerb von Waren und Dienstleistungen wird hierdurch organisiert, sondern auch immaterielle Werte wie die gesellschaftliche Stellung eines Menschen, seine sexuelle Attraktion oder seine Glaubwürdigkeit werden im Medium des Geldes verrechnet. So ist anhand des Systems „Geld“ leicht zu verstehen, wie der Eigenwert der funktionalen Systeme in der Moderne entsteht und ihre Abgeschlossenheit einen evolutionären Prozess in Gang setzt, in dessen Mitte sich unsere Gegenwart befindet. Denn zuerst einmal ist es hochgradig kontra-intuitiv, dass ein bedrucktes Stück Papier eine unbegrenzte Macht über Menschen haben soll. Nur innerhalb einer Verabredung und einer sich hierdurch konstituierenden Gruppe von Menschen erscheint eine solche Bindungskraft plausibel. Der Vertrag, der durch das Geld geschlossen wird, gilt inzwischen global und kann von niemandem mehr infrage gestellt werden. Der Besitz von Geld entscheidet über die Qualität und Dauer des menschlichen Lebens. Das funktionale System „Wirtschaft“, dessen Kommunikationsmedium das Geld ist, hat hierdurch einen geschlossenen Verhängniszusammenhang erzeugt. Das Ursprungsproblem der Glaubwürdigkeit, das die menschliche Kommunikation in eine komplexe Verdopplung getrieben hat, hat parallele Entwicklungen provoziert, die sich in den geschlossenen Systemen der Moderne ausdifferenziert als reale Gesellschaft uns gegenüberstellen. Die Wirtschaft und ihr Medium Geld haben in der momentanen Gegenwart die dominante Rolle innerhalb des Wettbewerbs der Systeme. Eine Hauptursache dieser globalen Vorreiterrolle scheint in der gelungenen Durchsetzung einer weltweiten Anerkennung in die Vertrauenswürdigkeit der Funktion des Geldes zu bestehen. Bankenkrisen sind von daher die größte Gefahr für die globale Wirtschaft, da sie die Vertrauenswürdigkeit des Mediums Geld fundamental in Zweifel ziehen. Wenn das Geld von einem Tag auf den anderen fast nichts mehr wert ist, verliert es im gleichen Maße seine Macht als Steuerungsmedium menschlichen Verhaltens. Die vom Geld inkludierten Medien der Strukturgebung wie Macht und intimes Vertrauen werden wieder freigesetzt. Anomie, Anarchie und persönliche Verbindungen treten unmittelbar an die Stelle des vorherigen Kommunikationsmediums. Schwarzmarkt und mafiöse Strukturen bestimmen das öffentliche Leben. Das Recht des Reicheren wird durch das Recht des Stärkeren oder das Recht des durch persönliche Freundschaften und Abhängigkeiten Potenteren ersetzt. So scheint die Wahl zwischen der Skylla einer Ordnung des Geldes und der Charybdis einer gewalttätigen Mafia für den Menschen in der Moderne die einzig mögliche. Lassen wir ein Supermedium wie das Geld zu, das die Funktion aller anderen Systeme dominiert und zugleich sicherstellt, oder verlassen wir die globale Wirtschaft und handeln uns das Problem ein, dass die anderen Funktionszusammenhänge, wie Recht, Medizin, Ernährung, Erziehung, Kommunikation etc. unmittelbar mit zusammenbrechen und von mafiösen oder persönlichen Beziehungen abhängig werden. Denn es hat, wie es in *TRUST* heißt, „so lange gedauert, das hier jetzt alles", und die Verzahnung der einzelnen Systeme und ihrer wechselseitigen Abhängigkeiten sind überkomplex wie das organische Leben. „Lass uns einfach alles so lassen, wie es ist / Es ist zu kompliziert, das jetzt alles zu ändern / Lass uns nicht alles durcheinander bringen." Eine Irritation an einer einzigen Stelle kann zu einer ungeplanten Kettenreaktion führen. Die in der menschlichen Kommunikation mitteilbaren Gefühle und Erklärungen sind für das Funktionieren der Systeme ebenso äußerlich und unangemessen, wie die Funktion des menschlichen Gehirns auf der Ebene seiner Synapsen und Botenstoffe vom menschlichen Bewusstsein wahrgenommen werden könnte.

Nun ist die Frage, welche Art von Leviathan die Moderne in ihren funktional differenzierten Systemen sich erschaffen hat und ob dieses Monster noch den Menschen dient oder nicht die Menschen längst nur noch ein notwendiges Übel für die Systeme darstellen, hochgradig verwirrend. Und welches System innerhalb der Gesellschaft hätte mehr das Recht, diese unlösbare Frage zu stellen, als das Kunst-System? Denn in der Kunst wird ein für die Gesellschaft ungewöhnlicher Weg beschritten, ein Vertrauensverhältnis zwischen den Beteiligten herzustellen. Im Gegensatz zur bürgerlichen, doppelbödigen Kommunikation und zum teuflischen Zwang des Geldes entsteht hier ein Zusammenhang, der auf dem inneren Nachvollzug des künstlerisch Dargestellten durch den Zuschauer beruht. Die künstlerische Kommunikation ersetzt die kommunikative Verdopplung des Alltags durch eine Vergrößerung der Wahrnehmbarkeit der Kommunikation selbst. Der Klang der Stimme wird im Gesang zu einer artistischen Höhe getrieben, die mit dem Inhalt des gesungenen Wortes in keinem rational vernünftigen Zusammenhang mehr steht. Der in einem Satz sagbare Plot eines Dramas oder Films rechtfertigt nicht den Aufwand der mehrstündigen Vorführung. Allein der emotionale und vernünftige Nachvollzug des dramatischen Prozesses durch den Zuschauer stellt den Eigenwert des Kunstwerks dar. Die Entwicklung immer neuer, die Sinne und den Verstand anregender Kommunikationsmedien zeichnet die Evolution der Kunst aus. In der Moderne vollzieht diese ähnlich den anderen funktionalen Systemen eine rekursive Schließung. Die Mittel der Darstellung werden zum Inhalt der Darstellung. Hierdurch entsteht gerade in den darstellenden Künsten eine Vielzahl neuer Mitteilungsformen. Anhand der harmlos wirkenden Aufforderung „Vertrau mir." ist nachzuvollziehen, welche Mitteilungsqualität das einzelne System hieraus zu machen versteht. In der bürgerlichen Kommunikation kristallisierte sich im „Vertrau mir." die gesamte Paradoxie der Kommunikation, die auf zwei Ebenen zugleich ein Vertrauensverhältnis stiften muss, indem sie die Mitteilungsabsicht hinter einer Mitteilung ohne Absicht verschleiert. Das Medium Geld wiederum nutzt das Glaubwürdigkeitsproblem, indem es sein Medium zum Äquivalent für menschliches Vertrauen entwickelt und hierdurch zum globalen Leitmedium wird. Stimmt die Summe, stimmt auch der Rest. Die Kunst schließlich hat sich die schwierigste Aufgabe gesucht, indem sie die Mittel der Kommunikation selbst zum Thema der Kommunikation macht. Das hierdurch entstehende Kommunikationsverhältnis zwischen Kunstwerk und Betrachter muss von jedem Kunstwerk selbst und neu evoziert werden und macht seinen Wert als Kunstwerk aus. Dadurch stellt es den größtmöglichen systemischen Gegensatz zur Funktion dar, durch den das Medium Geld kommuniziert. Dieses erklärt auch, warum die Arbeit der Kommunikation, die den Kunstwert ausmacht, nur wenige Menschen zu leisten bereit sind. Warum genau dieser Spezialfall in der bildenden Kunst sich wiederum in Geldwert verrechnen lässt, ist wohl nur als Laune der Vermögenden zu erklären, die genau diesen kommunikativen Luxus als Inbegriff ihres Reichtums verstehen. Die anderen Künste, allen voran die darstellenden, sind auf das allgemeine Vertrauen angewiesen, dass es in einer funktional differenzierten Gesellschaft ein System geben soll, das sich der Selbstbefragung der Kommunikationsmedien aussetzt, wenn es dabei auch Gefahr läuft, unverständlich oder selbstzerstörerisch zu werden.

5. Der Auftrag. Zu *Protect me*

Erschöpft sein heißt sehr viel mehr als ermüdet sein. Der Ermüdete kann nichts mehr verwirklichen, der Erschöpfte hingegen kann keine Möglichkeiten mehr schaffen. So beginnt Gilles Deleuze' Text „Erschöpft"[7] und so könnte die Figur des „in die Jahre gekommenen Jungautors" seinen Zustand beschreiben. *Protect me* ist nicht nur der Beginn der berühmten Lichtinstallation von Jenny Holzer, sondern auch der ambivalente Wunsch der Figur, der sie durch nächtliche Wanderungen in ihrer Wohnung bis zu einem unheilvollen Health Resort in einem fernen Land führt. Auf der Suche nach einem Titel für sein neues Stück, der zu einem Auftrag für sein Schreiben und sein Leben werden soll, treibt sich der Autor und wird getrieben durch die Themen und Krankheiten der Zeit.

Der Kapitalismus ist inzwischen in der feudalen und damit hoffentlich letzten Phase seines Treibens angekommen. Zuvor versucht er aber noch in einem Rausch der Umverteilung, die letzten Sicherheiten von 99% der Menschheit auf die sicheren Konten der oberen Einprozentmenschen zu raffen. Dummerweise liegen eben diese Angestellten der Finanzindustrie, die an der Erfindung der Teufelsmaschine dieser Umverteilung sich zu Tode verdient haben, in demselben Health Resort wie der Autor. Hier liegen die Täter des internationalen Finanzkriegs und lassen sich wie Verwundete von glücklichen Einheimischen gesundmassieren. Die Flucht vor den Terroranrufen aus der Kulturindustrie und der Ungewissheit über den Titel seines neuen Stücks führen den Autor an ebendiesen Ort,

[7] Gilles Deleuze „Erschöpft". In: Samuel Beckett: *Quadrat*, Frankfurt a.M. 1996.

an dem Kapital und Kunst sich als gleichermaßen gestresste Existenzen für weitere Attacken aufpäppeln lassen.

Die Reise des Autors geht also weiter und mündet wieder bei seinem alten und kranken Vater. Dieser hat den Weltkrieg noch miterlebt und stellt seinem Sohn kurz vor dem Koma die wesentlichen Fragen: Wie alt bist du und warum hast du noch nichts geschrieben, das wie der Büchnersche „Hessische Landbote" die feudalen Unverschämtheiten unserer Zeit klar und allgemein verständlich öffentlich macht? Was machst du eigentlich die ganze Zeit?

Therapiegespräche und Gespräche mit dem Vater, Reisen durch die nächtliche Wohnung, die ebenso fremd erscheint wie die entfernte Südsee, und lange Telefonate mit aufgeschreckten Schauspielerinnen, all diese Formen der Kommunikation sind Ausdruck einer verschwundenen Bodenhaftung. Der gesuchte Titel, der Auftrag, das Fundament, von dem heraus die Welt aus den Angeln zu heben wäre, sie bleiben verschollen. Das Sprechen des Autors greift nach den Worten wie der Ertrinkende nach einer Planke, die zu klein, zu glitschig und zu schwankend ist, als dass sie eine Rettung bieten könnte.

In einem Telefonat, das der Autor aus seiner Heil-Idylle führt, spricht er mit einer erfolglosen Schauspielerin, die gerade eine kleine Rolle in einer History-Fernsehsoap ergattert hat. Sie spielt eine Aufseherin in einem Konzentrationslager. Ihr einziger Text sind die auf Deutsch gebrüllten Befehle: „Eins, Zwei, Stillgestanden!" Und der zur Filmberühmtheit gelangte Satz von Magda Goebbels: „Eine Welt ohne Nationalsozialismus will ich mir einfach nicht vorstellen." Dazu dröhnt Wagners *Lohengrin* aus der Stereoanlage. Der Autor ist über diese Möglichkeit des Sprechens und der sprachlichen Gewalt entsetzt. Er erfindet die Geschichte neu und ruft nun eine andere Schauspielerin an, die in vertraut hysterischem Geplapper zwischen den vielen Anfragen, Drehtagen und Rollenwechseln ihr Begehrtsein in der Überforderung zelebriert. Die letzte und politisch fatalste Bindung an Blut und Boden ist ebenso wenig ein erträglicher Standpunkt wie die komplett beschleunigte Bindungslosigkeit, deren Zentrum das narzisstisch betäubte Subjekt ist.

„Protect me from what I want", lautet die ganze Zeile und sie ist die wenig hilfreiche Anweisung für ein Leben in der narzisstischen Phase des Subjektseins. Vielleicht ist nicht nur der Kapitalismus in seiner feudalen Phase angekommen, sondern auch seine Kritiker, Nutznießer und Angestellten. Sie alle sind zu Tode erschöpft. Ohne die Kraft, ein anderes Leben denken zu können, verprassen sie sich selbst und die Ressourcen der unterdrückten Welt. Nachrichten aus dem Zentrum dieser teuflischen Paradiese liefern die Sprechversuche der Figuren aus Falk Richters Stücken.

Abschnitte dieses Textes sind bereits erschienen in „Zwischenspiele" hrsg. von Stefan Tigges u.a. Bielefeld 2010; und Falk Richter TRUST, hrsg. von Nicole Gronemeyer, Berlin 2010.

Im Probenraum des Textes

Stefan Tigges

> Der Autor der Elementarteilchen trug einen gestreiften grauen Schlafanzug, in dem er beinahe einem Sträfling aus einer Fernsehserie glich; sein Haar war zerzaust und schmutzig, das Gesicht vom Alkohol gerötet, und er stank ein bisschen. Die Unfähigkeit, sich zu waschen, ist eines der sichersten Anzeichen für eine Depression, erinnerte sich Jed.[1]
>
> Michel Houellebecq

> Müde und leer, unruhig und heftig, kurz gesagt, neurotisch, wiegen wir in unseren Körpern das Gewicht der Souveränität.[2]
>
> Axel Honneth

Krise? Einsamkeit? Erschöpfung? Ein Leben in Schutz und Angst? Kindheit? Passiver Widerstand? Revolutionäre Energien? Blutrausch? – fragt sich die namenlose, aber zentrale fiktive Autorfigur in *Protect me* und wird am Ende immer noch keinen Titel für ihr noch zu schreibendes Stück gefunden haben, obwohl dessen szenische Realisierung längst in vollem Gang ist. Dabei könnte doch, wie es wiederholt im Text heißt, ein Titel „ein Auftrag sein an einen Autor". Oder wie es die Autorfigur kurz darauf formuliert: „Ein Titel kann die Richtung vorgeben, ein Thema, eine Reise, ein Titel kann anzeigen: Da soll's langgehen, das solltest du dir mal anschauen".

---

1 Vgl. Michel Houellebecq: *Karte und Gebiet*, Köln 2011, S. 158.

2 Axel Honneth: „Vorwort". In: Alain Ehrenberg: *Das erschöpfte Selbst. Depression und Gesellschaft in der Gegenwart*, Frankfurt a.M. 2008, S. 20.

Begreift Roland Schimmelpfennig, der wie Falk Richter als Autor-Regisseur arbeitet, Theater als eine „direkte Kunstform" und „offenes System", d.h. als „eine Kunst, die sich bei ihrer Herstellung durch Schauspieler zusehen lässt"[3], stellt sich u.a. die Frage, aus welcher Motivation heraus und zu welchem Grad Richter seine Schreibprozesse als Making-of zunehmend reflexiv veröffentlicht und dabei mit seinen Textformaten eine sich fortschreibende und zunehmend enger zusammenspielende Proben- bzw. Aufführungspraxis anstrebt. Genauer zu hinterfragen ist der von ihm in seinen Notizen zu seinem Avignon-Projekt *My Secret Garden* gebrachte Begriff des „Autofiktionstextes"[4], wobei hier und in anderen Theatertexten der Reflexionsraum für Autoren-Figuren geöffnet wird, der noch durch intra- sowie intertextuelle Momente erweitert wird. Dass das Moment der Selbstbezugnahme bzw. Autofiktion – wie z.B. bereits bei Andrè Gide in *Paludes* (1895) oder in *Die Falschmünzer* (1925) – in der zeitgenössischen (dramatischen) Literatur im Sinne Richters (wieder) an Einfluss gewonnen hat, unterstreichen sowohl die letzten Romane von Michel Houellebecq, Frédéric Beigbeder, Bret Easton Ellis, Thomas Glavinic als auch (Theater-)Texte von Elfriede Jelinek und jüngeren Autoren wie Oliver Kluck, Nis Momme-Stockmann oder Wolfram Lotz. Andererseits tritt bei Richter zusätzlich die Figur des Regisseurs auf, um über (fiktive) Arbeitsprojekte nachzudenken oder gemeinsam mit dem Autor das in formaler Hinsicht disparate Material zu ordnen als auch szenisch (vor-) zu strukturieren. Zu diesem Material gehören nach Richter Tagebuchnotizen, Textflächen, Monologe, Theaterdialoge, Interviews, Fließtexte, Filmzitate, theoretische Texte, Songlyrics, Videofilme oder Youtube-Ausschnitte.

Damit zeigt sich, dass bei Richter die Autor-Regie-Dimensionen im Gegensatz zu früheren Arbeiten immer stärker performativ zusammenspielen und durchlässiger, d.h. fließender, werden, wobei sowohl nach dem ästhetischen als auch politischen Surplus zu fragen ist. Stellt Richter mit seinen jüngsten Écritures Scéniques das

---

3 Roland Schimmelpfennig: „Narratives Theater". In: Bernd Stegemann (Hg.), *Lektionen 1. Dramaturgie,* Berlin 2009. Vgl. auch Roland Schimmelpfennig: „Theater ist immer Eskalation. Ein Gespräch mit Uwe B. Carstensen und Friederike Emmerling". In: Ders.: *Trilogie der Tiere,* Frankfurt a.M. 2007, S. 229-243, hier: S. 242.

4 Vgl. Falk Richter: „Part 1 die ersten Notizen zu unserem Projekt. The Richter Nordey Avignon Projekt 2010". In: Artur Pelka/Stefan Tigges (Hg.): *Das Drama nach dem Drama. Verwandlungen dramatischer Formen in Deutschland seit 1945,* Bielefeld 2011, S. 419-443.

Modell des „Lesedramas“ bzw. die Möglichkeit einer reinen Textanalyse im Vor- oder Nachfeld der Performance zur Disposition, indem die Spielfassung zunehmend die Spielvorlage ästhetisch über- bzw. weiterschreibt?

Andererseits versucht Richter in seinen letzten klein- sowie großformatigen Arbeiten durch Transferreflexe von theoretischen, d.h. zumeist soziologisch geprägten, Textmaterialien den künstlerisch-wissenschaftlichen Diskursraum spielerisch zu verdichten. Dies erscheint im Hinblick auf frühere Texte konsequent, da er im Rahmen von *Das System* bereits programmatisch gesellschaftliche Räume bzw. Milieus in ihrer sozialen, politischen, medialen und ökonomischen Dimension kritisch vermessen hat. Dies zeigt u.a. *Unter Eis*, wo er den ultraliberalen *nouvel esprit du capitalisme* am Beispiel der „Consulting-Philosophie“ fokussiert und diese gerade auf der sprachlichen Ebene pointiert über-setzt. Dass sich Richter in seinen systemanalytisch orientierten Arbeiten speziell für gegenwärtige Sprachmuster bzw. personen- und machtgebundene Sprachräume interessiert, belegt er ebenso in seiner *Kirschgarten*-Fassung, die sowohl (über eine sonst in der Wirtschaft tätige Übersetzungsagentur) Entliterarisierungs- als auch vom Autor verantwortete Reliterarisierungsprozesse durchlief. Eine kontrovers diskutierte Textbearbeitung, die auch aufgrund ihres dramaturgischen Ansatzes eine radikal subjektive zeitgenössische Position im Umgang mit Klassikern markiert.

Handelt es sich bei Richter grundsätzlich um einen in der Tradition Brechts stehenden Versuch der Weiterentwicklung eines Diskurstheaters, das auf die Erfahrungen verschiedener Formate des (post-) dramatischen Theaters aufbaut? Ganz in diesem Sinne bilanziert Hans-Thies Lehmann am Beispiel von *TRUST*:

> Die Räume sagen an: Es geht um Diskurs, Theater ist Teil eines allgemeinen gesellschaftlichen Felds der Reflexion, auf die es mit seinen Mitteln – körperlichen, poetischen, visuellen, musikalischen – einwirken will.[5]

Und anschließend mit Blick auf das vorliegende künstlerisch-theoretisch heterogene Material bezogen:

> Wie in einer Reihe von postdramatischen Arbeiten unserer Tage gibt es keine Grenze zwischen Theorietexten, Lyrik, Dialogen, Erzählungen, Sprachspielen und Ansprachen. Theorie und Theater sind – wiederum

[5] Vgl. Hans-Thies Lehmann: „Ra(s)t/lose/Erschöpfung, Halbruhe“. In: Falk Richter. *TRUST*, Berlin 2010, S. 31, 33.

eine Geste Brechts – zusammengerückt. [...] Wir befinden uns auf dem Weg in eine grundlegend veränderte Auffassung von Theater und Theatertext.[6]

Und aus einer ganz anderen Perspektive und mit Blick auf Richters wachsendes Interesse an choreografisch geprägten Übersetzungsformen, das sich in seinen Texten selbst – hier rücken die Themenkomplexe Körper/Körperlichkeit, d.h. physio-psychische Befindlichkeiten bzw. Ausnahmezustände, immer stärker in den Mittelpunkt – und speziell in seiner kontinuierlichen Zusammenarbeit mit der Tänzerin und Choreografin Anouk van Dijk widerspiegelt, gefragt: Wie lassen sich eigene Texte in eine Bewegungssprache übertragen bzw. „Bewegungstexte" (Richter) schreiben?

Die Expansion des auto-fiktionalen Raums in Text und Aufführung

Ausgehend davon, dass Falk Richter in den letzten Jahren den Grad der Offenheit in seinen Theatertexten konseqeunt gesteigert hat und damit proportional deren Aufführungsbezogenheitsgrad angewachsen ist, stellt sich die Frage, inwieweit diese vom Autor vorinszenierten post- oder neodramatischen Textaufbrüche bzw. Textöffnungen mit der sich ebenso immer stärker herauskristallisierenden Versuchsanordnung des Autofiktionstextes zusammenzudenken sind.

Richter geht es weniger darum, sich über seine dramatisch abgebauten und wiederholt zu Sprechern mutierten Figuren als Autor-Regisseur in seinen Texten bzw. Aufführungen aufzurufen, um mit seinen (pseudo-) biografischen Splittern über seine Sprachrohre (un-) dramatische Spannungsbögen zu motivieren. Eher scheint mir die für Richter naheliegende Frage im Vordergrund zu stehen, bis zu welchem Grad er sich in seine Arbeit einschreiben kann, um sich so über das Spiel der Schauspieler sowie über die Reaktionen des Publikums als Mensch und Künstler zu spiegeln bzw. ästhetisch neu zu justieren. Dass in Richters Regiearbeiten Kunst-System-Analysen eine prägende Rolle spielen, zeigt dessen 2004 an der Schaubühne Berlin in Koproduktion mit den Salzburger Festspielen und dem Schauspiel Zürich realisierte Inszenierung von Tschechows *Die*

[6] Vgl. Hans-Thies Lehmann: „Ra(s)t/lose/Erschöpfung, Halbruhe". In: Falk Richter. *TRUST*, Berlin 2010, S. 31, 33.

Möwe.[7] Eine strikte Trennung dieser Existenzebenen erweist sich zugleich als problematisch, da – so eines von Richters zentralen, auch in *TRUST* verhandelten Motiven – sich die Grenzen des Privat- und Arbeitslebens verflüssigen bzw. unsere gegenwärtige Lebenspraxis immer stärker durch das System der Arbeit geprägt wird. Entsprechend fragt ein Sprecher in *Protect me*:

> Wie organsiere ich meine Freundschaften? Wie schaffe ich kleine Zwischenräume zwischen Arbeit und Privatleben? Wie schaffe ich mir überhaupt ein Privatleben? Was ist überhaupt EIN PRIVATLEBEN inwieweit unterscheidet sich das von meiner Arbeitswelt [...]?

Mit welchen Strategien und Folgen vergrößert Richter nun den autofiktionalen Raum? Und wem gehört dieser bzw. wer betritt und bewegt sich überhaupt in diesem?

In Notizen und Tagebucheinträgen, aus denen *My Secret Garden* entstand, versucht Richter dessen Funktionen und szenisches Transformationspotential genauer zu bestimmen:

> Ich will wirklich, dass all meine Autofiktionstexte ausliegen und es wird einen Moment geben wo sich jeder einfach ein paar Zettel herauszieht aus einem großen Stapel und dann einige Sätze vorliest. Und wir schauen, ob sich aus diesen Tagebuchaufzeichnungen szenische Momente ergeben können.[8]

Es erweist sich als hilfreich noch eine weitere (Tagebuch-) Notiz aufzurufen, die den augenblicklich in Theorie und Praxis überhitzten Begriff der „Authentizität" ins Spiel bringt und Richters dynamische Collage- bzw. Sampling-Ästhetik transparent werden lässt:

> Was aus meiner Vergangenheit möchte ich überhaupt heute noch zu einem Thema machen? Denn wir leben in einer Zeit, wo ich mir meine Biographie auch einfach sampeln kann, ich muss ja gar nicht auf

---

7 Vgl. dazu: Stefan Tigges: *Von der Weltseele zur Über-Marionette. Cechovs Traumtheater als avantgardistische Versuchsanordnung*, Bielefeld 2010, S. 282-293. Das am Schauspiel Düsseldorf in der Spielzeit 2011/2012 geplante Projekt Michel Houellebecqs Roman *Karte und Gebiet* für das Theater zu adaptieren – hier treten neben dem fiktiven bildenden Künstler Jed Martin, der wiederholt (in-)direkt auf Houellebecq verweist, Frédéric Beigbeder sowie der Autor selbst auf – mag diese Einschätzung als auch Richters Interesse an autofiktional geprägten Stilen untermauern.

8 Vgl. Falk Richter: „Part 1 die ersten Notizen zu unserem Projekt. The Richter Nordey Avignon Projekt 2010". In: Artur Pelka/Stefan Tigges (Hg.): *Das Drama nach dem Drama. Verwandlungen dramatischer Formen in Deutschland seit 1945*, Bielefeld 2011, S. 419-443.

„authentische“ Erfahrung und Erlebtes zurückgreifen, um von mir zu erzählen, ich kann mir alles, was ich sein will, ja auch von anderen aus Filmen, aus Blogs, aus anderen Büchern, aus meiner Fantasie zusammen bauen. Wieso soll ich mich da immer mit meiner so genannten echten Vergangenheit auseinandersetzen? Ich kann mir doch eine bewegliche Gegenwart schaffen.[9]

Zeigt das erste Zitat, dass Richter das autofiktionale Material in erster Linie für sich beansprucht bzw. dieses als Autor an sich bindet, um es im Proben- und Aufführungsprozess mit seinen Schauspielern, Performern und Tänzern kollektiv aufzuarbeiten, zu verhandeln und polyphon aufzuteilen, stellt sich die Frage, inwieweit er als Autor und Regisseur in seinen letzten Arbeiten noch einen Schritt weiter geht, damit die Autorgebundenheit abbaut, um so das Moment der Autofiktion mit seinem Ensemble noch mehr zu teilen und dieses im Vergleich zu früheren Arbeiten aktiver in den szenischen Schreib-Proben-Prozess einzubinden. *My Secret Garden* als auch *Play Loud* weisen darauf hin, dass Richter damit beginnt, ästhetisches Neuland zu betreten, indem er den autofiktionalen Autorraum kontrolliert kollektiviert und für neue gemeinsame Erfahrungen öffnet. Die von den Tänzern und Performern eingebrachten neuen autofiktionalen Erfahrungen beinhalten und motivieren einerseits eine noch komplexere „beweglichere Gegenwart“ und andererseits – und dieser Aspekt erscheint noch zentraler – eine zunehmende zeiträumliche Verdichtung der Relationalität der Schreib-, Proben- und Aufführungspraxis, die nicht nur den künstlerischen Entstehungsprozess transparent macht und zu performativ geprägten Reflexionen eines Making-of des Vorraums der Performance einlädt, sondern damit beginnt, szenische Prozesse im Verlauf der Aufführung/Performance in ihren strukturellen Mustern und in ihrer Formwerdung live zu verhandeln und zu denken. Dieses Ziel schwebt wohl auch Richter vor, der im Vorfeld von *My Secret Garden* festhält: „Das Stück entsteht vor unseren Augen in einem performativen Akt und es ändert immer wieder seine Richtung… es gleitet, es fließt“, womit nochmals sein Interesse durchblitzt, den Text in eine „Bewegungssprache“ zu über-setzen.[10]

---

9 Vgl. Falk Richter: „Part 1 die ersten Notizen zu unserem Projekt. The Richter Nordey Avignon Projekt 2010“. In: Artur Pelka/Stefan Tigges (Hg.): *Das Drama nach dem Drama. Verwandlungen dramatischer Formen in Deutschland seit 1945*, Bielefeld 2011, S. 419-443.

10 Vgl. Falk Richter: „Part 1 die ersten Notizen zu unserem Projekt. The Richter Nordey Avignon Projekt 2010“. In: Artur Pelka/Stefan Tigges (Hg.): *Das*

Beim Vollzug der szenischen Live-Reflexion ist danach zu fragen, inwieweit diese über den Autor und Regisseur gesteuert und kontrolliert wird, d.h. die Tänzer und Schauspieler primär aus dem Dialog mit der Spielvorlage heraus agieren, als Sprachrohre sowie (textuelle) Bewegungsräume Richters fungieren und dabei ästhetische Rückkoppelungen leisten, um den von Richter motivierten ästhetischen Diskurs spielerisch reflexiv zu spiegeln. Oder, und hier steigt der Autonomiestatus der im Bühnenraum anwesenden Performer an, inwieweit diese ein noch größeres reflexives Eigenleben entfalten und eine Präsenzform entwickeln, die nicht ausschließlich auf den Autor und Regisseur verweist und sich zunehmend von dem im Text motivierten Diskurs löst, und die Performer (mit ihren Körpern) ihren eigenen (szenischen) Text schreiben, der mit dem des Autor-Regisseurs kommuniziert. Im Hinblick auf die Zusammenarbeit von Richter und Anouk van Dijk wäre so die Frage vorstellbar, ob in einem weiteren Entwicklungsschritt nicht eine noch freiere Versuchsanordnung denkbar wäre, die prägnanter die bereits ästhetisch attackierten traditionellen Rollenmuster überwinden könnte. Anders formuliert: Wie sähe es aus, wenn die Schauspieler und Tänzer nicht einen ästhetisch vorgeformten Textraum betreten würden, um diesen körper-sprachlich weiter zu modellieren, sondern eine Rollenum- bzw. Neuverteilung angestrebt würde, d.h. ein noch radikalerer, kollektiv choreographierter, offener, szenischer Schreibprozess entwickelt würde, in dem die ästhetischen Maßverhältnisse von Theater und Tanz neu verhandelt würden? Denkbar wäre hier z.B. ein von van Dijk vor-geschriebener oder skizzierter Bewegungstext, dessen (prekärer) Corpus im Proben- und Aufführungsprozess situationsgebunden und sukzessiv von Richter weiterbe- bzw. weitergeschrieben wird, indem sich dieser sowohl als Autor in die Körpergeschichte(n) bzw. Resonanzkörper der Tänzer und Schauspieler einschreibt als auch diesen mit noch zeitnäher entstandenen Textfragmenten neue Projektions- und Handlungsräume anbietet, die dann körper-sprachlich individuell als auch kollektiv betreten und bewegt werden können. Anders gefragt: Wie sähe eine Zusammenarbeit aus, in der die Choreografin signifikanter in die (Text-) Regie eingreifen und Richters sich erst im Probenverlauf schreibende Textmodule an den Körpern zum Klingen bringen würde – als Gefahr zu laufen diese über die Körper der Tänzer zu illustrieren, erzählerisch zu verdoppeln und tautologisch einzuengen?

Drama nach dem Drama. Verwandlungen dramatischer Formen in Deutschland seit 1945, Bielefeld 2011, S. 419-443.

Krisenräume. *Protect me*

In dem aus 15 Bildern bestehenden Theatertext *Protect me*, aus dem fünf Figuren (Autor, dessen Vater sowie der Therapeut Tom und zwei (Ex-) Freundinnen) heraustreten, die in der Performance mit Ausnahme der stabil angelegten Figur des Vaters z.T. durch verschiedene Schauspieler aufgerufen werden, thematisiert Richter über die übermüdete, gegenüber ihrer Umwelt zunehmend gefühllose und therapiebedürftige Figur des Autors, der zugleich Regisseur ist, dessen brüchige, zwischen Arbeit und Privatleben zerinnende Existenz, die droht, sich in einer (geistigen) Leere und Ortlosigkeit aufzulösen. Über den am Ende auf der Intensivstation „wie ein riesengroßer tiefgekühlter Frosch hinter einer Sauerstoffmaske" zappelnden Vater – die Mutter ist längst gestorben, lebt aber in der Vorstellung des Vaters weiter – projiziert Richter zusätzlich die Kindheits- und Jugenderinnerungen des Autors, die in das Abschiedsporträt einer (pseudo-) bildungsbürgerlichen, werteverhafteten Elterngeneration einfließen und das materielle sowie geistig stagnierende Klima im Nachkriegsdeutschland spiegeln. Dass die bildungsbürgerliche Lebensform der Eltern nur eine Konstruktion ist, zeigt sich schon daran, dass die endlosen Reihen Readers Digest-Bände und gebundener Klassiker-Schmuckausgaben von Goethe, Lessing, Kleist, Schiller sowie Büchner noch in „Plastikfolie originalversiegelt" sind.

Durch eingeblendete Erinnerungsfetzen des Vaters, dem deliriumartig blutige und schuldbeladene Bilder von Brückensprengungen aus den letzten Kriegstagen erscheinen, erweitert Richter einerseits den autofiktionalen Raum und projiziert andererseits ein weiteres Bild des (System-) Zusammenbruchs in unsere kollabierende Gesellschaftsform. Zeitnahe „Erinnerungsräume" betritt auch die in *My Secret Garden* aufgerufene Großmutter, die während ihrer winterlichen Flucht gemeinsam mit ihrer Tochter „immer so nett zu den Soldaten" war, um ihr Überleben zu gewährleisten, und Jahre später feststellen muss, dass sie „keinen Zugriff mehr auf ihren Sohn" hat.

Die gegenwärtige Zivilisation befindet sich für die Autor-Figur, die sich während eines Aufenthaltes im thailändischen International Health Resort „Protect me!" in einem Moment der Einsamkeit und Verzweiflung dazu entschließt, ihren Therapeuten Tom anzuskypen, mit dem sie aufgrund einer Therapie-Flatrate permanent in Kontakt treten kann, in einem kriegsähnlichen Zustand:

> Dicke erschöpfte Fondsberater stehen in der Abendsonne und machen Tai Chi. Dieser Ort ist ein Lazarett, denkt er. Wie das Lazarett, in das mein Vater 1945 eingeliefert wurde, nachdem er und seine Kameraden Europa in Schutt und Asche gelegt haben. [...] Hier werden all diese verwundeten Finanzspekulanten und Hedge Fonds Manager eingeliefert, um sich mit buddhistischen Heilpraktiken fit machen zu lassen für die ökonomischen Anfgriffskriege, die Europa erneut in Schutt und Asche legen werden, denkt er. [...] DIESE FINANZKRIEGE. DAS SIND DOCH AUCH KRIEGE. [...] Das ist doch ein Kriegszustand jetzt hier und wir müssen doch etwas machen.

Der Therapeut, der sich gerade aufgrund seiner ebenso empfundenen Einsamkeit einen Callboy ins Hotelzimmer bestellt hat, der wiederum wegen seiner Erschöpftheit in erhöhter Passivität verharrt und einschläft, wirkt in dieser Szene selbst wie ein hilfebedürftiger Patient, womit Richters Diagnose des sozialen Leidens noch düsterer ausfällt.[11]

Als Sinnbild der gegenwärtigen Befindlichkeit fungiert immer wieder der nicht mehr zu realisierende Wunsch nach Nähe bzw. die Unfähigkeit, zwischenmenschliche nahe Beziehungen zuzulassen. So kommt es weder zu einer wirklichen Annäherung zwischen Vater und Sohn, die lediglich ihre unterschiedlich gelagerten Angstzustände verbindet, noch zu einer (körperlichen) Nähe des Autors mit seinen (Ex-) Freundinnen, die sie sich jeweils nur am Telefon Nähe suggerieren. Entsprechend äußert der Autor: „Ich will keine Nähe, nein nicht zu niemandem. So verdammt schwer, irgendjemandem nahe zu kommen und das auszuhalten." Eine zu große Nähe kann jedoch ebenfalls Krisen hervorrufen, wie es eine, das gestörte Generationenverhältnis spiegelnde Monologsequenz der Autor-Figur zeigt, die atmosphärisch und motivisch an *Unter Eis* erinnert:

> Meine Eltern sterben, und ich würde gerne noch alles mit denen klären, aber ich weiß nicht genau, was und wo ich anfangen soll. Da war leider nie wirklich Nähe zwischen uns. Und wenn da Nähe war, dann war es immer ZU NAH, so dass man es nicht aushalten konnte ein beklemmendes Gefühl wie eingeschlossen sein unter Wasser und langsam festfrieren.

---

[11] Diese Szene verweist z.T. motivisch sowohl auf Richters „zweite durchwachte Nacht" in *Verletzte Jugend. Drei durchwachte Nächte* als auch auf *Die Verstörung*. Vgl. Falk Richter: „Die Verstörung". In: Stefan Tigges/ Katharina Pewny/ Evelyn Deutsch-Schreiner (Hg.): *Zwischenspiele. Neue Texte, Wahrnehmungs- und Fiktionsräume in Theater, Tanz und Performance*, Bielefeld 2010, S. 174-181.

In *My Secret Garden* – für das Richter ein mehr oder weniger gleichaltriger „Schauspieler um die 40" vorschwebt – strahlt der Familienhintergrund dermaßen belastend in die Gegenwart, dass der Sohn lediglich dafür zahlt, dass seine Eltern noch „eine Weile im Heim rumsitzen und Aquarelle malen können, um nicht sofort sterben zu müssen". Ähnlich gelagert ist die erstarrte Gefühlswelt des Sohnes in *Play Loud,* der „wie ein Insekt an seiner Kindheit kleben bleibt", Totschlagfantasien gegenüber seinen Eltern entwickelt, aber letztlich all seine Widerstandskraft und Gefühle verliert, da ihm alles Leben aus seinem sich verkrampfenden Körper fließt, sobald die Eltern (gedanklich) den Raum betreten. *Im Ausnahmezustand,* wo ein Junge mit seinen Eltern in einem von Elektrozäunen geschützten Community-Getto lebt, wobei sich die Frage stellt, ob die tatsächliche (soziale) Bedrohung eher aus dem Außen- oder Binnenraum kommt, da die freiwillig eingepferchten und von der (ökonomischen) Absturzangst geplagten Bewohner weder sich selbst, sich untereinander noch die Außenwelt wirklich wahrnehmen können, ufert der familiäre Entfremdungsgrad noch aus. In einem Gespräch mit seiner Mutter stellt der Sohn fest, dass er „diesen Mann", d.h. seinen Vater, nicht kenne und es sich um eine Verwechslung handeln müsse. Als einziger Wärmeindikator in diesem heruntergekühlten familiären Mikroklima fungiert ein vom Vater neu angeschaffter Kamin, der aber den zwischenmenschlichen Temperaturabsturz nicht aufzuhalten vermag. So erscheint der Mutter wiederholt ein aus dem Fernsehen konsumiertes Bild, das die Angst des familiären/gesellschaftlichen Zusammenbruchs noch schürt:

> Auf einer endlos langen Eisfläche irgendwo … irgendwo in der Arktis sucht eine Gruppe junger Eisbären nach Nahrung … plötzlich bricht das Eis, und alle rutschen dreitausend Meter in die Tiefe und ersaufen, während die Sonne langsam ihr Hirn wegfrisst.

Motivisch variiert taucht der Eisbär in *Play Loud* auf, wo Richter den aus den 1980er-Jahren bekannten Song zitiert und die Polarregion positiv auflädt, da hier Gefühle einfrieren bzw. Eisbären „nie weinen müssen".

Scheitert der Autor in *Protect me* mit dem Projekt, über seine Eltern zu schreiben, gelingt es zumindest den Eltern, dessen Kindheitsperspektive heimlich aufzuarbeiten, indem sie Notizen, Briefe, Tagebücher und Romanfragmente ihres Sohnes abtippen, in Kisten verpacken und damit einen „Ordner seiner Jugend" anlegen, den der Autor erst Jahre später entdeckt. Seine dokumentierte Jugend hilft dem Autor jedoch kaum dabei, seinen Eltern retrospektiv neu zu begegnen, womit sowohl der Störungsgrad der familiären Beziehungen als auch die Unmöglichkeit des (autofiktionalen) Schreibprojektes der Autor-Figur erfahrbar wird.

In der Sequenz „Lohengrin/International Health Ressort" denkt der in einem Hotelzimmer in Shanghai völlig isolierte und unter Schlaflosigkeit leidende Autor nachts weiter über sein noch zu schreibendes Stück nach. Indem er auf seinem iPod Wagners *Lohengrin* hört, entwickelt er die Idee, einen „in die Jahre gekommenen Jungregisseur" Wagners Oper inszenieren zu lassen, und liefert dabei gleich eine erste Lesart mit, die ihn, so der Kunstgriff, sowohl mit der Außenwelt, d.h. dem „neuen faschistoiden radikalkapitalistischen Empire und den Lohengrins unsrer Zeit", verbindet, die „sentimental verklebte Welt seines Vaters" aufruft als auch ironisch den Kulturbetrieb spiegelt, der in „Zeiten der globalen Finanzkrise nach hochbrisanten Stoffen mit enormer emotionaler Relevanz" und nach einer neuen rettenden künstlerischen „Lichtgestalt" sucht. Das Opern-Motiv taucht kurz danach erneut auf, als der Autor seine Freundin Alexandra anruft, die gerade ihren Part als KZ-Aufseherin in einer History-Soap probiert. Um sich in ihren einzigen Satz „Eine Welt ohne Nationalsozialismus will ich mir einfach nicht vorstellen" einzufühlen, bedient sie sich ihrer, in einem Workshop frisch erlernten Strasberg-Technik und hört *Lohengrin*, worauf der Autor entsetzt reagiert und Richter über die Figur der Freundin die deutsche Geschichte ironisch fortschreibt und der wiedererstarkten Nation eine neue Führungsrolle zutraut.

In der vorletzten Begegnung zwischen Vater und Sohn kommt es zu einer überraschenden Wendung. Während der Autor dem Vater die Windeln wechselt – was den Vater aus seinem Text aussteigen lässt: „So können wir jetzt wieder eine andere Szene spielen, ich finde die hier immer die schrecklichste am Abend" –, geht der Vater mit dem Autor hart ins Gericht, entpuppt sich mit einem Verweis auf Büchners *Hessischen Landboten* als politisch wesentlich engagierter als sein Sohn und analysiert darauf die „massive Umverteilung des gesellschaftlichen Reichtums zugunsten neoliberaler Eliten". Richter wählt hier einen Sprachhabitus, der ironisch auf den 68er Tonfall verweist und diesen zugleich kritisch dekonstruiert:

> Die Integrationsunfähigkleit der Finanzwirtschaft in die Gesellschaft. Diese Bundesbanker-Millionärskinder sind doch viel weniger integriert als irgendwelche Migrantenkinder. Die sehen sich doch überhaupt nicht als Teil der Gesellschaft, die kennen das Wort TEILEN doch überhaupt nicht. Kannst du die nicht mal wegschaffen mit ihren

Scheißprivatjets und ihren 15 Villen, in denen sowieso nie jemand wohnt, die brauchen wir doch gar nicht, die liegen uns doch nur auf der Tasche, schaff die doch mal weg mit deinen Freunden, ihr redet immer nur, macht doch mal was. Mensch, du bist schon 40. Da musste jetzt mal aber was machen, das die Welt erschüttert, sonst biste hier gewesen und keiner hats gemerkt.

Im zwölften Bild „Machines at Night" erinnert sich der Autor wieder an seine Kindheit, hört nochmals das Geräusch, als er von den Klassikerausgaben der Eltern die Plastikfolie abzieht und bricht (scheinbar) aus seiner pseudo-bildungsbürgerlichen Sozialisation aus. Richter öffnet über seine Figur erneut den autofiktionalen Raum und zitiert eine längere Passage aus Büchners *Lenz* (1835/1839), in der dessen Angstzustand, Einsamkeit und Erschöpfung zum Ausdruck kommt, womit die augenblickliche Befindlichkeit der Autor-Figur gespiegelt wird, die wie Lenz eine „entsetzliche Leere in sich spürt". Diagnostizierte der Autor bereits zuvor, dass in seiner Wahrnehmung alles in „Einzelteile" zerfalle, erinnert dies auch an die von Hugo von Hofmannsthal in seinem „Chandos-Brief" geschilderte menschlich-künstlerische Krise, in der die Worte den in einer „kaum glaublichen Leere" lebenden Autor „im Stich lassen" und ihm die Fähigkeit völlig abhanden kommt „über irgend etwas zusammenhängend zu denken oder zu sprechen".[12]

In *Verletzte Jugend. Drei durchwachte Nächte* verweist Richter dagegen auf Ferdinand Bruckners *Krankheit der Jugend* (1926). Thematisiert Bruckner in seinem expressionistischen Theaterstück eine demoralisierte Studentengeneration, die keinen Halt mehr in der Gesellschaft findet, da diese kein verbindliches Wertesystem mehr vorzuweisen hat, versammelt Richter in seinem motivisch wie formal an die Ästhetik Ravenhills erinnernden Text jeweils verschiedene Figurenkonstellationen, die in einer heruntergekommenen Großstadtwohnung während dreier Nächte aufeinandertreffen, sich dabei aber nicht wirklich näherkommen. Für die Beziehungs- und Gefühllosigkeit der namenlosen, zwischen 30- und 40-jährigen vereinsamten ProtagonistenInnen, die schon, wie es im Text heißt, „vor langer Zeit erfroren sind", und darunter leiden, dass „ihr Herz wegbrennt", steht sinnbildlich neben einer zertretenen Stereoanlage eine defekte Heizung. Die von Hofmannsthalsche „kaum glaubliche Leere" aller Figuren entpuppt sich in Richters wohl düsterstem Theatertext als ein wahrer Alptraum, der darin besteht, dass der Autor sämtlichen,

---

12 Vgl. Hugo von Hofmannsthal: *Ausgewählte Werke in 2 Bänden, 2. Band: Erzählungen und Aufsätze*, Frankfurt a.M. 1957, hier S. 341-346.

d.h. hetero- wie homosexuellen Formen des menschlichen Zusammenlebens, eine Absage erteilt ohne dabei alternative Modelle zu skizzieren. Während sich in der ersten durchwachten Nacht ein Paar und ein junger autoaggressiver Mann in einer Art Ménage-à-trois begegnen, trennt sich in der folgenden Nacht ein Mann von seinem etwas jüngerem Partner, um mit einem anderen jüngeren Mann, den er sich über ein Online-Portal für einige Stunden gekauft hat, Sex zu haben (vgl. *Die Verstörung*). In der dritten Nacht, in der die Frau aus der ersten Sequenz wieder auftaucht und einen anderen Mann geheiratet hat, negiert Richter auch dieses Lebensmodell, da beide sich aufgrund ihrer jeweils wahrgenommenen Fremde nicht spüren und nebeneinanderleben.

Diskurstheater und Subjektkonstitution

Verweist Richter in seinen Texten wiederholt auf theoretische Positionen von Eva Illouz, Alain Ehrenberg, Wolfgang Fritz Haug, Richard Sennett oder Robert Pfaller – dessen „Ästhetik der Interpassivität" mehrfach spielerisch transferiert wird – , welche er allesamt als „seine wissenschaftlichen Mitarbeiter" bezeichnet, die seinen künstlerischen systemanalytischen Diskurs befruchten, so wird dies besonders in *TRUST* und *Protect me* deutlich. Damit stellt sich die Frage, wie Richter als Autor und Regisseur deren Diskurse über die Sprache und die Körper der Schauspieler und Tänzer szenisch überführt und wie er dabei das Publikum dialogisch einbindet. Eine zentrale Potenzierung von Richters Diskurstheater basiert auf dem vom Autor ästhetisch transformierten Textbegriff, der auch ein neues Figurenverständnis bewirkt. Für Richter ist der Text „kein Gefangener, den man einfach in eine einmal gefundene Figur oder Handlung bei Wasser und Brot sperren kann", da er ein „freier Körper" ist, auf „andere freie Körper" treffen muss, die „beweglich und offen bleiben" müssen und nicht in „ihren gewohnten Scharnieren einstudierter Mechanik einrasten" dürfen, da der Text sonst „absterben, tot herum liegen und von keinem mehr gehört und wahrgenommen" werden würde.[13] In Bezug auf die Rolle der Performer strebt Richter an, dass diese „den Text denken sowie vertreten sollen anstatt die Figuren zu spielen"[14]. Damit entfällt praktisch deren

[13] Vgl. Falk Richter: „Trust Material". In: Falk Richter. *TRUST,* Berlin 2010, S. 120.

[14] Vgl. Falk Richter In: Suche nach Haltung. Falk Richter, Nicole Gronemeyer und Bernd Stegemann im Gespräch In: Falk Richter. *TRUST,* Berlin 2010, S. 19.

Figurenarbeit, wie Richter bereits in seinen Einträgen zum *TRUST*-Projekt notiert:

> Es gibt keine Figurenarbeit, das wird schwer für einige der teilnehmenden Schaupieler, denn es wird keinerlei Verständigung darüber geben, wie die Figur beschaffen ist, was das besondere an ihr ist, woher sie kommt, wie alt sie ist, diese Gespräche werden nicht stattfinden, aber wie wir alle wissen, ist ja ein Text auch eine Figur, aus der viele Figuren heraus sprechen, und der Text sprechende Schauspieler kann sich ja die Figuren, die den Text bewohnen, überstreifen wie Masken und in jeder Textpassage lustvoll und virtuos die Masken so oft wechseln, dass der Textkörper ebenfalls zu tanzen beginnt und nicht auf ewig verdammt bleibt, an der einmal gefundenen Figur zu kleben.[15]

Damit entfällt auch ein sich im Verlauf der Performance zuspitzendes Konkurrenzverhältnis zwischen Schauspielern und Tänzern, da letztere sich nicht mit vorgefertigten, fixen, über die Schauspieler transportierten Figuren messen lassen müssen und stattdessen gemeinsam Körper-Sprachen entwickeln und in Figuren-, bzw. Rollen-Zwischenräumen agieren, um diese immer wieder individuell als auch kollektiv neu auszuhandeln. Durch den sich zwischen Schauspielern und Tänzern bewegenden Text, d.h. durch die von ihnen gemeinam in Bewegung versetzten Textmodule, öffnen sich auch für das Publikum neue Reflexionsräume, die vielmehr durch dynamische Positionen als durch feste Standpunkte gekennzeichnet sind. Die bewusst offen gehaltenen Positionen ermöglichen ebenso, dass sich die Zuschauer jeweils mit der von ihnen während des Aufführungsprozesses live ausgewerteten eigenen Lebenspraxis als „Autoren" in den ästhetischen Kontext, d.h. in den sich erst schreibenden szenischen Text-Raum- spielerisch-reflexiv einbringen können und sich damit im Sinne Merleau-Pontys ein komplexes „Denken in der Sprache" entfaltet. Der über den Text ausgetragene Diskurs wird von Richter noch verstärkt, indem er die Schauspieler auch in *Protect me* immer wieder in großer Frontalität zumeist an Mikrofonständern zum Publikum positioniert und dort sprechen lässt, womit er weniger Gefühle emotional ausstellt als eine „kalte Emotionalität" erzeugt, die den Raum für Reflexionen öffnet.

Diagnostiziert Robert Castell in seinem Entwurf einer „Genealogie des hypermodernen Individuums", dass die „Arbeit das Epizentrum der sozialen Frage" ist und in ihr der „Triumph des

15 Vgl. Falk Richter: „Trust Material". In: Falk Richter. *TRUST*, Berlin 2010, S. 120.

Individualisierungsprinzips“ bzw. der „Subjektivitätsexzess des postindustriellen Kapitalismus“ zum Ausdruck kommt, differenziert er daran anschließend zwischen zwei für ihn zentralen aktuellen „Grammatiken“ (nach Martuccelli) bzw. „Konfigurationen des Individuums“, die sowohl auf schauspielerischer als auch auf choreografischer Ebene in *Protect me* in ein ästhetisches sowie politisches Spannungsverhältnis gestellt werden. Das hypermoderne *Individuum im Übermaß* (individu par excès) kapselt sich, so Castell, mit seinem Narzismus in seiner Subjektivität ein und kann dabei sogar vergessen, dass es in einer Gesellschaft lebt, womit es aus den „kollektiven Einbindungen herausfällt oder heraustritt, weil sie gewissermaßen bis zum Überdruss verwirklicht sind“[16]. Dagegen fehlen dem hypermodernen *bloßen Individuum* (individu par défaut) die „notwendigen Voraussetzungen für ein Mindestmaß an gesellschaftlicher Unabhängigkeit“ bzw. ist dieses in dem „Widerspruch gefangen, nicht das Individuum zu sein, das es sein will“ bzw. fehlen diesem die „nötigen Mittel um tatsächlich seine persönliche Freiheit zu übernehmen“.[17] Damit kommt es nach Castell zu einer Bedrohung des modernen (freien) Individuums, das von oben durch die „Individuen im Übermaß“ und von unten durch die „bloßen Individuen“ unterhöhlt wird.[18]

Es ließe sich aber auch der von Luc Boltanski und Eve Chiapello entworfene Typus des *leichten Menschen* auf das Bewegungsvokabular in *Protect Me* projizieren, der sich nicht mehr verwurzeln kann,

> weil die einzige ihm verbliebene sichere Instanz das Dasein in einer komplexen, beweglichen und unsicheren Welt ist, niemand aber sich selbst genügt, da ihn nichts als seine sozialen Bindungen konstituieren.[19]

Wie schon in *TRUST* wird auch in *Protect me* immer wieder die Bestimmungs-, Orientierungs- und Haltlosigkeit – durch den Verlust der Bodenhaftung, weswegen die sich entleerenden und stürzenden

---

[16] Vgl. Robert Castell: *Die Krise der Arbeit. Neue Unsicherheiten und die Zukunft des Individuums,* Hamburg 2011, S. 21 und S. 353f.

[17] Vgl. Robert Castell: *Die Krise der Arbeit. Neue Unsicherheiten und die Zukunft des Individuums,* Hamburg 2011, S. 21 und S. 356.

[18] Vgl. Robert Castell: *Die Krise der Arbeit. Neue Unsicherheiten und die Zukunft des Individuums,* Hamburg 2011, S. 21 und S. 353-361.

[19] Vgl. Luc Boltanski/Eve Chiapello: „Die Arbeit der Kritik und der normative Wandel“. In: Christoph Menke/Juliane Rebentisch (Hg.): *Kreation und Depression. Freiheit im gegenwärtigen Kapitalismus,* Berlin 2010, S. 26.

Körper an Schwere verlieren – bzw. die Isolierung und Suche nach Nähe durch vergebliches Zerren an anderen Körpergliedern sowie der wachsende Verlust von Gefühlen durch das Betasten des eigenen bzw. fremden Körpers spürbar. In diesem Sinne lässt sich hier von „Fallstudien", „Körperanalysen" oder körperlichen „Zerreißproben" sprechen. Entsprechend heißt es in *TRUST*: „[W]eil dein Körper bald auseinanderfällt vor lauter Überdrehung und Kraftlosigkeit und du den unentwegt abstrafen musst diesen Körpercontainer".

Das Bild des „Körpercontainers" (vgl. auch *Im Ausnahmezustand*), das sowohl einen zunehmenden Gefühlsverlust aufruft – wo der Körper bloß noch als Un-Raum bzw. sich auflösende Hülle wahrnehmbar wird – als auch auf dessen Eingepferchtheit anspielt, wird auch in der von Katrin Hoffmann entworfenen Bühnenraumästhetik für *Protect me* in Form von im Raum positionierten Boxen/Zellen aufgenommen, in denen die Tänzer (Anouk van Dijk, Philipp Fricke, Franz Rogowski, Nina Wollny) sowie die Schauspieler (Erhard Marggraf, Judith Rosmair, Luise Wolfram, Kay Bartolomäus Schulze, Stefan Stern) wiederholt isoliert werden und sich darin mit ihren (über-) leichten Körpern schwerelos an den Wänden bis zur Decke hochbewegen, womit ihre mangelnde Bodenhaftung ästhetisch noch vergrößert wird.

Bilanziert Alain Ehrenberg immer drastischere Erschöpfungszustände des heutigen zunehmend depressionsgefährdeten Menschen, drücken sich diese auch im choreografischen Transfer aus, indem es bei den Tänzern und Schauspielern immer wieder zu „Verlangsamungen der Körperbewegungen" kommt – hier erscheinen die Körper der Performer überschwer – oder diese als „Körperlandschaften" (Richter) in einem absolut lethargischen Stillstand verharren, bevor sie aus dem Zustand der Depression heraus eine (Über-) Impulsivität entwickeln, die Körper (über-) leicht werden und die Performer dabei die Kontrolle über ihre Handlungen verlieren.[20]

Damit verkörpert/verkörperlicht Richter in seinen choreografisch geprägten Arbeiten und speziell in *Protect me* einen „paradoxalen Umschlag", den Axel Honneth analytisch festhält:

> [D]ass die Ansprüche auf individuelle Selbstverwirklichung, die durch das historisch einmalige Zusammentreffen von ganz unterschiedlichen Individualisierungsprozessen in den westlichen Gesellschaften vor dreißig, vierzig Jahren rapide angewachsen sind, inzwischen

20 Vgl. Alain Ehrenberg: *Das erschöpfte Selbst. Depression und Gesellschaft in der Gegenwart*, Frankfurt a.M. 2008.

so stark zu einem institutionalisierten Erwartungsmuster der sozialen Reproduktion geworden sind, dass sie ihre innere Zweckbestimmung verloren haben und vielmehr zur Legitimationsgrundlage des Systems geworden sind. Das Resultat dieses *paradoxen Umschlags*, in dem jene Prozesse, die einmal die Steigerung qualitativer Freiheit versprachen, nunmehr zur Ideologie der Deinstitutionalisierung geworden sind, ist die Vielzahl von individuellen Symptomen innerer Leere, sich Überflüssig-Fühlens und Bestimmungslosigkeit.[21]

Der Text baut auf Überlegungen auf, die erstmals unter dem Titel „Protect me. Ein Projekt von Falk Richter und Anouk van Dijk" in der 2. Online-Ausgabe der Prospero European Review – Theatre and research 2011 auf deutsch, englisch sowie französisch erschienen.

---

[21] Vgl. Axel Honneth: „Organisierte Selbstverwirklichung. Paradoxien der Individualisierung". In: Christoph Menke/Juliane Rebentisch (Hg.): *Kreation und Depression. Freiheit im gegenwärtigen Kapitalismus*, Berlin 2010, S. 68.

Kapitalismus als Religion und Praktiken des Vorzeigens des Vorzeigens im Theater Falk Richters

Friedemann Kreuder

> Wenn heute die Verbraucher in der Massengesellschaft unglücklich sind, dann nicht nur, weil sie Gegenstände konsumieren, die ihre Nichteignung zum Gebrauch einverleibt haben, sondern auch und vor allem, weil sie glauben, über diese ihr Eigentumsrecht auszuüben, weil sie unfähig geworden sind, diese Gegenstände zu profanieren.
>
> Giorgio Agamben, *Lob der Profanierung*

Aus der Sicht des italienischen Philosophen Giorgio Agamben, wie er sie in seinem 2005 erschienenen Aufsatz „Lob der Profanierung"[1] formuliert, wurden in der römisch-antiken Gesellschaftsform als „heilig" oder „religiös" diejenigen Dinge bezeichnet, die auf irgendeine Weise den Göttern gehörten. Als solche waren sie dem freien Gebrauch und dem Verkehr der Menschen entzogen, konnten weder verkauft oder als Pfand gegeben, noch zur Nutznießung überlassen oder mit Dienstbarkeit belastet werden. Als „Religion" lässt sich vor diesem kulturhistorischen Horizont definieren, was Dinge, Orte, Tiere oder Menschen dem allgemeinen Gebrauch entzieht und in eine abgesonderte Sphäre versetzt. Denn das lateinische Wort *religio* kommt nicht von *religare*, „das, was das Menschliche und Göttliche zusammenbindet und vereint", sondern von *relegere*,

> das auf die Gewissenhaftigkeit und die Aufmerksamkeit, die bei den Beziehungen zu den Göttern walten sollen, und auf das besorgte Zögern, das *Wiederlesen*, vor den Formen und Formeln hinweist, an die

1 Giorgio Agamben: „Lob der Profanierung". Ders: *Profanierungen*, Frankfurt a.M. 2005, S. 70-91. Die folgenden Ausführungen verdanken den hier vorgetragenen Hypothesen Agambens entscheidende Einsichten.

> man sich halten muß, wenn man die Absonderung zwischen Heiligem und Profanem respektieren will.[2]

Ein solcher – auch jenseits seiner Historizität reformulierbarer – Begriff von Religion zielt also nicht auf die voraussetzungslose Gegebenheit der Bindung von Körpern und ihres Umgangs mit Dingen an die Götter, sondern hinterfragt die kulturellen Praktiken und Diskurse ihrer Hervorbringung. An die Stelle der bedingungslosen Akzeptanz der produkthaften Abgeschlossenheit des Religiösen tritt die beständige Neu-Evaluation der Prozessualität seiner Bedeutungsstiftung: Religion ist damit nicht das, was Menschen und Götter verbindet, sondern das, was darüber wacht, dass sie voneinander unterschieden bleiben. Eine der kulturhistorisch bedeutsamsten Praktiken, die Menschheit von ihrer ideologisch-interessegeleiteten Indienstnahme für religiöse Begriffe der herrschenden Schichten zu befreien, ohne diese einfach abzuschaffen, ist das Spiel: Denn die Macht des heiligen Aktes liegt begründet in der Verbindung zwischen dem Mythos, der die Geschichte erzählt, und dem Ritus, der sie reproduziert und aufführt. Das Spiel hingegen zerbricht diese Einheit: Als *ludus* oder handelndes Spiel lässt es den Mythos fallen und bewahrt den Ritus; als *iocus* oder Wortspiel löscht es den Ritus aus und lässt den Mythos überleben. In diesem Sinne begründen sich beispielsweise die griechisch-antike Tragödie und das geistliche Spiel des Mittelalters als spielerisch-reflexive Form der Ausstellung christlicher Ritualität und profanieren zeitgenössische Theaterkünstler wie Falk Richter religiöse Mythen als latente Denkfiguren des Kapitalismus. Denn unter den Vorzeichen des Gesellschaftssystems des Kapitalismus stellt sich die Frage nach dem an bestimmten Dingen, Orten, Tieren und Menschen in Form kultureller Praktiken vollzogenen Übergang in den Bereich des Heiligen neu und anders. Für Agamben ist die zeitgenössische Form des Kapitalismus seinem Wesen nach selbst ein religiöses Phänomen: Wie erstmals in den Opfer-Riten der christlichen Religion jeder geheiligte Ort, Körper und dessen Umgang mit Dingen den Mythos von Geburt, Erdenbesuch, Tod und Wiederauferstehung des Gottessohnes Jesus evident machen sollte, anstatt sie dem alten griechisch-antiken Rahmen der Re-Evaluierung ihrer *Absonderung* für die Götter zu unterwerfen, wird auch im Kapitalismus mit jedem Gebrauch der Dinge der auf sie bezogene ideologische Diskurs des Zusammenspiels von

---

2 Giorgio Agamben: „Lob der Profanierung". Ders: *Profanierungen*, Frankfurt a.M. 2005, S. 71-72.

„Gebrauchswert", „Mehrwert" und „Schauwert" als neuer Form der „Trinität" performativ wiedervergegenwärtigt. Das Heilige ist selbst in Form der spielerisch-reflexiven Profanierung seiner Ritualität oder auch seines Mythos nicht mehr möglich, es sei denn in Form der umfassenden und omnipräsenten *Profanierung,* wie sie für den Kapitalismus als „Religion" charakteristisch ist. Letzterer ist laut Agamben eine „Kultreligion", d.h. es hat in ihm alles nur unmittelbar mit Bezug auf den Kultus Bedeutung, er kennt keine spezielle Dogmatik, keine Theologie; sein Kultus ist von permanenter Dauer, d.h. es ist nicht möglich, zwischen Feiertagen und Werktagen zu unterscheiden, denn es gibt nur Feiertage; er zielt nicht auf Erlösung oder Sühnung einer Schuld, sondern auf die Schuld(en) selbst. Emanzipatorischer, „neuer" Gebrauch von Orten, Körpern und ihres Umgangs mit Dingen liegt damit immer in der Verbindung mit etwas, das man nie haben kann, das man sich nicht aneignen kann; er bezieht sich auf Dinge, insoweit sie nicht Gegenstand von Habhaftwerdung und Besitz werden können. Insofern ist jedoch keinesfalls völlig auszuschließen, dass das Unprofanierbare, auf das sich die kapitalistische Religion gründet, in Wahrheit gar kein solches ist, und es daher durchaus auch noch heute wirksame Formen „wahren Gebrauchs" geben kann. Denn dieser stellt ja eben genau *nicht* irgendwelchen naturgegebenen Gebrauch wieder her, der der Absonderung von Praktiken in der Sphäre der Religion, der Wirtschaft oder der Justiz vorausging; es gibt diesseits oder jenseits der bestehenden Formen der Absonderung keinen „unbefleckten" Gebrauch der Dinge. Es geht vielmehr um den von den stabilen alltäglichen Kontexten und Funktionen des religiösen Kults oder auch der Arbeitswelt befreiten und in neue Kontexte versetzten Gebrauch von Praktiken und Dingen im vollen Bewusstsein ihrer *Leere.* Davon ist die intellektuelle Leistung des körperlichen Tuns zeitgenössischer Schauspieler und die auf sie bezogene Bedeutungsstiftung durch ihre Zuschauer mit betroffen: Bei diesen wird die *Profanierung* ihres „Schauwerts" im Rahmen der symbolischen Austauschprozesse, die die gegenwärtige Wirtschafts- und Gesellschaftsform als Formen von Habitus und Selbstinszenierung einzelner und von Gruppen konstituieren, durch eine erhöhte Aufmerksamkeit für Praktiken des *Vorzeigens des Vorzeigens,* d.h. der eigenen Medienintegriertheit, realisiert.

Solche Praktiken lassen sich exemplarisch an den Handlungen und Reden der Figuren in Falk Richters Theatertext *Gott ist ein DJ* (1999, Uraufführung am Staatstheater Mainz in der Regie des Autors im selben Jahr) aufzeigen, in denen ein Paar, „Er und Sie", beide etwa um die 30, sein Leben als Performance inszeniert und seine Gewohnheiten und seinen Alltag vermarktet. Die beiden agieren ständig vor Überwachungskameras, die jede ihrer Bewegungen direkt ins Internet einspeisen; sie selbst entscheiden, welche Kamerabilder auf ihrer Heimkino-Kontrollleinwand zu sehen sind. Zusätzlich haben sie eine kleine tragbare Kamera, mit der sie sich selbst filmen können. Er, ehemals DJ, sie, früher Fernsehmoderatorin, verdienen ihr Geld, indem sie sich als „lebende Kunstobjekte" für eine Live Art-Performance prostituieren, indem die Bilder ihrer (Inter-) Aktionen permanent in eine Kunsthalle übertragen werden. Das Stück mutet so wie die *Big Brother*-Show eines Künstlerpärchens an, deren Figuren und medialer Rahmen der Autor dem im deutschen Fernsehen erst später begründeten populären Fernsehformat „vorausspürte". Den Agamben vorschwebenden „neuen Gebrauch" der Dinge scheint in diesem *Setting* die Figur des Er zu realisieren, der Tonspuren bestehender Popmusik, aber auch alltagsweltliche Geräusche, die er für sein „Klangtagebuch"[3] aufgenommen hat, zunächst aus ihrem originären Kontext herausbricht und im vollen Bewusstsein ihrer zwischenzeitlichen Leere in den neuen Kontext seiner eigenen Kompositionen implementiert. Die „Neu-Besinnung" dieser Fragmente zielt zunächst auf deren „Absonderung" aus dem kommerziellen Zyklus ihrer Vermarktung als Basis für eigene klangräumlich disponierte Prozesse spiritueller Erfahrung, wie er sie in der von ihm zu Beginn des Stückes berichteten Autofahrt durch die kalifornische Wüste herbeiführt:

> Ich hatte eine High-Acht-Kamera ans Auto montiert und stundenlang die Fahrten durch die Wüste gefilmt, minimalistische Landschaftsbewegung, das lass ich oft über die Bildschirme flimmern in den Clubs, in denen ich auflege ... Weite, Güte, man lässt sich viel Zeit für jede Veränderung, keine Hektik, alles nimmt sich die Zeit, die es braucht, um seine volle Schönheit zu entwickeln, ruhig fließende Übergänge, lange Zeit geschieht nichts, dann mischt sich ganz allmählich eine neue Farbe mit hinein in die Landschaft, wie ein neuer Beat, der sich leise über eine Nebenspur dazumischt, ich glaube, Gott liebt diese Wüsten, Gott ist ein DJ, und er ist stolz auf seine stillen, ruhigen, langsamen Landschaften und seine Ambientflächen, die hier beide in meinem Wagen bei rasender Geschwindigkeit ineinanderfließen, Sounds,

[3] Falk Richter: *Gott ist ein DJ*. Ders., *Unter Eis. Stücke*. Frankfurt a.M. 2005, S. 173-195, S. 140. Alle weiteren Zitate aus *Gott ist ein DJ* entstammen dieser Ausgabe.

> die den Leuten Halt und Ruhe geben, Flächen, weite, fließende Flächen, angenehm. (S. 141)

Diese abgesonderten Fragmente spiritueller Erfahrung werden allerdings bereits im Moment ihrer Artikulation schon als Ton- und Bildwerte im Internetkanal der für solche Live Art zahlenden Kunsthalle übertragen und damit unter beständiger Wiedervergegenwärtigung der „Trinität" von „Gebrauchswert", „Warenwert" und „Schauwert"/„Hörwert", die den kapitalistischen Warenzyklus bestimmt, in letzteren überführt. Die Profanierung ist damit umfassend, das Heilige selbst *ex negativo* nur im Rahmen der Zeitlichkeit einer Unterbrechung des besagten Zyklus möglich und zur Religion wird unter nahezu permanenter Vergegenwärtigung seines ideologischen Rahmens der „Trinität": der Kapitalismus selbst. Die Figur der Sie artikuliert diese Hoffnungslosigkeit der Realitätseinschätzung hinsichtlich der Unmöglichkeit einer von Gott „gedeckten" Religiösität, sie zitiert dabei den im Stück thematischen und auch für letzteres titelgebenden Song der Gruppe Faithless: „Gott ist auch tot, ist eigentlich auch schade irgendwie, aber Faithless haben ihn wiederentdeckt, gestern im Club: Heut nacht ist er ein DJ." (S. 149) In einer Welt, in der selbst religiöse Gefühle im kommerziellen Warenaustausch aufgehoben zu sein scheinen, liegt die Ironie in den Dingen selbst. Diese Erkenntnis grundiert auch die von Er aufgerufene, von der Stimmung des Chillens nach einem mit Cannabis und Amphetaminen getriggerten Tanz in der Wüstennacht geprägten Rede einer Anhalterin aus dem Bericht von seiner Wüstentour:

> Ich glaube, Madonna ist Madonna, also, Madonna ist wirklich Madonna, *die* Madonna, die Bibelmadonna, die *echte* Madonna, die MutterGottesMadonna, und sie wird uns jetzt einen Messias gebären, Lourdes wird die Welt retten, ich glaube, ja, Jesus wird als Mädchen wiedergeboren, als Madonnas Kind und es wird die Menschen glücklich machen, ein junges Mädchen, das von Madonnas Muttermilch getrunken hat, wird den Menschen Madonnas Botschaft und ihre Mission erklären. Sie ist für uns durch all diese unterschiedlichen Formen geschritten, hat das Widersprüchliche des neuen Jahrtausend für uns vereint: schnelle Schnitte, große Gefühle, hohe Auflösung, fraktale Authentizität, fraktal und doch authentisch, aufgesplittert und doch eins, eine in sich ruhende Seele, die in uns alle hineinfließen kann, deren Lieder auf der ganzen Welt mehr Menschen singen, als die Kirchenlieder der christlichen Religion. (S. 143)

Besagter Ironie in den Dingen selbst sitzt auch Marco auf, die Figur des etwa 30-jährigen Performancekünstler in Falk Richters *Krieg der Bilder*[4]. Das Stück wurde ursprünglich 2003 unter der Regie von Antje Vowinckel als Hörspiel für das Deutschlandradio Berlin produziert und führt damalige deutsche Gegenwart und die im Kosovo-Krieg begangenen Greuel über die subtile Problematisierung der Grenzverläufe medial vermittelter Lebenswelten unter den Vorzeichen derjenigen Kriege zusammen, die der Berliner Politologe Herfried Münkler mit Blick auf die Geschichte militärischer Auseinandersetzungen in Europa als sogenannte „neue Kriege"[5] charakterisiert hat. In *Krieg der Bilder* wird aber weniger eine darauf bezogene Handlung dialogisch entfaltet, als dass vielmehr die Figurenreden beständig, oft zwanghaft, hin und wieder auch paranoid um das genannte Thema kreisen. Dieses Gestaltungsprinzip setzt Richter häufig auch für die Figurenreden in seinen anderen Stücken ein, um gelingende Kommunikation und damit die potentielle Fortschrittlichkeit kommunikativen Handelns mit Mitteln der Sprachgestaltung und des Sprechens der Figuren zu hinterfragen. Die Dynamik des Stückes entsteht so aus den Figurenreden der Sprecher, nicht umgekehrt. Unter diesen hat die Figur des Marco sich auf Gewalt, Zerstörung und Vernichtung spezialisiert. Er arbeitet an einem großen Klangkunstwerk, einer Auftragsarbeit. Dafür mischt er Interviewschnipsel von Politikern, Tagesschauaufnahmen, Originalmaterial aus Kriegsgebieten und gesampelte sowie selbst am Computer produzierte Musik zusammen. Er träumt von einer Art Klangstatement zu den neuen Kriegen des 21. Jahrhunderts. Seine künstlerischen Praktiken zur Erreichung dieses Ziels sind symptomatisch für den Prozess der umfassenden Profanierung in spätkapitalistischen Gesellschaften, indem er Bilder, Geräusche und Klänge im vollen Bewusstsein der zwischenzeitlichen Sinn-„Leere" der Fragmente durch Montage in neue Sinnzusammenhänge bringt, von denen er aufgrund ihrer Beliebtheit beim kunstinteressierten Publikum finanziell profitiert. Darüber hinaus verkennt er jene Ironie in den Dingen selbst, die die von ihm in künstlerischer Absicht komponierten Bild-, Klang- und Geräuschfetzen zu einem Teil des Kriegsgeschehens selbst werden lassen. Dies lässt sich mit Blick auf Positionen des Berliner Politologen Herfried Münkler zeigen, der als Differenzkriterien

---

4 Siehe hierzu den Hörspieltext *Krieg der Bilder* in diesem Buch.

5 Herfried Münkler: „Die Rolle der Medien in den neuen Kriegen". In: Erika Fischer-Lichte/Clemens Risi/Jens Roselt (Hg.): *Kunst der Aufführung – Aufführung der Kunst.* Berlin 2004, S. 245-249. [= Recherchen 18.]

der zeitgenössischen „neuen Kriege" seit den 1980er-Jahren feststellt, dass sie sich von den klassischen zwischenstaatlichen Kriegen in folgenden Punkten unterscheiden:

1. Privatisiert kriegerische Gewalt wird entstaatlicht und damit verbunden sei die Kommerzialisierung des Krieges. Träger der Privatisierung der Gewalt sind Warlords, Terrornetzwerke und Söldnerfirmen;
2. hinsichtlich der Fähigkeit und Bereitschaft zur Anwendung von Gewalt entstehen starke Asymmetrien;
3. durch die Erosion des Monopols kriegerischer Gewaltanwendung durch das Militär wird der Krieg entmilitarisiert und die Eintrittsschwelle durch Verbilligung des Krieges abgesenkt.

Die klassische Vorstellung vom Krieg ist laut Münkler hingegen durch symmetrische Kriege geprägt, auf denen bislang auch die kriegsvölkerrechtlichen Regelungen basieren. Symmetrische Kriege sind gekennzeichnet durch die Gleichartigkeit der gegeneinander Kämpfenden hinsichtlich:

a. der Bewaffnung und Ausrüstung der Streitkräfte;
b. der Rekrutierung und Ausbildung der Soldaten;
c. der militärischen Logistik inklusive Versorgung und Besoldung der Soldaten;
d. der politischen Logik des Gebrauchs der Gewalt.

Die wechselseitige Wahrnehmung dieser Gleichartigkeit ist die Grundlage für die gegenseitige Anerkennung als gleich, auf der wiederum das Kriegsrecht sowie ein spezielles militärisches Ethos fußen. Sie ist zugleich die Voraussetzung für eine strikte Trennung von Kombattanten und Nonkombattanten, die als die wohl wichtigste zivilisierende Errungenschaft des Kriegsvölkerrechts gelten darf. Asymmetrische Kriege kennen dies alles nicht: Eine Unterscheidung zwischen Kombattanten und Nonkombattanten wird als Rahmen des Kampfgeschehens nicht mehr getroffen, da hier in der Regel Gegner aufeinandertreffen, die hinsichtlich Bewaffnung, Organisation und Handlungslogik völlig verschieden sind. Münkler unterscheidet nun Asymmetrien der Stärke von Asymmetrien aus Schwäche. Die einen gewinnen im Angriff von NATO-Kampfbombern gegen Bodentruppen ohne Luftabwehr, die anderen in den letalen Kriegshandlungen von Selbstmordattentätern gegen militärische wie zivile Ziele traurige Evidenz. Die asymmetrische Verfasstheit der „neuen Kriege", insbesondere die Asymmetrie aus Schwäche, machen laut Münkler die Medien in diesen Kriegsgeschehnissen zu einem zentralen Element der Kriegführung, Berichte und insbesondere Bilder bekommen gleichsam Waffenqualität: Bei Berichten der unabhängigen Presse über asymmetrische Kriege, etwa in Indien oder Afrika, schlug Objektivität zwangsläufig in Parteinahme um, die sich auf Unterlegene bezog, die ihrerseits die Position des Opfers für sich zu nutzen wussten:

> Dass dies zum Wesen asymmetrischer Kriege gehört, mussten die Amerikaner in Vietnam erfahren. Auch wenn General Westmorelands Behauptung, die USA hätten den Vietnamkrieg nur wegen der Presse verloren, sicherlich falsch ist, so ist doch richtig, dass eine unabhängige Berichterstattung zwangsläufig für die Amerikaner von Nachteil war.[6]

In dieser Situation versuchen die asymmetrisch Starken, wie später auch im zweiten Golfkrieg während der NATO-Intervention im Kosovo sowie im jüngsten Afghanistan- und Irakkrieg, die Medien an die Leine zu nehmen. Die Gegenstrategie der asymmetrisch Schwachen besteht zum einen im Zeigen ziviler Opfer. Zum anderen wird ein weiterer *Inhalt* psychologischer Kriegführung mittels der *Form* der gezielten Modulation der medialen Vermittlung durch inszenierte „Wackelbilder" im zweiten Irakkrieg oder auch im Gegenzug die Erfindung der „Embedded Journalists" transportiert. Solcher Kampf mittels Bildern, auch von Seiten der militärisch Überlegenen, zielt direkt auf die moralische Schwächung des Gegners:

> Die äußerste Steigerung dieser Strategie des Medienzugriffs aus einer Asymmetrie der Schwäche heraus sind die Bilder der brennenden und zusammenstürzenden Twin Towers. Diese Bilder sind selber Bestandteil asymmetrischer Kriegsführung, insofern sie die Desymbolisierung amerikanischer Stärke und Unverletzlichkeit darstellten. Aus Symbolen selbstbewusster Stärke wurden innerhalb einer Stunde Symbole der Verletzlichkeit und Demütigung der USA. Vieles von dem, was sich danach abspielte, war ein Kampf um die Resymbolisierung US-amerikanischen Selbstbewusstseins: die Feier von Feuerwehr und Polizei als Helden, das Meer der Fahnen und Fähnchen, die Sakralisierung von Ground Zero usw.[7]

---

6 Herfried Münkler: „Die Rolle der Medien in den neuen Kriegen". In: Erika Fischer-Lichte/Clemens Risi/Jens Roselt (Hg.): *Kunst der Aufführung – Aufführung der Kunst.* Berlin 2004, S. 248. [= Recherchen 18.]

7 Herfried Münkler: „Die Rolle der Medien in den neuen Kriegen". In: Erika Fischer-Lichte/Clemens Risi/Jens Roselt (Hg.): *Kunst der Aufführung – Aufführung der Kunst.* Berlin 2004, S. 248. [= Recherchen 18.]

Fazit: Postheroische Gesellschaften, also Gesellschaften, die über Arbeit und Tausch, nicht über Gewaltanwendung und Ehre integriert sind, sind auf besondere Weise anfällig für Bilder der Gewalt, zumal einer entfesselten und im Selbstverständnis dieser Gesellschaften „sinnlosen Gewalt". Da solche Gesellschaften die sozio-politischen Konstellationen als prinzipiell friedlich imaginieren, haben sie die Gewalt aus ihrer Mitte verbannt und in die Unterwelt sowie an ihre Ränder abgedrängt. Die Sichtbarmachung entfesselter Gewalt wird darum, wenn sie nicht als der domestizierte Nervenkitzel von Spielfilmen auftritt, selbst zur Gewalt im Sinne eines Angriffs auf das politische Selbstverständnis der Angegriffenen.

Ähnlich den Akteuren des zeitgenössischen globalen Terrorismus, deren Handeln von eben dieser Strategie geleitet ist, implementiert auch der Performancekünstler Marco solche Bilder in die symbolischen Austauschprozesse medial vermittelter (künstlerischer) Bilder und wird dadurch unwissend und unfreiwillig zum Teilnehmer an einem Krieg, dessen Fronten längst nicht mehr zwischen den beiden gegenüberliegenden Feldern der Kombattanten eines überschaubaren Schlachtfelds verlaufen. Dessen Demarkationslinien mäandern vielmehr unsichtbar mitten durch die belebten Räume der Alltagswelt hindurch. Richter reflektiert dies in der extrem verdichteten und übersteigerten Klangräumlichkeit seines Hörspiels:

> Agentur, Hektik, technische Geräte, die ständig auf sich aufmerksam machen, immer wieder Ausschnitte aus Beiträgen zu Krieg, Terror, Börsenstürzen. Man hört Politiker, Talkshows, Fetzen von Nachrichten, dann wird kurz reingezappt in Musik und ganz banale Quizsendungen, in denen die Zuhörer etwas gewinnen können, Werbung, dann wieder Berichte zur Lage, Meldungen, Statements.

Ähnlich wie Er in *Gott ist ein DJ* ist Marco eine Regiefigur, die die Geschehnisse in einer vom Ort beruflicher Arbeit zum Lebensmittelpunkt pervertierten Agentur zeitweise zum *live* gesendeten Inhalt einer Dokumentation werden lässt. Sie handelt von Figuren wie Laura – einer etwa 30-jährigen Agenturleiterin, einer gehetzten Frau, die versucht nicht zusammenzubrechen und die jedes Gefühl dafür, was Frieden sein könnte, verloren hat – oder auch dem gleichaltrigen Tim – einem Kulturmenschen, der sehr früh Karriere gemacht hat, immer unterwegs ist, von einem Event zum anderen fliegt. Beide sind repräsentativ für eine zeitgenössische Generation von „Wirtschaftskriegern", deren psychisch-labiles Dispositiv der Identitätsdiffusion einem flexiblen Lebensstil im Sinne des amerikanischen

Soziologen Richard Sennett[8] geschuldet ist, der auf latent kriegerischen Übergriffen auf die individuelle Persönlichkeit und Charakterbildung im Sinne einer totalen Indienstnahme und Okkupation des Einzelnen unter den Vorzeichen der „Availability" im neo-liberalen Wirtschaftssystem beruht.[9] Dies wird besonders deutlich in einer die eigene Identität zunehmend zersetzenden Selbsterlebensbeschreibung Tims, in der medial vermittelte Kriegsgeschehnisse in der Fremde und eigene unter den Vorzeichen eines Wirtschaftsmilitarismus erlebte Berufswelten mit einem Mal ineinander übergehen:

> **TIM** in tokyo steige ich aus absolviere kurz zwei publikumsdiskussionen kriegsbilder bilder des krieges ich lese heute nur ab sonst schreibe ich meist selbst heute zu kraftlos die rede liegt für mich an der hotelrezeption im taxi zur galerie lerne ich das alles auswendig vorbei an den werbeflächen nike diesel starbucks mcdonalds cnn aol microsoft unsere welt sieht überall gleich aus egal wie weit man wegfliegt kriegskunst war das denn ein krieg? die bilder zu diesen kriegen alle unglaublich clean, kaum zu unterscheiden von den werbeflächen, nichts zu erkennen, keine spuren, der unsichtbare krieg, ein paar familienväter fliegen mittags los und werfen ein paar bomben ab kehren am abend zurück zu ihrer basis schauen die baseball league im fernsehen haben keinen bezug zu den ländern die sie da beschießen denken in seltsam mittelalterlichen kategorien von gut und böse ein haufen religiöser fundamentalisten mit high tech waffen, die unsichtbaren, nichts zu erkennen, stundenlang schauen wir auf diese leeren bilder, dahinter verbirgt sich das unaussprechliche, aber wir sehen es nicht, die bilder hinter diesen bildern bekommen wir niemals zu sehen, die zeigen sie uns nicht, abendessen in der botschaft, der nette mann vom goetheinstitut ist auch da, die sehen auch in jeder stadt gleich aus, und immer so freundlich munter und gut gelaunt, warum sind die eigentlich immer alle so verdammt gut gelaunt, welche medikamente nehmen die eigentlich, ich bin einsam hier, meine frau wo ist die jetzt? meine freundin mein freund mein heimlicher geliebter kann man hier noch irgend jemanden aufs zimmer bestellen? zu müde für alles heute zu erschöpft ich will nicht mehr weg diese reisen machen mich wahnsinnig nachts diese zusammenbrüche in den hotelzimmern und die

---

[8] Richard Sennett: *Der flexible Mensch. Die Kultur des neuen Kapitalismus*, Berlin 2006.

[9] Richter setzt sich in seinen Folgestücken *Electronic City, Unter Eis, Im Ausnahmezustand* und *Trust* intensiver damit auseinander. Siehe hierzu auch Friedemann Kreuder: „Reflexion der Medien und mediale Selbstreflexion in Falk Richters ‚Electronic City'". In: Sandra Poppe/Sascha Seiler (Hg.): *Literarische Medienreflexionen. Künste und Medien im Fokus moderner und postmoderner Literatur*. Berlin 2007, S. 113-123.

> sehen auch überall auf der welt gleich aus ich weiß schon lange nicht mehr wo ich eigentlich bin, verteilt auf diese internationalen hotelketten ohne erinnerung alles verschwimmt ich fühle die zahlen sie bewegen sich in meinem kopf weiter weiter aber warum keine ahnung ich mach das noch zehn jahre dann brech ich zusammen und dann nichts leere oder ist DAS hier schon der zusammenbruch ich will mit niemandem darüber sprechen ich traue niemandem alles strategie weiter weiter wenn ich ankomme will ich meine ruhe aber ich komme nie an kaum packe ich aus geht es gleich weiter ich weiß schon seit langem nicht mehr wo ich eigentlich bin

Wie Tim ist sich auch Laura ihres eigenen Tuns im Rahmen der symbolischen Austauschprozesse der sie umgebenden spätkapitalistischen Gesellschaft und des mit ihnen verbundenen „ideologischen Kapitals" bewusst. Am Ende des Hörspiels ist sie es auch, die Marcos unfreiwillige Partizipation am (Wirtschafts-) Krieg der Bilder unterbricht und die von ihm als Regiefigur in die Dokumentation eingespeisten Bild-, Ton- und Klangzeugnisse der fremden Leben von Opfern ihrer umfassenden Profanierung entreißt: In einer – auch auf die Metaebene des Hörspiels selbst zielenden Figurenrede – reflektiert sie auf die Praktiken des Vorzeigens:

> **LAURA** *Dokuebene*
> Wir hatten da überhaupt keinen Zugang, wir waren angewiesen auf das, was wir da von der Militärleitung an Berichten und Bildmaterial geliefert bekamen. Wir saßen da tagelang in so Panzerwagen und ließen uns vom Pressekorps herumfahren, die Presseoffiziere fuhren uns dann zu den Orten, von den sie wollten, dass die zu Hause in den Zeitungen gedruckt wurden, die umfuhren weiträumig alles, was so von der Allianz zerstört wurde. Also gab es davon auch keine Bilder. Schulen, Krankenhäuser, wir hatten gehört, dass das getroffen wurde, aber wir sahen das nicht, und selbstständig konnte man sich da gar nicht bewegen, man brauchte ja den Schutz der Soldaten, kein Mensch wollte da allein durch die Gegend fahren, um nach zerstörten Krankenhäusern und Kindergärten zu suchen, das war allen viel zu gefährlich, also gab es das zu sehen, was die wollten, mehr nicht. Ich kam mir eher vor wie ein Schauspieler oder ein so ein ferngesteuertes Kampfgeschoss, eine Art lebende Kamera, wir alle spielten da unentwegt Demokratie, simulierten da Pressefreiheit, das war allen klar, dass wir da Opfer einer sehr geschickten Zensur waren, Opfer und Täter gleichzeitig, denn wir machten ja alle mit, keiner wollte seine Karriere aufs Spiel setzen, wofür auch?

Praktiken des Vorzeigens werden auch thematisch in Falk Richters Textmaterial zur Performance *Play Loud* (2011).[10] Die gesteigerte Reflexionsebene, dass letztere wiederum als solche *ausgestellt, vor-gezeigt* werden, überlässt der Autor hier allerdings nicht dem kreativen Gedankenspielraum desjenigen Zuhörers, der Lauras Figurenrede in *Krieg der Bilder* bezüglich Bilderflut und Bildentzug aus strategischem Interesse mit der ökonomisch motivierten Bild- und Geräuschproduktion der Figur des Performancekünstlers Marco sowie der in vergleichbarer Weise komponierten Medialität des Hörspiels selbst übereindenkt. In *Play Loud* ist es nicht das militärische Kalkül von Presseoffizieren, sondern die soziale Verwahrlosung einer Mutter, die andere, statt wie im vorherigen Fall gezielt, dieses Mal unfreiwillig mit Bildwerten infiltriert, die allerdings durch schauspielerische Praktiken des Vorzeigens des Vorzeigens für die Zuschauer der Performance auch als solche „sichtig" gemacht werden. In einer Szene mit dem Titel *Possession* wird der Zuschauer damit konfrontiert, wie die Figur des minderjährigen Cédric, aus deren Sicht die Selbsterlebensbeschreibung in der doppelgestaltigen Rede der Figur und ihres gleichnamigen Darstellers Cédric Eeckhout zugleich erfolgt, von der Mutter mit uneingeschränktem Videofilmkonsum kompensiert wird, wenn sie ihren Sohn sich selbstüberlässt, um in dieser Zeit außerhalb der gemeinsamen Wohnung einen ihrer Liebhaber zu treffen:

> Hier sind Filme
>
> Die schiebst du da in den Rekorder, setzt dich aufs Sofa und schaust sie dir an. Das macht Spaß. Wenn ein Film zu Ende ist, machst du eine kurze Pause und schiebst den nächsten rein, nach zwei Filmen schiebst du dir Essen in die Mikrowelle, startest den dritten Film und setzt dich davor. Nach dem siebten Film gehst du bitte schlafen. Wenn was ist, ich bin Montag wieder zurück.
>
> ich habe über 3000 filme geguckt in meiner jugend
>
> das fing mit elf jahren an

Spitzenwert von Cédrics schnell überhandnehmender und vom Autor grotesk übersteigerter Videofilmsucht ist nach „fellini, godard, antonioni, lynch, pasolini [...] kubrik, fassbinder, cassavetes [...] almodovar cronenberg bergmann solondz" Zulawskis Film *Possession,* in dem die Hauptfigur, gespielt von Isabelle Adjani, in eine „fremde seltsame masse, einen blob" verliebt und von ihrer Liebe zu diesem

---

[10] Siehe das Textmaterial zu dieser Performance in diesem Buch. Seiten 537-578.

fremden Wesen in einer U-Bahn übermächtigt wird. Sowohl hinsichtlich der Art der dargestellten Überwältigung wie auch der exzessiven schauspielerischen Technik dieser spektakulären Szene wird der Körper der Adjani wie mitgerissen in den unaufhaltsamen Strom ökonomisch interessengeleiteter konsumeristischer Filmbilder:

> ja also dies ist der ausschnitt, den zeigen wir jetzt mal
>
> das war meine erste filmszene mit elf, die so richtig hängen geblieben ist in meinem kopf
>
> hier wir schauen mal kurz rein
>
> POSSESSION VON ZULAWSKI MIT ISABELLE ADJANI –
>
> *http://www.youtube.com/watch?v=eAZJwvLJ53Y*
>
> *Die Szene läuft über den Videobeamer, während er gleichzeitig spricht.*
>
> ja seltsamerweise hab ich immer an diese szene gedacht, wenn ich mir LIEBE vorgestellt habe als kind, ich dachte, wenn man sich verliebt, dann ist man besessen und wird so seltsam hin und hergerissen, die gefühle wühlen so im körper herum und man verliert die kontrolle über sich, lacht und weint und kotzt und zittert am ganzen körper, verliert die orientierung, irrt so verstört debil durch sein eigenes leben, haltlos. wenn ich verliebt war, hatte ich immer das gefühl, etwas fremdes hatte meinen körper ergriffen, irgendein alien lebte jetzt darin und ich war dem ausgeliefert, der nährte sich von dem chaos meiner unkontrollierbaren gefühle und ich war nicht mehr ich selbst und war all dem wehrlos ausgeliefert und konnte mir nur noch zuschauen und das fand ich schrecklich, das machte mir angst.

Fatalerweise erfüllen diese Bilder Cédrics diffuse Vorstellungswelt vom Liebesleben (der abwesenden Mutter) und drohen damit auch, seine Affektivität in den Warenstrom symbolischer Austauschprozesse und des auf sie bezogenen ideologischen „Kapitals" zu implementieren. Vor dieser Form alles erfassender Profanierung werden die Figur des Cédric und ihr gleichnamiger Akteur wie auch der in dessen verlängerter Blickachse an der Performance teilhabende Zuschauer durch variationsreiche *re-enactments* der besagten Filmszene bewahrt:

> *Es folgt nun ein Re-enactment des youtube ausschnittes, der vorher gezeigt wurde, L beginnt, alle anderen kopieren L, eine eigene Choreografie entsteht, im Hintergrund läuft der Originalton von POSSESSION.*

Play Loud ist ein gemeinsames Projekt Falk Richters und der Schauspieler/innen Anne Tismer, Lucie Debay, Cédric Eeckhout, Gael Maleux, Greg Rémy und Franz Rogowski, das im Jahr 2011 am Théâtre National Bruxelles ursprünglich in französischer Sprache erstmals aufgeführt wurde und seither zahlreiche Gastspiele erlebt hat. Der gestufte Bühnenraum der Aufführung verschränkt Jugendzimmer, Kinosaal, Bandprobenraum in eins, Plüschtiere, DVD- und Videokassettenhüllen, Kabel, Verstärker, Instrumente, Notebooks und Projektionsleinwände erfüllen ihn. Die Performer erzählen aus ihrem Leben, performen gemeinsam ihre Songs, schauen sich Filmclips auf *YouTube* an, erinnern sich zurück. Das Stück hat die Form eines Popalbums, die Aufführung hat die Struktur eines Livekonzerts. Die Band spielt ihre Tracks, ab und an spricht jemand direkt mit den Zuschauern, hin und wieder wird statt einem Song eine Szene performt. Jede Szene ist wie ein eigener Track in einem Album. Die Tracklist, die neu arrangiert und anders zusammengesetzt werden kann, ist die dramaturgische Matrix für den Ablauf des Abends.

In dem von mir besuchten Gastspiel der Produktion am Schauspielhaus Düsseldorf im November 2011 ist es insbesondere die von der Schauspielerin Anne Tismer in ihrer eigenen Körpersprache vollzogene Wiedervergegenwärtigung der zentralen Szene aus dem dritten Track, *Possession*, die mittels körperlich und stimmlich virtuoser und dadurch zum Verwechseln ähnlicher, jedoch nicht-identischer Wiederholung Distanz zum Filmbild der Körperlichkeit Adjanis schafft. Die Figur des Cédric wie auch ihr gleichnamiger Akteur und die kopräsenten Zuschauer werden dadurch aus der affektiven Inbesitznahme durch die Laufbilder gleichsam „erlöst". Es sind solche Praktiken der *Abständigkeit* – mit Agamben: des *Vorzeigens des Vorzeigens* – die Richter schon allein mittels der von den Akteuren der Performance *Play Loud* eingeforderten Selbsteinschreibung biografischer Perspektiven in die von ihnen dargestellten Figuren vorbereitet. Dies geht besonders sinnfällig aus dem nachfolgenden Text Cédric Eeckhouts hervor.

Wie Eeckhout in seinen Reflexionen treffend andeutet, bleibt Richter in der Art seines Samplings – das schauspielerische Verfahren der Distanznahme durch Neu-Kontextualisierung von Fragmenten jeder einzelnen Selbsterlebensbeschreibung einem „neuen Gebrauch" zuführt – und der auf dieses Sampling bezogenen *religio* ein DJ. Gott ist für ihn tot.

Falk ist ein DJ

Cédric Eeckhout

Falk Richter ist ein DJ. An der Spitze der heutigen Musikindustrie stehen die DJs. Einige von ihnen remixen die Radiohits und kreieren so neue Songs. Andere komponieren seit jeher sehr persönliche, durch ihr Seelenleben geprägte Stücke und bedienen sich dabei des Samples des einen oder des Klangs eines anderen Songs. Mit Falk Richter zu arbeiten ist wie mit einem DJ zu arbeiten. Falk Richter mischt die Vorschläge aller und er remixt seine eigenen Texte. Es ist das gleiche Arbeitsprinzip wie das eines DJs. Diesen gelingt es, durch das Voranstellen des einen oder anderen Tons eine kollektive Euphorie ohnegleichen auf der Tanzfläche zu erzeugen. Natürlich geht es bei Falk Richter nicht um Musik, sondern um Sprache, um Texte, um Zeugnisse unserer Zeit. Wenn jeder Darsteller von *Play Loud* ein Song wäre, dann könnte man sagen, dass Falk Richter in jedem von ihnen die Melodie gesucht hat, die ihm am besten gefiel, und daraus sein eigenes Stück komponiert hat. Die Arbeit ist zu Beginn also eine Art persönlicher und intimer Archivierungsprozess. Jeder von uns bringt seine Lieblingsmusik, seine Lieblingsfilme, -bücher und -bilder und zeigt sie den anderen und erzählt die dazugehörige Geschichte. Wenn ich einen bestimmten Song mag, dann ist diese Musik oft mit einer persönlichen Erinnerung verbunden oder ein Text lässt mich an einen bestimmten Moment meines Lebens denken. Das Gleiche gilt für Filme: Wenn ich einen Film mag, dann kann das aufgrund ästhetischer oder künstlerischer Aspekte der Fall sein, aber auch sehr viel persönlichere Gründe haben. Kurz gesagt, steht hinter jeder Entscheidung für ein Werk eine Geschichte und Falk Richter hat versucht, diese Geschichte aus uns herauszukitzeln. Nehmen wir zum Beispiel den Monolog dieses Jungen, den ich spielen sollte, der nur mit Hilfe von Filmen bestimmte Emotionen erleben kann (und der ich im wirklichen Leben glücklicherweise nicht bin). Falk Richter hat diesen Text auf der Basis einiger persönlicher Informationen erfunden: Ich war ein zurückgezogenes Kind, dessen Eltern getrennt waren, und lebte mit meinen Brüdern bei der Mutter. Als diese wieder heiratete, war sie oftmals an den Wochenenden nicht zu Hause. Für das Wochenende durfte ich in der Videothek alle Filme ausleihen, die ich wollte, und schnell erwachte meine Passion für das Kino und seine wichtigsten Autoren, sodass ich, seit meinem 14. oder 15. Lebensjahr, „Retrospektiven" der großen Regisseure des 20. Jahrhunderts veranstaltete. Falk Richter hat meine Leidenschaft aufgegriffen und die Geschichte eines Jungen erfunden, der schon mit elf Jahren Pasolinis *Die 120 Tage von Sodom* gesehen hatte und nur über die Identifikation mit den Protagonisten der Filme, die er als Kind gesehen hatte, Dinge erleben und Gefühle erfahren konnte. Dazu ergänzt wurde diese unglaubliche Szene mit Isabelle Adjani in *Possession* von Zulawski, die in Verbindung mit meiner Figur und deren Haltung zur Liebe eine völlig andere Bedeutung bekommt. Meine Geschichte wird also remixt, aber ebenso auch die Sequenz aus *Possession* von Zulawski. Auf gleiche Weise verhält es sich mit dem Text „Proche" („Nah"), den meine Figur und das junge Mädchen sprechen, und der aus einem seiner früheren Stück stammt und hier „verarbeitet" wurde. Diese Figuren, die sich in einer emotionalen Hilflosigkeit befinden, einige in extremen Gefühlszuständen, andere gefangen in ihrem Begehren, würden vielleicht ganz einfach einander gerne näher sein, aber es gelingt ihnen nicht. Der Text erhält einen neuen Sinn. Er verändert sich im Kontext sowie in Bezug auf seine Darsteller und erscheint uns so vollständig anders. Einige Texte vermischen sogar die Gedanken einer ganzen Gruppe und entstehen aus all unseren Vorschlägen. Der Text „Jour parfait" („Der perfekte Tag") versammelt Ideen jedes einzelnen der Protagonisten. Falk Richter hat sie gemischt und bearbeitet und so seinen eigenen finalen Text geschaffen, der am besten das ausdrückt, was er erzählen wollte. Die Auswahl der Lieder vollzog sich auf die gleiche Weise: Nachdem wir uns die Songs gegenseitig vorgespielt hatten, bat uns Falk Richter, den einen oder anderen auszuwählen und unter Anleitung von Greg Remy von der belgischen Popband Ghinzu eine eigene Bearbeitung und Interpretation zu versuchen. Nach mehreren Wochen Probenarbeit hatten wir eine Menge einzelner Stücke zusammen, die wir in unterschiedlichen Kombinationen arrangiert haben. Dabei wurden einzelne Segmente eingebaut, immer wieder umgestellt, gelöscht, einige in ihrer Struktur verändert, sodass sie jedes Mal eine andere Dimension, eine andere Bedeutung bekamen. Einige der Songs „bedienten" einen Text, den wir gespielt hatten, andere lieferten uns diesen Text gerade erst. Die Grundidee von *Play Loud* war eine Art Konzert, das von Zeugenaussagen unterbrochen ist – wie Popstars, die sich zwischen jedem Song mit persönlichen Bekenntnissen an ihr Publikum wenden. Das beste Beispiel hierfür ist für mich meine Interpretation des Songs „Exit Music for a Film" von Radiohead. Ich hatte dieses Lied im Rahmen des Archivierungsprozesses vorgeschlagen und es erinnerte mich an meine Jugend, als ich davon träumte, meine Heimat zu verlassen, um die Welt zu entdecken. Damals verstand ich nur wenig Englisch und der Satz, der mir aus diesem Song in Erinnerung blieb, lautet: „Today, we escape". Ich wollte also abhauen, nichts weiter, wie jeder Jugendliche in der Pubertät. Hier, im Kontext von *Play Loud*, der kollektiven Arbeit und all den Improvisationen, erhielt mein Song des verlorenen Jugendlichen eine völlig andere, viel stärkere und universellere Dimension: Immer nah sein zu wollen, die Ironie zu denken, anderswo sei alles einfacher, obwohl viele Dinge letztlich doch von uns selbst abhängen. Natürlich interpretiere ich hier ganz persönlich als Darsteller. Aber es ist genau das, was Falk Richter den Schauspielern, mit denen er arbeitet, überlässt, ebenso dem Publikum, das seine Stücke ansieht, und den Menschen, die seine Texte lesen: einen Freiraum, einen persönlichen Bereich, einen Ort, der uns eigen ist und in dem man seinen Gedanken freien Lauf lassen kann, frei von Urteilen, ohne vorgefertigte Antworten…

Übersetzt von Julia Pfahl

Der Schrecken im Hochglanz

Jan Pappelbaum

Wann hört sie endlich auf zu nerven, diese blöde Kuh, was will sie denn noch? Hat alles, was sie wollte, und mehr als sie braucht. Der Typ ihr gegenüber ist doch völlig erschöpft. Vielleicht heißt er Paul Niemand und hat den uns bekannten Büroalltag hinter sich. Sicher hatte er die Hoffnung auf Ruhe, wenn erst einmal alle ihre Wünsche erfüllt sind, und glaubt jetzt, diesen Zustand erreicht zu haben. Aber er hat sich getäuscht.

Die Wut wächst beim Lesen des Gesprächs zwischen der Frau und ihrem Mann zu Beginn von Richters *Im Ausnahmezustand*. Aber gleichzeitig auch die Schadenfreude darüber, dass die Erfüllung aller materiellen Träume doch keine Ruhe und Zufriedenheit bringt. Die Unruhe und Anspannung um deren Bewahrung macht alles versprochene Glück zunichte und verwandelt es in Angst.

Und so möchte man spontan die beiden in ein Interieur setzen, das einen mit den eigenen Wunschbildern des Wohlstands und Geschmacks konfrontiert, wirklich schön und verlockend. Vielleicht schafft man es, gemeinsam mit den Zuschauern und Richters Figuren der Versuchung des Wohlstandes zu erliegen, dessen Konsequenz auf der Bühne gerade zu erleben ist.

Aber leider wird diese erste Idee den Texten als räumlicher Rahmen nicht gerecht. Denn was Richter da als konkrete Welt beschreibt, ist nicht allein eine Situation der Angst, es ist die Steigerung in eine Welt als Alptraum. Und dieser Alptraum wird umso intensiver, desto mehr er sich mit unseren eigenen Erfahrungen und Bildern verbinden kann. Diese Kommunikation zwischen dem Text, den Spielern und den Assoziationen der Zuschauer sollte der räumliche Rahmen ermöglichen. Richters Texte nutzen in ihren Situationen selbst schon viel räumliche Realität. Doch diese Räume sollten über die szenischen Notwendigkeiten hinaus in der Interpretation offen bleiben.

Denn wie es mit guten Texten eben so ist: Man braucht nicht viel dazu. Die Ausstattung reduziert sich wieder auf ihre Grundfrage: Was erfordert die szenische Darstellung des Textes neben guten Darstellern wirklich? Ein Sofa. Einen Konferenztisch mit Stühlen. Einige Requisiten. Wahrscheinlich reicht dies wirklich. Die weitere Welt des Alptraumes statten die Assoziationen aus. Aber diese lassen sich natürlich in eine bestimmte Richtung anstoßen und erweitern. Das dann doch. Im besten Fall unauffällig. Wo hat man das Sofa, den Konferenztisch, die Gegenstände schon einmal gesehen, an welche Welten erinnern sie? Für was stehen die Materialien, aus denen der leere Raum, die Bühne hergestellt sind? Welche Situationen verbindet man mit einer bestimmten Atmosphäre des Lichts? Die Ereignisse, die dadurch wieder in Erinnerung kommen, werden die Bausteine der Assoziationen sein.

In der Vorbereitung der Uraufführungen haben wir dafür vor allem Fotos von Wohn- und Arbeitswelten verglichen und versucht herauszufinden, was darauf welche gemeinschaftlichen Erinnerungen in uns weckt und welche davon für die Welt der Aufführung wichtig sind. Der im *Unter-Eis*-Text eingeschriebene Konferenztisch ist für den Beginn ein sehr hilfreiches allbekanntes Bild, das die drei Figuren in eine konkrete räumliche Situation setzt. Der riesige Tisch mit seiner schwarzen, spiegelnden Oberfläche erinnert an bekannte Titelseitenfotos, wo Konferenzteilnehmer sich in der Oberfläche spiegeln und die Kälte der Veranstaltung noch beim Betrachten des Fotos in der Zeitung körperlich erlebbar wird. Verlassen die Darsteller aber dann diesen Platz, verliert auch der Tisch seine konkrete Funktion, wird zum allgemeinen Gegenstand für das Spiel, zum schwebenden Körper im leeren Betonraum, mehr wie ein Exponat einer Kunstausstellung.

In der Uraufführung von *Im Ausnahmezustand* stand allein ein Designsofa vor und auf schwarzen, hochglänzenden Wandflächen. Diese Flächen, deren Material direkt aus Magazinen modernen Wohnens kommt, definierten erst einen konkreten Raum, der sich im Laufe der Aufführung durch seine dunkle Farbe im Bühnenraum verliert und allein seine luxuriöse Eigenart der Spiegelung zurücklässt. Dieser Effekt trifft nun auf die beiden Eheleute und ihre Angst vor dem Eindringen der Fremden in ihre Siedlung, ihren Besitz. Jede Bewegung dupliziert sich in der Spiegelung und dieser jeweils kurze irritierende Schrecken trägt zur Verunsicherung der Figuren bei. Als ihr Sohn dann wirklich den Raum betritt, ist selbst der Zuschauer im ersten Augenblick nicht sicher, ob es sich nicht um eine Täuschung handelt. Viele dieser modernen Architekturmaterialien, in deren Kälte und Glanz nie ein wohnliches Gefühl entstehen kann, benutzt man aus Gründen der Repräsentation aber weiterhin. Sie lassen die Bewohner in ihrer Kälte ohne das Gefühl der Geborgenheit, wenn diese als Schutz gegen die Angst gebraucht wird. Das Eigentum verweigert seinen Besitzern die Unterstützung.

Die Angst vor dem Fremden bestimmt auch die Situation der Figuren in *Hotel Palestine*. Allerdings sprechen sie distanzierter über die äußere Bedrohung und notwendige Maßnahmen. Immer wieder taucht das Motiv der Wüste als Synonym für das Unbekannte und Unheimliche auf. Da die Uraufführung außer einigen Stühlen nichts brauchte, wird der Raum von einem großen Terrarium bestimmt, das allein als Körper in der Mitte hängt. Darin Wüstensand und große Echsen, ganz still und ruhig. Und während man auf der Bühne über die vermeintliche Gefahr des Terrorismus und der islamischen Welt spricht, desto genauer beobachtet man auch die Tiere, ob sie in ihrem Glaskasten auch sicher genug verwahrt sind. Und so hatten alle, die Figuren auf der Bühne und die Zuschauer, ein gemeinsames Thema.

Kein Ort für Kuscheltiere

Katrin Hoffmann

Manchmal glaube ich, in den Gesichtern der Plüschteddys im Bühnenbild zu *Play Loud* eine gewisse Beunruhigung zu erkennen. Das mag daran liegen, dass einer von ihnen gerade enthauptet und ausgeweidet wird oder auch an ihrem Wissen darum, dass jeder von ihnen an diesem Abend noch von Anne Tismer ins Publikum geschleudert werden wird.

Es ist kein Platz für Kuscheltiere in der Welt von Falk Richters Figuren. Es gibt keinen Halt, keine wärmenden Rückzugsorte. Jede direkte Begegnung dieser einsamen Menschen auf der Bühne ist ein außerordentlicher Moment, die seltenen, in denen Nähe entsteht, sind ein Ereignis.

Teils riesige Textflächen bewältigend erscheinen die Figuren wie in den Raum eingeschossene elektrisch geladene Teilchen, die aufeinanderknallen und sich entladen. Die Bühnenbilder, die ich für sie entwerfe, sind reduziert, klar strukturiert und oft sehr groß. Orientierungslos und isoliert bewegen sich die Spieler entlang weniger Fixpunkte und verlieren sich in diesen Räumen wie die Figuren in Falks Welt.

Es gibt kaum Requisiten, keine Kaffeetasse, mit der sich die Schauspieler rührend über die Leere hinwegretten können. Die wenigen Möbel sind so hart gepolstert, dass der Sitzkomfort dem einer Abschussrampe gleicht. Sich in diesen Räumen zu behaupten, ist immer eine Herausforderung.

Das Bühnenbild für die Produktion *TRUST* hat Hans-Thies Lehmann im gleichnamigen Buch zur Produktion sehr treffend beschrieben:

> Der großflächige Bühnenraum mit Empore hinten signalisiert sogleich das Thema der Isolation und Vereinsamung. Das wenige Mobiliar wirkt geschäftsmäßig, öffentlich, Sitzmöbel für ein Schein-Wohnen in dem, was Marc Augé „Nicht Orte" nennt: kühle Ledersofas und Sessel, Bürostühle passend zum unpersönlichen Design eines Büros, eines Flughafens, eines urbanen Environments.[1]

Die Raum-Koordinaten werden häufig gesetzt, bevor das Stück da ist, das oft zu großen Teilen während des Probenprozesses entsteht. Dies setzt zum einen eine Offenheit des Entwurfes voraus, zum anderen ermöglicht es, dass meine räumlichen Setzungen noch in den Text integriert werden können und somit Bestandteil des Stückes werden. Die Reduktion auf das Wesentliche und die Klarheit des Entwurfes über den Probenprozess beizubehalten, ist eine der großen Herausforderungen dieser Arbeitsform. Beizeiten gilt es, den Autor Falk Richter gegenüber dem Regisseur Falk Richter darin zu unterstützen, auf die Kraft des Textes zu vertrauen, dessen reine Sprachbilder oft gewaltiger in den Köpfen der Zuschauer wirken, als dies eine Bebilderung auf der Bühne vermag.

> „Bühnenbilder, die die schwierige Balance zwischen objekthafter Autonomie und theatralischer Bespielbarkeit leisten."[2]

Als Ausgangspunkt dienen mir grundsätzlich die vorhandene Architektur und das räumliche Verhältnis der Zuschauer zu den Spielern auf der Bühne. Zu Falks Stücken bieten die kalten Beton-Räume der Schaubühne am Lehniner Platz eine kongeniale Atmosphäre, welche von mir zumeist mit installationsartigen Aufbauten und Fortführungen vorhandener baulicher Gegebenheiten ergänzt wird.

Die Wahl der industriellen glatten Materialen für Falks Stücke verstärkt die Anonymität und Öffentlichkeit, hinzu kommen das Licht und musikalische Klangteppiche als wichtiger Bestandteil des räumlichen Gesamtkonzeptes. Es wird nie ein realer Raum nachgebildet. Konkrete Assoziationen entstehen über die Sprache, die Orte werden benannt und beschrieben.

---

1 Hans-Thies Lehmann in: „TRUST" von Falk Richter, herausgegeben von Nicole Gronemeyer, Verlag Theater der Zeit, Berlin 2010.

2 Katrin Ullmann, „Die Arbeit mit dem Raum", Bühnenbildner Porträtreihe des Goetheinstitutes, www.goethe.de.

Die Atmosphäre, in der die Figuren orientierungslos versuchen herauszufinden, wo sie sich befinden und wohin sie gehen sollen, hat oft etwas Unwirkliches und Traumhaftes. In dieser Verlorenheit ähneln sich für mich die Figuren in den Stücken Falk Richters mit denen Jon Fosses. Für die deutschsprachige Erstaufführung von *Die Nacht singt ihre Lieder* (Schauspielhaus Zürich, 2000) und die Welturaufführung von *Skuggar* (dt. *Schatten*, Nationaltheater Oslo, 2006) in Falks Regie war es das Ziel, klaustrophobische Atmosphären zu schaffen. Entgegen einer räumlichen Weite wurden hier die Zuschauer in einer begrenzten Rauminstallation miteinbezogen und die Wahl der Materialen fiel bewusst auf weiche, jedes Geräusch schluckende Flächen, die den Schauspielern keinerlei Widerstand boten. Für das Zwischenreich im Übergang vom Leben in den Tod, in dem Skuggar angesiedelt ist, entstand der Eindruck „als ob man sich in Watte, im Nebel bewegt – ein gespenstischer Unsicherheit hervorrufender Ort."[3]

Das Bühnenbild für Tschechows *Kirschgarten* in einer Textbearbeitung von Falk war geprägt von der Gegensätzlichkeit der Materialen. Zunächst versanken die Schauspieler im üppig mit Fellteppichen gepolsterten übergroßen Kinderzimmer, doch sehr bald wurden die Teppiche von einem Trupp Bühnenarbeiter abgeräumt. Es blieb nichts als der nackte Bühnenboden. Dieser wird am Ende von Bibiana Beglau in der Rolle der Gutsbesitzerin Ranjeskawa aufgebrochen, doch ihr verzweifelter Versuch hier einen Kirschbaum zu pflanzen misslingt kläglich.

Der Entwurf zu Falks Stück *My Secret Garden* war ebenfalls von einer Gegensätzlichkeit geprägt. Die drei Darsteller spielten in Avignon den größten Teil des Abends in einem völlig leeren Raum vor einer hohen, metallisch glänzenden Wand. Erst ganz am Schluss wurde diese zerstört und entpuppte sich überraschend als ein Archiv bestehend aus unzähligen Metallkisten. Der zuvor kalte und abstrakte Raum wird zu einer Erinnerungslandschaft persönlicher Fundstücke aus der Vergangenheit der Hauptfigur, des von Stanislas Nordey gespielten Autors. Die Schauspieler finden in den Kisten die Tagebuchaufzeichnungen, selbst aufgenommene Musikkassetten oder auch die mit einer traumatischen Kindheitserinnerung verbundene Mikrowelle aus der Küche seines Elternhauses. Ein Plüschteddy war nicht dabei.

3 Anja Dürrschmidt, „Die Eroberung des Raumes", Theater der Zeit, Mai 2011.

Singen unter Eis

Eindrücke aus der Zusammenarbeit mit Falk Richter

Jörn Arnecke

Musiktheater ist Mannschaftssport. Und selbst ein Komponist, der in seiner Arbeit weitgehend allein ist, sucht gerade im Musiktheater die Zusammenarbeit: mit einem Autor, der anregt, mit einem Regisseur, der versteht, einem Bühnenbildner, der erbaut, und nicht zuletzt einem Dirigenten, der das zum Leben erweckt, was vorher nur Imagination war.

Das Musiktheater *Unter Eis* wurde im September 2007 uraufgeführt, die Planungen begannen 2005. Damals schrieb ich in einem ersten Konzept:

> An Falk Richters Sprache fasziniert mich die ihr eigene Musikalität, der Rhythmus, der in ihr angelegt ist und danach verlangt, zum Klingen gebracht zu werden. Diese Sprache hat sehr viel Kraft.
> Musiktheater muss für mich heutige Probleme aufgreifen, pointieren, sezieren. Bei dem Theaterstück *Unter Eis* ist das für mich in glücklicher Weise gelungen; denn die Leere und Einsamkeit des Beraters zeigen nicht nur Auswüchse unseres Wirtschaftssystems, sondern sind eine auf den Punkt gebrachte Diagnose der Gesellschaft in der Moderne.
> Dazu ist für mich in *Unter Eis* Musik ein Teil des Stoffes – nicht nur für eine brüchige, gefrierende und gefrorene Geräuschwelt, sondern auch, weil Falk Richter die Hauptfigur zunächst als Komponist angelegt hatte.
> Als Besetzung stelle ich mir Sänger und Schauspieler vor, einen Bariton, einen Knabensopran, mehrere Schauspieler (deren Anzahl von der weiteren Entwicklung des Librettos bestimmt wird), dazu ein Instrumental-Ensemble, das ich nach jetzigem Stand ohne Bläser

besetzen möchte: etwa 20 Streicher und 4 Schlagzeuger, reine kalte Farben und trotzdem eine sehr breite Palette – von Geräuschen bis hin zu warm gezogenen Tönen. Die Verbindung von Sängern und Schauspielern, die über einer musikalischen Textur sprechen, wird uns helfen, eine spezifische Klang-Sprache für diesen Stoff zu finden.

In diesen ersten Eindrücken steckt schon vieles, was sich in dem langen Arbeitsprozess verstärkte und verfeinerte. Der Sog der Sprache hörte nicht auf, mich herauszufordern.

Da war der ellenlange Monolog von Karl Sonnenschein – eigentlich ein Unding im Musiktheater. Und doch entschieden wir uns, ihn gegenüber dem Theaterstück nahezu ungekürzt zu lassen. Die Überlänge sollte spürbar werden, sollte Teil dieser Figur werden. Fast 18 Minuten lang steigert sich der Schauspieler in seinen Entwurf einer Weltordnung hinein, eine gesprochene Endlos-Arie, begleitet von Instrumentalisten, von denen die Streicher im Laufe der Szene nach und nach abgehen, also – ganz nach der Lehre von Unternehmensberatern – wegrationalisiert werden. Stattdessen entern die vier Hornisten (im ersten musikalischen Konzept noch gar nicht vorgesehen) die Bühne, werden Boten einer neuen Zeit, die vor Effizienz glänzt.

Oder aber die letzte Szene mit dem Knaben, dieser große textliche Wurf in seiner müden Traurigkeit: Diese Szene stand mir als erstes musikalisch klar vor Ohren; mit dieser Gesangslinie habe ich begonnen, *Unter Eis* zu komponieren.

Immer wieder hat Falk Richter mit seinen Regieanweisungen (oder wohl eher: Komponieranweisungen) einen kreativen Raum erschaffen, der meine Fantasie anstachelte und zu ungewöhnlichen Lösungen führte. In der zweiten Szene bezeichnete er den Wertekatalog der Berater ausdrücklich als Material, an dem ich mich abarbeiten sollte – also kein vorgegebener Text, der vom ersten bis zum letzten Wort durchzubuchstabieren wäre, sondern Bausteine für die konkret beschriebene Dynamik der Szene. Gewollt war ein Rotieren der Worte, eine Geschwindigkeit, mit der die Hauptfigur Paul Niemand nicht mehr mithalten kann. Text sollte und konnte verschwimmen, zu einem musikalischen Element werden.

Ich habe mich daher in dieser Szene entschieden, die Werte der Berater zu vervielfältigen: In einer vorproduzierten Tonzuspielung singt das Berater-Quintett in durchlaufenden, immer gleich langen Noten, monoton hämmernd, immer den gleichen Akkord. Dazu treten nach und nach andere Gruppen: Das Berater-Quintett auf der Bühne steigt ein mit den gleichen Texten, aber in belebten Rhythmen, entwickelt aus ihrem Sprachduktus. Ein Streichquintett verstärkt die Akzente des Quintetts vom Tonband. Ein weiteres Streichquintett übernimmt die Rhythmen und Töne der Sänger auf der Bühne. Das dritte Quintett steuert davon unabhängige Akzente bei. Auch bei den Solisten (Paul Niemand und den beiden Schauspielern) haben sich die Texte multipliziert, sie sprechen sie nacheinander in unterschiedlichen Tempi und fragen sich gegenseitig ab, mal spontan, mal musikalisch genau vorgeschrieben. Paul Niemands Erinnerungs-Sequenz wird klanglich mit den Hörnern und der ersten Streichergruppe verbunden, dessen Akzente vom vierten und letzten Streichquintett übernommen werden. Die parallel weiterlaufenden Berater-Texte werden zum Hintergrundrauschen, dann explodieren sie nochmals. Gehetzt müssen die Schauspieler Texte abspulen – bevor das Tonband unvermittelt stoppt.

Die Berater-Sprüche haben den ganzen Theaterraum erfasst, zumal die Streicher um das Publikum herum postiert sind. Die Texte haben Überdruss erzeugt, sind präsent, auch wenn man weghören möchte, fressen sich ins Unterbewusstsein, treten wieder triumphierend hervor, bewusster Überfluss an Worten, an Information, hineingepresst in gut vier Minuten Musik. Und gerade an den Stellen, in denen das Übermaß an Text zu Chaos führt, ist höchste kompositorische Ordnung notwendig, um die Szene zusammenzuhalten.

Die Musik zieht sich hier am Text empor, sie muss die Schärfe des Textes noch steigern – und in anderen Momenten die Feinsinnigkeit sensibel ausleuchten. *Unter Eis* vereint für mich all diese Gegensätze: Intimität und Groteske, Poesie und Overkill, Humor und Ausweglosigkeit.

Der Textautor schreibt allein. Der Komponist vertont allein. Und doch sind beide aufeinander angewiesen: Unsere Arbeit begann damit, gemeinsam zu überlegen, wie der Schauspieltext einerseits vergrößert werden musste, um das umfassendere Genre der Oper auszufüllen – und wie er andererseits verknappt werden musste, um der Musik Raum zu geben. Wichtige Teile der Komposition zu *Unter Eis* entstanden während eines Stipendiums in Olevano Romano, einem kleinen Bergdorf in der Nähe von Rom. Von dort schrieb ich im Februar 2007 eine Nachricht an Falk Richter, die verrät, wie noch im Arbeitsprozess Wesentliches in Frage gestellt werden durfte:

> Der kalte, straffe SONNENSCHEIN mag vielleicht in seiner Freizeit aus lauter Sehnsucht Gedichte schreiben, so wie er auch die Wand hochläuft und die FAZ Korrektur liest. Aber SINGEN? Würde er das, könnte, wollte er das? Und dann noch einen so relativ verträumten

Text wie in „Abenteuer Kultur – ein Gedicht"? Die Vertonung MUSS ja einen Einschlag ins Wehmütig-Lächerliche bekommen und das ist dann entweder eine ganz andere Seite von SONNENSCHEIN, oder es fällt total aus dem Rahmen.
Deshalb wäre mir wohler, wenn GLASENAPP das Lied sänge. Das würde natürlich einiges ändern, aber ich halte es für stimmiger. Es passt zu seinem glatteren, fürchterlich-freundlichen Wesen viel besser als zu SONNENSCHEIN. (Ganz abgesehen davon, dass Thomas ja auch wirklich schön singt, aber das ist ein Nebenaspekt, denn es geht ja zunächst ums Stück.)
Das würde allerdings auch Änderungen in der Szene davor erfordern, die ja momentan eine große GLASENAPP-Solonummer ist – aber auch hier habe ich ohnehin Bedenken, denn wir haben schon so viele Soloteile. Es wäre also besser, diesen Text (Szene 9) von SONNENSCHEIN und GLASENAPP zu zweit aufführen zu lassen, und dann könnte GLASENAPP (Szene 10) das Gedicht singen.
Ich stelle mir vor, dass diese Idee für Dich ein bisschen heikel ist, denn für Dich gehört ja das Gedicht zur Charakterisierung von SONNENSCHEIN – aber ich glaube, mit Musik, mit SINGEN sieht es anders aus.
Was meinst Du? Ich hänge Dir noch an, wie ich mir in Szene 9 eine Verteilung des Textes zwischen SONNENSCHEIN und GLASENAPP vorstellen könnte.

Dass diese beiden Partien mit Schauspielern besetzt würden, stand für uns von vornherein fest. Schon dadurch entwickelte das Stück eine hohe Textgeschwindigkeit und jonglierte mit einer enormen Textmenge. Für dieses Thema war das aus unserer Sicht genau richtig; für ein anderes Sujet könnte die Herangehensweise ganz anders sein.

Bei der Premierenfeier von *Unter Eis* sagte Falk Richter zu mir: „Beim nächsten Mal schreibe ich Dir nur zehn Prozent Text!" Auf dieses Stück freuen wir uns beide schon.

Das Haus in der Gegend oder Buchholz in der Nordheide

Die Geschichte hinter dem Bild. Das Video in *My Secret Garden*

Martin Rottenkolber

Meine Eltern wohnen mit mir in einer Gegend. Die Gegend vor der Stadt. Sie haben gedacht, es wäre gut für mich, im Grünen, die Natur, die frische Luft. Ich sitze in meinem Zimmer. Starre lange an die immer gleiche Stelle. Tag, Nacht, Bewegungslosigkeit.

Gegen das Verrücktwerden lese ich schnell noch mal den Text auf der Zahnpastatube. Auch das ganz klein Gedruckte und die Zahlen des Barcodes. Die kenne ich schon auswendig.

Ich gehe raus, ich sehe die Gegend. Die Gegend, in die mich meine Eltern gebracht haben. Noch mehr von diesen Häusern, die einer für Leute wie meine Eltern gebaut hat. Auf die grüne Wiese. Hier ist nichts. Hier ist Gestrüpp, hier liegen Rohre im Nichts und führen nirgendwo hin. Das einzige, was sich hier bewegt, sind die Autos auf der nahen Autobahn.

Die fahren alle weg hier. Es will keiner bleiben. Bauen die Häuser hier hin und dann fahren sie alle weg.

In unserer Gegend bewegt sich nichts. Ich bin allein auf der Straße. Hier bewegen sich das Gestrüpp und die auf der Baustelle nebenan liegengelassene Plastikplane. Sonst ist hier nichts. Siedlung der Schließfächer. Die Gärten, diese Streifen zwischen den Häusern, alles Staub und Matsch.

Rollrasen mit Stockflecken.

Da vorne geht einer. Wohin? Hier ist nichts, wo man hingehen kann. Ich kann nirgendwohin. Vor lauter Rohren haben die vergessen, hier einen Bus vorbeizuschicken. Da ist die Straße, das ist die Grenze, bis

dahin darf ich. Danach wird es gefährlich für mich, sagen meine Eltern.
Ich schaue in mich rein. Ich bin drinnen so wie die Gegend. Nichts. Ich schaue mir Filme an, ich höre Musik, ich lese Bücher. Gedichte im Bett. Ich fühle, dass da etwas in mir wachsen sollte. Die Gegend hat mich transformiert. Ich bin ein gefangenes Stück Nichts, eingerahmt von zwei Autobahnen und einem nassen Fußballplatz. Meine Heimat ist das Nichts. Der Parkplatz mit dem einen vergessenen Auto. Das muss jetzt auch hier bleiben. Das Leben der Anderen findet hier nicht statt. Hier bin ich.
Hier wird es erst noch schön. Jetzt noch nicht. Vielleicht auch nie.

Am Anfang steht der Text von Falk. Ich notiere mir Stichworte, die mir während des Lesens einfallen. Ganz naheliegende wie Garten und Junge, aber auch Worte wie Lebenstraum und Ablenkung. Mit diesen Worten und dem Text des Stücks entwickele ich die Bildideen zu dem Video, lasse ein Drehbuch, eine Geschichte hinter der Geschichte entstehen. Ich gestalte das Video in die Zukunft schauend, beobachtend und mit dem Porträt eines Jungen gemischt, dessen Gedanken die Videobilder visualisieren sollen.

Ich suche eine Vorstadtgegend. Eine, die so ist wie in meinem Kopf. Eine, in die kein Bus fährt, in der es vielleicht einen Supermarkt mit großem Parkplatz gibt und vielleicht auch einen Sportplatz. Es gibt weit mehr Vorstadt-Speckgürtelsiedlungshaufen, denen eine oder alle diese Eigenschaften fehlen.

Für eine erste Videoskizze besuche ich eine Siedlung gleich vor Köln. Klassische Einfamilienhäuser gemischt mit niedrigen Wohnblocks im Toskanastil. Die Videoaufnahmen entstehen mit einem Mini-Dolly, einer Schiene, auf der die Kamera auf einem Schlitten montiert in der Waagerechten bewegt wird. Langsame Kamerafahrten von links nach rechts. Die Bewegung von links ist die Leserichtung, sie ist die Bewegung in die Zukunft.

Menschen kommen nur als winzige Figuren vor mit nicht erkennbaren Gesichtszügen. Nur der Junge, in dessen Kopf sich die ganzen Bilder abspielen, ist klar zu erkennen. Er blickt uns am Anfang des Videos klar an. Ein Taschenlampenschein huscht über sein Gesicht. Er sucht sich selbst ab. Er verliert sich in Ansichten der Gegend. Der Blick öffnet sich für eine Straßenschlucht, das Panorama der Stadt mit den Fabriken an ihren Rändern, die Autobahn – eingebettet in ein Rübenfeld, Gestrüpp, Rohre, nicht fertiggestellte Häuser, windige Baustellen, Plastikfetzen im Wind, vergessene Autos, Parkplätze von Supermärkten, kleine Figuren, die durch undefinierte Landschaft laufen.

Orte, die keine Orte mehr sind, weil sie in ihrer Beliebigkeit austauschbar sind.

Das Video kommt am Ende des Stücks zum Einsatz. Das Bühnenbild ist in seine Bestandteile zerlegt. Die drei Schauspieler fangen in dieser unwirklich erscheinenden Kulisse an zu grillen.

Ein Wagen wird hereingefahren, auf dem der Videoprojektor montiert ist. Das Video läuft bereits. Es wirkt auf der kleinteiligen Wand aus Alukisten zerschnitten, vernarbt. Es ist das Bild einer Erinnerung. Der Close-up aufgenommene Junge kann einer der beiden Männer im jugendlichen Alter sein. Vielleicht auch der Sohn. Wir verlieren uns in der Gegend des Videos. Bratwurstgeruch verbreitet sich im Theatersaal.

Falk Richter. *Unter Eis*

Thomas Thieme

Nach acht Jahren sind Gegenwartsstücke – handeln sie nicht von zeitlosem Mord und Totschlag – meist abgestanden.

Der acht Jahre alte Text *Unter Eis* von Falk Richter kehrt den Trend um und verhält sich wie guter Wein, er wird immer besser. Wobei hier das Kriterium für einen Gegenwartstext die anhaltende Aktualität ist. Als könnte Richter hellsehen, hat er Entwicklungen der Wirtschafts-, Gesellschafts- und Finanzpolitik und deren Umfeld antizipiert. Seine Protagonisten und ihre Themen beherrschen immer mehr die Schlagzeilen, so als hätten sie *Unter Eis* gelesen und danach ihr Leben ausgerichtet: größten Mehrwert angesteuert – jämmerlich gecrasht. Oder emsig Leute beseitigt – und stinkend reich geworden. Die Richter-Exemplare sind nun realer Alltag.

Richter ist ein Solitär. Zwischen sehr viel ulkiger und Betroffenheitsdramatik kommt einer mit Sachtexten aus Statements von Unternehmensberatern und liefert dazu Poesie. Und der Versuch geht auf. Übergangslos werden aus technokratischen Worthülsen dramatische Monologe am Rande der Existenz.

Und Richter kann schreiben, er trifft den Ton. Seine glatten Kapitalismusfiguren kommen in die Tiefe, straucheln, jammern, blähen sich auf, bemitleiden sich, schwadronieren und sind plötzlich ganz klein und tragisch. Und das alles bei UNTERNEHMENSBERATERN! Bei Niemand, Glasenapp und Sonnenschein. Dabei kommt Richter eine Eigenschaft zugute, die ihn an der Berliner Schaubühne, die seinen Text uraufführen ließ, zu einem anderen Solitär macht: Er ist kein Ideologe. Richter ist Gesellschaftsanalyst mit starkem poetisch-dramatischen Talent. Anders als andere bläht er sich nicht sozialromantisch auf, er malt nicht schwarz-weiß, er behauptet nicht, ein besseres System zu kennen. Damit entgeht er dem peinlichen

Tatbestand, dass gutbezahlte Autoren und Regisseure eine Gesellschaft anpissen, in deren gehobener Mitte sie sich bestens eingerichtet haben.

Vielleicht ist Richter kalt, kalt genug, um im Mikroskop die Zappler ums Goldene Kalb zu beobachten. Aber plötzlich ist da wieder Empathie, plötzlich leidet Richter mit Niemand. Und dann kommt ein kleiner Junge im Anzug und verpasst dem alten Leutebeseitiger den letzten Gnadenstoß. Das ist schrecklich.

Unter Eis ist schrecklich; das spürt man an den Zuschauern. Sie reißt es hin und her. Wenn Sonnenschein die Insuffizienz der gesellschaftlich Zukurzgekommenen beschreibt, grunzt es da verständnisvoll. Richter ist gemein: Er zieht die Zuschauer mit ins Boot und bereitwillig enttarnen sie sich. Das kann nur ganz realistischer Text.

Bei einem Gastspiel in Brüssel habe ich Niemands Kinder getroffen, blutjunge attraktive Unternehmensberaterazubis. Kalt, eloquent und gar nicht so unsympathisch erteilten sie Richters Stück die hohen Weihen: absolut glaubwürdig und wahrheitsgetreu.

Ich war acht Jahre Niemand.

Ich habe Shakespeare gespielt, nicht zu knapp. Das waren gewaltige Personen, alle Mörder, Quäler, Besessene. Niemand ist nichts von alledem. Aber er hat das gleiche Format im Persönlichen. Wie Richard der Dritte nicht erfunden ist, ist es auch nicht Niemand.

In seinen gewaltigen Monologen schreit auch er: ein Königreich für ein Pferd. Dirty Rich braucht es, um damit die Schlacht zu gewinnen; Niemand braucht es, um so schnell wie möglich ganz, ganz weit wegreiten zu können.

Lachen über die eigene Trauer des Scheiterns

Bibiana Beglau

Falk schreibt in seinen Texten über das Fallen, die Kälte innen und außen, die Erschöpfung von Körpern, die Verstörung im Inneren, das einer beschleunigten technischen Welt ausgesetzt ist, und über die Sehnsucht von Nähe. Es stellt sich die Heimatlosigkeit der vermessen Liebenden ein bei *Nothing hurts* wie aber auch bei Mascha in *Drei Schwestern*. Die Angst vor dem Fremden führt in *Im Ausnahmezustand* zu einer Überkontrolle, bis sich die Welt verschiebt, verändert: das Kind zum größten Feind wird, weil es sich noch an ein angstfreies Außen wenden kann. Die Angst der Frau, im Ausnahmezustand „alles" zu verlieren, lässt die Figur ihren Blick in eine Zukunft wenden, die keine ist. Und Strafe – in allen Richter-Stücken kommt sie vor, immer fies, immer kafkaesk und psychologisch tiefgreifend. In *Gott ist ein DJ* die nicht enden wollende Vergewaltigung des vergewaltigten Kindes, in *Nothing hurts* als Lustprinzip des Schicksals. Alle tot. Mutter, Schwester hingerichtet durch das Schicksal eines Flugzeugabsturzes, vom Zug überfahren oder selber von der Figur Sylvana hingerichtet, die sich selber hinrichtet als Kunstprojekt. Kein Wunder also, dass die Figuren in Falks Stücken sich gerne vom Acker machen wollen, sich rumtreiben auf Flughäfen, dort aber in den Wartehallen hängenbleiben oder in Jets ein fremdes, weit entferntes Land bombardieren wollen (in *Sieben Sekunden/In God We Trust),* dann aber die Orientierung verlieren und mit der Bombe über das eigene Land jagen. Im rettenden Taxi endlose Fahrten bei *Alles. In einer Nacht*. Weg wollen und immer wieder bei sich selber landen: eine Groteske. Und diese Groteske hat durch die übersteigerte Übertreibung von Schmerz und Angst dann eine Komik und wir lachen als Zuschauer über die Figuren, den Text, über uns, unsere Angst und den Schmerz der Einsamen, die Trauer des

Scheiterns und dann retten wir uns nachdenklich aus solchen Abenden hinein in die Nacht, zum nächsten Flughafen, zum Bus, ins Büro. Der Alltag hat uns wieder.

inhalt/worum gehts da

jeunesse blessée sind drei episoden über drei schlaflose nächte

Anne Tismer

der erste teil

drei menschen treffen sich nach längerer zeit in der wohnung des einen – es ist kalt in der wohnung – die heizung funktioniert nicht – alle drei sind nicht verheiratet und haben keine kinder – und jeder behauptet von den anderen beiden dass es ihnen nicht gut geht aber man weiss nicht obs wirklich so ist – der eine ist autor und trifft die anderen vielleicht nur um wieder material zum schreiben zu bekommen – das mädchen hat eine arbeit bei der sie viel hin und her reist und schläft angeblich morgens auf der fussmatte des autors – der junge – dem die wohnung gehört macht eventuell überhaupt gar nichts mehr und räumt auch nicht mehr auf – man könnte denken sie wären unglücklich – sie kugeln in der gegend herum und können eigentlich überall hinkugeln – sie versuchen ab und zu ein bisschen etwas miteinander anzufangen aber es klappt nicht so ganz – sie essen nicht mal richtig – bloss ein paar happen sushi – das ist nicht ganz gemütlich aber es hat etwas filigranes – das ist spannend – auch wollen sie sich immer anfassen gegenseitig und tun es auch und das finde ich sehr erotisch – sie sagen sich manchmal harte sachen aber als menschen sind sie durchsichtig und schön – darum wirken die harten sachen nicht richtig bedrohlich – sie sind auch wie fische oder wie weltraummüll in der umlaufbahn der erde zum beispiel – da gibt es manchmal berührungen oder kurze zusammenstösse und dann schwimmt alles wieder weiter – sie sind zwar da aber überhaupt nicht angekommen auf der welt – vielleicht sind sie überirdisch – am ende machen sie in der wohnung ein lagerfeuer mit dem lattenrost vom bett – dann wird es endlich warm – wenn die zuschauer fabrice und yoann und mir zuschauen möchten sie oft danach zu uns kommen und bei uns bleiben –

eine wichtige rolle spielt mark hollis der aber nicht auftaucht – der dritte erzählt meistens von mark hollis wir hören ganz lange ein stück aus seinem album *laughing stock* – und bewegen uns dazu – das ist eins der wenigen stücke die ich immer wieder hören kann und sie kommen mir nicht aus den ohren heraus – (mark hollis wollte irgenwann den ganzen mainstreamkram mit seiner band nicht mehr mitmachen und ist entweder in eine klinik gegangen oder hat geheiratet und sich um seine familie gekümmert – das hab ich nicht rausgefunden)

man könnte zu der aktion natürlich auch sagen: die kapitalistische westliche welt heute und die westliche gesellschaft gibt den menschen keinen halt mehr – lässt sie alleine – nutzt sie aus – verdirbt sie und so weiter – ich glaube dass wenigstens jeder gesunde mensch in der westlichen welt einen ausreichend grossen eigenen anteil an der entscheidung über sein leben hat – ich finde dass die westliche welt trotz allem in grossem masse freiheit bietet – ich finde die freiheit ist eine voraussetzung für alles – und ich sehe es so dass diese drei menschen gerade suchen was es für sie sein könnte – ich finde das einen spannenden zustand

der zweite teil

zwei menschen treffen sich für sex und spielen dabei ein spiel miteinander – erst ist der eine psychisch brutal und dann der andere physisch brutal – sie spielen untereinander ein sexuelles spiel mit gewalt –

der dritte teil

zwei menschen schlafen zusammen in einem bett – sie sind vielleicht schon mindestens zwei jahre ein paar – das mädchen wacht auf weil es eine angstattacke hat – ich glaube es hat angst dass der junge nicht wirklich bei ihr ist obwohl er da ist – sie hat angst dass der junge sie verlässt oder vielleicht nur körperlich da ist aber mit seiner sehnsucht ganz weit weg und dann wäre sie einsam – dadurch bekommt sie herzschmerzen – oder sie hat das gefühl ihr herz wird ausgesaugt und plötzlich wird sie wütend auf den jungen weil sie sich verraten fühlt und jagt ihn aus dem bett – die ganze gewalt der anziehungskraft die sie vielleicht vorher hatte kehrt sich um ins gegenteil und wird abstosskraft – oder bevor sie darüber nachgedacht hatte war der andere ihr ganz nah und plötzlich – seitdem sie darüber nachdenkt ist er ihr völlig fremd geworden und ihr feind und sie bekommt angst vor ihm – man weiss aber nicht ob der junge nicht vielleicht wirklich weit weg ist oder ob er sie betrügt und sie das spürt obwohl sie es nicht genau weiss – ob er fremd wird weil er sie betrügt? – oder er ist einfach fremd weil er nicht in ihrer haut steckt sondern in seiner eigenen und jeder mensch ist sowieso immer allein – auch zu zweit – und das ungefähr schiesst ihr plötzlich in der nacht in den kopf und sie wird völlig panisch

die sprache

ich weiss dass ich die arbeiten von falk auch auf deutsch immer mehrmals lesen muss und dann aber immer noch nicht sicher bin ob er sagen will dass die menschen die welt von dieser oder von einer anderen seite sehen – ich kenne den text viel besser auf französisch und ich finde die französische sprache sehr schön für *jeunesse blessée* weil genau diese unsicherheit da noch stärker spürbar ist – alle brutalen stellen bekommen eine leichtigkeit – harte worte bekommen alle möglichen bedeutungen – ein ganz normaler satz kann schon wie ein kunstwerk klingen – das ergibt dann noch einige weitere dimensionen und ausserdem verstehe ich die komik der texte auf französisch sehr viel besser – ich habe zum beispiel in togo einmal mit meinem freund basile *im ausnahmezustand* gelesen und wir haben uns bepisst vor lachen

die besondere situation in brüssel zu proben

in belgien sowie in frankreich sind die meisten darstellenden künstler und auch die anderen mitarbeiter freischaffend und finden sich immer genau für ein konkretes projekt zusammen – sie wählen sich auch genau für diese arbeit speziell aus – sie wissen lange vorher dass sie in diesem projekt arbeiten – sie können sich also auch gut vorbereiten – sie wissen auch lange vorher mit wem sie zusammenarbeiten werden und können entscheiden ob das für sie in ordnung ist – wenn eine performance fertig ist dann wird sie mehrere wochen lang gezeigt und meistens auch noch in anderen belgischen oder französischen städten über längere zeiträume gespielt – wenn belgische oder französische künstler gerade nicht an einem projekt beteiligt sind bekommen sie vom staat eine unterstützung speziell für künstler – das gibt ihnen zwischen den projekten genügend zeit zur vorbereitung auf ein nächstes – diese umstände bedeuten dass alle beteiligten eine hohe motivation haben gut vorbereitet und sehr selbständig und verantwortlich sind – sich respektieren und es sehr sehr wenig schwierige konflikte gibt – das überträgt sich auch auf mich als zuschauer – ebenfalls bereitet es einen teppich für ganz und gar andere denk oder sichtweisen – künstler wie zum beispiel eric delmotte – philippe quesne oder jonathan capdevielle und natürlich yoann blanc und fabrice adde oder laura sepul, dominique roodhooft und margret sara gudjunsdottir können unter solchen freien bedingungen wie man sie in belgien und frankreich findet – entstehen und sich auch weiterentwickeln – das finde ich sehr erstrebenswert

mit welchen leuten

yoann blanc und fabrice adde gehören zu den spielern die ich überhaupt am meisten liebe und bewundere – ihre besondere ausstrahlung und qualität hat eine schönheit und anziehungskraft auch dadurch dass sie sich in einem freien offenen system bewegen – sven und hager und jody fahren licht und ton und machen den aufbau und waren von anfang an mit uns zusammen und sind auch genau für diese arbeit gekommen – das heisst dass wir uns gut kennen und vertrauen können

ist das ein stück oder eine performance

jeunesse blessée ist eine performance und wir durchwandern verschiedene zustände und verschiedene personen in den gleichen leben oder auch gleiche personen in verschiedenen lebensentwürfen oder auch gleiche personen im gleichen leben die sich in einer minute mehrmals von innen nach aussen drehen oder umgekehrt – je länger wir zusammen arbeiten desto mehr sind wir selber das was wir darstellen und leben das weiter und können das wieder mit in die performance bringen so dass sie nochmal wieder ganz anders wirken kann

die texte von falk sind so dass ich denke man hat eine sehr grosse wahl des umgangs damit – sie funktionieren auch wenn man nur eine dimension begriffen hat aber sie sind sehr viel offener und grösser als das – manchmal wache ich nachts schweissgebadet auf weil ich plötzlich eine passage ganz neu verstanden habe weil ich zufällig davon geträumt habe und dann werde ich auch noch rot weil ich denke wie dumm ich vorher war – in der arbeit mit den texten diktiert falk einem sehr selten eine interpretation und erklärt auch nicht unbedingt sondern er beobachtet wie man den weg selber findet und hat dabei sehr grosses vertrauen und eine grosse geduld – in allen arbeiten die ich mit ihm gemacht habe hat das dazu geführt dass die spieler alle eine eigene ausstrahlung und schönheit entwickeln konnten mit allen abgründen durch die sie während des abends gehen – und es sind alles sehr reelle abgründe – die man haben kann aufgrund der eigenen freiheit und es sind meistens komplizierte abgründe – das finde ich eine hohe qualität – weil falk vor allem in seinen texten mit der gegenwart und der zukunft umgeht und hierin nach neuen lebensarten sucht finde ich ihn auch sehr wichtig als autor und ich finde es vor allem für mädchen in der schule sehr viel wichtiger und interessanter seine texte zu lesen als zum beispiel goethe oder schiller oder shakespeare und so weiter

Trust heißt Vertrauen

Judith Rosmair

Der Titel dieses Stücks war Programm: Schon das Team war ein wohl geplanter Glücksfall.

Anouk und Falk schätzten sich außerordentlich seit ihrer Zusammenarbeit bei *Nothing hurts*. Dieses gegenseitige Zutrauen übertrug sich vom ersten Moment an auf die Performer: vier TänzerInnen, vier SchauspielerInnen und ein Musiker stürzten sich mit Euphorie und Neugier in die Tanz-Improvisationen, an denen Falk wie ein entfesselter Dirigent manchmal selbst teilnahm.

Es war ein orgiastischer Gruppenflirt, aus dem sich das Bewegungsmaterial entwickelte, das die Basis der Choreografie in *TRUST* bildet.

Die Proben wurden gefilmt, von Anouk und Falk wieder und wieder gefiltert, verdichtet und ausgearbeitet. Parallel dazu fanden Leseproben statt. Ein faustdicker Stapel mit Materialien: Texte von Falk, soziologische Überlegungen von Richard Sennett, Eva Illouz, Alain Ehrenberg u.a., die zusammen gelesen und heiß diskutiert wurden. Das Hauptthema war das in unserer Gesellschaft vorherrschende Misstrauen: in uns selbst, in unsere Beziehungen, in unser System. Davon inspiriert, quasi als Ideen-Katalysator, schrieb Falk gleichzeitig jeden Tag neues Material, das wieder gelesen, erprobt und verdichtet wurde.

Als ich die Aufgabe bekam, den „Vertrau mir"-Text zu spielen, war das ein großes Geschenk.

Judith nimmt Kay nicht nur auf emotionaler, sexueller und finanzieller Ebene komplett aus, sondern erzählt es ihm auch völlig ungeniert.

Die Figur Judith wurde dadurch auch etwas Abstraktes, etwas wie der hochfliegende und abstürzende DAX. Etwas wie das Geld, von dem wir gefickt werden, das Geld, das lieber ohne uns weiterlebt. Das war spannend und auch sehr, sehr lustig!

Bemerkenswert war, dass trotz der Themen Angst, Entfremdung, Misstrauen eine Atmosphäre großen Vertrauens und gegenseitigen Respekts herrschte, meiner festen Überzeugung nach der ideale Nährboden für kreatives Schaffen. Theater und Tanz wurden in *TRUST* auf höchst sinnliche und amüsante Weise miteinander verschmolzen.

Gehütet und gehegt von einem waschechten Playwright, einem „Stückmacher", einem Autor und Regisseur, der über einen scharfsinnigen Blick, eine brillante Sprache und einen unschlagbar intelligenten Humor verfügt. Es war eine der schönsten Probenzeiten meines Lebens.

Dank

Der vorliegende Band ist Bestandteil eines künstlerisch-wissenschaftlichen Dialogs seit der gemeinsamen Betreuung eines Studienprojekts an der Hochschule für Theater, Musiktheater und Film in Hamburg 2004/2005. Ausgehend von Theatertexten bildet sich dieser Dialog in Texten über den Autor von Wegbegleitern aus Theaterkunst und –wissenschaft ab, denen hier als ersten unser Dank gebührt. Gedankt sei aber auch den Mitarbeiterinnen aus der Abteilung Theaterwissenschaft am Institut für Theater-, Film- und empirische Kulturwissenschaft der Johannes Gutenberg-Universität Mainz, die dieses Buch mit ermöglicht haben: Jeanette Müller (Typoskript), Julia Pfahl (Übersetzung) sowie Stefanie Watzka und Annika Rink (Redaktion, Lektorat und Satz). Auch wenn die Arbeit aller damit getan ist, markiert sie lediglich eine Etappe, nicht das Ende im Verfolgen der gemeinsamen Sache.

Friedemann Kreuder *im Mai 2012*

Biographien

Jörn Arnecke ist Komponist und schrieb Musiktheater-Werke unter anderem im Auftrag der RuhrTriennale (*Unter Eis* mit Falk Richter, Uraufführung 2007), der Hamburgischen Staatsoper (*Das Fest im Meer* nach John Berger, UA 2003; *Butterfly Blues* nach Henning Mankell, UA 2005) sowie der Oper Bremen (*Kryos* mit Hannah Dübgen, UA 2011). Er ist Professor für Musiktheorie und Gehörbildung an der Hochschule für Musik Franz Liszt Weimar.

Bibiana Beglau ist Schauspielerin und war nach dem Schauspielstudium an der Hochschule für Musik und Theater in Hamburg an diversen Theatern, unter anderem am Schauspielhaus Zürich, der Schaubühne Berlin, dem Wiener Burgtheater und dem Thalia Theater Hamburg tätig. Daneben spielte sie in zahlreichen Produktionen für Film und Fernsehen mit, wurde für ihre Arbeit unter anderem mit dem Ulrich-Wildgruber-Preis und dem Adolf-Grimme-Preis ausgezeichnet und war als Europäische Schauspielerin des Jahres 2000 nominiert. Es besteht eine lange künstlerische Zusammenarbeit mit Falk Richter. Seit 2011 ist sie festes Ensemblemitglied am Residenztheater in München.

Cédric Eeckhout ist Schauspieler und arbeitete nach seinem Abschluss am belgischen Institut des Arts de Diffusion seit 2001 an zahlreichen Theatern vor allem in Belgien unter anderem am Théâtre National, am Rideau de Bruxelles und dem Théâtre de la Place. Darüber hinaus ist er als Filmschauspieler in verschiedenen belgischen sowie französischen Produktionen zu sehen und schreibt für Film und Theater. Mit Falk Richter arbeitete er bereits mehrfach zusammen.

Katrin Hoffman ist Bühnen- und Kostümbildnerin und nach dem Kostümbildstudium bei Dirk von Bodisco in Hamburg seit 1995 unter anderem tätig am Deutschen Theater Berlin, dem Hamburger Schauspielhaus, am Zürcher Schauspielhaus, dort auch in Koproduktion mit den Salzburger Festspielen, dem Wiener Burgtheater, an der Wiener Staatsoper, der Bayerischen Staatsoper in München sowie beim Festival d'Avignon und seit 2001 regelmäßig an der Berliner Schaubühne. Seit 1996 besteht eine enge Zusammenarbeit mit Falk Richter und die gemeinsame Produktion *Nothing Hurts* wurde im Jahr 2000 zum Berliner Theatertreffen eingeladen.

Friedemann Kreuder ist seit 2005 Leiter der Abteilung Theaterwissenschaft am Institut für Film-, Theater- und empirische Kulturwissenschaft der Johannes Gutenberg-Universität Mainz und Sprecher des Internationalen Promotionsprogramms Performance and Media Studies; nach dem Studium an der Universität Mainz wissenschaftlicher Mitarbeiter und Assistent am Institut für Theaterwissenschaft der Freien Universität Berlin; 2001 Abschluss der Promotion zum Theater Klaus Michael Grübers; 2005 Habilitation im Fach Theaterwissenschaft am Fachbereich Philosophie und Geisteswissenschaften der Freien Universität Berlin (Habilitationsschrift: „Spielräume der Identität in Theaterformen des 18. Jahrhunderts"); Publikationen zu Richard Wagner, zum Geistlichen Spiel, zum Theater des 18. Jahrhunderts und zum Gegenwartstheater.

Jan Pappelbaum ist Bühnenbildner und arbeitete nach dem Architekturstudium an der heutigen Bauhaus-Universität in Weimar unter anderem in Berlin, Bremen, Dresden, Potsdam, Weimar, Frankfurt, Halle, Wien und Amsterdam. Neben Arbeiten am Theater, Ausstellungsarchitekturen in Frankfurt/Main und Dresden sowie Workshops gab es auch Einzelausstellungen seiner Bühnenbilder in Oslo und Krakau. Seit 2000 ist er Bühnenbildner und Leiter der Ausstattung an der Schaubühne am Lehniner Platz und realisierte dort Bühnenbilder für Inszenierungen vor allem von Thomas Ostermeier aber auch bereits mehrfach für Falk Richter.

Judith Rosmair ist Schauspielerin und war bereits am Schauspielhaus Bochum, am Thalia Theater Hamburg und seit 2008 an der Schaubühne Berlin engagiert, wo sie unter anderem mit den Regisseuren Falk Richter, Anouk van Dijk, Dimiter Gotscheff, Nicolas Stemann, Thomas Ostermeier, Martin Kušej, Jorinde Dröse, Stephan Kimmig, Jürgen Kruse, Frank Castorf, Jürgen Gosch, Werner Schroeter arbeitete. Darüber hinaus spielt sie in Film- und Fernsehproduktionen und wirkt bei Performances mit. 2007 wurde sie von der Zeitschrift Theater heute als „Schauspielerin des Jahres" ausgezeichnet. Mit Falk Richter arbeitete sie bereits in mehreren Produktionen zusammen.

Martin Rottenkolber ist freier Fotograf und Videokünstler und arbeitete nach dem Studium des Foto- und Film-Designs an der Fachhochschule Dortmund seit 1997 als freier Videoartist und Bühnenbildner für zahlreiche Theaterproduktionen unter anderem an den Schauspielhäusern in Düsseldorf und Zürich, an der Toneelgroep Amsterdam, der Schaubühne Berlin, dem Theater Freiburg, an den Staatsopern in Hamburg und München und bei den Salzburger Festspielen. Mit Falk Richter verbindet ihn seit vielen Jahren eine intensive künstlerische Zusammenarbeit.

Bernd Stegemann ist Professor und Dramaturg und arbeitete nach dem Studium der Philosophie, Germanistik und Erziehungswissenschaften an der FU Berlin und der Schauspieltheater-Regie an der Hamburger Theaterakademie als Dramaturg an zahlreichen Theatern, unter anderem bei den Salzburger Festspielen, auf Kampnagel Hamburg, bei den Wiener Festwochen, den Ruhrfestspielen Recklinghausen, am Schauspielhaus Bochum, dem Düsseldorfer Schauspielhaus sowie als Chefdramaturg am TAT Frankfurt und am Deutschen Theater in Berlin und lehrte an der Universität Hamburg. Seit dem Wintersemester 2005/06 ist er Professor für Schauspielgeschichte und Dramaturgie an der Hochschule für Schauspielkunst „Ernst Busch" und seit 2009 zunächst Chefdramaturg, seit 2011 Gastdramaturg an der Schaubühne am Lehniner Platz in Berlin. Er veröffentlichte zahlreiche Publikationen zu Theatergeschichte und Dramaturgie, ist Mitherausgeber der „Blätter des Deutschen Theaters" und Autor der Reihe „Lektionen" bei Theater der Zeit.

Stefan Tigges ist Wissenschaftlicher Mitarbeiter an der Ruhr-Universität Bochum im Rahmen eines DFG-Projektes über Theater als Raumkunst. Er vertritt ebenso die Schaubühne Berlin als Wissenschaftler im Rahmen des europäischen Theaternetzwerkes *Prospero*. Publikationen unter anderem: „Von der Weltseele zur Über-Marionette. Cechovs Traumtheater als avantgardistische Versuchsanordnung" (2010); (Hrsg.) „Dramatische Transformationen. Zu gegenwärtigen Schreib- und Aufführungsstrategien im deutschsprachigen Theater" (2008); (Hrsg. mit Katharina Pewny u. Evelyn Deutsch-Schreiner) „Zwischenspiele. Neue Texte, Wahrnehmungs- und Fiktionsspielräume in Theater, Tanz und Performance" (2010) sowie (Hrsg. mit Artur Pelka) „Das Drama nach dem Drama. Verwandlungen dramatischer Formen in Deutschland nach 1945" (2011).

Anne Tismer ist Autorin und Aktionskünstlerin und arbeitete nach dem Studium der Jura, Sinologie und Darstellenden Kunst in Hamburg und Wien seit 2004 an verschiedenen Theatern und in zahlreichen Projekten, die sie größtenteils selbst (mit-) entwickelte. Neben Theaterproduktionen in wechselnden künstlerischen Kollektiven tritt sie bei Kunstaktionen auf und kreiert Ausstellungen.

Thomas Thieme ist freier Schauspieler und arbeitete nach seinem Schauspielstudium an der Schauspielschule „Ernst Busch" (Berlin) an verschiedenen Theatern, unter anderem am Schauspiel Frankfurt unter Einar Schleef und Robert Wilson sowie am Wiener Burgtheater, der Schaubühne Berlin, dem Berliner Ensemble mit namhaften Regisseuren wie Claus Peymann, Luk Perceval, Klaus-Michael Grüber, Thomas Ostermeier. Er war Schauspieler des Jahres 2000 und führte bereits selbst Regie. Darüber hinaus ist er in zahlreichen Produktionen für Film (*Der Untergang, Das Leben der Anderen*) und Fernsehen zu sehen.

Katrin Ullmann arbeitet als freie Journalistin und Theaterkritikerin unter anderem für Tagesspiegel, Theater heute, Stuttgarter Zeitung, nachtkritik.de und LFI-Leica Fotografie International. Seit 2011 ist sie Jurymitglied der Hamburger Kulturbehörde im Förderbereich Sprech-, Musiktheater & Performance.

Rechtenachweis

Falk Richter, Verletzte Jugend. © S.Fischer Verlag GmbH, Frankfurt am Main 2006

Falk Richter, Die Verstörung. © S.Fischer Verlag GmbH, Frankfurt am Main 2005

Falk Richter, Im Ausnahmezustand. © S.Fischer Verlag GmbH, Frankfurt am Main 2007

Falk Richter, Unter Eis. © S.Fischer Verlag GmbH, Frankfurt am Main 2004

Falk Richter, Der Kirschgarten. © S.Fischer Verlag GmbH, Frankfurt am Main 2008

Falk Richter, Krieg der Bilder. © S.Fischer Verlag GmbH, Frankfurt am Main 2000

Falk Richter, Hotel Palestine. © S.Fischer Verlag GmbH, Frankfurt am Main 2004

Falk Richter, Trust. © S.Fischer Verlag GmbH, Frankfurt am Main 2010

Falk Richter, My Secret Garden. © S.Fischer Verlag GmbH, Frankfurt am Main 2011

Falk Richter, Protect Me. © S.Fischer Verlag GmbH, Frankfurt am Main 2011

Falk Richter, Play Loud. © S.Fischer Verlag GmbH, Frankfurt am Main 2012

Falk Richter, Rausch. © S.Fischer Verlag GmbH, Frankfurt am Main 2012

Der Abdruck vorstehender Rechte erfolgt mit freundlicher Genehmigung der S.Fischer Verlag GmbH, Frankfurt am Main.

Die Aufführungsrechte liegen bei der S.Fischer Verlag GmbH, Frankfurt am Main, Theater & Medien, Ulrike Betz, Telefon: 069/6062-273, Fax: 069/6062-355, e-mail: ulrike.betz@fischerverlage.de

Ingeborg Bachmann: Werke, Bd. 1. Gedichte © 1978 Piper Verlag GmbH, München. Der Abdruck des Gedichtes „Die gestundete Zeit" auf Seite 315 erfolgt mit freundlicher Genehmigung der Piper Verlag GmbH, München.

Zeitfracht Medien GmbH
Ferdinand-Jühlke-Straße 7
99095 Erfurt, Deutschland
produktsicherheit@kolibri360.de